Datenmigration in SAP®-Systeme

SAP PRESS

SAP PRESS ist eine gemeinschaftliche Initiative von SAP SE und der Rheinwerk Verlag GmbH. Unser Ziel ist es, Ihnen als Anwendern qualifiziertes SAP-Wissen zur Verfügung zu stellen. SAP PRESS vereint das Know-how der SAP und die verlegerische Kompetenz von Rheinwerk. Die Bücher bieten Ihnen Expertenwissen zu technischen wie auch zu betriebswirtschaftlichen SAP-Themen.

Damit Sie nach weiteren Titeln Ihres Interessengebiets nicht lange suchen müssen, haben wir eine kleine Auswahl zusammengestellt.

Frank Densborn, Frank Finkbohner, Martina Höft, Boris Rubarth,
Kim Mathäß, Petra Klöß
Migration nach SAP S/4HANA
710 Seiten, 4., aktualisierte und erweiterte Auflage 2023, gebunden
ISBN 978-3-8362-9364-8
www.sap-press.de/5654

Adam Kiwon, Mark Lehmann, Manuel Männle, Martin Tieves
SAP-Schnittstellenmanagement. Der praktische Leitfaden für die hybride Integration
512 Seiten, 2021, gebunden
ISBN 978-3-8362-7982-6
www.sap-press.de/5217

Lars Pülm
SAP Cloud Integration. Das umfassende Handbuch
608 Seiten, 2021, gebunden
ISBN 978-3-8362-8053-2
www.sap-press.de/5248

Antje Diekhoff, Mathias Cararo
SAP-Geschäftspartner und Customer-Vendor-Integration
568 Seiten, 2022, gebunden
ISBN 978-3-8362-8958-0
www.sap-press.de/5515

Frank Finkbohner, Martina Höft, Michael Roth,
Jonas Kinold, Wolfgang Kuchelmeister, Lukas Widera

Datenmigration in SAP®-Systeme

SAP S/4HANA und Cloud-Lösungen

Rheinwerk
Publishing

Liebe Leserin, lieber Leser,

in Ihrem Unternehmen steht ein Upgrade auf eine neue SAP-Version oder die Einführung einer neuen SAP-Komponente an. Hierbei ist die Übertragung der vorhandenen Daten aus den bestehenden Systemen zentral. Sie haben bestimmt schon gehört, dass dies sehr aufwendig ist und Programmierung erfordert. So muss es nicht unbedingt sein!

Unser Autorenteam beschreibt, wie Sie die Datenmigration durchführen können, ohne eine einzige Zeile Code schreiben zu müssen. Sie entwickeln seit vielen Jahren SAP-Systeme und kennen die Tücken bei der Migration.

Von den Grundlagen über die Planung der Migration bis zu den verschiedenen Werkzeugen, die SAP für die Migration bereitstellt, führen sie Sie Schritt für Schritt durch den Migrationsprozess. Dabei werden sowohl SAP S/4HANA als auch verschiedene Cloud-Lösungen betrachtet. Mit diesem Handbuch wird Ihr Migrationsprojekt reibungslos verlaufen!

Wir freuen uns stets über Lob, aber auch über kritische Anmerkungen, die uns helfen, unsere Bücher zu verbessern. Scheuen Sie sich nicht, sich bei mir zu melden; Ihr Feedback ist jederzeit willkommen.

Ihre Eva Tripp
Lektorat SAP PRESS

eva.tripp@rheinwerk-verlag.de
www.rheinwerk-verlag.de
Rheinwerk Verlag · Rheinwerkallee 4 · 53227 Bonn

Auf einen Blick

Wir hoffen, dass Sie Freude an diesem Buch haben und sich Ihre Erwartungen erfüllen. Ihre Anregungen und Kommentare sind uns jederzeit willkommen. Bitte bewerten Sie doch das Buch auf unserer Website unter **www.rheinwerk-verlag.de/feedback**.

An diesem Buch haben viele mitgewirkt, insbesondere:

Lektorat Eva Tripp, Anne Scheibe
Korrektorat Monika Klarl, Köln
Herstellung Nadine Preyl
Typografie und Layout Vera Brauner
Einbandgestaltung Bastian Illerhaus
Coverbild istock: 1315131909 © Roberto Rizzi
Satz Typographie & Computer, Krefeld
Druck Beltz Grafische Betriebe, Bad Langensalza

FSC www.fsc.org MIX Papier | Fördert gute Waldnutzung FSC® C089473

Dieses Buch wurde gesetzt aus der TheAntiquaB (9,35/13,7 pt) in FrameMaker.
Gedruckt wurde es mit mineralölfreien Farben auf chlorfrei gebleichtem, FSC®-zertifiziertem Offsetpapier (90 g/m²).
Hergestellt in Deutschland.

Bibliografische Information der Deutschen Nationalbibliothek:
Die Deutsche Nationalbibliothek verzeichnet diese Publikation in der Deutschen Nationalbibliografie; detaillierte bibliografische Daten sind im Internet über *http://dnb.dnb.de* abrufbar.

ISBN 978-3-8362-9296-2

1. Auflage 2023

Informationen zu unserem Verlag und Kontaktmöglichkeiten finden Sie auf unserer Verlagswebsite **www.rheinwerk-verlag.de**. Dort können Sie sich auch umfassend über unser aktuelles Programm informieren und unsere Bücher und E-Books bestellen.

Inhalt

TEIL II Datenmigration in SAP-Lösungen

Einleitung

Keine Datenmigration gleicht der anderen

Datenmigration ist ein Thema, dem man stets von Neuem begegnet. Jede Ablösung einer bestehenden Software durch ein Nachfolgesystem bedeutet, dass Daten übernommen werden müssen. Doch in der Regel ist das Problem damit nicht dauerhaft gelöst. Veränderte wirtschaftliche oder gesetzliche Rahmenbedingungen führen immer wieder zu organisatorischen Umstrukturierungen innerhalb eines Unternehmens, die auch eine Neuorganisation der Datenbestände in einem bestehenden IT-System erfordern. Früher haben Unternehmen z. B. in viele verschiedene Bereiche investiert. Jetzt konzentrieren sie sich wieder auf ihre Kernkompetenzen. Dazu verkaufen oder spalten sie Teile des Unternehmens ab (Carve-out) und kaufen Firmen, die besser ins Portfolio passen; dies erfordert oft neue Datenmigrationen. Man könnte sagen:

Jede Datenmigration ist wie eine Schneeflocke – einzigartig

Neue Produkte erfordern neue Lösungen

Seit der letzten Auflage des Vorgängerbuches »Datenmigration in SAP« hat sich einiges in der Produktwelt von SAP getan. SAP ERP wurde von SAP S/4HANA als neue umfassende Business Suite abgelöst. Aktuell wird SAP S/4HANA als On-Premise-, Private-Cloud- und Public-Cloud-Lösung angeboten. Zusätzlich zu diesen Produkten hat SAP sein Produktportfolio um weitere Cloud-Produkte wie SAP Ariba und SAP SuccessFactors erweitert, für die das Thema Datenmigration ebenfalls von großer Bedeutung ist.

Die Problematik der Datenübernahme wird mittlerweile in der Literatur immer stärker beleuchtet. Die Motivation für dieses Buch war, neben den klassischen Datenmigrationslösungen für SAP ERP und SAP Business byDesign, auch die neuen Migrationslösungen nach SAP S/4HANA, SAP Ariba und SAP SuccessFactors in ein Buch zu integrieren, um Ihnen einen umfassenden Überblick zu geben.

Datenmigration – die unterschätzte Herausforderung

Datenmigrationen sind ein oft unterschätztes Thema, da sie je nach Projektumfang einen Großteil des Budgets und der Projektressourcen binden können und somit häufig personelle Engpässe verursachen. In der Regel werden Datenmigrationen von Beratungen oder Programmiererinnen und Programmierern durchgeführt, die jedoch aufgrund ihrer übergreifenden Einsatzbereiche häufig personelle und finanzielle Engpässe verursachen. Um solche Engpässe zu vermeiden, werden in diesem Buch Techniken zur Datenmigration vorgestellt, die nicht nur von Programmierprofis, sondern auch von Beraterinnen und Beratern ohne tiefgehendes technisches Wissen angewendet werden können. Die Fachabteilungen sollen in die Lage versetzt werden, Datenübernahmen oder Umstrukturierungsprozesse nicht nur auszulösen, sondern auch IT-technisch abzubilden. Dazu werden einfach zu erlernende Migrationstechniken vorgestellt, die weitestgehend ohne Programmierung auskommen. In speziellen Situationen, die eine Programmierung erfordern, soll diese nur als Ultima Ratio eingesetzt werden, wenn alle anderen angebotenen Lösungen zur Datenmigration nicht zum gewünschten Ergebnis führen. Der Fokus des Buches liegt deshalb auf Werkzeugen, die weitestgehend ohne Programmierung auskommen.

Flexible Datenmigration ohne Programmierung

Wenn Daten in ein SAP-System migriert werden sollen, stehen programmierlose Lösungen zur Verfügung, die nicht nur auf einzelne Anwendungen beschränkt sind. Sie können in den unterschiedlichsten Applikationen, wie beispielsweise im Rechnungswesen, in der Logistik oder in der Personalwirtschaft Verwendung finden. Dabei spielt es keine Rolle, von welcher Art die zu übernehmenden Daten sind. Die Werkzeuge und Lösungen sind flexibel und können optional um kundenindividuelles, für die Datenmigration erforderliches Coding ergänzt werden, was ihre universelle Einsetzbarkeit verstärkt. Datenmigrationswerkzeuge und -lösungen sind auch für die SAP-Cloud-Lösungen wie SAP Business ByDesign, SAP Ariba und SAP SuccessFactors Employee Central verfügbar. In den einzelnen Kapiteln des Buches wird auf die Verfügbarkeit der Lösungen in den jeweiligen SAP-Produkten hingewiesen.

Wer ist die Zielgruppe?

Dieses Buch richtet sich hauptsächlich an Personen, die mit Datenmigrationen in Kontakt kommen, aber nicht unbedingt Programmierkenntnisse haben müssen. Diese können beispielsweise SAP-Beraterinnen und -Berater sein, die für die Datenmigration beim Kunden oder in ihrer eigenen Organisation verantwortlich sind, sowie Projektleitungen, die sich einen Überblick über verschiedene Methoden verschaffen möchten, um sie kritisch beurteilen zu können. Es könnte auch für SAP-Entwicklerinnen und -Entwickler von Interesse sein, die effiziente Migrationstechniken erlernen möchten.

Wie viel Vorwissen ist erforderlich?

Es wird erwartet, dass Sie ein gewisses Grundverständnis der ABAP-Plattform und der gängigen Microsoft-Office-Produkte wie Word und Excel haben. Ein Verständnis für kaufmännische Fragestellungen kann nützlich sein, ist aber nicht unbedingt erforderlich. Das Buch ist so geschrieben, dass es auch ohne SAP-technisches Detailwissen verständlich und umsetzbar ist.

Warum ist das Buch wichtig?

Datenmigrationen können mithilfe einfacher Verfahren durchgeführt werden, was auch den Fachabteilungen die Möglichkeit gibt, eine aktivere Rolle bei Datenmigrationsprojekten zu spielen. Dieses Buch bietet verschiedene Methoden zur Datenmigration an, die auch Zeit und Kosten sparen können. Es soll dazu beitragen, die Rolle der Fachabteilungen zu erweitern und die

Notwendigkeit, für jede Datenmigration eigene Programme zu schreiben und zu testen, beseitigen.

[«]

Sprachgebrauch

Die Begriffe *Datenmigration* und *Datenübernahme* werden in diesem Buch synonym verwendet. Dabei kann die Datenquelle sowohl ein beliebiges IT-Altsystem sein, sofern es sich um eine initiale Datenübernahme handelt, als auch ein bereits produktiv genutztes SAP-System, falls der Datenbestand organisatorischen Änderungen anzupassen ist.

Teil I: Grundlagen

Grundlagen der Datenmigration

Im ersten einführenden Teil des Buches erfahren Sie alles Wichtige rund um das Thema Datenmigration. **Kapitel 1**, »Grundlagen der Datenmigration«, gibt Ihnen einen Überblick über die verschiedenen Datenmigrationsstrategien und -ansätze. Wir zeigen Ihnen, warum die Datenmigration ein eigenständiges Teilprojekt ist, das nicht unterschätzt werden sollte. Zudem erhalten Sie einen kurzen Exkurs zum Thema historische Daten.

Planung von Migrationsprojekten

In **Kapitel 2**, »Planung von Datenmigrationsprojekten«, zeigen wir Ihnen, wie Sie Datenmigrationsprojekte strukturieren und damit zeitliche und qualitative Probleme vermeiden können. Anhand von Beispielen aus der Praxis erläutern wir die verschiedenen Arten von Datenmigrationsprojekten, die Phasen solcher Projekte und die Arbeitspakete, die in den einzelnen Phasen anfallen. Auch geben wir Hinweise zu Planung und Aufwandsschätzung, um Ihre Datenmigration erfolgreich zu gestalten.

Teil II: Datenmigration in SAP-Lösungen

SAP S/4HANA und SAP S/4HANA Cloud

Der zweite Teil unseres Buches widmet sich der Datenmigration in SAP-Lösungen. In **Kapitel 3**, »Datenmigration in SAP S/4HANA«, stellen wir Ihnen das Datenmigrationswerkzeug SAP S/4HANA Migration Cockpit und den SAP S/4HANA Migration Object Modeler vor, die beide speziell für die Datenmigration nach SAP S/4HANA entwickelt wurden. Wir erläutern Schritt für Schritt, wie eine Migration mit verschiedenen Ansätzen durchgeführt werden kann und welche weiteren Anwendungen Sie bei der Datenmigration unterstützen. Dabei zeigen wir Ihnen auch, wie Sie eigene Migrationsobjekte anlegen oder bestehende Migrationsobjekte erweitern können. Abgerundet wird das Kapitel mit nützlichen Hinweisen zu Informationsquellen und Performanceaspekten.

SAP SuccessFactors

Kapitel 4, »Datenmigration in SAP SuccessFactors«, adressiert die für die cloudbasierte Personalverwaltungssoftware SAP SuccessFactors relevanten technischen Möglichkeiten der Datenmigration speziell für das Modul SAP SuccessFactors Employee Central – das Personalverwaltungssystem von SAP SuccessFactors und somit das Herz der Suite. Dabei werden die entsprechenden Herausforderungen in diesem Umfeld thematisiert. Es werden Einblicke in die Vorgehensweise gegeben, wobei das SAP-SuccessFactors-Standardvorgehen mit CSV-Dateiimporten beleuchtet wird und beispielhaft auch die Möglichkeiten der Datenmigration von SAP ERP HCM nach SAP SuccessFactors Employee Central mit dem SAP Infoporter skizziert werden. Einige Tipps zur Unterstützung eines erfolgreichen Datenmigrationsprojekts runden das Kapitel ab.

SAP Ariba

Einen Überblick über die Datenintegration in die SAP-Ariba-Procurement-Lösungen geben wir Ihnen in **Kapitel 5**, »Datenmigration in SAP Ariba«. Hier gibt es je nach Quellsystem unterschiedliche Möglichkeiten, wie die Daten in diese Cloud-Lösungen integriert werden können.

SAP Business ByDesign

In **Kapitel 6**, »Datenmigration in SAP Business ByDesign«, zeigen wir Ihnen die Migration in die SAP-Cloud-Lösung SAP Business ByDesign. Anhand eines Beispiels erklären wir die zentralen Schritte **Validierung**, **Wertekonvertierung**, **Simulation** und **Import**. Auf die Möglichkeiten zur Korrektur von aufgedeckten Datenfehlern wird genauer eingegangen. Ein eigener Abschnitt ist der Migration von Finanzdaten gewidmet und der dort integrierten objektübergreifenden Buchungsvorausschau. Praxistipps runden das Kapitel ab.

Teil III: Alternative Verfahren

In Teil 3, »Alternative Verfahren«, des Buches gehen wir auf die klassischen Datenmigrationsverfahren ein, die auch weiterhin in der ABAP-Plattform verfügbar sind und stellen Ihnen auch neuere alternative Verfahren vor.

Batch-Input-Technik

Kapitel 7, »Batch-Input«, macht Sie mit einer der ältesten Methoden der Datenübernahme vertraut, der sogenannten Batch-Input-Technik.

IDocs und ALE

IDoc und ALE-Verteilung sind Technologien von SAP, die in den Bereichen Datenmanagement und Integration eingesetzt werden. Wir geben Ihnen einführende Informationen zu diesem Thema in **Kapitel 8**, »IDoc und ALE-Verteilung«. Konkret stellen wir Ihnen die Nutzung der ALE-Verteilung bei einer Datenübernahme vor.

Die Legacy System Migration Workbench (LSMW) steht zwar in SAP S/4HANA auf der *Simplification List*, ist aber immer noch nutzbar. Sie wird dann genutzt, wenn Sie an die Grenzen des SAP S/4HANA Migration Cockpits und des SAP S/4HANA Migration Object Modelers stoßen. Die LSMW ist trotz einiger Einschränkungen in SAP S/4HANA immer noch ein sehr flexibles Werkzeug, das wir Ihnen in **Kapitel 9** mit vielen nützlichen Anwendungsbeispielen vorstellen.

Legacy System Migration Workbench

In **Kapitel 10**, »Vorbereitung der Datenmigration mit SAP Cloud Integration«, zeigen wir Ihnen, wie Sie Ihre vorhandenen XML-basierten Dokumente anhand eines File-to-File-Ansatzes für die Datenmigration vorbereiten können. Konkret stellen wir Ihnen die Handlungsmöglichkeiten *Nachrichtensplitting*, *Daten-Merge* und *Nachrichten-Mapping* in SAP Cloud Integration vor und geben Ihnen einen Überblick, wie Sie diese Möglichkeiten implementieren und für Ihre Datenmigration nutzen können. Eine Einführung in den SAP Cloud Connector und die Anbindung von SFTP-Servern gibt Ihnen das umfassende Wissen für die Umsetzung des File-to-File-Ansatzes mit SAP Cloud Integration.

SAP Cloud Integration

Wie Sie bestimmte Datentypen und Datenkonstellationen ohne aufwendige Programmierung konvertieren können, erfahren Sie in **Kapitel 11**, »Techniken zur Vermeidung von Programmierung«. Anhand von praktischen Beispielen zeigen wir Ihnen, wie Sie Ihren zu migrierenden Datenbestand mithilfe von Tools wie Microsoft Excel effektiv aufbereiten und für die Übernahme in das SAP-System mit einem der vorgestellten programmierlosen Verfahren vorbereiten können.

Vermeidung von Programmierung

Kapitel 12, »Angrenzende Gebiete«, informiert Sie über die Themen Datenbankmigration und Systemkonvertierung.

Angrenzende Gebiete

Im **Anhang** werden alle für das Verständnis des Buches relevanten Begriffe in einem Glossar aufgelistet und erklärt.

Anhang

Der Aufbau des Buches ermöglicht es, dass sich Leserinnen und Leser, je nach Interessenlage, ein Kapitel herausgreifen können, ohne die vorangehenden Kapitel gelesen zu haben. Dennoch möchten wir Ihnen mit diesem Werk ein umfassendes Projekthandbuch zur Datenmigration bieten, sodass Sie nach der Lektüre des Buches in der Lage sind, Migrationsvorhaben selbst zu planen, zu beurteilen und umzusetzen. Ausführliche Fallbeispiele mit zahlreichen Screenshots sollen Sie bei der Realisierung dieses Ziels unterstützen.

Informationskästen

In hervorgehobenen Informationskästen finden Sie in diesem Buch Inhalte, die wissenswert und hilfreich sind, aber etwas außerhalb der eigentlichen

Erläuterung stehen. Damit Sie die Informationen in den Kästen sofort einordnen können, haben wir die Kästen mit Symbolen gekennzeichnet:

[»] ▪ In Kästen, die mit diesem Symbol gekennzeichnet sind, finden Sie Hinweise zu *weiterführenden Themen* oder wichtigen Inhalten, die Sie sich merken sollten.

[!] ▪ Dieses Symbol weist Sie auf *Besonderheiten* hin, die Sie beachten sollten. Es *warnt Sie* außerdem vor häufig gemachten Fehlern oder Problemen, die auftreten können.

[zB] ▪ *Beispiele*, durch dieses Symbol kenntlich gemacht, weisen auf Szenarien aus der Praxis hin und veranschaulichen die dargestellten Funktionen.

Wir hoffen, dass dieses Buch Ihnen bei der Migration Ihrer Daten in Ihr jeweiliges SAP-System helfen wird und Sie in die Lage versetzt, die Vorteile der SAP-Lösungen voll auszuschöpfen. Nun wünschen wir Ihnen viel Spaß beim Lesen und beim Verarbeiten der gewonnenen Erkenntnisse!

Frank Finkbohner, Martina Höft, Michael Roth,
Jonas Kinold, Wolfgang Kuchelmeister, Lukas Widera

TEIL I

Grundlagen

Kapitel 1
Grundlagen der Datenmigration

Sie können Ihr Datenmigrationsprojekt nur erfolgreich planen, durchführen und abschließen, wenn Sie sich frühzeitig mit allen Aspekten dieses komplexen Themas beschäftigt und sich das entsprechende Wissen darüber angeeignet haben.

Die *Migration* (von lateinisch *migratio* = (Aus)wanderung; *migrare* = wandern, wegziehen) steht laut Duden für »das Migrieren von Daten, z. B. in ein anderes Betriebssystem« (siehe *https://www.duden.de/rechtschreibung/Migration*). Eine *Datenmigration*, also die Migration von Daten, ist also das »Wandern« von Daten aus einem in ein anderes System. Die Migration kann von einem alten System zu einem neuen System, von einer lokalen Datenbank zu einem cloudbasierten Speicher oder von einer Datenbank in eine andere Datenbank erfolgen. Der Zweck der Datenmigration ist meistens der, auf ein neueres oder leistungsfähigeres System zu migrieren, die Datenintegrität zu verbessern, die Daten zu konsolidieren oder eine bessere Datenanalyse zu ermöglichen. In diesem Kapitel bringen wir Ihnen die Grundlagen der Datenmigration näher. Dazu erläutern wir Ihnen die verschiedenen Arten von Implementierungsansätzen und Migrationsstrategien. Allgemein kann man sagen, dass der Implementierungsansatz eines SAP-Systems (siehe Abschnitt 1.1, »Implementierungsansätze«) die jeweilige Migrationsstrategie (siehe Abschnitt 1.2, »Migrationsstrategien und Migrationsszenarien«) bestimmt.

1.1 Implementierungsansätze

Generell gesehen gibt es unterschiedliche Ansätze, um ein SAP-System zu implementieren. Die wichtigsten vier Ansätze haben wir Ihnen nachfolgend aufgelistet:

1. Big-Bang-Implementierung
2. Einzug in ein bestehendes System
3. Phasenweise Einführung (auch *Phased Rollout* genannt)
4. Systemoptimierung oder Landschaftsoptimierung

Nachfolgend beschreiben wir Ihnen diese Implementierungsansätze näher und beginnen mit der Big-Bang-Implementierung.

1.1.1 Big Bang/Erstbefüllung (Initial Load)

Der *Big Bang* ist, wie es der Name schon vermuten lässt, ähnlich zu sehen wie ein Urknall. Das System wird innerhalb eines kurzen Zeitraums (*Cut-over*) mit allen notwendigen Funktionalitäten für den Produktivbetrieb aufgebaut und dann zu einem festen Zeitpunkt, dem *Go-live*, in Betrieb genommen. Pathetisch gesprochen, könnte man es mit der Bibel halten: Genesis 1,3: »Gott sprach: ›Es werde Licht.‹ Und es wurde Licht«. Denn wenn idealerweise alles sauber implementiert wurde, legen Sie, symbolisch gesprochen, nur den Schalter um, und das System beginnt zu laufen. Vorhandene, nicht mehr notwendige Vorgängersysteme, *Alt-Systeme* oder *Legacy Systems* genannt, werden zu demselben Zeitpunkt »stillgelegt«. Schnittstellen zu diesen Altsystemen werden abgeschaltet, und neue Schnittstellen zum neuen System werden in Betrieb genommen. Migrationstechnisch bedeutet das, dass alle für den Go-live notwendigen Daten aus den Vorgängersystemen innerhalb des Cut-over-Fensters in das System geladen werden müssen. Man spricht hier auch von der *Erstbefüllung* oder dem *Initial Load*, manchmal auch Urladen genannt. Für und gegen den Big-Bang-Ansatz sprechen die Pro- und Kontra-Argumente in Tabelle 1.1.

Pro	Kontra
Alle Daten sind im neuen System verfügbar. Sie können die Vorteile der neuen Software direkt vollumfänglich nutzen.	Scheitert das Projekt oder der Produktivstart, hat dies größere Auswirkungen auf Ihr Unternehmen. Eine Unterbrechung des Geschäftsbetriebs ist dann nicht ausgeschlossen.
Da es keine Vorgängersysteme mehr gibt, ersparen Sie sich die Einrichtung temporärer Schnittstellen und Behelfslösungen.	Durch die vielen Aufgaben binden Sie viele eigene Ressourcen bzw. müssen Sie zusätzliche Ressourcen (Berater usw.) einkaufen.
	Die Menge der zu ladenden Daten ist oft sehr groß und erfordert eine detaillierte Migrations- und Go-live-Planung, die keine Verzögerungen zulässt.

Tabelle 1.1 Pro und Kontra einer Big-Bang-Lösung

1.1.2 Einzug in ein bestehendes System

Ein Einzug in ein bestehendes System heißt, dass ein schon existierendes, produktives SAP-System mit neuen Funktionalitäten oder Daten erweitert wird. Ein typisches Beispiel ist hier z. B. eine Firmenübernahme. Der Einzug in ein bestehendes System (*Zielsystem*) ist meist ein singuläres Ereignis. Hier werden Daten aus anderen Systemen (Quellsystemen) übernommen und unter Umständen auch gleichzeitig neue Funktionalitäten eingeführt. Das Zielsystem ist normalerweise schon längere Zeit produktiv und mit Daten befüllt. Die Datenmigration in ein solches System ist deshalb komplexer als in ein leeres System. Infolge der Änderungen bestehender Daten im Zielsystem müssen Sie darauf achten, Dateninkonsistenzen zu vermeiden.

1.1.3 Phasenweise Implementierung (Phased Rollout)

Die *phasenweise Implementierung*, manchmal auch stufenweise Implementierung genannt, ist eine Kombination aus Big Bang und der damit verbundenen Erstbefüllung und einem Einzug in ein bestehendes System. Der Unterschied zum Einzug in ein bestehendes System ist, dass hier mehrere Implementierungen hintereinander oder parallel geplant werden. Diese Art von Implementierung trifft man häufig bei Umstrukturierungen der IT-Landschaft an. Typische Beispiele dazu sind Firmenfusionen, die Umstellung auf eine zentrale Systemlandschaft oder die Konsolidierung und der Umzug aller IT-System in eine Cloud-Landschaft. Der gängigste Fall ist aber das Ausrollen eines zentralen SAP-Systems (On-Premise oder Cloud) in verschiedene Tochter- oder Landesgesellschaften. Solche Projekte werden in der Regel über einen Zeitraum von mehreren Jahren geplant. Durch die Erstbefüllung und den vielfachen Einzug anderer Systeme/Funktionalitäten in ein bestehendes, produktives System werden große Ansprüche an die Projektlaufzeit und Qualität der Datenmigration gestellt. Durch die phasenweise Migration ergeben sich in der Regel über die Jahre hinweg Synergieeffekte, die kostendämpfend und qualitätssteigernd wirken. Tabelle 1.2 listet einige Pro- und Kontra-Argumente für eine phasenweise Implementierung auf.

Pro	Kontra
Scheitert das Projekt oder der Produktivstart, ist nur ein Teil des Geschäfts betroffen; das mindert das Risiko.	Sie benötigen oft viele temporäre Schnittstellen zu Ihren Systemen, die Sie nach und nach ablösen wollen.

Tabelle 1.2 Pro und Kontra bei einem phasenbasierten Rollout

Pro	Kontra
Sie müssen über die gesamte Zeit gesehen mit weniger Ressourcenaufwand rechnen, da, abgesehen vom ersten Rollout (Initial Load), alle nachfolgenden Projekte ähnlich ablaufen und damit die Lernkurve und Synergieeffekte hoch sind.	Wegen der nicht abgelösten Systeme wird Ihre Systemlandschaft komplexer und erfordert dementsprechend auch eine komplexere und aufwendigere Planung.
Dadurch, dass Sie nicht alle Daten auf einmal laden müssen, bedeutet die verringerte Datenmenge eine einfachere Planung des Produktivstarts. Es sind kleinere Cut-over-Fenster möglich als bei einem Big Bang.	Ein SAP-System ist ein vollständig integriertes System. Dadurch, dass nicht alle Unternehmensteile dasselbe System zu derselben Zeit nutzen, dauert es länger, bis Sie die Vorteile des neuen Systems voll ausschöpfen können: nämlich, bis Sie den Rollout vollständig abgeschlossen haben.
Die Komplexität des Projekts ist durch die Aufteilung auf verschiedene Phasen geringer.	Die Migration zusätzlicher Daten in ein bereits produktives System ist komplex und muss ausgiebig getestet werden.
Das Änderungsmanagement ist weniger komplex – Sie und Ihr Unternehmen haben Zeit, sich an die Änderungen anzupassen.	
Von Phase zu Phase haben Sie die Möglichkeit, aus Ihren Fehlern zu lernen und diese in den neuen Phasen zu vermeiden.	

Tabelle 1.2 Pro und Kontra bei einem phasenbasierten Rollout (Forts.)

Phasenbasierte Rollouts müssen sehr gut geplant werden. Abbildung 1.1 zeigt Ihnen beispielhaft einen solchen Rollout. Wie Sie sehen, wird für Konfiguration und Implementierung des ersten Rollouts (Erstbefüllung) mehr Zeit aufgewendet als für die nachfolgenden Rollouts. Nachfolgende Rollouts können parallel betrieben werden und benötigen wegen der Konfigurationsvorlage des ersten Rollouts meist weniger Zeit für Konfiguration und Implementierung. Je nachdem, ob Sie die Testautomatisierungssoftware oder -werkzeuge einsetzen, können Sie auch die Testzeiten und Testaufwände stark reduzieren. Die Datenmigration sollte aber immer vollständig getestet werden, da sie in ein produktives System erfolgt.

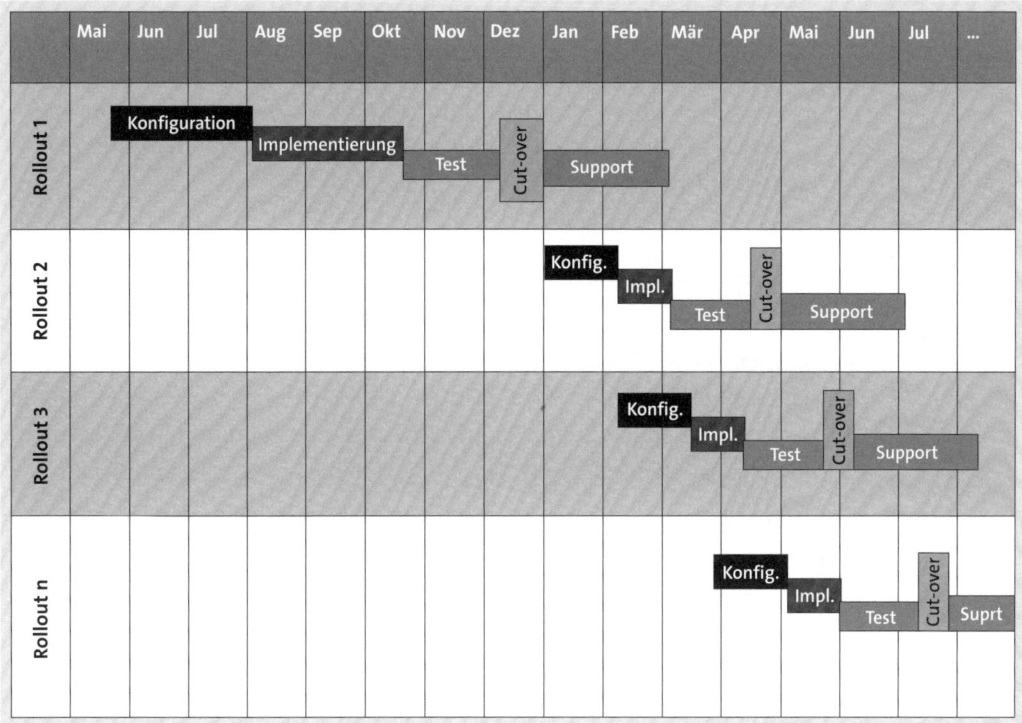

Abbildung 1.1 Beispielhafter phasenbasierter Rollout

1.1.4 Systemoptimierung

Eine *Systemoptimierung*, auch Landschaftsoptimierung genannt, oder besser bekannt unter dem englischen Begriff *System Landscape Optimization* (SLO), wird häufig beim Verkauf von Firmenteilen, Produktionsauslagerungen oder Firmenfusionen angewendet. Werden Prozesse oder Organisationsstrukturen eines produktiven SAP-Systems in ein anderes SAP-System ausgegliedert bzw. in ein System neu eingegliedert, sind spezielle Techniken und Dienstleistungen notwendig, um z. B. alle Daten eines Buchungskreises in ein anderes System zu überführen oder verschiedene Buchungskreise in einem System zusammenzuführen. Solche Fälle sind sehr komplex und oft finanzprüfungsrelevant. Sie werden deshalb von Spezialanbietern als kostenpflichtige Dienstleistung angeboten und erfolgen meist direkt auf der Tabellenebene. Solche Transformationen können eigentlich nicht in Eigenregie durchgeführt werden. SAP bietet solche Dienstleistungen z. B. über die Data Management and Landscape Transformation (DMLT) Group an.

1.2 Migrationsstrategien und Migrationsszenarien

Generell unterscheidet man zwei Hauptstrategien: *Greenfield* und *Brownfield*. Zudem gibt es eine dritte Strategie, die *Bluefield* genannt wird. Nachfolgend erläutern wir Ihnen alle drei Strategien. Wir beginnen zunächst mit der Greenfield-Strategie.

1.2.1 Greenfield – Neuimplementierung

Greenfield, zu Deutsch *grüne Wiese*, kennt man aus dem Baubereich. Mit der grünen Wiese wird eine Neubebauung auf einem bisher nicht bebauten Gelände bezeichnet. Softwaretechnisch handelt es sich um eine Neuimplementierung. In der Migration wird darunter die Migration in ein komplett neu zu installierendes und zu konfigurierendes System verstanden.

Neuanfang

Greenfield bedeutet, dass Sie ohne bestehende Restriktionen komplett von vorne anfangen können. Diese Strategie wird oft dann verwendet, wenn im bestehenden Umfeld der Platz zu klein wird oder das bestehende System nicht mehr erweitert oder an die neuen Gegebenheiten angepasst werden kann. Dann ist ein *Business Process Reengineering* und eine damit einhergehende Vereinfachung der Prozesse die erste Wahl. Gründe hierfür sind vielfältig und können z. B. sein, dass Sie wieder zurück zum Standard gehen möchten, weil Ihr bestehendes System:

- nicht mehr wartbar oder upgradebar ist
- Sie langfristig Kosten sparen wollen
  - weil die Kosten für die Wartung aller Modifikationen immer mehr steigen
  - weil die Kosten für die Anpassungen nach einem Upgrade immer mehr steigen
  - weil sich niemand mehr in Ihrer Firma mit den selbst programmierten Modifikationen und Anwendungen auskennt

Standard oder nicht?

Viele Projekte starten mit dem Ansatz, so nah wie möglich mit den Geschäftsprozessen dem Industriestandard zu folgen und damit so wenig wie möglich eigene Anwendungen zu programmieren oder Standardanwendungen zu modifizieren. Leider wird dieser Ansatz dann allzu oft wieder aufgegeben. Oft scheut man den Aufwand, seine Geschäftsprozesse neu zu ordnen, nachdem man das Chaos analysiert hat. Aber es gibt auch Beratungsunternehmen, die Ihnen vorbereitete Lösungen verkaufen, die viel Eigenentwicklung und somit die Abkehr vom Standard bedeuten. Dabei hat die Hinwendung zum Standard viele Vorteile und spart langfristig Geld.

Viele Unternehmen, die ihr System zu SAP-R/3-Zeiten sehr stark modifiziert hatten, mussten später leidvoll erkennen, dass diese Systeme nicht oder nur mit sehr aufwendigen und kostenintensiven Projekten und hohen Kosten auf SAP ERP upgegradet werden konnten.

Abbildung 1.2 zeigt eine schematische Darstellung der Greenfield-Strategie für eine beispielhafte Neuimplementierung eines SAP-S/4HANA-Systems. Hier werden die Daten eines SAP-ERP-Systems oder eines Nicht-SAP-Systems in eines der SAP-S/4HANA-Produkte migriert. Das Zielsystem enthält die von SAP ausgelieferte Konfiguration und muss bzw. kann je nach Produkt mehr oder weniger an Ihre spezifischen Anforderungen angepasst werden. Daten werden dann über definierte Datenmigrationswerkzeuge in das Zielsystem geladen.

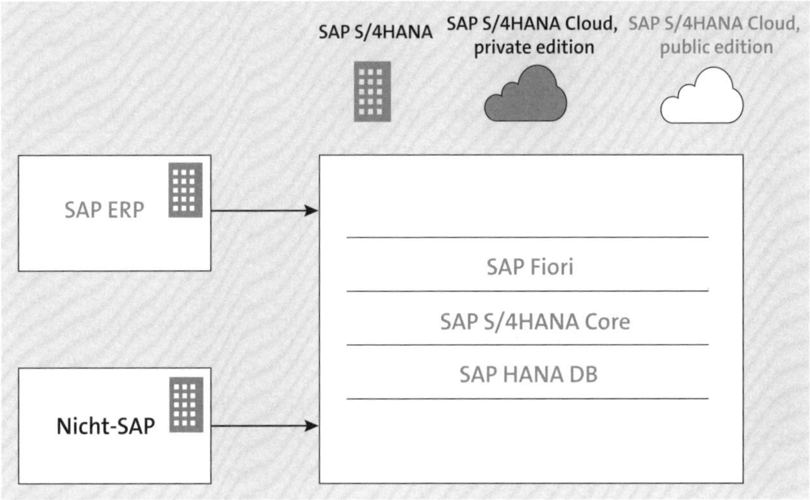

Abbildung 1.2 Neuimplementierung von SAP S/4HANA

SAP S/4HANA Cloud

SAP-S/4HANA-Cloud-Projekte in der public edition sind wegen technischer Restriktionen immer Neuimplementierungen. Durch die eingeschränkten Konfigurationsmöglichkeiten müssen Sie sich als Kunde damit befassen, Ihre Prozesse an den Standard anzupassen. Cloud-Projekte sind deshalb normalerweise schneller umgesetzt und planbar als z. B. On-Premise-Projekte. Kunden und Beratungsunternehmen, die sich auf das Cloud-Konzept der eingeschränkten Konfiguration einlassen und ihre Prozesse und Vorlagen anpassen, werden damit belohnt, dass ihre Projekte innerhalb der geplanten Zeit abgewickelt werden. Es ist ähnlich wie beim Sandwich oder Pizzaladen um die Ecke: Sie stehen vor dieser Theke, und die freundliche Person hinter der Theke fragt Sie, welches Sandwich oder welche Pizza Sie kaufen wollen. Nehmen Sie das Standardangebot, sind Sie schnell fertig. Haben Sie jedoch Sonderwünsche wie z. B. extra Käse, Zwiebeln, aber nur rote Zwiebeln, dauert alles länger, und die Schlange hinter Ihnen wird länger und länger. Wenn Sie den Standard nehmen, der auch schmeckt, sättigt und Sie zufriedenstellt, ist es einfacher, schneller und weniger fehleranfällig. Wenn Sie als Kunde und/oder Beratungsunternehmen nicht das notwendige *Cloud-Mindset* mitbringen, wenn Sie also versuchen, dieses System auf Gedeih und Verderb an Ihre Anforderungen anzupassen, anstatt das zu nehmen, was da ist und Ihre Prozesse zurück zum Standard zu bringen, dann dauert alles länger und kostet Zeit und Geld. Wenn Sie Pech haben, scheitert das Projekt am Ende.

On-Premise-System

Greenfield-Projekte in On-Premise-Systemen halten oft nicht den Projektrahmen bezüglich Budget und Zeit ein. Die Gründe sind meist die schon erwähnten mannigfaltigen Prozesskonfigurationsmöglichkeiten und die damit anfallenden Abstimmungsprozesse, Zusatzentwicklungen und -kosten.

Weg mit den Pfunden

Greenfield bedeutet, einen Neuanfang zu wagen und sich von Altlasten (alten Datenbeständen) zu befreien (Archivierung, Data Cleansing im Quellsystem). Als Ergebnis haben Sie ein leistungsfähigeres und schlankeres Zielsystem mit mehr Speicherplatz.

1.2.2 Brownfield – Systemkonvertierung

Den Begriff *braune Wiese* gibt es in der deutschen Sprache nicht. Unter der braunen Wiese ist also nicht unbedingt das vertrocknete Fleckchen Erde zu verstehen, das Sie möglicherweise im Sommer beim Blick in Ihren Garten sehen, sondern eher das Kernsanieren eines Bestandsgebäudes, die Erweiterung im Bestand oder das Bauen in einem schon entwickelten Industriegebiet mit vorhandenen Bestandsbauten. Im Gegensatz zur grünen Wiese sind die Einschränkungen hier höher. Im Sinne von Nachhaltigkeit ist ein Brownfield-Ansatz aber auch nicht zu unterschätzen, da die Daten im System verbleiben und Sie sich weniger Gedanken zur Datenmigration machen müssen. Das heißt aber auch, dass Sie weiterhin den alten Datenballast mit in Ihre Überlegungen einbeziehen müssen. Dieser Datenballast beinhaltet oft z. B. inkorrekte Stammdaten (Dubletten, falsche Adressen usw.) und sollte auf jeden Fall bereinigt werden (Archivierung, Data Cleansing).

Systemkonvertierung

Das typische SAP-Datenmigrationsszenario des Brownfield-Ansatzes ist eine *Systemkonvertierung*, also die Konvertierung eines bestehenden SAP-ERP-Systems in ein neues SAP-S/4HANA-System unter Beibehaltung der Konfiguration und aller Daten. Wie Sie in der schematischen Darstellung in Abbildung 1.3 sehen, ist die Systemkonvertierung nur in die, auf der SAP-S/4HANA-On-Premise-Version basierenden Produkte möglich. Eine Systemkonvertierung in die SAP S/4HANA Cloud, public edition, ist technisch nicht möglich. Der Vorteil einer Systemkonvertierung ist, dass die Konvertierung innerhalb desselben Systems erfolgt. Das SAP-Business-Suite-System wird in mehreren Schritten in ein SAP-S/4HANA-System umgewandelt. Es ist also kein normales Upgrade, da das System hier komplett umgewandelt wird.

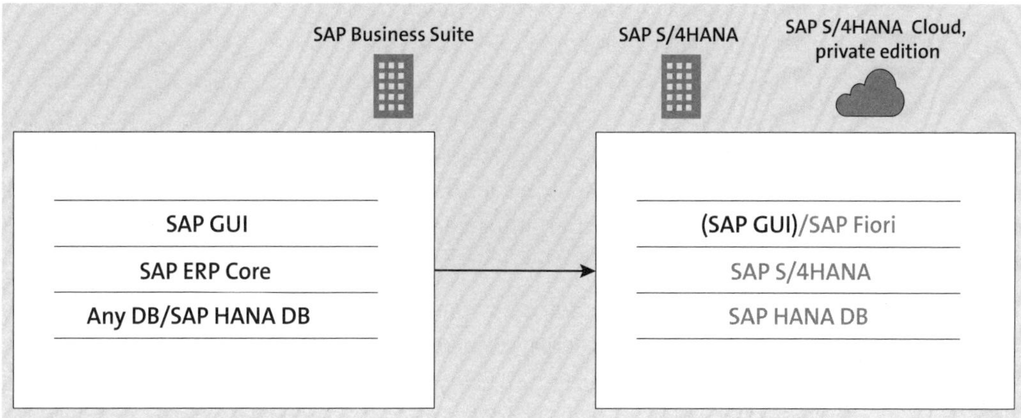

Abbildung 1.3 Systemkonvertierung nach SAP S/4HANA

Einen Überblick über die Systemkonvertierung finden Sie in Abschnitt 12.2, »Systemkonvertierung«.

1.2.3 Bluefield – Selektive Datenübernahme

Der Bluefield-Ansatz hat im Gegensatz zu den beiden vorangehenden Begriffen keinen Ursprung im Bauen von Gebäuden. Es ist eher ein Marketingbegriff, also quasi die »Piemont-Kirsche« der Migrationsbranche. Die *Bluefield-Migration* wird von diversen Firmen in Bezug auf ihre Produkte und Lösungen verwendet, die es ermöglichen, Daten von einem bestehenden System in ein neues System zu migrieren, während das alte System weiterhin in Betrieb bleibt. Eine Bluefield-Migration erfordert immer eine gründliche Planung und Vorbereitung, um sicherzustellen, dass die Datenintegrität beibehalten wird und keine Daten verloren gehen.

Minimale Unterbrechung des Geschäftsbetriebs

Der Vorteil dieser Art der Datenmigration ist die Möglichkeit, Unterbrechungen des Geschäftsbetriebs zu minimieren und die Datenintegrität zu wahren. Die Benutzer können weiterhin auf die Daten zugreifen, während die Migration stattfindet. Es ermöglicht auch, dass die neue und alte Umgebung parallel betrieben werden und das neue System getestet werden kann, bevor es schlussendlich in die Produktion geht.

Parallelbetriebmigration

Für eine *Bluefield-Migration* gibt es keinen spezifischen deutschen Begriff, da es sich um einen englischen Fachbegriff handelt. Es kann als *Parallelbetriebmigration* übersetzt werden, um das Konzept der Migration von Daten von einem bestehenden System in ein neues System, während das alte System weiterhin in Betrieb bleibt, auszudrücken.

Selektive Datenübernahme

SAP nennt den Begriff im Zusammenhang mit SAP S/4HANA auch *selektive Datenmigration* bzw. *Datenübernahme* (*Selective Data Migration*). Hier liegt der Schwerpunkt auf dem selektiven Datentransfer. Daten eines oder mehrerer SAP-ERP-Systeme werden in das SAP-S/4HANA-Zielsystem überführt. Das Zielsystem für eine selektive Datenübernahme muss zuerst entweder über eine Neuimplementierung oder über eine Systemkonvertierung erstellt werden. Danach werden die Daten selektiert, in das SAP-S/4HANA-Datenmodell konvertiert und in das Zielsystem geladen. Abbildung 1.4 zeigt Ihnen Beispiele einer selektiven Datenübernahme:

- *Systemkonsolidierung*, also eine Migration von Funktionen und Daten mehrerer Quellsysteme in ein SAP-S/4HANA-Zielsystem
- *Migration ausgewählter Geschäftseinheiten* eines Systems in ein SAP-S/4HANA-System
- *Migration ausgewählter Anwendungsbereiche* in ein SAP-S/4HANA-System

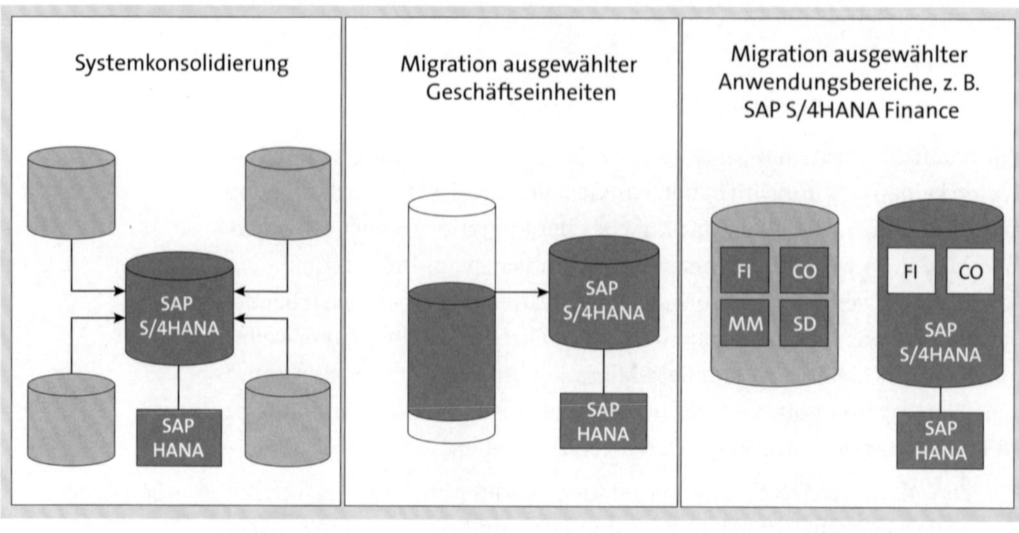

Abbildung 1.4 Verschiedene Optionen der selektiven Datenübernahme

Eine selektive Datenübernahme ist mit Einschränkungen auch für Nicht-SAP-Quellsystem über spezielle ETL-Werkzeuge und Lösungen, wie z. B. SAP Data Services, möglich. Die Abkürzung *ETL* wird aus den Anfangsbuchstaben der Wörter *Extrahieren*, *Transformieren* und *Laden* gebildet und beschreibt die typischen Arbeitsschritte, die ein solches Werkzeug unterstützt.

Kostenpflichtige Services und Werkzeuge

Diese Art der Datenmigration ist hochkomplex und kann nur von Experten ausgeführt werden. Neben SAP selbst gibt es weitere Firmen auf dem Markt, die die entsprechenden Werkzeuge, Beratungs- und Implementierungsservices kostenpflichtig anbieten.

1.2.4 Vergleich der Strategien

Greenfield-Migration: Neuimplementierung

Greenfield-Migrationen sind am besten für Unternehmen geeignet, die eine neue Technologie einführen möchten, die komplett und von Grund auf neu gestaltet werden muss, oder die ihre IT-Infrastruktur vollständig erneuern möchten. Verwenden Sie als Quellsystem ein Nicht-SAP-System, ist der einzige Migrationspfad, den Sie haben, der einer Neuimplementierung.

Brownfield-Migration: Systemkonvertierung

Brownfield-Migrationen sind am besten für Unternehmen geeignet, die bestehende Daten und Anwendungen migrieren müssen und die ihre IT-Infrastruktur nur teilweise erneuern möchten. Diese Art der Migration erfordert in der Regel mehr Zeit und Aufwand, da bestehende Daten und Anwendungen analysiert und an das neue System angepasst werden müssen.

Bluefield-Migration: selektive Datenübernahme

Bluefield-Migrationen eignen sich für Unternehmen, die ihre IT-Infrastruktur modernisieren möchten, ohne die Verfügbarkeit ihrer Anwendungen und Daten zu beeinträchtigen. Diese Art der Migration ist besonders nützlich für Unternehmen, die ihre IT-Systeme aktualisieren möchten, ohne dass es zu Ausfallzeiten kommt. Auch Unternehmen, die ihre IT-Infrastruktur erweitern möchten, um mehr Kapazitäten zu haben, ohne die Leistung zu beeinträchtigen, können von einer Bluefield-Migration profitieren.

1.3 Exkurs: Historische Daten

Eine häufig gestellte Frage ist die nach der Übernahme von historischen Daten. Viele Kunden wollen oft ihren kompletten Datenbestand inklusive historischer Daten des Altsystems in das neue Zielsystem übernehmen. Aber was sind überhaupt *historische Daten*? Bei SAP werden unter diesem Begriff die folgenden Daten verstanden:

- *Bewegungsdaten*, die zu einem abgeschlossen oder langlaufenden Prozess gehören. Dies sind z. B. abgeschlossene oder teilgelieferte Bestellungen, Finanzbelege oder teilproduzierte Produktionsaufträge.

- *Stammdaten*, die zum Löschen vorgemerkt oder schon archiviert sind bzw. Altlasten, die schon seit Jahren nicht mehr angefasst wurden, also z. B. Produkte, die seit Jahren nicht mehr bestellt werden, aber noch im Lager herumliegen.

Zeitraum

Zusätzlich darf hier der Zeitraum, den die historische Daten umfassen können, nicht vergessen werden. Es ist ein riesiger Unterschied, ob Sie von allen Daten eines Systems sprechen oder »nur« von den Daten der letzten beiden Geschäftsjahre.

Was geht wo?

Je nach Datenmigrationsszenario gibt es verschiedene Möglichkeiten, um historische Daten zu migrieren (oder auch nicht):

- *Neuimplementierung*: eine Migration von historischen Daten, insbesondere der historischen Bewegungsdaten, ist hier größtenteils nicht möglich. Es gibt hier lediglich die Möglichkeit, z. B. historische Salden und Materialverbrauchswerte zu laden.
- *Systemkonvertierung*: Hier können weitestgehend alle historischen Daten (Stamm- und Bewegungsdaten) über die SAP-Standardwerkzeuge konvertiert werden.
- *Selektive Datenübernahme*: Hier ist es vom angebotenen Service bzw. Werkzeug abhängig, ob und welche historischen Daten im Rahmen eines Projekts übernommen werden können.

Stammdaten

Wie Sie vielleicht von Ihren letzten privaten Umzügen oder innerhalb der Firma wissen, gibt es immer wieder Umzugskisten, die einmal eingepackt und nie wieder ausgepackt, aber bei jedem Umzug wieder mitgenommen werden. Die große Frage, die Sie sich nun stellen sollten, ist: »Benötige ich diese Umzugskisten wirklich noch, oder kann ich sie einfach entsorgen?«. In Datenmigrationsprojekten sind die Stammdaten die Analogie zu den Umzugskisten. Hier sollten Sie sich wirklich fragen, welche der Stammdaten Sie wirklich noch benötigen und welche Sie schon im Quellsystem löschen bzw. bereinigen können.

[!]

Historische Stamm- und abhängige Bewegungsdaten

Wenn Sie Stammdaten bereinigen, sollten Sie auch abhängige Stamm- und Bewegungsdaten betrachten. Produkte, die z. B. zum Löschen vorgemerkt sind, können weiterhin im Bestand sein. Das heißt, dass Sie entweder den Bestand abschreiben oder das zum Löschen vermerkte Produkt übernehmen müssen. Im Rahmen einer Neuimplementierung müssten Sie dann die Löschvormerkung vor dem Migrieren der Stammdaten und der abhängigen Bewegungsdaten entfernen und nach der Migration wieder setzen. Ähnliches gilt auch für bestimmte Status einiger Stammdaten, die das Anlegen eines Bewegungsdatums für dieses Stammdatum nicht erlauben. Der Status würde die Migration blockieren.

Bewegungsdaten

Wie schon erwähnt, ist eine Migration von historischen Daten, insbesondere der historischen Bewegungsdaten, im Rahmen einer Neuimplementierung größtenteils nicht möglich. Aber warum ist das so? Hier einige Antworten:

- Abgeschlossene Finanzbelege dürfen in den meisten Ländern aus buchhalterischer Sicht nicht noch einmal verbucht werden. Wenn Sie also einen Finanzbeleg in Ihrem Quellsystem gebucht haben, wird dieser beim erneuten Buchen in dem Zielsystem den kompletten neuen Prozess (Customizing) des neuen Systems durchlaufen. Das heißt, dass der Beleg sehr wahrscheinlich am Ende anders aussehen wird (z. B. andere Besteuerung) als im Quellsystem und auch andere Folgebelege generieren wird. Diese Vorgehensweise wird in der Regel von einem Finanzprüfer abgelehnt. Was Sie jedoch in ein SAP-S/4HANA-System migrieren können, sind historische Salden. Diese haben keinen Belegbezug und werden direkt in die entsprechende Datenbanktabelle geschrieben.
- Abgeschlossene oder teilbebuchte Belege, wie z. B. Bestellungen oder Produktionsaufträge, sind mit ihren vielen Folgebelegen und Abhängigkeiten einfach zu komplex, um im Rahmen einer Neuimplementierung sauber extrahiert, konvertiert und geladen zu werden. Aufgrund dieser extrem hohen Komplexität gibt es auch keine Schnittstellen oder APIs von SAP zur Datenmigration solcher Belege bzw. eines kompletten Belegflusses. Es gibt nur die Möglichkeit, offene Belege oder, finanztechnisch gesehen, offene Posten zu übernehmen. Ein gängiges Prinzip bei teiloffenen Bestellungen ist es, die offenen Restmengen im Quellsystem zu stornieren und dann neue offene Bestellungen im Zielsystem anzulegen.

Aber warum kann ich diese Belege im Rahmen einer selektiven Datenübernahme oder einer Systemkonvertierung übernehmen?

- Wie der Name der Systemkonvertierung es schon sagt, verbleiben die Daten im System, und es werden unter Umständen nur Organisationseinheiten wie Buchungskreise in die neuen Organisationseinheiten konvertiert oder die Daten im Rahmen eines festgelegten Migrationsschemas von einer Tabelle in eine andere Tabelle umkopiert, wenn sich das Datenmodell geändert hat.

- Bei der selektiven Datenübernahme ist es vom angebotenen Service abhängig, ob abgeschlossene Belege unterstützt werden oder nicht; aber auch hier werden in der Regel die Daten direkt aus den Quellsystemen extrahiert und in die jeweiligen Tabellen des SAP-S/4HANA-Zielsystems kopiert.

Bei beiden Szenarien werden die Daten direkt auf die Tabellen geschrieben und die Konfiguration des Geschäftsprozesses damit nicht durchlaufen. Es ist damit quasi die einzige Möglichkeit, Finanzbelege so zu migrieren, dass sie von den meisten Finanzprüfern akzeptiert werden.

Neuimplementierung

Und welche Alternativen haben Sie hier bei einer Neuimplementierung?

Es gibt die folgenden Möglichkeiten:

- **Keep the System Running**
  - Sie lassen die Altsysteme so lange parallel zum neuen System laufen, bis alle offenen Belege abgeschlossen sind (Bestellungen usw.). Temporäre Schnittstellen zum neuen System müssen hier unter Umständen implementiert werden.
  - Wenn es rechtliche Aufbewahrungszeiträume gibt, weshalb Sie oder ein Auditor Zugriff auf die historischen Daten benötigen, können Sie die Altsysteme auch so lange laufen lassen bzw. lauffähig halten und bei Bedarf hochfahren, bis der Aufbewahrungszeitraum abgelaufen ist. Danach schalten Sie das System ab und verschrotten es.
  - Sie können sich auch nach seriösen Dienstleistern umhören, die die Systeme mit dem letzten Backup ihres Altsystems bereithalten und auf die Sie remote zugreifen können. Solche Systeme werden dann nur bei Bedarf hochgefahren, und es fallen dann nur fixe Kosten für die Bereitstellung und variable Kosten für die Zugriffe an.
- **Business Warehouse**
  Sind die Daten für Auswertungen erforderlich, können Sie die Daten aggregiert, z. B. in ein Business-Warehouse-System, auslagern. Wenn Sie z. B. die Umsätze pro Produkt pro Quartal benötigen, müssen Sie hier nicht die vollständigen Belege ablegen, sondern nur die jeweiligen aggregierten Daten dazu. Das spart Platz und Geld.
- **Side-by-Side-Szenario**
  Hier werden die relevanten Daten einfach ausgelagert. Das können z. B. kundeneigene Tabellen in demselben SAP-S/4HANA-System oder Tabellen auf einer anderen Datenbank sein. Dort können Sie dann mittels selbst geschriebener Reporte oder Queries abgefragt werden.

[«]

Extrahieren der Daten vor dem Shutdown

SAP bietet zum Extrahieren der Daten vor dem endgültigen Abschalten einige Werkzeuge und Beispielimplementierungen an.

- *SAP Information Lifecycle Management* (ILM):
  - Hier können Sie die Daten in ein eigenständiges ILM-Retention-Warehouse-System (RW-System) im Rahmen der Stilllegung übernehmen. Anlagen zu den Dokumenten (Attachments) können auch hier abgelegt werden.
  - Mehr dazu finden Sie im SAP Help Portal über diesen Link: *https://help.sap.com/docs/SAP_S4HANA_ON-PREMISE/35d6f7d8cbd04dbf997ca36785c7a795/295cb0bdba784096bef0f3fe53924f9f.html?locale=de-DE*
- *Data Retention Tool* (DART) excl. Attachments:
  - Das Data Retention Tool (DART) unterstützt Sie dabei, die gesetzlichen Anforderungen an die Datenhaltung für steuerliche Prüfungszwecke zu erfüllen. Sie können steuerlich relevante Daten in sequenzielle Dateien extrahieren, sie aufbewahren und mit weiteren Werkzeugen wieder anzeigen. DART wird z. B. in Deutschland für die seit dem 1.1.2002 in Deutschland gültigen Grundsätze zum Datenzugriff und zur Prüfbarkeit digitaler Unterlagen (GDPdU) genutzt.
  - Mehr dazu erfahren Sie über diesen Link: *https://help.sap.com/docs/SAP_ERP_SPV/0dbba765e35b488886cca24381b032b3/6f96c2531bb9b44ce10000000a174cb4.html?locale=de-DE&version=6.03.22*
- Beispiel für ein Side-by-Side-Szenario:
  - Auf dem SAP Extensibility Explorer für SAP S/4HANA Cloud (*https://extensibilityexplorer.cfapps.eu10.hana.ondemand.com/ExtensibilityExplorer*) werden Ihnen Beispielszenarien (Sample Scenarios) für Erweiterungsmöglichkeiten Ihres SAP-S/4HANA-Cloud-Systems bereitgestellt. Eine solche beispielhafte Erweiterung ist »Migrated Sales Order Data«. Die Erweiterung beschreibt, wie Sie eine Side-by-Side-Anwendung zum Durchführen von Such-, Sortier- und Filtervorgängen für historische Kundenauftragsdaten anlegen, die Sie aus einem Altsystem migriert haben.
  - Direkter Link zum »Migrated Sales Order Data«-Beispiel: *https://extensibilityexplorer.cfapps.eu10.hana.ondemand.com/ExtensibilityExplorer/#/ExtScenario/308*
  - Direkter Link zum Setup Guide: *https://help.sap.com/docs/SAP_EXTENSIBILITY_EXPLORER/1eeef7f3c5c140b1a3b406cf357f316a/cad638592ebb4058891021e7aad9793d.html*

Kapitel 2
Planung von Datenmigrationsprojekten

Strukturierte Migrationsprojekte sind erfolgreicher als unstrukturierte. Klären Sie deshalb frühzeitig die anstehenden Arbeitspakete und den anstehenden Ressourcenbedarf für Ihr Datenmigrationsteilprojekt.

In Kapitel 1, »Grundlagen der Datenmigration«, haben wir Ihnen die Grundlagen der Datenmigration vorgestellt; in diesem Kapitel beschäftigen wir uns nun mit der Strukturierung eines Datenmigrationsprojekts. In Abschnitt 2.1 beschreiben wir die Phasen eines Datenmigrationsprojekts und deren Einordnung in die Phasen eines Implementierungsprojekts (Abschnitt 2.2). In Abschnitt 2.3 erfahren Sie dann, welche Aufgaben innerhalb dieser Datenmigrationsphasen anfallen und wie Sie diese Aufgaben sinnvoll in Arbeitspakete einteilen. Im letzten Abschnitt dieses Kapitels geben wir Ihnen Tipps für die Datenmigrationsobjektermittlung und die Aufwandsschätzung.

2.1 Phasen eines Datenmigrationsprojekts

Wie wir schon in Kapitel 1, »Grundlagen der Datenmigration«, erwähnt haben, gibt es zwar verschiedene Arten eines Datenmigrationsprojekts, deren Phasen jedoch in der Regel gleich sind.

Für SAP-Implementierungsprojekte können Sie unterschiedliche Vorgehensmodelle und -methoden verwenden. Das aktuelle Vorgehensmodell oder Framework zur Einführung einer SAP-Software ist SAP Activate. Es beinhaltet von SAP entwickelte Roadmaps für die Implementierung Ihrer Produkte und wird stetig angepasst und weiterentwickelt. In diesem Abschnitt erläutern wir Ihnen, welche Projektphasen es in einem Datenmigrationsprojekt gibt und wie diese in die Standardprojektphasen eines SAP-S/4HANA-Implementierungsprojekts eingebunden werden.

[«]

Roadmap Viewer in SAP Activate

Mehr Informationen über SAP Activate finden Sie auf der Roadmap-Viewer-Webseite: *https://go.support.sap.com/roadmapviewer*

SAP Activate ist in sechs Phasen unterteilt:

1. Erkennen (*Discover*)
2. Vorbereiten (*Prepare*)
3. Erkunden (*Explore*)
4. Umsetzen (*Realize*)
5. Implementieren (*Deploy*)
6. Ausführen (*Run*)

[»]

Englische Bezeichnungen

Da die englischen Phasenbezeichnungen am geläufigsten sind, verwenden wir hier nachfolgend nur noch die englischen Bezeichnungen.

Sieben Datenmigrationsphasen

Wie Sie in Kapitel 1, »Grundlagen der Datenmigration«, schon gelernt haben, wird die Datenmigration am besten als Teilprojekt aufgesetzt. Die Aufgaben einer Datenmigration unterscheiden sich von denen einer Produkteinführung mittels SAP Activate. Wir verteilen diese Aufgaben auf sieben Datenmigrationsphasen:

1. Datenanalyse (*Data Analysis*)
2. Datenbereinigung (*Data Cleansing*)
3. Mapping (*Mapping*)
4. Implementierung (*Implementation*)
5. Test der Datenmigration (*Tests*)
   - funktionale Tests
   - produktive Ladetests (*PLT*)
6. Validierung (*Validation*)
7. Produktives Laden und Support (*Productive Load*)

Abbildung 2.1 zeigt eine Darstellung der einzelnen Phasen.

Notwendige Überlappung der Datenmigrationsphasen

Datenmigrationsphasen sind im Gegensatz zu den SAP-Activate-Phasen nicht streng sequenziell, sondern iterativ und überlappend. Erkenntnisse einer nachgelagerten Phase beeinflussen dadurch gewollt die vorangehenden Phasen. Dies ist notwendig, um flexibel auf Fehler reagieren zu können. In den folgenden Abschnitten gehen wir genauer auf die einzelnen Datenmigrationsphasen ein.

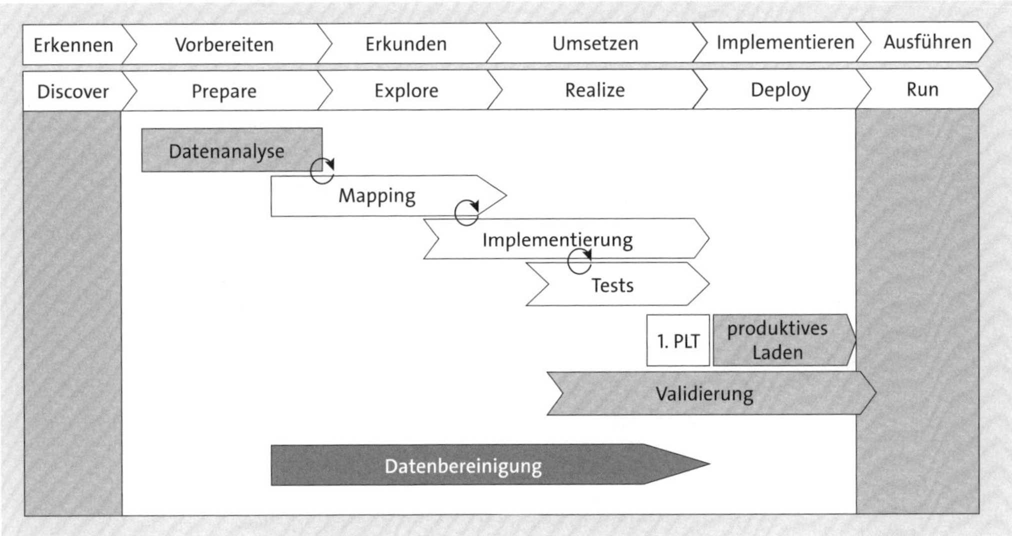

Abbildung 2.1 Datenmigrationsphasen in SAP Activate

2.1.1 Datenanalyse

Die Analysephase wird in der Regel innerhalb der Prepare-Phase gestartet, sie muss aber nicht mit der Prepare-Phase beginnen. Es ist vollkommen ausreichend, wenn Sie mit der Analyse in der Hälfte der Prepare-Phase beginnen, denn dann sind die zu implementierenden Prozesse bekannt und einige davon oft auch schon fertig beschrieben worden. Dies erleichtert es für die Datenmigrationsanalyse, die Geschäftsobjekte, Datenmigrationsobjekte und Quellsysteme zu identifizieren.

[«]

Geschäftsobjekt vs. Datenmigrationsobjekt

Ein *Geschäftsobjekt* (Business Object) ist ein einzelnes Geschäftsobjekt, das zur Modellierung eines Geschäftsprozesses benötigt wird, z. B. **Material**, **Produkt**, **Kunde** oder **Bestellung**.

Ein *Datenmigrationsobjekt* oder einfach nur *Migrationsobjekt* (Migration Object) ist normalerweise ein Geschäftsobjekt oder Teil eines solchen. Es wird zur Migration dieses Geschäftsobjekts verwendet. Aus technischen Gründen müssen Geschäftsobjekte manchmal in kleinere Einheiten aufgeteilt werden. Ursächlich hierfür können unterschiedliche Datenquellen oder Datenmigrationsschnittstellen sein. Zu einem Geschäftsobjekt kann es also ein bis mehrere Migrationsobjekte geben. Ein Beispiel ist das Geschäftsobjekt **Produkt**, dass in SAP S/4HANA in diverse Migrationsobjekte aufgeteilt ist.

[»]

Stammdaten vs. Bewegungsdaten

Unter *Stammdaten* versteht man Daten, die in sich stabil und die Grundlage für andere Geschäftsobjekte sind. Stammdaten verändern sich über einen bestimmten Zeitraum wenig bis gar nicht. Bekannte Stammdatenobjekte sind z. B. **Produkt**, **Kunde**, **Lieferant**, **Bank** und **Stückliste**.

Unter *Bewegungsdaten* (Transaktionsdaten) versteht man Daten, die andauernden Veränderungen unterliegen. Bekannte Bewegungsdaten sind Bestände, Kontendaten sowie alle Arten von Aufträgen und Belegen.

Wir empfehlen Ihnen, so früh wie möglich mit der Datenanalyse zu beginnen, da die Datenanalyse die Grundlage für alle anderen Aktivitäten schafft.

2.1.2 Datenbereinigung (Data Cleansing)

Die Datenbereinigung ist eine der meistunterschätzten Tätigkeiten innerhalb einer Datenmigration. Eine Datenbereinigung sollte nach Möglichkeit immer im Quellsystem erfolgen. Unter bestimmten Umständen kann sie aber auch, falls möglich, im jeweiligen Datenübernahmewerkzeug erfolgen. Systematische Fehler in den Quelldaten lassen sich manchmal durch Umschlüsselungsregeln in saubere Ladedaten konvertieren.

Garbage in, Garbage out

Nutzen Sie auch Erkenntnisse aus maschinellen Validierungen, um Ihre Daten im Quellsystem zu bereinigen. Je sauberer die Daten im Quellsystem sind, desto sauberer sind die Daten im Zielsystem.

Die Datenbereinigung sollte so früh wie möglich beginnen. Im Idealfall gibt es schon definierte Prozesse in den Quellsystemen, die Daten permanent auf Fehler hin prüfen und bereinigen. Diese Prozesse bzw. die damit beauftragten Teams sollten Sie eng in die Datenmigration einbinden. Auch ist es wichtig, vorhandene Datenbereinigungsregeln zu identifizieren und diese mit den Konvertierungsregeln abzugleichen. Die Erkenntnisse über die Qualität der Quelldaten aus den ersten Datenübernahmetests sind wichtig für die weitere Datenbereinigung.

Die Datenbereinigungsphase sollte spätestens mit dem letzten produktiven Ladetest abgeschlossen werden. Nur so gewährleisten Sie, dass die Erkenntnisse des letzten Tests für den Go-live eins zu eins übernommen werden können.

2.1.3 Mapping

Nachdem die Datenmigrationsobjekte identifiziert worden sind, kann mit der Mapping-Phase begonnen werden. Innerhalb der Mapping-Phase werden die Strukturen und Felder Ihrer zu migrierenden Daten der Quellsysteme auf die Strukturen und Felder der Datenmigrationsschnittstellen und -programme des Zielsystems gemappt. Da dies meist auf Papier erfolgt, wird dies oft auch als *Papier-Mapping* bezeichnet. Diese Phase überschneidet sich oft mit der Analysephase. Sie sollten nicht abwarten, bis die Analyse vollständig abgeschlossen ist, sondern frühzeitig mit dem Mapping starten. Ein guter Zeitpunkt dafür ist, wenn die ersten Stammdatenobjekte identifiziert und die Konfiguration für die Pflege dieser Objekte weitestgehend abgeschlossen ist.

Konvertierungsregeln

Die Konfigurationsdokumente (früher auch als Business Blueprint bekannt) enthalten in der Regel schon Hinweise für Konvertierungsregeln. Die Mapping-Phase kann sich bis in die Testphase hineinziehen. Oft ergeben sich Erkenntnisse aus dem Laden der ersten Testdaten, die starken Einfluss auf das Mapping und die Konvertierungsregeln haben. Es ist deshalb geboten, mit den Migrationsaktivitäten so früh wie möglich anzufangen, damit genügend Zeit für die Tests der Datenmigration und die aus diesen Tests resultierende Nachbearbeitung eingeplant werden kann.

2.1.4 Implementierung

Mit der Implementierung und ersten kleinen Funktionstests der Datenextraktions- und Datenmigrationsprogramme kann recht früh in der Realisierungsphase des Projekts begonnen werden. Der beste Zeitpunkt zum Herunterladen der ersten Testdaten ist, wenn ein Großteil der Konvertierungsregeln festgelegt ist, sodass die ersten Daten aus den Quellsystemen abgezogen werden können.

2.1.5 Testen der Datenmigration

Tests sind das A und O jeder Datenmigration. Beginnen Sie so früh wie möglich mit den ersten Funktionstests. Sie können gar nicht genug Tests durchführen. Je komplexer eine Datenübernahme ist und je mehr Zielsysteme, Quellsysteme, Datenmigrationsobjekte und Konvertierungsregeln eingesetzt werden, desto wichtiger ist die Durchführung von Tests.

Nonplusultra: das Testen!

Das Testen lässt sich durch nichts ersetzen, außer durch noch mehr testen! Testen Sie den gesamten Datenmigrationsprozess und Cut-over mindestens einmal vor dem Go-live. Erfahrungen zeigen jedoch, dass ein Test allein oft nicht ausreichend ist. Erst mindestens zwei produktive Ladetests (Ladetests unter Go-live-Bedingungen und in Systemen, die technisch dem Produktivsystem entsprechen) wirken sich positiv auf die Datenqualität und die Einhaltung der Zeitplanung aus. Sie können es auch auf die einfache Formel bringen:

[+]

Testen verringert Kosten

Je *höher* die *Anzahl* der Tests, desto *höher* ist die *Qualität* der geladenen Daten, desto *geringer* sind die *Nacharbeiten* im Zielsystem kurz vor oder nach dem Go-live und desto *niedriger* fallen die *Gesamtkosten* aus.

Teststrategie entwickeln

Für das Testen, insbesondere für das mehrfache Testen einer Datenmigration, ist eine früh geplante Datenmigrationsteststrategie erforderlich. Sie müssen die Systeme, Zeitpunkte und Reihenfolge der Tests und die Bereinigung bzw. Wiederaufsetzung Ihrer Testsysteme sorgfältig planen. Definieren Sie ein entsprechendes Backup-Restore-Konzept für Ihre Testsysteme, und ermitteln Sie die Dauer, die ein Backup und ein Restore benötigen. Oft sind sogenannte Datenbank-Snapshots das Mittel der Wahl. Hier erstellen Sie zu festgelegten Zeitpunkten Snapshots einer Datenbank und können diese schnell wieder zurücksetzen.

2.1.6 Validierung

Datenvalidierung als Qualitätsgarant

Das Validieren der geladenen Daten ist für die Qualität Ihrer Prozesse im Zielsystem unabdingbar. Nur qualitativ hochwertige Stamm- und Bewegungsdaten garantieren Ihnen sauber arbeitende Prozesse. In einigen Branchen wie der Pharmaindustrie sind solche Validierungen zwangsweise sogar vorgeschrieben und müssen dokumentiert werden. Ohne eine entsprechende Validierung aller Daten im Zielsystem erhalten Sie z. B. kein *FDA*-Zertifikat – und ohne dieses dürfen Sie keine Waren auf dem US-Markt verkaufen. Vernachlässigen Sie also nicht die Datenvalidierung.

Beginnen Sie mit der Festlegung der Validierungsregeln am besten schon bei der Bestimmung der Konvertierungsregeln. Eine maschinelle Validierung ermöglicht es Ihnen z. B., die Ergebnisse dieser Prüfung und identifizierte fehlerhafte Quelldaten für die Datenbereinigung heranzuziehen.

Validierung vor oder nach der Datenmigration?

Überlegen Sie sich frühzeitig, wie Sie später während der Integrationstests und des Go-live die Daten validieren.

Wir unterscheiden zwei Ansätze, um die Daten einer Datenmigration zu validieren:

- **Validierung vor der Datenmigration**

  In diesem Fall werden die Quelldaten auf syntaktische (Länge und Datentyp) und semantische Korrektheit (sinnvoller Wert mit Bezug auf die Geschäftsprozesskonfiguration) hin überprüft. Nachträglich vorgenommene Umschlüsselungen werden hier außer Acht gelassen.
- **Validierung nach der Datenmigration**

  Sie prüfen hier die Anzahl und Vollständigkeit der Datensätze im Zielsystem, indem Sie sich die folgenden Fragen stellen: Wurden alle Werte korrekt umgeschlüsselt? Sind die entsprechenden Felder und Strukturen korrekt gefüllt worden? Lassen sich die Geschäftsprozesse, basierend auf den geladenen Daten, fehlerfrei ausführen?

Häufig wird auch eine Kombination aus beiden Ansätzen genutzt.

2.1.7 Produktives Laden

Die Phase des produktiven Ladens ist die kritischste Phase. Sie ist die Grundlage für die spätere Go-live-Entscheidung. Haben Sie in den vorangehenden Phasen alles richtig gemacht, ausreichend getestet und Ihren Cut-over sauber und vor allem detailliert geplant, können Sie guten Gewissens diese Phase starten. Oft sind es aber die kleinen unscheinbaren Dinge, die Ihnen Ihren Cut-over verhageln können. Nachfolgend habe ich einige Beispiele aus meiner früheren Praxis als Datenmigrationsberater aufgeführt:

- **Betriebsräte, Gewerkschaften, Arbeitszeitgesätze und Behörden**

  Betriebsrat, Gewerkschaften oder das Gewerbeaufsichtsamt sollten Sie bei der Planung Ihres Implementierungsprojekts einbeziehen. Nachtarbeit, Wochenendarbeiten und Überstunden müssen mit den entsprechenden Gruppen und Stellen abgesprochen bzw. dort angemeldet werden. Diese Prozesse haben eine gewisse Vorlaufzeit und können nicht »über das Knie gebrochen« werden. Ansonsten kann es Ihnen passieren, dass für die Abschlussinventur am Go-live-Wochenende keiner oder nur wenige Mitarbeiter zur Verfügung stehen.
- **Feiertage, Zeitzonen und Kalenderwochen**

  Feiertage und Ferien

  In Deutschland können Sie die Monate Mai und Juni oft als »nutzlose« Monate für Ihr Projekt abschreiben. Die Monate Mai und Juni haben, je nach Bundesland, die höchste Dichte an Feiertagen, Brückentagen und Ferientagen (Maifeiertag, Pfingsten, Christi Himmelfahrt, Fronleichnam, Pfingstferien). Sie müssen also mit einer verringerten Produktivität bzw. Anwesenheit von Projektmitgliedern, aber auch von zuarbeitenden Stellen und Firmen rechnen. Planen Sie also nach Möglichkeit keine aufwendigen Arbeiten, Tests oder Go-lives innerhalb oder kurz nach diesem Zeitraum.

Zeitzonen und Sommerzeit

Wenn Sie eine Datenmigration zeitzonenübergreifend mit mehreren Teams planen, sollten Sie sicherstellen, dass auch die verschiedenen Zeitzonen in Ihre Planung einfließen. Der Beginn einer Datenmigration, z. B. um 10 Uhr CET, setzt voraus, dass auch ein Teammitglied im Daten-Center in San Francisco zu nachtschlafender Zeit eingeteilt wurde und verfügbar ist, um die Daten bereitzustellen. Achten Sie auch auf die unterschiedliche Handhabung von Sommer -und Winterzeiten und auf deren unterschiedlichen Umschalttermine in verschiedenen Ländern.

Kalenderwochen

Ein seltenes, aber kurioses Beispiel ist die unterschiedliche Berechnung des Beginns der ersten Kalenderwoche eines Jahres. In Europa ist die Berechnung nach ISO 8601 gängig. Hier ist die erste Kalenderwoche, die Woche, die mindestens 4 Tage im neuen Jahr enthält. Andere Länder, wie die USA, berechnen die erste Kalenderwoche als die Woche, in der der 1. Januar liegt. Dies kann zur Folge haben, dass es in den USA sogar eine Kalenderwoche 54 geben kann, die mit DIN 1355/ISO 8601 gar nicht möglich ist. Je nach Berechnungsmethode können also die Kalenderwochen innerhalb eines Jahres von Land zu Land abweichen. Terminzusagen auf der Basis von Kalenderwochen zu tätigen, kann dann sehr gefährlich für die Einhaltung Ihres Zeitplans werden. 2022 war z. B. ein Jahr, in dem die Kalenderwochen zwischen den USA und den ISO-8601-Ländern unterschiedlich waren.

- **Kommunikation von Ausfallzeiten**
  Kommunizieren Sie Ausfallzeiten mit Ihren Zulieferern und Kunden, damit während dieser Ausfallzeiten keine Lkws vor Ihrem Haus stehen, die be- oder entladen werden wollen.
- **Automatische Systemabläufe prüfen und anpassen**
  Schnittstellen in und aus den bestehenden Quellsystemen oder Workflows im Zielsystem sollten für den Zeitraum der Datenmigration deaktiviert sein. Dadurch vermeiden Sie, dass Daten verfälscht werden, dass das System durch die massenhafte Generierung von Workflows »in die Knie geht« oder dass Posteingänge von Sachbearbeitern mit Workflow-Einträgen überschwemmt werden. Ein weiteres, oft unterschätztes Problem sind nicht ausgeplante automatische Backups. Ein plötzlich startendes Backup im Quellsystem während der Extraktion der Daten oder im Zielsystem während des Ladens der Daten kann Ihren Zeitplan um mehr als 12 Stunden verzögern, nämlich dann, wenn Sie erst am nächsten Morgen entdecken, dass die nächtliche Datenextraktion oder Daten-

übernahme zu langsam erfolgt oder abgebrochen worden ist, sodass Sie noch einmal von vorne beginnen müssen.

- **Upgrades und Hotfixes in Cloud-Umgebungen**
  In Cloud-Umgebungen, wie z. B. SAP S/4HANA Cloud, public edition, werden Upgrades und Hotfixes zu festgelegten Zeitfenstern in die jeweiligen Systeme eingespielt (Blue-Green Deployment). Ihre Datenmigrationsaktivitäten, wie das Extrahieren und das Laden von Daten usw., sollten Sie so einplanen, dass diese nicht mit den Ausfallzeiten kollidieren. Obwohl diese Termine und Zeitfenster jedem Kunden bekannt sein müssten, ist es leider immer noch ein gängiges Problem, dass Kunden ihre Aktivitäten parallel zu diesen Zeitfenstern einplanen. In SAP S/4HANA Cloud, public edition, sollten Sie auf jeden Fall die folgenden SAP-Hinweise beachten:
  - 3024158: Blue-Green Deployment for Hotfix Collection for RISE with SAP S/4HANA Cloud (für Produktivsysteme)
  - 3042314: Hotfix Collection Deployment for RISE with SAP S/4HANA Cloud (für nicht produktive Systeme)

2.2 Arbeitspakete in Datenmigrationspaketen

In diesem Abschnitt beschreiben wir die Arbeitspakete, die in einem Datenmigrationsprojekt anfallen. Es werden die Reihenfolge und Abhängigkeiten der einzelnen Pakete untereinander gezeigt.

Prinzipiell stellen wir uns vor jedem Projekt immer dieselben Fragen:

- Welche Aufgaben gibt es?
- Wann fallen diese Aufgaben an?
- In welcher Phase fallen die Aufgaben an?
- In welcher Reihenfolge werden die Aufgaben abgearbeitet?
- Wer kann diese Aufgaben erledigen?
- Was kostet das?

Bei der Einführung einer bestimmten Software sind die Aufgaben oft immer gleich und lassen sich deshalb einfach in ein Vorgehensmodell oder Framework eingliedern, wie z. B. SAP Activate. Betrachtet man Datenmigrationsprojekte, ergeben sich auch immer wiederkehrende Aufgaben, die sich strukturieren und in Arbeitspakete einteilen lassen.

SEAMAP

Die hier beschriebene **S**truktur zur **e**ffektiven **A**ufteilung von **M**igrationsprojekten in **A**rbeitspakete (*19/2 SEAMAP*) wurde über die Jahre entwickelt und zur Planung und Aufwandsschätzung von Datenmigrationsprojekten eingesetzt. Sie dient als Vorlage für die Planung und kann für jedes Projekt individuell angepasst werden. 2022 wurde die Struktur um ein weiteres Paket erweitert. Deshalb änderte sich die Bezeichnung von *19/1 SEAMAP* zu *19/2 SEAMAP*. Abbildung 2.2 zeigt Ihnen die Übersicht der Arbeitspakete dieser Struktur. Aus Gründen der Übersichtlichkeit wird das Arbeitspaket 20 (Werkzeugauswahl) hier nicht aufgeführt. Die Paketbeziehungen zur Werkzeugauswahl finden Sie in Abbildung 2.4.

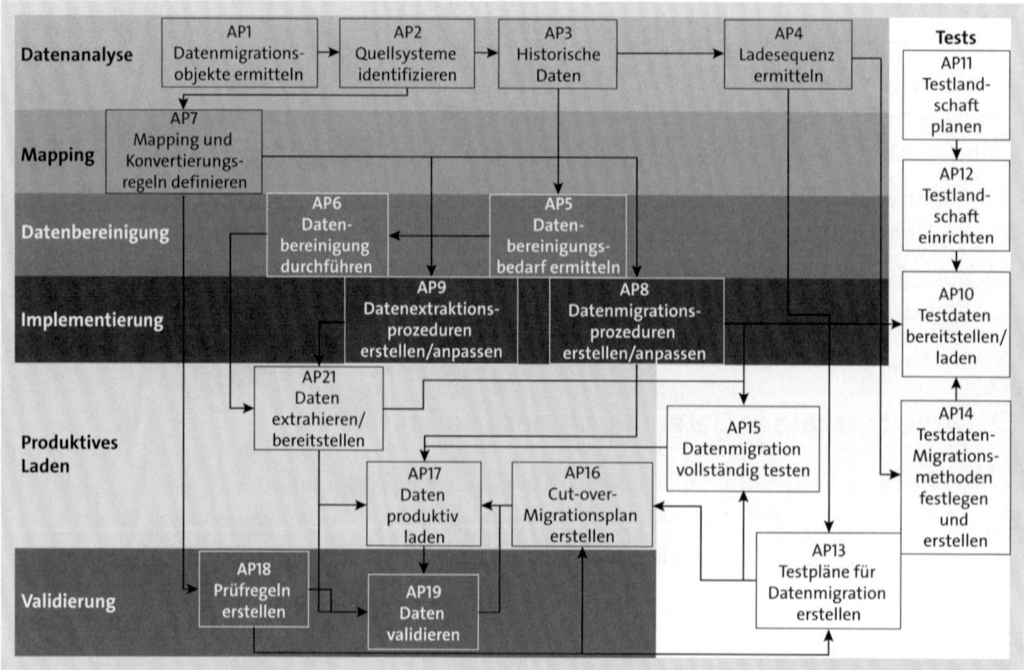

Abbildung 2.2 Übersicht der 19/2-Arbeitspakete eines Datenmigrationsprojekts (19/2 V7 SEAMAP, © Frank Finkbohner)

19 volle und 2 optionale Pakete

Grundsätzlich lässt sich jedes Migrationsprojekt in circa 19 Arbeitspakete einteilen. Es gibt jedoch zwei Arbeitspakete (AP), die einen eher optionalen Charakter haben. Das AP14 (Testdaten-Migrationsmethoden festlegen und erstellen) ist im Gegensatz zu allen anderen Arbeitspaketen nicht unbedingt ein klassisches Datenmigrationsarbeitspaket Es wird nur in den seltensten Fällen parallel zur Datenmigration eingesetzt. Näheres dazu finden Sie in Abschnitt 2.2.6, »Testen«. Das Bereitstellen der Daten ist normalerweise in das AP17 (Daten produktiv laden) eingebunden. In größeren Projekten, Firmen oder Organisationen werden die Daten jedoch meistens von anderen Teams bereitgestellt als sie geladen werden. Um die Planung hier besser zu unterstützen, gibt es jetzt ein zusätzliches Arbeitspaket 21 (Daten extrahieren/bereitstellen). Details dazu finden Sie in Abschnitt 2.2.7, »Produktives Laden«. Deshalb sprechen wir hier auch von 19/2-Arbeitspaketen. Eine komplette Übersicht aller Pakete und ihrer Abhängigkeiten können Sie aufgrund der Größe aber auch über die Bonusseite des Buches (unter *https://www.rheinwerk-verlag.de/5632/*) herunterladen.

2.2.1 Arbeitspakete der Datenanalyse

In Abbildung 2.3 sehen Sie eine Übersicht über die Arbeitspakete der *Datenanalyse*.

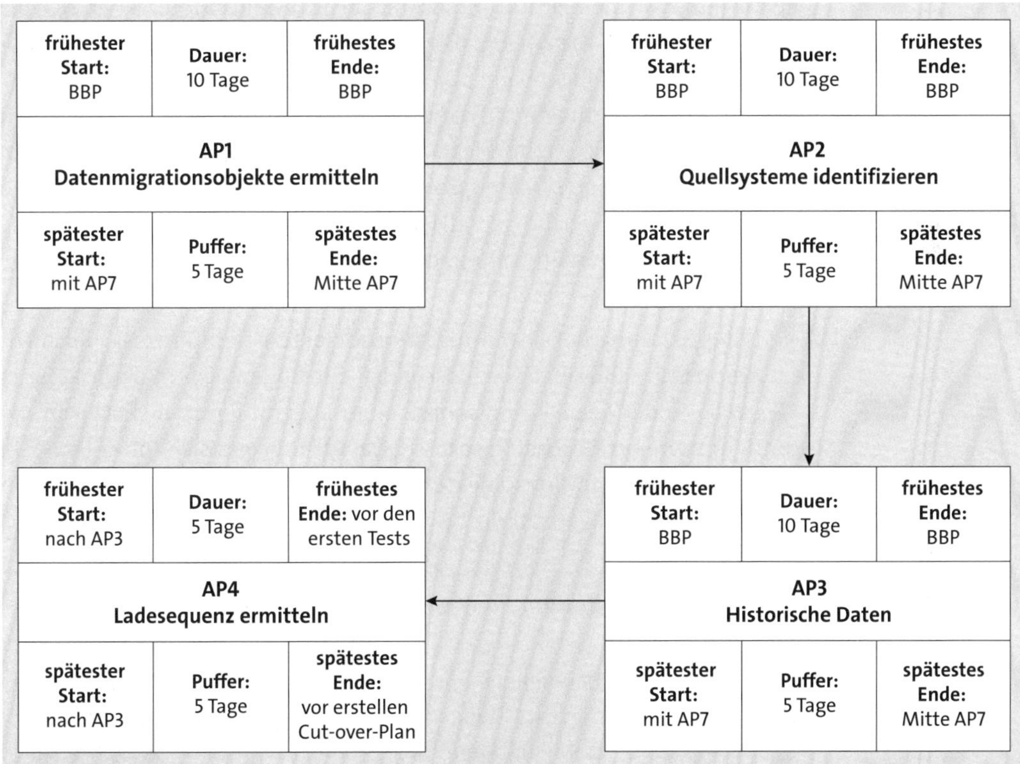

Abbildung 2.3 Arbeitspakete zur Datenanalyse

Arbeitspaket 1 – Datenmigrationsobjekte ermitteln

Datenmigrationsobjekte identifizieren

Das erste Arbeitspaket eines Datenmigrationsprojekts dient der Identifizierung der notwendigen Datenmigrationsobjekte. Wir unterscheiden hier, wie schon in Abschnitt 2.1.1, »Datenanalyse«, beschrieben, zwischen Geschäftsobjekten und Datenmigrationsobjekten. Ein Datenmigrationsobjekt ist jede separat zu ladende Teileinheit eines Geschäftsobjekts, das nicht in seiner Gesamtheit geladen werden kann.

[zB]

Kundenstamm

Der Kundenstamm ist vom Geschäftsprozess her ein Geschäftsobjekt. Für die Datenmigration kann es aber aus mehreren Migrationsobjekten bestehen, wenn es z. B. nicht möglich ist, die Daten technisch als Objekt zu laden.

Startzeitpunkt

Der frühestmögliche Startzeitpunkt dieses Arbeitspakets ist der Start der SAP-Activate-Prepare-Phase. Oft ist es jedoch besser, erst damit zu beginnen, wenn die Prepare-Phase zur Hälfte fertiggestellt ist. Denn erst, wenn die Prozesse zu einem bestimmten Grad fertiggestellt sind, ergeben sich die dafür benötigten Geschäftsobjekte. Am sinnvollsten ist es, wenn Sie während der Prepare-Phase parallel eine Liste der Geschäftsobjekte pflegen. Dies ist mit sehr geringem Aufwand verbunden, vereinfacht aber die Arbeit Ihres Datenmigrationsteilprojekts. Auf der Grundlage dieser Liste kann dann das Datenmigrationsteilprojekt die Geschäftsobjekte identifizieren und beschreiben. Welche grundlegenden Informationen in einer solche Liste gesammelt werden sollten, erläutern wir in Abschnitt 2.3.1, »Datenmigrationsobjekte ermitteln«.

Die Identifizierung der Datenmigrationsobjekte ist ein Prozess, der nicht mit der Prepare-Phase abgeschlossen ist. Oft finden sich in der Mapping- oder auch in der Realisierungsphase einer Datenmigration Lücken in der Konfiguration der Geschäftsprozesse. Daraus ergeben sich unter Umständen neue Datenmigrationsobjekte, an die zuerst niemand gedacht hat und die auch Auswirkungen auf die bestehende Konfiguration haben.

[zB]

Fehlende Konfiguration für Mengeneinheiten

Bei einem großen Datenmigrationsprojekt sah die Konfiguration keine alternativen Mengeneinheiten für Materialstämme vor. Alternative Mengeneinheiten sind zusätzliche Mengeneinheiten, die es parallel zur Basismengeneinheit eines Materials oder Produkts geben kann. Bestände werden in Basismengeneinheiten gebucht.

Während der Untersuchung der Datenbestände der einzelnen Landessysteme hat sich dann aber herausgestellt, dass einige Hundert Materialien in verschiedenen Landessystemen unterschiedliche Mengeneinheiten hatten. Land A hat Material XY in der Mengeneinheit Rolle gespeichert, Land B in Metern und Land C in Zoll. Da Land A das Hauptsystem war, wären die Bestände der Landessysteme bei der Datenübernahme in Rollen gebucht worden. Das heißt, dass aus 400 Metern des Bestands in Land B 400 Rollen und aus 2.000 Zoll des Bestands in Land C 2.000 Rollen geworden wären. Dies hätte zu massiven Problemen und Folgekosten geführt, wenn es nicht rechtzeitig erkannt worden wäre. Als Konsequenz wurden dann doch alternative Mengeneinheiten in die Konfiguration aufgenommen und für diese Materialen manuell in einer Microsoft-Excel-Datei gepflegt. Diese Excel-Datei wurde dann als Zusatzdatei für alternative Mengeneinheiten beim Laden der Materialstammdaten berücksichtigt.

Daten manuell oder maschinell erfassen?

Des Weiteren sollte festgelegt werden, ob die Daten maschinell oder manuell migriert werden sollen. Unter den folgenden Umständen kann es einfacher und kostengünstiger sein, Daten von Hand zu migrieren:

- Die Anzahl der zu migrierenden Datensätze ist gering.
- Der Aufwand, die Daten manuell im System zu erfassen, ist geringer als der Aufwand, die Programme zu erstellen und zu testen. Der Stundenlohn einer dafür eingesetzten Hilfskraft ist oft um ein Vielfaches geringer als der Stundenlohn eines Programmierers. Da Mitarbeiter in den Prozessen und der Datenerfassung in den neuen SAP-Systemen geschult werden müssen, können Sie solche Daten z. B. auch im Rahmen eines Mitarbeitertrainings erfassen lassen. Dies erspart Entwicklungskosten, und gleichzeitig werden die Mitarbeiter mit den Erfassungsprozessen des Systems intensiv vertraut gemacht.

[zB]

Aufwandsberechnung

Die Erfassung eines Datensatzes im Zielsystem mittels einer App oder Transaktion dauert eine Minute. Eine Person benötigt dann für das manuelle Erfassen von 600 Datensätzen 600 Minuten oder 10 Stunden. Vier Personen erledigen dasselbe in 150 Minuten (2,5 Stunden).

Berücksichtigen Sie hierbei auch die Anzahl der Tests, die für diese Daten erforderlich sind und die Komplexität und Fehlerrate beim manuellen Anlegen. Ein mehrmaliges manuelles Anlegen kann dann unter Umständen kostenintensiver als sein maschinelles Verfahren sein.

Zeitrahmen

Generell sollte aber die Identifizierung der Datenmigrationsobjekte bis zur Mitte der Mapping-Phase abgeschlossen sein. Für die Identifizierung der Datenmigrationsobjekte sollten Sie nicht länger als zehn Tage (Netto) benötigen.

Arbeitspaket 2 – Quellsysteme identifizieren

Quell- und Zielsysteme identifizieren

Sind die Prozesse und Datenmigrationsobjekte weitestgehend bekannt, können Sie damit beginnen, Ihre Quellsysteme zu identifizieren. Wie bei den Datenmigrationsobjekten ist auch hier der frühestmögliche Zeitpunkt des Starts der Beginn der Prepare-Phase in SAP Activate. Sie sollten dieses

Arbeitspaket aber spätestens bis zur Mitte Ihrer Mapping-Phase abgeschlossen haben.

Hochwertige Datenquelle

Die Ermittlung der Datenquellen mag auf den ersten Blick einfach erscheinen, kann sich bei genauerem Hinsehen aber als komplexes Thema erweisen – insbesondere, wenn Sie über die Jahre eine hochkomplexe Infrastruktur mit vielen spezialisierten Datenbanken und Schnittstellen zwischen diesen Datenbanken erzeugt haben. Der »Zoo« an unterschiedlichen Systemen, der sich über die Jahre angesammelt hat, muss oft erst einmal geordnet werden. In solch einem Fall ist es sehr wichtig, sich frühzeitig anhand der Datenströme darüber klar zu werden, aus welchen Systemen Sie Ihre Daten übernehmen. Finden Sie heraus, wo die zuverlässigsten, qualitativ hochwertigsten und aktuellen Quellen für Ihre zu übernehmenden Daten sind; aber schauen Sie sich auch Ihr Zielsystem genau an. Haben Sie nur ein System zu befüllen, ist das in der Regel der einfachste Fall. Wenn Sie mehrere verschiedene Systeme befüllen müssen, müssen Sie sich dessen frühzeitig bewusst sein.

Zeitrahmen

Die Quellsysteme sollten innerhalb von maximal zehn Tagen ermittelt werden können. In komplexen Fällen, wie z. B. der Migration zweier verschiedener Systeme mit redundanten Daten in ein SAP-System, kann es mitunter schwierig sein, das führende System mit der besten Datenqualität zu ermitteln. In solchen Fällen kann es auch schon einmal etwas länger dauern.

Arbeitspaket 3 – Historische Daten

Wie wir schon in Abschnitt 2.1.4, »Implementierung«, gesehen haben, ist es sehr wichtig zu klären, ob und in welcher Weise historische Daten in das System übernommen werden sollen bzw. dürfen. Wir unterscheiden die folgenden historische Daten:

- **Nicht mehr genutzte Stammdaten**
  Unter die nicht mehr genutzten Stammdaten fallen z. B. Daten von Lieferanten, die es nicht mehr gibt, Arbeitspläne für Fertigprodukte, die nicht mehr produziert werden, Gebäude als Anlagen, die schon längst verkauft wurden, Organisationsdaten von Personalstellen, die ausgelagert wurden, usw. Diese Art von Stammdaten in ein System zu migrieren, ist nicht sinnvoll.
- **Abgeschlossene Bewegungsdaten**
  Hierunter fallen gelieferte und bezahlte Aufträge, Rechnungen, Kontenbewegungen usw. Der Wunsch, diese Daten in das neue System zu migrieren, wird oft geäußert. Die Migration solcher Daten ist jedoch nicht einfach, da es in den meisten Fällen gar keine Schnittstellen für die Übernahme solcher Daten gibt und sie viele Risiken beinhaltet.

Veraltete Stammdaten

Veraltete Stammdaten sollten nur in ein neues System übernommen werden, wenn es unbedingt notwendig ist. Der Begriff *veraltet* besagt schon, dass diese Daten nicht mehr aktuell sind. Sie kosten nur unnötig Speicherplatz und verursachen oft Probleme bei deren Laden. Näheres dazu finden Sie in Abschnitt 2.1.1, »Datenanalyse«, und in Abschnitt 2.1.3, »Mapping«.

[zB]

Personalstammdaten migrieren

In einem großen Datenmigrationsprojekt für Personalstammdaten sollten die Organisationsebenen und die jeweiligen Zuordnungen zu den Personalstammsätzen der letzten zehn Jahre übernommen werden. Die komplette Organisationsstruktur eines Unternehmens der letzten zehn Jahre mit allen Änderungen zu übernehmen, ist mit sehr großem Aufwand verbunden. Auf die Nachfrage, warum das notwendig sei, wurde auf eine vierteljährliche Statistik für den Vorstand hingewiesen. In dieser Statistik wird alle drei Monate die Anzahl der Mitarbeiter pro Organisationsebene aufgelistet. Da der Kunde auch ein *Business-Warehouse-System* (BW-System) einsetzt, hat man sich darauf geeinigt, alle bisher erstellten Statistiken in dieses BW-System und nur die aktuellen Organisationsebenen zu übernehmen. Alle Änderungen an der aktuellen Organisationsstruktur wurden in dieses BW-System übernommen, sodass der Vorstand jederzeit auf die aktuellen und alten Statistiken zugreifen kann. Durch dieses Vorgehen wurde die Datenübernahme massiv vereinfacht, Kosten eingespart und am Ende das gleiche Ergebnis erzielt.

Verbot der Migration abgeschlossener Belege

Wie schon in Abschnitt 1.3, »Exkurs: Historische Daten«, beschrieben, sind abgeschlossene Bewegungsdaten immer kritisch zu sehen. Aus buchhalterischer Sicht ist es z. B. in einigen Ländern verboten, abgeschlossene Finanzbelege aus einem anderen System zu übernehmen. Denn Sie würden einen schon gebuchten Beleg fachlich ein zweites Mal buchen, was gegen buchhalterische Grundsätze verstößt. Nur mit bestimmten kostenpflichtigen Werkzeugen und Services diverser Anbieter ist dies unter bestimmten Umständen erlaubt und möglich. Diese Werkzeuge schreiben die Daten direkt in die Datenbanktabellen, wodurch der Beleg technisch nicht gebucht wird. Vor der Übernahme von abgeschlossenen Bewegungsdaten sollten Sie sich am besten mit Ihrem Steuer- und Finanzprüfer über die rechtliche Situation beraten.

Oft ist die Übernahme von abgeschlossenen Bewegungsdaten aufgrund der vielen abhängigen Folgebelege einfach zu komplex. Dies ist auch ein Grund, warum es für die Übernahme von abgeschlossenen Bewegungsdaten meist keine eingebauten Datenmigrationsprogramme von SAP gibt. Bevor Sie also darauf bestehen, historische Daten zu übernehmen, sollten Sie sich mit den Risiken, dem Aufwand und alternativen Lösungen vertraut machen.

[+]

SAP S/4HANA

Für SAP S/4HANA und SAP S/4HANA Cloud gibt es einen kleinen Leitfaden zur Migration von Stammdaten und Bewegungsdaten des Finanzwesens (*Migration of Financial Accounting Master Data and Transactional Data*); dieser ist in englischer Sprache im SAP Help Portal über den folgenden Link erreichbar:

https://help.sap.com/docs/DATAMIG_S4HANA/0a51c1b7a2e14c1ab54ff8115ff110a1/dab05c85c2624857bdeec24faffcabfe.html

Zeitrahmen

Für den frühestmöglichen Startzeitpunkt und das späteste Ende gilt hier das Gleiche wie für die zuvor erläuterten Arbeitspakete. Aufgrund der vielen Restriktionen ist es normalerweise möglich, dieses Arbeitspaket innerhalb von zehn Tagen abzuschließen.

Arbeitspaket 4 – Ladesequenz ermitteln

Sind die Datenmigrationsobjekte und Quellsysteme bekannt, und ist über das Laden von historischen Daten entschieden worden, können Sie mit der Planung der Reihenfolge des Datenladens, also mit der Ladesequenz beginnen. Da einige Datenmigrationsobjekte von anderen Datenmigrationsobjekten abhängen, ist diese Planung am besten noch vor den ersten Tests weitestgehend abzuschließen. Ohne Materialstämme und Kundenstammdaten können Sie z. B. keine Verkaufsbelege laden.

[+]

Ladesequenz in SAP S/4HANA ermitteln

In SAP S/4HANA und SAP S/4HANA Cloud sind die Vorgängerobjekte eines Datenmigrationsobjekts in der Online-Dokumentation jedes Datenmigrationsobjekts aufgeführt. Im SAP S/4HANA Migration Cockpit (im Folgenden Migration Cockpit genannt) sehen Sie diese Objekte auch in der Objektübersicht der Projekteinstellungen.

Die Reihenfolgeplanung ist Grundlage der späteren *Cut-over-Planung*. Das späteste Ende dieses Arbeitspakets ist deshalb vor der Cut-over-Planung und dem Arbeitspaket 16 (Cut-over-Migrationsplan erstellen) anzusiedeln.

2.2.2 Werkzeuge auswählen

Nach der Festlegung der Datenmigrationsobjekte und der Quellsysteme beginnt auch die Wahl der Werkzeuge zur Datenmigration. Die Wahl dieser Werkzeuge ist sehr wichtig für ein Datenmigrationsprojekt. Entscheidet man sich am Anfang des Projekts für die falschen Werkzeuge, kann das hohe zusätzliche Kosten für das Projekt zur Folge haben, wie z. B. für Schulungen, Wartung und Lizenzen.

Arbeitspaket 20 – Werkzeugwahl

Werkzeuge auswählen

Die Wahl der Werkzeuge erfolgt übergreifend in diesem Arbeitspaket. Grundsätzlich unterscheiden wir bei der Datenmigration die folgenden Werkzeuge:

- Werkzeuge zur Datenbereinigung
- Werkzeuge zur Datenextraktion
- Werkzeuge zum Laden von Daten
- Werkzeuge zur Datenvalidierung

Abbildung 2.4 zeigt Ihnen eine Übersicht über dieses Arbeitspaket und dessen Abhängigkeiten.

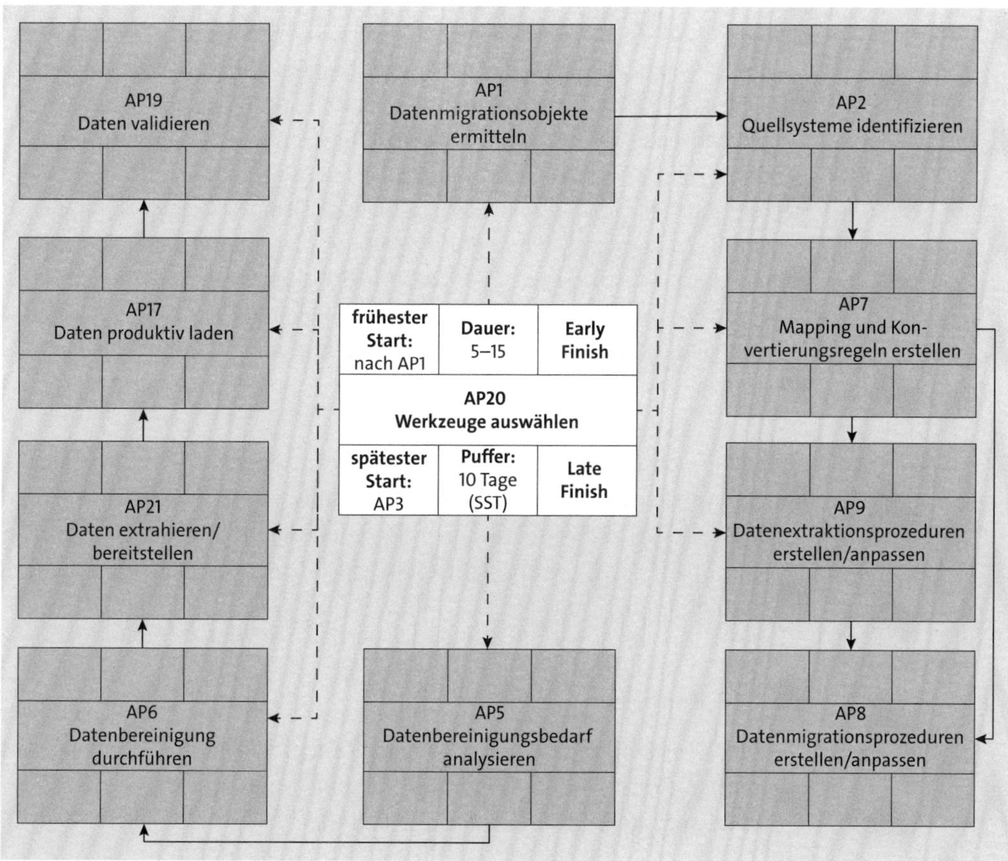

Abbildung 2.4 Arbeitspakete zur Werkzeugwahl

ETL-Werkzeuge

Es gibt die unterschiedlichsten Werkzeuge auf dem Markt. Einige davon sind sogenannte *ETL-Werkzeuge* (*Extrahieren*, *Transformieren*, *Laden*), die alle Aspekte der Datenmigration abdecken können.

Zeitaufwendige Ausschreibungsverfahren

Einige in den SAP-Produkten eingebaute Werkzeuge, wie z. B. die Legacy System Migration Workbench (LSMW, siehe Kapitel 9) oder das Migration Cockpit (siehe Kapitel 3, »Datenmigration in SAP S/4HANA«) decken nur einen Teil der Datenmigrationsanforderungen ab. Andere, wie z. B. das ETL-Werkzeug *SAP Data Services*, decken ein erheblich breiteres Spektrum an Datenmigrationsanforderungen ab. Wichtig bei der Wahl Ihrer Werkzeuge ist neben der Kompatibilität mit den Quell- und Zielsystemen, dass Sie auch die jeweiligen Experten für diese Werkzeuge finden und einkaufen können.

[»]

Lange Auswahlverfahren für Werkzeuge im öffentlichen Sektor

In Behörden muss der Kauf eines Softwarewerkzeugs landes-, oder sogar EU-weit ausgeschrieben werden. So wurde beispielsweise in einer solchen Behörde die Anschaffung eines Datenübernahmewerkzeugs europaweit ausgeschrieben. Nach einer sehr langen Ausschreibungsphase (> 6 Monate) wurden einige Werkzeuge in die engere Wahl genommen, und am Ende wurde sich dann für ein bestimmtes Werkzeug entschieden und sehr viel Geld dafür ausgegeben. Auch wurden dafür Berater eingekauft und einige interne Mitarbeiter darin geschult. Da dieses Werkzeug aber nicht sehr verbreitet auf dem Markt war, kam es, wie es in einem solchen Fall immer kommt: Es wurden keine Migrationsberater bzw. Spezialisten gefunden, die sich damit auskannten. Ein Budget für Schulungen von externen Mitarbeitern war auch nicht vorgesehen. Am Ende hat dieses Ausschreibungsverfahren das Projekt um Monate verzögert, und es wurde nur für einen ganz kleinen Bereich eingesetzt.

Vorgehensweise

Holen Sie sich also immer genug vergleichbare Angebote für die verschiedenen Werkzeuge ein. Fragen Sie den Anbieter nach Referenzen, und schauen Sie sich auch auf Freelancer-Portalen und in IT-Arbeitsmarkt- und Projektbörsen um, ob es Spezialisten für diese Werkzeuge auf dem inländischen Markt gibt.

2.2.3 Datenbereinigung

Die Datenbereinigung ist, wie schon erwähnt, ein wichtiger Baustein eines Datenmigrationsprojekts. Abbildung 2.5 gibt Ihnen einen Überblick über die Arbeitspakete und deren Abhängigkeiten.

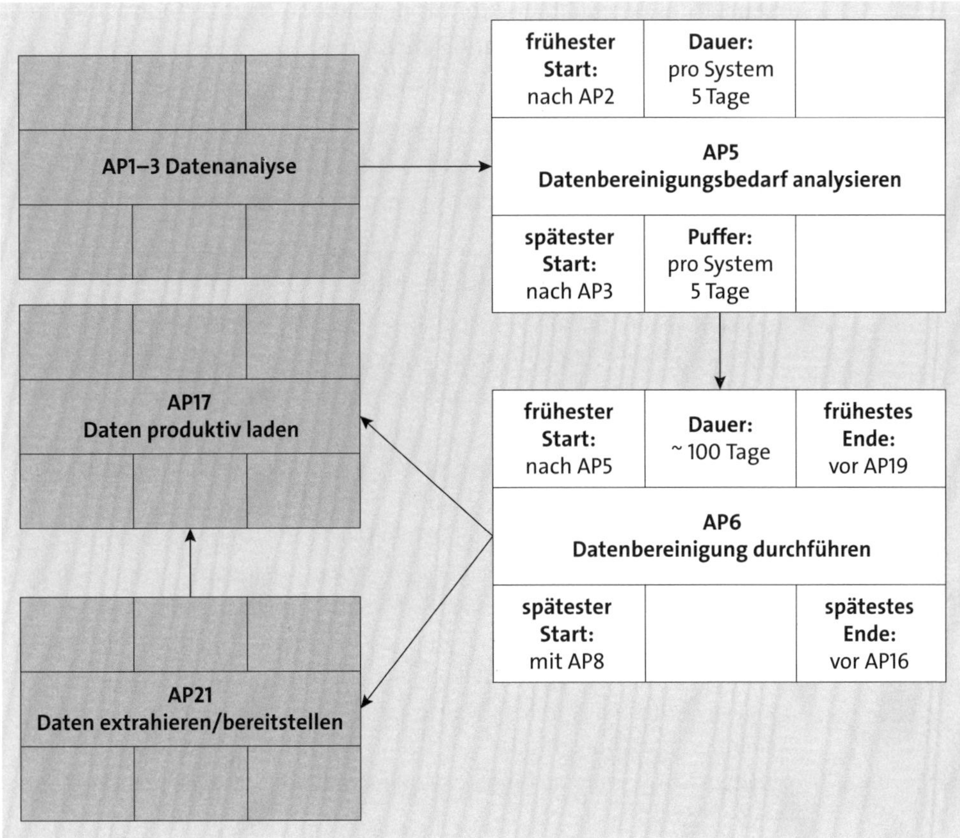

Abbildung 2.5 Arbeitspakete zur Datenbereinigung

Arbeitspaket 5 – Datenbereinigungsbedarf analysieren

Wenn der Großteil der Datenmigrationsobjekte und Quellsysteme feststeht, können Sie damit beginnen, den Datenbereinigungsbedarf zu analysieren. Dies sollte in der Regel fünf bis zehn Tage pro System nicht übersteigen. Analysieren Sie Ihre Quelldaten, ob sie korrekt, vollständig und aktuell sind. Korrigieren und vervollständigen Sie fehlerhafte Daten, und löschen Sie Karteileichen und Dubletten aus dem System.

Arbeitspaket 6 – Datenbereinigung durchführen

Die Durchführung der Datenbereinigung kann einige Tage oder auch Monate dauern. Die Datenbereinigung selbst sollte aber spätestens vor dem Beginn des produktiven Datenladens (finale Datenextraktion) der Daten in das Produktivsystem) abgeschlossen sein. Der beste Zeitpunkt ist vor dem letzten produktiven Ladetest. Dann können diese Daten zur Generalprobe für das produktive Laden genutzt werden. Für eine bessere Datenqualität sollten Sie die Datenbereinigung als permanenten Prozess einrichten, den Sie bis zur finalen Datenmigration ausführen.

Archivierung

Bei der Durchführung von Datenübernahmen in bestehende Systeme kann es notwendig sein, bestehende Daten im Zielsystem zu löschen. Daten in SAP-Systemen können jedoch nicht so einfach gelöscht werden. Machen Sie sich in solch einem Fall mit der Archivierung von SAP-Datensätzen vertraut.

[zB]

Bestehende Materialstammsätze mittels Archivierung löschen

In einem mehrstufigen Datenmigrationsprojekt sollten Materialstammsätze in ein bestehendes produktives System geladen werden. Bei vorangehenden Datenmigrationen waren jedoch vorab viele Materialstammsätze mit Regeln geladen worden, die sich im Nachhinein als falsch erwiesen haben. Das Einfachste war es, diese Materialien aus dem bestehenden System zu löschen. Dabei durften aber Materialien nicht angetastet werden, für die es noch Bewegungsdaten im Produktivsystem gab. Nach intensiver Prüfung wurde entschieden, dies über das SAP-Archivierungsobjekt für den Materialstamm vorzunehmen, da das SAP-Archivierungsprogramm Materialstämme mit bestehenden Bewegungsdaten identifiziert. Über eine kleine Zusatzprogrammierung im entsprechenden *Business Add-In* (BAdI) konnten genau die Materialstämme ermittelt und gesammelt werden, für die es keine Bewegungsdaten oder sonstigen Verweise im SAP-System gab. Im zweiten Schritt wurden dann genau diese Materialstämme archiviert und aus dem System gelöscht.

Die Archivierung von Daten kann auch sehr nützlich sein, wenn Sie während der Datenmigrationstests falsch geladene Datensätze von Geschäftsobjekten aus dem System löschen möchten. Dazu ist es, je nach Archivierungsobjekt, eventuell notwendig, entsprechende Löschkennzeichen für die bestehenden Geschäftsobjekte zu setzen. Diese werden zur Ermittlung der archivierfähigen Geschäftsobjekte genutzt.

2.2.4 Mapping

Die Mapping-Phase ist der richtige Zeitpunkt, um sich über die geeignete Datenmigrationstechnik für jedes Datenmigrationsobjekt Gedanken zu machen. Die Festlegung der Konvertierungs- und Mapping-Regeln erfolgt am besten anhand der Datenstruktur des Datenmigrationsobjekts, das die ausgesuchte Datenmigrationstechnik anbietet.

IDoc oder Batch-Input

Je mehr Organisationsstrukturen Sie z. B. abbilden müssen, desto eher eignet sich ein Datenmigrationswerkzeug wie das Migration Cockpit oder ein

Werkzeug, das IDocs nutzt (siehe Kapitel 8, »IDoc und ALE-Verteilung«) für die Datenmigration. Generell sollten Sie immer zuerst die ausgelieferten Migrationsobjekte einer bestehenden Datenmigrationslösung prüfen, bevor Sie alternative Techniken nutzen. Batch-Input (siehe Kapitel 7, »Batch-Input«) ist als Datenmigrationstechnik nicht von vornherein auszuschließen. Es gibt durchaus Datenmigrationsszenarien, in denen mittels Batch-Input ein spezielles Problem gelöst werden kann, für das es keine Standardlösung gibt. Abbildung 2.6 gibt Ihnen einen Überblick über die Arbeitspakete für das Mapping und deren Abhängigkeiten.

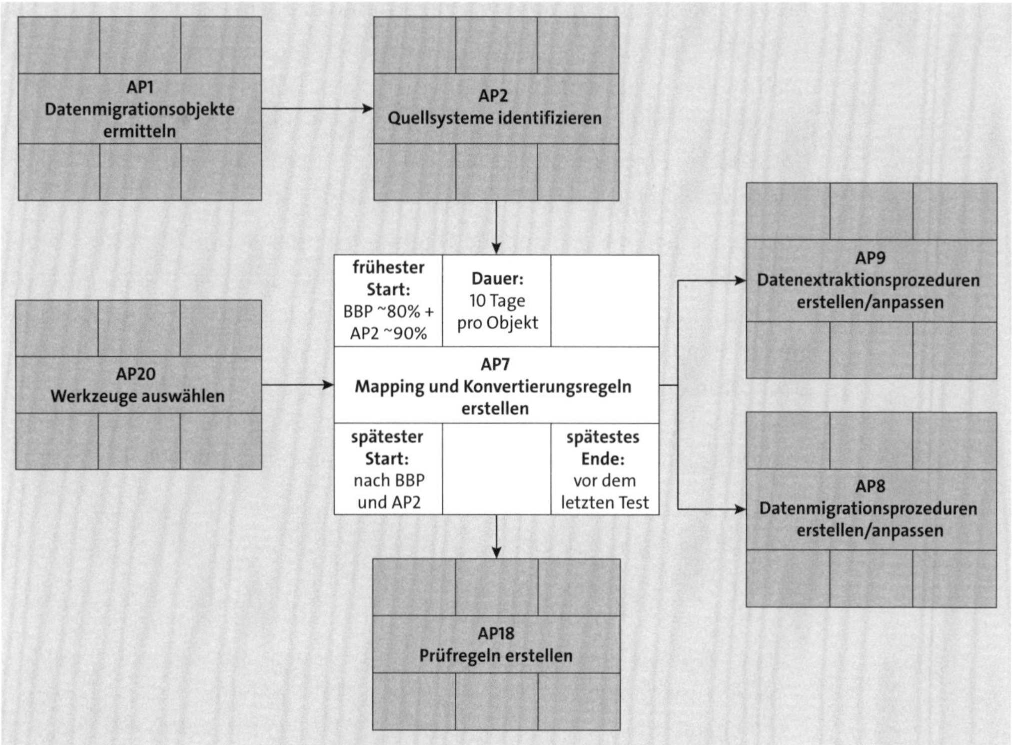

Abbildung 2.6 Arbeitspakete zum Mapping

[zB]

Produkt-/Materialstamm in SAP S/4HANA abbilden

Der Produktstamm wird am besten über das Migration Cockpit und dessen Migrationsobjekt **Produkt** migriert. Eine Migration per IDoc ist zwar auch möglich, es ist aber zu prüfen, ob die für SAP S/4HANA notwendigen Datenstrukturen im IDoc-Typ `MATMAS06` umfänglich abgebildet werden. Mittels Migration Cockpit und IDoc lassen sich in einem Ladevorgang mehrere Organisationsebenen (Buchungskreis, Werke, Verkaufsorganisationen, Lagerplätze usw.) übernehmen. Das entsprechende IDoc lässt sich dazu über die Nutzung von Dialogprozessen hoch parallelisieren. Batch-Input-Programme müssen für jede Materialart und Sicht eigens aufgezeichnet, implementiert, gewartet und getestet werden. Dies treibt die Ladezeit und die Kosten für das Implementieren und Testen enorm in die Höhe. Neue kundeneigene Sichten bzw. Felder lassen sich mittels SAP S/4HANA Migration Object Modeler (kurz Migration Object Modeler) in Migrationsobjekten des Migration Cockpits oder IDocs auch relativ einfach einbinden.

Arbeitspaket 7 – Mapping und Konvertierungsregeln erstellen

Der frühestmögliche Zeitpunkt zum Erstellen der Konvertierungsregeln ist nach Abschluss der Konfiguration von circa 80 %. Denn dann sind die meisten Konvertierungsregeln bekannt. Spätestens aber, wenn alle Datenmigrationsobjekte ermittelt sind, müssen Sie damit begonnen haben; Sie sollten jedoch vor den letzten Tests damit fertig sein.

Papier-Mapping

Nutzen Sie bereits vorhandene Migrationsvorlagen, um einzelne Datenmigrationsobjekte zu mappen. Dieses sogenannte *Papier-Mapping* kann z. B. mit einer entsprechenden Excel-Datei durchgeführt werden. Sprechen Sie das Mapping der Quellstrukturen und Quellfelder auf die jeweiligen Zielstrukturen und Zielfelder mit den entsprechenden Sachbearbeitern und IT-Mitarbeitern durch, und tragen Sie es dort ein. Definieren Sie auch entsprechende Regeln zur Umschlüsselung von Quellwerten auf Zielwerte.

[+]

Objektübersicht nutzen

Wenn Sie die LSMW einsetzen, können Sie z. B. die in Abschnitt 9.2.18 beschriebene *Objektübersicht* verwenden. Über den Button **Objekte als Tabelle** werden die gewählte Zielstruktur des Datenmigrationsobjekts und eventuell vorhandenes Field-Mapping in Tabellenform aufgelistet. Dies kann dann einfach in eine CSV-Datei exportiert, in Microsoft Excel importiert und für das Papier-Mapping genutzt werden.

Für die Migrationsobjekte des Migration Cockpits bietet sich die *Feldliste* der Migrationsvorlagendatei an. Hier sind alle notwendigen Informationen der Zielstrukturen vorhanden. Kopieren Sie diese Feldliste in ein anderes Excel-Dokument, und erweitern Sie es um Spalten für Quellstrukturen und Quellfelder, und fertig ist Ihr Papier-Mapping-Excel!

Beteiligte Personen

Wichtig bei solchen Mapping-Besprechungen ist, dass Sie sowohl Mitarbeiter mit technischem Wissen bezüglich des Quellsystems als auch Mitarbeiter mit fachlichem Wissen bezüglich der aktuellen und zukünftigen Geschäftsprozesse »mit an den Tisch holen«. Achten Sie darauf, die richtigen

Personen einzuladen. Laden Sie nie zu viele Personen zu solchen Besprechungen ein, und begrenzen Sie die Besprechung, wenn möglich, auf ein Geschäftsobjekt. Dann verringern Sie die Gefahr, sich zu verzetteln und vom Kleinsten aufs Größte zu kommen. Nirgendwo gilt der Spruch mehr, »dass zu viele Köche den Brei verderben«, als beim Erstellen des Mappings.

[«]

Mit den richtigen Personen sprechen

In einem HR-Datenmigrationsprojekt sollte mit einem Sachbearbeiter noch Details für ein bestimmtes Datenmigrationsobjekt eines HR-Infotypen besprochen werden. Während des Gesprächs hat sich dann herausgestellt, dass diese Person eine Schlüsselperson war, die bisher so gut wie nicht in das Implementierungsprojekt integriert worden war. Das Ergebnis dieses Meetings war, dass weitere notwendige Infotypen ermittelt wurden, die bisher gar nicht in der Konfiguration und damit auch nicht in der Datenmigration berücksichtigt worden waren. Das Projekt hatte also aufgrund der neuen Aufgaben für die Konfiguration und Datenmigration einige Wochen Verzögerung, und der Go-live-Termin musste um einen Monat nach hinten verschoben werden.

Bei der Konfiguration ergeben sich gelegentlich Änderungen im Geschäftsprozess, die Auswirkung auf das Mapping und die Konvertierungsregeln haben. Stehen Sie deshalb im ständigen Kontakt mit den jeweiligen Teilprojekten und zuständigen Mitarbeitern, um frühzeitig solche Regeländerungen zu erkennen. Haken Sie nach, wenn Regeln nicht geliefert werden. Es kann in manchen Fällen Wochen und Monate dauern, bis bestimmte Umschlüsselungsregeln festgelegt sind.

[«]

Zeiteinteilung im Projekt

In einem Datenmigrationsprojekt hat es mehr als zehn Monate gedauert, bis sich eine Fachabteilung über die genaue Einteilung der Einkäufergruppen für bestimmte Materialstämme und die damit einhergehenden Konvertierungsregeln einig war. Die Regeln wurden dann ein paar Tage vor dem Cut-over geliefert und konnten erst kurz vor dem letzten produktiven Laden getestet werden. Achten Sie darauf, dass Sie alle notwendigen Personen und Gruppen verbindlich in die Planung einbeziehen und dass die liefernden Fachabteilungen in die Datenmigrationsprozesse einbezogen werden.

Das Erstellen der Mapping- und Konvertierungsregeln ist ein Prozess mit hohem Kommunikationsanteil, der nicht *offshore* ausgelagert werden sollte. Die einzelnen beteiligten Parteien in diesem Prozess sollten eine gemeinsame Geschäftsprozesssprache und nach Möglichkeit auch die Muttersprache der Sachbearbeiter sprechen, damit es nicht zu Missverständnissen kommt.

[zB]

Verzögerung wegen nicht ausreichender Sprachkenntnisse

Ein Unternehmen der Fertigungsindustrie hatte Teile der Softwareentwicklung und auch der Datenmigration an Dienstleister mit Entwicklern außerhalb des deutschsprachigen Raums ausgelagert. Als Projektsprache wurde Englisch festgelegt. Die deutschen Mitarbeiter hatten zwar Englischkenntnisse, aber diese waren eher auf niedrigem Schulniveau. Die Kenntnisse reichten aus, um im Urlaub eine Pizza zu bestellen, aber nicht um eine hinreichende Leistungsbeschreibung in Englisch zu erstellen. Die Hemmschwelle in Meetings, sich auf Englisch zu Wort zu melden, war dementsprechend hoch. In der Kommunikation mit den Dienstleistern kam es dadurch häufig zu Missverständnissen. Dies führte zu sehr langen Entwicklungszeiten, weil alle Beteiligten aneinander vorbeiredeten. Gehen Sie nicht davon aus, dass Ihre langjährigen Mitarbeiter ausreichende und verhandlungssichere Englischkenntnisse haben. Bieten Sie Ihren Mitarbeitern gezielte Sprachschulungen an, die Sie auf das geforderte Niveau bringen. Denken Sie dabei nicht nur an technisches Englisch, sondern schulen Sie ihre Mitarbeiter auch in englischem Smalltalk. Sich mit anderen über das letzte Wochenende oder die Familie unterhalten zu können, senkt die Hemmschwelle, in einer fremden Sprache zu kommunizieren.

Konvertierungsregeln prüfen

Bei manchen Datenkonstellationen kann es sein, dass erst nach dem Mapping und ersten Tests Probleme auftreten, die dann wieder in eine neue Analyse des Objekts fließen und geänderte Mappings zur Folge haben. Konvertierungsregeln, die während der Analysephase eindeutig definiert wurden, können sich in den ersten Mappings oder Implementierungstests als fehlerhaft erweisen.

[zB]

Adressdaten

Adressdaten werden oft entgegen bestehenden Vorschriften gepflegt. Altsysteme haben oft zu wenig oder gar keine Felder, um z. B. Mobilfunknummern, E-Mail-Adressen oder Webadressen zu erfassen. Sachbearbeiter nutzen dann gerne freie Felder, um diese Daten zu speichern. Viele dieser Systeme lassen dies mangels fehlender Kontextprüfung auch zu. Bei ersten Tests fällt dann auf, dass E-Mail-Adressen z. B. als dritte Adresszeile gepflegt wurden oder sich die Telefonnummern an kein bestimmtes Pflegeschema halten und teils mit oder ohne Ländervorwahl gepflegt wurden. Manchmal stellt sich auch heraus, dass die Sachbearbeiter eigene Datenbanken oder Excel-Tabellen pflegen und die Daten des Systems nicht aktuell sind. Solche Erkenntnisse führen dann zu neuen Datenmigrationsobjekten, Mappings und auch Datenbereinigungsaktivitäten.

Prüf- und Validierungsregeln

Auch sollten Sie bei der Definition der Konvertierungsregeln über die spätere Validierung der Daten nachdenken und Ihre Erkenntnisse festhalten.

Darüberhinausgehende Prüf- und Validierungsregeln müssen immer zusammen mit dem Kunden definiert und abgestimmt werden. Der Kunde allein ist für die spätere Prüfung der Daten im Zielsystem verantwortlich. Nur er kann entscheiden, ob ein Datensatz korrekt oder falsch ist.

2.2.5 Implementierung

Wenn Sie die ersten Konvertierungsregeln festgelegt haben, können Sie mit der Implementierung der Datenextraktions- und Datenmigrationsprozeduren beginnen. Ein Richtwert ist hier, dass circa 90-95 % der Konvertierungsregeln für ein Datenmigrationsobjekt fertiggestellt sind. In manchen Fällen kann dieser Wert auch darunter liegen. Im Schnitt sollten Sie pro Objekt mit etwa zehn Tagen für die Implementierung der Datenextraktions- und Datenmigrationsprozeduren rechnen. Für manche Objekte benötigen Sie unter Umständen nur einen Tag, und für andere, komplexe Objekte kann der Wert von zehn Tagen jedoch weit überschritten werden. Im Mittel lässt sich aber mit zehn Tagen gut rechnen. Nutzen Sie vorausgelieferte Datenmigrationsobjekte, wie die des Migration Cockpits, die Sie ohne Anpassung nutzen können. Denn dann müssen Sie lediglich Zeiten für die Extraktionsroutinen einrechnen. Mit den Programmen sollten Sie aber vor den letzten produktiven Ladetests fertig sein.

Customizing beeinflusst Implementierung

Je nach Migrationstechnik ist es wichtig, dass die Konfiguration der einzelnen Prozesse weitestgehend fertiggestellt ist. Insbesondere bei der Datenmigration mittels Datenmigrationsprogrammen, die Batch-Input nutzen, ist dies eine notwendige Voraussetzung. Wenn das Customizing der Prozesse, insbesondere der Bildsteuerung, nicht abgeschlossen ist, kann es zu Fehlern während der ersten Funktionstests kommen. Im Fall von Transaktionsaufzeichnungen müssen die Aufzeichnungen oder eventuell daraus generierte Programme laufend an die veränderte Bildsteuerung angepasst werden. IDocs und Migrationsobjekte des Migration Cockpits sind bezüglich der Bildsteuerung in der Regel etwas unempfindlicher, da hier die Daten meist über interne Konsistenz-, Prüf- und Buchungsbausteine gespeichert werden. Es gibt aber auch IDocs, die Daten mittels der Batch-Input-Technik speichern. Für diese IDocs muss das Customizing der Bildsteuerung auch abgeschlossen sein, bevor Sie fehlerfrei testen können. Im Gegensatz zu den

Transaktionsaufzeichnungen können Sie hier aber zu jeder Zeit mit der Implementierung beginnen.

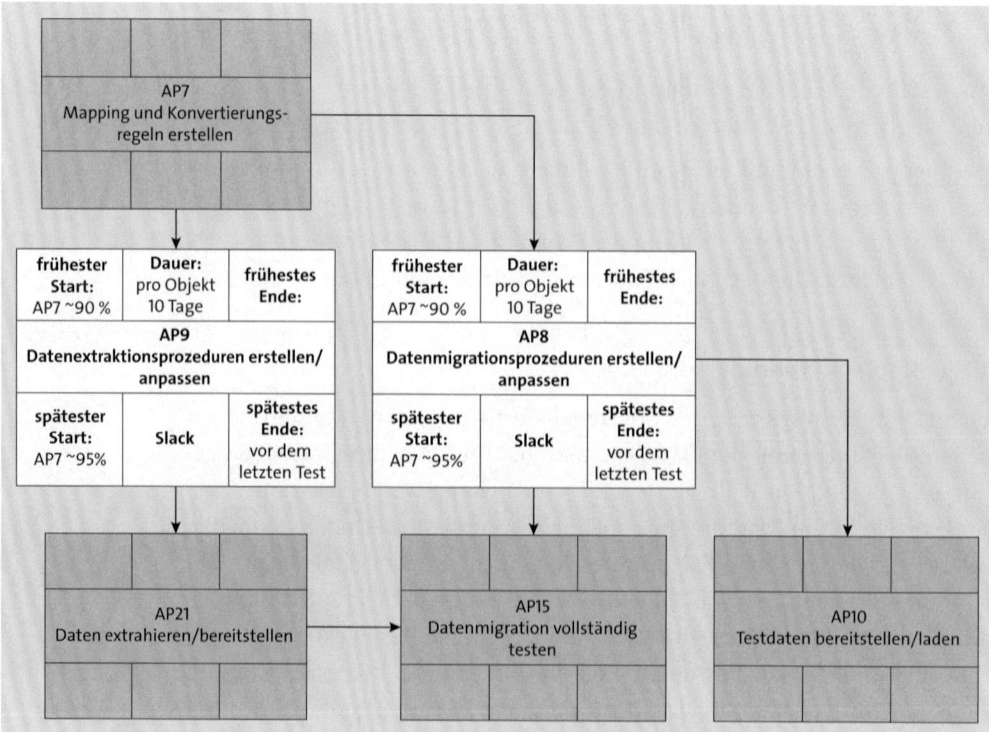

Abbildung 2.7 Arbeitspakete zur Implementierung

Einweg-Programme

Normalerweise sind Datenmigrations- bzw. Datenextraktionsprogramme sogenannte *Einweg-Programme*. Das heißt, dass sie in der Regel nur einmal und dann nie wieder zur Datenmigration genutzt werden. Lediglich bei Phased Rollouts werden diese Programme über eine längere Zeitspanne verwendet und unter Umständen auch angepasst.

Über permanente Schnittstellen laden

Die Verwendung einer permanenten Schnittstelle zum Laden von Daten ist immer kritisch zu analysieren. Sie kann sinnvoll sein, wenn das Zielsystem ein nachrangiges System in einem Systemverbund ist und deshalb permanent über eine Schnittstelle mit Daten befüllt wird. Bei einer initialen Befüllung eines solchen Systems wird aber in sehr kurzer Zeit eine sehr große Anzahl von Datensätzen über diese Schnittstelle befördert. Die große Anzahl von Datensätzen übersteigt dann häufig die normale Last dieser Schnittstellen um ein Vielfaches. Dies führt in der Regel zu einer Überlastung der Eingangswarteschlangen der Schnittstellen und zu Verzögerungen. Sollten Sie also planen, die initiale Befüllung eines Systems über eine permanente Schnittstelle zu realisieren, sollten Sie hierbei alle entstehenden Risiken berücksichtigen, die Ihren Produktivstart gefährden könnten. Unter Umständen ist es dann sinnvoll, die initiale Befüllung über separate Datenmigrationsprogramme des Arbeitspakets 14 (Testdaten-Migrationsmethoden festlegen und erstellen) vorzunehmen. Diese können dann auch zur Testdatenbereitstellung für die Funktions- und Integrationstests der Geschäftsprozesse verwendet werden.

Arbeitspaket 8 – Datenmigrationsprozeduren erstellen/anpassen

Abhängig von Datenmigrationstechnik und Datenmigrationswerkzeug ist das Arbeitspaket 8 das Paket mit dem meisten oder dem geringsten Aufwand. Beginnen Sie frühzeitig mit der Implementierung der Konvertierungsregeln, sobald diese zu 90 % fertiggestellt worden sind. Nutzen Sie, wenn möglich, eingebaute Validierungen und Prüfungen der Werkzeuge, um die Datenqualität zu verbessern und fehlerhafte Datensätze oder Konvertierungsregeln zu ermitteln. Wenn Sie z. B. ABAP programmieren können und die LSMW einsetzen, können Sie bestehende Prüffunktionsbausteine suchen und diese im Field Mapping einsetzen. Die Korrektheit des Zielwertes eines Werte-Mappings eines Migrationsobjekts des Migration Cockpits wird in der Regel gegen eine hinterlegte Domäne oder Zieltabelle geprüft. Es gibt nur wenige Ausnahmen, in denen aus technischen Gründen eine solche Prüfung nicht erfolgen kann.

[+]

Prüfbausteine einsetzen

Jedes SAP-System bietet eine Fülle von intern genutzten Funktionsbausteinen und Methoden, mit denen sich z. B. Postleitzahlen, Bankkonten usw. auf Plausibilität hin prüfen lassen. Setzen Sie diese Funktionsbausteine oder Methoden in Ihrem Field Mapping ein, und geben Sie damit ermittelte fehlerhafte Datensätze in einem Protokoll aus. Dieses Protokoll reichen Sie dann an die entsprechende Fachabteilung oder an das Datenbereinigungsteam weiter. Diese können dann die fehlerhaften Datensätze im Quellsystem korrigieren. Prüfen Sie, ob die entsprechenden Regeln und Konfigurationen der Prüfungen (z. B. Postleitzahlen) aktuell sind.

Kontinuierliche Anpassung

Gehen Sie immer davon aus, dass Ihre Quelldaten zu Beginn oft nicht die Qualität haben, dass Ihr Mapping und Ihre Konvertierungsregeln direkt einwandfrei funktionieren. Prüfen Sie deshalb die Daten, falls möglich, während der Datenkonvertierung schon aktiv auf Fehler hin. Hierdurch und durch permanentes Prüfen und Anpassen der Konvertierungsregeln an die vorhandenen Datensätze erhöhen Sie sukzessive die Datenqualität Ihrer Zieldaten.

Arbeitspaket 9 – Datenextraktionsprozeduren erstellen/anpassen

Für die Erstellung der Extraktionsprogramme ist es wichtig, eng mit den Betreuern der Quellsysteme zusammenzuarbeiten. Oft sind das die einzigen Personen, die genug Erfahrung und das Wissen haben, diese Daten extrahieren zu können. Insbesondere, wenn es sich um wenig dokumentierte, selbst programmierte Kundensysteme handelt, ist es notwendig, dieses Arbeitspaket an die entsprechenden Betreuer auszulagern und diese engmaschig in das Projekt zu integrieren.

2.2.6 Testen

Die Arbeitspakete der Testphase sind neben den Arbeitspaketen der Datenvalidierung die entscheidenden Pakete in einem Datenmigrationsprojekt, um eine hinreichende Datenqualität zu gewährleisten. Abbildung 2.8 zeigt die verschiedenen Arbeitspakete zum Testen und deren Abhängigkeiten.

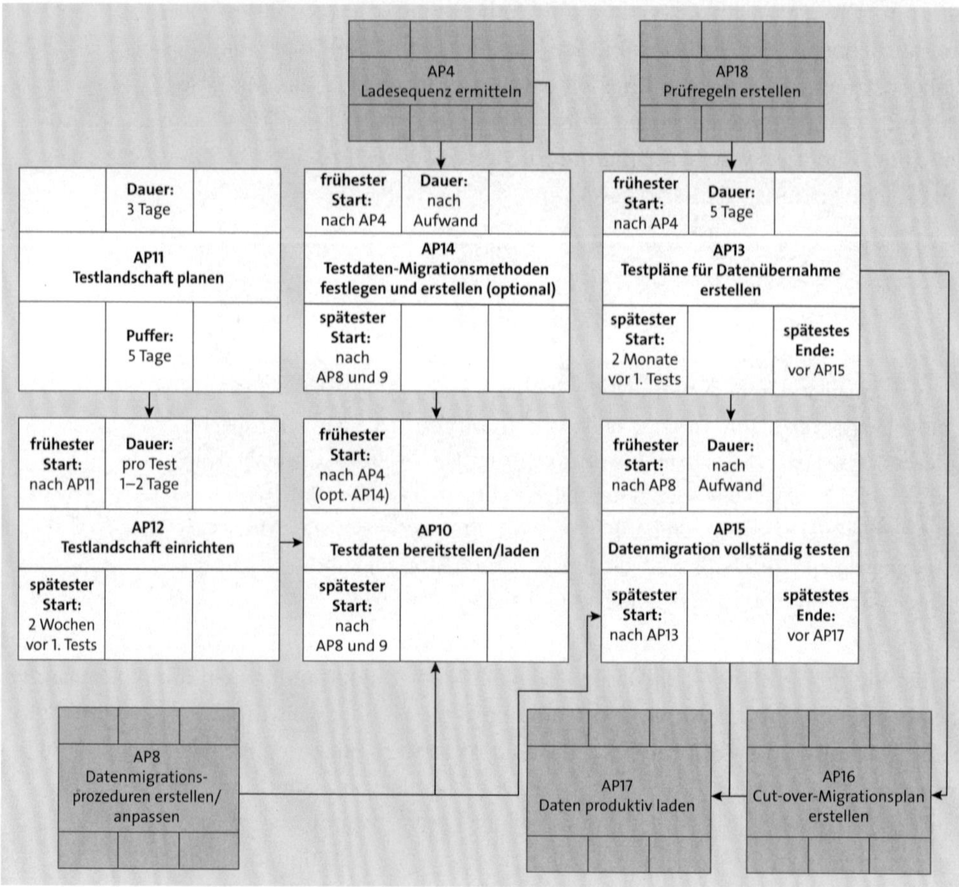

Abbildung 2.8 Arbeitspakete für den Testprozess

Gleichzeitiges Testen und Mapping

Die Erkenntnisse der ersten Funktionstests können in die Verbesserung des Mappings einfließen. Manchmal kann die Analyse eines Datenmigrationsobjekts erst abgeschlossen werden, wenn die ersten Quelldaten gemappt und die entsprechenden Konvertierungsregeln damit einer ersten Überprüfung unterzogen werden.

[zB]

Umgang mit schlechten Altdaten

In einem internationalen Personalstammdaten-Migrationsprojekt hatten sich die Regeln zur Übernahme von Privatanschriften der Mitarbeiter nach den ersten Tests als unbrauchbar erwiesen. Die Daten des Quellsystems waren teilweise so veraltet und so schlecht gepflegt, dass eine Adressübernahme keinen Sinn ergeben hätte (Postleitzahlen hatten das falsche Format, Länderangaben fehlten usw.). Die Datenqualität wäre nur mit sehr hohen nachträglichen manuellen Änderungen möglich gewesen. Der Kunde hatte daher beschlossen, diese Daten nicht zu übernehmen. Jeder Mitarbeiter musste also nach dem Go-live seine Privatanschrift selbst im System über ein sogenanntes ESS-Szenario (Employee Self-Service) neu einpflegen. Dadurch wurden der Datenbestand aktualisiert und die Kosten für die Nachpflege stark verringert.

Arbeitspaket 10 – Testdaten bereitstellen/laden

Im Arbeitspaket 10 (Testdaten bereitstellen/laden) sind alle Aktivitäten erfasst, um Daten für die Funktionstests auf der Basis der Datenmigrationsprogramme, Schnittstellen oder auch anhand anderer Methoden bereitzustellen. Dieses Arbeitspaket unterscheidet sich vom Arbeitspaket 15 (Datenmigration vollständig testen) dadurch, dass es hier noch keine Testpläne gibt und die Daten nach der Fertigstellung eines Datenmigrationsprogramms funktionell geladen und getestet werden.

Dauer der Migrationsschritte erfassen

Dies ist auch der richtige Zeitpunkt, um die Dauer der einzelnen Migrationsschritte zu erfassen. Beginnen Sie so früh wie möglich damit, diese Zeitdaten für die einzelnen Ladeschritte zu erfassen:

1. *Dauer der Extraktion* der Daten in den Quellsystemen
2. *Dauer einer eventuellen Anpassung der Daten* bzw. der Übertragung in eine spezielle Migrationsvorlagendatei
3. *Dauer der Bereitstellung* der Daten auf den entsprechenden Ladeservern (Dateien mit > 500 MB über eine schlechte Netzwerk- oder Internetverbindung zu senden, kann schon einige Zeit dauern)

4. *Dauer des Einlesens der Daten in das Ladewerkzeug* (Es ist ein Unterschied, ob eine sehr große Datei direkt vom Applikationsserver, über ein Netzlaufwerk oder über das Betriebssystem-Frontend gelesen wird bzw. ob die Daten direkt aus den Quelltabellen gelesen werden.)
5. *Dauer des Konvertierens* der Daten im Werkzeug
6. *Dauer der Prüfung der Konvertierungsergebnisse* (erste Vorvalidierungen)
7. *Dauer des Ladens der Daten* im Zielsystem
8. *Dauer der Datenvalidierung* vor und/oder nach dem Laden

Je früher Sie ein Gesamtbild dieser Datenmigrationszeiten haben, desto besser können Sie Ihren Go-live und die Tests planen. Das reine Erfassen der Ladezeiten ist oft nicht ausreichend. Denn die Ladezeiten betragen oft nur 15 % der gesamten Migrationsdauer, beginnend bei der Extraktion der Daten bis hin zur abschließenden Datenvalidierung. Die meiste Zeit – circa 75 % – sollten Sie für die Datenvalidierung vor und nach dem Datenladen einkalkulieren.

Arbeitspaket 11 – Testlandschaft planen

Eigene Migrationssysteme

Wichtig für jedes Datenmigrationsprojekt ist, dass Sie entweder ein eigenes Migrationssystem oder zumindest einen eigenen Migrationsmandaten im Entwicklungssystem und im Qualitätstestsystem haben.

[»]

Rollierende Testsysteme

In einem großen internationalen Logistikprojekt wurde ein eigenes Migrationssystem parallel zum Q-System aufgebaut. Die einzelnen Migrationstests dienten dazu, das System für die *Integrationstests* aufzubauen. Waren die Migrationstests abgeschlossen, wurde das System für den *Integrationstest* herangezogen, und das alte Integrationstestsystem wurde gelöscht und für die weiteren Migrationstests genutzt. Während des Integrationstests wurden die geladenen Daten intensiv gegen die implementierten Prozesse getestet. Gefundene Fehler bzw. gewünschte Änderungen wurden umgehend an das Migrationsteam weitergeleitet und flossen in die neuen Datenübernahmetests ein.

Durch diese rollierenden Testsysteme wurde sichergestellt, dass jeweils zu Beginn der neuen Integrationstests ein frisches System mit Daten auf Basis der letzten Erkenntnisse der vorangehenden Integrationstests zur Verfügung stand.

System-Snapshots

Nutzen Sie auch die Möglichkeit der Verwendung sogenannter *Snapshot-Backups* während der Migrationstests.

Nach jedem Laden eines größeren Objekts legen Sie einen *Snapshot* Ihres Systems an. Denn wenn Sie nach dem Ladevorgang Fehler feststellen, können Sie so das System einfach wieder zurücksetzen. Snapshots verbrauchen zwar eine Menge Speicherplatz, sie sparen aber sehr viel Zeit und Aufwand gegenüber einem klassischen Backup und Restore, die normalerweise Stunden dauern und in einem Cloud-System oft auch Tage bzw. Wochen im Voraus angefordert werden müssen.

[«]

Mehr Infos zu SAP-HANA-Backup-Typen

Mehr Infos zu den SAP-HANA-Backup-Typen und Data Snapshots finden Sie im SAP Help Portal über den Pfad **SAP HANA Administration Guide for SAP HANA Platform • Availability and Scalability • SAP HANA Database Backup and Recovery • SAP HANA Backup Types** (siehe *http://s-prs.de/v745563*).

Im Unterpunkt **Data Snapshots** finden Sie auch einen Vergleich zwischen Backups und Data Snapshots: **Comparison of Data Backups and Data Snapshots.**

Arbeitspaket 12 – Testlandschaft einrichten

Sparen Sie bei der Einrichtung der Testlandschaft nicht am falschen Ende.

Produktivnahe Testumgebung

Achten Sie darauf, dass Sie in einer Testumgebung testen, die entweder identisch mit der des zukünftigen Zielsystems ist oder ihr technisch zu mindestens sehr nahekommt. Je mehr die Testumgebung der Zielumgebung entspricht, desto genauer sind die Messwerte und damit die Planung für den Go-live. Schon kleinste Abweichungen können zu stark unterschiedlichen Ergebnissen führen.

Aber das alles finden Sie nur heraus, wenn Sie genug Zeit zum Testen einplanen.

[!]

Auswirkungen von Änderungen

Schon ein zusätzlicher Applikationsserver in einem geplanten Systemverbund kann bei falscher Konstellation, falscher Konfiguration oder Fehlern im Betriebssystem dazu führen, dass das Gesamtsystem langsamer läuft als ohne den zusätzlichen Server. Auch hat die Änderung des internen Speichers einen signifikant höheren Einfluss auf die Ladezeiten als die Erhöhung der Prozessoranzahl.

Arbeitspaket 13 – Testplan für Datenmigration erstellen

Wenn Sie die Reihenfolge des Ladens der Datenmigrationsobjekte festgelegt haben und die ersten Datenmigrationsprogramme erstellt sind, ist es Zeit, die Testpläne für die Datenübernahme zu erstellen. Die Erkenntnisse dieser Testpläne fließen dann nahtlos in die Cut-over-Migrationsplanung ein.

Für das Erstellen der Testpläne ist die Dauer der in Arbeitspaket 10 (Testdaten bereitstellen und laden) erfassten Migrationsschritte notwendig. Sie bildet die Basis dieser Testpläne. Die Testpläne sind Voraussetzung für das Testen der gesamten Datenmigration (Arbeitspaket 15).

Arbeitspaket 14 – Testdaten-Migrationsmethoden festlegen und erstellen (optional)

Daten bereitstellen

In sehr großen Implementierungsprojekten, die über einen sehr langen Zeitraum geplant werden, ist es oftmals notwendig, für einzelne Tests Daten bereitzustellen. Ist das Zielsystem z. B. datentechnisch nachrangig, also ein nicht führendes System eines Systemverbunds, werden oft permanente Schnittstellen verwendet, um die Daten in dieses System zu laden. Diese Schnittstellen werden dann auch zum produktiven Laden der Daten verwendet. Die Entwicklung dieser Schnittstellen (z. B. ALE) ist oft sehr aufwendig und zeitintensiv. Für das Testen der Geschäftsprozesse werden deshalb Testdaten über spezielle Datenladeprogramme bereitgestellt. Wenn Sie für diese Datenladeprogramme dieselben Übernahmetechniken verwenden, wie die permanente Schnittstelle, können die Erkenntnisse aus diesem Datenladeprozess für die Optimierung der Schnittstelle herangezogen werden.

Bei Kapazitätsproblemen der permanenten Schnittstelle kann es auch ratsam sein, diese Testdatenladeprogramme zur initialen Befüllung des Zielsystems zu verwenden.

Dieses Arbeitspaket ist optional und nur selten in Implementierungsprojekten anzutreffen.

Arbeitspaket 15 – Datenmigration vollständig testen

Einmal ist gut, zweimal ist besser

Wichtig für die Qualität der Daten und die Cut-over-Zeitplanung ist es, die Datenmigration so früh wie möglich und so oft wie möglich vollständig (holistisch) zu testen. Am sinnvollsten kann dies im Vorlauf eines *Integrationstests* geschehen. Ein Beispiel hierzu ist in Arbeitspaket 11 (Testlandschaft planen) beschrieben. Der Spezialfall dieses Testens ist der *produktive Ladetest*, der oft im Rahmen des sogenannten *User Acceptance Tests* erfolgt.

[«]

Produktive Ladetests

Wie schon erwähnt, sollte das Testen des produktiven Ladens mindestens zweimal komplett in einer produktivnahen Testumgebung erfolgen. Nur so können Sie frühzeitig Engpässe (technischer, zeitlicher oder personeller Art) entdecken und beheben.

Beginnen Sie mit den Tests so früh wie möglich. Der beste Zeitpunkt dafür ist, wenn die Datenmigrationsprogramme und die Testpläne für die Datenübernahme fertiggestellt sind.

2.2.7 Produktives Laden

Die Phase des produktiven Ladens ist die kritischste Phase des gesamten Projekts. Sie ist geprägt von festen Terminen und engen Zeitfenstern. Hier zeigt sich, wie gut Sie Ihre Hausaufgaben erledigt haben. Das Ergebnis wird durch die Validierung der Daten gnadenlos bewertet. Abbildung 2.9 zeigt eine Übersicht über die Arbeitspakete für das produktive Laden.

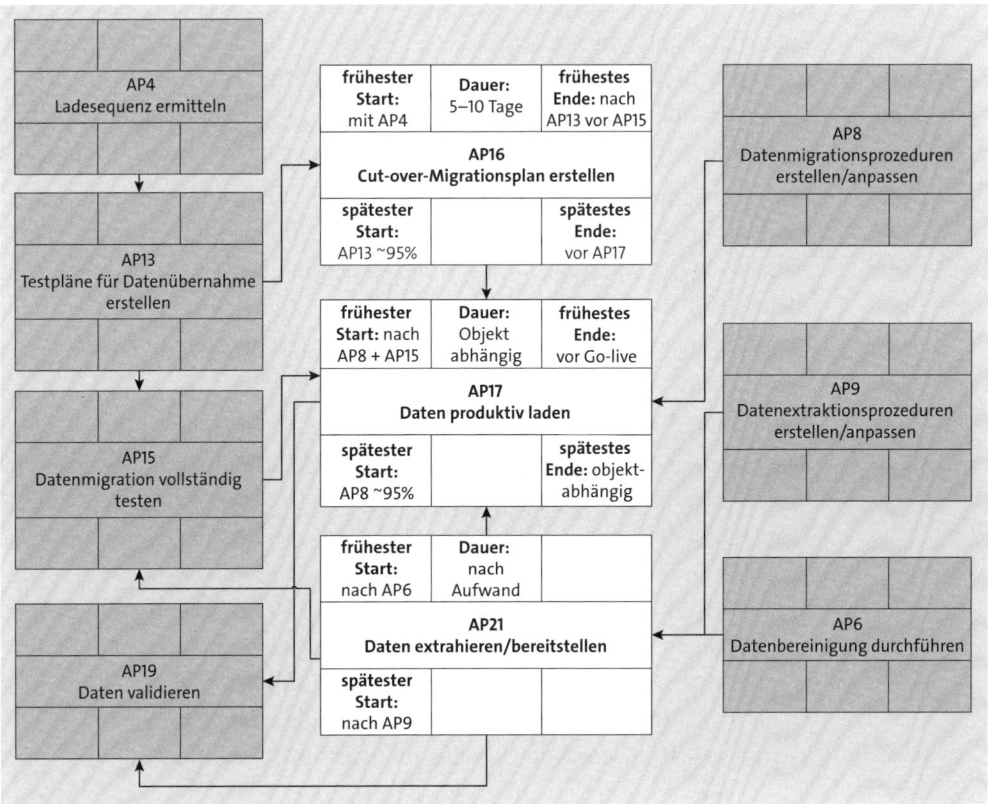

Abbildung 2.9 Arbeitspakete für das produktive Laden

Arbeitspaket 16 – Cut-over-Migrationsplan erstellen

Vor dem produktiven Laden der Daten muss ein sogenannter *Cut-over-Migrationsplan* erstellt werden. Am besten beginnen Sie mit den ersten Aktivitäten für die Migrationsplanung, wenn Sie die Ladesequenz der Migrationsobjekte planen. Sie sollten jedoch spätestens damit beginnen, wenn Sie die Testpläne für die Datenmigration erstellt haben. Die Testpläne sind die Basis der Migrationsplanung. In der Regel ist der Migrationsplan nach dem letzten Testen der gesamten Datenmigration fertiggestellt. Die Gesamtdauer, um diesen Plan zu erstellen, sollte nicht länger als fünf Tage betragen. Bei sogenannten *Phased Rollouts* kann die Dauer, bedingt durch die Anzahl der geplanten Go-lives, natürlich auch länger sein. Aufgrund der Lernkurve sollten Migrationspläne für weitere Rollouts nicht so lange dauern wie für die erste initiale Datenmigration.

Enge Zeitfenster

Wenn Ihnen ein sehr enges Zeitfenster für die initiale Datenmigration zur Verfügung steht, sollten Sie Ihre einzelnen Datenmigrationsobjekte nach Wichtigkeit für den Go-live-Zeitpunkt kategorisieren. Manche Geschäftsobjekte des Quellsystems sind sehr stabil und werden nur selten verändert oder ergänzt. Diese Geschäftsobjekte können deshalb schon Tage oder Wochen vor dem Go-live in das Zielsystem geladen werden. Voraussetzung ist hier natürlich, dass das Zielsystem mit dem dafür notwendigen Customizing versorgt ist. Beim Laden in ein bestehendes Produktivsystem ist dies mit einem gewissen Risiko verbunden, das Sie vorher bewerten sollten.

Einige Datenmigrationsobjekte müssen nicht zwingend zum Go-live im System vorhanden sein. Solche Datenmigrationsobjekte können auch nach dem Go-live-Termin geladen werden. Beachten Sie aber auch hierbei z. B. die Risiken, die sich durch eine erhöhte Systemlast zur Ladezeit ergeben, und die Tatsache, dass Sie hier Daten in ein produktives System laden.

Arbeitspaket 21 – Daten extrahieren/bereitstellen

Wie eingangs schon erwähnt, können Sie das Extrahieren und Bereitstellen von Daten entweder innerhalb des Arbeitspakets 17 (Daten produktiv laden) einplanen oder es in ein separates Paket auslagern. In vielen großen Organisationen werden die Daten der Quellsysteme meist von anderen Teams verantwortet. Das heißt, dass Sie das Personal dieser anderen Teams und deren Aufgaben in Ihre Test- und Cut-over-Pläne zeitlich einplanen müssen. Nur so ist sichergestellt, dass die Daten auch pünktlich in der gewünschten Qualität zur Verfügung gestellt werden. Aus meiner langjährigen Praxis wissen wir, wie mühselig und zeitaufwendig es sein kann, mit Teams zu kommunizieren, die nicht zum Implementierungsprojekt gehören und damit außerhalb der Zuständigkeit der Projektleitung liegen. Wenn das Extrahieren und Bereitstellen von Daten von mehreren Teams vorgenommen wird, kann es sich wieder um einzelne Unterpakete handeln.

[zB]

Extrahieren und Bereitstellen durch mehrere Teams

Wenn das Quellsystem nicht mehr weiterbetrieben wird, werden die dort liegenden Daten nach der Datenmigration manchmal nicht mehr bereinigt. Stattdessen werden dann die extrahierten Daten in z. B. Excel-Tabellen überführt, dort bereinigt, eventuell in Datenmigrationsvorlagedateien überführt und die Daten dann geladen. Dies kann z. B. bei alten Geschäftspartneradressen der Fall sein. In diesem Beispiel extrahiert Team A in den USA die Daten, und Team B in Deutschland überführt und bereinigt diese Daten dann z. B. in Datenmigrationsvorlagedateien.

Das Extrahieren und Bereitstellen von Daten erfolgt in der Regel nach den Arbeitspaketen 9 (Datenextraktionsprozeduren erstellen/anpassen) und 6 (Datenbereinigung durchführen). Es ist das Vorläuferpaket für das Arbeitspaket 15 (Datenmigration vollständig testen) und für das Arbeitspaket 17 (Daten produktiv laden). Je nachdem, ob Sie die Daten vor dem Laden oder nach dem Laden validieren, kann es auch Vorläufer für das Arbeitspaket 19 (Daten validieren) sein.

Arbeitspaket 17 – Daten produktiv laden

Das produktive Laden der Daten ist eines der letzten Arbeitspakete eines Datenmigrationsprojekts. Die Voraussetzungen für dieses Arbeitspaket sind folgende:

- die Fertigstellung aller Datenmigrationsprozeduren
- ein erfolgreicher Test der gesamten Datenmigration
- die Fertigstellung des Cut-over-Plans inklusive des endgültigen Migrationsladeplans

In der Regel bestimmen die Schritte des Migrationsladeplans alle anderen Schritte des Cut-over-Plans.

2.2.8 Validierung

Abbildung 2.10 zeigt eine Übersicht über die Arbeitspakete der Validierung. Es gibt hier zwei Möglichkeiten, um die Migrationsdaten zu validieren:

1. nach dem Extrahieren bzw. Bereitstellen der Daten, also vor der eigentlichen Datenmigration
2. nach der Datenmigration

Daten vor dem Laden validieren

Im ersten Fall werden alle Daten direkt nach dem Extrahieren bzw. nach der Bereitstellung auf Integrität und Korrektheit geprüft, manchmal auch schon vor dem Konvertieren. Erst danach werden die Daten geladen.

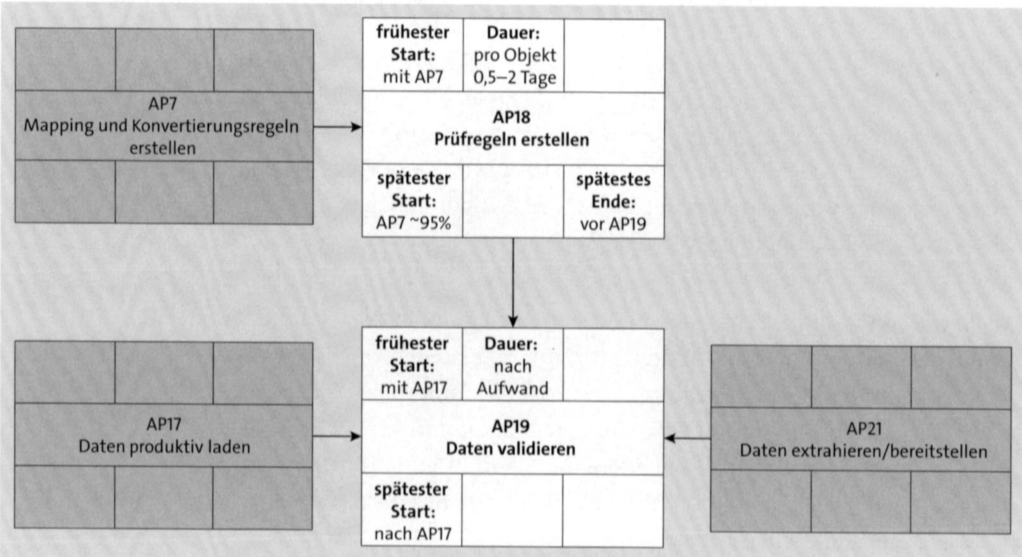

Abbildung 2.10 Arbeitspakete zur Validierung

Nach dem Laden validieren

Im zweiten Fall werden alle Daten nach dem Laden eines Objekts nach vorgegebenen Regeln validiert. Dies hat einige Vorteile, da man in diesem Fall auch vollständige Prozesse (automatisch) mithilfe von Testwerkzeugen durchspielen kann. Prinzipiell ist es meistens sinnvoller, den zweiten Ansatz zu wählen und jedes Geschäftsobjekt nach der Migration zu prüfen. Erst nachdem die Daten dieses Geschäftsobjekts freigegeben worden sind, darf mit der Migration abhängiger Objekte fortgefahren werden. Dieser Prozess ist zwar sehr zeitaufwendig, stellt aber sicher, dass Ihre Daten die Qualitätsstandards einhalten. Insbesondere, wenn es hochkomplexe Konvertierungsregeln gibt, ist eine Validierung der Enddaten der Validierung der Quelldaten vorzuziehen.

[zB]

Zeitplanung der Validierung in einem Kundenprojekt

In einem großen Implementierungsprojekt der Pharmabranche wurde die Validierung der Daten nach FDA vorgenommen. Wegen des eingeschränkten Zeitfensters für die Datenübernahme und des Go-live wurde ein 24×7-Projektplan erarbeitet, der das Arbeiten rund um die Uhr vorsah. Eine Stunde vor der errechneten und geplanten Fertigstellung der Migration eines Objekts wurden die zuständigen Mitarbeiter für die Validierung in die Firma gerufen. Für das Einhalten des Plans und die Koordinierung der Projektmitarbeiter war ein eigenes Team zuständig. Dieses Team hatte in drei überlappenden Neun-Stunden-Schichten die Ausführung des Plans überprüft und die Ladezeiten nachgehalten. Dazu waren viele Tests und vor allem die Dokumentation der Dauer der Migrationsschritte und der Validierung der einzelnen Objekte sehr wichtig. Die Verteilung der Aufgaben auf die einzelnen Mitarbeiter unter der Einhaltung der jeweils geltenden Arbeitszeitgesetze wäre ohne detailliertes Testen und Erfassen der Zeiten nicht möglich gewesen. Das intensive Testen wurde mit einem reibungslosen Go-live und einer äußerst geringen, vernachlässigbaren Anzahl an Korrekturen und Nacharbeiten belohnt.

Arbeitspaket 18 – Prüfregeln erstellen

Die Erstellung der Prüfregeln muss immer zusammen mit dem Kunden/Auftraggeber erfolgen. Voraussetzung für diese Prüfregeln ist die Fertigstellung der entsprechenden Konvertierungsregeln und des Mappings.

Syntaktische Prüfung

Einige Werkzeuge bzw. Verfahren zur Datenmigration, wie z. B. SAP Data Services, bieten Funktionen zur Validierung der geladenen Daten.

[zB]

Syntaktische Prüfungen

Dies sind oft fest eingebaute Routinen des Datenmigrationswerkzeugs bzw. der zum Laden genutzten API. Trotzdem schadet es nicht, die geladenen Daten selbst nach bestimmten syntaktischen Regeln auf ihre technische Korrektheit hin zu prüfen, z. B.:

- Stimmen die Datentypen?
- Stimmen die Feldlängen?
- Sind die Werte in den Datumsfeldern plausibel?
- Sind alle Pflichtfelder gefüllt?
- Stimmen die Formate von Zahlwerten usw.?

Semantische Prüfung

Zusätzlich zu den syntaktischen Prüfungen sind auch semantische Prüfungen möglich.

[zB]

Semantische Prüfungen

Eine semantische Prüfung der Daten auf ihre inhaltliche Korrektheit hin kann meist nicht im Voraus implementiert werden. Sie ist sehr stark abhängig vom Kontext der Daten und von Projekt zu Projekt und von Objekt zu Objekt unterschiedlich. Mögliche Anforderungen können z. B. sein:

- Jeder Kunde aus einem bestimmten Verkaufsbezirk muss einer bestimmten Verkäufergruppe zugeordnet sein.
- Materialstämme bestimmter Produktgruppen sind unterschiedlichen Einkäufergruppen zugeordnet.
- Materialstämme, die bestimmte Werte (Volumen, Gewicht usw.) über- oder unterschreiten, sind besonderen Lagerplätzen zuzuordnen.

Solche Prüfungen müssen individuell pro Projekt erstellt werden. Sie können zum Teil über die Definition von Suchabfragen (SAP Query) automatisiert werden. Sollen diese Prüfungen auch im laufenden Betrieb zur stetigen Prüfung und Verbesserung der Datenqualität genutzt werden, sollten Sie über den Einsatz einschlägiger Werkzeuge nachdenken, wie z. B. *SAP Information Steward*. Damit lassen sich die Regeln und Schwellenwerte definieren, anhand derer Sie Datensätze prüfen und klassifizieren können.

Die Schritte, wie die Einhaltung dieser Regeln im System geprüft werden können, müssen schriftlich und nachvollziehbar festgehalten werden.

Arbeitspaket 19 – Daten validieren

Wie eingangs schon erwähnt, kann die Validierung vor oder nach dem Laden der Daten erfolgen. Wird die Validierung nach dem Laden eines Objekts durchgeführt, sollte die erfolgreiche Prüfung dieses Objekts als Voraussetzung für das weitere Laden abhängiger Objekte angesehen werden. Dies verbessert die Datenqualität und verhindert Probleme beim Laden nachfolgender Objekte. Wichtig ist, dass die Prüfung vom Kunden oder vom Auftraggeber durchgeführt wird und die Ergebnisse dokumentiert werden.

2.3 Planung und Aufwandsschätzung

Nachdem Sie jetzt den Ablauf und die Arbeitspakete für die Datenmigration kennengelernt haben, zeigen wir Ihnen nun, wie Sie die Objekte für die Migration ermitteln und die Dauer des Gesamtprozesses schätzen können. Hierzu geben wir Ihnen einige Formeln und Zahlen aus der Auswertung früherer Migrationsprojekte an die Hand.

2.3.1 Datenmigrationsobjekte ermitteln

Wenn Sie die Datenmigrationsobjekte ermitteln, sollten Sie die folgenden Informationen pro Objekt erfassen:

- SAP-Zielsystem
- Migrationsobjekt und Beschreibung des Objekts
- Objekttyp (Stammdaten, Bewegungsdaten, Customizing, sonstige Daten)
- geschätzte Komplexität des Migrationsobjekts (1 = wenig bis 10 = sehr komplex)
- Abhängigkeiten zu den anderen Datenmigrationsobjekten
- Anzahl der zu ladenden Datensätze
- Quellsystem(e)
- wichtige Ansprechpartner
- geplante Datenübernahmetechnik
- zugehörige Geschäftsprozesse

Speichern Sie diese Informationen am besten in einer Tabelle, wie z. B. Microsoft Excel, und ergänzen Sie sie um weitere, für Sie notwendige Objekt- oder Statusinformationen.

									Quellsysteme					Region 1	Region 2
Nr.	**Bereich**	**Objekt nr.**	**Migrations objekt**	**Objekt unternr.**	**Beschreibung**	**Kommentar**	MD= Stammdaten CU= Customizing TD= Bewegungsdaten	**Datenmigration** J (ja) N (nein) M (manuell)	System 1	System 2	System 3	System 4	**Ansprech partner (SAP)** z.B. für Validierung, Mapping	**Ansprechpartner (Kunde)** z.B. für Validierung, Mapping	
1	SD	001	**Kunde**	001	**Kunden aus Spanien**	27.09.16 Herr SAP1: Frau Gamma nach weiteren Informationen fragen	MD	J	X		X		Herr SAP1	Herr Beta	Frau Gamma
2	SD	001	**Kunde**	002	**Kunden aus Deutschland**	27.09.16 E-Mail von Herrn Alpha bzgl. Verkäuferbezirken	MD	J	X		X		Frau SAP2	Herr Alpha Frau Fox	N.N.
3	MM	002	**Lieferant**	001	**Lieferanten aus Europa**	28.09.16 Herr Beta: Es werden nur die europäischen Lieferanten	MD	J			X		Herr SAP1	Herr Beta	N.N.
4	MM / SD	003	**Materialstamm**	001	**Rohstoffe**	28.09.16 Frau SAP2 und Herr SAP1: Nur Rohstoffe aus System A	MD	J	X				Frau SAP2 Herr SAP1	Herr Alpha Frau Fox	N.N.
5	MM / WM / SD / PP	003	**Materialstamm**	002	**Zugekaufte Handelsware**	08.10.16 Herr Beta: MRP1-Dispomerkmale klären	MD	N	X	X			Herr SAP1	Herr Alpha Herr Beta	N.N.

Abbildung 2.11 Datenmigrationsobjekte in einer Excel-Tabelle sammeln

2.3.2 Aufwandsschätzung

Aufwand pro Projektphase

Bei gut geplanten Implementierungsprojekten sollte der Beratungsaufwand für die Migrationsanteile (Personentage für externe Berater) zwischen 7 und 10 % des gesamten Beratungsaufwands betragen. Bei schlecht vorbereiteten oder geplanten Projekten kann dieser Beratungsaufwand aber auch gut über 30 % des Beratungsaufwands des Projekts ausmachen. Die Zahlen beruhen auf internen Analysen durchgeführter Migrationsprojekte von SAP. Sie können diese Zahlen als grobe Richtschnur verwenden; sie können aber von Projekt zu Projekt variieren.

- **Prepare-Phase**
  Der Aufwand für das Migrationsprojekt ist während der Prepare-Phase eher gering; Sie sollten zwischen 2 und 5 % des Gesamtaufwands der Migration einplanen.
- **Explore- und Realize-Phasen**
  In diesen beiden Phasen des Projekts beträgt der Aufwand für die Migration zwischen 50 und 70 % des gesamten Migrationsaufwands, wenn Sie die Datenmigrationsprogramme implementieren müssen, wie z. B. bei der LSMW. Wenn Sie Migrationswerkzeuge mit fertigen Migrationsobjekten (z. B. SAP S/4HANA Migration Cockpit) nutzen, haben Sie hier jedoch stark verringerte Aufwände. Voraussetzung ist, dass Sie Ihre Konfiguration nah am Standard implementieren. Wenn Sie jedoch die Standardprozesse modifizieren, sind unter Umständen Anpassungen an den ausgelieferten Migrationsobjekten notwendig, die Ihren Aufwand wieder erhöhen. Allein für das Testen und die Testunterstützung können Sie mit circa 30–40 % rechnen.
- **Deploy-Phase**
  In der Produktionsvorbereitungsphase geht der Aufwand nach den Gesamtdatenübernahmetests auf circa 10 % des Gesamtmigrationsaufwands zurück – vorausgesetzt, Sie haben Ihre Aufgaben in der Prepare-Phase gemacht, und es sind keine gravierenden Fehler in der Konfiguration während der Tests sichtbar geworden.
- **Run-Phase**
  Für die produktive Datenübernahme und den Support nach dem Go-live sollten Sie circa 5 bis maximal 10 % des Gesamtmigrationsaufwands einplanen. Je besser die Datenübernahme getestet wurde und je geräuschloser der Cut-over verlaufen ist, desto weniger Aufwand ist für den Nach-Go-live-Support für die Datenmigration einzuplanen. Es kann nie ganz ausgeschlossen werden, dass z. B. aus Versehen falsche oder veraltete Daten migriert wurden oder ein Werte-Mapping falsch gesetzt wurde und Daten korrigiert werden müssen.

Aufwand pro Arbeitspaket

Sind die notwendigen Arbeitspakete des Migrationsprojekts festgelegt, kann anhand einer Excel-Tabelle der Projektaufwand geschätzt werden. Der Aufwand für einige Arbeitspakete lässt sich z. B. pauschal festlegen. Für einige Phasen, wie z. B. die Datenanalyse-Phase, kann mittels einer einfachen, aber hocheffektiven Formel der Aufwand geschätzt werden. Die folgenden Formeln wurden über Jahre in diversen Migrationsprojekten eingeschätzt und verifiziert. Sie stellen nur eine grobe Richtschnur dar und können von Projekt zu Projekt variieren.

[+]

Formel zur Aufwandsschätzung für die Datenanalyse

Schätzen Sie die Komplexität des entsprechenden Migrationsobjekts auf einer Skala von 1 (niedrige Komplexität) bis 10 (sehr hohe Komplexität), und teilen Sie diesen Wert durch 2.

Kriterien, um die Komplexität eines Migrationsobjekts einzuschätzen, sind z. B. die folgenden:

- Anzahl der Datenquellen
- Anzahl der zu mappenden Felder
- Anzahl der Umschlüsselungen
- Sind es einfache 1:1-Umschlüsselungen, oder ist Zusatz-Coding notwendig?
- Anzahl der Datensätze
- Qualität der Quelldaten und damit verbundene Umschlüsselungen, um Fehler automatisch zu korrigieren

Die sich ergebende Zahl ist der Aufwand an Personentagen, die Sie näherungsweise für das Arbeitspaket 1 (Datenmigrationsobjekte ermitteln) benötigen.

[+]

Aufwandsschätzung für das Mapping

Für das Arbeitspaket 7 (Mapping und Konvertierungsregeln erstellen) können Sie in der Regel dieselbe Formel verwenden wie für die Aufwandsabschätzung bei den Datenmigrationsobjekten. Gibt es für ein Geschäftsobjekt jedoch mehrere technische Datenmigrationsobjekte, reduziert sich durch die Synergieeffekte und die Lernkurve beim Ermitteln der Konvertierungsregeln der Aufwand für die einzelnen Objekte.

Wird z. B. der Kundenstamm mittels IDoc aus unterschiedlichen Quellsystemen geladen, sind der Aufwand für das Mapping und die Konvertierungsregeln für das erste Datenmigrationsobjekt anhand der Formel ermittelbar.

Der Aufwand für die weiteren Objekte ist nur noch mit der Hälfte bis zu einem Viertel des Aufwands für das erste Objekt anzusetzen.

Implementierungsaufwand

Für die Implementierung der Datenmigrationsprogramme kann hingegen keine hinreichende Formel angegeben werden. Hier sind die Anzahl der zu mappenden Felder und die Anzahl der zu implementierenden Konvertierungsregeln ausschlaggebend. Die Erfahrung desjenigen, der die Programme implementiert, ist hier auch ein nicht zu unterschätzender Faktor. Während ein sehr erfahrener *Migrateur* (Person – männlich oder weiblich –, die sich mit der Datenmigration eines Geschäftsobjekts befasst) für ein bestimmtes Datenmigrationsobjekt z. B. nur einen Tag für Implementierung und Testen benötigt, kann ein weniger erfahrener Migrateur hier mehrere Tage benötigen. Wenn Sie ausschließlich die ausgelieferten Migrationsobjekte für z. B. das Migration Cockpit nutzen, entfallen die Aufwände für die Implementierung.

Der Aufwand für die Arbeitspakete des Testens und des Datenladens ist von der Migrationsdauer abhängig und lässt sich erst nach den ersten Tests genauer berechnen. Zur Vorabschätzung solcher Zahlen hilft es, auf Erfahrungswerte aus anderen Projekten zurückzugreifen.

Validierungsaufwand

Validierungszeiten sind von der Menge und der Komplexität der Validierungsregeln abhängig und lassen sich deshalb nicht über eine Formel berechnen.

Aufwandsschätzung mittels Microsoft Excel

Das Arbeitsblatt der hier beschriebenen Microsoft-Excel-Datei hat einen Infobereich und einen Aufwandsbereich. Sie können hier pauschale Aufwände und die Aufwände pro Migrationsobjekt erfassen.

Infobereich

Der Infobereich beinhaltet die folgenden Spalten (Tabelle 2.1 und in Abbildung 2.12):

❶ Nummer (**Nr.**) zur Durchnummerierung der Migrationsobjekte

❷ **Bereich**, um z. B. die Objekte nach Bereichen zu ordnen, wie z. B. FIN, LOG usw.

❸ In den Spalten 3 und 4 werden die Migrationsobjekte (**MObj**) aufgeführt, jeweils einmal in Englisch und in der Landessprache, hier also auf Deutsch. Zwei Sprachen erweisen sich oft als nützlich, da die meiste Literatur (Blogs, Dokumentationen, Bücher ...) zu Geschäftsprozessen, Geschäftsobjekten und Migrationsobjekten in englischer Sprache geschrieben ist. Es ist dadurch einfacher, Informationen zum entsprechenden Objekt zu finden, wenn Sie auch die englische Bezeichnung kennen.

❹ In einer weiteren optionalen Spalte **Typ** können Sie zwischen Stamm- und Bewegungsdaten unterscheiden.

❺ In der nächsten Spalte **relevant** definieren Sie, ob ein Migrationsobjekt relevant sein soll oder nicht. Bei einer Liste von über 150 Migrationsobjekten ist meist nur ein geringer Teil für Ihr Projekt relevant. Auch kann es sein, dass bei einem Phased Rollout Migrationsobjekte nicht für alle Phasen relevant sind und dann in verschiedenen Listen unterschiedlich markiert werden.

❻ In der Spalte für **Werkzeug/Methode** legen Sie die Übertragungsmethode fest. Wollen Sie die Daten manuell migrieren, oder verwenden Sie ein bestimmtes Werkzeug, und wenn ja, welches?

❼ Optional können Sie in der Spalte **Anzahl der Datensätze** auch noch die Anzahl der zu migrierenden Datensätze auflisten. Dies ist oft hilfreich bei der Einschätzung der Ladezeiten für das Testen und das produktive Laden.

Einen beispielhaften Aufbau des Infobereichs sehen Sie in Tabelle 2.1 und in Abbildung 2.12.

Nr.	Bereich	MObj	MObj	Typ	relevant	Werkzeug/ Methode	Daten-sätze
	Pauschal				X		
1	SD	Kunde	Customer	MD	X	MC/File	12.000
2	MM	Lieferant	Supplier	MD	X	MC/File	250
3	LO	Produkt	Product	MD	X	MC/File	32.000

Tabelle 2.1 Spalten des Informationsbereichs A der Aufwandstabelle

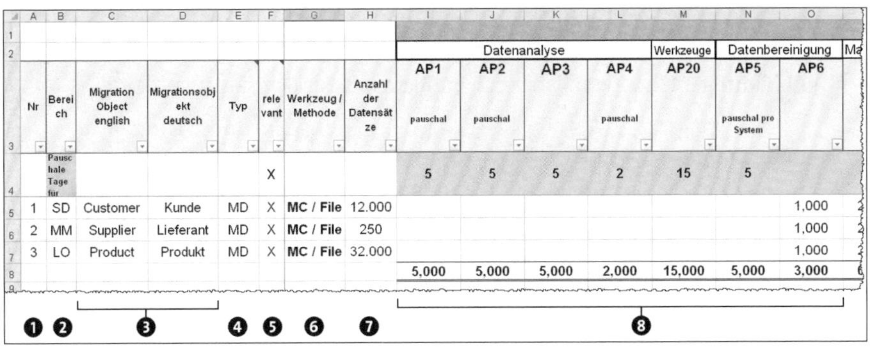

Abbildung 2.12 Informationsbereich und Pauschalaufwände in Microsoft Excel

Aufwandsbereich

Im Aufwandsbereich tragen Sie die geschätzten Aufwände in Tagen ein. Er besteht aus den folgenden Spaltenbereichen:

- ❽ den einzelnen Phasen und Arbeitspaketen aus Abschnitt 2.2, »Arbeitspakete in Datenmigrationspaketen«
- ❾ einer Spalte für die Summe

Tabelle 2.2 und Abbildung 2.13 zeigen Ihnen beispielhaft den Aufwandsbereich mit den pauschalen und objektbezogenen Aufwänden für die Phasen **Datenanalyse** und **Datenvalidierung**.

Datenanalyse				...	Datenvalidierung		
AP1	AP2	AP3	AP4	...	AP18	AP19	Summe
5	5	5	2	...			49,50
				...	0,5	0,5	7,75
				...	0,5	0,25	6,625
				...	1	0,25	9,25

Tabelle 2.2 Spalten des Aufwandbereichs B der Aufwandstabelle

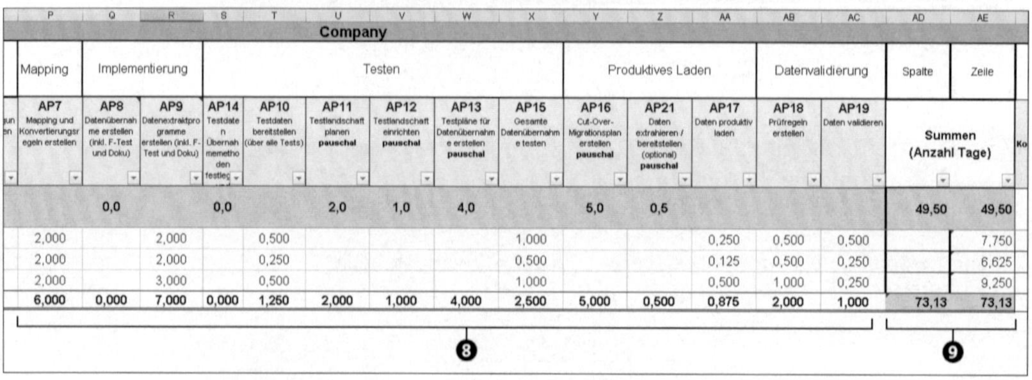

P	Q	R	S	T	U	V	W	X	Y	Z	AA	AB	AC	AD	AE
Company															
Mapping	Implementierung		Testen						Produktives Laden			Datenvalidierung		Spalte	Zeile
AP7 Mapping und Konvertierungsregeln erstellen	AP8 Datenübernahme erstellen (inkl. F-Test und Doku)	AP9 Datenextraktprogramme erstellen (inkl. F-Test und Doku)	AP14 Testdaten Übernahmemethoden festleg	AP10 Testdaten bereitstellen (über alle Tests)	AP11 Testlandschaft planen **pauschal**	AP12 Testlandschaft einrichten **pauschal**	AP13 Testpläne für Datenübernahme erstellen **pauschal**	AP15 Gesamte Datenübernahme testen	AP16 Cut-Over-Migrationsplan erstellen **pauschal**	AP21 Daten extrahieren / bereitstellen (optional) **pauschal**	AP17 Daten produktiv laden	AP18 Prüfregeln erstellen	AP19 Daten validieren	**Summen (Anzahl Tage)**	
	0,0		**0,0**		**2,0**	**1,0**	**4,0**		**5,0**	**0,5**				**49,50**	**49,50**
2,000		2,000		0,500				1,000			0,250	0,500	0,500		7,750
2,000		2,000		0,250				0,500			0,125	0,500	0,250		6,625
2,000		3,000		0,500				1,000			0,500	1,000	0,250		9,250
6,000	**0,000**	**7,000**	**0,000**	**1,250**	**2,000**	**1,000**	**4,000**	**2,500**	**5,000**	**0,500**	**0,875**	**2,000**	**1,000**	**73,13**	**73,13**

Abbildung 2.13 Aufwandsbereich in Microsoft Excel

Pauschale Aufwände

Geschätzter Aufwand

In den Zellen der Zeile für pauschale Aufwände tragen Sie den geschätzten Aufwand in Personentagen ein, der unabhängig von einem Migrationsobjekt anfällt. In der SEAMAP-Struktur sind die Aufwände für die folgenden Arbeitspakete meist pauschal ermittelbar:

- **AP1 – Datenmigrationsobjekte ermitteln**
  Hier können Sie, je nach Anzahl der zu implementierenden Prozesse und Quellsysteme, zwischen 2 und 10 Personentage veranschlagen.
- **AP2 – Quellsysteme identifizieren**
  Je komplexer und heterogener Ihre System- und Datenhaltungslandschaft ist, desto länger dauert die Suche nach den geeigneten Quellsystemen. Beachten Sie hier auch die inoffiziellen Quellen Ihrer Sachbearbeiter. In nicht wenigen Bereichen werden z. B. die Zusatzdaten zu den Kunden in zusätzlichen, inoffiziellen Microsoft-Excel-Dateien, Karteikästen oder Datenbanken geführt, die oft aktueller als die offiziellen Datenbanken sind. Sie sollten hier auch zwischen 2 und 10 Personentage einplanen.
- **AP3 – Historische Daten**
  Der Aufwand für dieses Arbeitspaket ist nicht zu unterschätzen. Kalkulieren Sie hier ruhig mit 10 Personentagen.
- **AP4 – Ladesequenz ermitteln**
  Die Ladesequenz zu ermitteln ist in der Regel kein großer Aufwand. Das Laden der Daten setzt auch die Datenextraktion und die Datenbereitstellung voraus. Sind die Systeme über Kontinente verteilt, ist es wichtig, die Ladesequenz zu kennen, damit die Daten zur richtigen Zeit bereitgestellt werden können. Rechnen Sie hier mit 1 bis 2 Personentagen.
- **AP5 – Datenbereinigungsbedarf analysieren**
  Oft ergibt sich nach den ersten Tests weiterer Bereinigungsbedarf. Für die Analyse des Datenbereinigungsbedarfs sollten Sie daher gut und gerne 5 bis 10 Tage pro System kalkulieren.
- **AP11 – Testlandschaft planen**
  In einer Cloud-Umgebung ist die Testlandschaft vorgegeben. Sie haben entweder eine Zweisystemlandschaft mit einem Qualitätssicherungssystem (Q-System) und einem Produktivsystem (P-System) oder eine klassische Dreisystemlandschaft mit einem Entwicklungs-, einem Q- und einem P-System. Der Aufwand ist hier gering und betrifft meist nur eventuell vorgeschaltete Quellsysteme. In einem SAP-S/4HANA-basierten On-Premise- oder gehosteten System können Sie hier zwei Tage veranschlagen.
- **AP12 – Testlandschaft einrichten**
  Hier ist der Fall ähnlich der Planung der Testlandschaft zu sehen. Jedoch ist der Aufwand pro durchgeführtem Test zu kalkulieren. Schließlich nimmt das Zurücksetzen oder das Neueinrichten eines Systems unter Umständen einige Tage in Anspruch. Planen Sie hier 1 bis 2 Personentage pro Test ein.

- **AP13 – Testpläne für Datenübernahme erstellen**
  Die Übernahme der Testdaten erfolgt in der Regel mit den gleichen Werkzeugen und Programmen wie die produktive Datenübernahme. Sie passen den Testplan in der Regel nach jedem Test an und sollten deshalb für den Gesamtaufwand 2 bis 5 Personentage eintragen.
- **AP14 – Testdaten-Migrationsmethoden festlegen und erstellen**
  Wenn Sie hier einen Service, wie z. B. SAP S/4HANA Cloud, test data refresh nutzen, der Ihnen Testdaten aus einem Produktivsystem planbar zur Verfügung stellt, sollten Sie hier die entsprechende Laufzeit der Bereitstellung als pauschalen Aufwand eintragen.
- **AP16 – Cut-over-Migrationsplan erstellen**
  Im Grunde ist der Cut-over-Migrationsplan ein Teil des Cut-over-Plans. Er ergibt sich aus dem Testplan für die Datenübernahme (AP13) und den Aufwandszeiten, die für die einzelnen Arbeitspakete, die Datenbereitstellung (AP21), das Laden der Daten (AP17) und die Datenvalidierung (AP19) veranschlagt wurden. Das Erstellen des Cut-over-Migrationsplans dauert in der Regel 3 bis 5 Personentage. Bei komplexen Projekten kann dieser Vorgang bis zu 10 Tage in Anspruch nehmen.
- **AP21 – Daten extrahieren/bereitstellen**
  Der Aufwand für das Extrahieren bzw. Bereitstellen ist in der Regel weniger zeitaufwendig als das Laden der Daten. Das heißt, dass Sie hier nach den ersten Zeitmessungen auch mit pauschalen Werten arbeiten können und die Zahl nicht zwangsläufig auf die Objekte herunterbrechen müssen.
- **AP20 – Werkzeuge auswählen**
  Unterschätzen Sie nicht den Aufwand für die Wahl der Werkzeuge. In einer Cloud-Umgebung sind die Übernahmewerkzeuge meist vorgegeben. Die Werkzeuge und Methoden für die Datenanalyse, Datenbereinigung und Datenextraktion Ihrer Quellsysteme können vielfältig sein, und die Auswahl ist abhängig vom Angebot und von eventuell schon vorhandenen Lizenzen. Im öffentlichen Bereich sind Softwareanschaffungen oft über öffentliche Ausschreibungen vorzunehmen. Hier kann der Aufwand einige Wochen betragen, der sehr kundenindividuell zu betrachten ist.

Sie können im Normalfall mit etwa 30 bis 60 Personentagen nur für die pauschalen Aufwände rechnen. Eine Beispielrechnung für pauschale Aufwände sehen Sie in Tabelle 2.3.

AP1	AP2	AP3	AP4	AP20	AP5	AP11	AP12	AP13	AP16	AP21	Summe
5	5	5	2	15	5	2	1	4	5	0,5	49,5

Tabelle 2.3 Beispiel für pauschale Aufwände für einzelne Arbeitspakete

Objektbezogene Aufwände

Aufwand pro Migrationsobjekt

Alle anderen Arbeitspakete haben Aufwände, die pro Migrationsobjekt anfallen. In Tabelle 2.4 sehen Sie eine beispielhafte Auflistung von Aufwänden für Arbeitspakete pro Migrationsobjekt in einem auf SAP S/4HANA Cloud basierenden System.

Objekt	AP6	AP7	AP9	AP10	AP15	AP17	AP18	AP19	Summe
Kunde	1	2	2	0,5	1	0,25	0,5	0,5	7,75
Lieferant	1	2	2	0,25	0,5	0,125	0,5	0,25	6,625
Produkt	1	2	3	0,5	1	0,5	1	0,25	9,25
Gesamt	3	6	7	1,25	2,5	0,875	2	1	23,625

Tabelle 2.4 Beispiel für objektbezogene Aufwände in Personentagen

[«]

Microsoft-Excel-Datei herunterladen

Die in diesem Kapitel beschriebenen Microsoft-Excel-Dateien finden Sie auch in den Materialien zum Buch unter *https://www.rheinwerk-verlag.de/5632/*.

2.4 Fazit

Sie haben gelernt, welche Phasen eines Migrationsprojekts es gibt und wie diese in die Phasen eines Implementierungsprojekts einzuordnen sind. Wir haben Ihnen gezeigt, wie Sie Ihr Migrationsprojekt in Arbeitspaketen strukturieren und welche Abhängigkeiten es zwischen den einzelnen Arbeitspaketen gibt. Mithilfe dieser Strukturierung sollte es Ihnen nun leichter fallen, die Komplexität eines Migrationsprojekts zu überschauen und den Aufwand besser zu planen. Die im letzten Abschnitt vorgestellten Hilfen zur Berechnung des Aufwands sind, wie schon erwähnt, nur eine grobe Richtschnur, und es gibt keine Gewähr, dass diese Zahlen auch auf Ihr Projekt zutreffen. Über die Bonusseiten können Sie Beispieldateien für die Objektermittlung und die Aufwandsschätzung im Excel-Format herunterladen, die Sie in Ihrem Projekt verwenden und an Ihre Bedürfnisse anpassen können.

TEIL II

Datenmigration in SAP-Lösungen

Kapitel 3

Datenmigration in SAP S/4HANA

Das Werkzeug zur Datenmigration ist eins der wichtigsten Werkzeuge einer Neuimplementierung in SAP S/4HANA und SAP S/4HANA Cloud. In diesem Kapitel stellen wir Ihnen das SAP S/4HANA Migration Cockpit vor.

Welche verschiedenen Migrationsansätze werden *vom SAP S/4HANA Migration Cockpit* (im Folgenden *Migration Cockpit* genannt) unterstützt? Wie funktioniert das Migration Cockpit? Wo finde ich weitere Informationen zur Datenmigration und über unterstützte Migrationsobjekte? Diese und noch einige Fragen mehr beantworten wir Ihnen in diesem Kapitel. In Abschnitt 3.1, »Überblick über das SAP S/4HANA Migration Cockpit«, vergleichen wir die verschiedenen Datenmigrationsansätze des Migration Cockpits miteinander und veranschaulichen die dahinterliegenden Konzepte. Abschnitt 3.2, »Migration mittels Staging-Tabellen«, zeigt Ihnen, wie Sie Daten mittels des Datenmigrationsansatzes **Datenübertragung über Staging-Tabellen** (Staging Tables) unter der Verwendung von Dateien migrieren. In Abschnitt 3.3, »Direkter Transfer von Daten aus einem SAP-System«, beschreiben wir, wie Sie Daten mittels des Ansatzes **Datenübertragung direkt aus SAP-Systemen** (Direct Transfer) migrieren. In Abschnitt 3.4, »SAP S/4HANA Migration Object Modeler«, geben wir Ihnen Grundwissen über die Modellierungsumgebung des SAP S/4HANA Migration Cockpits (im Folgenden *Migration Cockpit* genannt). In Abschnitt 3.5, »Modellierung für die Datenmigration mit Staging-Tabellen«, in Abschnitt 3.6, »Modellierung für die Datenmigration mit Staging-Tabellen in der SAP S/4HANA Cloud, public edition«, und in Abschnitt 3.7, »Modellierung für den direkten Transfer von Daten aus SAP-Systemen«, gehen wir auf die jeweiligen Besonderheiten der unterschiedlichen Ansätze ein.

[«]

SAP S/4HANA vs. SAP S/4HANA Cloud

Mit SAP S/4HANA Cloud beziehen wir uns nachfolgend auf das Produkt SAP S/4HANA Cloud, public edition, das, technisch gesehen, auf der Produktversion *SAPSCORE* basiert. SAP S/4HANA bezieht sich auf SAP-S/4HANA-Produkte (On-Premise-Version oder SAP S/4HANA Cloud, private edition), die technisch auf der Produktversion *S4CORE* basieren.

3.1 Überblick über das SAP S/4HANA Migration Cockpit

Eingeschränkte Nutzbarkeit der SAP-ERP-Werkzeuge

Eine Migration nach SAP S/4HANA Cloud unterscheidet sich von einer Migration in die SAP-S/4HANA-On-Premise-Version dahingehend, dass die bekannten Migrationswerkzeuge, wie z. B. die Legacy System Migration Workbench (LSMW) oder SAP Data Services (Rapid Data Migration), nicht oder nur sehr eingeschränkt genutzt werden können. Reine Backend-Werkzeuge wie die LSMW können wegen eines fehlenden Backend-Zugriffs nicht aufgerufen werden. Im Fall von externen Werkzeugen, wie z. B. SAP Data Services, ist die Anzahl der cloudfähigen, extern aufrufbaren Schnittstellen, über die Daten migriert werden könnten, begrenzt. Das Migration Cockpit mit seinen beiden Migrationsansätzen ist daher, insbesondere in der Cloud, das erste und teilweise einzige Ihnen zur Verfügung stehende Datenmigrationswerkzeug.

[»]

Machen Sie sich mit den Datenübernahmeprozessen vertraut

Bevor Sie mit der Datenmigration beginnen, sollten Sie sich generell mit den Phasen und Tätigkeiten eines Datenmigrationsprojekts vertraut machen. Leider stellen wir immer wieder fest, dass Kunden und Berater die Komplexität einer Datenübernahme unterschätzen. Insbesondere für die Cloud ist der Irrglaube, dass das ja alles auf Knopfdruck gehe, weit verbreitet. Wir empfehlen Ihnen daher, zunächst Kapitel 2, »Planung von Datenmigrationsprojekten«, durchzulesen, die dort gegebenen Ratschläge zu verinnerlichen und sie in Ihre Projektplanung einfließen zu lassen.

3.1.1 Übersicht der Migrationsansätze des SAP S/4HANA Migration Cockpits

Vom reinen File zum File-/Staging-Ansatz

Der Migrationsansatz **Datenübertragung über Dateien** (File) wurde zusammen mit dem alten Web-Dynpro-basierten Migration Cockpit zu SAP S/4HANA Cloud 1511 (SAPSCORE) ausgeliefert. Viele kennen das alte Migration Cockpit unter seinem Transaktionsnamen *LTMC*. Seit SAP S/4HANA 1610 wurde dieses Cockpit auch für die On-Premise-Version von SAP S/4HANA (S4CORE) ausgeliefert. Der Migrationsansatz **Datenübertragung über Staging-Tabellen** (Staging) wird seit On-Premise-Release 1709 FPS02 bzw. SAP S/4HANA Cloud 1905 unterstützt. Da beide Migrationsansätze dasselbe Migration Cockpit verwenden, werden sie auch als **Datenübertragung über Dateien und Staging-Tabellen** (File/Staging) bezeichnet.

[«]

Englische Begriffsverwendung im SAP S/4HANA Migration Cockpit

Da Informationen zu den einzelnen Migrationsansätzen größtenteils nur auf Englisch verfügbar sind, verwenden wir nachfolgend die deutschen Begriffe, gefolgt vom englischen Begriff in Klammern. Dies erleichtert Ihnen die spätere Suche im Internet nach weiteren Informationsquellen.

Ein Migration Cockpit für alle Ansätze

Zu SAP S/4HANA 1909 kam der Migrationsansatz **Datenübertragung direkt aus SAP-Systemen** (Direct Transfer) für die SAP-S/4HANA-On-Premise-Versionen hinzu. Das Migration Cockpit für diesen Ansatz ist eine SAP-Fiori-App, die über das SAP Fiori Launchpad gestartet wird. Mit SAP S/4HANA Cloud 2008 und SAP S/4HANA 2020 wurde das Migration Cockpit der beiden Migrationsansätze **Datenübertragung über Dateien und Staging-Tabellen** und **Datenübertragung direkt aus SAP-Systemen** unter einer einheitlichen SAP-Fiori-App **Migrate Your Data** zusammengefasst. Die LTMC hatte damit ausgedient und ist ab SAP S/4HANA 2021 nicht mehr nutzbar.

[«]

Hinweis

Die ausgelieferten Migrationsobjekte sind für beide Cockpits dieselben. Wegen der unterschiedlichen Datenhaltung sind die Migrationsprojekte zwischen den beiden Migration Cockpits jedoch nicht austauschbar. Das heißt, dass Projekte, die Sie im alten Migration Cockpit angelegt haben, nicht mit dem neuen Migration Cockpit und umgekehrt aufgerufen werden können.

Das alte Migration Cockpit wird ab SAP S/4HANA Cloud 2105 bzw. SAP S/4HANA 2021 in einen Nur-Lese-Modus geschaltet. Das bedeutet, dass sich die App bzw. die Transaktion noch aufrufen lässt, aber keine Datenmigrationen mehr ausgeführt werden können.

Dateien als Container zum Befüllen der Staging-Tabellen

Gleichzeitig wurde die technische Datenhaltung der beiden Ansätze **File** und **Staging** zum Migrationsansatz **Datenübertragung über Staging-Tabellen** (Staging Tables) zusammengeführt. Während vorher die Datenhaltung der zu verarbeitenden Daten zwischen Dateien (Staging Area) und Staging-Tabellen physisch getrennt war, werden sie nun einheitlich in denen der Staging-Tabellen gespeichert. Eine Datei ist somit nur noch ein Container zum Hochladen der zu verarbeitenden Daten in die Staging-Tabellen. Vorher war für das Hochladen von Daten aus Dateien bzw. Staging-Tabellen ein getrenntes Migrationsprojekt für die Dateien oder die Staging-Tabellen erforderlich. Jetzt können diese in einem Migrationsprojekt kombiniert werden. Für das zu ladende Datenvolumen gibt es theoretisch keine Einschränkung mehr. Die maximale Dateigröße einer *Migrationsvorlage* (Template) ist technisch bedingt begrenzt, aber die zu ladenden Daten befinden sich nach dem Hochladen alle in denselben Staging-Tabellen und nicht mehr in nach Dateien getrennten Cluster-Tabellen.

Vergleich der Migrationsansätze

Tabelle 3.1 vergleicht die beiden Migrationsansätze des Migration Cockpits zum Releasestand SAP S/4HANA Cloud 2008 und SAP S/4HANA 2020 miteinander, wenn kein anderes Release angegeben ist.

Datenübertragung ...	... über Staging-Tabellen	... direkt aus SAP-Systemen
Verfügbarkeit	SAP S/4HANA Cloud (Staging über SAP Cloud Platform und DBaaS ab 1905); SAP S/4HANA (Staging ab 1709 FPS02)	ab SAP S/4HANA 1909
User Interface	SAP-Fiori-App (ab 2008/2020)	SAP-Fiori-App
unterstützte Migrationsmethoden	kompatible Funktionsbausteine	
	RAP BO (CDS-Verhaltensdefinition oder CDS Behavior Definition)	
Quellsysteme	jedes SAP- und Nicht-SAP-Quellsystem	ABAP-basierte SAP-Quellsysteme (siehe Abschnitt 3.3, »Direkter Transfer von Daten aus einem SAP-System«)
Datenbereitstellung	über Microsoft-Excel-2003-XML-Vorlagen, CSV-Datei oder ETL-Werkzeuge befüllte Staging-Tabellen	Daten werden direkt im SAP-System ausgewählt und extrahiert
Datenbereinigung	CSV-Datei im Quellsystem oder in der XML-Vorlage	im Quellsystem
Datenschutz	Die verwendeten Dateien müssen sicher aufbewahrt werden.	Der Zugriff auf das Quellsystem ist einzuschränken.

Tabelle 3.1 Vergleich der Migrationsansätze des SAP S/4HANA Migration Cockpits

3.1.2 Verfügbare Migrationsobjekte

Die Anzahl der unterstützten Migrationsobjekte und deren Funktionalität werden zu jedem Release angepasst. Dies ist aber immer abhängig von der Funktionalität der zur Verfügung stehenden freigegebenen Datenmigrationsschnittstellen. Des Weiteren unterscheidet sich die Anzahl der verfügbaren Migrationsobjekte je nach Migrationsansatz und Zielprodukt.

[!]

Wichtige Information für SAP S/4HANA 2022

Wenn Sie ein neues System mit SAP S/4HANA 2022 FPS0/FPS1 installieren oder Ihr bestehendes System auf SAP S/4HANA FPS0/FPS1 upgraden, müssen Sie unbedingt SAP-Hinweis 3291483 beachten. Durch ein Problem während der Erstellung der SAP-S/4HANA-2022- FPS0-Auslieferung sind einige Migrationsobjekte und deren Bestandteile nicht konsistent ausgeliefert worden. Deshalb ist es zwingend erforderlich, die Anweisungen im vorgenannten SAP-Hinweis zu beachten und die entsprechenden Änderungen einzuspielen, bevor Sie damit beginnen, Daten zu laden. Das Problem ist mit SAP S/4HANA 2022 FPS2 behoben.

Direct-Transfer-Ansatz

Beim *Direct-Transfer-Ansatz* wird nach Szenarien unterschieden, und für jedes Szenario werden separate Migrationsobjekte ausgeliefert. Das heißt, dass je nach Quellsystem die Anzahl der verfügbaren Migrationsobjekte variiert.

Staging-Ansatz

Beim *Staging-Ansatz* hängt die Anzahl der verfügbaren Migrationsobjekte von Zielprodukt und Release ab. In SAP S/4HANA Cloud werden neue Migrationsobjekte mit einem neuen Release oder innerhalb eines Continuous Feature Delivery (CFD) ausgeliefert. Um die Auswirkungen auf die Kunden gering zu halten, werden Erweiterungen bestehender Objekte aktuell nur zu einem neuen Release ausgeliefert. Für SAP S/4HANA und darauf basierende Systeme und Produkte werden Anpassungen nur zum Hauptrelease einer neuen Produktversion von SAP S/4HANA ausgeliefert. Aus technischen Gründen kann aktuell keine Auslieferung von Migrationsobjekten eines neuen Release in niedrigere Produktreleasestände (*Downports*) erfolgen. Des Weiteren wird ein Migrationsobjekt nur für SAP S/4HANA ausgeliefert, wenn es SAP Best Practices für ein Migrationsobjekt gibt und die neue Funktionalität nicht nur in der Cloud, sondern auch in der On-Premise-Version verfügbar ist. Dies erklärt die entsprechenden Unterschiede in der Anzahl der Migrationsobjekte für Cloud- und On-Premise-Version. In Tabelle 3.2 sehen Sie die Anzahl der verfügbaren Migrationsobjekte pro Produktversion zum Zeitpunkt der Drucklegung.

Aktuelle Objektliste im SAP Help Portal

Die für ein Release zur Verfügung stehenden Migrationsobjekte entnehmen Sie dem SAP Help Portal. Sie finden nachfolgend die Schnellzugriff-URLs für die einzelnen Produkte:

- für SAP S/4HANA Cloud: *https://help.sap.com/S4_CE_MO*
- für SAP S/4HANA: *https://help.sap.com/S4_OP_MO*

Staging	Direct Transfer
SAP S/4HANA Cloud 2302: 250+ SAP S/4HANA 2022: 213	SAP S/4HANA 2022 FPS0: ▪ SAP ERP: 150+ ▪ SAP AFS: 73 ▪ SAP EWM: 29 ▪ SAP eSPP: 7 ▪ SAP CRM: 1

Tabelle 3.2 Anzahl der verfügbaren Migrationsobjekte pro Migrationsansatz

[»]

Migrationsobjekte des Staging-Ansatzes mit dem Zusatz »eingeschränkt« oder »abgekündigt«

Migrationsobjekte des Staging-Ansatzes können mit Zusätzen im Namen versehen sein. Bei Migrationsobjekten mit solchen Zusätzen lesen Sie die Migrationsobjektdokumentation sorgfältig durch. Beachten Sie die Hinweise zu den beiden bisher dort aufgeführten genutzten Zusätzen:

- **(eingeschränkt/restricted)**
  Deckt ein Migrationsobjekt nicht alle Felder und Strukturen oder Funktionalitäten relevanter Geschäftsprozesse ab, wird der Zusatz (eingeschränkt/restricted) verwendet.
- **(abgekündigt/deprecated)**
  Wird ein Migrationsobjekt neu gebaut, wird das bisher genutzte Migrationsobjekt mit dem Zusatz (abgekündigt/deprecated) versehen. Veraltete Objekte werden dann noch, zusammen mit dem neuen Migrationsobjekt, für ein Release in SAP S/4HANA Cloud ausgeliefert und im nächsten Release in der Regel entfernt. In SAP S/4HANA werden sie mit der nächsten Produktversion entfernt, in manchen Fällen auch schon mit derselben Produktversion wie das neue Objekt.

Änderungen im SAP Help Portal

Eine detaillierte Übersicht der Änderungen eines Migrationsobjekts und des Staging-Ansatzes entnehmen Sie den folgenden SAP-Help-Portal-Seiten:

- für SAP S/4HANA Cloud: *http://s-prs.de/v745566*
- für SAP S/4HANA: *http://s-prs.de/v745567*

3.2 Migration mittels Staging-Tabellen

Mit der neuen Datenhaltung des neuen Migration Cockpits zur SAP S/4HANA Cloud 2008 und SAP S/4HANA 2020 wurde die Datenhaltung komplett auf die Speicherung in Staging-Tabellen umgestellt.

3.2.1 Technische Realisierung

Eine Staging-Tabelle pro Datenstruktur

Ein Arbeitsblatt einer Migrationsvorlagendatei entspricht einer Staging-Tabelle. Das bedeutet, dass die Daten jeder Struktur eines Migrationsobjekts in separaten Staging-Tabellen gespeichert werden. Beim direkten Befüllen dieser Staging-Tabellen ersparen Sie sich, im Gegensatz zu den Migrationsvorlagendateien, das Aufteilen der Daten in mehrere Dateien und das Hochladen dieser Dateien in das Migration Cockpit.

Migrationsprojekt

Die Migrationsobjekte des Migrationsansatzes **Datenübertragung über Staging-Tabellen** sind technisch Migrationsobjekte eines Migrationsprojekts der *Migration Workbench*, die über das Migration Cockpit genutzt werden können. Die Migration Workbench selbst ist nicht zur direkten Nutzung für Kunden freigegeben. Das ausgelieferte Migrationsprojekt und seine Migrationsobjekte und Regeln sind nur Vorlagen. Diese werden beim Anlegen eines Kundenprojekts im Migration Cockpit in ein kundeneigenes Projekt (Z-Projekt) kopiert. Aus dieser Kopie wird über das Migration Cockpit eine Funktionsgruppe generiert, die im Migration Cockpit verwendet wird.

SAP S/4HANA Cloud

Staging-Tabellen nur über Database-as-a-Service

Im neuen SAP-Fiori-Cockpit können die Staging-Tabellen des lokalen SAP-S/4HANA-Datenbankschemas in SAP S/4HANA Cloud, im Gegensatz zu SAP S/4HANA, nur über die Datei als Container beschrieben werden. Die Staging-Tabellen des Remote-SAP-HANA-Datenbankschemas müssen hingegen in einer SAP-HANA-Cloud-Instanz auf der SAP Business Technology Platform (SAP BTP) eingerichtet werden. Sie können dort von außen gelesen und beschrieben werden. Die Verbindung dorthin erfolgt über das *Kommunikationsszenario* `SAP_COM_0678` (Migration Cockpit Integration). Sie können die Tabelleninhalte aus z. B. einem beliebigen System extrahieren und über weitere Werkzeuge direkt in die Staging-Tabellen in eine SAP-HANA-Cloud-Instanz schreiben. Das Kommunikationsszenario `SAP_COM_0678` stellt die Datenbankverbindung über den Dienst *Database as a Service* (DBaaS) in SAP Cloud Platform her.

Testskript und Einrichtungsanweisung lesen

Für die Datenmigration nach SAP S/4HANA Cloud mittels Remote-SAP-HANA-Datenbankschema gibt es zwei wichtige Dokumente, die Sie lesen sollten:

- die *Einrichtungsanweisung* (Setup Instructions) »Setting Up Data Migration to SAP S/4HANA from Staging (2Q2)« für das Einrichten des Kommunikationsszenarios SAP_COM_0678
- das Testskript »Datenmigration aus Staging nach SAP S/4HANA (2Q2)«

Die Dokumente finden Sie im *SAP Best Practices Explorer*. Suchen Sie einfach nach dem Kürzel »2Q2«, oder rufen Sie den Link *http://s-prs.de/v745573* auf.

Technische Rolle für den Zugriff auf SAP BTP

Zusätzlich zu der in Abschnitt 3.2.2, »Rollen für die Migration zuweisen«, erwähnten Rolle für das Migration Cockpit SAP_BR_CONFIG_EXPERT_DATA_MIG (Konfigurationsexperte – Datenmigration/Configuration Expert – Data Migration) benötigen Sie die Rolle SAP_BR_CONF_EXPERT_BUS_NET_INT (Konfigurationsexperte – Geschäftsnetzwerkintegration/Configuration Expert – Business Network Integration). Diese Rolle ist notwendig, damit Sie aus dem Migration Cockpit heraus eine Verbindung zu den Staging-Tabellen im Remote-SAP-HANA-Datenbankschema in der SAP-HANA-Cloud-Instanz auf der SAP BTP aufbauen können.

SAP S/4HANA

Lokales oder Remote-Datenbankschema

Im Gegensatz zu SAP S/4HANA Cloud, lässt sich die SAP-HANA-Datenbank für die On-Premise-Version überall einrichten. Hier haben Sie die Möglichkeit, entweder das lokale SAP-S/4HANA-Datenbankschema Ihres SAP-S/4HANA-Systems oder ein Remote-SAP-HANA-Datenbankschema auf einer separaten SAP-HANA-Box zu nutzen.

Lokales Schema und Datenschutz

Da die Daten der Staging-Tabellen in einem lokalen SAP-S/4HANA-Datenbankschema über Transaktion SE16 (Data Browser) und im Remote-SAP-HANA-Datenbankschema über Transaktion SE16H (Allgemeine Tabellenanzeige) sichtbar sind, sollten Sie aus Datensicherheits- und Datenschutzgründen den Zugriff auf diese Tabelle über das Berechtigungsobjekt S_TABU_DIS einschränken.

Datenbankverbindung in die Positivliste eintragen

Die Datenbankverbindung zu einem Remote-SAP-HANA-Datenbankschema muss zuvor eingerichtet worden sein. Damit die Verbindung auch genutzt werden kann, muss sie in die Tabelle DMC_C_WL_DBCO_OP (Positivliste der Datenbankverbindung für On-Premise-Szenario) mittels Transaktion SM30 eingetragen werden.

3.2.2 Rollen für die Migration zuweisen

Technische Rollen

Um das Migration Cockpit über das SAP Fiori Launchpad nutzen zu können, muss dem Anwender, der die Migration durchführt (Migrationsbenutzer), eine technische Rolle zugewiesen werden. Diese technische Rolle erstellen Sie aus der ausgelieferten technischen Vorlagenrolle SAP_BR_CONFIG_EXPERT_DATA_MIG (Configuration Expert – Data Migration). Für SAP S/4HANA müssen Sie dem Nutzer auch eine Rolle zuzuordnen, die aus der Backend-Vorlagenrolle SAP_CA_DMC_MC_USER (SAP-S/4HANA-Migration – Datenübernahme) erstellt wurde.

Anwendungsrollen

Zusätzlich benötigen Sie weitere Berechtigungen und Rollen, um die einzelnen Migrationsobjekte zu laden bzw. zu validieren. Je nach ausgeführtem Migrations-API variieren diese Berechtigungen. In SAP S/4HANA Cloud und SAP S/4HANA werden Ihnen vordefinierte Anwendungsrollenvorlagen für bestimmte Geschäftsfälle ausgeliefert. Die jeweilige Anwendungsrollenvorlage pro Migrationsobjekt für SAP S/4HANA Cloud finden Sie in der Dokumentation des Migrationsobjekts oder auf der SAP-Help-Portal-Seite unter *https://help.sap.com/S4_CE_MO*, und für SAP S/4HANA in der Dokumentation des Migrationsobjekts unter *http://help.sap.com/S4_OP_MO*

3.2.3 Das Einstiegsbild des Migration Cockpits

Migration Cockpit aufrufen

Sie finden das Migration Cockpit im *Bereich* **Datenmigration** ❶ des SAP Fiori Launchpads. Wählen Sie hier die Kachel **Migrieren Sie Ihre Daten – Migrationscockpit** ❷ aus Abbildung 3.1. Damit gelangen Sie in das Migration Cockpit. Mit **Migrieren Sie Ihre Daten – Migrationscockpit (alt)** ❸ würden Sie noch das alte Migration Cockpit aufrufen, das nur noch der Anzeige von alten Migrationsprojekten dient.

Abbildung 3.1 Die Kacheln des Bereichs »Datenmigration« in SAP S/4HANA Cloud 2302

3.2.4 Der Datenmigrationsprozess

Die sieben Prozessschritte

Der Datenmigrationsprozess des Migration Cockpits besteht aus sieben aufeinanderfolgenden Schritten. Nahezu jedem dieser Schritte ist eine Aktion im Migration Cockpit zugeordnet, die in der nachfolgenden Liste in Klammern aufgeführt ist:

1. **Migrationsobjekte auswählen**
   Das Migration Cockpit erzeugt für jedes ausgewählte Migrationsobjekt automatisch die Staging-Tabellen.
2. **Die Daten in die Staging-Tabellen laden (Datei hochladen)**
   Beachten Sie dazu Abschnitt 3.2.11, »Datei in die Staging-Tabellen laden«.
3. **Die Staging-Tabellen vorbereiten (Vorbereiten)**
   Siehe Abschnitt 3.2.13, »Vorbereiten«.
4. **Die Mapping-Aufgaben abarbeiten (Mapping-Aufgaben)**
   Siehe Abschnitt 3.2.14, »Pflege der Mapping-Werte«.
5. **Die Datenmigration simulieren (Simulieren)**
   Siehe Abschnitt 3.2.16, »Migration simulieren«.
6. **Die Daten migrieren (Migrieren)**
   Siehe Abschnitt 3.2.17, »Daten migrieren«.
7. **Die Daten validieren (Migrationsergebnisse)**
   Siehe Abschnitt 3.2.18, »Migrationsergebnisse«.

Bevor Sie ein Migrationsobjekt auswählen, müssen Sie erst einmal ein Migrationsprojekt anlegen oder ein bestehendes Migrationsprojekt bearbeiten.

3.2.5 Migrationsprojekt anlegen

Staging-Projekt anlegen

Klicken Sie auf den Button **Anlegen**, und wählen Sie den Migrationsansatz aus, für den das Migrationsprojekt angelegt werden soll. Die entsprechende Auswahlbox sehen Sie in Abbildung 3.2. Sie können zwischen zwei Ansätzen wählen:

- **Daten direkt aus SAP-System migrieren**
- **Daten mithilfe von Staging-Tabellen migrieren**

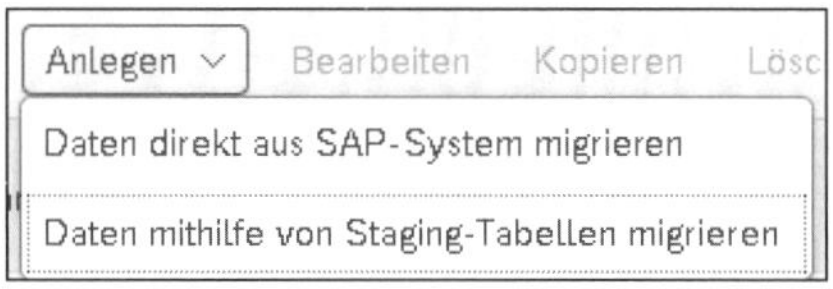

Abbildung 3.2 Auswahlbox beim Anlegen

Wir besprechen hier den Staging-Tabellen-Ansatz **Daten mithilfe von Staging-Tabellen migrieren**. Den Ansatz **Direct Transfer** beschreiben wir in Abschnitt 3.3, »Direkter Transfer von Daten aus einem SAP-System«. Wählen Sie also an dieser Stelle **Daten mithilfe von Staging-Tabellen migrieren** aus.

Schritt 1: allgemeine Daten angeben

Allgemeine Daten zum Migrationsprojekt

Danach erscheint der Dialog **Neues Migrationsprojekt**. Im Bereich **Allgemeine Daten** vergeben Sie im Feld **Name** ❶ einen Namen für das Migrationsprojekt (siehe Abbildung 3.3).

Die **Massenübernahme-ID** ❷ wird automatisch ermittelt. Beim Klick auf den Button **Nächste verfügbare anzeigen** ❸ wird eine neue ID generiert, falls die automatisch generierte ID nicht die gewünschte ist. Die **Massenübernahme-ID** muss mit »M«, »N« oder »O« beginnen.

Datenbankschema wählen

Im Bereich **Datenbankverbindung** ❹ geben Sie den Ort des *Datenbankschemas* an, in dem die Staging-Tabellen angelegt werden sollen. Das kann das *lokale SAP-S/4HANA-Datenbankschema* der SAP-HANA-Datenbank Ihres SAP-S/4HANA-Systems oder ein sogenanntes *Remote-Datenbankschema* auf einer externen SAP-HANA-Datenbank sein. Sie können zwischen zwei Einträgen wählen:

- **Lokales SAP-S/4HANA-Datenbankschema** ❺
- **Remote-SAP-HANA-Datenbankschema** ❻

Datenbankverbindung wählen

Wenn Sie Daten nur aus Dateien übertragen wollen, wählen Sie hier in der Regel **Lokales SAP-S/4HANA-Datenbankschema** ❺. Wenn Sie das **Remote-SAP-S/4HANA-Datenbankschema** ❻ verwenden wollen, müssen Sie das entsprechende Schema in der Auswahlbox ❼ auswählen. Weitere Informationen dazu entnehmen Sie Abschnitt 3.2.1, »Technische Realisierung«. Abbildung 3.3 zeigt den ausgefüllten Dialogschritt 1 für die allgemeinen Daten eines SAP-S/4HANA-Cloud-Systems.

Wenn Sie die allgemeinen Daten ihres Projekts festgelegt haben, klicken Sie auf den Button **Schritt 2**.

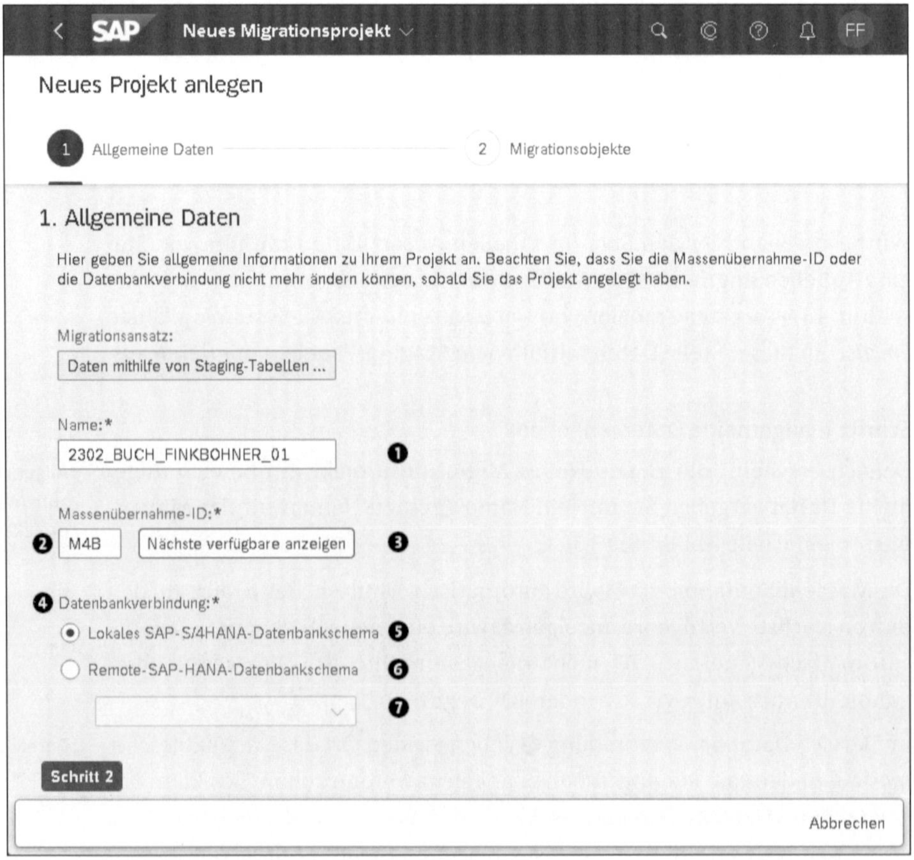

Abbildung 3.3 Migrationsprojekt anlegen: Schritt 1 – allgemeine Daten angeben (SAP S/4HANA Cloud)

Schritt 2: Entwicklungspaket in SAP S/4HANA zuordnen

Entwicklungspaket angeben

In einem SAP-S/4HANA-System werden Sie in Schritt 2 aufgefordert, ein Entwicklungspaket (Entwicklungsklasse) anzugeben. Nur mithilfe dieses Entwicklungspakets können Sie Migrationsprojekte in ein anderes System transportieren. Die Möglichkeit, Migrationsprojekte über Dateien zu exportieren, gibt es nicht mehr seit SAP S/4HANA 2021. Wenn Sie nicht vorhaben, Ihr Projekt zu transportieren, wählen Sie unter **Entwicklungspaket** die Option **Lokales Paket ($TMP)** ❶. Wenn Sie ein Projekt in ein anderes System transportieren wollen, wählen Sie die Option **Anderes Paket** ❷ und anschließend das entsprechende Entwicklungspaket über die Wertehilfe ❸ aus. Wenn Sie damit fertig sind, klicken Sie auf **Schritt 3** (siehe Abbildung 3.4).

Abbildung 3.4 Migrationsprojekt anlegen: Schritt 2 – Entwicklungspaket eingeben (SAP S/4HANA)

[!]

Anlegen von Migrationsprojekten

In SAP-S/4HANA-Systemen, die für die Produktion markiert oder für Repository-Änderungen gesperrt sind (normalerweise Q-Systeme) können Migrationsprojekte nicht angelegt werden. Hier müssen Sie ein Projekt in einem anderen System anlegen und dieses Projekt anschließend durch Ihre Systemlandschaft in das Zielsystem transportieren. Beachten Sie, dass Werte-Mappings und andere Konfigurationen nicht in den Transport aufgenommen werden. Um Werte-Mappings zu übertragen, können Sie diese, wie in Abschnitt 3.2.14, »Pflege der Mapping-Werte«, beschrieben, exportieren und importieren. Ein Migrationsprojekt, das einem lokalen Paket zugeordnet ist, kann später über einen mit SAP-Hinweis 3119168 ausgelieferten Report einem transportierbaren Entwicklungspaket zugeordnet werden. Der Transport eines Projekts erfolgt dann über den in Abschnitt 3.5, »Modellierung für die Datenmigration mit Staging-Tabellen«, beschriebenen SAP S/4HANA Migration Object Modeler (kurz Migration Object Modeler). Näheres dazu finden Sie in Abschnitt 3.5.5, »Migrationsprojekte von einem System in ein anderes transportieren bzw. übertragen«.

Schritt 2/3: Migrationsobjekte zuordnen

Verfügbare Migrationsobjekte auswählen

Je nachdem, ob Sie sich in einem SAP-S/4HANA- oder SAP-S/4HANA-Cloud-System befinden, sind Sie nun in **Schritt 3** bzw. **Schritt 2** (Migrationsobjekte). Im Bereich **Migrationsobjekte** wählen Sie aus der Liste unter **Verfügbare Migrationsobjekte** die Objekte aus, die Sie in Ihrem Projekt nutzen wollen. Dazu selektieren Sie die Migrationsobjekte in der Liste und fügen sie über den Button [>] in die Liste **Ausgewähltes Migrationsobjekt** ein. Über den Button [<] können Sie die Objekte wieder entfernen. In der Spalte mit den Vorgängerobjekten (**Vorgänger**) sehen Sie die Anzahl der Vorgängerobjekte des Migrationsobjekts. Wenn Sie diese Zahl auswählen, werden Ihnen die Vorgängerobjekte in einer Liste angezeigt. Des Weiteren können Sie die **Dokumentation** jedes Objekts aufrufen. In Abbildung 3.5 (SAP S/4HANA Cloud) haben wir zwei Objekte aus der Liste der verfügbaren Migrationsobjekte für unser Projekt ausgewählt.

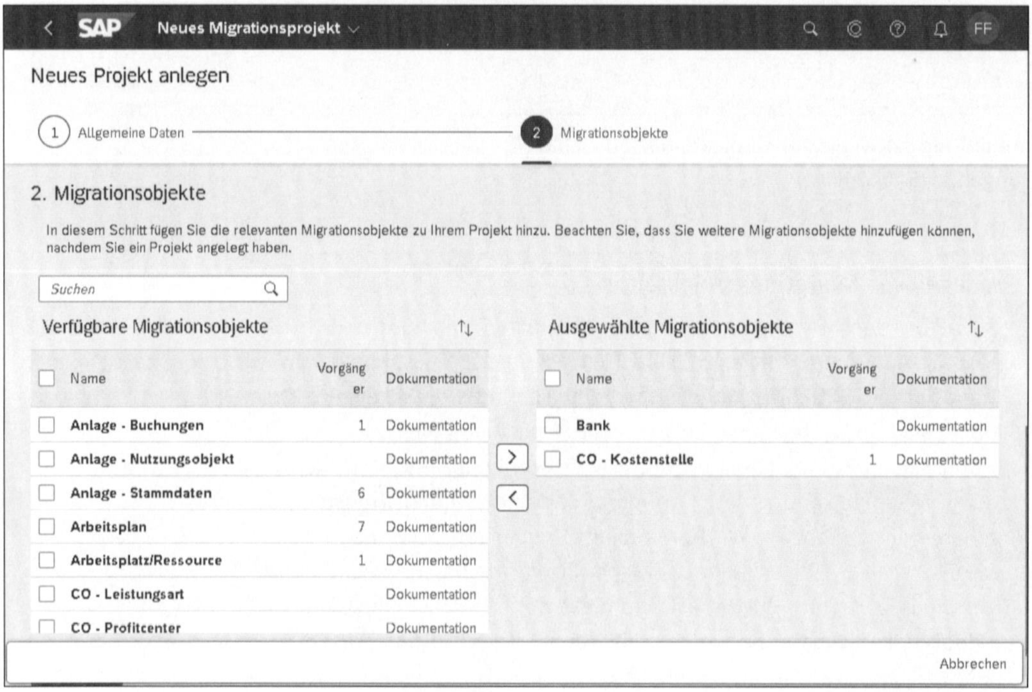

Abbildung 3.5 Migrationsprojekt anlegen: Schritt 2 – Migrationsobjekte zuordnen

Objekte mit dem Button »Überprüfen« zuordnen

Über den Button **Überprüfen** ordnen Sie die Objekte dem Migrationsprojekt zu. Sollte eins der Migrationsobjekte mindestens ein Vorgängerobjekt haben, erscheint das Dialogfenster **Objekte hinzufügen**. Hier wählen Sie über **Objekte auswählen** die Vorgängerobjekte aus, die Sie dann dem Projekt über den entsprechenden Button hinzufügen. Wenn Sie kein Vorgängerobjekt hinzufügen wollen, klicken Sie auf **Nicht hinzufügen**.

Projekt anlegen

Im nächsten Bild finden Sie eine Zusammenfassung aller Projektdaten (siehe Abbildung 3.6). Falls Sie bemerken, dass Sie etwas vergessen oder falsch gemacht haben, können Sie über den Button **Bearbeiten** zu jedem einzelnen Vorgängerdialog zurückkehren und Ihre Eingaben korrigieren. Über den Button **Projekt anlegen** legen Sie das Projekt an. Dadurch werden die Migrationsobjekte aus dem SAP-Standardauslieferungsprojekt in Ihr Projekt kopiert. Je nach Anzahl und Größe der ausgewählten Migrationsobjekte kann dies einige Minuten dauern.

Entfernen von Objekten nur über den SAP S/4HANA Object Modeler

Ein nachträgliches Entfernen eines Migrationsobjekts aus einem Migrationsprojekte ist nur über den *Migration Object Modeler* in SAP S/4HANA-Systemen möglich, den wir in Abschnitt 3.4, »SAP S/4HANA Migration Object Modeler«, beschreiben.

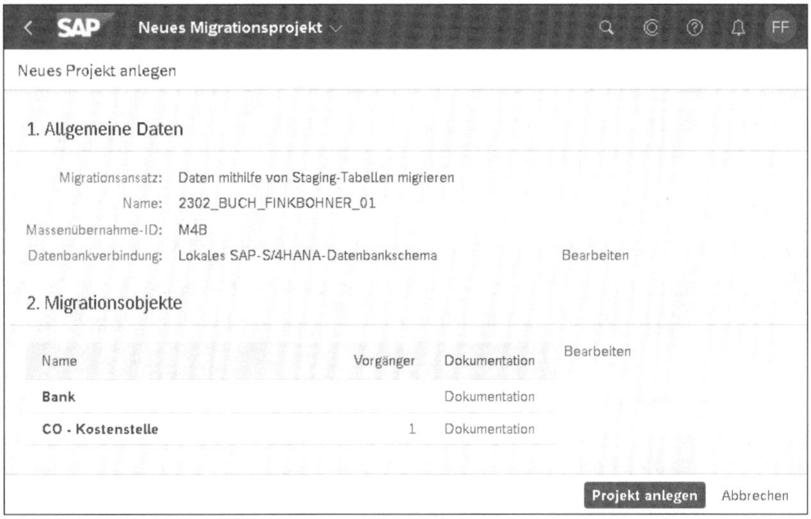

Abbildung 3.6 Migrationsprojekt anlegen: Schritt 3 – Projekt anlegen

Ihr Migrationsprojekt erscheint, nachdem die Aktivität **Projekt vorbereiten** beendet worden ist, in der Liste der Migrationsprojekte, wie Sie es in Abbildung 3.7 sehen.

Aktivitäten kontrollieren

Fast alle Aktivitäten innerhalb des Migration Cockpits werden über einen Hintergrundjob ausgeführt. Die Aktivitäten können Sie über die Monitoring-Funktion verfolgen (siehe Abschnitt 3.2.8, »Monitoring der Aktivitäten«). Das Anlegen eines Projekts erscheint dort als die Aktivität **Projekt Vorbereiten**.

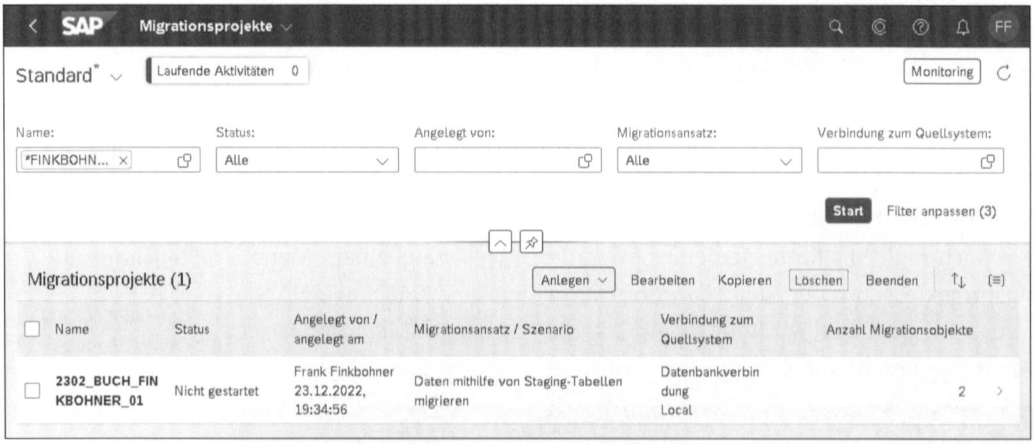

Abbildung 3.7 Angelegtes Migrationsprojekt

3.2.6 Bearbeiten eines Migrationsprojekts

Allgemeine Daten

Nachträgliches Ändern von Projektdaten

Das nachträgliche Ändern des Projektnamens oder das Aufnehmen weiterer Migrationsobjekte können Sie über den **Bearbeiten**-Dialog vornehmen. Hierzu selektieren Sie das zu bearbeitende Projekt und wählen **Bearbeiten**.

Migrationsobjekte

Weitere Migrationsobjekte zuordnen

Im Bereich **Migrationsobjekte** sehen Sie alle verfügbaren Migrationsobjekte und können Objekte, die den Status **Im Projekt nicht verwendet** haben, über die Checkbox **In Projekt verwenden** hinzufügen. Der Status dieses Objekt ändert sich durch einen Klick auf den Button **Hinzufügen**.

CSV-Dateioptionen

In SAP S/4HANA Cloud und seit SAP S/4HANA 2022 können Sie Ihre Daten zusätzlich zu den XML-Dateien mittels CSV-Dateien migrieren.

Über **CSV-Dateioptionen** können Sie die technischen Einstellungen für die CSV-Dateien pflegen (siehe Abbildung 3.8).

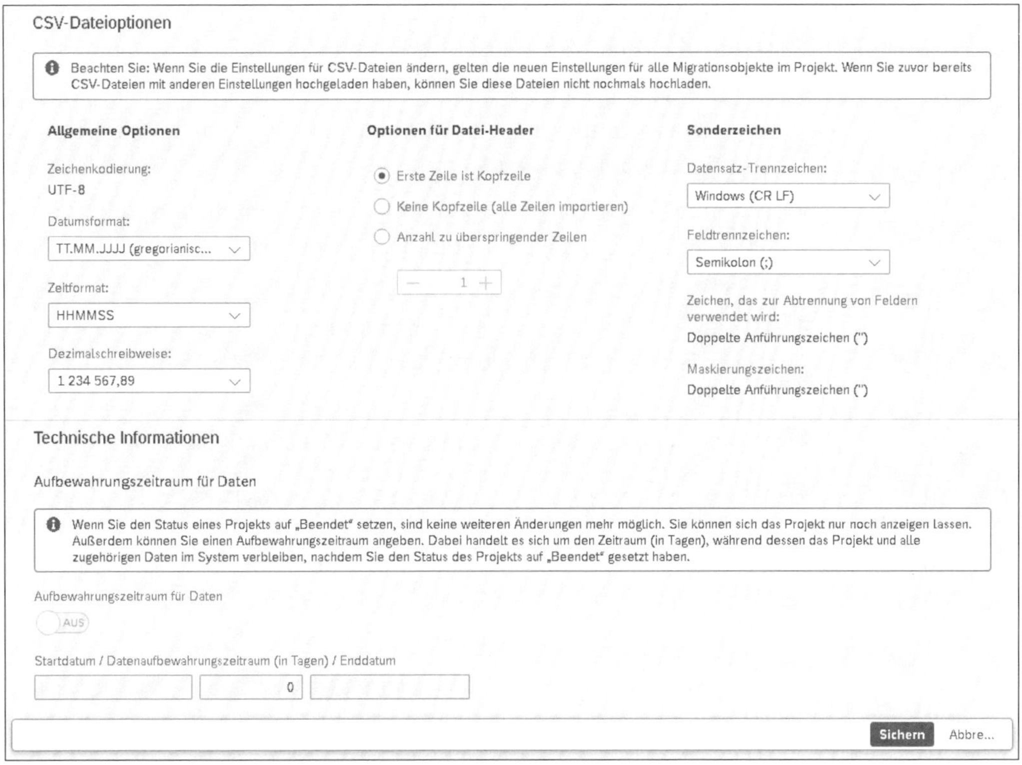

Abbildung 3.8 Technische Einstellungen für CSV-Dateien

Technische Informationen

Aufbewahrungszeitraum der Daten

Im Bereich **Technische Informationen** finden Sie die Einstellungen für den **Aufbewahrungszeitraum für Daten**. Diesen Zeitraum können Sie erst pflegen, wenn Sie den Status des Projekts auf **Beendet** gesetzt haben.

3.2.7 Migrationsprojekt aufrufen

Übersicht der Migrationsobjekte

Wählen Sie nun das Migrationsprojekt aus, und starten Sie es, indem Sie rechts auf den Button [>] (**Weiter**) klicken. Es erscheint die Übersicht der Migrationsobjekte des gewählten Migrationsprojekts (siehe Abbildung 3.9).

Kopfbereich

Im Kopfbereich der Projektübersicht finden Sie von links nach rechts verschiedene Informationen und Funktionen:

- Spalte **Migrationsobjekt**: Name des Migrationsprojekts
- Button **Laufende Aktivitäten**: Wenn Sie z. B. ein Migrationsobjekt hinzufügen, muss dieses erst noch in das Projekt kopiert werden. Dieser Vorgang kann über diesen dynamischen Button beobachtet werden.

- Button **Monitoring**: Überwachung von laufenden und abgeschlossenen Aktivitäten (siehe Abschnitt 3.2.8, »Monitoring der Aktivitäten«)
- Button **Mapping-Aufgaben**: Pflege von objektübergreifenden Festwerten, Steuerparametern und Werte-Mappings (siehe Abschnitt 3.2.14, »Pflege der Mapping-Werte«)
- Button **Jobverwaltung**: Pflege der maximalen Anzahl von Hintergrundjobs, die das Migrationsprojekt nutzen kann (siehe Abschnitt 3.2.15, »Die Jobverwaltung«)
- Button **Einstellungen**: Übersicht über die Migrationsobjekte, die Historie der Aktivitäten, CSV-Dateioptionen und technische Informationen für den Support
- Button **Projekt beenden**: Damit beenden Sie ein Migrationsprojekt.

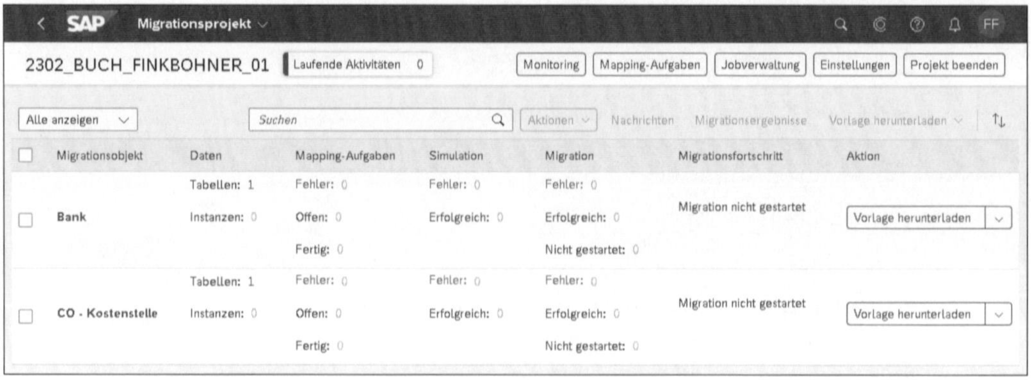

Abbildung 3.9 Übersicht der Migrationsobjekte

Objektliste Die Objektliste enthält in den jeweiligen Spalten folgende Angaben pro Migrationsobjekt:

- **Migrationsobjekt**: Name des Migrationsobjekts und Anzahl der Vorgängerobjekte, falls vorhanden
- **Daten**: Anzahl der Staging-Tabellen des Objekts und der hochgeladenen Instanzen. Eine Instanz ist ein eindeutiger Datensatz der Kopfstruktur. Bei komplexen Migrationsobjekten mit mehr als einer Struktur, wie z. B. **CO-Kostenstelle**, entspricht eine Instanz genau einer Kostenstelle.
- **Mapping-Aufgaben**: Anzahl der fehlerhaften, noch offenen und fertigen Werte-Mappings
- **Simulation**: Anzahl fehlerhafter und erfolgreicher Datensätze des letzten Simulationslaufs
- **Migration**: Anzahl nicht fehlerhafter, erfolgreich migrierter bzw. gestarteter Datensätze

- **Migrationsfortschritt**: Hier werden die Zahlen der Spalte **Migration** über einen Fortschrittsbalken in Prozentzahlen angezeigt. Ist noch keine Migration gestartet worden, wird der Status **Migration nicht gestartet** angezeigt.
- **Aktion**: Auswählen der durchzuführenden Aktionen. Im neuen Migration Cockpit wählen Sie Ihre Aktionen flexibel aus. Das Migration Cockpit schlägt Ihnen jeweils die passende nächste Aktion vor. (Sie können aber auch eine andere Aktion wählen.)

Objektliste filtern

Die Liste der Migrationsobjekte kann über das linke Auswahlfeld **Alle Anzeigen** nach dem Bearbeitungsstatus gefiltert werden. Mögliche Werte sind **Alle anzeigen**, **Fehler**, **Nicht gestartet** und **Erfolg**. Des Weiteren können Sie über das Feld **Suchen** nach Migrationsobjekten suchen.

Detailbild des Migrationsobjekts

Informationen in der oberen Hälfte

Der Migrationsobjektname ist als Hyperlink ausgeprägt. Klicken Sie auf den Namen, erscheint das Detailinformationsbild zum Migrationsobjekt. Die obere Hälfte zeigt die folgenden Informationen:

- **Dokumentation**: Über den Hyperlink **Dokumentation** rufen Sie die Dokumentation im SAP Help Portal auf.
- **Sichten**: Die Funktion **Sichten** gibt die aktuelle Sicht des Migrationsobjekts an. Über **Bearbeiten** kann die Sicht, je nach System und dem Vorhandensein alternativer Sichten, angepasst werden, solange das Migrationsobjekt noch keine Daten enthält (siehe Abschnitt 3.2.6, »Bearbeiten eines Migrationsprojekts«).
- **Tabellenstruktur**: Diese Funktion zeigt die Hierarchie der Strukturen an. Dies ist wichtig, um die Zusammenhänge der einzelnen Strukturen und ihrer Schlüsselbeziehungen untereinander zu verstehen.

Funktionen im Detailbild

Es können die folgenden Funktionen aufgerufen werden:

- **Auf Updates prüfen**: Diese Funktion prüft, ob für das Migrationsobjekt Aktualisierungen (Updates) vorliegen. Dies erfolgt normalerweise automatisch bei der Ausführung bestimmter Aktionen, kann aber in bestimmten Fällen auch manuell über diesen Button angestoßen werden. Ein Update liegt in den verschiedenen Produktversionen unter den folgenden Umständen vor:
  - in SAP S/4HANA Cloud nach einem Release-Upgrade oder unter Umständen nach dem Einspielen eines Hotfix
  - in SAP S/4HANA nach einem Upgrade auf eine neue Produktversion bzw. nach dem Einspielen einer *Transport-based Correction Instruction* (TCI)

- **Update**: Wenn ein Update vorliegt, kann es über diese Funktion auf den neuesten Stand gebracht werden.
- **Prüfung auf kundeneigene Felder**: Über diese *In-App-Erweiterung* (In-App Extensibility) von SAP S/4HANA können Sie kundeneigene Felder für ein Geschäftsobjekt definieren. Wenn die API des Migrationsobjekts für In-App-Erweiterungen registriert wurde, werden kundeneigene Felder automatisch in die Migrationsobjektvorlage aufgenommen. Ob ein Migrationsobjekt kundeneigene Felder unterstützt, entnehmen Sie der Dokumentation oder der Übersicht der verfügbaren Migrationsobjekte im SAP Help Portal.
- **Mapping-Aufgaben**: Diese Funktion dient der Pflege von Festwerten, Steuerparametern und Werte-Mappings des Migrationsobjekts.
- **Instanzen**: Diese Funktion zeigt alle hochgeladenen Datensätze der Kopfstruktur und deren Migrationsstatus an. Details hierzu finden Sie in Abschnitt 3.2.12, »Arbeiten mit Migrationsobjektinstanzen«.

Abbildung 3.10 zeigt die obere Hälfte des Detailbildes.

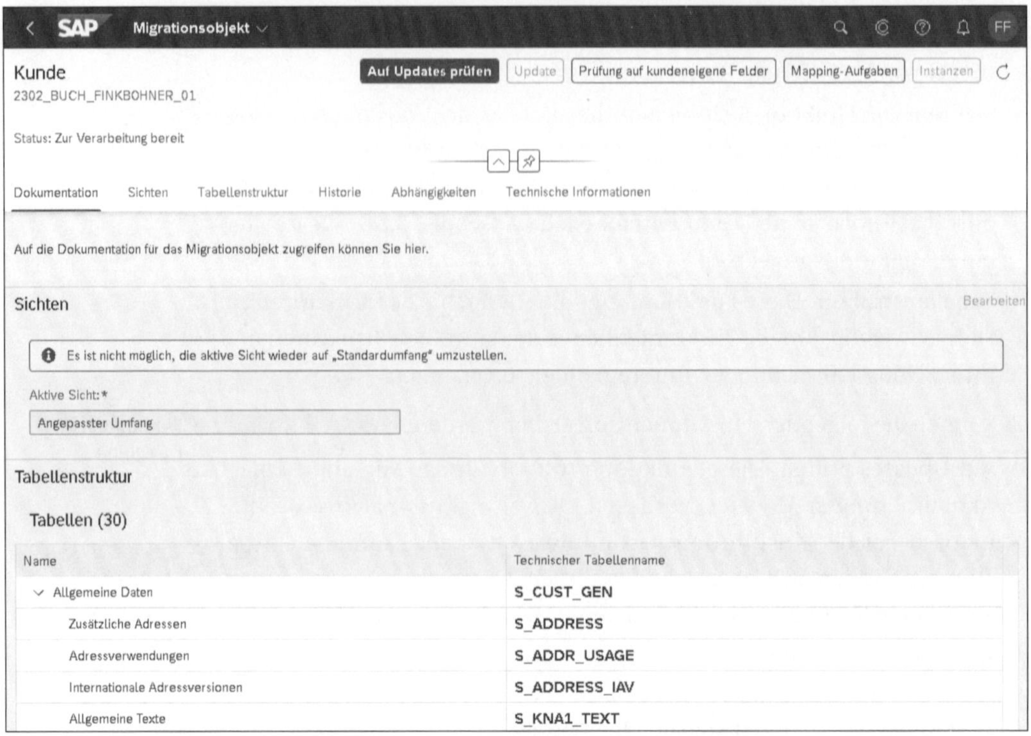

Abbildung 3.10 Migrationsobjektdetailbild (obere Hälfte)

Informationen in der unteren Hälfte

In der unteren Hälfte finden Sie die folgenden Informationen:

- **Historie**: Hier sind alle abgeschlossenen Aktionen (Aktivitäten) des Objekts mit den Daten, wer diese Aktion wann gestartet hat, aufgeführt. Über **Nachrichten anzeigen** können Sie die Nachrichten einer Aktion anzeigen (siehe Abschnitt 3.2.21, »Nachrichten«).
- **Abhängigkeiten**: Hier werden Migrationsobjekte angezeigt, die Vorgängerobjekte für das aktuelle Migrationsobjekt sein können. Die Anzeige beinhaltet die Felder **Migrationsobjekt** (Name des Migrationsobjekts) und **Typ** (des Objekts), z. B. **Vorgänger** (Predecessor). Wichtig ist, dass nicht jedes hier aufgeführte Objekt zwangsläufig vorher migriert werden muss. Dies hängt oft von der Konstellation der zu migrierenden Daten ab. Das Migrationsobjekt **Bank** ist ein Vorgängerobjekt des Objekts **Kunde**. In den USA ist es jedoch, im Gegensatz zu Europa, eher kein Vorgängerobjekt, da in den USA immer noch Rechnungen über Schecks bezahlt werden und deshalb oft keine Bankdaten eines Kunden vorhanden sind.
- **Technische Informationen**: Hier werden **Objekt-ID**, **Technischer Name** des Objekts und die **Vorlagen-ID** aufgeführt. Alle drei Angaben sind wichtige Angaben für den Support.

In Abbildung 3.11 sehen Sie die untere Hälfte des Detailbildes.

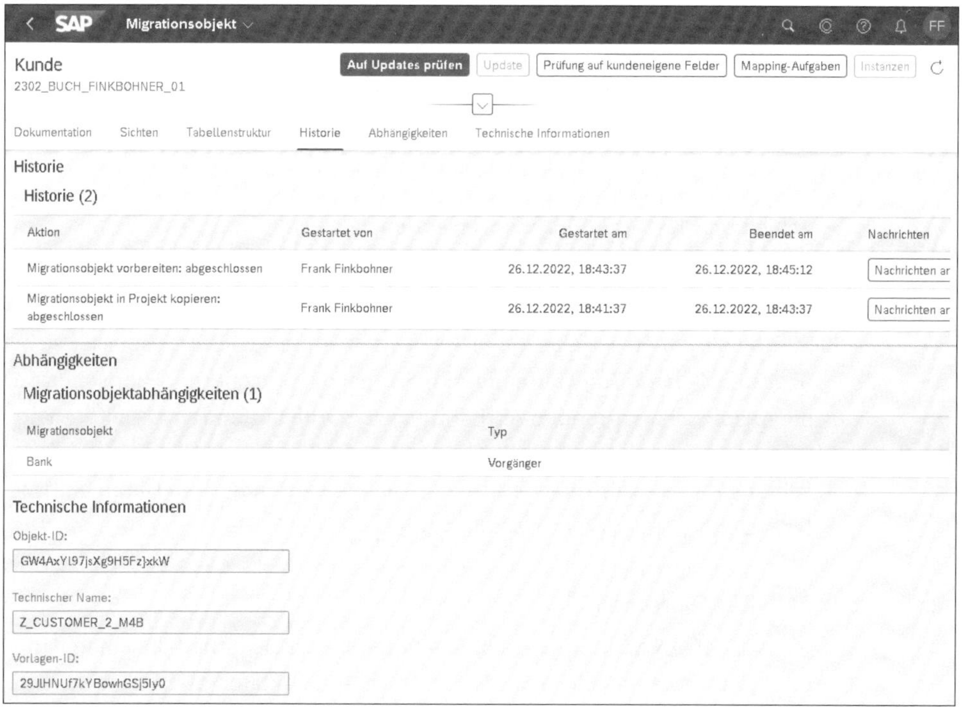

Abbildung 3.11 Migrationsobjektdetailbild (untere Hälfte)

Migrationsobjektdokumentation

Die Migrationsobjektdokumentation ist im SAP Help Portal hinterlegt. Sie können die Dokumentation auch einsehen, ohne am System angemeldet zu sein, und Sie können sie als PDF-Datei herunterladen.

3.2.8 Monitoring der Aktivitäten

Dokumentation der Migrationsobjekte

Fast jede Aktivität/Aktion wird, wie schon erwähnt, als Hintergrundjob eingeplant. Die Aktivitäten können Sie am einfachsten über die Funktion **Monitoring** überwachen (siehe Abbildung 3.12). In der Kopfzeile der Monitoring-Sicht finden Sie Generic Tags mit der Anzahl aller für die Migration verfügbaren Hintergrundjobs (**Alle Jobs**), der aktiven Jobs (**Verwendeten Jobs**) und der noch freien Jobs (**Freie Jobs**). Über den Button **Jobverwaltung** springen Sie in die Jobverwaltung ab (siehe Abschnitt 3.2.15, »Die Jobverwaltung«).

Abbildung 3.12 Monitoring von Aktivitäten

Laufende Aktivitäten

Zusätzlich haben Sie die Möglichkeit, sich in der Migrationsprojektsicht, über den *Generic Tag* **Laufende Aktivitäten** zu informieren. Hier sehen Sie die Anzahl aller laufenden Aktivitäten. Über **Alle laufenden Aktivitäten anzeigen** gelangen Sie zur Funktion **Monitoring**. Sollte eine Aktivität auf einen Fehler gelaufen sein, erscheint rechts neben **Laufende Aktivitäten** ein weiterer Generic Tag **Aktivitäten mit Fehler**.

Aktivität abbrechen

In SAP S/4HANA Cloud und seit SAP S/4HANA 2021 können Sie eingeplante oder gestartete Simulieren- bzw. Migrieren-Aktivitäten auch über das Monitoring abbrechen. Dazu drücken Sie auf den Button **Abbrechen** in der

Spalte **Optionen** der abzubrechenden Aktivität. Es erscheint ein kleines Dialogfenster mit der Frage, ob Sie die Aktivität abbrechen wollen. Sie bestätigen das über den Button **Aktuelle Aktivität abbrechen**, der sich hinter einem Meatball-Menü versteckt.

Nachrichtenübersicht

In der Spalte **Optionen** können Sie sich über den Button **Meldungen anzeigen** alle Meldungen/Nachrichten zu dieser Aktivität anzeigen lassen. Je nach Aktivität erscheint in der Spalte **Optionen** auch ein Menü-Button mit weiteren Optionen, die Sie ausführen können, wie z. B. **Datei herunterladen** oder **Datei anzeigen**.

[+]

> **Fehlerhafte Jobs ausblenden**
>
> Über die Funktion **Sts auf »Fehler behoben« setzen** in der Monitoring-Sicht können Sie fehlerhafte Aktivitäten als behoben kennzeichnen. Dies führt dann dazu, dass der Generic Tag **Aktivitäten mit Fehler** nicht mehr angezeigt wird und die Funktionen in der Kopfleiste nicht hinter einem sogenannten Meatball-Menü-Icon [∘∘∘] verschwinden.

3.2.9 Migrationsvorlage herunterladen

Neuer Dateityp CSV

Migrationsvorlagendateien laden Sie in der Migrationsprojektübersicht über **Vorlage herunterladen** auf Ihren lokalen Rechner. Seit SAP S/4HANA Cloud 2208 und SAP S/4HANA 2022 gibt es eine neue Möglichkeit, um die Staging-Tabellen zu befüllen. Neben der bisherigen XML-Datei können Sie jetzt auch CSV-Dateien zum Befüllen der Staging-Tabellen nutzen.

Migrationsvorlagedateien herunterladen

Eine oder mehrere Vorlagen herunterladen

Es gibt mehrere Arten, um die Migrationsvorlagen herunterzuladen. Wenn Sie pro Migrationsobjekt die Aktion **Vorlage herunterladen** über den Menü-Button in der Spalte **Aktion** des Migrationsobjekts auswählen, können Sie direkt die Migrationsvorlage herunterladen. Sie können das Dateiformat **XML-Datei** oder **CSV-Dateien** auswählen.

[«]

> **CSV-Dateien immer als ZIP-Datei**
>
> CSV-Dateien werden, unabhängig davon, ob es eine oder mehrere Strukturen (Staging-Tabellen) gibt, immer als ZIP-Datei heruntergeladen.

Sie können aber auch ein oder mehrere Migrationsobjekte auswählen und die Funktion **Vorlage herunterladen wählen**. Die Vorlagen der gewählten Migrationsobjekte werden in einer Datei im ZIP-Format heruntergeladen. Sie müssen die Migrationsvorlagedateien auf Ihrem lokalen Rechner entpacken. Bei der Auswahl nur eines Migrationsobjekts wird die entsprechende Vorlage direkt als XML-Datei heruntergeladen.

XML-Datei

Die Migrationsvorlage **XML-Datei** hat das Dateiformat **Microsoft Excel XML Spreadsheet 2003**. Sie kann mit Microsoft Excel ab Version 2003, aber auch mit anderen Tabellenkalkulationsprogrammen, die das Format bearbeiten können, wie z. B. dem Programm *Calc*, geöffnet und befüllt werden. Ein Beispiel einer solchen Migrationsvorlage sehen Sie in Abbildung 3.13.

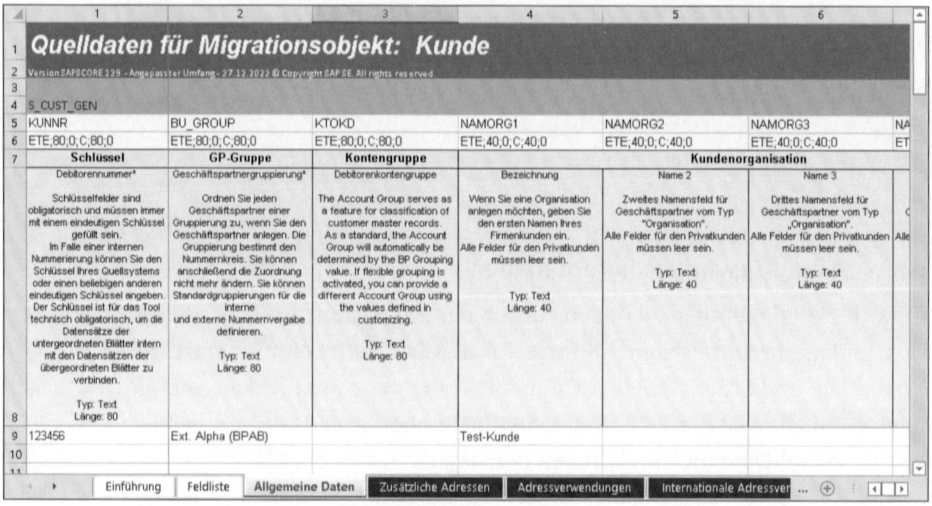

Abbildung 3.13 Migrationsvorlage des Migrationsobjekts »Kunde«

Aufbau der XML-Migrationsvorlage

Arbeitsblätter der Migrationsvorlage

Die Migrationsvorlage besteht in der Regel aus mehreren Arbeitsblättern. Nähere Informationen hierzu finden Sie auf dem Arbeitsblatt **Einführung**.

[!]

> **Verwenden Sie nur die heruntergeladene Vorlage; Änderungen an der XML-Dateistruktur führen zu Fehlern!**
>
> Aus Gründen der Kompatibilität sollten Sie nur aus Ihrem aktuellen Release heruntergeladene Migrationsvorlagen verwenden. Vorlagen aus anderen Releases können Sie möglicherweise nicht hochladen. Das Migration Cockpit prüft, ob die interne Datenstruktur der hochzuladenden XML-Datei mit der Datenstruktur des aktuellen Release übereinstimmt. Bei Abweichungen

in der Struktur, wie z. B. anderer Feldreihenfolge, neuen Feldern oder Strukturen, wird die Datei in der Regel nicht akzeptiert. Da viele Migrationsobjekte in neuen Versionen an Änderungen in den Geschäftsprozessen angepasst werden, wird über diesen Mechanismus die Integrität der Daten sichergestellt.

Schlüsselfelder

Die Beziehung zwischen den Kopf- und den Unterstrukturen eines Objekts wird über die Schlüsselfelder in den jeweiligen Arbeitsblättern definiert. Das heißt, dass für jeden Satz einer Unterstruktur der entsprechende Schlüsselsatz im Arbeitsblatt der übergeordneten Struktur vorhanden sein muss. Ist dies nicht der Fall, zeigt Ihnen das Migration Cockpit einen entsprechenden Fehler an, und der Satz wird nicht importiert.

[«]

Muss-Strukturen und Muss-Felder

In der Migrationsvorlage gibt es sogenannte *Muss-Strukturen*. Diese Strukturen (Arbeitsblätter) müssen Sätze enthalten und dürfen nicht leer sein. Alle anderen Strukturen sind optional und müssen nicht gefüllt werden. Im Objekt **Bestellung** sind z. B. die Kopfstruktur und die Positionsstruktur obligatorisch. Im Objekt **Kunde** ist nur die oberste Struktur (**General Data**) eine Muss-Struktur. Muss-Strukturen sind auf dem Arbeitsblatt **Feldliste** mit dem Zusatz **obligatorisch** (engl. *Mandatory*) gekennzeichnet, z. B. **Allgemeine Daten** (obligatorisch).

Muss-Felder und Schlüsselfelder in optionalen Arbeitsblättern müssen Sie allerdings nicht füllen, wenn Sie diese Strukturen nicht übernehmen wollen. Möchten Sie z. B. in einem Objekt keine optionalen Langtexte migrieren, müssen Sie auf diesem Arbeitsblatt auch keine Einträge vornehmen. Lassen Sie in diesem Fall das Arbeitsblatt einfach leer.

Die häufigsten Probleme bei XML-Dateien

Da es sich bei den Vorlagen um XML-Dateien mit einem speziellen Format und einem internen Aufbau handelt, sollten Sie die folgenden Punkte beachten:

- Nutzen Sie nur das Format der heruntergeladenen XML-Datei; andere Excel-Dateiformate funktionieren nicht.
- Verändern Sie nicht die Struktur der XML-Datei. Selbst erstellte XML-Vorlagen führen oft zu Fehlern beim Laden der Daten.

Dokumentation immer lesen

Um Fehler zu vermeiden, lesen Sie immer das Arbeitsblatt **Einführung** in der Migrationsvorlage und die jeweilige Migrationsobjektdokumentation.

Wichtige Hinweise finden Sie auch in der Product Assistance zum Migration Cockpit im SAP Help Portal.

[+]

Wichtige Knowledge-Base-Artikel und SAP-Hinweise

Damit Sie Migrationsvorlagen besser befüllen können, gibt es eine Reihe wichtiger SAP-Help-Portal-Seiten, SAP-Hinweise und SAP-Knowledge-Base-Artikel (KBA), die Sie lesen und deren Anhänge Sie herunterladen und ebenfalls lesen sollten:

1. **»Data Migration Template Samples for SAP S/4HANA Cloud«**

   Auf dieser Help-Portal-Seite finden Sie beispielhaft ausgefüllte Migrationsvorlagen für ausgewählte Objekte und eine Beschreibung der Beispieldaten: *https://help.sap.com/docs/DATAMIG_S4HANA/d5aa3caabab04bb68d9cc3352d003330/0df3c7429fa846d2adc47e92a92ce745.html?locale=en-US*

2. **KBA 2683477, »SAP S/4HANA Cloud Data Migration content: Why fields on apps are not available in the content?«**

   Dieser KBA geht auf das Phänomen ein, dass Sie Felder in der Pflege-App sehen, die nicht in der Migrationsvorlage vorhanden sind: *https://launchpad.support.sap.com/#/notes/2683477*

3. **KBA 2692715, »Migration Cockpit: How to correctly fill data into XML template«**

   Hier wird anhand von Beispielen gezeigt, wie sich manipulierte Eingaben (falsches Kopieren, Formatänderungen) auswirken können: *https://launchpad.support.sap.com/#/notes/2692715*

4. **KBA 2728194, »Decimal numbers are truncated during upload - warning message«**

   Sie erfahren in diesem KBA, wie Sie korrekt mit dem Problem der Speicherung von Gleitkommazahlen nach IEEE 754 in Microsoft-XML umgehen. Ein Wert, der in Excel als »0,57« angezeigt wird, wird oft in der XML-Datei als »0.57999999999999996« gespeichert. Da die Feldtypdefinition oft nur 2 oder 3 Nachkommastellen vorsieht, erscheint beim Hochladen dieses Wertes in das Migration Cockpit eine Warnung, dass der Wert zu lang ist und abgeschnitten wird: *https://launchpad.support.sap.com/#/notes/2728194*

CSV-Dateien

Pro Struktur eine CSV-Datei

Eine XML-Datei enthält alle Strukturen eines Datenmigrationsobjekts. Sie laden also im günstigsten Fall alle Staging-Tabellen eines Migrationsobjekts mit einer XML-Datei. Mittels CSV-Dateien befüllen Sie jedoch immer nur eine Struktur, also eine Staging-Tabelle. Besteht das Migrationsobjekt, wie z. B. **Kunde**, aus mehreren Strukturen, müssen Sie für jede Struktur eine separate CSV-Datei befüllen und hochladen.

Ablage der Dateien in Ordner

Wenn Sie über die Aktion **Vorlage herunterladen** den Punkt **CSV-Dateien herunterladen** wählen, erhalten Sie eine ZIP-Datei mit einem Ordner, der alle CSV-Dateien des Migrationsobjekts enthält. Das Präfix der ZIP-Datei und des Ordnernamens ist **Source data for**, gefolgt vom sprachabhängigen Namen des Migrationsobjekts. Die Datei für das Migrationsobjekt **Kunde** heißt somit **Source data for Kunde.zip** und der Ordner **Source data for Kunde**.

ZIP-Datei für mehrere Migrationsobjekte

Wenn Sie mehrere Migrationsobjekte gewählt haben, wird die ZIP-Datei nicht direkt heruntergeladen. Die Aktion wird in einen Hintergrundjob ausgelagert, und Sie müssen dann die ZIP-Datei über die Sicht **Monitoring** herunterladen. Diese ZIP-Datei enthält pro Migrationsobjekt einen Ordner, der die jeweiligen CSV-Dateien enthält. Der Name dieser ZIP-Datei setzt sich aus dem Präfix **Source data –** und dem Projektnamen zusammen.

Vorgeschriebene Dateinamen

Eine CSV-Datei enthält den technischen Strukturnamen z. B. **S_ADDRESS**, gefolgt von **#FreeText.csv**. Die Namen der Struktur dürfen Sie nicht ändern. Für den Platzhalter **#FreeText** können Sie aber einen selbstgewählten Text einsetzen.

[«]

XML-Datei als Hilfe herunterladen

Eine CSV-Datei behandelt nur die technischen Struktur- und Feldnamen und enthält im Gegensatz zur XML-Datei keine Struktur- oder Feldbeschreibungen und auch keine QuickInfo. Wenn Sie CSV-Dateien nutzen, sollten Sie sich auf jeden Fall immer auch die entsprechende XML-Datei herunterladen. Machen Sie, wie in Abschnitt »Aufbau der XML-Migrationsvorlage« beschrieben, die versteckten Spalten und Zeilen mit den technischen Information sichtbar. Dies erleichtert es Ihnen, die Dateien korrekt zu befüllen.

Häufige Fragen und Antworten zu Migrationsvorlagen

Warum sind manche Felder länger?

Eine der häufigsten Frage ist, warum viele Felder 80 Stellen in den Migrationsvorlagen haben, obwohl das SAP-Feld kürzer ist. Der ganze Aspekt der unterschiedlichen Feldlängen ist anschaulich in KBA 2563055 beschrieben: *https://launchpad.support.sap.com/#/notes/2563055*.

Mengeneinheiten und Währungen im ISO-Code

Eine weitere oft gestellte Frage ist, warum es erforderlich ist, Mengeneinheiten (ME) und Währungen auf einen ISO-Code als Zielwert für das SAP-S/4HANA-System zu mappen. Eine detaillierte Antwort hierzu finden Sie in

KBA 2907822, »SAP S/4HANA migration cockpit – Unit of Measure Handling«, (*http://s-prs.de/v745572*) und in KBA 2661986, »Migration Cockpit: Currency key issues regarding ISO code«, (*https://launchpad.support.sap.com/#/notes/2661986*).

3.2.10 Migrationsvorlagen bzw. Staging-Tabellen direkt befüllen

Generelle Anmerkungen

Obergrenze der Dateigröße: 100 MB

Die maximale Größe einer Datei (XML-, CSV-, ZIP-Datei), die über einen *HTTP-Request* in die SAP S/4HANA Cloud hochgeladen werden kann, ist technisch auf 100 MB begrenzt. Näheres dazu finden Sie in KBA 2719524 (*https://launchpad.support.sap.com/#/notes/2719524*).

Wenn Sie eine ZIP-Datei verwenden, darf die Summe der entpackten Dateigrößen aller in der ZIP-Datei vorhandenen Migrationsdateien nicht größer als 160 MB sein.

[+]

XML-Dateien einfach aufteilen

Auf der Entwicklerplattform GitHub finden Sie einen Beispielcode für ein Kommandozeilen-Programm, mit Hilfe dessen Sie größere XML-Dateien in kleinere XML-Dateien aufteilen können. Der Beispielcode wird als SAP S/4HANA Migration Cockpit XML File Splitter bezeichnet und ist unter **SAP-samples/s4hana-mc-xml-file-splitter** öffentlich (public) verfügbar. Der direkte Link hierzu ist:

https://github.com/SAP-samples/s4hana-mc-xml-file-splitter

Obligatorische Felder

Jedes Migrationsobjekt enthält obligatorische Felder. Diese werden von der API als zwingend notwendig vorgegeben und müssen einen Wert haben (Muss-Felder). Des Weiteren kann es aber sein, dass es weitere Felder gibt, die entweder als Muss-Felder konfiguriert werden können oder die abhängig von anderen Feldwerten dann zu Muss-Feldern werden. Solche Felder können technisch in den Migrationsvorlagedateien nicht als obligatorisch ausgewiesen werden. Wurden solche Muss-Felder nicht befüllt, wird dies als Nachricht in der Aktion **Simulieren** ausgewiesen.

CSV-Dateien befüllen

Aufbau der CSV-Datei

Eine CSV-Datei der Migrationsvorlage besteht aus einer Kopfzeile, gefolgt von den Datenzeilen. Die Kopfzeile enthält die technischen Feldnamen. Muss-Felder sind mit * und Schlüsselfelder mit k (Englisch für »key«) gekennzeichnet. Abhängig von Ihren CSV-Dateioptionen in den Projekteinstellungen werden die Felder und Daten über das gewählte Feldtrennzeichen voneinander getrennt, z. B. die Kopfzeile für die Struktur S_ADDR_USAGE des Migrationsobjekts **Kunde**:

```
KUNNR(k/*),BU_ADEXT(k),ADR_KIND(k/*),XDFADU
```

[«]

Weitere Informationen

Weitere Informationen zur Verwendung von CSV-Dateien in SAP S/4HANA Cloud finden Sie in KBA 3210687 über diesen Link: *https://launchpad.support.sap.com/#/notes/3210687*
Der KBA enthält u. a. einen Link auf einen englischsprachigen User Guide, der das ganze Thema vollumfänglich beschreibt.

Informationen zur Verwendung von CSV-Dateien in SAP S/4HANA 2022 finden Sie in KBA 3296020 über diesen Link:

https://launchpad.support.sap.com/#/notes/3296020 und im Blog »SAP S/4HANA migration cockpit – Transferring Data from CSV Template Files to Staging Tables« von Iliana Olvera über den folgenden Link: *https://blogs.sap.com/2023/02/06/sap-s-4hana-migration-cockpit-transferring-data-from-csv-template-files-to-staging-tables/*

Ein sehr nützliches Video in englischer Sprache ist über das SAP Help Portal bzw. über diesen direkten Link erreichbar: *https://www.kaltura.com/p/1921661/sp/192166100/embedIframeJs/uiconf_id/37285991/partner_id/1921661?iframeembed=true&playerId=kaltura_player&entry_id=1_0ps6mqco*

Staging-Tabellen direkt befüllen

Werkzeuge zur Befüllung

Die Staging-Tabellen können sich in einem lokalen SAP-S/4HANA-Datenbankschema oder in einem Remote-SAP-HANA-Datenbankschema befinden. Sie befüllen sie über externe Werkzeuge, wie z. B. *SAP Data Services*, *SAP Cloud Platform Smart Data Integration (SDI)*, *SAP HANA Studio*, oder über andere Werkzeuge, mit denen Sie auf die Staging-Tabellen des lokalen oder des Remote-Datenbankschemas zugreifen können. Ein direktes Befüllen aus dem Migration Cockpit heraus ist nicht möglich. Eine wichtige Informationsquelle, wie Sie diese Daten befüllen können, finden Sie im KBA 2733253, den Sie unter *https://launchpad.support.sap.com/#/notes/2733253* aufrufen können.

Konsistenzprüfung ausführen

Nachdem die Staging-Tabellen befüllt worden sind, geht es genauso weiter wie nach dem Hochladen der Datei in Abschnitt 3.2.11, »Datei in die Staging-Tabellen laden«. Der einzige Unterschied besteht darin, dass die Daten nun direkt in die Staging-Tabellen und nicht aus einer Datei hochgeladen werden. Es ist daher zwingend notwendig, dass Sie danach eine Konsistenzprüfung ausführen. Dies können Sie z. B. über die Sicht **Migrationsobjekttabellen** und dort über die Tabellenübersicht vornehmen (siehe Abschnitt »Übersicht ›Tabellen‹«). Sie werden aber auch später aufgefordert, eine Konsistenzprüfung durchzuführen, wenn Sie die Aktion **Vorbereiten** für ein Migrationsobjekt ausführen. Wir empfehlen dringend, diese Konsistenzprüfung zu aktivieren, wenn Sie die Staging-Tabellen direkt gefüllt haben.

3.2.11 Datei in die Staging-Tabellen laden

Die dreigeteilte Sicht »Migrationsobjekttabellen«

Wenn Sie die Migrationsdatei befüllt haben, laden Sie diese Datei in die Staging-Tabellen des Migration Cockpits. Dazu wählen Sie die Aktion **Datei hochladen**. Danach öffnet sich die Sicht **Migrationsobjekttabellen**, die in die drei Übersichten **Tabellen** ❶, **Dateien hochladen** ❷ und **Korrekturdateien** ❸ aufgeteilt ist (siehe Abbildung 3.14). Die Übersicht **Korrekturdateien** beschreiben wir in Abschnitt 3.2.19, »Korrekturdatei anlegen«.

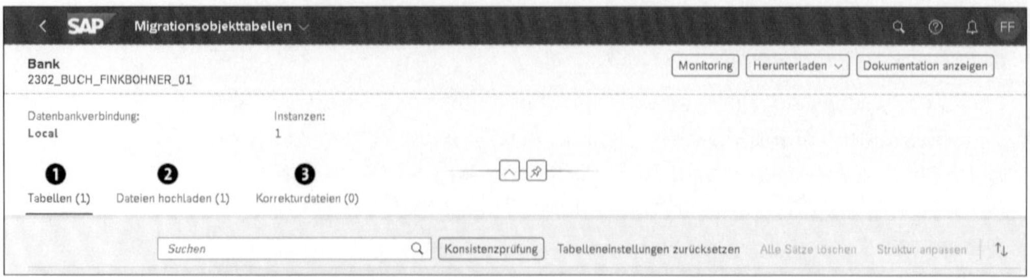

Abbildung 3.14 Migrationsobjekttabellensicht

Von der Sicht **Migrationsprojekt** navigieren Sie zur Sicht **Migrationsobjekttabellen**, indem Sie im gewünschten Migrationsobjekt in der Spalte **Daten** auf die Zahl rechts neben **Tabellen** klicken.

Übersicht »Dateien hochladen«

Datei hochladen

In der Sicht **Dateien hochladen** wählen Sie nun **Hochladen**, um Ihre Migrationsvorlagendatei hochzuladen. Sie können Ihre Dateien aber auch in den dafür vorgesehenen Bereich ziehen. Der Name der Datei ist eindeutig. Sie können nicht mehrere Dateien mit demselben Dateinamen hochladen. Danach wird die Datei einer Validierung unterzogen. Nach dem Hochladen erscheint der Name der Datei in der Liste, und Sie sehen den Status der Validierung. Nach erfolgreicher Validierung werden die Daten in die Staging-Tabellen übernommen. Beide Aktivitäten **Datei validieren** und **Daten in Staging-Tabellen übernehmen** können Sie über das Monitoring überwachen. Enthält die Datei keinen Fehler, lautet der Status **Daten erfolgreich an Sta-**

ging-Tabellen übertragen. Über den Hyperlink **Nachrichten anzeigen** neben der Statusanzeige können Sie die Nachrichten zur Validierung anzeigen.

Instanzen = Anzahl Datensätze der Kopfstruktur

Im Kopfbereich wird die Anzahl der Instanzen angezeigt, die Sie hochgeladen haben. Eine Instanz ist ein eindeutiger Datensatz der Kopfstruktur, z. B. eine eindeutige Kundennummer. EDV-technisch ausgedrückt, handelt es sich also um eine abgeschlossene Einheit. Ist eine Instanz schon in die Staging-Tabellen geladen worden, kann Sie nicht mehr über eine andere Datei geladen werden.

Informationen zur Quelldatei

In der Liste der Quelldateien sehen Sie den Status der Datei, ihren Namen, die Dateigröße, den Namen des Benutzers, der die Datei hochgeladen hat (**Hochgeladen von**), und das Datum, wann dies geschehen ist (**Hochgeladen am**).

Der Status einer Datei kann die folgenden Werte annehmen:

- **Hochladen**: Die Datei wird gerade hochgeladen, und es erscheint ein Zähler, der anzeigt, wie viel Prozent der Datei schon hochgeladen worden sind. Danach erscheint sehr kurz der Status **Upload abgeschlossen**, bevor die automatische Validierung angestoßen wird.
- **Validierung eingeplant**: Die Datei wird gerade validiert.
- **Validierung mit Warnung abgeschlossen**: Die Datei enthält Fehler und kann nicht hochgeladen werden. Überprüfen Sie die Nachrichten und entsprechend der Warnung die Datei. Oft ist ein Feldwert zu lang, oder Sie nutzen eine alte Migrationsvorlagendatei, und es fehlen Strukturen- und/oder Felder.
- **Prüfung fehlgeschlagen**: Die Datei enthält kritische Fehler und kann nicht hochgeladen werden. Dies ist oft ein fehlender Wert für ein Muss-Feld (`DMC_MD_INTERPRETER 045`) oder z. B. dass Schlüsselwerte auf einer Unterstruktur keinen entsprechenden Datensatz mit dem entsprechenden Schlüssel auf der höheren Ebene in der Hierarchie zu finden ist (`/LTB/MC 329`).
- **Übernahme in Staging-Tabellen**: Die Übertragung in die Staging-Tabellen findet gerade statt, ist aber noch nicht beendet.
- **Daten erfolgreich an Staging-Tabellen übertragen**: Die Datei wurde in die Staging-Tabellen übertragen.

Ausführbare Aktionen

Folgende **Aktionen** können Sie hier auf die Dateien anwenden:

- **Daten validieren**
- **Daten in Staging-Tabellen übernehmen**: Diese Aktion nutzen Sie normalerweise, wenn Sie nach einer Warnungsmeldung die Daten trotzdem oder unter Umständen im Rahmen des Hochladens von CSV-Dateien übernehmen wollen, siehe Abschnitt »CSV-Dateien hochladen«.

- **Dateien löschen**: Wenn Sie eine Datei löschen, werden nicht die Daten aus den Staging-Tabellen gelöscht. Auch können Sie eine Datei über den Button ⊗ (**Löschen**) entfernen.
- **Dateien herunterladen**: Hiermit können Sie die Dateien wieder als XML-Dateien herunterladen.

In Abbildung 3.15 sehen Sie ein Beispiel eines erfolgreichen Hochladens einer Datei.

Abbildung 3.15 Sicht »Migrationsobjekttabellen« – Übersicht »Dateien«: mit hochgeladener Datei

Auch haben Sie die Möglichkeit, mehrere Dateien über eine ZIP-Datei hochzuladen.

Daten nach dem Hochladen überprüfen

Inkonsistente Datenstrukturen werden z. B. durch die Ablage der Dateien in Staging-Tabellen erst gar nicht gespeichert. Das Kopieren von Daten mit der falschen Funktion innerhalb von Microsoft Excel und die dadurch verursachte Änderung der Datentypen und eine manuelle Manipulation der XML-Datei kann die ganze interne XML-Struktur korrumpieren. Deshalb sollten Sie die Daten nach dem Hochladen im Migration Cockpit immer überprüfen. Dabei sollten Sie auf folgende Punkte achten:

- **Satzverschiebungen**
  Stehen alle Werte in den richtigen Feldern?
- **Datentypen**
  Sind die Datumsfelder korrekt gefüllt? Stimmen die Datumsangaben noch?

- **Führende Nullen**
  Sind führende Nullen noch vorhanden?
- **Numerische Werte**
  Sind numerische Werte (Zahlen und deren Dezimalstellen) korrekt?
- **Nicht übernommene Datensätze aufgrund fehlender Schlüsselbeziehungen**
  Sind alle Datensätze aus der Datei hochgeladen worden?
- **Abgeschnittene Werte**
  Wurden eventuell Werte abgeschnitten? Da die Zellen in Excel ja keine Längenbegrenzung haben, kann es passieren, dass Sie z. B. einen Wert eingeben, der beim Einfüllen in die Datenbanktabelle abgeschnitten wird. Sie erhalten dann eine Warnungsmeldung beim Befüllen der Staging-Tabellen.

Dateieninhalt anzeigen

Dazu klicken Sie in der Sicht **Dateien hochladen** auf den Dateinamen. Danach erscheint die Inhaltsansicht der Datei (**Migrationsobjektdateien, Inhalt**). Im ausblendbaren Kopfbereich sehen Sie den Projektnamen und die Detailinformationen zur Datei. Danach folgt die *Icon Tab Bar* mit den Tabs zu den jeweiligen Strukturen und der Anzahl der hochgeladenen Datensätze in Klammern hinter dem Strukturnamen. Im Inhaltsbereich sehen Sie die Datensätze pro Struktur. Sie können hier nach Datensätzen suchen, die Datensätze über den Button [⇅] (**Sortieren**) in die gewünschte Reihenfolge bringen oder sie über den Button [⚙] (**Einstellungen**) filtern. Abbildung 3.16 zeigt Ihnen die Inhaltsansicht anhand der Beispieldatei für das Migrationsobjekt **Kunde**.

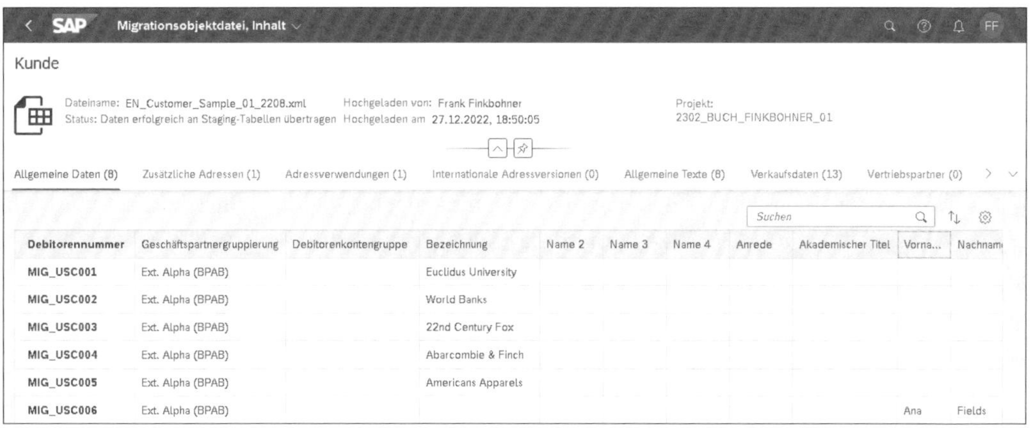

Abbildung 3.16 Inhalt einer geladenen Migrationsobjektdatei für das Objekt »Kunde«

CSV-Dateien hochladen

Auch das Hochladen von CSV-Dateien ist sehr ausführlich in dem schon in Abschnitt »CSV-Dateien befüllen« erwähnten User Guide beschrieben; daher gehen wir in diesem Abschnitt nicht weiter darauf ein. Der Link zum KBA 3210687 lautet: *https://launchpad.support.sap.com/#/notes/3210687*

[!]

Wo ist meine Datei?

Wenn Sie CSV-Dateien hochladen, kann es eventuell passieren, dass Sie sehen, dass die Datei hochgeladen wurde, die dann plötzlich wieder verschwindet. Schauen Sie dann im Monitoring nach: in der Regel ist die Validierung eingeplant worden und noch nicht beendet. Wenn die Validierung ohne Fehler beendet worden ist, erscheint die Datei wieder; ansonsten bleibt sie verschwunden. Kontrollieren Sie dann die Meldungen in der Aktivität **Datei validieren** im Monitoring, korrigieren Sie die Fehler in der CSV-Datei, und laden Sie diese wieder neu hoch.

Übersicht »Tabellen«

Strukturen und Staging-Tabellen

In der Tabellenübersicht finden Sie die Übersicht der Strukturen und deren Staging-Tabellen. Die Kopfzeile enthält die Informationen zur Datenbankverbindung und die Anzahl der hochgeladenen Instanzen. Generell können Sie hier zur Monitoring-Sicht abspringen oder die Migrationsobjektdokumentation über **Dokumentation anzeigen** aufrufen. Über den Menü-Button **Herunterladen** können Sie entweder die **Metadaten** oder die Migrationsvorlagendateien (XML- bzw. CSV-Format) über **Vorlage** herunterladen. Die Metadatendatei ist eine Textdatei, die Sie sich als CSV-Datei (durch Semikola getrennt) auch in Microsoft Excel anzeigen lassen können. Sie enthält im Grunde den technischen Objektnamen, Strukturinformationen, die Staging-Tabelle und die Daten, die Sie aus der Feldliste der Migrationsvorlagendatei kennen, erweitert um den Namen der Staging-Tabelle und die QuickInfo zu den Feldern. Jeder Struktur ist eine eigene Staging-Tabelle zugeordnet. Auf diesen Tabellen können Sie die folgenden Aktionen ausführen:

- **Konsistenzprüfung**
  Liegen bei Ihnen Daten direkt auf der Datenbankebene in den Staging-Tabellen, können Sie hier die notwendige Konsistenzprüfung durchführen. Diese prüft, ob für alle Datensätze einer unteren Struktur der zugehörige Satz auf der darüberliegenden Struktur existiert. Laden Sie Daten über Dateien in die Staging-Tabellen, geschieht das automatisch beim Hochladen der Dateien in der Validierungsaktivität.

- **Tabelleneinstellungen zurücksetzen**
  Unter bestimmten Umständen kann es passieren, dass Sie die Staging-Tabellen entsperren müssen. Dies kann z. B. vorkommen, wenn ein Job manuell abgebrochen wurde. Damit Sie wieder mit den Daten arbeiten können, setzen Sie hiermit die Sperren zurück. Die Anzahl der fehlerhaften und simulierten Instanzen wird dadurch auf 0 gesetzt. Die Anzahl der migrierten Datensätze wird nicht angepasst.
- **Alle Sätze löschen**
  Damit können Sie für gewählte Strukturen alle Datensätze unabhängig von ihrem Status löschen. Sie sollten diese Funktion mit Bedacht nutzen, da es bei unsachgemäßer Anwendung zu Fehlern und Inkonsistenzen kommen kann.
- **Struktur anpassen**
  Hiermit bringen Sie die Struktur der ausgewählten Tabelle auf den neuesten Stand. Der Tabellenstatus lautet dann **Anpassung erforderlich**. Dies kann z. B. bei Tabellen in einem Remote-SAP-HANA-Datenbankschema oder nach dem Löschen einer Staging-Tabelle auf der Datenbank notwendig sein. Bei den bestehenden Tabellen gehen dadurch keine Daten verloren.
- [↑↓] (**Sortieren**): sortiert die Liste

Informationen einer Tabelle

Eine Zeile der Tabellenliste enthält die folgenden Informationen:

- **Name**: Name der Struktur
- **Technischer Name**: technischer Name der Struktur
- **Technische ID**: Name der Staging-Tabellen, in der die Daten gespeichert sind
- **Zeilen in Staging-Tabelle**: Anzahl der Datensätze in der jeweiligen Staging-Tabelle
- **Tabellenstatus**: Der Tabellenstatus kennt die Werte **OK** und **Anpassung erforderlich**. Er zeigt damit an, ob Anpassungen der Tabellenstruktur über **Struktur anpassen** notwendig sind oder nicht.

In Abbildung 3.17 sehen Sie ein Beispiel für eine Tabellenübersicht.

Tabelleninhalt anzeigen

Wenn Sie auf die Zahl in der Spalte **Zeilen in Staging-Tabelle** klicken, gelangen Sie zum Übersichtsbild **Migrationsobjekttabellen, Inhalt**. Hier werden alle Datensätze der Staging-Tabelle der gewählten Struktur angezeigt (Abbildung 3.18). Sie haben die Möglichkeit, sich über den Button **Dokumentation anzeigen** diese anzeigen zu lassen. Die Übersicht zeigt den Namen der Staging-Tabelle (**Technische ID**) und den Tabellenstatus an.

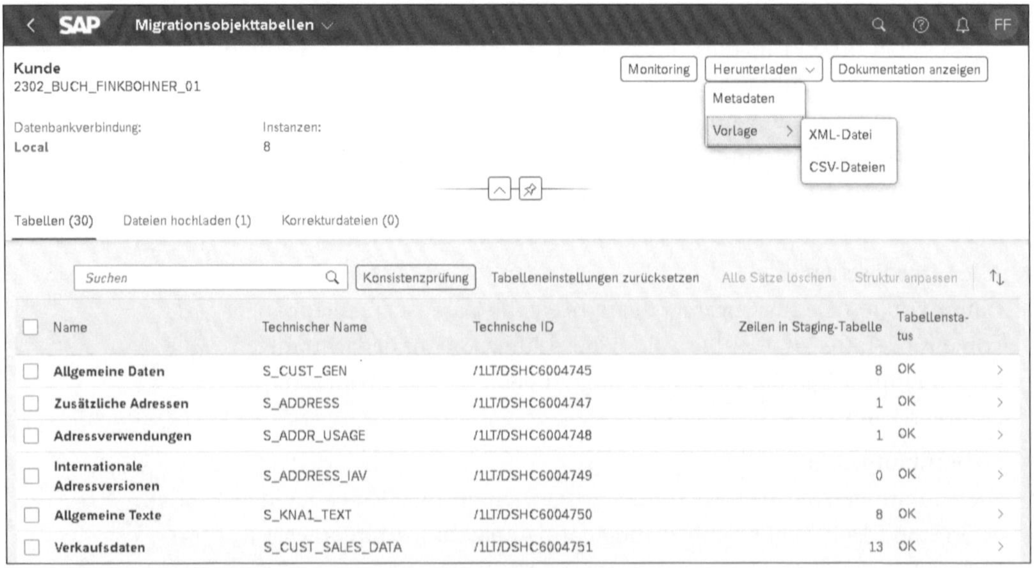

Abbildung 3.17 Sicht »Migrationsobjekttabellen«: Übersicht über die Tabellen

Abbildung 3.18 Sicht »Migrationsobjekttabelle, Inhalt«: Inhalt einer Struktur

Tabellenstruktur anzeigen

Wählen Sie in der Tabellenübersicht den Namen der Struktur oder den Button [>] (**Weiter**), gelangen Sie zur Ansicht **Migrationsobjekttabellen, Struktur**. Diese Ansicht hat ein flexibles Spaltenlayout (Flexible Column Layout) und ist zweigeteilt. Links sehen Sie die Liste der Strukturen und rechts die Metadaten der gewählten Struktur. Die Übersicht enthält im Kopfbereich die folgenden Informationen:

- **Technischer Name**: technischer Name der Struktur
- **Technische ID**: Name der Staging-Tabelle
- **Tabellenstatus**

In der Liste finden Sie die Informationen der Struktur, die Sie aus der Feldliste der Migrationsvorlagendatei kennen:

- **Name**: Name des Feldes und der QuickInfo zum Feld
- **Technischer Name**: technischer Name des Feldes
- **Schlüsselfeld**: Handelt es sich um ein Schlüsselfeld?
- **Obligatorisch**: Diese Felder müssen einen Wert haben, wenn Sie die Tabellen mit Daten befüllen.
- **Datentyp**: Datentyp auf der SAP-HANA-Datenbank
- **Länge**: maximale Länge des Feldes
- **Dezimalstellen**: Anzahl der Dezimalstellen bei numerischen Feldern
- **Gruppieren**: Felder sind zur besseren Übersicht in Gruppen eingeteilt. In der Pflege-App werden zusammengehörige Felder meistens in sogenannten Bereichen gruppiert. Die Gruppennamen orientieren sich an diesen Bereichsnamen.
- **Nicht Null**: Ein Feld einer Datenbank kann technisch als Nicht-Null-Feld (*Not Null*) definiert werden. Das heißt, dass dieses Feld einen Wert haben muss. Schlüsselfelder, Muss-Felder, numerische Felder und Datumsfelder sind normalerweise als Nicht-Null-Felder definiert. Sie können diese Felder also nicht leer lassen. Beim Befüllen müssen Sie hier einen definierten Initialwert übergeben, wenn Sie keinen Wert mitgeben wollen.

In Abbildung 3.19 sehen Sie ein Beispiel für die Ansicht **Migrationsobjekttabellen, Struktur**.

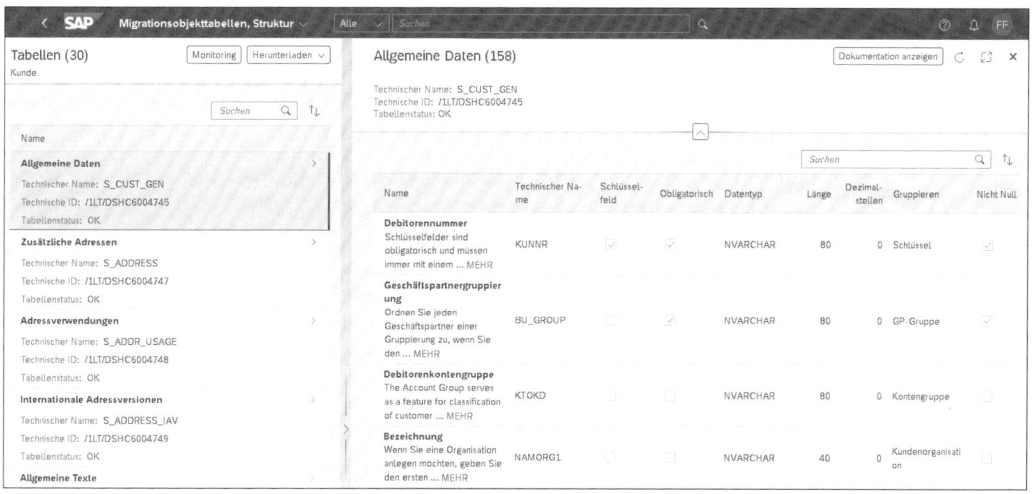

Abbildung 3.19 Sicht »Migrationsobjekttabellen, Struktur«: Metadaten der Struktur

3.2.12 Arbeiten mit Migrationsobjektinstanzen

Nachdem Sie die Daten in die Staging-Tabellen geladen haben, stellen Sie fest, dass die Funktion **Instanzen** im Detailbild des Migrationsobjekts der Sicht **Migrationsobjekt** auswählbar ist. Über diese Funktion gelangen Sie in die Sicht **Migrationsobjektinstanzen**. Alternativ können Sie aber auch über die Objektliste der Migrationsprojektübersicht dorthin gelangen (siehe Abbildung 3.20). Hierzu wählen Sie entweder die Zahl der Instanzen in der Spalte **Daten**, die als Hyperlink ausgeführt sind, oder eine der Zahlen in den Spalten **Simulation** bzw. **Migration** aus.

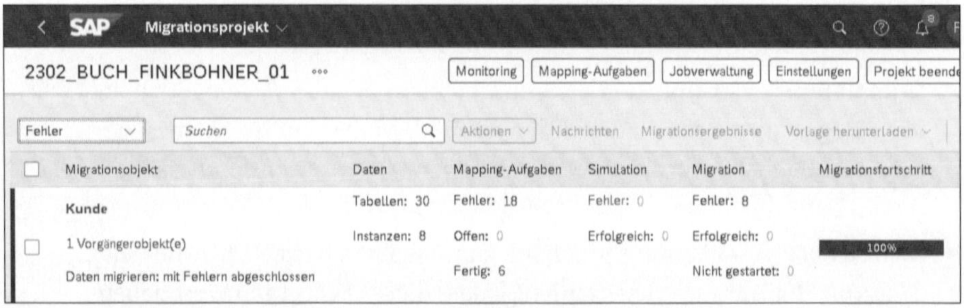

Abbildung 3.20 Migrationsprojektübersicht und Instanzen

Schaltzentrale der Migration

Geschickt genutzt können Sie die Sicht **Migrationsobjektinstanzen** als Schaltzentrale für Ihre gesamte Migration nutzen. Der Vorteil dieser Sicht ist, dass Sie gezielt Instanzen auswählen können, um auf diesen Aktionen auszuführen. Insbesondere für das Testen und die nachträgliche Analyse bietet diese Sicht so gut wie alles, was Ihr Herz begehrt.

Ansicht der Instanzen nach Status filtern

In der Sicht **Migrationsobjektinstanzen** sehen Sie, je nachdem, wie Sie die Liste aufgerufen haben, entweder alle Instanzen oder nur die Instanzen, die dem gewählten Status entsprechen (siehe Abbildung 3.21). Die Liste zeigt die Werte der Schlüsselfelder und die ersten Felder der Instanz an. Die Liste kann über die Felder **Aktion/Status** ❶, **Quelle** ❷ und über Schlüssel- sowie weitere Felder ❸ des Migrationsobjekts und über **Filter anpassen** ❹ und den **Start**-Button ❺ gefiltert werden. Weitere Felder und deren Werte können über den Hyperlink **Alle Anzeigen** ❻ der Spalte **Weitere Felder** in einem separaten Fenster angezeigt werden. Des Weiteren sind die **Quelle** der Instanz (z. B. der Dateiname), die letzte **Aktion** auf der Instanz (z. B. **Initial**, **Simuliert**, **Migriert**) und der **Status** der Instanz (z. B. **Initial**, **Erfolg**, **Fehler**) sichtbar.

Zusammenfassung herunterladen

Über die Funktion **Alle herunterladen** ❼ können Sie sich eine Zusammenfassung aller angezeigten Instanzen mit ausgewählten Feldern, die Sie in einem Dialog wählen können, herunterladen. Die Datei kann dann über die Aktivität **Instanzdatensätze herunterladen** im Monitoring heruntergeladen werden.

Listenansicht anpassen

Des Weiteren können Sie die Liste über den Button [↑↓] sortieren, über den Button [≡] gruppieren ❽ und die angezeigten Spalten über den Button [⚙] konfigurieren.

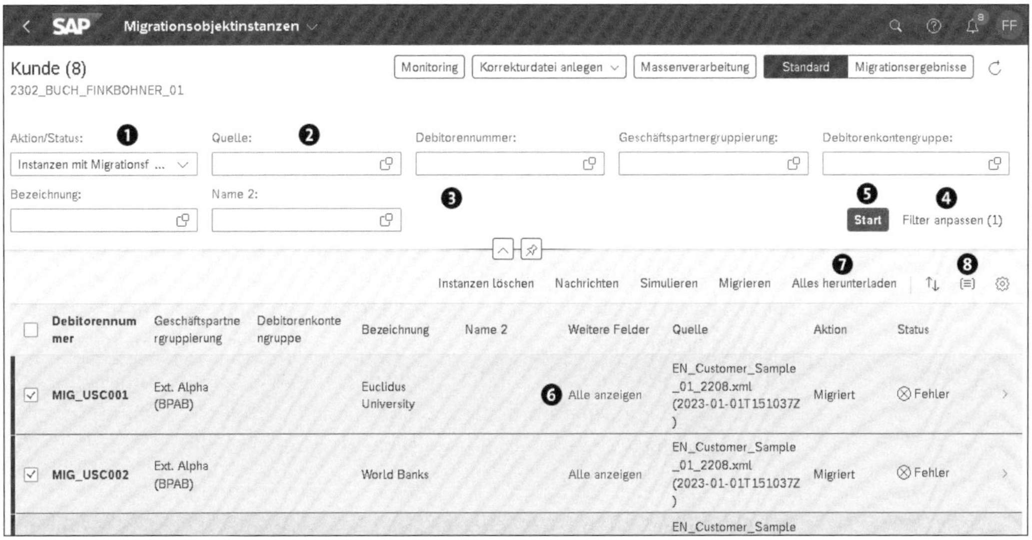

Abbildung 3.21 Migrationsobjektinstanzen anzeigen

Einzelne Instanz ansehen

Wenn Sie auf einen Datensatz klicken, erscheint die Sicht **Migrationsobjektinstanz** (siehe Abbildung 3.22). Die Übersicht ist zweigeteilt: Auf der linken Seite sehen Sie Informationen zur gewählten Instanz und können die anzuzeigende Tabelle (Struktur) auswählen. Die Werte zur ausgewählten Staging-Tabelle werden dann im rechten Teil angezeigt.

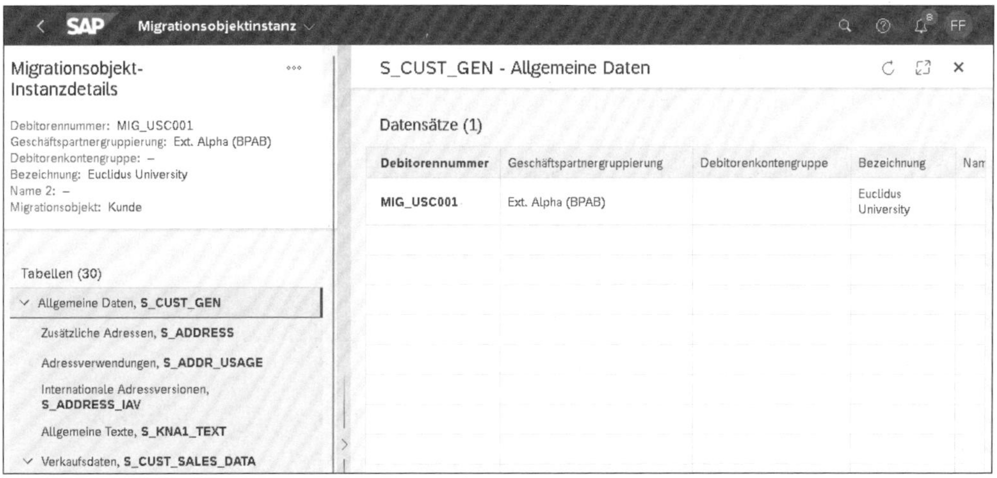

Abbildung 3.22 Sicht »Migrationsobjektinstanz«: allgemeine Daten zum Kunden

Funktionen auf Migrationsobjektinstanzen

In der Sicht **Migrationsobjektinstanz** können Sie die folgenden Funktionen auf den ausgewählten Instanzen ausführen:

- **Instanzen löschen**: Alle ausgewählten Instanzen werden gelöscht.
- **Nachrichten**: Die Nachrichten für jede ausgewählte Instanz werden angezeigt.
- **Simulieren**: Ausgewählte Instanzen werden simuliert.
- **Migrieren**: Ausgewählte Instanzen werden migriert.

[»]

Einfluss des Werte-Mappings auf die Anzeige der Instanzen

In der Sicht **Migrationsobjektinstanz** werden die Werte der Datensätze angezeigt, wie Sie sie in die Staging-Tabellen geladen haben. Mit dem Starten der Aktion **Simulation** werden die Daten von Feldern, denen eine Mapping-Aufgabe zugeordnet ist, auf den bestätigten Zielwert umgeschlüsselt. Das heißt, dass Sie nach der erfolgten Simulation die umgeschlüsselten Daten sehen, die dann auch zur Migration herangezogen werden.

Unabhängig von den ausgewählten Instanzen können Sie hier noch die folgenden Funktionen ausführen:

- **Korrekturdatei anlegen** (siehe Abschnitt 3.2.19, »Korrekturdatei anlegen«)
- **Massenverarbeitung** auf Migrationsobjektinstanzen ausführen (siehe Abschnitt 3.2.20, »Massenverarbeitung über freie Selektion auf Instanzen«)

Instanzen löschen

Nicht zu löschende migrierte Instanzen

Die Funktion **Instanzen löschen** löscht die ausgewählten Instanzen aus der Datenbank. Nur Instanzen, die noch nicht erfolgreich migriert wurden, können gelöscht werden. Nach dem Auswählen der Funktion erscheint ein Textfenster, das Sie über diesen Umstand informiert. Sie können die Funktion entweder mit **Löschen** ausführen oder über **Abbrechen** beenden.

Nachrichten pro Instanz anzeigen

Die Funktion **Nachrichten** zeigt Ihnen alle Nachrichten zu den gewählten Instanzen an, wie es das Beispiel in Abbildung 3.23 zeigt.

Sie wählen hier auf der linken Seite die Instanz aus. Die Nachrichten zu dieser Instanz werden dann auf der rechten Seite angezeigt.

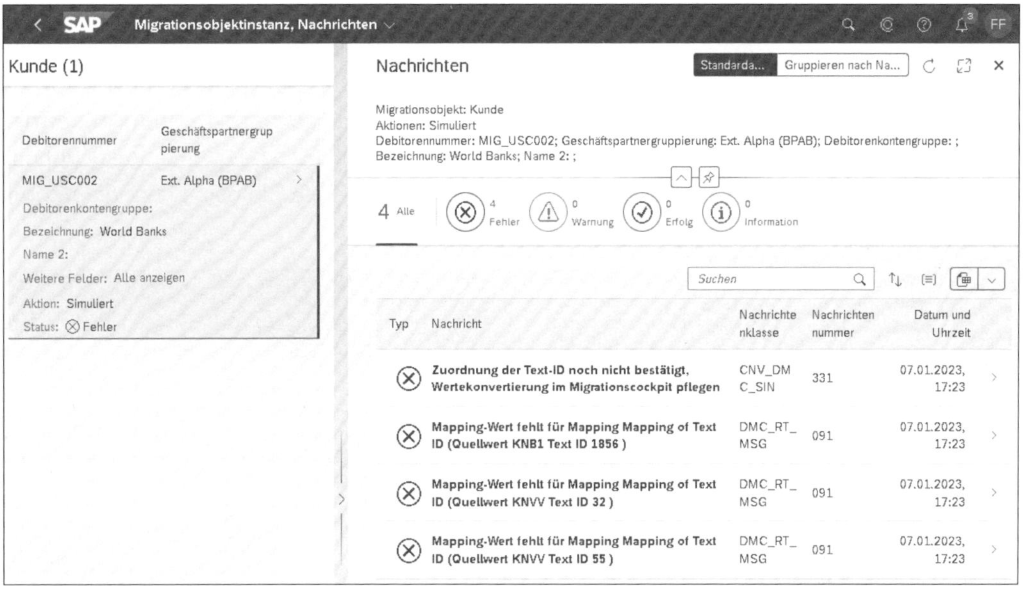

Abbildung 3.23 Sicht »Migrationsobjektinstanz, Nachrichten«

3.2.13 Vorbereiten

Staging-Tabellen vorbereiten

Nachdem Sie die Daten hochgeladen haben, navigieren Sie zurück in die Sicht **Migrationsprojekt**. Hier führen Sie im Migrationsobjekt die Aktion **Vorbereiten** aus. Sollte der Menü-Button die Aktion **Mapping-Aufgaben** ausweisen, sollten Sie zuerst diese ausführen (siehe Abschnitt 3.2.14, »Pflege der Mapping-Werte«. Der entsprechende Hintergrundjob wird eingeplant und ist unter **Monitoring** und **Laufende Aktivitäten** sichtbar. Die Aktion **Vorbereiten** ist vergleichbar mit dem Validierungsschritt, den Sie vielleicht noch aus dem alten Migration Cockpit kennen. Hier werden die Quelldaten aus den Staging-Tabellen gelesen und in die hinterlegten *Werte-Mappings* (**Mapping-Aufgaben**) geschrieben.

Konsistenzprüfung

Sie können hier entweder die Aktion **Vorbereiten** ❶ über den Menü-Button für jedes Migrationsobjekt einzeln aufrufen oder mehrere Migrationsobjekte markieren ❷ und über den übergreifenden Menü-Button **Aktionen** ❸ ausführen. Danach erscheint der Dialog **Staging-Tabellen vorbereiten**. Wenn Sie Ihre Staging-Tabellen direkt über ein Werkzeug auf Datenbankebene befüllt haben, müssen Sie die **Konsistenzprüfung** anschalten. Wenn Sie sie über Dateien befüllt haben, drücken Sie direkt den Button **Staging-Tabellen vorbereiten** ❺ und lassen die **Konsistenzprüfung** ❹ ausgeschaltet. In diesem Fall ist die Konsistenzprüfung unnötig, da sie schon im Rahmen der Validierung beim Hochladen der Dateien ausgeführt wurde. Sie kostet dann nur Zeit und kann, wenn Sie hier noch einmal ausgeführt wird, unter Umständen bei weniger als einer Handvoll Migrationsobjekten sogar zu falschpositiven Fehlermeldungen führen. Dies ist der Fall, wenn die Datentypdefinition eines Schlüssels in den abhängigen Strukturen nicht konsistent ist. Das Problem ist zwar mittlerweile für SAP S/4HANA Cloud behoben, kann aber in SAP S/4HANA noch auftreten. Eine Übersicht über die Aktion **Vorbereiten** sehen Sie in Abbildung 3.24.

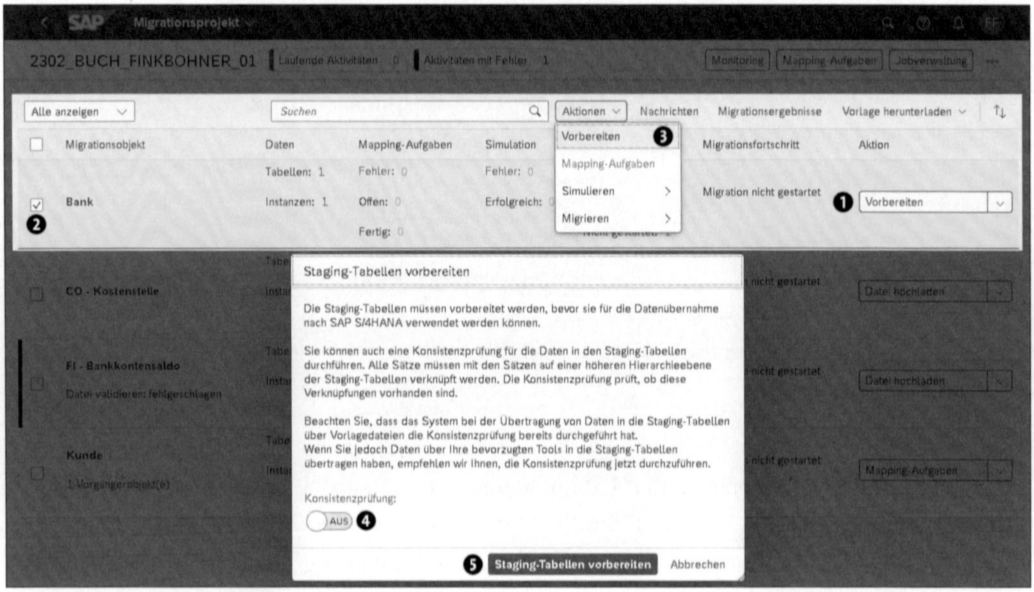

Abbildung 3.24 Migrationsobjekt(e) vorbereiten

3.2.14 Pflege der Mapping-Werte

Mapping-Aufgaben bearbeiten

Die Aktion nach dem Vorbereiten der Daten und ihrer Validierung ist das Abarbeiten der Mapping-Aufgaben. Der große Vorteil der Datenmigration mittels Migration Cockpit ist das objektübergreifende Werte-Mapping. Dadurch müssen Sie Quellwerte einer Mapping-Aufgabe, wie z. B. das Mapping der Kostenstellenart, nur einmal pflegen. Alle anderen Objekte nutzen dann diese Umschlüsselung. Dies hat vor allem Vorteile, wenn der Großteil Ihrer Daten aus einem Quellsystem migriert wird.

[»]

Mapping-Aufgaben vor dem Vorbereiten ausführen

Bei einigen Migrationsobjekten, wie z. B. dem Migrationsobjekt **Kunde** sind direkt nach dem Hinzufügen des Migrationsobjekts schon Mapping-Aufgaben vorhanden, die vor dem Vorbereiten auszuführen sind. Dies sind meistens Steuerparameter, die Einfluss auf die Erzeugung der Werte-Mappings während der Aktion **Vorbereiten** haben und deshalb zwingend vor dem Vorbereiten ausgeführt werden müssen, um Fehler, Probleme und ein erneutes Aufrufen der Aktion **Vorbereiten** zu vermeiden.

Sie können entweder alle Mapping-Aufgaben des Projekts oder die Mapping-Aufgaben eines Migrationsobjekts bearbeiten. Für Ersteres wählen Sie in der Sicht **Migrationsprojekt** die Funktion **Mapping-Aufgaben** im oberen Bereich des Bildes. Für die Mapping-Aufgaben pro Objekt wählen Sie in der Sicht **Migrationsobjekt** des jeweiligen Objekts die Aktion **Mapping-Aufgaben** direkt am Migrationsobjekt. In Abbildung 3.25 sehen Sie im Kopfbereich die Anzahl der Mapping-Aufgaben und die Zahl der Aufgaben, die sich im Status **Zu bestätigen**, **Bestätigt** oder **Fehler** befinden. In der Liste der Mapping-Aufgaben werden der Name der Mapping-Aufgabe, der **Status**, der **Typ** der Mapping-Aufgabe und die Anzahl der **Werte** in dieser Mapping-Aufgabe, angezeigt.

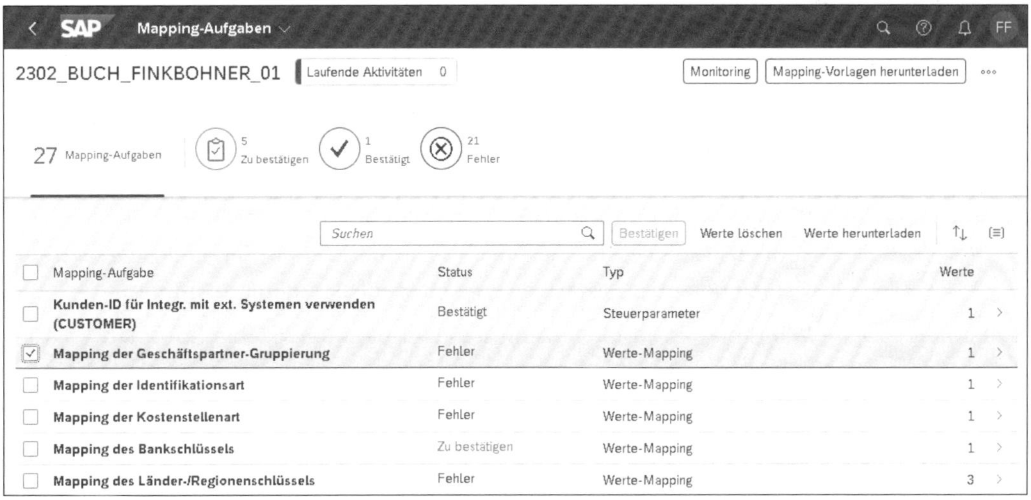

Abbildung 3.25 Mapping-Aufgaben des Projekts

Was bedeutet der Status »Fehler«

Mapping-Aufgaben befinden sich im Status **Fehler**, wenn Feldwerte eines Quellsystems länger als die Felddefinition der Zielstruktur sind, z. B. wenn Werke in Ihrem Quellsystem länger als die 4 Stellen eines Werkes eines SAP-Systems sind. Sie haben für solche Werte normalerweise eine Warnung `DMC_RT_MSG 206`, wie z. B. »MAP_REGIO: Aufgr. untersch. Längen o. ungült. Wert Indiana (IN) auf Initialwert gesetzt« während des Vorbereitungsvorgangs erhalten. Sind die Feldwerte kleiner gleich der Felddefinition, werden die Quellwerte direkt in die Zielwerte übernommen. Sind Sie jedoch länger, wird nur der Quellwert geschrieben, und der Zielwert bleibt leer. Diesen müssen Sie dann im Werte-Mapping der Mapping-Aufgaben manuell zuordnen. Durch dieses Verhalten werden Inkonsistenzen durch das Abschneiden von Zielwerten vermieden. Insbesondere bei Objekt-IDs, wie z. B. zu langen Kundennummern, könnte es sonst problematisch werden, wenn mehrere Quellkundennummern auf dieselbe Zielkundennummer zeigen würden.

Typen der Mapping-Aufgaben

Als Typen unterscheidet man:

- **Steuerparameter** (Control Parameter): Mit Steuerparametern steuern Sie das Verhalten bestimmter Migrationsobjekte während der Datenmigration. Sie können hier z. B. festlegen, ob die Kunden-ID für die Integration mit externen Systemen über den *Unified Key Mapping Service* (UKMS) verwendet werden soll.
- **Festwert** (Fix Value): Hier werden Festwerte definiert. Ein typischer Festwert ist der des Kostenrechnungskreises (Controlling Area), der in SAP S/4HANA Cloud normalerweise auf »A000« festgelegt ist.
- **Werte-Mapping** (Value Mapping): Hier werden Feldwerte der Quelle auf die Zielwerte des SAP-S/4HANA-Systems gemappt.

Massenbestätigung von Mapping-Werten

Wenn Sie in Ihren Quelldaten schon die richtigen Zieldaten gepflegt haben, können Sie hier einfach alle noch zu bestätigenden Mapping-Aufgaben auswählen und über **Bestätigen** eine Massenbestätigung ausführen.

Kontrolle der Daten nach Massenbestätigung

Während des Bestätigens erscheint zudem eine kleine Information (*Message Toast*) im Bild. Wenn diese Meldung verschwindet, ist die Massenbestätigung abgeschlossen. Mapping-Aufgaben, die nicht bestätigt werden konnten, befinden sich in jedem Fall weiterhin im Status **Zu bestätigen** oder **Fehler**.

Mapping-Werte herunterladen und hochladen

Mapping-Vorlagendatei bearbeiten

Neben dem Monitoring können Sie die Mapping-Vorlagen herunterladen. Im Auswahlfenster wählen Sie die entsprechenden Mapping-Aufgaben aus und laden diese über **Herunterladen** in eine gepackte ZIP-Datei, die Sie dann über das Monitoring herunterladen können (siehe Abbildung 3.26).

Auch können Sie ausgewählte Mapping-Aufgaben inklusive ihrer Werte über **Werte herunterladen** in eine Datei herunterladen.

Danach begeben Sie sich in das Monitoring.

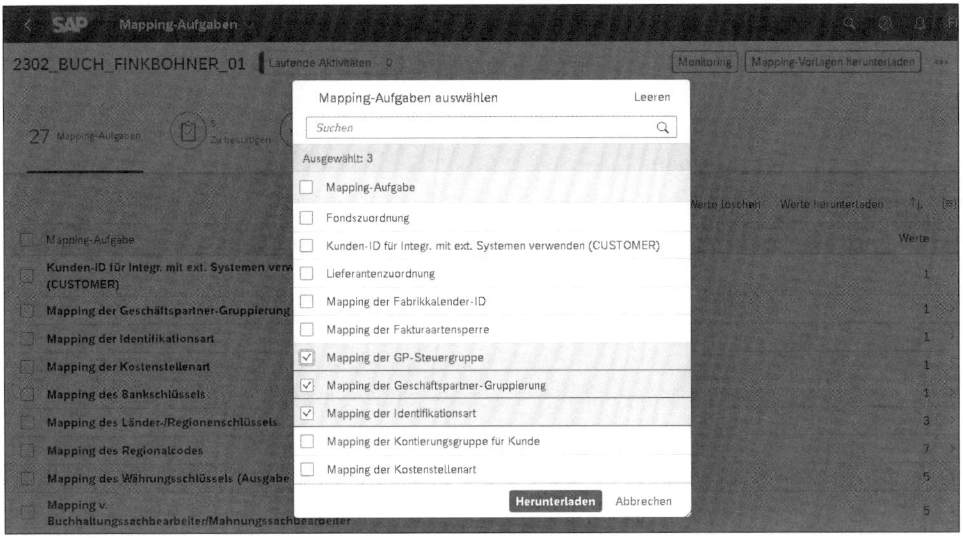

Abbildung 3.26 Mapping-Vorlagen herunterladen

Hier sehen Sie die Aktivität **Mapping-Werte herunterladen**. Ihnen stehen zwei Optionen zur Auswahl:

Datei herunterladen

1. **Meldungen anzeigen**: Hier wird Ihnen das schon erwähnte Nachrichtenübersichtsbild angezeigt – mit den jeweiligen Nachrichten zur Aktivität.
2. **Datei herunterladen**: Die Werte werden in einer ZIP-Datei heruntergeladen.

Daneben können Sie Werte-Mappings der XML-Dateien, die Sie heruntergeladen haben, mit **Werte hochladen** wieder importieren. Sie sehen in Abbildung 3.27 das Monitoring mit den beiden Auswahlmöglichkeiten für die Aktivität **Mapping-Werte herunterladen**.

Abbildung 3.27 Ansicht »Monitoring«: Mapping-Werte herunterladen

Wenn Sie die XML-Dateien gepflegt haben, klicken Sie auf **Werte hochladen**, um sie über die Sicht **Mapping-Werte hochladen** wieder in das System hochzuladen.

Werte löschen

Werte löschen In SAP S/4HANA Cloud und ab SAP S/4HANA 2022 FPS01 ist es möglich, komplette Mapping-Aufgaben zu löschen. Dazu wählen Sie die zu löschenden Mapping-Aufgaben aus und klicken auf **Werte löschen**. Danach erscheint ein Dialogfenster das den folgenden Text anzeigt:

> *»Alle Mapping-Werte für die ausgewählten Mapping-Aufgaben werden gelöscht. Mapping-Werte werden für die Simulation der Migration und für die Migration von Daten benötigt. Wenn Mapping-Werte gelöscht werden, kann es zu Fehlern oder Dateninkonsistenzen kommen, insbesondere dann, wenn die Mapping-Werte von mehr als einem Migrationsobjekt verwendet werden.*
>
> *Beachten Sie, dass ausgewählte Mapping-Aufgaben nicht mehr auf dem Bild »Mapping-Aufgaben« angezeigt werden. Wenn Sie Mapping-Werte für eine Mapping-Aufgabe erneut hochladen, wird die Mapping-Aufgabe auch wieder auf dem Bild »Mapping-Aufgaben« angezeigt.*
>
> *Alle Mapping-Werte für die ausgewählten Mapping-Aufgaben löschen?«*

Wenn Sie sicher sind, dass Sie die Mapping-Aufgaben löschen wollen, bestätigen Sie den Dialog durch Drücken des Buttons **Löschen**.

Einzelwerte einer Mapping-Aufgabe pflegen

Klicken Sie auf den Button [>] (**Weiter**) einer Mapping-Aufgabe, um diese zu pflegen. Die darauf angezeigte Sicht hat wieder ein flexibles Spaltenlayout (siehe Abbildung 3.28).

Abbildung 3.28 Mapping-Werte pflegen

Die linke Seite zeigt die bisherige Liste der Mapping-Aufgaben, und auf der rechten Seite werden die Werte der Mapping-Aufgabe angezeigt. Einzelne Werte können Sie auswählen, bestätigen oder löschen.

Ansicht anpassen

Wenn Sie eine sehr hohe Anzahl an Mapping-Werte haben, können Sie **Filter einblenden** sowie den Button [⇅] (**Sortieren**) und den Button [≡] (**Gruppieren**) nutzen, um die Anzeige der Sicht **Mapping-Aufgaben** anzupassen.

[!]

Neue, offene Mapping-Aufgaben nach der Simulation

Bei einigen Migrationsobjekten werden Sie feststellen, dass nach dem erfolgreichen Bestätigen von Mapping-Aufgaben und dem Starten der Aktion **Simulieren** plötzlich wieder neue Mapping-Aufgaben auftauchen. Dies ist kein Fehler des Migration Cockpits, sondern der Abhängigkeit einiger Mapping-Aufgaben untereinander geschuldet. Kostenstellen haben z. B. einen Bezug zum Kostenrechnungskreis, viele Objekte haben jedoch keinen Kostenrechnungskreis in ihrer Übernahmestruktur. In einem solchen Fall wird der notwendige Kostenrechnungskreis über das Werk oder den Buchungskreis ermittelt. Zum Ermitteln des Kostenstellenwerts müssen Sie zuerst das Werte-Mapping für das Werk oder den Buchungskreis in der ersten Vorbereitung bestätigen, da die Mapping-Aufgaben für die Kostenstellen bei der ersten Vorbereitung unter Umständen nicht befüllt worden sind. Bestätigen Sie zuerst die offenen Mapping-Aufgaben, und führen Sie anschließend eine zweite Vorbereitungsaktion aus. Mit dem bestätigten Werks- oder Buchungskreis-Mapping kann der Kostenrechnungskreis nun ermittelt und die Mapping-Aufgabe für Kostenstellen zugeordnet werden.

[«]

Weitere Informationen

Zusätzliche Informationen zum Thema Mapping-Aufgaben finden Sie in den folgenden KBAs:

- 2976393, »Verwendung von Mapping-Werten in verschiedenen Projekten«: *https://launchpad.support.sap.com/#/notes/2976393*
- 3003068, »Einfügen und Löschen von Einträgen für Mapping-Aufgaben«: *https://launchpad.support.sap.com/#/notes/3003068*

3.2.15 Die Jobverwaltung

Übernahme parallelisieren

Da das neue Migration Cockpit auf dem Prinzip der Staging-Tabellen aufgebaut ist, erfolgt die Parallelisierung hier nicht mehr über die Anzahl der Dateien. In der Jobverwaltung erhöhen oder verringern Sie dazu die Anzahl für **Maximale Anzahl der Jobs pro Projekt** ❶ und **Für Migrationsobjekte verwen-**

dete Jobs ❷. Sie klicken dazu in der Sicht **Jobverwaltung** auf den Button **Bearbeiten** ❸ und passen über die Plus- und Minustasten (❹/❺) die gewünschte Anzahl von Jobs pro Projekt und pro Migrationsobjekt an (siehe Abbildung 3.29). Anschließend speichern Sie das Ganze über den Button **Sichern** ❻.

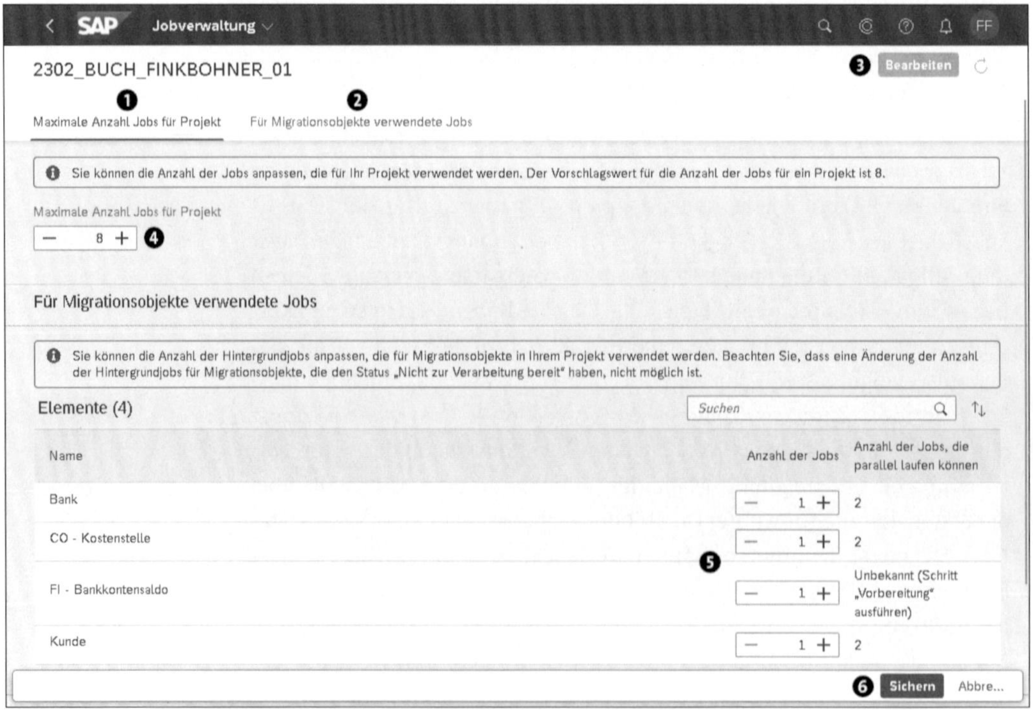

Abbildung 3.29 Jobverwaltung

Maximal acht parallele Jobs

Die Angabe im Feld **Maximale Anzahl Jobs für Projekt** ist abhängig von der Anzahl der im System verfügbaren Jobs.

[»]

Maximale Anzahl von Hintergrundprozessen in SAP S/4HANA Cloud

In SAP S/4HANA Cloud, public edition, ist die maximale Anzahl der Hintergrundprozesse (HP) begrenzt. Das Migration Cockpit kann davon maximal 80 % nutzen. Zum Zeitpunkt der Erstellung dieses Kapitels im Januar 2023 lag die Anzahl der Hintergrundprozesse bei:

- Q-System (1 Appl. Server): 10 HPs, maximal 8 nutzbar
- P-System (2 Appl. Server): 20 HPs, maximal 16 nutzbar

Die Anzahl der verfügbaren Hintergrundprozesse Ihres SAP-S/4HANA-On-Premise-Systems erfragen Sie am besten bei Ihrem Systemadministrator. Es ist nicht sinnvoll, hier mehr Jobs anzugeben, als verfügbar sind. Auch sollte beachtet werden, dass einige Hintergrundprozesse in der Regel schon mit Standardjobs belegt sind. Die Nutzung mehrerer paralleler Migrationsprojekte war in SAP-S/4HANA-Systemen vor Version 1809 vielleicht noch sinnvoll. Seit Version 1809 ist sie eher kontraproduktiv und bringt keinen Performancegewinn, sondern im Gegenteil eher Probleme aufgrund einer übervollen Jobwarteschlange.

Weitere Informationen hierzu finden Sie auch in KBA 3034738 unter diesem Web-Link: *https://launchpad.support.sap.com/#/notes/3034738*

3.2.16 Migration simulieren

Simulation starten

Nachdem Sie nun alle Mapping-Aufgaben bestätigt und die Jobs in der Jobverwaltung verteilt haben, ist der nächste Schritt, die Datenmigration zu simulieren. Hierzu wählen Sie in der Sicht **Migrationsprojekt** die Aktion **Simulieren** beim jeweiligen Migrationsobjekt. Es erscheint das Dialogfenster **Neue Simulation**; hier können Sie zwischen den folgenden, teils selbsterklärenden Simulationsoptionen wählen und die Simulation über **Simulation starten** ausführen:

- **Beliebige 10 %** der vorhandenen Migrationsobjektinstanzen werden simuliert
- **Beliebige 500** Migrationsobjektinstanzen werden simuliert
- **Alle Instanzen** werden simuliert
- **Benutzerspezifische Auswahl**

  Hier wird zur Massenverarbeitung für die Simulation abgesprungen. Hier werden in einem dreistufigen Auswahlprozess die zu simulierenden Instanzen ausgewählt. Den generellen Aufbau der Sicht **Massenverarbeitung von Migrationsinstanzen** beschreiben wir in Abschnitt 3.2.20, »Massenverarbeitung über freie Selektion auf Instanzen«.

Sie können aber auch eins oder mehrere Objekte auswählen und über den Menü-Button **Aktionen**, **Simulieren** mit den folgenden zwei selbsterklärenden Optionen auswählen (siehe Abbildung 3.30):

- **Alle Instanzen**
- **Alle Instanzen mit Fehlern**

Für jedes gewählte Migrationsobjekt wird die Aktivität **Daten validieren** als Hintergrundjob eingeplant, dessen Status Sie unter **Laufende Aktivitäten** bzw. unter **Monitoring** kontrollieren können. Ist das Simulieren fehlgeschlagen, können Sie das direkt über den Button **Aktivitäten mit Fehler** sehen.

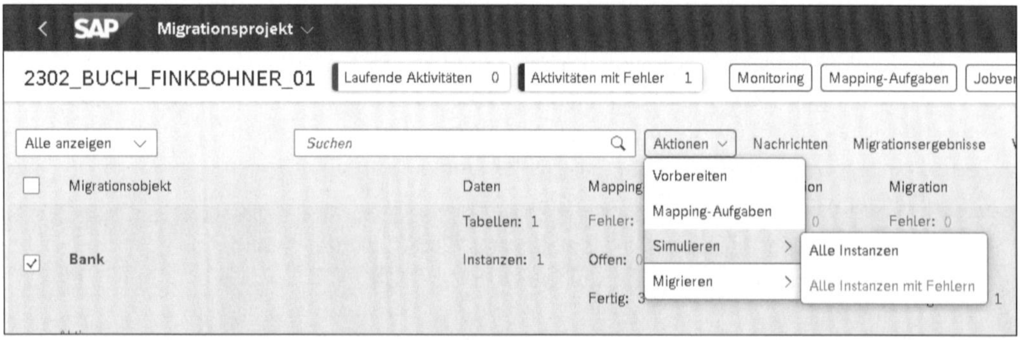

Abbildung 3.30 Migrationsobjekte simulieren

Abbildung 3.31 zeigt hier ein Beispiel mit Fehlern während der Simulation. Das Migrationsobjekt erhält einen roten Balken auf der linken Seite, der den Fehlerstatus unterstreicht.

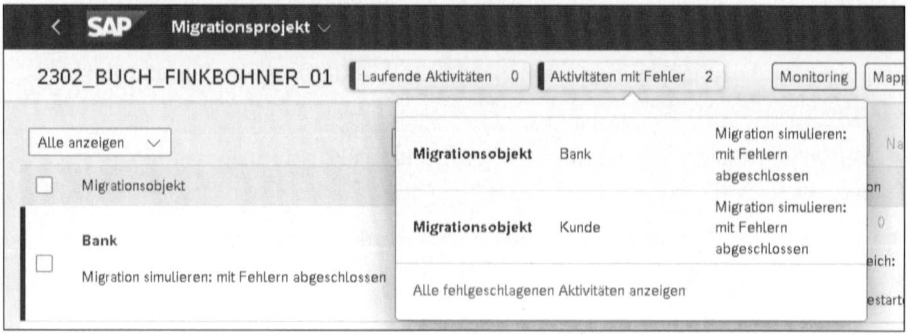

Abbildung 3.31 Button »Aktivitäten mit Fehler« nach dem Simulieren

Fehler im Monitoring prüfen

Die Fehler können Sie sich über **Alle fehlgeschlagenen Aktivitäten anzeigen** oder über das Monitoring anzeigen lassen. Hierzu wählen Sie in der Sicht **Monitoring** die Option **Meldungen anzeigen** bei der Aktivität **Daten simulieren** für das simulierte Migrationsobjekt.

Langtext als Hilfe bei der Problemlösung

Wenn Sie auf eine Nachricht klicken, gelangen Sie zur Detailsicht **Nachricht**. Die Detailsicht zeigt Ihnen den **Langtext** zu einer Nachricht, der oft weitere Hinweise zur Nachricht und bei Fehlern zur Lösung des Problems gibt. Unter **Technische Informationen** finden Sie die **Nachrichtenklasse** und **Nachrichtennummer**, die wichtig für den Support oder zur Suche nach Problemlösungen im Internet sind.

Nachrichtenklassen sagen viel über den Ursprung einer Fehlermeldung aus

Über die Nachrichtenklasse können Sie z. B. herausfinden, ob der Fehler vom Migration Cockpit, vom Migrations-Content oder von der API geworfen wurde. Nachrichtenklassen vom Migration Cockpit beginnen in der Regel mit `DMC_`. Die übliche Nachrichtenklasse des Migrations-Contents lautet `CNV_DMC_SIN`. Alle anderen Nachrichtenklassen werden in der Regel von den APIs zur Datenmigration genutzt. Das Problem lässt sich dadurch besser einordnen und schneller der entsprechenden Support-Komponente zuordnen.

Einzelne Sätze simulieren

Bevor Sie eine sehr große Anzahl von Datensätzen simulieren, starten Sie zuerst einmal die Simulation für ein paar ausgewählte Datensätze. Über die Sicht **Migrationsobjektinstanzen** können Sie bestimmte Datensätze direkt auswählen und diese simulieren. Sie gelangen zur Sicht **Migrationsobjektinstanzen**, indem Sie in der Sicht **Migrationsprojekt** die Zahl der Instanzen in der Spalte **Daten** des Migrationsobjekts anklicken. In der Sicht **Migrationsobjektinstanzen** können Sie in den Kopfzeilen die angezeigten Instanzen über Selektionsfelder, wie z. B. **Aktion/Status**, ❶ eingrenzen. Dann wählen Sie die zu simulierenden Datensätze aus ❷ und klicken auf den Button **Simulieren** ❸. Den Status der Aktivität kontrollieren Sie über das Monitoring ❹ (siehe Abbildung 3.32).

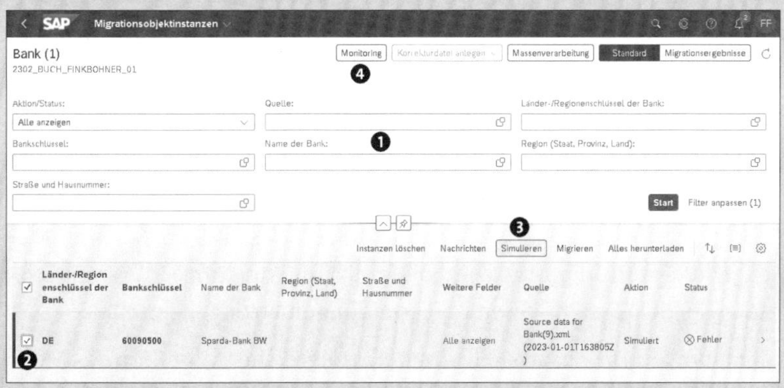

Abbildung 3.32 Simulieren einzelner Migrationsobjektinstanzen

Mehr zur Sicht Migrationsobjektinstanzen erfahren Sie in Abschnitt 3.2.12, »Arbeiten mit Migrationsobjektinstanzen«.

Nach erfolgreicher Simulation migrieren

Wenn Sie den Fehler behoben haben, starten Sie die Simulation erneut. Nach erfolgreicher Simulation befindet sich das Migrationsobjekt im Status **Simulation abgeschlossen**, und der Button der Aktion steht auf **Migrieren** (siehe Abbildung 3.33).

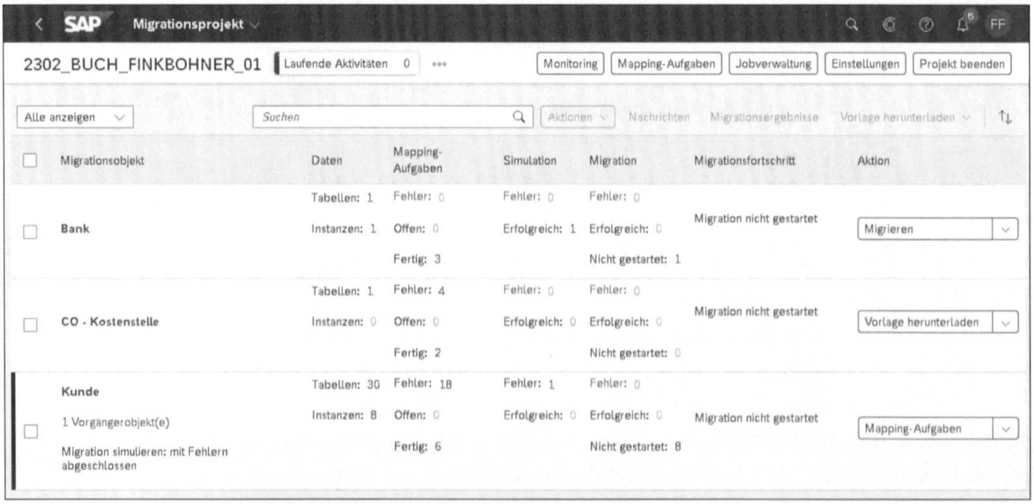

Abbildung 3.33 Simulationsergebnisse

3.2.17 Daten migrieren

Migration starten

Sie können jetzt Ihre Daten migrieren. Dazu führen Sie die Aktion **Migrieren** am Migrationsobjekt aus. Es erscheint, ähnlich wie beim Simulieren, ein Dialogfenster **Neue Migration**, in dem Sie die gewünschte Migrationsoption auswählen (siehe Abschnitt 3.2.16, »Migration simulieren«).

Das Migrationsobjekt wird dann in den Status **Daten migrieren: Gestartet** versetzt. Den Verlauf der Aktivität überwachen Sie über das Monitoring. Wenn die Datenmigration erfolgreich ist, wird der Status auf **Abgeschlossen** gesetzt.

Meldungen nach der Migration prüfen

Nach jeder Datenmigration sollten Sie sich die Meldungen des Migrationslaufs in der Sicht **Nachrichten** über **Meldungen anzeigen** ansehen.

In der Sicht **Migrationsprojekt** wird bei erfolgreicher Migration das Migrationsobjekt links mit einem grünen vertikalen Balken gekennzeichnet, und Sie sehen einen Fortschrittsbalken in der Spalte **Migrationsfortschritt** (siehe Abbildung 3.34).

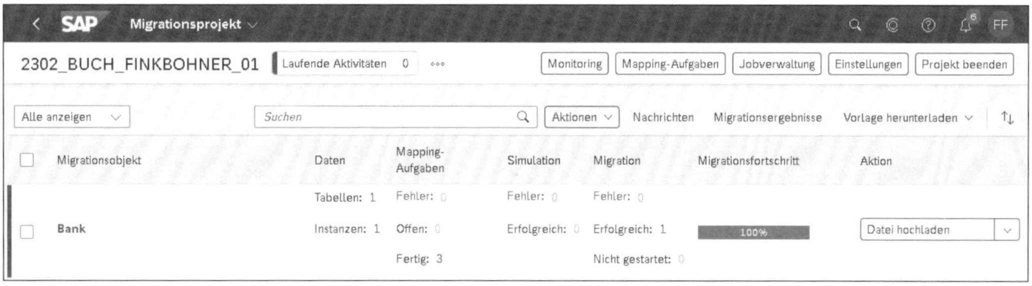

Abbildung 3.34 Erfolgreiche Migration in der Sicht »Migrationsprojekt«

3.2.18 Migrationsergebnisse

In SAP S/4HANA Cloud und ab SAP S/4HANA 2021 gibt es die neue Funktion **Migrationsergebnisse**. Sie rufen diese Funktion über die Sicht **Migrationsprojekt** auf. Dazu markieren Sie ein **Migrationsobjekt** ❶ und wählen die Funktion **Migrationsergebnisse** ❷. Alternativ können Sie auch über die **Instanzen** ❸ zur Sicht **Migrationsobjektinstanzen** wechseln. Abbildung 3.35 zeigt die verschiedenen Arten, um die Migrationsergebnisse aufzurufen.

Abbildung 3.35 Migrationsergebnisse aufrufen

Sie gelangen über beide Wege zur Sicht **Migrationsobjektinstanzen**. In der Kopfzeile sehen Sie den segmentierten Button **Standard/Migrationsergebnisse**. Dieser steht automatisch auf **Migrationsergebnisse**, wenn Sie über einen Klick auf den Button **Migrationsergebnisse** dorthin wechseln. Im Feld **Instanzen** müssen Sie dann noch von **Standard** auf **Migrationsergebnisse** umschalten.

Die Option **Migrationsergebnisse** ❶ zeigt ein neue Spalte **Ergebnis des Schritts »Migration«** ❷. Für erfolgreiche migrierte Instanzen mit der Aktion **Migriert** und dem Status **Erfolg** werden hier die Schlüsselparameter der migrierten Instanz dargestellt. Diese Schlüsselparameter sind als Hyperlink ausgeführt. Über diesen Hyperlink wird die für ein Migrationsobjekt hinterlegte Validierungs-App aufgerufen (siehe Abbildung 3.36).

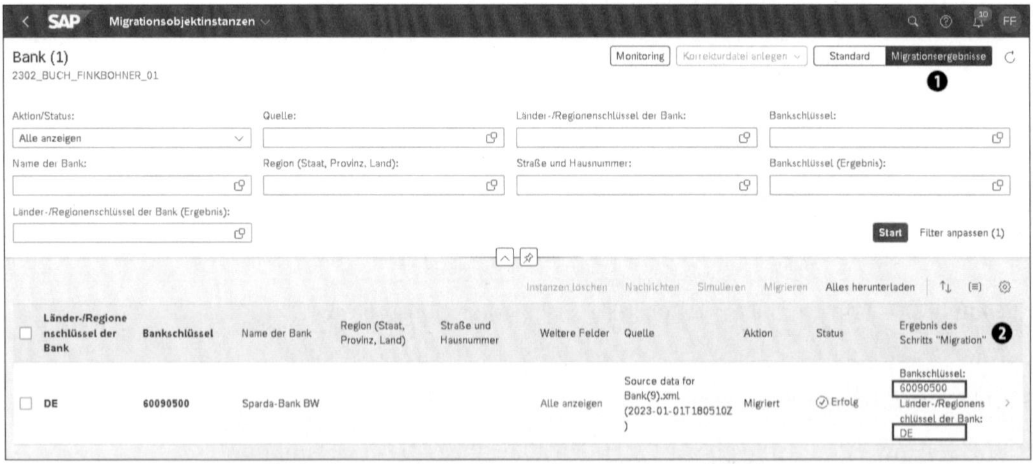

Abbildung 3.36 Migrationsergebnisse mit Links zur Validierungs-App

Nach der Auswahl des Schlüssels ❶ erscheint der Link **Zusätzliche Informationen anzeigen**. Hier klicken Sie auf **In neuem Fenster öffnen** ❷ (siehe Abbildung 3.37).

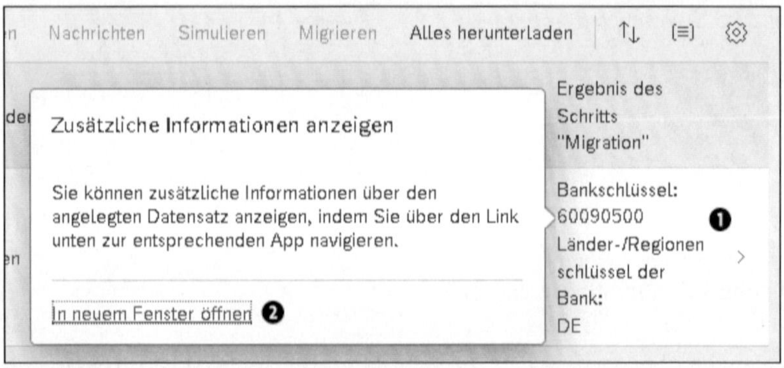

Abbildung 3.37 Validierungs-App in neuem Fenster öffnen

Welche App ❶ einem Migrationsobjekt zwecks Validierung der Daten zugeordnet ist, entnehmen Sie der Dokumentation eines Migrationsobjekts (siehe Abbildung 3.38). Die Information ist dort im Bereich **Nachbearbeitung** hinterlegt. Der Bereich enthält auch die Benutzerrollenvorlage ❷, aus der Ihre Systemadministration die entsprechende Benutzerkatalogrolle entnehmen kann, die dann einer Migrationsrolle für Ihren Benutzer zugeordnet wird. Zur Validierung der Daten können Sie aber auch in SAP S/4HANA Cloud die Datenmigrationsstatus-App verwenden. (siehe den

Link *https://help.sap.com/docs/SAP_S4HANA_CLOUD/d5699934e7004d048c4801b552f3b013/30b5a3e91d0d469bb321360586003211.html?locale=de-DE&version=2202.500*).

Nachbearbeitung

Validierung Ihrer Daten im System

Melden Sie sich an Ihrem SAP-S/4HANA-Cloud-System als **Konfigurationsexperte - Datenmigration** (SAP_BR_CONFIG_EXPERT_DATA_MIG) an und verwenden Sie die App **Datenmigrationsstatus**, um die Daten im System zu validieren. Verwenden Sie alternativ die folgende SAP-Fiori-App:

App: ❶	**Banken verwalten**
Benutzerrollenvorlage: ❷	**Cash-Manager** (SAP_BR_CASH_MANAGER)

Weitere Informationen zu den SAP-Fiori-Apps finden Sie in der Referenzbibliothek für SAP-Fiori-Apps. Diese Informationen umfassen die erforderlichen Benutzerrollen und beinhalten Links zur entsprechenden App-Dokumentation.

Abbildung 3.38 Dokumentation: Bereich »Nachbearbeitung«

Was tun, wenn der Link nicht funktioniert?

Falls Ihnen die Berechtigung für die Validierungs-App fehlt, funktioniert der Hyperlink nicht, und Sie können die App nicht aufrufen.

Es gibt aber auch einige Migrationsobjekte, für die z. B. aus technischen Gründen kein Absprung in eine App angeboten werden kann. Das ist entweder der Fall, wenn die App auf einer Transaktion oder SAP-Fiori-App basiert, die keine Parameter zulässt, oder es mehr als eine App zur Validierung gibt. Da die Migrationsergebnisse und die App **Datenmigrationsstatus** dieselben Konfigurationstabellen nutzen, können Sie die Liste der Migrationsobjekte, für die kein direkter Absprung unterstützt wird, aus der KBA 2681413 entnehmen. Sie folgen dann den Anweisungen im Bereich Nachbearbeitung in der Dokumentation des Migrationsobjekts.

3.2.19 Korrekturdatei anlegen

Migrationsstatus »Mit Fehler abgeschlossen«

Sollten trotz vorheriger Simulation Fehler aufgetreten sein, erscheint die Aktivität **Daten migrieren** im Status **Mit Fehler abgeschlossen**, und das Objekt erhält einen roten Balken auf der linken Seite. Sie können jetzt über die Aktion **Korrekturdatei anlegen** ❶ eine **XML-Datei herunterladen** oder **CSV-Dateien herunterladen**, die die fehlerhaften Datensätze enthalten. Dazu wählen Sie im erscheinenden Dialog **Quelle auswählen** die Quelle(n) aus ❷ und starten die Generierung der Datei über den Button **Korrekturdatei anlegen** ❸ (siehe Abbildung 3.39).

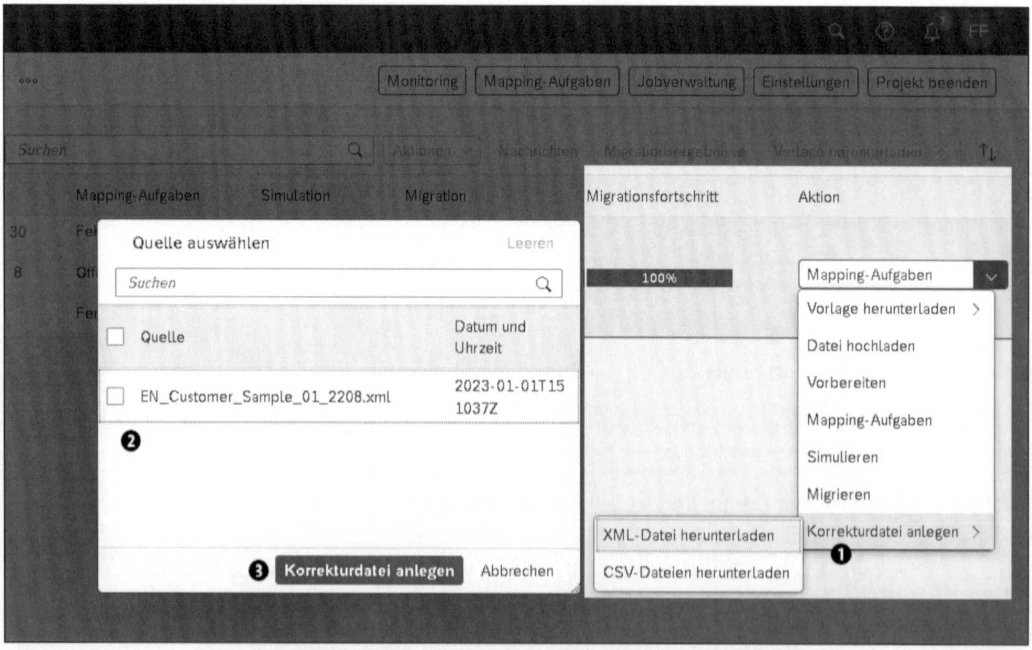

Abbildung 3.39 Quelle für die Korrekturdatei auswählen

Datei(en) herunterladen

Danach wechseln Sie ins Monitoring; hier wählen Sie die Aktivität **Korrekturdatei generieren** und im Feld **Optionen** die Option **Datei herunterladen**.

Zusätzlich erscheinen alle erzeugten Korrekturdateien auch in der Sicht **Migrationsobjekttabellen** im Bereich **Korrekturdateien** ❶. Hier können Sie sich über den segmentierten Button **Alle/XML/CSV** ❷ die jeweiligen Korrekturdateien filtern. Ausgewählte Korrekturdateien können Sie dann erneut über die jeweiligen Funktionen **Herunterladen** ❸ oder **Löschen** ❹. Für eine Korrekturdatei können Sie über den Menü-Button ❺ in der Spalte **Optionen** die Dateien herunterladen oder die Nachrichten anzeigen, die während der Generierung erzeugt wurden (siehe Abbildung 3.40).

Gepackte Dateien

Beim Herunterladen der Datei wird eine gepackte Datei im ZIP-Format erzeugt, die die Korrekturdatei enthält. Der Name der Datei setzt sich nach dem folgenden Schema zusammen: *Correction file for<Quelle>(<Datum>).xml*. Ein beispielhafter Name wäre also **Correction file for EN_Customer_Sample_01_2208 (2023-01-01T151037Z).zip**.

Diese Datei(en) können Sie nun bearbeiten, wieder hochladen, vorbereiten, simulieren und am Schluss wieder migrieren. Bevor Sie korrigierte Sätze aus einer überarbeiteten Korrekturdatei wieder hochladen, müssen Sie die zugehörigen fehlerhaften Instanzen gelöscht haben.

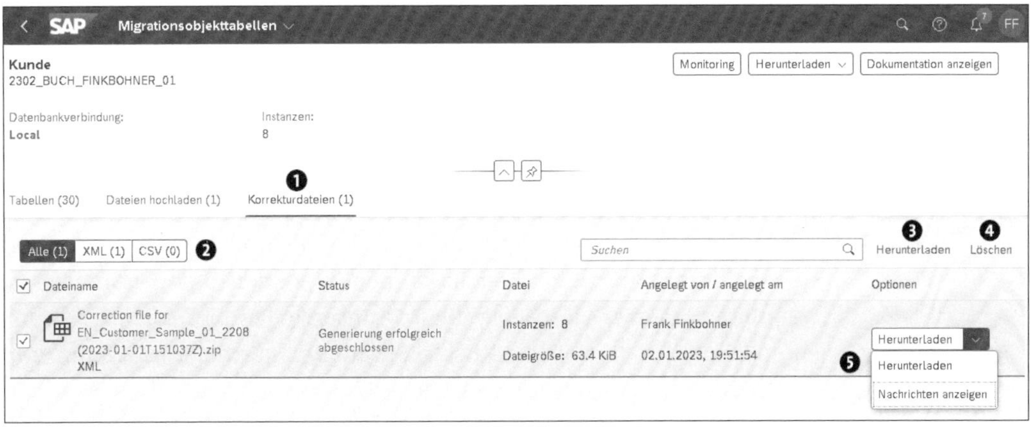

Abbildung 3.40 Übersicht der Korrekturdateien

3.2.20 Massenverarbeitung über freie Selektion auf Instanzen

In diesem Abschnitt wird die neue Massenverarbeitungsfunktion erläutert, die im Migrationscockpit ab SAP S/4HANA 2020 FPS1 implementiert wurde. Diese Massenverarbeitung kann entweder über die Sicht **Migrationsprojekt** für die Aktionen **Simulieren**, **Migrieren** oder über die Sicht **Migrationsobjektinstanzen** aufgerufen werden.

Simulieren und Migrieren

Wenn Sie auf die Aktion **Simulieren** oder **Migrieren** klicken, wird das Menü angezeigt, das zuvor in Abschnitt 3.2.16, »Migration simulieren«, und Abschnitt 3.2.17, »Daten migrieren«, beschrieben wurde. Beide Menüs enthalten das Selektionskriterium **Benutzerspezifische Auswahl** ❶/❷, wie in Abbildung 3.41 dargestellt.

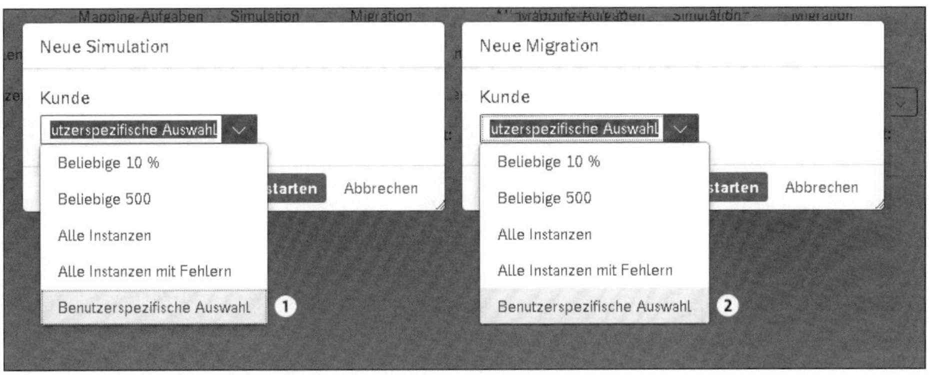

Abbildung 3.41 Simulieren und Migrieren: Selektionskriterien

Wenn Sie in einem der beiden Menüs **Benutzerspezifische Auswahl** wählen, wird die Sicht **Massenverarbeitung von Migrationsobjektinstanzen** geöffnet. Wie in Abbildung 3.42 dargestellt, sehen Sie eine *Guided Procedure* mit drei Schritten.

Im ersten Schritt wird die Aktion der Massenverarbeitungsaktivität angezeigt. Wenn die Massenverarbeitung **Simulieren** bzw. **Migrieren** über die Sicht **Migrationsprojekt** für ein einzelnes Objekt aufgerufen wurde, ist die Auswahl vorbelegt, und es kann nur noch **Schritt 2** ausgewählt werden. Wie es Abbildung 3.42 zeigt, wurde die Funktion über die Sicht **Migrationsobjektinstanzen** aufgerufen. Deshalb können Sie aus den Aktionen **Simulieren**, **Migrieren**, **Instanzen löschen** wählen. In unserem Beispiel haben wir die Aktion **Simulieren** ausgewählt. Klicken Sie auf den Button **Schritt 2**, um zum nächsten Schritt **Auswahl** zu gelangen.

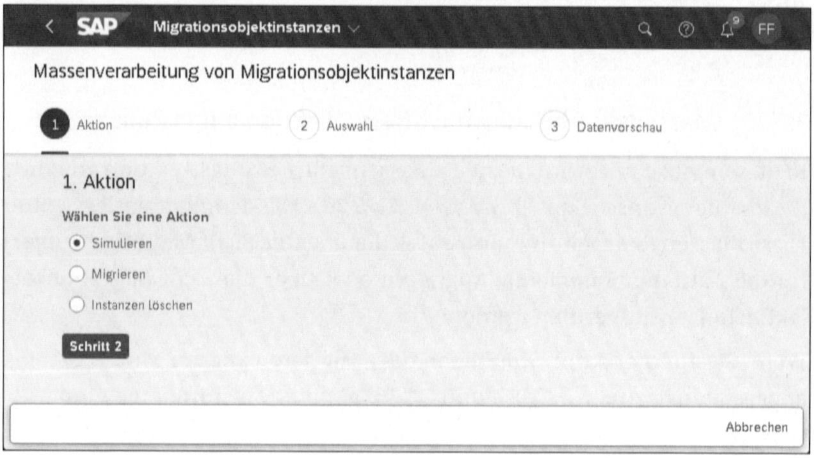

Abbildung 3.42 Schritt 1: Aktion der Massenverarbeitung

Im Schritt **Auswahl** können Sie Werte für die ersten sieben Felder der Hauptstruktur und **Aktion/Status** der Instanzen als Selektionskriterien eingeben, um nur die Instanzen auszuwählen, für die Sie die Massenverarbeitung ausführen möchten. Sie können im Feld **Aktion/Status** zwischen den folgenden Aktionen bzw. Status wählen:

- Allgemein
  - Alle anzeigen
  - Nicht bearbeitet
  - Migration nicht gestartet
- Simulation
  - Alle simulierten Instanzen
  - Erfolgreich simuliert
  - Instanzen mit Simulationsfehlern

- Migration
  - Instanzen mit Migrationsfehlern

In unserem Beispiel für das Objekt **Kunde** (siehe Abbildung 3.43) haben wir im Feld **Bezeichnung** den Wert »A*« eingegeben und im Feld **Aktion/Status** den Wert **Alle anzeigen** ausgewählt.

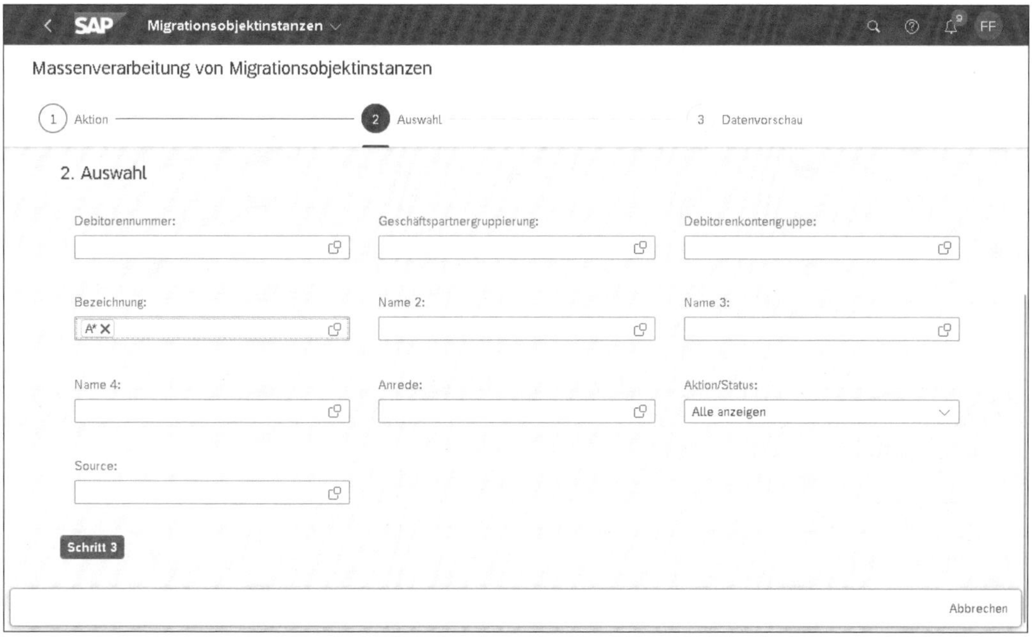

Abbildung 3.43 Schritt 2: Massenverarbeitung auswählen

Um die Datenvorschau zu starten, klicken Sie auf den Button **Schritt 3**. Sie erhalten dann eine Liste der Instanzen, die den Selektionskriterien entsprechen. Sie können Änderungen an den Selektionskriterien vornehmen, um die Auswahl der Instanzen für die Massenverarbeitung zu verfeinern, indem Sie entweder wieder den zweiten Schritt **Auswahl** auswählen (siehe Abbildung 3.43 in der Guided Procedure) oder einfach nach oben blättern. Abbildung 3.44 zeigt Schritt 3 (Datenvorschau). Klicken Sie auf den Button **Überprüfen**, um den Massenverarbeitungsschritt vorzubereiten.

Abbildung 3.45 zeigt eine Zusammenfassung der **Aktion** sowie der **Auswahl** und die Anzahl der betroffenen Instanzen der **Datenvorschau** an. Wenn Sie auf **Start** klicken, wird die Massenbearbeitung gestartet. Diese Hintergrundaktivität kann über das Monitoring nachverfolgt werden.

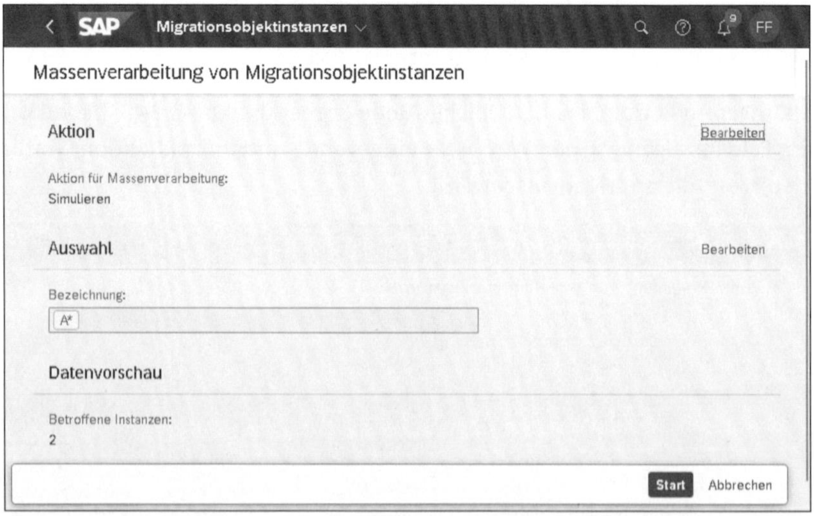

Abbildung 3.44 Schritt 3: Datenvorschau der Massenverarbeitung

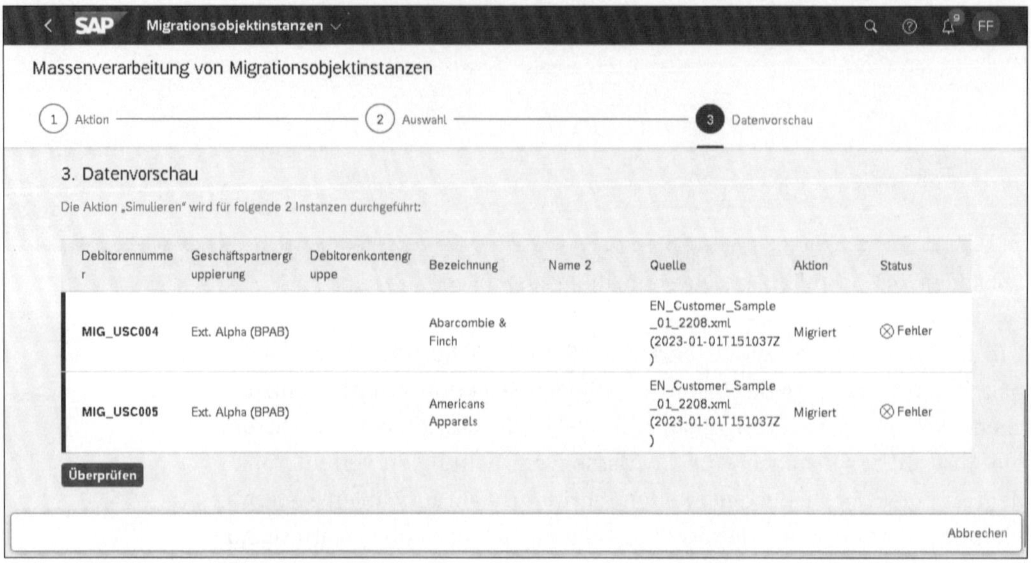

Abbildung 3.45 Zusammenfassung der Massenverarbeitung vor der Ausführung

Mit der neuen Massenverarbeitungsfunktion ist es nun einfach, einen bestimmten Datensatz oder eine Reihe von Datensätzen auszuwählen, um die Simulation oder die Migration auszuführen bzw. gezielt Instanzen aus den Staging-Tabellen zu löschen.

3.2.21 Nachrichten

Nachrichten herunterladen

Nachrichten über Historie herunterladen

Wenn Sie Nachrichten, wie z. B. Fehler einer bestimmten Aktion eines Migrationsobjekts, nachträglich noch einmal herunterladen wollen, gehen Sie wie folgt vor. Zunächst öffnen Sie in der Sicht **Migrationsobjekt** die Historie der Aktionen des Migrationsobjekts (siehe Abbildung 3.46).

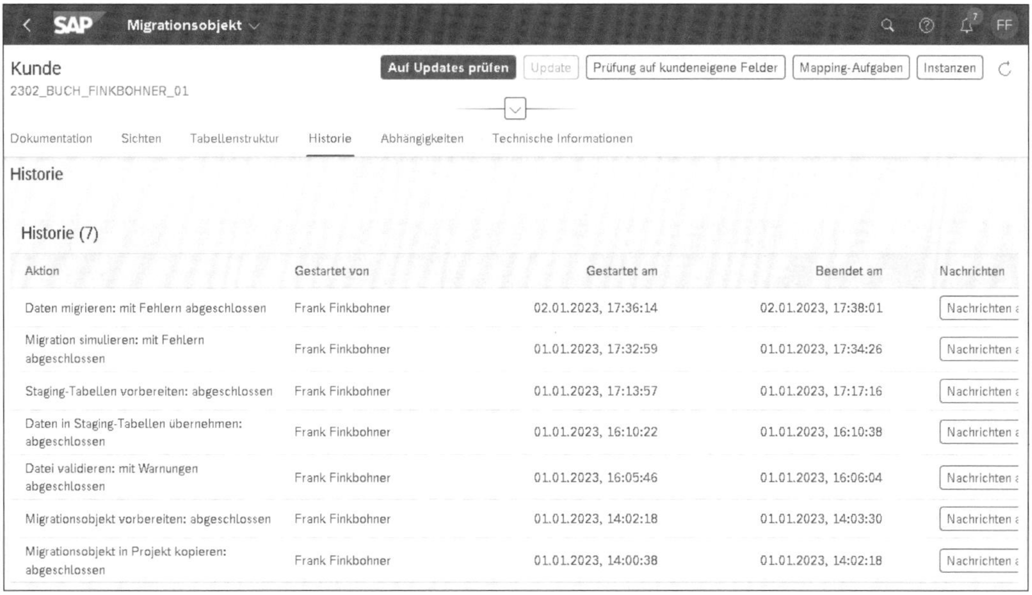

Abbildung 3.46 Historie eines Migrationsobjekts

Hinweise auf systematische Probleme durch Gruppieren

Dann klicken Sie für die entsprechende Aktion auf den Button **Nachrichten anzeigen**. Sie gelangen zur bekannten Übersicht der Migrationsnachrichten. Zur besseren Übersicht können Sie hier z. B. die Nachrichten über **Gruppieren nach Nachrichten-ID** gruppieren ❶ und nur die Fehler anzeigen lassen ❷. Das gibt Ihnen dann einen genauen Überblick über die einzelnen Fehlergruppen. Systematische Fehler wie z. B. eine fehlende Konfiguration lassen sich hier schnell eingrenzen. In Abbildung 3.47 wurden zuerst über den entsprechenden Button nur die Fehler und dann die Gruppierung ausgewählt.

Nachrichten exportieren

Über die Zahl unter **Anzahl der Nachrichten** sehen Sie in der Sicht **Migration Nachricht** die Nachrichten und deren Details (siehe Abbildung 3.48).

Nachrichten herunterladen

Über den Button [Export ∨] können Sie die ausgewählten Nachrichten dieser Seite in eine Microsoft-Excel-Datei (**Nachrichten.xlsx**) herunterladen. Diese Datei können Sie dann z. B. an Ihre Key-User oder Fachabteilungen zur Behebung der Fehler weiterleiten.

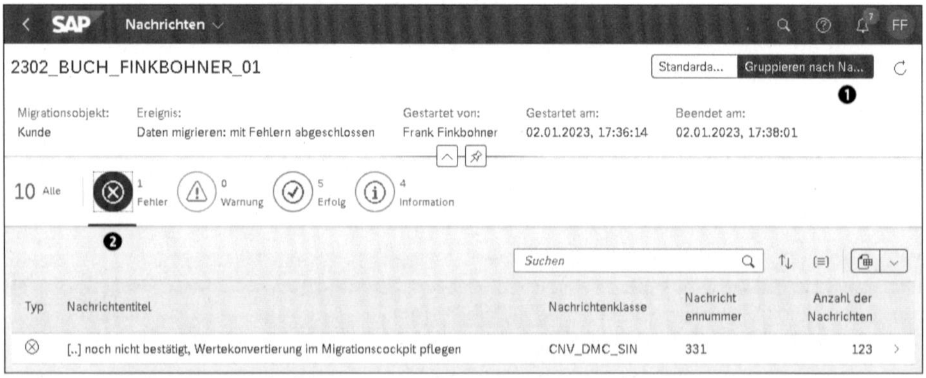

Abbildung 3.47 Sicht »Migrationsnachrichten«: nach »Fehler« gruppiert

Abbildung 3.48 Nachrichtendetails

Sicht »Migrationsobjektinstanzen, Nachrichten«

Eine komplexere Übersicht für die Nachrichten ausgewählter Migrationsobjekte ❶ erhalten Sie über die Funktion **Nachrichten** ❷ der Sicht **Migrationsprojekt** (siehe Abbildung 3.49).

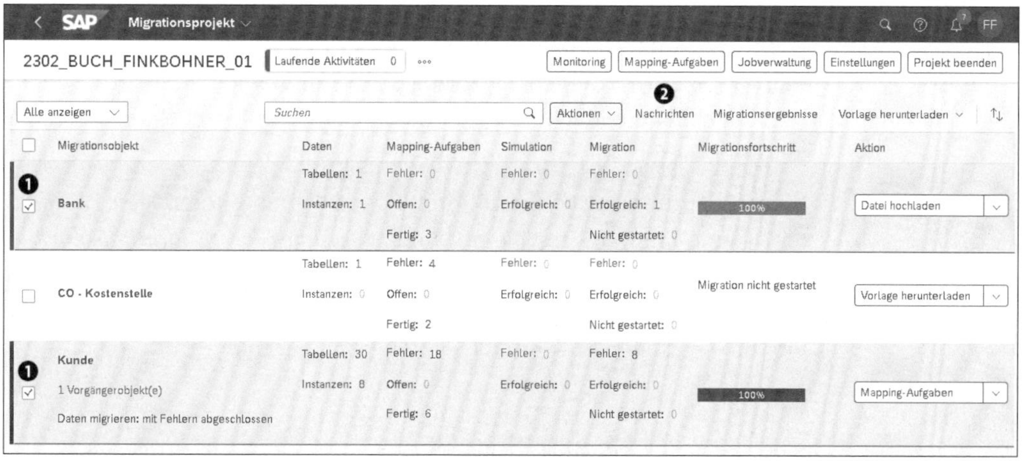

Abbildung 3.49 Nachrichten für das Migrationsobjekte aufrufen

In der dann angezeigten Sicht **Migrationsobjektinstanzen, Nachrichten** selektieren Sie das jeweilige Objekt in der Kopfzeile ❶ (siehe Abbildung 3.50). Im linken Bereich filtern Sie die Nachrichten dann über **Letzte Aktionen** ❷ und den **Nachrichtentyp** ❸. Im rechten Bereich sehen Sie dann die jeweiligen **Nachrichten** ❹ in einer Liste. Die Liste zeigt den **Typ**, die **Nachricht**, die **Aktion**, die **Nachrichtenklasse**, die **Nachrichtennummer** und die Anzahl der **Instanzen** an. Sie können die Nachrichten, wie üblich sortieren, filtern und gruppieren ❼ und den linken Filterbereich ausblenden (**Filter ausblenden** ❻).

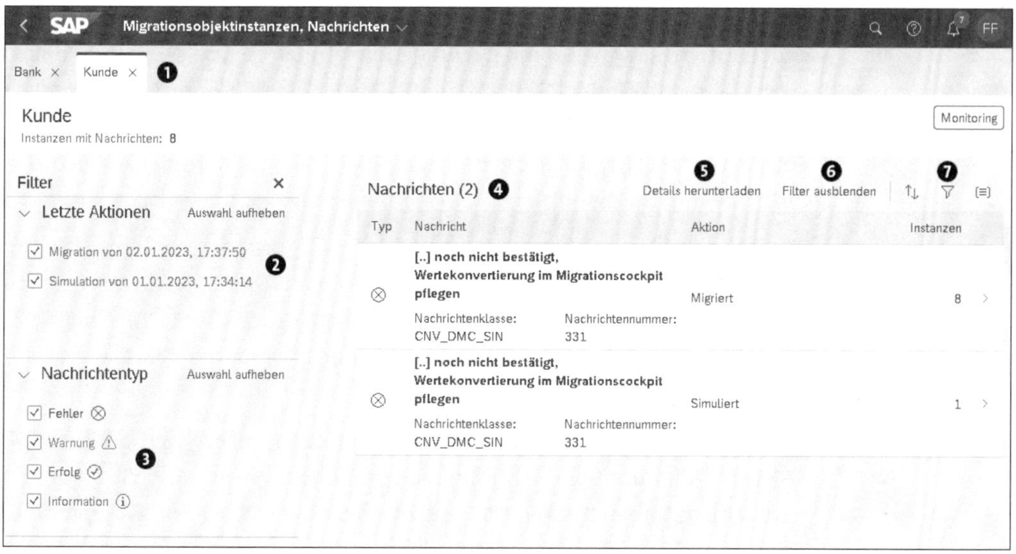

Abbildung 3.50 Die Sicht Migrationsobjektinstanzen, Nachrichten

Details herunterladen

Die Funktion **Details herunterladen** ❺ dient dazu, Informationen zu den Nachrichten und zu den erzeugenden Instanzen herunterzuladen. Dafür wählen Sie im erscheinenden Dialog **Spalte auswählen** die anzuzeigenden Felder (Schlüsselfelder, Nachrichtenfelder, Nichtschlüsselfelder) aus, die in die exportierte Liste aufgenommen werden sollen.

Über das Monitoring können Sie diese Datei dann herunterladen. Diese Datei ist eine ZIP-Datei mit dem Namen *Messages for <Migrationsobjekt>_<Datum>.zip*, z. B. **Messages for Kunde (2023-01-02T183002Z).zip**. Diese enthält dann eine TXT-Datei mit demselben Namen und darin die ausgewählten Informationen im Format **CSV Tabulator getrennt**.

3.3 Direkter Transfer von Daten aus einem SAP-System

Beginnend mit der Version SAP S/4HANA 1909 steht eine weitere Übertragungsoption innerhalb des Migration Cockpits zur Verfügung: der direkte Transfer von Daten aus einem SAP-System (*Direct Transfer*).

Systeme über RFC verbinden

Direkter Transfer bedeutet, dass die Daten mithilfe einer RFC-Verbindung (*Remote Function Call*) aus dem SAP-Quellsystem selektiert und im Migration Cockpit gespeichert werden, das sich physisch im SAP-S/4HANA-Zielsystem befindet. Für die weitere Verarbeitung stehen, ebenso wie im *Staging-Ansatz*, die Funktionen **Mapping**, **Simulation** und **Migration** zur Verfügung. Das Anlegen bzw. das Einbuchen der Daten im SAP-S/4HANA-Zielsystem erfolgt ebenso über *SAP-Standard-APIs*.

Vordefinierte Selektion

Der Ansatz bietet einen entscheidenden Vorteil: Die Selektion aus dem Quellsystem ist anhand von Organisationseinheiten und Migrationsobjekten bereits vordefiniert. Sie kann im *SAP S/4HANA Migration Object Modeler* (kurz Migration Object Modeler) an die Kundenbedürfnisse angepasst werden. Details hierzu finden Sie in Abschnitt 3.7, »Modellierung für den direkten Transfer von Daten aus SAP-Systemen«.

Diese Option ist momentan nur für die Migration mit dem Ziel SAP S/4HANA möglich. Eine Migration von Daten aus SAP-S/4HANA-Systemen in andere SAP-S/4HANA-Systeme wird nicht unterstützt. SAP-S/4HANA-Finance-Systeme (früher SAP Simple Finance) werden als SAP-S/4HANA-Systeme klassifiziert.

Mit Release 2402 ist geplant, den direkten Transfer für das Ziel SAP S/4HANA Cloud, public edition, bereitzustellen. Ab Release 2302 können sich vorab interessierte Kunden und Partner über das *SAP Early Adapter Program* (kurz EA) registrieren lassen. Für weitere Informationen siehe den folgenden Link: *https://influence.sap.com/sap/ino/#/campaign/3322*

3.3.1 Abgrenzung und Einsatzgebiete

Das Migration Cockpit ist für die initiale Versorgung eines SAP-S/4HANA-Systems mit Daten entwickelt worden. Es ist dafür vorgesehen, im Rahmen einer Neuimplementierung von SAP S/4HANA eingesetzt zu werden. Der Ansatz des direkten Transfers ist *nicht* dafür geeignet, Daten zwischen Systemen synchron zu halten, einen dauerhaften Datenaustausch zwischen Systemen abzubilden oder ein Integrationsszenario aufzubauen. Für diese Anforderungen werden SAP-Produkte wie z. B. SAP Master Data Governance (SAP MDG), SAP Product Lifecycle Management (SAP PLM), SAP Landscape Transformation Replication Server, SAP Data Intelligence usw. sowie das SAP-Konzept Central Finance angeboten.

Nicht-Unicode-Quellsysteme

Das Migration Cockpit kann auch Daten aus einem Nicht-Unicode-System verarbeiten. Im Ansatz des direkten Transfers sind die beiden Systeme mittels RFC verbunden. Beim Einlesen der Daten aus dem Quellsystem in das Migration Cockpit erfolgt automatisch die Anpassung der Daten an das SAP-S/4HANA-Datenmodell.

3.3.2 Technische Voraussetzungen und Systemvorbereitungen

Im Folgenden finden Sie die technischen Bedingungen für den Einsatz des direkten Transfers sowie die notwendigen Vorbereitungen auf der Systemseite.

Technische Voraussetzungen

Abhängig vom Quellsystem gelten diese technischen Voraussetzungen:

- SAP ERP an SAP S/4HANA: Niedrigstes unterstütztes SAP-ERP-Release ist SAP ERP 6.0 (SAP NetWeaver 7.0).
- SAP Apparel and Footwear (SAP AFS) an SAP S/4HANA: Ausschließlich unterstütztes Release ist SAP AFS 6.0.
- SAP EWM nach SAP EWM in SAP S4/HANA, basierend auf SAP S/4HANA: Niedrigstes unterstütztes SAP-EWM-Release ist SAP EWM 5.1 (SAP NetWeaver 7.0). Neben dem dezentralen SAP EWM wird ab Release 2022 FPS0 auch eine Migration in Embedded SAP EWM unterstützt.
- SAP CRM an SAP S/4HANA Service: Ausschließlich unterstütztes Release ist SAP CRM 7.0 (Szenario verfügbar ab 1909 FPS1).
- SAP APO SPP nach SAP S/4HANA Extended Service Parts Planning (eSPP) ist SAP SCM 7.14 das niedrigste unterstützte SCM-Release (Szenario verfügbar ab 2021 FPS0).

Wie schon erwähnt, unterstützt das Migration Cockpit keine Migration von Daten aus SAP-S/4HANA-Systemen in andere SAP-S/4HANA-Systeme.

Systemvorbereitungen

Folgende Vorbereitungen sind notwendig, bevor Sie mit dem Migration-Cockpit-Ansatz des direkten Transfers von Daten starten können.

- Der SAP-S/4HANA-Installationsleitfaden beschreibt die Schritte in Bezug auf das Migration Cockpit. Sie finden ihn unter:
  - 1909: *https://help.sap.com/doc/6b11678926d3409bb-fea8897cb34d10f/1909/en-US/INST_OP1909_latest.pdf*
  - 2020: *https://help.sap.com/doc/6b11678926d3409bb-fea8897cb34d10f/2020/en-US/INST_OP2020.pdf*
  - 2021: *https://help.sap.com/doc/6b11678926d3409bb-fea8897cb34d10f/2021/en-US/INST_OP2021.pdf*
  - 2022: *https://help.sap.com/doc/6b11678926d3409bb-fea8897cb34d10f/2022/en-US/INST_OP2022.pdf*
- Für SAP S/4HANA-Releases spielen Sie die unten angegebenen Add-on `DMIS` oder höher in das Quellsystem ein. Das Add-on ist in der Lizenz für SAP S/4HANA enthalten.

Zielsystem	Add-on im Quellsystem
SAP S/4HANA 2019	DMIS_2011_1 SP17 oder höher
SAP S/4HANA 2020	DMIS_2011_1 SP19 oder höher
SAP S/4HANA 2021	DMIS_2011_1 SP21 oder höher
SAP S/4HANA 2022	DMIS 2011_1_SP23 oder höher

Weitere Infos finden Sie in SAP-Hinweis 2973957 über den folgenden Link: *https://userapps.support.sap.com/sap/support/notes/translate/0002973957?targetLanguage=DE*

- Definieren Sie eine RFC-Verbindung vom Quellsystem zum SAP-S/4HANA-Zielsystem.
- Richten Sie SAP Fiori auf dem Zielsystem ein. Weitere Informationen hierzu finden Sie auch in den oben erwähnten Installationsleitfaden und in KBA 3039598 über den folgenden Link:

  https://userapps.support.sap.com/sap/support/notes/translate/0003039598?targetLanguage=DE

- Spielen Sie *alle* SAP-Hinweise für das Migration Cockpit ein, die für Ihr Release gültig sind. Die zentralen Hinweise sind:
  - SAP-Sammelhinweis 2780378 (SAP-Sammelhinweis für das SAP S/4HANA Migration Cockpit [alle Releases])
  - SAP-Sammelhinweis 2747566 (SAP S/4HANA Migration Cockpit: Sammelhinweis für die direkte Datenübertragung aus dem SAP-System)

[«]

SAP Note Analyzer

Bevor Sie in Ihrem SAP-S/4HANA-System ein Migrationsprojekt anlegen, prüfen Sie mithilfe des SAP Note Analyzer, ob alle notwendigen Hinweise (das Add-on `DMIS` und die entsprechenden Komponenten in SAP S/4HANA) in Ihren Systemen implementiert sind. Weitere Informationen hierzu finden Sie in SAP-Hinweis 3016862/D und im SAP-Community-Blog von Prithvi Spandana: How to implement the latest corrections released for Migration cockpit | SAP Blogs (über den folgenden Link: *https://blogs.sap.com/2020/05/28/how-to-implement-the-latest-corrections-released-for-migration-cockpit/*).

- Führen Sie den Report `CNV_PE_MC_LOAD_OBJECTS` in Ihrem SAP-S/4HANA-Zielsystem aus. Der Report lädt die von SAP ausgelieferten Migrationsobjekte aus dem Mandanten 000 in den Mandanten, in dem Sie arbeiten. Beachten Sie, dass Sie beim Update Ihres SAP-S/4HANA-Systems auf ein neues Release oder bei der Installation eines neuen Features oder Support Package das Programm erneut ausführen müssen. Weitere Informationen finden Sie in SAP-Hinweis 2870546.
- Richten Sie die erforderlichen Berechtigungen ein, siehe Abschnitt 3.3.4, »Rollen für die Migration zuweisen«.
- Legen Sie im Zielsystem das Customizing für die betreffenden Anwendungen an. Das relevante Customizing im Zielsystem muss bereits vorhanden sein, bevor Sie mit ersten Migrationstests beginnen können. Notwendig sind z. B. Organisationseinheiten wie Buchungskreise, Werke und Verkaufsbereiche. Des Weiteren sind eine Belegart für die Migration, Gegenbuchungskonten für die Migration, offene Buchungsperioden, Materialarten usw. erforderlich.

3.3.3 Migrationsobjekte für SAP-ERP-Systeme und andere SAP-Quellsysteme

Selektionsmöglichkeiten

Neben der technischen Plattform beinhaltet die Standardauslieferung für diesen Ansatz auch vordefinierte Selektionsmöglichkeiten. Abhängig vom

Quellsystem, im System *Szenario* genannt, wird zunächst die Organisationseinheit ausgewählt, aus der selektiert werden soll. Innerhalb der selektierten Organisationseinheit werden die Migrationsobjekte ausgewählt, für die aus dem Quellsystem die relevanten Datensätze selektiert werden.

Tabelle 3.3 gibt einen Überblick über die Szenarien (Quellsysteme) mit ihren vordefinierten Selektionsmöglichkeiten.

Quellsystem	Vordefiniertes Selektionskriterium
SAP ERP	Buchungskreis
SAP EWM	Lagernummer
SAP CRM	Verkaufsorganisation
SAP AFS	Buchungskreis
SAP eSPP	Werk

Tabelle 3.3 Ausgelieferte Szenarien und vordefinierte Selektionskriterien

[»]

Dokumentation für alle Migrationsobjekte und alle Versionen

Die komplette Liste der Migrationsobjekte für alle Migrationsansätze finden Sie im SAP Help Portal unter *http://help.sap.com/S4_OP_MO*. Dort können Sie über das Release und den Migrationsansatz filtern. Jedes Migrationsobjekt wird detailliert erläutert; es werden Umfang, Verfügbarkeit, nützliche Transaktionen usw. beschrieben.

[»]

Informationen zu den Planungen

Aktuelle Informationen bezüglich der Planungen finden Sie in der SAP-S/4HANA-Migration-Cockpit-Roadmap. Sie ist in der Standardpräsentation für das Migration Cockpit enthalten: *http://s-prs.de/v745530*

3.3.4 Rollen für die Migration zuweisen

Technische Rollen

Der Migrationsbenutzer benötigt für den Ansatz des direkten Transfers bestimmte Rollen, sowohl im Quellsystem als auch im SAP-S/4HANA-Zielsystem (siehe Tabelle 3.4).

Tool	Rolle im Quellsystem	Rolle im SAP-S/4HANA-System	Rolle im SAP-Fiori-Frontend-System
SAP S/4HANA Migration Cockpit	–	SAP_CA_DMC_MC_USER	SAP_BR_CONFIG_EXPERT_DATA_MIG
Migrationsobjektmodellierer	–	SAP_CA_DMC_MC_DEVELOPER	–
RFC-User	▪ SAP S/4HANA 2020 oder niedriger: SAP_DMIS_OBT_REMOTE vom Typ **Kommunikation** ▪ Ab SAP S/4HANA 2021 oder höher: SAP_DMIS_MC_DT_REMOTE vom Typ **Kommunikation**	–	–

Tabelle 3.4 Technische Rollen für den direkten Transfer

Anwendungsrollen

Zusätzlich benötigen Sie weitere Berechtigungen und Rollen, um die Daten der einzelnen Migrationsobjekte aus dem Quellsystem zu selektieren. Im SAP-S/4HANA-Zielsystem benötigen Sie die Anwendungsrollen, um die migrierten Daten in der Anwendung anzuzeigen bzw. zu validieren. Je nach ausgeführter Migrations-API variieren diese Berechtigungen. In SAP S/4HANA werden Ihnen die vordefinierte Anwendungsrollenvorlagen für bestimmte Geschäftsfälle ausgeliefert. Die jeweilige Anwendungsrollenvorlage pro Migrationsobjekt für SAP S/4HANA finden Sie in der Dokumentation des Migrationsobjekts unter *http://help.sap.com/S4_OP_MO*. Falls Berechtigungen fehlen, kann Transaktion SU53, der Berechtigungs-Trace, weiterhelfen. Er listet die technischen Informationen auf, wenn Berechtigungsprüfungen fehlgeschlagen sind. In der Regel erstellen Sie die Rollen mit den dazugehörigen Berechtigungen innerhalb eines Berechtigungskonzepts.

3.3.5 Ein Projekt mit dem direktem Datentransfer durchführen

Abschnitt 3.2, »Migration mittels Staging-Tabellen«, führte Sie durch ein komplettes Projekt unter der Verwendung des Migration Cockpits. In diesem Abschnitt möchten wir daher ausführlich auf die Funktionalitäten und Bildschirmbilder eingehen, die sich im Szenario **Direkter Transfer von Daten aus einem SAP-System** unterscheiden.

Die App starten

Wie schon beschrieben, starten Sie das Migration Cockpit für diesen Ansatz mit der Kachel **Migrieren Sie Ihre Daten – Migrationscockpit**. Sie finden die App im Bereich **Datenmigration**, siehe Abbildung 3.1.

Ein Projekt anlegen

Als Erstes legen Sie ein Projekt an. Wenn möglich, legen Sie nur *ein* Projekt für alle Objekte an, die Sie für Ihre Organisationseinheit(en) migrieren wollen, z. B. ein Projekt für alle Migrationsobjekte, die Sie für den Buchungskreis 0001 migrieren wollen.

[»]

Mappings sind nicht projektübergreifend!

Mappings sind migrationsobjektübergreifend, solange diese einem Projekt zugeordnet sind. Mappings sind nicht projektübergreifend, d. h., wenn Sie mehr als ein Projekt z. B. für einen Buchungskreis anlegen, müssen Mappings aus dem einen Projekt herunter- und in das andere Projekt hochgeladen werden.

Schritt 1: Allgemeine Daten

Sie wählen die Option **Daten direkt aus SAP-System migrieren**. Ein kleiner Wizard führt Sie durch die notwendigen Schritte. Die folgenden Felder sind in Schritt 1 (**Allgemeine Daten**) zu füllen (siehe Abbildung 3.51):

- **Name des Projektes** vergeben Sie hier einen eindeutigen Namen
- **Szenario**, z. B. SAP ERP an SAP S/4HANA. Das Szenario bestimmt, welche Organisationseinheit später für die Selektion angeboten wird (z. B. der Buchungskreis) und welche Migrationsobjekte zur Auswahl stehen. Organisationseinheiten und Objekte werden von SAP ausgeliefert und können in der Modellierungsumgebung (Transaktion LTMOM) bei Bedarf angepasst werden. Insbesondere die Anpassung ausgelieferter Objekte und das Anlegen eigener Migrationsobjekte sind für viele Kunden relevant. Weitere Informationen dazu finden Sie in Abschnitt 3.7, »Modellierung für den direkten Transfer von Daten aus SAP-Systemen«.

- **Verbindung zum Quellsystem**: Sobald der Systemadministrator die RFC-Verbindung zwischen Quellsystem und SAP-S/4HANA-Zielsystem angelegt hat, kann sie hier ausgewählt werden. Es kann für ein Projekt nur ein RFC zugeordnet werden. Möchten Sie aus mehreren Quellsystemen Daten in das SAP-S/4HANA-Zielsystem migrieren, muss pro Quellsystem ein Projekt angelegt werden. Die Mappings (siehe den Abschnitt »Werte mappen« in Abschnitt 3.3.5, »Ein Projekt mit dem direktem Datentransfer durchführen«) müssen zwischen den Projekten synchron gehalten werden, um eine konsistente Migration zu gewährleisten.

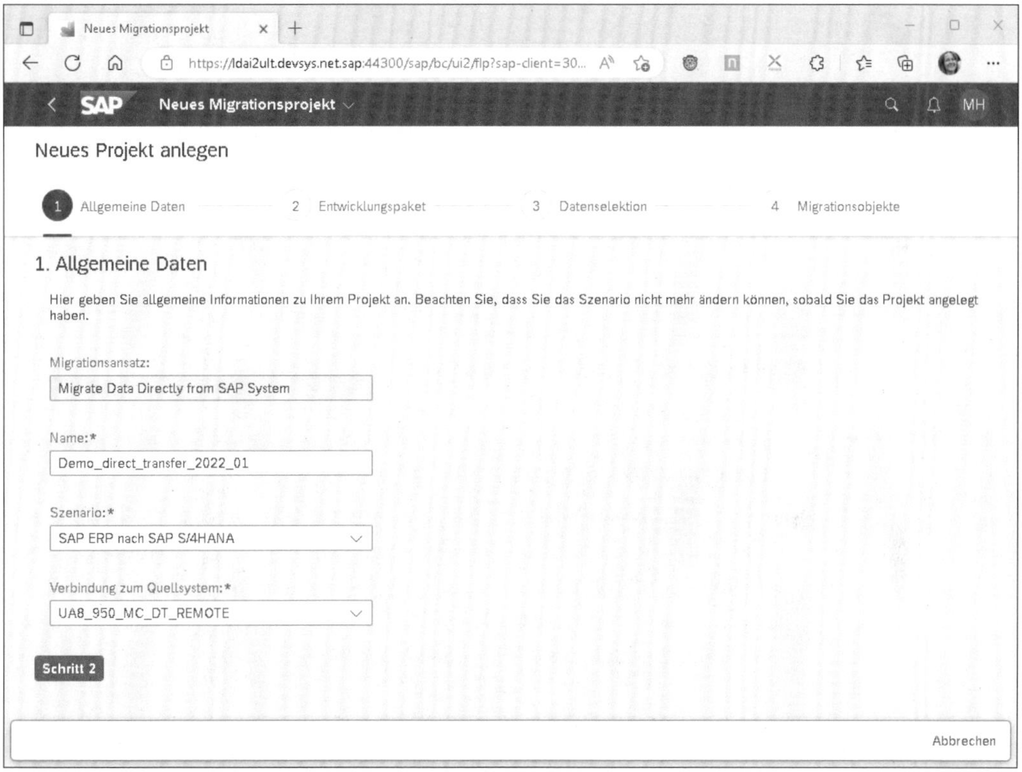

Abbildung 3.51 Projekt anlegen: allgemeine Daten definieren

Schritt 2: Entwicklungspaket

Mit einem Klick auf **Schritt 2** gelangen Sie in den Bereich **Entwicklungspaket** (siehe Abbildung 3.52). Hier müssen Sie bereits beim Anlegen des Projekts ein Entwicklungspaket zuordnen, um das Projekt später transportieren zu können. Beachten Sie, dass Sie das Szenario oder das Entwicklungspaket nicht mehr ändern können, sobald Sie das Projekt angelegt haben.

Der Transport beinhaltet alle Projektbestandteile außer den Mapping-Werten. Mapping-Werte werden nicht transportiert. Mapping-Werte können im

Migration Cockpit (Bild **Mapping-Aufgaben**) oder in Transaktion LTMOM für einzelne, mehrere oder alle Mapping-Aufgaben herunter- und hochgeladen werden. Wenn Sie das Projekt nicht transportieren möchten, geben Sie ein nicht transportierbares Entwicklungspaket an, z. B. `$TMP`. Der Transport selbst wird im Transportwesen gestartet. Weitere Informationen hierzu finden Sie Abschnitt 3.7.7, »Projekte transportieren«.

Abbildung 3.52 Projekt anlegen: Entwicklungsprojekt pflegen

[»]

Kein Transportanschluss in SAP S/4HANA 1909

In SAP S/4HANA 1909 ist der Transportanschluss noch nicht realisiert. Das heißt, dass in diesem Release Projekte manuell im Produktionssystem angelegt werden müssen. Mapping-Werte können in SAP S/4HANA 1909 ausschließlich in Transaktion LTMOM herunter- und hochgeladen werden – für einzelne, mehrere oder für alle Mapping-Aufgaben.

Schritt 3: Datenselektion

Mit einem Klick auf **Schritt 3** gelangen Sie in den Bereich **Data Selection**. Dort wählen Sie, wie Sie es in Abbildung 3.53 sehen können, eine oder mehrere Organisationseinheiten aus, aus denen selektiert wird. Im gezeigten Beispiel ist das der Buchungskreis.

Schritt 4: Migrationsobjekte

Über den Button **Schritt 4** gelangen Sie in den Bereich **Migrationsobjekte**. Hier werden die Migrationsobjekte gezeigt, die von SAP für das ausgewählte Szenario angeboten werden. Mit einem Klick auf **Dokumentation** werden Sie zur Objektdokumentation auf dem SAP Help Portal geleitet.

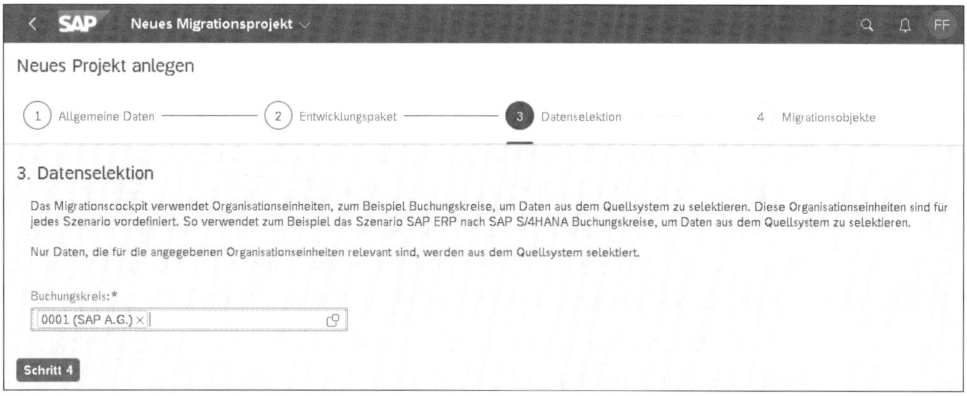

Abbildung 3.53 Projekt anlegen: Datenselektion hinterlegen

Diese Beschreibung enthält eine Objektbeschreibung, den genauen Objektumfang, das BAPI (Business Application Programming Interface), das zur Anlage bzw. Verbuchung im SAP-S/4HANA-System benutzt wird, Transaktionen, um die migrierten Daten zu prüfen usw. Mit einem Klick auf die Zahl in der Spalte **Vorgänger** erhalten Sie die Liste aller Vorgängerobjekte zum vorliegenden Objekt. Wählen Sie die Migrationsobjekte aus, die Sie in Ihrem Projekt benutzen möchten, und schieben Sie diese mithilfe des des Pfeil-Buttons [>] in den Bereich **Ausgewähltes Migrationsobjekt** (siehe Abbildung 3.54).

Abbildung 3.54 Projekt anlegen: verfügbare und ausgewählte Migrationsobjekte

Migrationsobjekt aus dem Projekt entfernen

Der Auswahl können jederzeit weitere Objekte hinzugefügt werden. Das Löschen von Migrationsobjekten aus einem Projekt ist aktuell nur in Transaktion LTMOM möglich, unter der Voraussetzung, dass noch keine Daten für dieses Objekt in das Zielsystem migriert wurden. Des Weiteren müssen die bereits vorhandenen (selektierten) Instanzen zu diesem Migrationsobjekt aus dem Migration Cockpit gelöscht werden. Dazu rufen Sie im SAP-S/4HANA-Backend den Report `cnv_pe_mc_del_items` auf. Alternativ können Sie als Workaround das ungewünschte Migrationsobjekt in Transaktion LTMOM umbenennen, z. B. in `OBSOLETE_Cost_Center`.

Vorgängerobjekte prüfen

Im Schritt **Überprüfen** fragt das System, ob Sie auch die Vorgängerobjekte in das Projekt aufnehmen möchten. In einem Pop-up-Fenster werden die Migrationsobjekte angezeigt, die zu den von Ihnen ausgewählten Objekten logische Vorgänger sind, also z. B. für das Objekt **CO – Leistungsart** das Migrationsobjekt **CO – Sekundäre Kostenart** und **CO – Leistungsartengruppe**. Es ist nicht verpflichtend, diese Migrationsobjekte aufzunehmen, da diese möglicherweise mit anderen Mitteln in das Zielsystem gelangt oder im individuellen Fall nicht notwendig sind. Im hier gezeigten Fall werden keine Vorgängerobjekte aufgenommen. Jetzt kann das Projekt über den Button **Projekt anlegen** gesichert werden.

Was ist im Fehlerfall zu tun?

Wenn es während des Anlegens des Projekts zu Problemen kommt, sehen Sie dies in der Ansicht **Migrationsprojekt** (siehe Abbildung 3.55). Beim Anlegen des Projekts werden Migrationsobjekte aus einer Migrationsvorlage in das vorliegende Projekt kopiert. Dies dauert einige Zeit. Solange die Objekte noch nicht für die weitere Prozessierung bereit sind, werden diese Objekte als **Nicht zur Verarbeitung bereit** angezeigt. Falls die Kopierfunktion abbricht, können Sie sie neu starten (siehe Link **hier** im oberen Bereich des Bildes). Falls es andere technische Probleme gibt, erscheint im oberen Bildbereich ein Button **Aktivitäten mit Fehler**. Über diesen Button können Sie das Problem analysieren (siehe Abbildung 3.55).

Weitere Einstellungen zum Projekt

Klicken Sie im Bild **Migrationsprojekt** rechts oben auf **Einstellungen**, gelangen Sie in ein Bild mit weiteren Funktionen des Projekts, wie z. B. **Aufbewahrungsfrist**, **Historie** usw.

Jobverwaltung

Ebenfalls rechts oben befindet sich der Absprung auf die **Jobverwaltung**. Details zu den Projekteinstellungen und zur Jobverwaltung finden Sie in Abschnitt 3.2.7, »Migrationsprojekt aufrufen«, und Abschnitt 3.2.15, »Die Jobverwaltung«.

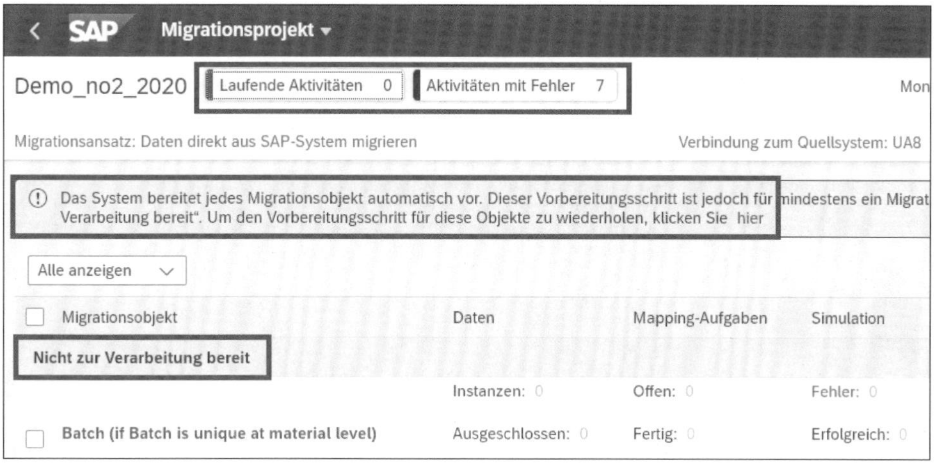

Abbildung 3.55 Problembehebung im Schritt »Projekt anlegen«

Detailbild des Migrationsobjekts

Die Detailansicht des Migrationsobjekts ist eine zentrale Seite. Mit einem Klick auf den Namen des Objekts, z. B. **CO – Leistungsart**, gelangen Sie auf diese Seite. Dort finden sich sowohl grundsätzliche Informationen zum Objekt als auch Informationen zur Historie (siehe Abbildung 3.56).

Keine Prüfung auf Updates

Vergleichen Sie dieses Bild mit dem Detailbild in Abbildung 3.10 und den Erläuterungen aus Abschnitt »Detailbild des Migrationsobjekts«. Sie sehen, dass die bereitgestellten Informationen zu einem Migrationsobjekt ähnlich sind. Im hier gezeigten Ansatz finden Sie im oberen rechten Bereich den Absprung auf die **Mapping-Aufgaben** und auf die einzelnen **Instanzen** für dieses Objekt. Es gibt im aktuellen Release *keine* Funktion zur Prüfung auf Migrationsobjekt-Updates. Falls Sie ein Content-Update für ein Objekt nutzen wollen, das z. B. durch einen TCI-Hinweis eingespielt wurde, müssen Sie das Migrationsobjekt danach erneut in Ihr Projekt aufnehmen. Hierzu gehen Sie in Transaktion LTMOM und benutzen den Pfad **Migrationsobjektmodellierer • Migrationsobjekt anlegen • Aus Vorlage • Daten direkt aus SAP-System migrieren**.

Keine Prüfung auf kundeneigene Felder

Es gibt in der Ansicht **Migrationsobjekt** aktuell keine Möglichkeit der Prüfung auf kundeneigene Felder im SAP-S/4HANA-Zielsystem (siehe Abbildung 3.56). Da der Ansatz des direkten Transfers Daten aus einem SAP-Quellsystem liest, wird die Prüfung auf Felderweiterungen, ausgehend vom Quellsystem, betrachtet. Details hierzu finden Sie in Abschnitt 3.7.5, »Tabellenfelderweiterungen migrieren (Z-Felder)«.

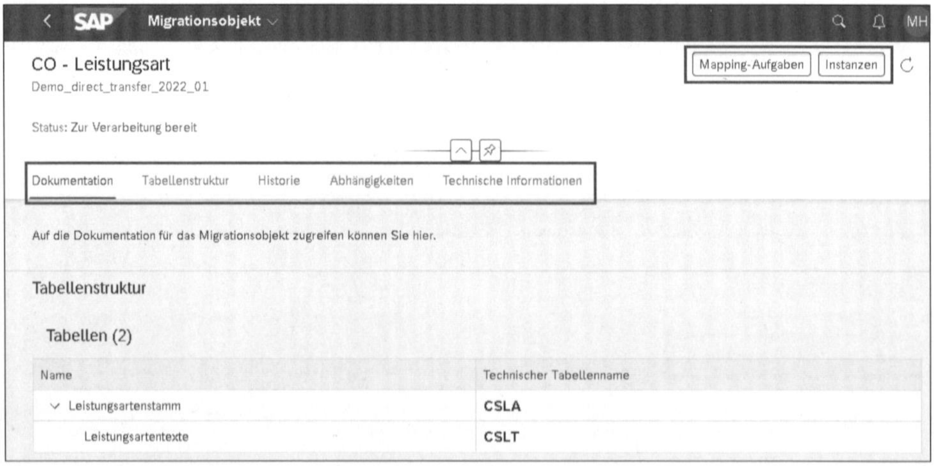

Abbildung 3.56 Sicht »Migrationsobjekt«: Detailbild

Benutzerführung im SAP S/4HANA Migration Cockpit

Flexibel wählbare Aktionen

Das Migration Cockpit führt Sie durch den Migrationsprozess, indem es Ihnen in der Spalte **Aktion** den nächsten Schritt vorschlägt. Es gibt Ihnen jedoch gleichzeitig völlige Flexibilität. Sie können jederzeit pro Objekt einen beliebigen Schritt über das Dropdown-Menü auswählen oder in der Kopfzeile eine Aktion für alle markierten Objekte des Projekts ausführen (siehe Abbildung 3.57).

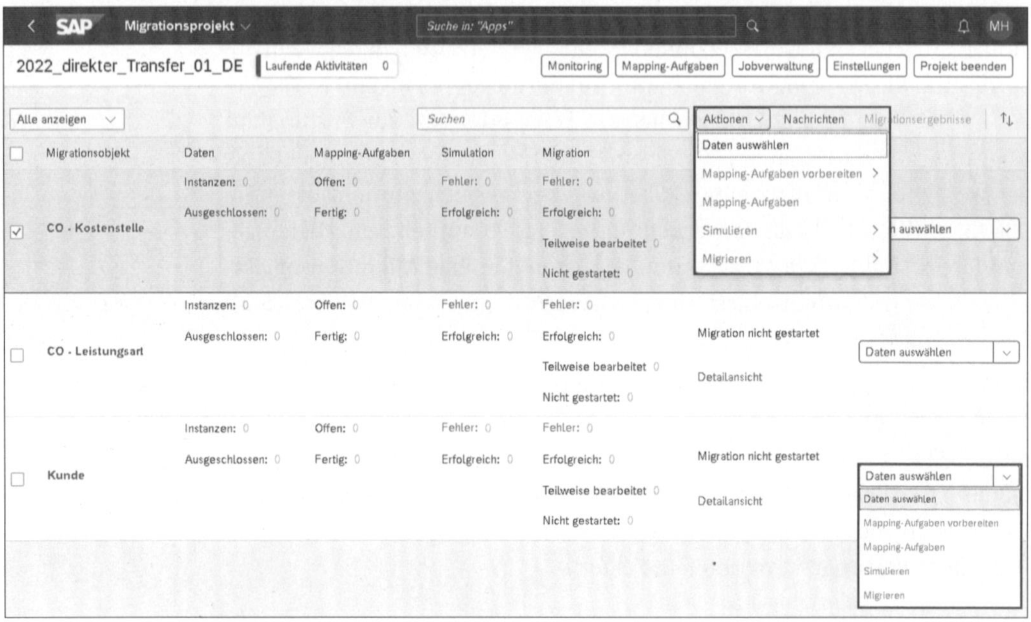

Abbildung 3.57 Migration Cockpit: Bild »Migrationsprojekt«

Daten aus dem SAP-Quellsystem selektieren

Nachdem der Projektumfang definiert worden ist, erfolgt das Einlesen der Daten aus dem Quellsystem.

[«]

Modellierungsumgebung bietet weitere Möglichkeiten!

Der vorliegende Abschnitt beschreibt die Selektionsmöglichkeiten innerhalb des von SAP vordefinierten Rahmens. In Transaktion LTMOM gibt es weitere Möglichkeiten, um die Selektion aus dem Quellsystem zu steuern. Dort können für einzelne oder für alle Migrationsobjekte innerhalb eines Projekts weitere Selektionskriterien definiert werden.

Integrierte Organisationsableitung

Auf der Grundlage der eingegebenen Organisationseinheiten und der ausgewählten Migrationsobjekte bestimmt das Migration Cockpit alle relevanten Datensätze in der Quelle. Eine implizite Organisationsableitung stellt sicher, dass alle zugehörigen Datensätze gefunden werden.

Instanzen

Das Datenmodell des Migrationsobjekts bestimmt, aus welchen Tabellen welche Felder eingelesen und zu einer Instanz zusammengesetzt werden. Die Instanzen bilden die Grundlage für die spätere Einbuchung bzw. das Anlegen der Daten im SAP-S/4HANA-System. Die Instanzen enthalten alle notwendigen Felder, um das jeweilige BAPI der Anwendung korrekt zu versorgen.

Beispiel für die Organisationsableitung

Ein Beispiel hierzu: Sie haben in Ihrem Projekt den Buchungskreis 0001 festgelegt und das Migrationsobjekt **CO – Leistungsart** für die Migration ausgewählt. Leistungsarten sind nicht einem Buchungskreis, sondern einem Kostenrechnungskreis zugeordnet (siehe das Datenmodell des Migrationsobjekts und Tabelle CSLA). Die implizite Organisationsableitung besagt, dass Tabelle TKA02 in der Quelle gelesen wird, um den Kostenrechnungskreis zu finden, der dem gewählten Buchungskreis zugeordnet ist (z. B. 001A). Das Migration Cockpit liest aus den Tabellen CSLA und CSLT die Felder ein, die gemäß der Definition des Migrationsobjekts benötigt werden und erzeugt für alle Leistungsarten aus dem Kostenrechnungskreis (z. B. 001A) je eine Instanz.

Parallelisierung für die Selektion einrichten

Bevor Sie die Selektion starten, stellen Sie unter **Jobverwaltung** die Anzahl an Hintergrundjobs pro Projekt und pro Migrationsobjekt ein (Parallelisierung). Die Selektion kann für einzelne, mehrere oder alle Migrationsobjekte innerhalb eines Projekts gestartet werden (siehe Abbildung 3.57).

Im Bild **Migrationsprojekt** wird die Anzahl der selektierten Instanzen automatisch aktualisiert, bis die Selektion beendet ist. Die Zahl wird in der Spalte **Daten** angezeigt (siehe Abbildung 3.58).

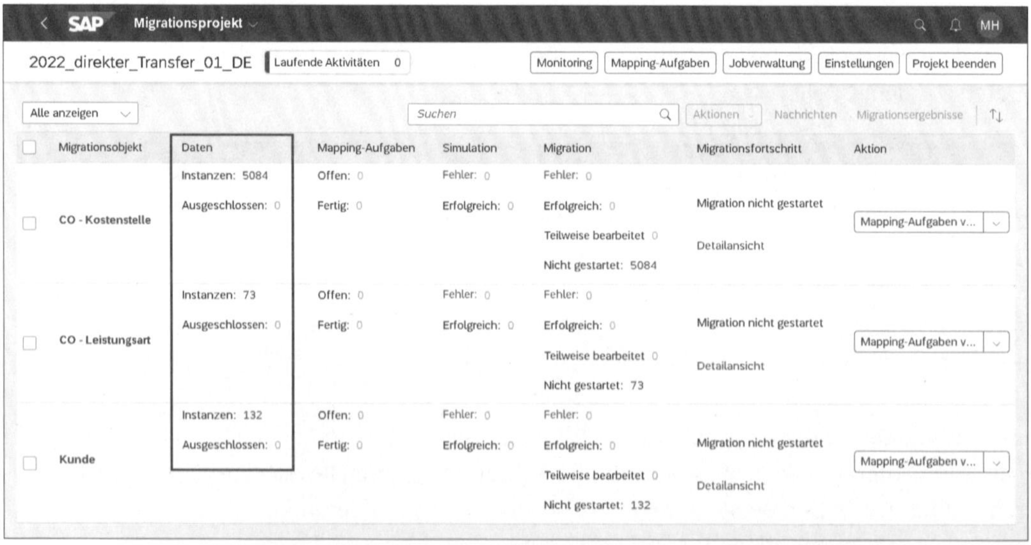

Abbildung 3.58 Projektansicht nach erfolgter Selektion

In der Sicht **Monitoring** sehen Sie den Bearbeitungsfortschritt sowie Meldungen zu allen Aktivitäten Ihres Projekts. Vergleichen Sie hierzu die Ausführungen in Abschnitt 3.2.8, »Monitoring der Aktivitäten«.

Selektion wiederholbar?

Grundsätzlich kann die Selektion wiederholt bzw. mehrfach ausgeführt werden. Bedenken Sie jedoch, dass in diesem Fall der gesamte Datenbestand für das betroffene Migrationsobjekt in der Quelle erneut eingelesen werden muss, was zusätzlichen Zeitaufwand bedeutet. Wenn Sie die Aktion **Daten auswählen** erneut ausführen, erscheint das Dialogfenster, wie in Abbildung 3.59 zu sehen.

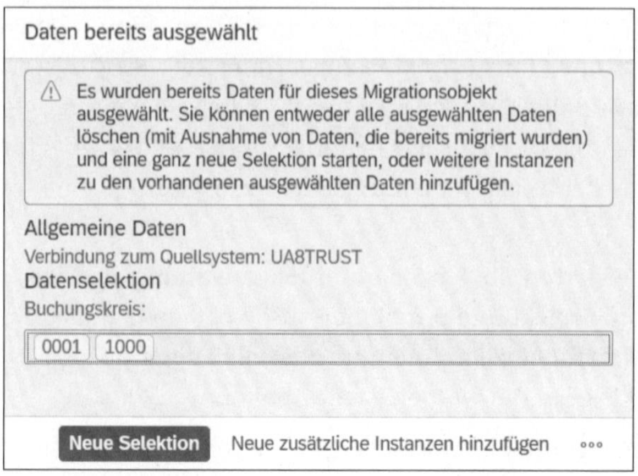

Abbildung 3.59 Möglichkeiten bei einer erneuten Selektion

Falls Sie *geänderte Datensätze* in der Quelle vermuten, empfiehlt es sich, den Button **Neue Selektion** zu wählen. Wissen Sie, dass es keine geänderten Sätze, sondern nur *neu hinzugekommene* Datensätze in der Quelle für dieses Migrationsobjekt gibt, wählen Sie den Button **Neue zusätzliche Instanzen hinzufügen**.

Falls Sie nur eine begrenzte Menge an Instanzen nicht weiterbearbeiten möchten, kann das Exkludieren einzelner Instanzen (in der Sicht **Migrationsobjektinstanzen**) eine Alternative sein.

[«]

In SAP S/4HANA 1909 manueller Schritt notwendig bei Datensatz-Updates in der Quelle

Bereits in Release SAP S/4HANA 1909 können Sie die Selektion wiederholen. Findet das Migration Cockpit neue Sätze in der Quelle, werden diese hinzugefügt. Wollen Sie jedoch die Selektion wiederholen, weil sich Datensätze in der Quelle geändert haben, d. h., dass die Inhalte der Schlüsselfelder nach wie vor die gleichen sind, muss die vorherige Selektion zuvor explizit gelöscht werden. Melden Sie sich dazu im SAP-S/4HANA-Backend (SAP GUI) an, und starten Sie den Report `CNV_PE_MC_DEL_ITEMS`. Mit diesem Report können anhand verschiedenster Auswahlkriterien Instanzen gelöscht werden. Weitere Informationen finden Sie in SAP-Hinweis 2857598.

Selektierte Daten prüfen

Spaltenansicht einstellen

Sie befinden sich nun im Bild **Migrationsprojekt**. Wenn Sie dort auf die Zahl der selektierten Instanzen klicken, gelangen Sie in die Sicht **Migrationsobjektinstanzen** (siehe Abbildung 3.60).

Alternativ können Sie aus der Detailansicht **Migrationsobjekt** in die Instanzsicht abspringen. In der Instanzsicht können Sie einstellen, welche Spalten angezeigt werden (Zahnradsymbol). Sie können in der Liste suchen, sortieren, filtern und gruppieren. Es kann für jede Instanz der gesamte Datensatz angezeigt werden (über einen Klick auf den Pfeil in der Zeile). Dieser besteht aus den Feldern, die gemäß Datenmodell für das Migrationsobjekt aus der Quelle selektiert werden. Der Datensatz enthält in der Regel Felder aus mehreren Quelltabellen.

Aktionen für einzelne Sätze ausführen

In der Sicht **Migrationsobjektinstanzen** haben Sie die Möglichkeit, Aktionen für einzelne Instanzen durchzuführen. Sie markieren die einzelnen Instanzen in der Liste und wählen über die Buttons **Mapping-Aufgaben vorbereiten, Simulieren, Migrieren, Ausschließen/Ausschluss aufheben** die auszuführende Aktion aus.

Abbildung 3.60 Sicht »Migrationsobjektinstanzen«

Über die Funktion **Massenverarbeitung** (rechts oben) können Sie alternativ Sätze aus der vorhandenen Liste nach bestimmten Kriterien filtern und für diese Untermenge die genannten Aktionen ausführen. Dadurch ist es möglich, aus der gesamten Menge der eingelesenen Instanzen gezielt mit bestimmten Sätzen zu arbeiten, z. B. mit besonders kritischen Sätzen oder Sätzen, die ganz bestimmte Business-Prozesse repräsentieren.

[»]

Keine Cleansing-Funktionalität

Der Ansatz des direkten Transfers bietet keine Cleansing-Funktionalität, wie z. B. Dupletten-Check, Golden Record usw.

Sollten Datenbereinigungen notwendig sein, müssen diese im Quellsystem stattfinden. Alternativ kann die Selektion so eingestellt werden, dass die ungewünschten Sätze nicht eingelesen werden (Transaktion LTMOM). Bereits eingelesene Sätze können im Migration Cockpit in der Sicht **Migrationsobjektinstanzen** einzeln oder unter der Verwendung der Funktion **Massenverarbeitung** von der weiteren Verarbeitung ausgeschlossen werden.

Mapping-Aufgaben vorbereiten

Vorschlagswerte füllen

Mit Release 2021 wurde der Schritt **Mapping-Aufgaben vorbereiten** eingeführt. Dieser Schritt war bisher Teil der Aktion **Daten auswählen**. Während der Schritt **Daten auswählen** die Migrationsobjektinstanzen selektiert, füllt der Schritt **Mapping-Aufgaben vorbereiten** die Mapping-Aufgaben mit Vorschlagswerten (Quellwert = Zielwert). Diese Trennung hat zu einem den Vorteil, dass Sie Ihre Ausfallzeiten optimieren können, denn Sie können diese Aktivität überspringen, wenn Sie die Mapping-Werte mit Microsoft-Excel hochladen (mehr Informationen hierzu finden Sie unter dem Punkt **Werte mappen**). Zum anderen gibt Ihnen diese Unterteilung mehr Transparenz über die Aktivitäten, die das System gerade ausführt.

Werte mappen

Automatisch erzeugte Mappings

Je nach Releasestand werden mit der Selektion bzw. dem Schritt **Mapping-Aufgaben vorbereiten** Mapping-Vorschläge erzeugt. In jedem Migrationsobjekt ist definiert, für welche Felder Mappings notwendig bzw. möglich sind. Bei der Selektion wird für jeden Wert eines solchen Feldes automatisch ein 1:1-Vorschlag erzeugt.

Falls für das Migrationsobjekt Festwerte benötigt werden, wie z. B. das Buchungsdatum oder ein Gegenbuchungskonto für die Migration, wird hierfür ebenfalls automatisch eine Mapping-Aufgabe erzeugt.

Für das Migrationsobjekt **Kostenstelle** werden z. B. insgesamt 17 Mapping-Aufgaben für die folgenden Felder und 13 weitere Mapping-Aufgaben angezeigt.

- **Kostenrechnungskreis**
- **Buchungskreis**
- **Kostenstelle**
- **Kostenstellengruppe**

Download/Upload

In der Übersicht der Mapping-Aufgaben finden Sie die Absprünge auf die Download-/Upload-Möglichkeiten. Somit können Sie Mappings außerhalb des Migration Cockpits bearbeiten sowie zwischen verschiedenen Projekten austauschen und synchron halten.

Mappings zwischen Projekten synchron halten

Wie Sie Mapping-Werte herunter und wieder Werte hochladen können, ist in Abschnitt 3.2.14, »Pflege der Mapping-Werte«, eingehend beschrieben.

Im Detailbild **Mapping-Aufgabe** besteht die Möglichkeit, über den Button **Prüfen** die Mapping-Zielwerte zu prüfen. Je nach Mapping-Aufgabe kann dies die reine Prüfung des Formats und der Existenz des Wertes sein. In anderen Fällen, wie dem Buchungsdatum, werden weitere logische Prüfungen durchgeführt, z. B., ob die Buchungsperiode für den betroffenen Buchungskreis zu diesem Datum offen ist. Die Prüfungen werden für den Ansatz des direkten Transfers aus Performancegründen nicht automatisch beim Bestätigen der Werte durchgeführt, sondern erfolgen, falls gewünscht, explizit über den Button **Prüfen**. Die Prüffunktion ist ab Version 2020 FPS0 nur für ausgewählte Mapping-Aufgaben realisiert.

[»]

In SAP S/4HANA 1909 gibt es keine Prüfung der Mapping-Zielwerte im Schritt »Mapping-Aufgaben«

In SAP S/4HANA 1909 gibt es noch keine Möglichkeit, um die Mapping-Zielwerte während der Mapping-Pflege zu überprüfen. Das heißt, dass erst beim Simulieren festgestellt wird, ob ein Mapping-Zielwert formal und inhaltlich korrekt ist.

[»]

Aktuell keine zentrale Ablage oder Integration mit anderen Tools

In SAP S/4HANA gibt es keine zentrale Ablage für Mappings oder eine Integration zu anderen Tools, wie z. B. SAP Master Date Governance (SAP MDG). Halten Sie die Mappings unter Zuhilfenahme der Download-/Upload-Funktion synchron. Prüfen Sie in der SAP-Hinweis-Suche, ob es zu einem späteren Zeitpunkt eventuell Erweiterungen gibt.

Auch im Ansatz **Direct Transfer** ist es möglich, Mapping-Werte zu löschen. Weitere Informationen hierzu finden Sie im Abschnitt »Werte löschen« in Abschnitt 3.2.14, »Pflege der Mapping-Werte«.

Die Migration simulieren

Als Nächstes simulieren Sie die Migration. Dies bedeutet, dass das Migration Cockpit die Mapping-Regeln auf die Instanzen anwendet und die so transformierten Instanzen an das BAPI des Migrationsobjekts übergibt. Das BAPI simuliert die Instanzen. Für jede Instanz werden alle im BAPI enthaltenen Prüfungen durchlaufen.

Parallelisierung einstellen

Bevor Sie die Simulation starten, stellen Sie die Anzahl der Jobs pro Projekt und pro Migrationsobjekt in der Sicht **Jobverwaltung** ein.

Zu prozessierende, flexibel wählbare Sätze

In der Sicht **Migrationsprojekt** können Sie die Simulation gleich für mehrere Migrationsobjekte starten. Markieren Sie diese, und klicken Sie im oberen Bereich des Bildes auf **Aktionen**. Wählen Sie, ob Sie **Alle Instanzen** zu diesen Objekten oder **Alle Instanzen mit Fehlern** zu diesen Objekten simulieren wollen.

Um ein einzelnes Migrationsobjekt zu simulieren, wählen Sie in der Spalte **Aktion** die Option **Simulieren** aus. Hier können Sie entscheiden, ob Sie beliebige 10 %, beliebige 500 Instanzen, alle Instanzen zu diesem Objekt oder eine benutzerspezifische Auswahl (Absprung in die Funktion **Massenverarbeitung**) starten wollen. Alternativ können Sie zunächst in die Sicht **Migra-**

tionsobjektinstanzen navigieren und dort aus der Liste der Instanzen einzelne Instanzen auswählen und simulieren.

Fehler analysieren und bereinigen

Zwei Sichten auf Meldungen

Nach der Simulation erhalten Sie diverse Fehlermeldungen. Es gibt drei verschiedene Sichten auf die Meldungen. Sie können über **Monitoring** zum betreffenden Lauf für das Migrationsobjekt gehen und anschließend auf den Button **Meldungen anzeigen** klicken. Dies führt Sie in die Sicht **Nachrichten**. Über einen Klick auf **Fehler** erhalten Sie einen Überblick über die Fehlermeldungen (siehe Abbildung 3.61).

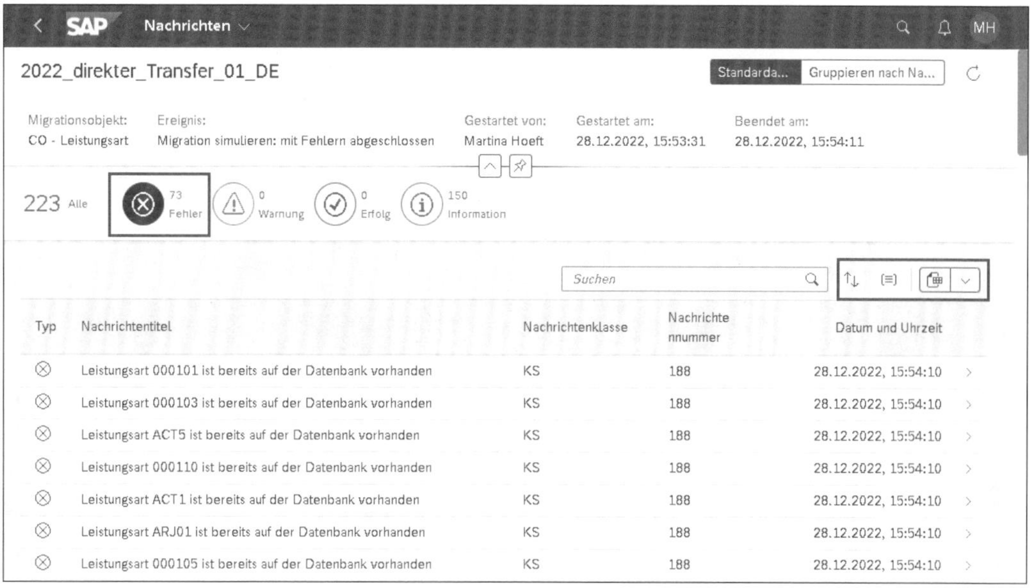

Abbildung 3.61 Nachrichten zu einem Simulationslauf

Eine zweite Sicht erhalten Sie, indem Sie z. B. aus der Projektsicht mit einem Klick auf eine der Zahlen in die Sicht **Migrationsobjektinstanzen** wechseln. Klicken Sie auf die Zahl hinter **Instanzen**, werden alle Instanzen zu diesem Objekt angezeigt. Klicken Sie auf die Zahl in der Spalte **Simulieren** (hinter **Fehler**), werden Ihnen in der Liste **Migrationsobjektinstanz** zunächst nur die fehlerhaft simulierten Instanzen angezeigt. Diese Sicht können Sie entsprechend ändern. In der Instanzliste markieren Sie nun die Instanzen, zu denen Sie Nachrichten analysieren wollen, und klicken auf **Nachrichten**. So gelangen Sie in eine Sicht, die die Nachrichten pro Instanz anzeigt (siehe Abbildung 3.62).

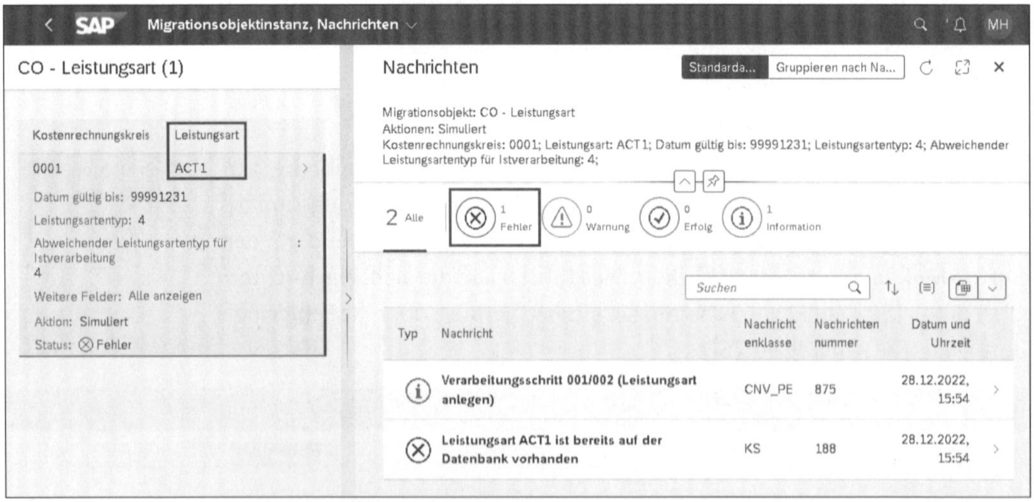

Abbildung 3.62 Nachrichten pro Instanz

Nachricht pro Instanz anzeigen

Seit Release 2020 FPS01 haben Sie die Möglichkeit, sich pro Nachricht die von ihr betroffenen Instanzen in einer dritten Sicht anzeigen zu lassen. Hierzu müssen Sie in der Projektsicht die relevanten Migrationsobjekte markieren und auf den Button **Nachrichten** klicken. Sie kommen nun in die Sicht **Migrationsobjektinstanzen, Nachrichten**. Wie Sie in Abbildung 3.63 sehen, können Sie sich für jedes ausgewählte Migrationsobjekte ❶ die jeweiligen Nachrichten anschauen. Außerdem gibt es zusätzliche Filtermöglichkeiten ❷. So können Sie z. B. nach **Aktion** (z. B. Simuliert) oder **Nachrichtentyp** (z. B. Fehler) filtern. Um pro Nachricht einen Überblick über die von ihr betroffenen Instanzen zu erhalten, klicken Sie auf die Instanzenanzahl ❸ der jeweiligen Nachricht.

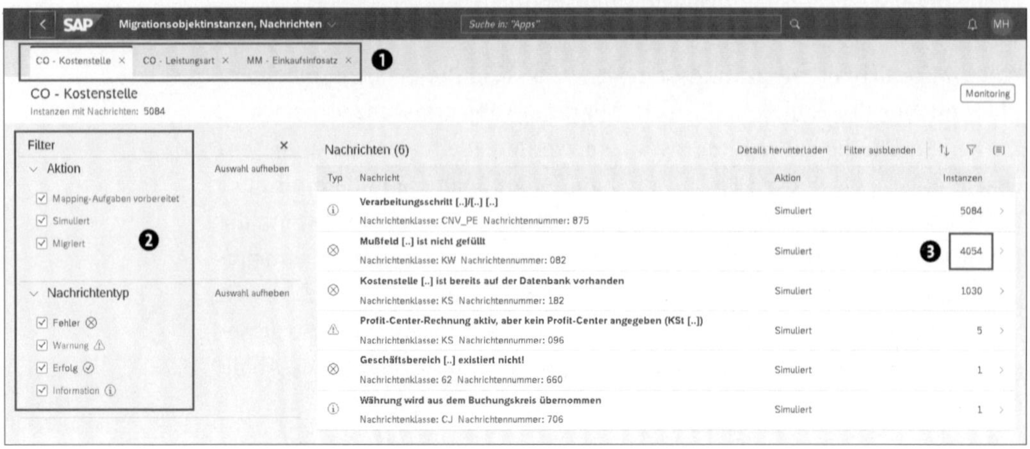

Abbildung 3.63 Migrationsinstanzen, Nachrichten

Die angezeigte Sicht **Migrationsobjektinstanzen, Nachrichtendetails** gibt Ihnen eine Übersicht über alle von der Nachricht betroffenen Instanzen (siehe Abbildung 3.64). Über einen Klick auf die Schlüsselfelder für Migrationsobjektinstanzen einer Instanz gelangen Sie schnell zu den Migrationsobjekt-Instanzdetails.

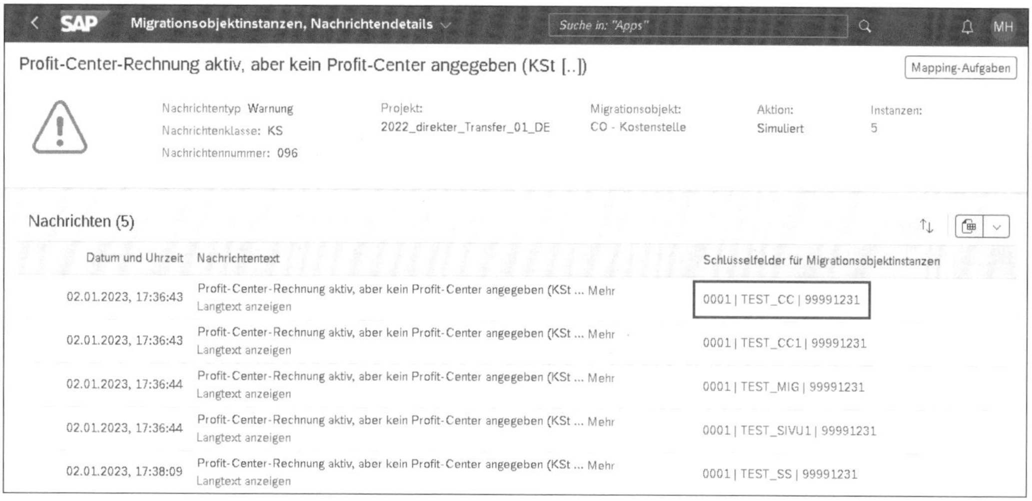

Abbildung 3.64 Migrationsobjektinstanzen, Nachrichtendetails

In allen Sichten können Sie sortieren, filtern, downloaden usw.

Für die weitere Fehleranalyse navigieren Sie zum Detailbild der Meldungen. Die Meldungs-ID, z. B. KS 096, gibt einen Hinweis auf die betroffene Anwendungskomponente. Oft kann eine Internet- oder SAP-Hinweis-Suche mit diesem Kürzel wertvolle Tipps zur Behebung der Ursache geben.

Fehler analysieren

Grundsätzlich gibt es für Meldungen, die aus einer SAP-Anwendung kommen, die folgenden Lösungsmöglichkeiten:

- Daten in der Quelle ändern und Selektion wiederholen
- Customizing im Zielsystem anlegen bzw. anpassen
- benötigte Stammdaten im Zielsystem anlegen bzw. anpassen
- Mapping auf einen existierenden bzw. passenden Zielwert ändern
- Instanz von der weiteren Verarbeitung exkludieren

Weitere Hilfsmittel bei der Fehleranalyse

In Transaktion LTMOM (Aufruf im Backend) haben Sie die Möglichkeit, Instanzen während der Simulation zu debuggen. Vergleichen Sie hierzu Abschnitt 3.7.6, »Migrationsobjekte simulieren und debuggen«.

Falls Sie alle Instanzen oder gezielt bestimmte Instanzen für ein Migrationsobjekt aus dem Migration Cockpit löschen wollen, nutzen Sie im Backend den Report `cnv_pe_mc_del_items`.

Migrieren

Für die Migration bietet das Migration Cockpit die gleichen Funktionen wie für die Simulation. Zusätzlich haben Sie die Möglichkeit, nur die erfolgreich simulierten Instanzen zu migrieren. Technisch gesehen, liegt der einzige Unterschied darin, dass nun die Daten angelegt bzw. im SAP-S/4HANA-System verbucht werden.

Migrierte Daten prüfen

Migrationsergebnisse prüfen

Ab Release 2021 können Sie sich die migrierten Daten in der Sicht **Migrationsergebnisse** anzeigen lassen und diese überprüfen. Selektieren Sie hierzu in der Sicht Migrationsprojekt ein Migrationsobjekt, und klicken Sie auf den Button **Migrationsergebnisse**. Wie Sie in Abbildung 3.65 sehen können, werden Ihnen, je nach Migrationsobjekt, ein oder mehrere Felder angezeigt, die die Migrationsergebnisse enthalten. Für hohe Datenmengen besteht die Möglichkeit, die Instanzen über Filter einzugrenzen.

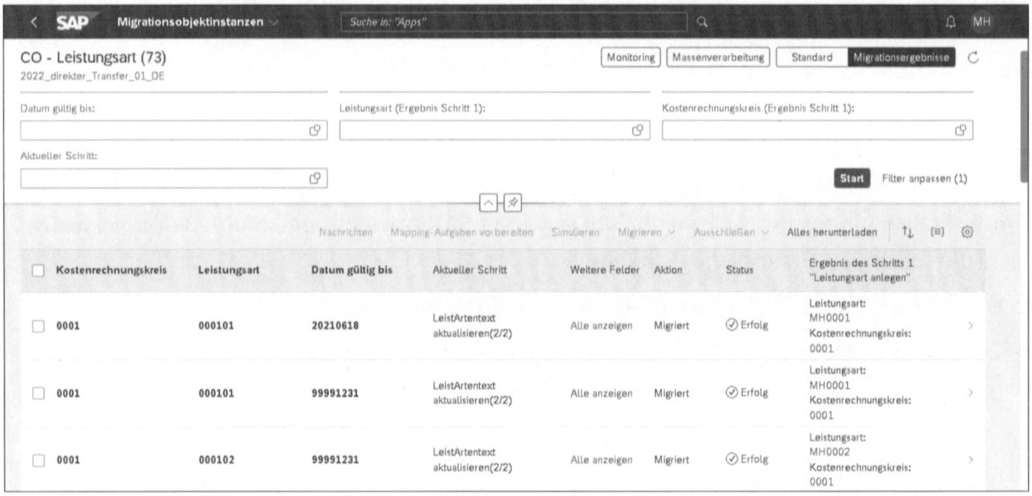

Abbildung 3.65 Migrationsergebnisse

Mit Release 2021 FPS01 können Sie sich über den Button **Alles herunterladen** eine Liste der migrieren Daten (Instanz und jeweilig migrierte Felder) herunterladen. Hier besteht für Sie die Möglichkeit, die Liste nach Ihren Ansprüchen anzupassen. So können Sie, wie hier im Beispiel der Leistungsart gezeigt, entscheiden, ob Sie per Instanz nur die Schlüssel-, Ergebnis- und Statusfelder oder weitere Felder herunterladen möchten.

Direkte Navigation auf die relevante SAP-Fiori-App

Zusätzlich können Sie direkt zur der relevanten SAP-Fiori-App für das hinterlegte Migrationsobjekt navigieren und sich dort die Daten anzeigen lassen. Hierzu müssen Sie auf das Symbol in der Spalte **Ergebnis** klicken (Abbildung 3.37).

Des Weiteren haben Sie die Möglichkeit, die Daten im SAP-S/4HANA-Zielsystem zu überprüfen, indem Sie die entsprechende Anwendungs-App bzw. Transaktion benutzen oder mit Transaktion SE16 die Tabelleninhalte überprüfen. In der Migrationsobjektbeschreibung finden Sie für jedes Objekt Angaben, wie Sie das Ergebnis der Migration verifizieren können. Beachten Sie, dass es Voraussetzungen für den Zugriff auf Apps gibt, z. B., wenn Benutzerrollen notwendig sind.

[+]

Liste mit selektierten Instanzen anzeigen lassen

In der Sicht **Migrationsergebnisse** können Sie sich nach der Datenselektion eine Liste aller selektierten Instanzen anzeigen lassen und diese auch herunterladen. Hierzu müssen Sie nur das jeweilige Migrationsobjekt in der Projektsicht auswählen und auf den Button **Migrationsergebnisse** klicken. Über den Button **Alles herunterladen** können Sie die Liste der selektierten Instanzen herunterladen.

Detailansicht, Übertragungsoptionen und -schritte

Detailansicht auf den Migrationsprozess

Über die Detailansicht, die Ihnen ab Release 2021 zur Verfügung steht, können Sie einen umfassenderen Überblick über den Migrationsprozess erhalten und diesen detaillierter steuern. Auch erhalten Sie hier einen Überblick über die jeweiligen Übertragungsschritte und -optionen der Migrationsobjekte, die verwendet werden, um verschiedene Typen von Migrationsobjektinstanzen nach SAP S/4HANA zu migrieren. Wie Sie in Abbildung 3.66 am Beispiel des Migrationsobjekts **Bank** sehen können, haben die meisten Migrationsobjekte nur eine Übertragungsoption.

Es gibt aber auch Migrationsobjekte, wie z. B. den MM-Einkaufslieferplan, die mehr als eine Übertragungsoption verwenden. Weitere Informationen zur Detailansicht und den Übertragungsoptionen finden Sie unter Übertragungsoptionen und -schritte | SAP Help Portal.

Um in die Detailansicht zu gelangen, müssen Sie in der Sicht **Migrationsprojekt** auf den Button **Detailansicht** klicken.

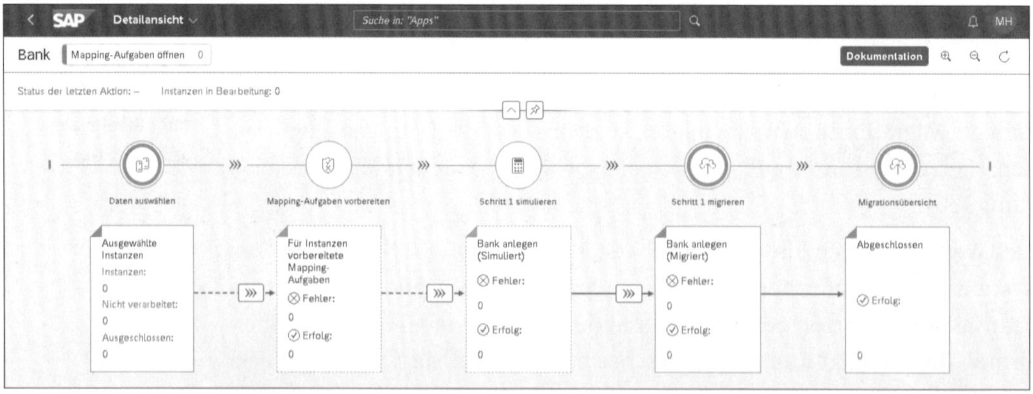

Abbildung 3.66 Detailansicht der Übertragungsoptionen

Kopieren eines bestehenden Migrationsprojekts

Mapping- und Festwerte werden nicht mit kopiert

Ab Release 2020 FPS01 ist es möglich, ein neues Migrationsprojekt anzulegen, dass eine Kopie eines bestehenden Migrationsprojekts ist. Bei der Anlage werden alle Migrationsobjekte, Definitionen der Mapping-Aufgaben und Einstellungen (einschließlich benutzerdefinierter Änderungen) kopiert. Mapping-Werte bzw. Festwerte werden nicht mit in das neue Projekt übernommen.

Um ein bestehendes Projekt zu kopieren, müssen Sie in der Sicht **Migrationsprojekte** das zu kopierende Projekt auswählen und den Button **Kopieren** drücken. Vergeben Sie danach einen Namen für das Projekt, bei Bedarf eine andere Verbindung zum Quellsystem und ein anderes Entwicklungspaket. Passen Sie, wenn notwendig, die Kriterien, die Sie zur Auswahl der Daten verwenden wollen, an. In diesem Schritt ist es nicht möglich, dem Projekt zusätzliche Migrationsobjekte hinzuzufügen. Dies können Sie aber nachholen, wenn das Projekt vollständig anlegt wurde.

3.4 SAP S/4HANA Migration Object Modeler

Nachdem Sie in Abschnitt 3.2, »Migration mittels Staging-Tabellen«, und Abschnitt 3.3, »Direkter Transfer von Daten aus einem SAP-System«, die verschiedenen Migrationsansätze des SAP S/4HANA Migration Cockpits im Falle einer Neuimplementierung von SAP S/4HANA kennengelernt haben, möchten wir in diesem Abschnitt erläutern, welche Möglichkeiten Sie haben, um den ausgelieferten Content des Migration Cockpits an Ihre kundenspezifischen Gegebenheiten anzupassen. Sie nutzen dafür die Modellierungsumgebung des Migration Cockpits.

Mächtige Modellierungsumgebung

Der *SAP S/4HANA Migration Object Modeler*, im Folgenden kurz *Migration Object Modeler* genannt, ist die Modellierungsumgebung des Migration Cockpits. Er ist in der On-Premise-Version von SAP S/4HANA verfügbar und wird über Transaktion LTMOM aufgerufen.

In der SAP S/4HANA Cloud, public edition, wird der *Migration Object Modeler* über die SAP-Fiori-App **Migrationsobjekte modellieren – Migrationsobjektmodellierer** aufgerufen. Diese App ist dort aber im Umfang eingeschränkt und zur Zeit nur für die Modellierung für die Datenmigration mit Dateien oder Staging-Tabellen verfügbar. Weitere Infos hierzu finden Sie in Abschnitt 3.6, »Modellierung für die Datenmigration mit Staging-Tabellen in der SAP S/4HANA Cloud, public edition«.

[«]

Benötigte Benutzerrolle

Um in SAP S/4HANA Transaktion LTMOM zu nutzen, muss dem Benutzer die folgende Rolle zugewiesen sein: `SAP_CA_DMC_MC_DEVELOPER`.

Der Migration Object Modeler ist ab SAP S/4HANA 2020 zu einer mächtigen Modellierungsumgebung herangewachsen. Mit jedem Release seit der Einführung mit SAP S/4HANA 1610 wurden neue Funktionalitäten hinzugefügt. Die aktuelle Funktionalität geht mittlerweile über die der Legacy System Migration Workbench (LSMW) hinaus und ist in Teilbereichen (Feld- und Struktur-Mapping, objektübergreifende Nutzung von Übernahmeregeln und damit das Werte-Mapping) sogar umfassender.

Für alle Migrationsansätze nutzbar

Der Migration Object Modeler kann für beide Migrationsansätze des Migration Cockpits genutzt werden.

Bevor wir auf die Funktionalität des Migration Object Modelers in den jeweiligen Migrationsansätzen eingehen, geben wir Ihnen in diesem Abschnitt einen kurzen Überblick über den generellen Aufbau des Migration Object Modelers. Wir zeigen Ihnen, wie Sie bestehende Migrationsobjekte auswählen und danach suchen können, und wir geben Ihnen Informationen zu den Migrations-APIs, die verwendet werden. In Abschnitt 3.5, »Modellierung für die Datenmigration mit Staging-Tabellen«, und Abschnitt 3.6, »Modellierung für die Datenmigration mit Staging-Tabellen in der SAP S/4HANA Cloud, public edition«, geben wir Ihnen einen Überblick über die Funktionalität des Migration Object Modelers, wenn Sie mit dem Migration

Cockpit die Datenmigration mit Dateien oder Staging-Tabellen durchführen. In Abschnitt 3.7, »Modellierung für den direkten Transfer von Daten aus SAP-Systemen«, erfahren Sie mehr über die Funktionalität des Migration Object Modelers in Bezug auf die Datenmigration direkt aus einem SAP-System.

Welche Funktionalitäten jeweils verfügbar sind, unterscheidet sich in den verschiedenen Ansätzen, auf die wir in dem jeweiligen Kapitel genauer eingehen.

3.4.1 Aufbau des SAP S/4HANA Migration Object Modelers in SAP S/4HANA

Einstieg in den SAP S/4HANA Migration Object Modeler

Wie Sie in Abbildung 3.67 sehen, zeigt der Migration Object Modeler standardmäßig den Objektbrowser beim Öffnen mit Transaktion LTMOM. Sie wählen dann aus, ob Sie sich ein Migrationsprojekt mit allen zugehörigen Migrationsobjekten oder direkt ein einzelnes Migrationsobjekt anschauen möchten.

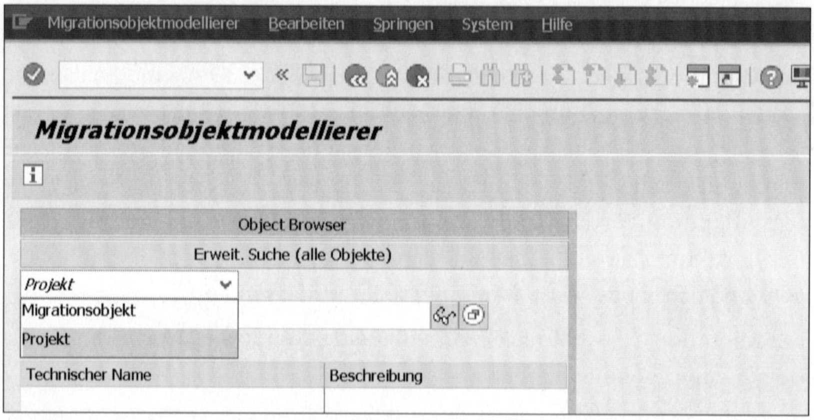

Abbildung 3.67 Auswahl im Objektbrowser des SAP S/4HANA Migration Object Modelers

[»]

SAP-GUI-Einstellungen

Die SAP-GUI-Screenshots basieren auf dem Corbu-Theme. Falls Sie eine andere SAP-GUI-Einstellung haben, können die Screenshots von Ihren Screens abweichen.

Wenn Sie sich ein einzelnes Migrationsobjekt anzeigen lassen, sehen Sie, wie es Abbildung 3.68 veranschaulicht, einen Auswahlbereich mit einem Navigationsbaum auf der linken Seite und einen Arbeitsbereich auf der rechten Seite.

Dokumentation

Über den Button (**Vollbild ein/aus**) können Sie den linken Auswahlbereich ein- und ausblenden und somit den Arbeitsbereich als Vollbild darstellen.

Über den Button (**Information**) rufen Sie die Dokumentation zum Migration Object Modeler auf, deren Einstiegsbild Sie in Abbildung 3.69 sehen.

Sie können die Dokumentation der verschiedenen Migrationsansätze auswählen, je nachdem, mit welchem Ansatz Sie gerade arbeiten. Falls Sie im Objektbrowser bereits ein Projekt oder Migrationsobjekt ausgewählt haben, wird Ihnen direkt die Dokumentation des entsprechenden Migrationsansatzes angezeigt.

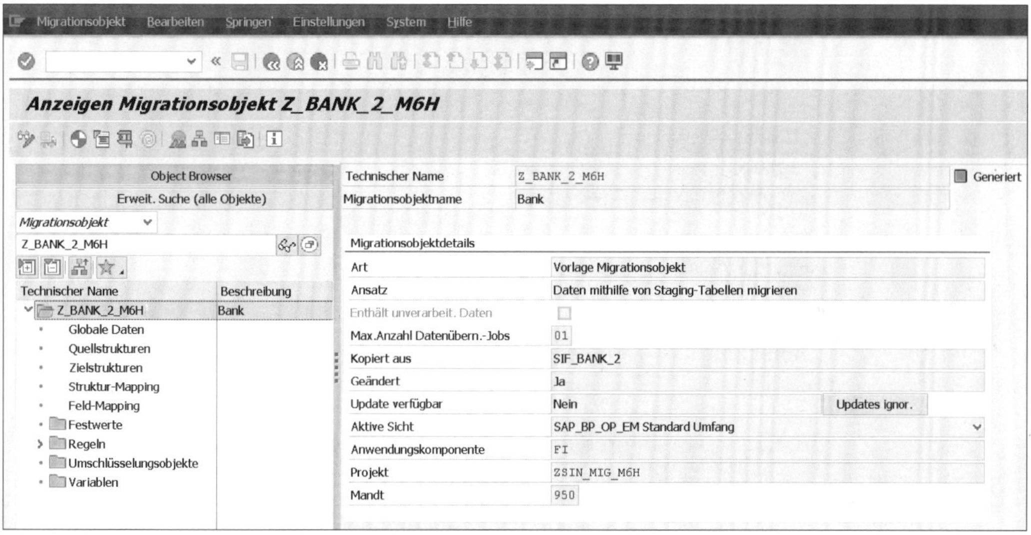

Abbildung 3.68 Aufbau des SAP S/4HANA Migration Object Modelers

Favoritenliste

Sie können Projekte und Migrationsobjekte zu Ihrer Favoritenliste hinzufügen. Dazu müssen Sie das relevante Projekt oder Migrationsobjekt auswählen. Über den Button (**Favoriten**) können Sie das Projekt oder Objekt zur Favoritenliste hinzufügen. Wählen Sie dazu die Einstellung **Hinzufügen** aus. Abbildung 3.70 zeigt die Auswahlmöglichkeit der Favoritenfunktion. Daneben können Sie auch die Favoritenliste bearbeiten.

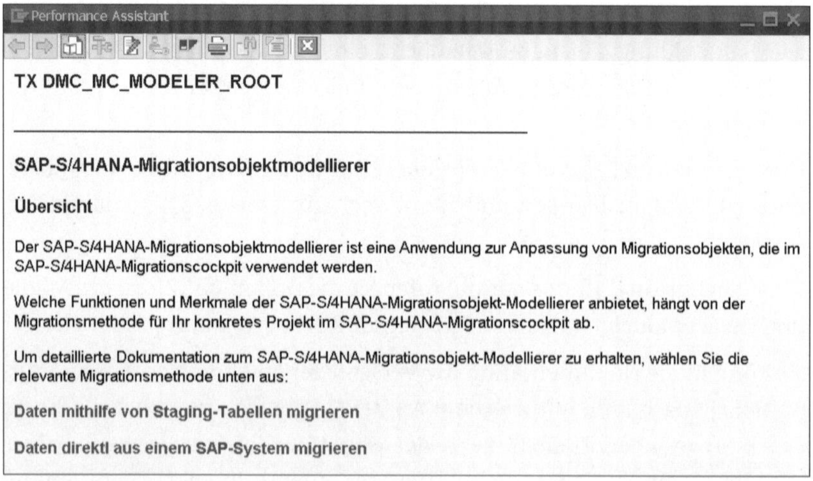

Abbildung 3.69 Einstiegsbild der Dokumentation zum SAP S/4HANA Migration Object Modeler

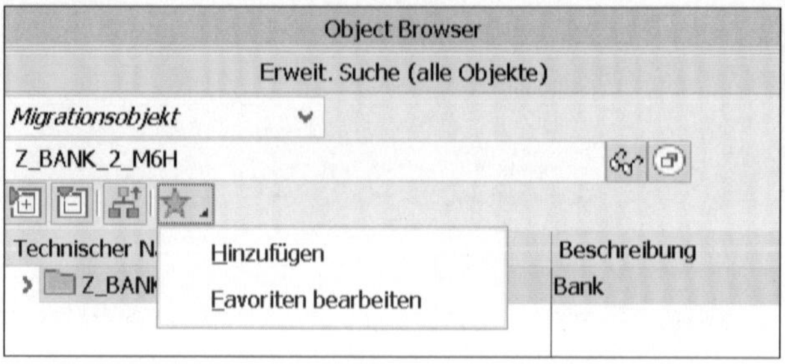

Abbildung 3.70 Auswahlmöglichkeiten der Favoritenliste

3.4.2 Auswählen eines bestehenden Migrationsobjekts

Migrationsobjekt auswählen

Wenn Sie ein bestehendes Migrationsobjekt auswählen wollen, drücken Sie zunächst rechts neben dem leeren Eingabefeld für das Migrationsobjekt auf den Button ❶ (siehe Abbildung 3.71).

Es erscheint das Suchfenster **Migrationsobjekt suchen**. Hier wählen Sie zuerst den relevanten Migrationsansatz im Feld **Ansatz** aus, in unserem Beispiel also **Daten mithilfe von Staging-Tabellen migrieren** ❷. In das Feld **Projekt** geben Sie den Suchbegriff für das Projekt ein, in dem sich das Migrationsobjekt befindet, und bestätigen mit (**Weiter**). Anschließend wählen Sie das gewünschte Migrationsobjekt per Doppelklick aus ❸ oder bestätigen wieder mit (**Weiter**).

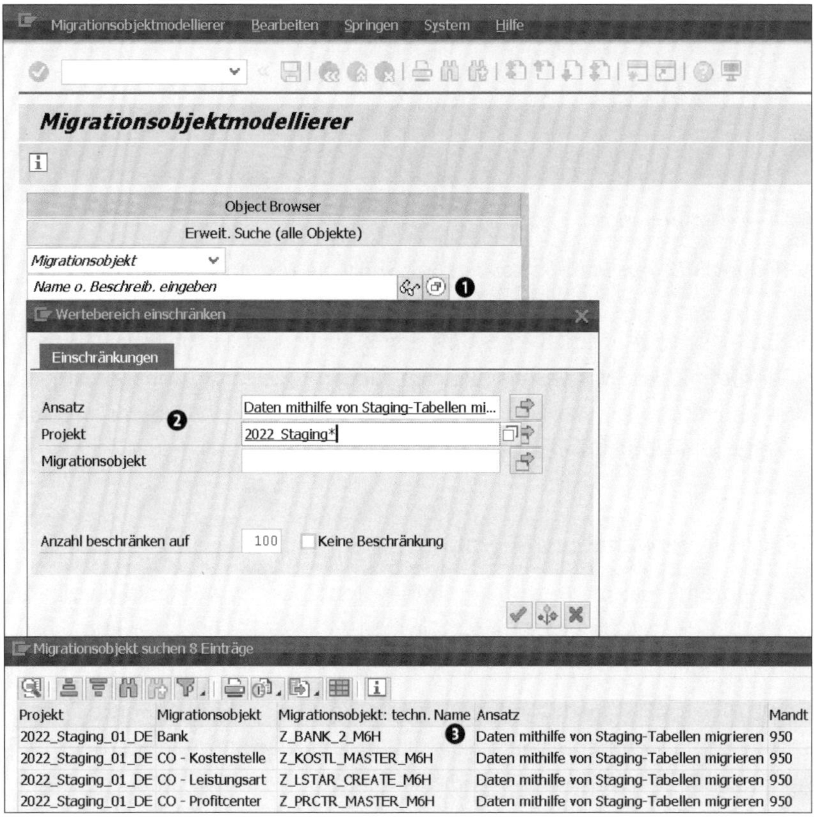

Abbildung 3.71 Objekt im SAP S/4HANA Migration Object Modeler auswählen

Alternativ können Sie sich auch das komplette Projekt anzeigen lassen und dort das entsprechende Migrationsobjekt auswählen. Danach steht Ihnen der volle Funktionsumfang des Migration Object Modelers für dieses Migrationsobjekt zur Verfügung.

3.4.3 Erweiterte Suche (alle Objekte)

Erweiterte Suchhilfe

Die zweite Ansicht im Migration Object Modeler ist die erweiterte Suche **Erweit. Suche (alle Objekte)**. Über den Auswahl-Button im linken Auswahlbereich, den Sie in Abbildung 3.72 sehen, schalten Sie zwischen dem Objektbrowser und der erweiterten Suche hin und her.

In der erweiterten Suche können Sie nach Projekten (**Projekte**) und Migrationsobjekten (**Migrationsobjekte**) suchen. Wählen Sie die gewünschte Suchmaske aus, und grenzen Sie dann diese Suche über die Suchfelder der Suchmaske ein.

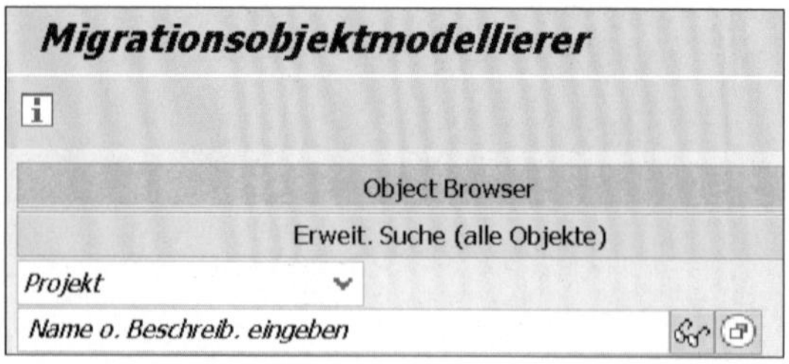

Abbildung 3.72 Auswahl-Button des SAP S/4HANA Migration Object Modelers

In die Suche werden auch alle selbst erstellten Migrationsobjekte (**Nach benutzerdefinierten Migrationsobjekten suchen**) und Migrationsobjekte, die über eine Migrationsvorlage erstellt wurden (**Nach aus Vorlagen angelegten Migrationsobjekte suchen**), einbezogen.

3.4.4 Die verwendeten Migrations-APIs

Zur Datenübernahme mithilfe des Migration Cockpits werden die von SAP für SAP S/4HANA freigegebenen Standard-APIs (BAPIs bzw. Funktionsbausteine) genutzt.

Funktionsbaustein-Dokumentation

Einige dieser APIs, insbesondere die BAPIs, haben eine sogenannte *Funktionsbaustein-Dokumentation*. Diese Dokumentation können Sie über den *Function Builder* (Transaktionscode SE37) aufrufen. Die Dokumentation enthält oft nützliche Informationen über die Importstrukturen und deren Felder.

Standardschnittstellen

Neben der Verwendung von Standard-APIs wird seit SAP S/4HANA Release 1909 auch die Verwendung von CDS-Verhaltensdefinitionen unterstützt.

Anforderungen an Migrations-APIs

Damit ein Funktionsbaustein als Migrations-API verwendet werden kann, muss er mit den Anforderungen des Migration Cockpits kompatibel sein. Die Anforderungen an eine Migrations-API sind im Guide »SAP S/4HANA Migration Cockpit – Creating Your Own Function Modules in LTMOM«, der in SAP-Hinweis 2590165 verlinkt ist, hinterlegt.

3.5 Modellierung für die Datenmigration mit Staging-Tabellen

In diesem Abschnitt erfahren Sie, wie Sie für den Staging-Tabellen-Ansatz den Migration Object Modeler nutzen können.

Weitere Informationen zum Staging-Ansatz

In den folgenden Guides erhalten Sie sehr ausführliche Informationen zum Migration Object Modeler für den Staging-Tabellen-Ansatz:

- SAP S/4HANA Migration Cockpit – Deep Dive LTMOM for File/Staging – OP2021 and higher: *https://www.sap.com/documents/2022/06/1c14da7c-317e-0010-bca6-c68f7e60039b.html*
- SAP S/4HANA Migration Cockpit – Deep Dive LTMOM for File/Staging – SAP S/4HANA 2020: *https://www.sap.com/documents/2020/11/262ea09c-b97d-0010-87a3-c30de2ffd8ff.html*

Anzeigen eines Migrationsobjekts

Nachdem Sie ein Projekt oder Migrationsobjekt ausgewählt haben, können Sie sich dieses Migrationsobjekt im Objektbrowser ansehen und es bearbeiten.

Mandantenabhängigkeit

Migrationsprojekte, die in SAP S/4HANA 2020 oder höher und für den Migrationsansatz **Daten mithilfe von Staging-Tabellen migrieren** angelegt wurden, können im Migration Object Modeler nur in dem jeweils angelegten Mandanten angezeigt und geändert werden. Dies ist nicht der Fall für ältere Versionen des Migration Cockpits (Transaktion LTMC).

In Abbildung 3.73 sehen Sie den Objektbrowser für ein ausgewähltes Migrationsobjekt im Anzeigemodus.

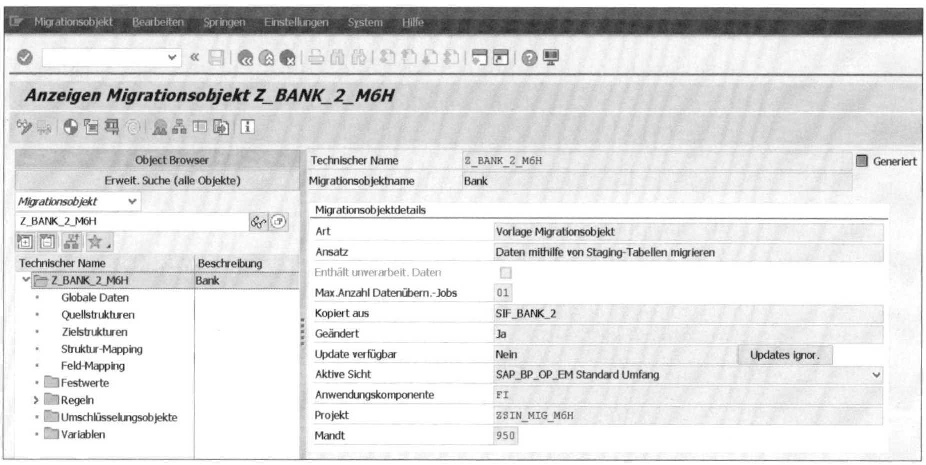

Abbildung 3.73 Objektbrowser mit ausgewähltem Migrationsobjekt

Über den Button [icon] schalten Sie zwischen Anzeige- und Änderungsmodus um. Ferner stehen Ihnen über den Menüeintrag **Migrationsobjekt** weitere Funktionen zur Verfügung, die auch teilweise über die Anwendungsleiste aufgerufen werden können und nachfolgend beschrieben werden.

Navigationsbaum

Zuerst erläutern wir Ihnen den Navigationsbaum auf der linken Seite. Der Navigationsbaum hat einen Wurzelknoten, der entweder ein Migrationsobjekt oder ein Migrationsprojekt darstellt. Wenn Sie z. B. ein Migrationsobjekt im Baum markieren, können Sie über den Button [icon] (**zur höherer Ebene wechseln**) eine Ebene höher zum Migrationsprojekt navigieren. Der Navigationsbaum ist wie folgt aufgebaut:

- Als oberster Knoten ist das Migrationsprojekt aufgeführt. Direkt darunter erscheint das Teilprojekt (**Subprojekte**). Es besteht eine 1:1-Beziehung zwischen Projekt und Subprojekt, d. h., einem Projekt ist immer genau ein Subprojekt zugewiesen.
- Unterhalb des Teilprojekts sind die Migrationsobjekte und Übertragungsregeln des Migrationsteilprojekts angeordnet.

  Übertragungsregeln können auf Teilprojekt- oder Migrationsobjektebene erstellt werden und sind dann auf den darunterliegenden Ebenen verfügbar. Die Übertragungsregeln der von SAP ausgelieferten Migrationsobjekte sind größtenteils auf der Teilprojektebene erstellt worden und damit für alle darunterliegenden Migrationsobjekte verfügbar. Regeln, die auf der Projektebene ausgeliefert worden sind, werden zur Information als Read-only-Regeln angezeigt. Diese Regeln können nicht geändert werden.
- Ein Migrationsobjekt hat die folgenden Navigationsknoten:
  - **Globale Daten**: Hier definieren Sie globale Datentypen und Variablen.
  - **Quellstrukturen**: Hier definieren Sie die Quellstrukturen.
  - **Zielstrukturen**: Hier finden Sie die Zielstrukturen Ihrer Migrations-API und definieren wichtige Einstellungen.
  - **Struktur-Mapping**: Hier verknüpfen Sie die Quell- mit den Zielstrukturen.
  - **Feld-Mapping**: Hier werden die Quellfelder den Zielfeldern zugeordnet und bei Bedarf mit einer Übertragungsregel verknüpft. Sie können den jeweiligen Verarbeitungszeitpunkten auch ereignisbasierte Regeln zuordnen.
  - Danach werden die Regeln dieser Ebene angezeigt.

In Abbildung 3.74 sehen Sie einen Teil des Navigationsbaums für eines unserer Beispielprojekte.

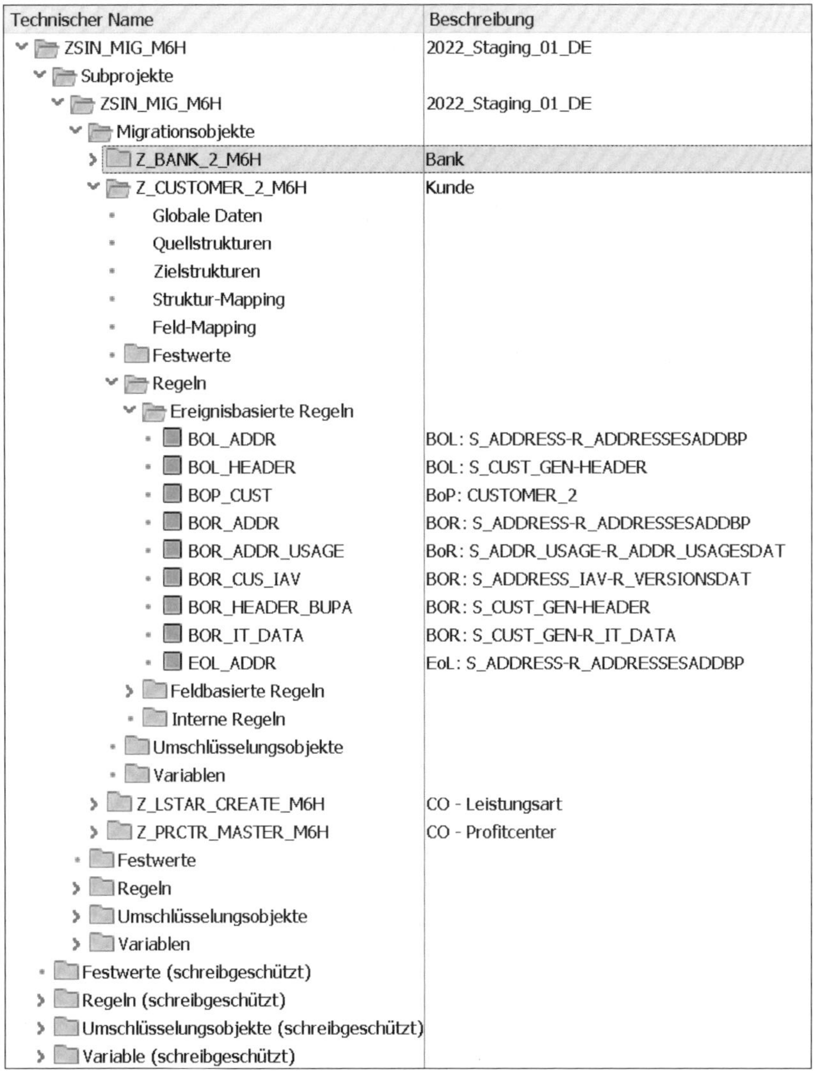

Abbildung 3.74 Navigationsbaum im Objektbrowser

Übertragungsregeln

Typen von Übertragungsregeln

Im Objektbrowser werden vier Haupttypen von Übertragungsregeln unterschieden:

- **Festwerte**
  Ein Festwert ist ein konstanter Wert, wie z. B. ein fester Kostenrechnungskreis, den Sie mehreren Feldern bzw. Regeln zuweisen können. Änderungen des Festwertes sind dann automatisch bei allen Zuweisungen wirksam. Um einen Festwert einem Zielfeld zuzuweisen, legen Sie

zuerst eine Regel an, weisen dieser Regel den Festwert zu und ordnen dann diese Regel dem Zielfeld zu. Sie können einem Zielfeld nicht direkt einen Festwert zuweisen.

- **Regeln**
  - *Ereignisbasierte Regeln*: Ereignisbasierte Regeln beinhalten ABAP-Coding, das zu vordefinierten Ereigniszeitpunkten (Events), wie z. B. Start of Loop, End of Record, After Loop usw. ausgeführt wird. Mithilfe von ereignisbasierten Regeln können Sie benutzerdefiniertes ABAP-Coding zu bestimmten Ereigniszeitpunkten ausführen.
  - *Feldbasierte Regeln*: Feldbasierte Regeln können auf Umschlüsselungsobjekten, Festwerten oder freiem ABAP-Coding basieren und werden Feldern einer Zielstruktur zugeordnet. Sie können dadurch den Zielwert entweder über Umschlüsselungsobjekte oder Festwerte sowie auch über komplexe Algorithmen ermitteln.
  - *Interne Regeln*: Im Gegensatz zu ereignisbasierten oder feldbasierten Regeln werden interne Regeln nicht Ereignissen oder Feldern zugewiesen, sondern von diesen Regeln aufgerufen. Sie sind gewissermaßen lokal definierte, wiederverwendbare Unterroutinen.
- **Umschlüsselungsobjekte**
  Umschlüsselungsobjekte definieren, wie Werte aus einem bestimmten Feld im Quellsystem während der Datenmigration in Zielwerte im Zielsystem umgeschlüsselt werden müssen. Umschlüsselungsobjekte können nicht direkt einem Zielfeld zugewiesen werden; Sie müssen das Umschlüsselungsobjekt immer erst einer feldbasierten Regel zuweisen und die Regel dann dem entsprechenden Zielfeld zuordnen.
- **Variablen**
  Hier können Sie globale Variablen definieren, die Sie z. B. in einer Ereignisregel am Anfang befüllen und dann in anderen Regeln auslesen oder verändern.

Laufzeitobjekt generieren und anzeigen

Über die technische Funktion (**Laufzeitobjekte generieren**) in der Anwendungsleiste können Sie die lokale Funktionsgruppe, die das Migration Cockpit verwendet, neu generieren. Diese Neugenerierung ist nach der Änderung der Quellstruktur bzw. nach der Änderung des Feld-Mappings erforderlich, da die Felder sonst nicht verarbeitet werden. Wenn Sie das Laufzeitobjekt generieren, synchronisiert das System die Strukturen des Migrationsobjekts automatisch.

Generierte Funktionsgruppe anzeigen

Die komplette Funktionsgruppe können Sie sich über (**Generierte Funktionsgruppe anzeigen**) in der Anwendungsleiste ansehen. Die Funktionsgruppe wird dann im ABAP Editor angezeigt (siehe Abbildung 3.75).

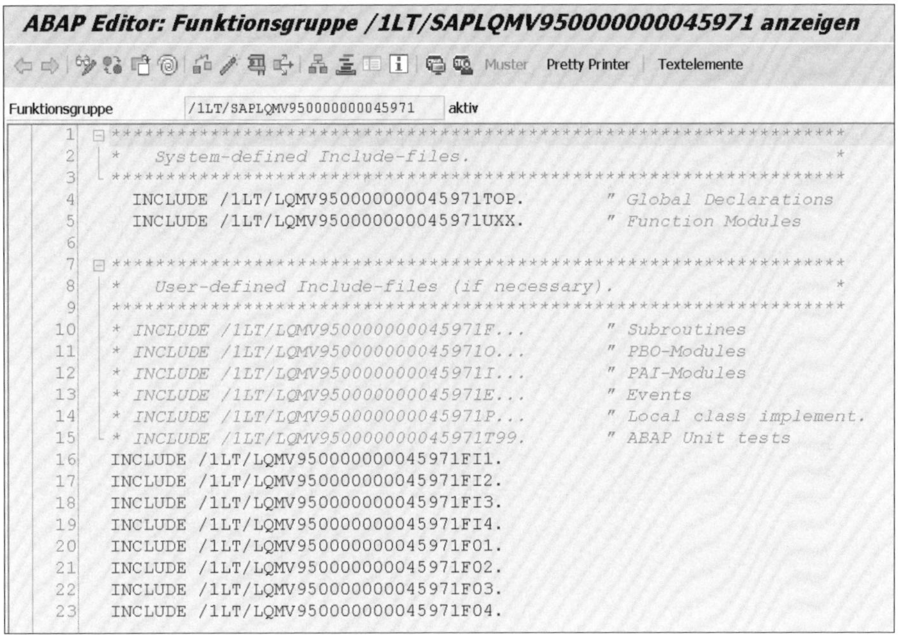

Abbildung 3.75 Generierte Funktionsgruppe anzeigen

Migrationsobjekt aktualisieren

Aktualisierung eines Migrationsobjekts

Wenn Sie ein ausgeliefertes Migrationsobjekt angepasst haben, kann es passieren, dass Sie beim Öffnen dieses Objekts im Migration Cockpit eine Nachricht erhalten, wie Sie sie in Abbildung 3.76 sehen.

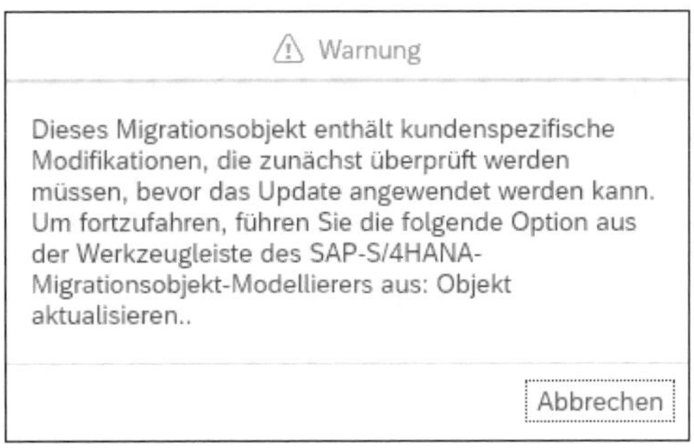

Abbildung 3.76 Warnmeldung im SAP S/4HANA Migration Cockpit

In diesem Fall müssen Sie das Objekt im Migration Object Modeler öffnen. In den Kopfdaten des Migrationsobjekts sind die beiden Felder **Geän-**

dert und **Update verfügbar** jeweils mit dem Wert **Ja** versehen (siehe Abbildung 3.77).

Geändert	Ja	
Update verfügbar	Ja	Content-Updates ignor.

Abbildung 3.77 Verfügbares Update

Wenn Sie nun im Änderungsmodus die Aktualisierung über den Button vornehmen, erscheint ein Bestätigungsfenster.

Wenn Sie diese Meldung bestätigen, werden alle kundenspezifischen Modifikationen an diesem Objekt gelöscht und das Objekt wieder auf den Stand der aktuellen SAP-Auslieferung gesetzt.

Aktualisierungen für dieses Objekt ignorieren

Sie können die Aktualisierung für ein Migrationsobjekt ignorieren. Damit findet dauerhaft keine Aktualisierung statt, auch wenn ein Objekt von SAP geändert wird. Um die Aktualisierung für das Migrationsobjekt wieder zu aktivieren, müssen Sie das vorhandene Objekt löschen und es dann erneut aus einer Vorlage anlegen.

3.5.1 Anlegen eines Migrationsobjekts

Es gibt verschiedene Möglichkeiten, wie Sie ein Migrationsobjekt in Ihrem Projekt anlegen können. Beim Aufruf des Migration Object Modelers haben Sie über den Menüeintrag **Migrationsobjektmodellierer** die folgenden Bearbeitungsfunktionen (Abbildung 3.78):

- Anlegen eines Migrationsobjekts (**Migrationsobjekt anlegen**) entweder **Aus Vorlage** oder **Benutzerdefiniert**
- **Migrationsobjekt kopieren**

Bei beiden Optionen können Sie auswählen, für welchen Migrationsansatz Sie diese Aktion ausführen wollen: entweder für **Daten mith. v. Dateien/Staging-Tab. migr** oder für **Daten direkt aus SAP-System migrieren**.

Sie können diese Funktionen auch aufrufen, wenn Sie bereits ein Projekt oder Migrationsobjekt ausgewählt haben. Dann ändert sich der oberste Menüeintrag entsprechend in **Projekt** oder **Migrationsobjekt**, und Sie haben nicht mehr die Wahl zwischen den unterschiedlichen Migrationsansätzen, da ein Migrationsansatz immer für ein komplettes Projekt gilt.

Abbildung 3.78 Menüeintrag »Migration Object Modeler«

Weitere Informationen zum Anlegen und Kopieren eines eigenen Migrationsobjekts für den Staging-Ansatz finden Sie in den hier aufgeführten englischsprachigen User Guides und Click-through-Demos.

- Creating a New Migration Object (SAP S/4HANA 2020 or higher): *https://www.sap.com/documents/2022/02/387d72fe-197e-0010-bca6-c68f7e60039b.html*
- SAP S/4HANA Migration Object Modeler: Creating a New Migration Object (SAP S/4HANA 1809 or higher): *https://www.sap.com/documents/2019/02/760d2ddd-3a7d-0010-87a3-c30de2ffd8ff.html*
- SAP S/4HANA Migration Object Modeler: Working on a Migration Object (SAP S/4HANA 2020): *https://education.hana.ondemand.com/education/wa/s4/index.html?show=project!PR_BEFC387581E913BE:uebung#TS_8F7A5CB2C70E4587B316DE68955799E4*

  Einmalregistrierung notwendig unter: *www.sap.com/account.html*

[«]

Beim Kopieren eines Migrationsobjekts keinen Bezug zu einem Vorlageobjekt

Im Gegensatz zum Anlegen eines Migrationsobjekts aus einer ausgelieferten Vorlage besteht beim Kopieren eines Migrationsobjekts kein Bezug mehr zu einem Vorlageobjekt. Das Migrationsobjekt wird als eigenes kundenspezifisches Migrationsobjekt angesehen. Sie können alle Felder anpassen (z. B. die Feldlänge ändern). Alle Felder der Quellstruktur sind als **Benutzerdefiniertes Feld** markiert. Es erfolgt keine Aktualisierung, falls das SAP-System das Migrationsobjekt über ein Upgrade oder eine Korrektur ändert.

Sie können Migrationsobjekte sowohl aus Projekten, die in einem anderen Mandanten angelegt wurden, kopieren, als auch aus älteren Projekten, die noch im Web Dynpro mit Transaktion LTMC angelegt wurden.

[»]

Beim Kopieren von Migrationsobjekten auch Includes kopieren

Wenn Sie das kopierte Migrationsobjekt komplett von Upgrades und Korrekturen entkoppeln wollen, sollten Sie auch die vorhandenen und zugewiesenen Includes im Bereich **Zielstrukturen** in Ihren Kundennamensraum kopieren und neu zuweisen.

3.5.2 Vorhandene Migrationsobjekte erweitern

Wie Sie vorhandene Migrationsobjekte erweitern können, finden Sie in den hier verlinkten Click-through-Demos:

- SAP S/4HANA Migration Object Modeler: Working on a Migration Object (SAP S/4HANA 2020): *https://education.hana.ondemand.com/education/wa/s4/index.html?show=project!PR_BEFC387581E913BE:uebung#TS_8F7A5CB2C70E4587B316DE68955799E4*

  Einmalregistrierung notwendig unter: *www.sap.com/account.html*
- SAP S/4HANA Migration Object Modeler: Adding Additional Fields to a Migration Object (SAP S/4HANA 2020): *https://education.hana.ondemand.com/education/wa/s4/index.html?show=project!PR_F8708AB3E53C789F:uebung#TS_9CAF415713754ECE9A29B8B760B4CCA9*

  Einmalregistrierung unter notwendig: *www.sap.com/account.html*

[»]

Einschränkungen bei modifizierten Migrationsobjekten

Bevor Sie ein ausgeliefertes Migrationsobjekt anpassen, beachten Sie Folgendes: Für Fehler in angepassten oder eigenentwickelten Migrationsobjekten bietet SAP nur Support bei Inhaltsproblemen, die auf der ursprünglichen Vorlage basieren. Details hierzu finden Sie in SAP-Hinweis 2481235.

3.5.3 Eigene Regeln und Umschlüsselungsobjekte anlegen

Sie können auch eigene Regeln und Umschlüsselungsobjekte anlegen, wenn die ausgelieferten Regeln Ihren Anwendungsfall nicht komplett abdecken oder Sie kundeneigene Regeln benötigen. Umschlüsselungsobjekte können nie direkt einem Feld zugeordnet werden, sondern müssen zuvor einer feldbasierten Regel zugewiesen worden sein. Wenn Sie eine Regel oder ein Umschlüsselungsobjekt auf der Migrationsobjektebene anlegen, können diese nur für das spezielle Migrationsobjekt genutzt werden. Sie sollten die Regel oder das Umschlüsselungsobjekt auf der Subprojektebene anlegen, damit es von allen Migrationsobjekten in Ihrem Projekt genutzt werden kann.

3.5.4 Migrationsobjekte simulieren oder debuggen

Wenn Sie testen wollen, wie die Quellfelder in das SAP-S/4HANA-Zielsystem übertragen werden, können Sie den Import von Daten aus den Staging-Tabellen simulieren. Wählen Sie dazu ein Migrationsobjekt im Migration Object Modeler aus, und schalten Sie in den Änderungsmodus. Über den Button (**Simulation**) können Sie den Import von Daten aus den Staging-Tabellen simulieren. Sie gelangen dann zu dem Auswahlbild aus Abbildung 3.79.

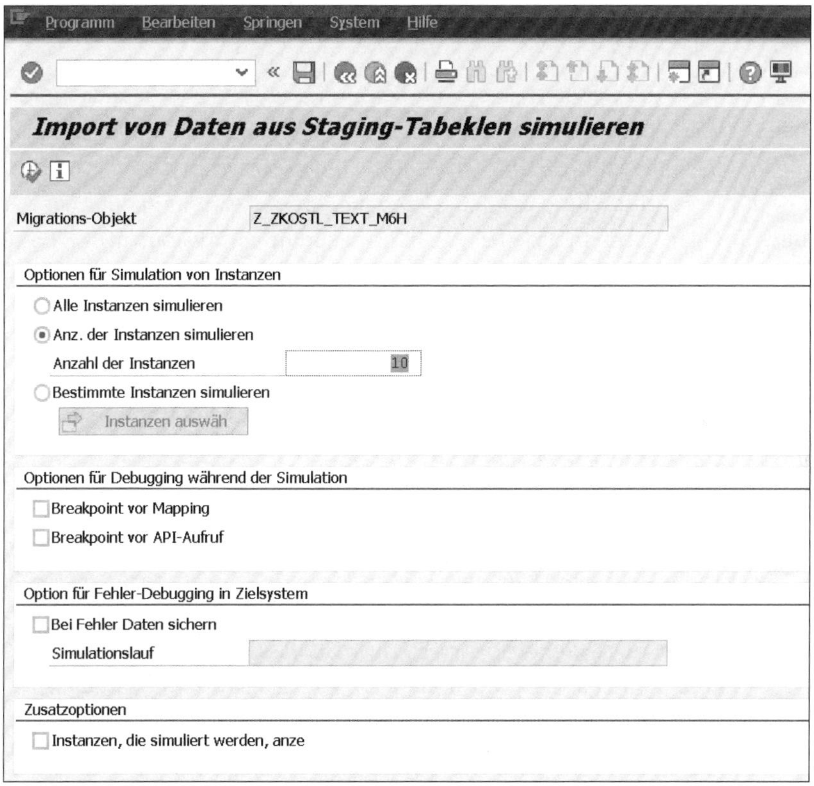

Abbildung 3.79 Report zum Simulieren des Datenimports

Voraussetzungen für die Simulation des Datenimports

Folgende Voraussetzungen müssen erfüllt sein, damit Sie ein Migrationsobjekt simulieren können:

- Das Migrationsobjekt wurde erfolgreich generiert und ist nicht durch einen anderen Benutzer gesperrt.

- Ein Simulationsparameter wurde in der Zielstruktur hinterlegt.
- Es befinden sich Daten in den Staging-Tabellen.
- Falls das Migrationsobjekt aus einer Vorlage kopiert wurde, darf kein Update vorhanden sein.

Über den Button [i] (**Information**) im Auswahlbild für die Simulation rufen Sie die Dokumentation auf.

Für die Auswahl der Daten für die Simulation haben Sie folgende Optionen:

- **Alle Instanzen simulieren**
- **Anz. der Instanzen simulieren**: Die Sätze werden hierbei willkürlich ausgewählt.
- **Bestimmte Instanzen simulieren**: Beachten Sie hierbei, dass die Selektion nicht case-sensitive erfolgt.

Für alle Sätze gilt, dass nur Sätze mit dem Verarbeitungsstatus **Nicht verarbeitet** oder **Fehler** simuliert werden. Zusätzlich haben Sie die Möglichkeit, automatisch Breakpoints an bestimmten Stellen setzen zu lassen, entweder vor der Umschlüsselung der Daten (**Breakpoint vor Mapping**) oder vor der Buchung der Daten in das Zielsystem (**Breakpoint vor API-Aufruf**). Seit SAP S/4HANA 1909 können Sie sich auch die Daten anzeigen lassen, die simuliert werden. Wählen Sie dazu entweder **Sätze vor Mapping anzeigen** oder **Sätze nach Mapping anzeigen** oder beide Optionen aus.

[»]

Report zum Testen und Debuggen

Sollten Sie mit einem älteren SAP-S/4HANA-Release arbeiten, können Sie den Report `DMC_MC_SIMULATE_IMPORT_STAGING` benutzen, um für ein Staging-Migrationsobjekt einen Simulationslauf auszuführen. Sie rufen dazu den Report über den ABAP Editor (Transaktion SE38) oder die ABAP-Programmausführung (Transaktion SA38) auf. Dann wählen Sie Ihr Migrationsobjekt aus. Den Report können Sie auch für das Debugging Ihres Migrationsobjekts nutzen. Wichtig ist, dass Sie vorher alle Umschlüsselungen (Mappings) im Migration Cockpit gepflegt haben.

Der Report ist in SAP-Hinweis 2665339 enthalten.

Falls Sie den Import von Dateien in einem älteren Release simulieren wollen, nutzen Sie den Report aus SAP-Hinweis 2630183.

[+]

Übernahmestatus zurücksetzen

Falls Sie bereits migrierte Datensätze zu Testzwecken erneut migrieren möchten, können Sie über das Auswahlmenü im Migrationsobjekt über **Springen • Übernahmestatus zurücksetzen** alle bereits übertragenen Sätze für dieses Migrationsobjekt anzeigen und für diese Sätze den Übernahmestatus zurücksetzen lassen.

3.5.5 Migrationsprojekte von einem System in ein anderes transportieren bzw. übertragen

Inhalte transportieren

Mit SAP S/4HANA 2021 wird die SAP-Standardtransportfunktion zum Transportieren von Projekten genutzt. Hierzu ist es notwendig, dass Sie Ihrem Projekt bei dessen Anlage ein Entwicklungspaket zugeordnet haben. (siehe »Schritt 2: Entwicklungspaket in SAP S/4HANA zuordnen« in Abschnitt 3.2.5, »Migrationsprojekt anlegen«). Um ein Projekt zu einem Transportauftrag hinzufügen zu können, müssen Sie zuerst das zu transportierende Projekt auswählen und dann auf den Button (**zum Transportauftrag hinzufügen**) klicken. Es werden alle zugehörigen Migrationsobjekte, Festwerte, Regeln, Umschlüsselungsobjekte und Variablen automatisch mit in den Transportauftrag übernommen. Ausgeschlossen vom Transport sind die bereits in die Staging-Tabellen hochgeladenen Instanzen. Auch werden nur die Definitionen einer Regel, eines Festwerts, eines Umschlüsselungsobjekts oder einer Variablen zum Transportauftrag hinzugefügt und transportiert. Werte, z. B. Mapping-Werte, können nicht transportiert werden. Nachdem Sie Ihr Projekt in ein neues System importiert haben, müssen Sie beim ersten Öffnen des Projekts eine neue Datenbankverbindung hinterlegen.

Weitere Informationen zum Transportieren von Inhalten finden Sie über den Button i (**Information**) und im Foliensatz »SAP S/4HANA Migration Cockpit – Migrate Data Using Staging Tables – Transport Concept«, der in SAP-Hinweis 3104790 verlinkt ist.

[+]

Produktivsysteme/nicht änderbare Systeme

Es ist nicht möglich, Projekte in nicht änderbaren Systemen (z. B. Produktivsystemen) anzulegen oder zu ändern. Wenn Sie solche Anpassungen vornehmen müssen, können Sie das Projekt im Entwicklungssystem anpassen und es noch einmal in das Zielsystem transportieren.

Projekte in anderem Mandant verwenden

Projekt in einem anderen Mandanten verwenden

Zusätzlich haben Sie die Möglichkeit, ein Migrationsprojekt in einem anderen Mandanten zu verwenden (siehe Abbildung 3.80). Wählen Sie dazu in der Projektsicht **Springen • Projekt in anderem Mandant verwenden**. Beachten Sie hierbei, dass das Projekt dabei nicht kopiert wird, sondern nach diesem Schritt nur noch im neu angegebenen Mandanten zur Verfügung steht. Da alle Mapping-Werte dabei gelöscht werden, sollten Sie diese vorher herunterladen, um sie dann im neuen Mandanten wieder hochladen zu können. Beachten Sie dabei, dass die Mapping-Werte vor dem Hochladen eventuell überarbeitet werden müssen, um sicherzustellen, dass keine Wertepaare hochgeladen werden, die aus einer internen Nummerierung stammen.

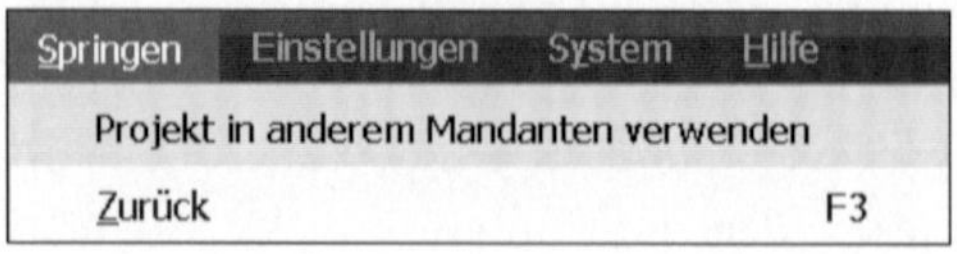

Abbildung 3.80 Projekt in anderem Mandanten verwenden

> **Projekt in anderem Mandanten verwenden**
>
> Die Funktion **Projekt in einem anderen Mandant verwenden** ist nur für das Migration Cockpit für SAP S/4HANA 2020 oder höher und nur für den Migrationsansatz **Daten mithilfe von Staging-Tabellen migrieren** relevant und nicht für ältere Versionen des Migration Cockpits (Transaktion LTMC).

3.6 Modellierung für die Datenmigration mit Staging-Tabellen in der SAP S/4HANA Cloud, public edition

Seit Release 2111 wird der Migration Object Modeler in der SAP S/4HANA Cloud, public edition, zur Verfügung gestellt. Aufrufen können Sie den Modeler über die App **Migrationsobjekte modellieren – Migrationsobjektmodellierer**. Wie im Abschnitt »SAP S/4HANA Cloud« in Abschnitt 3.2.1, »Technische Realisierung«, erwähnt, ist der Modeler in SAP S/4HANA Cloud, public edition, im Umfang eingeschränkt, da zur Zeit nur bestimmte Migrationsobjekte, die von SAP freigegeben sind, um Strukturen und Felder erweitert werden können. Nähere Informationen hierzu finden Sie in SAP-

Hinweis 2999428 (siehe Link: *https://userapps.support.sap.com/sap/support/notes/translate/0002999428?targetLanguage=DE*) und in KBA 3216716 (siehe Link: *https://launchpad.support.sap.com/#/notes/3216716*).

3

[«]

Benötigte Benutzerrolle

Um den Migration Object Modeler in SAP S/4HANA Cloud, public edition, nutzen zu können, muss Ihrem Benutzer die Rolle SAP_BR_ADMINISTRATOR zugewiesen sein.

3.7 Modellierung für den direkten Transfer von Daten aus SAP-Systemen

In diesem Abschnitt wird auf die Besonderheiten der Modellierungsumgebung für den Ansatz des direkten Transfers von Daten aus SAP-Systemen eingegangen.

Der Vorteil dieses Ansatzes ist, dass er für jedes Migrationsobjekt bereits eine vordefinierte Selektionslogik mitausliefert. Ebenso beinhaltet er eine Logik in Bezug auf die Ableitung von Organisationseinheiten.

[«]

Benötigte Benutzerrollen

Ordnen Sie dem Benutzer die in Abschnitt 3.3.4, »Rollen für die Migration zuweisen«, beschriebenen Rollen zu, sowie zusätzlich die Rolle SAP_CA_DMC_MC_DEVELOPER, um Transaktion LTMOM zu nutzen. Wenn Sie Quelltextregeln entwickeln möchten, sind zusätzliche Berechtigungen notwendig, siehe hierzu z. B.: *https://help.sap.com/docs/SAP_S4HANA_ON-PREMISE/29193bf0ebdd4583930b2176cb993268/e562e8c8e8794e7394e2f44f0a5780f6.html?locale=de-DE*

[«]

Dokumentation beachten!

Nachdem Sie in Transaktion LTMOM ein Projekt aufgerufen haben, finden Sie in der oberen Leiste einen Info-Button. Dieser enthält die komplette Dokumentation für die Modellierungsumgebung des Ansatzes **Daten direkt aus SAP-System migrieren**. Befinden Sie sich bereits in einem Schritt innerhalb des Wizards oder innerhalb des Modellierers, gibt es immer zusätzlich einen Info-Button, der weitere Informationen zu genau diesem Schritt anzeigt.

[+]

Ausführliche Informationen zum Modeler

In dem Guide »SAP S/4HANA Migration Cockpit – Deep Dive LTMOM for Direct Transfer« erhalten Sie sehr ausführliche Informationen zum Migration Object Modeler (Link: *https://www.sap.com/documents/2020/10/62dc808c-b87d-0010-87a3-c30de2ffd8ff.html*).

3.7.1 Grundlagenwissen für die Modellierung

In diesem Abschnitt erläutern wir grundlegende Begriffe für die Modellierung. Des Weiteren erklären wir, wie das Migration Cockpit, (Ansatz **Direct Transfer**), Organisationseinheiten zum Zwecke der Selektion ableitet.

Organisationseinheiten

Um einen SAP-Mandanten zu strukturieren, werden in allen SAP-Anwendungen sogenannte *Organisationseinheiten* definiert. Die Organisationseinheiten werden einander zugeordnet, damit die verschiedenen SAP-Anwendungen die Daten integriert verarbeiten können. So ist z. B. in der Finanzbuchhaltung der Buchungskreis eine wichtige Einheit, im Controlling der Kostenrechnungskreis und in der Logistik das Werk. Werke werden Buchungskreisen zugeordnet, Buchungskreise den Kostenrechnungskreisen usw.

Wenn Sie Daten migrieren, müssen Sie in einem ersten Schritt entscheiden, aus welchen Organisationseinheiten die Daten migriert werden sollen. Im Migration Cockpit ist, abhängig vom Szenario, die passende Organisationseinheit als Eingabeparameter vordefiniert. Für das Szenario »SAP ERP nach SAP S/4HANA« ist dies der Buchungskreis. Für die ausgewählten Buchungskreise legen Sie dann die Migrationsobjekte fest, für die Daten migriert werden sollen.

Organisationsableitung

Integrierte Selektions-Engine

Im Migration Cockpit ist eine *Selektions-Engine* integriert. Diese gewährleistet, dass alle Datensätze eingelesen werden, die zu den ausgewählten Migrationsobjekten dieser Organisationseinheit gehören. Dies gilt, selbst wenn die relevante Organisationseinheit nicht in der entsprechenden Anwendungstabelle enthalten ist oder die relevanten Sätze zunächst über Kindtabellen ermittelt werden müssen. Mit dem Migration Cockpit werden also implizit komplexe Selektionslogiken ausgeliefert.

Filter

Ansicht der Filterwerte über LTMOM

Gesteuert wird die Ableitung in der Modellierungsumgebung vor allem über sogenannte *Filter*. Ein Filter ist eine Sammlung von Werten des gleichen Datentyps, die zentral für das Projekt gespeichert ist. Diese Werte sind für alle Migrationsobjekte eines Projekts verfügbar. Ein Filter kann z. B. sein: Kostenrechnungskreis, Buchungskreis, Werk, Verkaufsorganisation, Einkaufsorganisation usw. Die Filter sind von SAP definiert. Es ist festgelegt, welche Filter für das jeweilige Szenario, also z. B. für das Szenario »SAP ERP an SAP S/4HANA« zur Verfügung stehen. Mit SAP S/4HANA Release 2022 ist es möglich, sich die abgeleiteten Werte, die so genannten Filterwerte, in der LTMOM anzeigen zu lassen.

[+]

Weitere Informationen zum Selektionsprozess

Der in KBA 3249988 hinterlegte, englischsprachige Guide »Direct Transfer – Selection Guide« erläutert mit vielen Beispielen und technischen Detailinformationen den Selektionsprozess für den direkten Transfer von Daten (siehe Link: *https://launchpad.support.sap.com/#/notes/3249988*).

Selektionsmöglichkeiten über BAdI

Seit SAP S/4HANA 2021 steht Ihnen ein BAdI für die Datenselektion zur Verfügung. Mit dem BAdI können Sie die Datenselektion durch zusätzliche Logik im Quellsystem beeinflussen. Wenn die im Migration Object Modeler (Transaktion LTMOM) angebotene Filterlogik oder die einfachen Selektionskriterien nicht ausreichen, um Ihre Datenselektionsanforderungen zu unterstützen, können Sie ABAP-Code im Quellsystem im BAdI für die Selektion implementieren. Sie können das BAdI für die Selektion pro Projekt und pro SAP-ERP-Datentabelle des Quellsystems im Migration Object Modeler aktivieren. Weitere Informationen hierzu finden Sie in KBA 309292 (siehe Link: *https://launchpad.support.sap.com/#/notes/3092921*).

[«]

Veränderungen der Standardselektion liegen in der Kundenverantwortung

Sobald Sie Änderungen an der von SAP voreingestellten Standardselektion vornehmen, liegt es in Ihrer Verantwortung, die Konsistenz der selektierten Daten sicherzustellen.

3.7.2 Anlegen eines Migrationsobjekts (Kopieren)

Wie schon in Abschnitt 3.5.1, »Anlegen eines Migrationsobjekts«, erwähnt, gibt es unterschiedliche Möglichkeiten, um ein Migrationsobjekt anzulegen.

Anlegen eines Migrationsobjekts aus der ausgelieferten Vorlage

Migrationsobjekte kopieren

Sie haben die Möglichkeit, die von SAP ausgelieferten Migrationsobjekte zu kopieren. Rufen Sie dazu Transaktion LTMOM auf, und wählen Sie Ihr Direct-Transfer-Projekt aus. Gehen Sie in den Änderungsmodus, und wählen Sie **Migrationsobjektmodellierer • Migrationsobjekt anlegen • Aus Vorlage • Daten direkt aus SAP-System migrieren**. Es werden Ihnen alle Migrationsobjekte angeboten, die für das Szenario zur Verfügung stehen, das Sie Ihrem Projekt zugeordnet haben, z. B. »SAP ERP an SAP S/4HANA«.

Eigene Migrationsobjekte anlegen

Informationen zum Anlegen eines eigenen Migrationsobjekts für den direkten Transfer von Daten finden Sie im Video »SAP S/4HANA Migration Object Modeler: Creating a New Migration Object« (siehe den Link *https://sapvideoa35699dc5.hana.ondemand.com/?entry_id=1_9ntlqj1y*).

Kopieren eines Migrationsobjekts

Sie können auch Migrationsobjekte kopieren, die Sie bereits in Ihrem Projekt angelegt haben. Beachten Sie, dass Sie Objekte nur innerhalb eines einzelnen Projekts kopieren können. Dies ist aufgrund generierter Strukturen technisch bedingt. Wählen Sie hierzu den Pfad **Migrationsobjektmodellierer • Migrationsobjekt kopieren • Daten direkt aus SAP-System migrieren**.

3.7.3 Strukturen synchronisieren

Veränderte Strukturen oder Objekte

Migrationsobjekte verweisen auf ABAP-Dictionary-Objekte, z. B. Tabellen und Funktionsbausteine. Diese ABAP-Dictionary-Objekte können sich von Zeit zu Zeit ändern. Wenn z. B. eine neue Version oder Korrektur implementiert wird, kann dies zu zusätzlichen Importfeldern für einen Funktionsbaustein führen. Tabellenfelder im Quellsystem können hinzugefügt oder gelöscht werden. In solchen Fällen können Sie die Strukturen synchronisieren. Wenn eine Struktur in einem Migrationsobjekt nicht der Struktur im ABAP Dictionary entspricht, aktualisiert das System die Struktur im Migrationsobjekt. Rufen Sie Transaktion LTMOM auf, und klicken Sie doppelt auf das Migrationsobjekt. Wählen Sie anschließend **Migrationsobjekt • Strukturen synchronisieren**.

3.7.4 Eigene Regeln anlegen

Zum Thema Regeln finden Sie in der zentralen Systemdokumentation (Info-Button nach dem Aufruf von Transaktion LTMOM) eine ausführliche Dokumentation und Beispiele. Auch finden Sie nützliche Informationen im Video »SAP S/4HANA Migration Object Modeler: Creating an Own Mapping Rule« (siehe den Link *https://sapvideoa35699dc5.hana.ondemand.com/?entry_id=1_t90amyOn*). Dieses Video zeigt, wie Sie mit dem Migration Object Modeler eine eigene Mapping-Regel in SAP S/4HANA 2020 erstellen.

[«]

Kundeneigene Regeln in SAP S/4HANA 1909

Die Erstellung eigener Quelltextregeln ist erst mit SAP S/4HANA 2020 möglich. In SAP S/4HANA 1909 können bereits eigene Werte-Mapping-Regeln angelegt werden. Jedoch werden diese noch nicht mit Vorschlagswerten für die Zielwerte versorgt. Das heißt, für diese selbst erstellten Werte-Mapping-Regeln laden Sie zunächst das Microsoft-Excel-Template in Transaktion LTMOM herunter und befüllen es mit den Quell- und Zielwerten. Anschließend laden Sie es mithilfe von Transaktion LTMOM wieder hoch. Eigene MOVE-Regeln sowie eigene Festwertregeln können ebenfalls in SAP S/4HANA 1909 angelegt werden.

3.7.5 Tabellenfelderweiterungen migrieren (Z-Felder)

Automatische Erkennung von Z-Feldern

Falls es im Quellsystem Felderweiterungen (kundeneigene Felder bzw. Z-Felder) zu den SAP-Standardtabellen gibt, erkennt das Migration Cockpit dies (nur Ansatz des direkten Transfers). Rufen Sie Transaktion LTMOM auf, und navigieren Sie innerhalb Ihres Migrationsobjekts zum Bereich **Quelltabellen**. Das Migration Cockpit zeigt die kundeneigenen Felder als Quellfelder an. Ob und wie das kundeneigene Feld in das Zielsystem migriert werden kann, hängt davon ab, wie das im Migrationsobjekt genutzte BAPI gebaut ist.

Für Funktionsmodule gibt es drei verschiedene Konzepte:

- Funktionsmodule, die Includes- oder Append-Felder enthalten
- BAPI-Funktionsmodule mit Extension-Feldern vom Typ 1
- BAPI-Funktionsmodule mit Extension-Feldern vom Typ 2: mit oder ohne X-Felder

In allen Fällen müssen die Includes- und Append-Strukturen durch den Kunden gepflegt werden (Transaktion SE11). Der Benutzer benötigt also tiefgreifendes DDIC-Wissen und eine ABAP-Entwicklungsberechtigung im System.

3.7.6 Migrationsobjekte simulieren und debuggen

Debuggen nur im Änderungsmodus

Auch im Ansatz des direkten Transfers können Sie einzelne oder ausgewählte Migrationsobjektinstanzen simulieren und dabei debuggen. Wählen Sie dazu ein Migrationsobjekt in Transaktion LTMOM aus, und schalten Sie in den Änderungsmodus. Über den Button (**Simulation**) gelangen Sie zum Auswahlbild aus Abbildung 3.81.

Abbildung 3.81 Instanzen simulieren und dabei debuggen

Es gibt zwei Zeitpunkte, zu denen Sie einen Breakpoint setzen können:

- **Breakpoint vor Mapping**: Das Programm hält an, bevor das Migration Cockpit die Mapping-Regeln auf die Migrationsobjektinstanz anwendet. So können Sie nachvollziehen, in welchen Schritten einzelne Werte der Instanz transformiert werden.
- **Breakpoint vor API-Aufruf**: Das Programm hält an, bevor das Migration Cockpit die transformierte Migrationsobjektinstanz zur Simulation mit den transformierten Werten an das API übergibt.

Im unteren Teil des Bildes finden Sie zwei Optionen, die steuern, ob die Original-Migrationsobjektinstanz so angezeigt wird, wie sie aus dem Quellsystem eingelesen wurde, oder ob die bereits transformierte Instanz angezeigt werden soll.

3.7.7 Projekte transportieren

Import/Export nur noch über Transporte

Wie in Abschnitt 3.3.5, »Ein Projekt mit dem direktem Datentransfer durchführen«, beschrieben, steht ab Version SAP S/4HANA 2020 der SAP-Transportanschluss zur Verfügung, um Projekte in andere Systeme zu übertragen. Beim Anlegen eines Projekts im Migration Cockpit (SAP Fiori) müssen Sie diesem bereits einen Transportauftrag zuordnen.

In Transaktion LTMOM können Sie einem Transportauftrag Projekte, Migrationsobjekte und Regeln hinzufügen. Positionieren Sie dazu den Cursor auf dem entsprechenden Element, und klicken Sie auf den Button (**Zum Transportauftrag hinzufügen**).

Regeln transportieren

Transportaufträgen wird nur die Definition einer Regel hinzugefügt. Es sind keine Werte, z. B. Mapping-Werte, enthalten. Diese können Sie per Download-/Upload in das System bringen oder im Migration Cockpit direkt pflegen.

Transporte in SAP S/4HANA 1909

In Version SAP S/4HANA 1909 ist der Transportanschluss noch nicht realisiert. Projekte müssen manuell übertragen werden.

3.8 Fazit und weitere nützliche Informationsquellen

Sie wissen nun, wie Sie das Migration Cockpit und den Migration Object Modeler für die verschiedenen Migrationsansätze bedienen können. Wir haben Ihnen viele nützliche Beispiele und Hinweise gegeben. Nachfolgend finden Sie noch wichtige Quellen, in denen Sie noch detaillierte Informationen zu diesen Themen finden können.

3.8.1 Landingpages der Datenmigration

Generell ist es sinnvoll, sich vor der Datenmigration mit den Möglichkeiten und den Informationsquellen zu beschäftigen. Den besten Einstieg neben diesem Buch bieten hier die Landingpages für die Datenmigration für SAP S/4HANA Cloud und SAP S/4HANA. Sie finden Sie unter folgenden Web-Links im SAP Help Portal:

- SAP S/4HANA Cloud: *https://help.sap.com/S4_CE_DM*
- SAP S/4HANA: *https://help.sap.com/S4_OP_DM*

3.8.2 SAP Communities

SAP Community

Sie können die *SAP Community* nutzen; sie ist unter diesem Link erreichbar: *https://community.sap.com/*

Allgemein und insbesondere für die SAP-S/4HANA-On-Premise-Versionen empfiehlt sich auch ein Blick auf die Migration-Cockpit-Seite der SAP Community unter *http://s-prs.de/v745569*

Hier finden Sie eine Vielzahl von Informationen zu allen Aspekten der Datenmigration unter SAP S/4HANA.

3.8.3 Performanceaspekte

Nachfolgend haben wir Ihnen hier die unserer Meinung nach wichtigsten KBAs aufgeführt:

- 3034738, »Migration Cockpit (new): Parallelization of XML file loads – SAP ONE Support Launchpad«
- 3065607, »Performance tips & tricks for SAP S/4HANA Migration Cockpit: Migrate Data Using Staging Tables – SAP ONE Support Launchpad«
- 3066336, »Modifying Data Transfer Jobs to improve the data transfer performance of the SAP S/4HANA Migration Cockpit – Migrate Data Using Staging Tables«
- 3056885, »Performance tips & tricks, SAP S/4HANA Migration Cockpit: Transfer data directly from SAP system – SAP ONE Support Launchpad«

[»]

Nach aktuellen Hinweisen suchen

Suchen Sie immer nach aktuellen Hinweisen zum Thema Performance. Neben Korrekturen kann es auch Knowledge-Base-Artikel oder aktuelle Beratungshinweise zu diesem Thema geben. Suchen Sie mit den Schlagwörtern »SAP S/4HANA Migration Cockpit« und »Performance«.

3.8.4 Zeitpunkt der Migration mit Wartungszeiträumen abgleichen

In SAP S/4HANA Cloud sollten Sie keine Datenübernahme innerhalb eines Wartungszeitraums, also während der Blue-Green-Deployment-Phase einplanen. Informationen zum Blue-Green-Deployment finden sie hier:

- Blog von Akshay Sharma: »S/4HANA Cloud Systems Behaviour During Blue-Green Deployment Uptime«: *https://blogs.sap.com/2022/11/21/sap-s-4hana-cloud-systems-behaviour-during-blue-green-deployment-uptime/*
- SAP Note: *https://launchpad.support.sap.com/#/notes/3024158*
  - 3SL Maintenance Schedule: *https://www.sap.com/documents/2021/09/58ffa59e-f97d-0010-bca6-c68f7e60039b.html*
  - 2SL Maintenance Schedule: *https://www.sap.com/documents/2017/01/867629d8-a27c-0010-82c7-eda71af511fa.html*

Kapitel 4
Datenmigration in SAP SuccessFactors

Jede SAP-SuccessFactors-Implementierung erfordert die initiale Bereitstellung von Daten. Ein frühzeitiges Verständnis der Komplexitäten und Herausforderungen unterstützt Ihre erfolgreiche Datenmigration.

In diesem Kapitel diskutieren wir im Detail die Strategien und Überlegungen, die mit der Datenmigration von SAP SuccessFactors Employee Central (kurz Employee Central) verbunden sind. Wir stellen Lösungsansätze für die Migration von historischen Daten speziell für die Einführung von Employee Central in der initialen Phase vor.

Bei der Implementierung dieser Lösung besteht immer die Anforderung, bestehende Grundlagen-/Organisations- sowie Mitarbeiterdaten initial aus einem oder mehreren Altsystemen in die Employee-Central-Umgebung zu laden. Da es sich bei Employee Central um eine globale Unternehmensanwendung handelt, sind für diese Zielumgebung sehr wahrscheinlich mehrere unterschiedliche Quellsysteme relevant. Dies erfordert die Festlegung einer entsprechenden Strategie bzw. unter Umständen verschiedener Strategien, die für eine erfolgreiche Migration nach Employee Central einbezogen werden müssen.

Der Erfolg der Datenmigration hängt auch von entsprechenden Projektentscheidungen ab: Deren Treiber sind z. B. die Festlegung des Umfangs einer Datenhistorie oder auch, welches Budget zur Datenmigration zur Verfügung steht. Wir erörtern im Rahmen der Datenmigration nicht nur die funktionalen und technischen Themen, sondern sprechen auch die potenziellen prozessualen Herausforderungen an.

In Abschnitt 4.1 werden die grundsätzlichen Vorüberlegungen, die mit der Employee-Central-Datenmigration verbunden sind, thematisiert. Um das Thema der Datenmigration für Employee Central besser einordnen zu können, wenden wir uns in Abschnitt 4.2 den relevanten Employee-Central-Grundlagenthemen zu.

In den zwei weiteren Abschnitten beschreiben wir Standardtools, die bei der Datenmigration von SAP-Personaldaten aus einem SAP-HCM-System bzw. aus Kostenstelleninformationen aus FI/CO in SAP ERP genutzt werden können. In Abschnitt 4.5 wenden wir uns dann dem Standardvorgehen für SAP SuccessFactors, dem Dateiimportverfahren, zu. Im letzten Abschnitt geben wir einige Tipps zur Unterstützung eines erfolgreichen Datenmigrationsprojekts im Employee-Central-Umfeld.

4.1 Grundsätzliche Vorüberlegungen zur Employee-Central-Datenmigration

In Kapitel 2, »Planung von Datenmigrationsprojekten«, wurden die verschiedenen Aspekte eines Datenmigrationsprojekts angesprochen. In diesem Kapitel stellen wir die Spezifika zu Employee Central heraus.

Starten Sie in Ihrem Employee-Central-Projekt frühzeitig mit den Vorbereitungen für die Datenmigration. Bevor Sie die technischen Themen angehen, ist es wichtig, die fachlichen Themen gut zu prüfen und mögliche Herausforderungen zu lösen.

Aspekte und Spannungsfelder

Die nachfolgenden, knapp formulierten Punkte sind eine Auswahl an Aspekten und auch Spannungsfeldern, die die Vorgehensweise der SAP-SuccessFactors-Datenmigration beeinflussen:

- lokale Systeme vs. globales System
- Rollout-Ansatz des Projekts – gestaffelter Rollout vs. Big Bang
- Datenmigration folgt Datenmodell
- Datenhistorie – sinnvoller Umfang
- Spannungsfeld zwischen Datenmigration und Bereitstellung der Daten in der Integration

Die in der Liste aufgeführten Aspekte werden im Folgenden näher ausgeführt.

4.1.1 Lokale Systeme vs. globales System

Ein Punkt, den Sie sich zuerst für Ihre Überlegungen vor Augen führen sollten, ist, dass die Einführung von Employee Central bedeutet, dass für ein globales System Daten aus verschiedenen lokalen Systemen aufbereitet werden müssen, damit diese für die initiale Befüllung des Employee-Central-Systems genutzt werden können.

Treiber der Datenmigration

Wie Abbildung 4.1 zeigt, sind in dieser Konstellation mehrere verschiedene lokale Systeme von der Migration betroffen. Da jedes System unterschiedliche Datenstrukturen und unterschiedliche Datenexportmöglichkeiten bietet, ist der Ansatz der Datenmigration durch die Notwendigkeit, für die unterschiedlichen Szenarien Lösungen zu finden, getrieben.

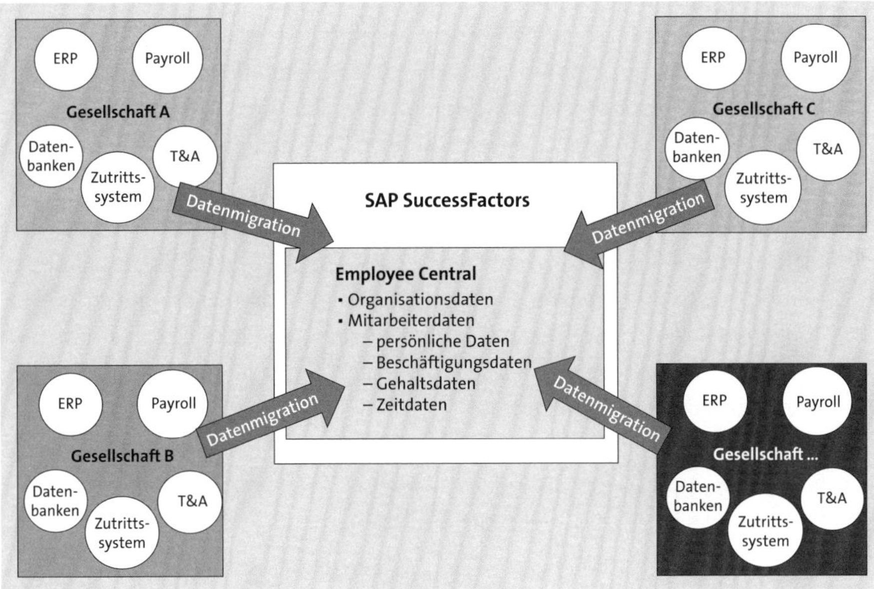

Abbildung 4.1 Lokale Systeme vs. globales System

Dieser Herausforderung können Sie z. B. mit dem Rollout-Ansatz, den wir im folgenden Abschnitt besprechen, begegnen.

Diese Rahmenbedingungen, viele verschiedene lokale Systeme migrieren zu müssen, erschwert es, ein einzelnes Toolset und eine einzelne Vorgehensweise für die Aufbereitung und Übertragung der Daten für die Datenmigration zu definieren bzw. zu nutzen. Ein nützlicher Ansatz ist, dass die Bereitstellung der Daten an die lokalen Einheiten delegiert wird. Den lokalen Einheiten werden entsprechende Informationen in Form von Dokumenten und Workshops bereitgestellt. Auf der globalen Ebene erfolgen dann nur noch eine Qualitätsvalidierung und der eigentliche Import.

4.1.2 Rollout-Ansatz des Projekts: gestaffelter Rollout vs. Big-Bang-Vorgehensweise

Gestaffelter Rollout

Der Grund für einen gestaffelten Rollout eines Employee-Central-Projekts ist meist eine große Anzahl von globalen Unternehmensgesellschaften, die zusammengeführt werden sollen. Projektherausforderungen, die über diesen Ansatz einfacher abgebildet werden können, sind z. B. unterschiedliche Verfügbarkeiten in verschiedenen Zeitzonen sowie die Verfügbarkeit von Projektressourcen.

Beim gestaffelten Rollout werden einzelne Phasen des Rollouts festgelegt. In der ersten Phase, meist eine Pilotphase, wird das sogenannte *Global Template* festgelegt. Das Global Template definiert den Kern, der für alle Unternehmensgesellschaften gleichermaßen gültig ist. Dieser Kern umfasst im Wesentlichen die Organisationsstruktur, die Felddefinitionen und die Prozesse, die global unterstützt werden sollen. Für die erste Phase wird auch eine Anzahl von Gesellschaften festgelegt, bei denen eine entsprechende Lokalisierung des Datenmodells durchgeführt wird.

Entstehender Prozess-Split

Die Tiefe der Lokalisierung hängt von der Definition des in dieser Konstellation entstehenden Prozess-Splits ab. *Prozess-Split* bedeutet, dass mit der Einführung von Employee Central Teile des Prozesses in Employee Central abgebildet werden, weil Employee Central hier das führende System ist, und dann im lokalen System weitere Prozessschritte anfallen. Abbildung 4.2 verdeutlicht diese Vorgehensweise.

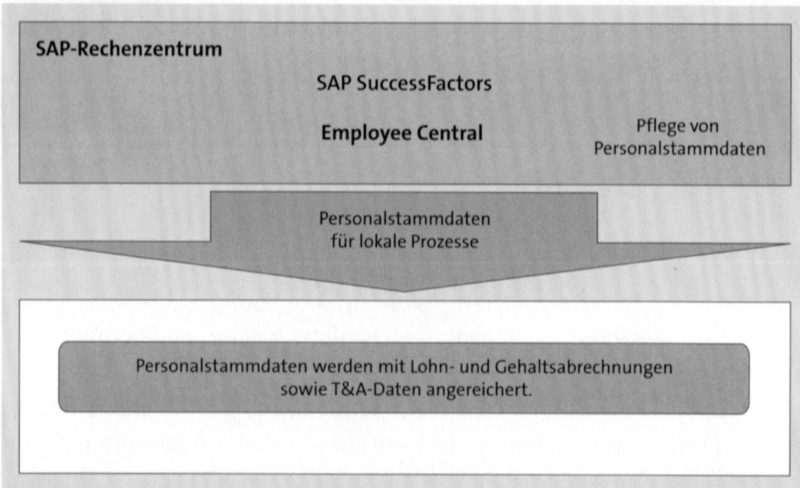

Abbildung 4.2 Übersicht über einen Prozess-Split

Rollout-Phasen

Der Pilotphase folgen weitere Rollout-Phasen. Die Anzahl dieser Phasen kann recht unterschiedlich sein und hängt stark von der Größe und speziell von der Komplexität ab, z. B. von der Anzahl der Gesellschaften in unterschiedlichen Ländern und von der Anzahl der Mitarbeiter pro Gesellschaft. Für die jeweilige Phase müssen entsprechende Datenmigrationsaktivitäten durchgeführt werden.

Wie schon angesprochen, wird beim gestaffelten Rollout die Mitarbeiterpopulation nach relevanten Gruppierungen aufgeteilt, und auf der Grundlage dieser Gruppierungen wird die Einführung von Employee Central in mehreren Phasen durchgeführt.

Die gestaffelte Einführung hat einen kürzeren Datenmigrationszeitraum bezüglich der jeweiligen Phase und geringere Auswirkungen auf die gesamte Mitarbeiterpopulation bei einem Go-live. Durch die höhere Anzahl der Phasen, die meist durch die Anzahl der Länder definiert wird, kann sich aber der Gesamtzeitrahmen des Projekts verlängern.

Dieser Implementierungsansatz verringert langfristig die Ressourcenbelastung innerhalb der einzelnen Projektbereiche und des Kernteams. Abbildung 4.3 stellt die Verknüpfung der einzelnen Phasen dar.

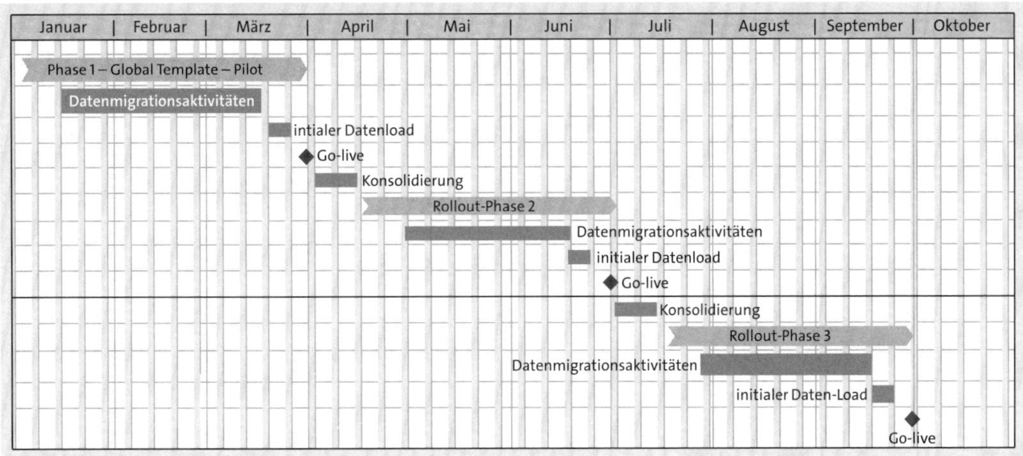

Abbildung 4.3 Generischer Ablauf eines gestaffelten Rollouts

Big-Bang-Vorgehensweise

Beim Big-Bang-Ansatz werden alle Mitarbeiter in den einzelnen Gesellschaften im Rahmen des Projektumfangs von Anfang an mit einbezogen und ihre Anforderungen evaluiert und implementiert.

Der Big Bang (siehe Abbildung 4.4) entspricht an dieser Stelle der ersten Phase des gestaffelten Ansatzes, was das Globale Template angeht, und beinhaltet die Lokalisierungen für alle Gesellschaften. Die Mitarbeiterpopulation kann sich weltweit über mehrere Länder erstrecken, und alle werden zur gleichen Zeit in das Employee-Central-System aufgenommen.

Maximale Ressourcenanforderung

Dieser Ansatz hat den Vorteil, dass das System für die gesamte Belegschaft zum gleichen Zeitpunkt in Betrieb genommen werden kann und sich vermeintlich der Projektzeitraum verkürzt. Die Anforderungen an die beteiligten Ressourcen ist für diesen Zeitraum aber maximal. Es werden mehr Ressourcen für gründliche Tests und Migrationsaktivitäten benötigt, die für alle rechtlichen Einheiten gleichzeitig erforderlich sind.

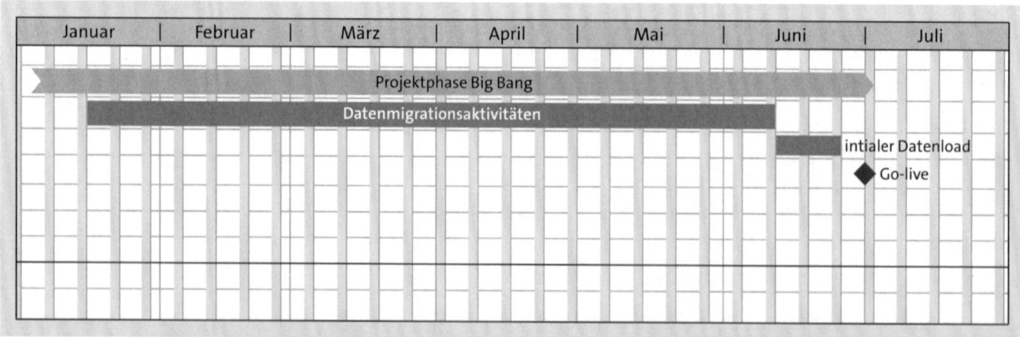

Abbildung 4.4 Generischer Ablauf einer Big-Bang-Vorgehensweise

4.1.3 Die Datenmigration folgt dem Datenmodell

Employee-Central-Datenmodell

Der Umfang und die Vorgehensweise bei der Datenmigration hängen stark von der Definition des Employee-Central-Datenmodells und des Rollout-Ansatzes ab. Die Abhängigkeit bezüglich der Rollout-Ansätze wurde zuvor angerissen.

Im Rahmen des Implementierungsprojekts legen Sie fest, welche Objekte und Datenentitäten genutzt werden sollen. Nutzen Sie viele Entitäten bzw. Objekte in Employee Central, steigt auch der Aufwand der Datenmigration. Jede Entität beinhaltet dabei eine Anzahl von globalen und/oder lokalen Feldern. Auch die Anzahl und der Datentyp dieser Felder hat Einfluss auf die Komplexität der Migration. Textfelder sind einfacher im Umgang wie Listenfelder oder Felder, die auf Objektinformationen, wie z. B. Abteilung, basieren; hier müssen die richtigen Identifikationsnummern bzw. Codes verwendet werden.

4.1.4 Datenhistorie – sinnvoller Umfang

Bei der initialen Datenmigration gibt es oftmals die Anforderung, möglichst viele historische Daten in das Employee-Central-System zu übernehmen, um sie im Zielsystem vollständig verfügbar zu haben, z. B. für Berichtszwecke, zur besseren Nachvollziehbarkeit oder weil ein Altsystem komplett aus dem Betrieb genommen werden soll. Da Employee Central ein zeitscheibenbasiertes System ist, das viele Objekte und Abhängigkeiten umfasst, ist es notwendig und praktisch, die Vergangenheitsdaten vor dem Import aufzubereiten und gegebenenfalls zu vereinfachen und zu harmonisieren.

Daten zu einem Stichpunkttag

Wir empfehlen den Import der Daten zu einem Stichpunkttag, der nicht weit in der Vergangenheit liegt. Historische Daten sollten nur nach gründlicher Prüfung geladen werden. Es empfiehlt sich, historische Datenstrukturen vor dem Importieren so zu bereinigen, dass die Komplexität den Anforderungen entsprechend minimiert ist. Wenn Sie die Daten nicht vereinfachen, ist der Import aufgrund der vielen vergangenen abzubildenden Abhängigkeiten sehr aufwendig.

[zB]

Mitarbeiterdatenhistorie migrieren

Wenn Sie Mitarbeiterdaten aus mehreren Jahren der Vergangenheit in die SAP-SuccessFactors-Standardstrukturen migrieren möchten, müssen Sie die folgenden Punkte beachten:

- Die zu diesem historischen Zeitpunkt gültigen Grundlagendaten (Kostenstellen, Planstellen, Organisationsstrukturen und dergleichen) müssen im System verfügbar sein.
- Die Mitarbeitenden, die zu diesem Zeitpunkt Führungskraftrollen wahrgenommen und gegebenenfalls das Unternehmen schon verlassen haben, müssen ebenfalls im Employee-Central-Minimaldatenumfang bereitstellt werden.

Dies ist jedoch häufig nicht zweckmäßig und auch nicht erforderlich.

Wenn eine größere Menge an historischen Daten geladen werden soll, empfehlen wir Ihnen, die historischen Daten in kundeneigene MDF-Objekte zu laden. Damit vereinfachen Sie das Datenmodell und die Abhängigkeiten deutlich, was für typische Anwendungsfälle (wichtige Daten anzeigen, unkomplizierte Berichte erstellen) ausreicht.

Kundenspezifische MDF-Objekte

Die kundenspezifischen MDF-Objekte können Sie dann einerseits für Self-Services nutzen und andererseits in Berichten auswerten oder an Drittsysteme weitergeben. Abbildung 4.5 stellt die einzelnen infrage kommenden Ziele in SAP SuccessFactors dar.

[«]

Historie für die Wiedereinstellung von terminierten Mitarbeitern

Bei der Migration von Daten in die neue Employee-Central-Umgebung müssen Sie die Strategie berücksichtigen, die mit der Wiedereinstellung eines zuvor gekündigten Mitarbeiters verbunden ist. Abhängig von dieser Strategie und den Projektvorgaben kann es sein, dass es für einen gekündigten Mitarbeiter, der wieder eingestellt werden soll, im neuen System keinen Datensatz gibt. Hier müssen Sie eine Lösung finden, die berücksichtigt, ob es eine Historie für gekündigte Mitarbeiter gibt oder nicht.

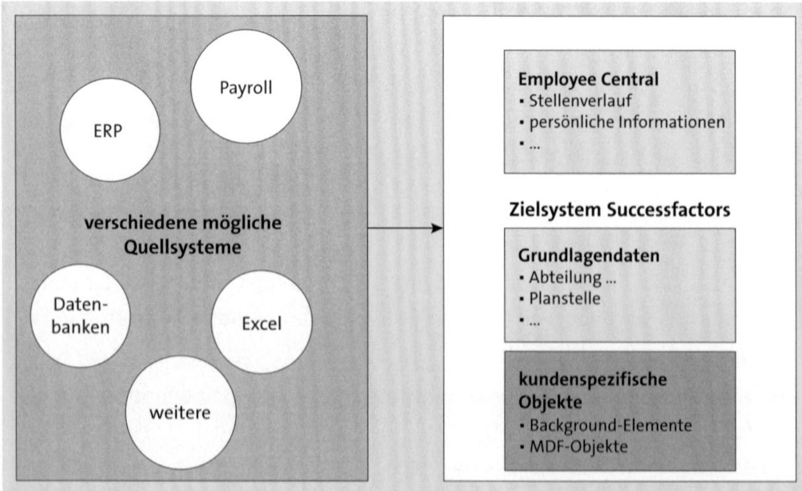

Abbildung 4.5 Überblick über verschiedene Datenquellen und ihre Ziele in SAP SuccessFactors

4.1.5 Spannungsfeld zwischen Datenmigration und Bereitstellung der Daten in der Integration

Datennutzung: Integration

Eine Rahmenbedingung, die die Vorbereitung für die Datenmigration stark beeinflusst, ist die Frage, ob die Daten, die in das Employee-Central-System geladen werden sollen, nach dem Go-live führend in Employee Central gepflegt werden und ob für sie eine Integration in das lokale System implementiert wird.

Je nach lokalem System sind die Anforderungen sehr restriktiv. Ein Paradebeispiel ist eine Integration in ein bestehendes SAP-ERP-HCM-System. Es ist unbedingt notwendig, dass die Daten, die nach Employee Central übertragen wurden, genau den Daten entsprechen, die zu diesem Zeitpunkt in den relevanten SAP-HCM-Infotypen und dort vorhandenen Zeitscheiben ab dem festgelegten Übertragungsdatum existieren. Ist dies nicht der Fall, kommt es beim ersten Integrationslauf, der die Daten so überträgt, wie sie in Employee Central vorliegen, zu Datenänderungen. Dies gilt gleichermaßen für Organisations- und Mitarbeiterdaten.

4.2 SAP Successfactors Employee Central – Grundlagen

Für weitere Überlegungen bezüglich der Datenmigration ist es sinnvoll, zunächst eine kurze Exkursion in die Datenstrukturen/Objekte von Employee Central als Zielumgebung zu machen.

4.2.1 Employee-Central-Strukturen/-Objekte

Employee Central bietet eine Reihe von Möglichkeiten (Entitäten/Objekte) für die Speicherung von Daten.

Haupttypen zur Datenspeicherung

Auf einem hohen Niveau kann man von folgenden zwei Haupttypen ausgehen:

- Grundlagen und Organisationsdaten
- Entitäten für Mitarbeiterdaten

Abbildung 4.6 zeigt, welche Employee-Central-Entitäten und Objekte relevant sein können. Diese variieren je nach den Anforderungen der zu unterstützenden Anwendungsfälle/Prozess-Splits.

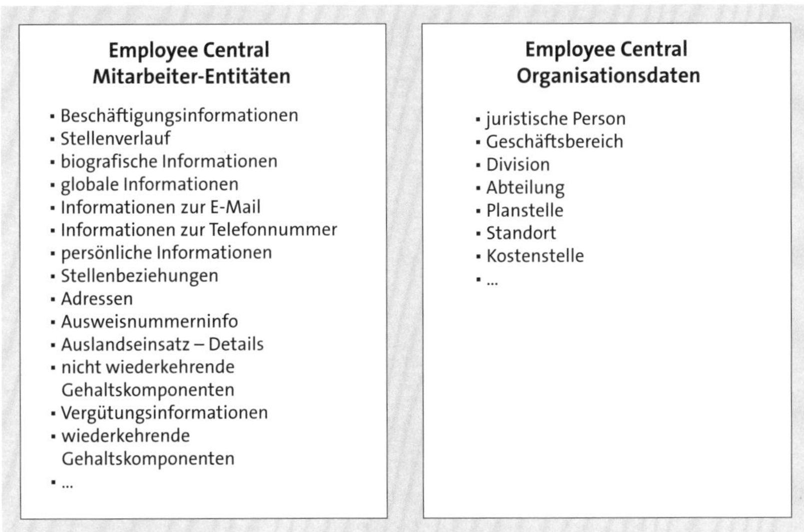

Abbildung 4.6 Relevante Employee-Central-Entitäten und -Objekte

Beide Haupttypen basieren auf ähnlichen Employee-Central-Datenstrukturen, die eine ähnliche technische Vorgehensweise bei der Datenmigration unterstützen. Im Folgenden beschreiben wir diese beiden Haupttypen näher.

Grundlagen- und Organisationsdaten

Grundlagen- und Organisationsdaten

Unter Grundlagen- und Organisationsdaten versteht man Daten, die im SAP-SuccessFactors-System hinterlegt werden, um diese bei der Pflege von Mitarbeiterdaten nutzen zu können. In Abbildung 4.6 sind ein paar dieser Objekte im Bereich **Organisationsdaten** aufgelistet.

Die meisten dieser Daten werden in MDF-Objekten gespeichert. Diese sind historisierend, die Daten haben also einen Zeitbezug und werden in Zeitscheiben mit einem Start- und Ende-Datum gespeichert. Grundlagen- und Organisationsdaten sind zum Teil aufeinander aufbauend. Die Planstelle ist ein gutes Beispiel dafür. Denn sie basiert auf einer großen Anzahl von anderen Grundlagen- und Organisationsdaten.

Planstelle als Beispiel

Abbildung 4.7 zeigt eine Planstelle, in der verschiedene Grundlagen- und Organisationsdaten hervorgehoben sind.

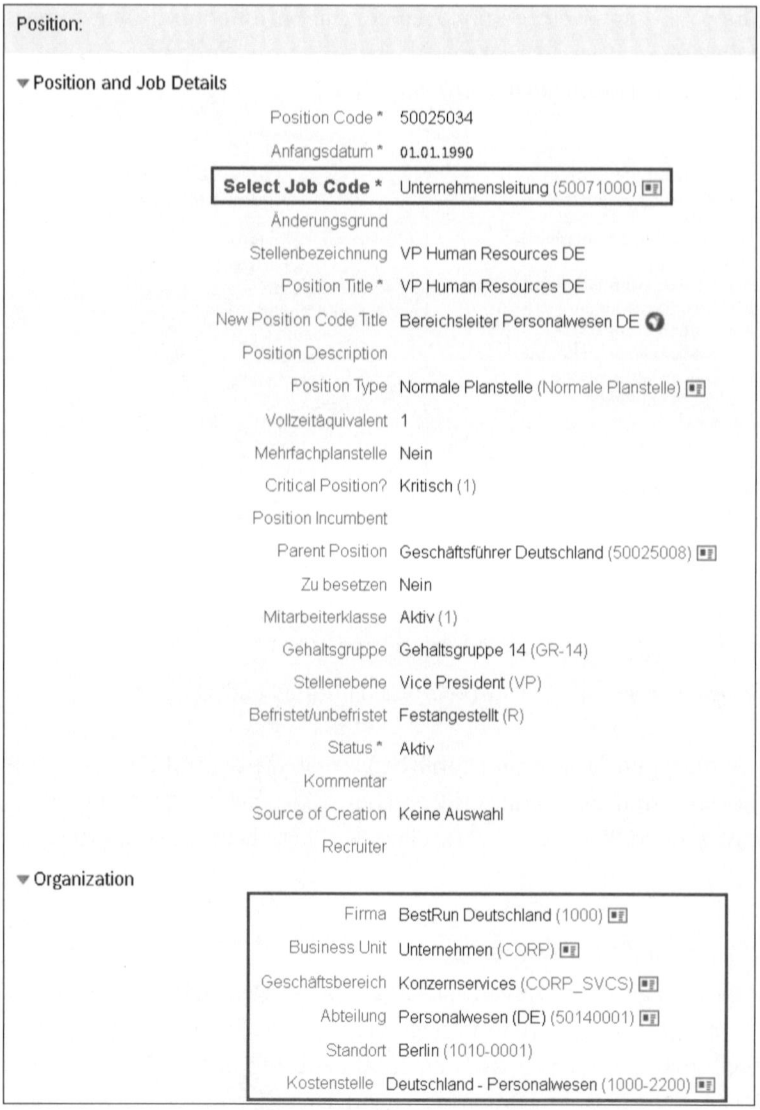

Abbildung 4.7 Beispiel der Nutzung anderer Grundlagen- und Organisationsdaten für eine Planstelle

Durch die aufeinander aufbauende Struktur ist eine Reihenfolge definiert, in der die Daten bei einer Datenmigration im Zielsystem verfügbar sein müssen. Daraus leitet sich ab, dass die Grundlagendaten zuerst geladen werden müssen, und diese unterliegen wiederum einer Reihenfolge. Zum Beispiel müssen die Daten der legalen Einheiten vor den Lokationen geladen werden und diese wiederum vor den Planstellendaten.

Entitäten für Mitarbeiterdaten

Entitäten für Mitarbeiterdaten

Die Entitäten für Mitarbeiterdaten dienen einerseits der Speicherung von persönlichen Daten und andererseits der Speicherung von beschäftigungsrelevanten Informationen der Mitarbeiter. Anbei eine beispielhafte Liste von Employee-Central-Entitäten:

- persönliche Informationen
- biografische Informationen
- globale Informationen
- Beschäftigungsinformationen
- Informationen zur E-Mail

Zeitbezug

Manche dieser Entitäten, z. B. die biografischen Informationen und die Beschäftigungsinformationen, haben keinen Zeitbezug. Andere Entitäten, wie persönliche Informationen und der Stellenverlauf, besitzen einen Zeitbezug. Diese werden in Zeitscheiben mit einem Start- und Ende-Datum gespeichert.

Bei den Mitarbeiterdaten kommen die Grundlagen- und Organisationsdaten zur Nutzung. Anhand des Beispiels aus Abbildung 4.8 sehen Sie, wie die Daten aus der Planstelle in der Entität **Infos zum Beschäftigungsverhältnis** genutzt werden.

Wir haben hier also eine ähnlich aufeinander aufbauende Struktur, die eine Reihenfolge definiert, in der die Daten bei einer Datenmigration im Zielsystem verfügbar sein müssen. Die Planstelle muss zuerst im System sein, damit sie beim Laden der Mitarbeiterdaten genutzt werden kann und damit aus ihr Daten in den Datensatz des Mitarbeiters übernommen werden können.

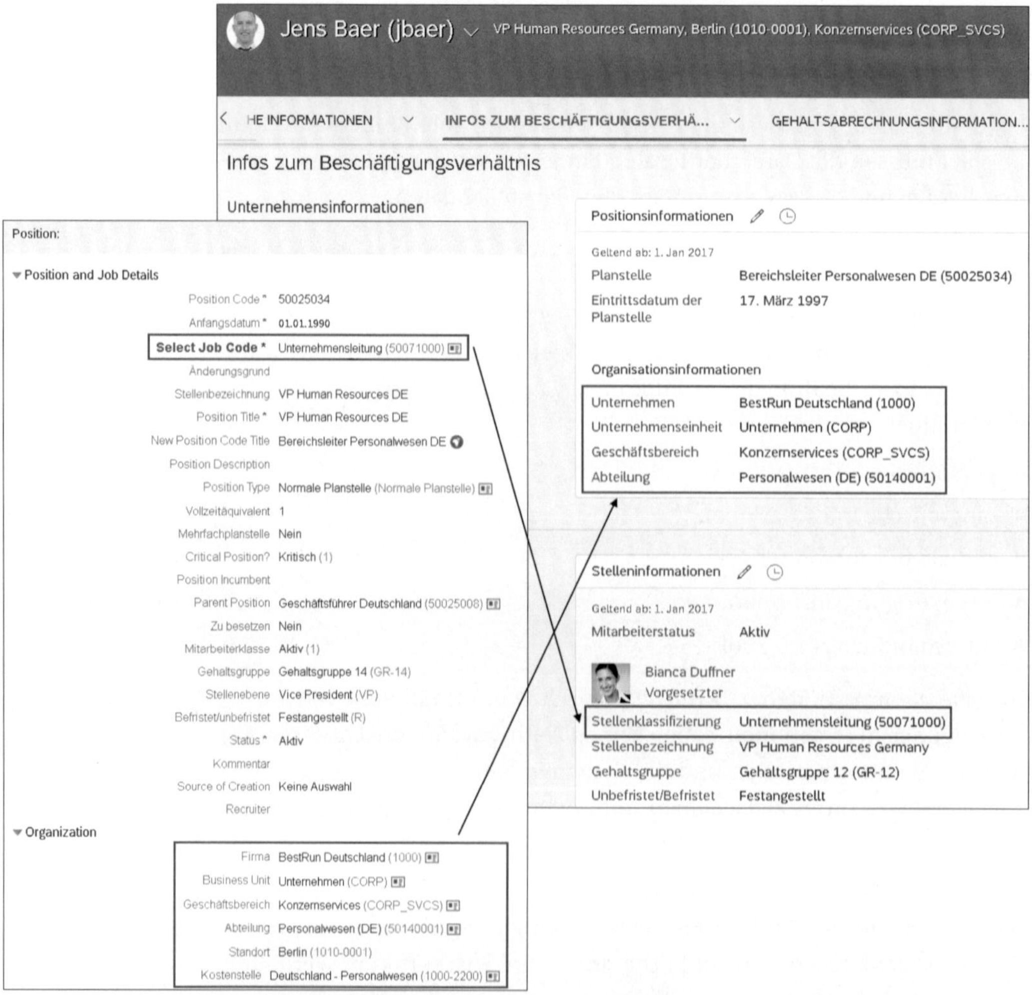

Abbildung 4.8 Planstellendaten im Beschäftigungsverhältnis

4.2.2 Importmöglichkeiten von SAP SuccessFactors

Importmöglichkeiten von SAP SuccessFactors

SAP SuccessFactors bietet zwei Möglichkeiten, um die Daten zu importieren:

- die Nutzung von manuellen Datenimporten mithilfe von kaskadierenden, aufeinander referenzierenden CSV-Importdateien.
- die Nutzung der OData-Anwendungsprogrammierschnittstelle (OData-API)

CSV-Dateiimport

Die Methode der Datenimporte unter der Nutzung von CSV-Dateien stellt die Standardvorgehensweise für Employee Central dar. Ob Sie eine einmalige Migration durchführen, eine Reihe neuer Mitarbeiter in das System laden oder ob Sie verschiedene Grundlagenobjekte aktualisieren: All das kann mit der Funktion des CSV-Dateiimports abgedeckt werden. Um Datenimporte durchführen zu können stellt das System spezifische CSV-Import-Vorlagen zu Verfügung. Die Nutzung der Importvorlagen wird in diesem Abschnitt später noch weiter vertieft, und das Thema wird in Abschnitt 4.5.2, »Bereitstellung von Importvorlagen«, nochmals aufgenommen.

Webservice-OData-API

Die Webservice-OData-API stellt im Vergleich zu den CSV-Datenimporten eine flexiblere und mächtigere Möglichkeit zur Durchführung von Datenmigrationen dar. Sie erfordert allerdings ein höheres Maß an technischem Wissen, andere Fähigkeiten und zusätzliche Technologie und ist daher mit einem höheren Aufwand verbunden. Ein Beispiel für eine zusätzliche Technologie ist eine sogenannte Middleware, anhand der die Progammierung erstellt und dann ausgeführt wird.

In Abschnitt 4.3 sprechen wir die Nutzung des SAP-Standardtools Infoporter an. Dieses Tool kann die Daten per Webservice an das Employee-Central-System übertragen.

[+]

Aufwand-Nutzen-Abschätzung

Im Rahmen der Festlegung der Datenmigrationsstrategie und der dabei genutzten Werkzeuge sollten Sie eine Aufwand-Nutzen-Abschätzung durchführen und prüfen, ob Sie die Daten manuell erfassen, per CSV-Datei importieren oder/und eine API-basierte Integration realisieren möchten.

Lassen Sie uns etwas mehr in die Details des CSV-Imports bzw. der CSV-Import-Vorlagen eintauchen. Importvorlagen, ob diese nun für Grundlagen-/Organisationsdaten oder für Mitarbeiterdaten verwendet werden, haben immer zwei Kopfzeilen und mehrere Spalten. Die oberste Zeile der Vorlage beinhaltet den technischen Feldnamen und die zweite Zeile die Beschreibung des Feldes. Beachten Sie, dass diese beiden Zeilen nicht gelöscht werden dürfen. Die Werte der ersten Zeile dürfen zudem nicht verändert werden. Anbei in Abbildung 4.9 eine Vorlage für den Import von Abteilungsdaten.

Abbildung 4.10 stellt ein Beispiel einer CSV-Import-Vorlage für Mitarbeiterdaten dar. Gemeinsam haben beide Abbildungen die doppelte Kopfzeile, die die Identifikationsinformationen für die jeweilige Spalte enthält.

Vorbereitung für die Datenmigration

Die Aufgabe der Vorbereitung für die Datenmigration ist es nun, die einzelnen Spalten für die jeweiligen Datensätze zu befüllen.

A	B	C	D	E	F	G
[OPERATOR]	effectiveStartDate	externalCode	name.en_US	name.defaultValue	description.en_US	description.defaultValue
Unterstützte Operatoren: Delimit, Clear und Delete	Anfangsdatum	Code	US-Englisch	Standardwert	US-Englisch	Standardwert

H	I	J	K
effectiveStatus	headOfUnit	parentDepartment.externalCode	costCenter.externalCode
Status(Valid Values : A/I A for Aktiv I for Inaktiv)	Abteilungsleiter	Abteilung.Code	Kostenstelle.Code

Abbildung 4.9 CSV-Importvorlage für das Grundlagenobjekt »Abteilung«

A	B	C	D	E
user-id	date-of-birth	country-of-birth	region-of-birth	person-id-external
Benutzerkennung	Geburtsdatum	Geburtsland	Geburtsregion	Personenkennung

Abbildung 4.10 CSV-Importvorlage für die Mitarbeiterentität »Biografische Informationen«

Die Art und Weise, wie die Daten bereitgestellt werden, kann sehr unterschiedlich sein. Der einfachste Ansatz ist die Nutzung eines Tools wie z. B. Microsoft Excel oder OpenOffice Calc, um Daten aus Quellsystemen einzulesen und weiter für den Import anzureichern.

Für größere Unternehmen/Datenmigrationen bietet sich die Nutzung einer Datenbankanwendung an, in der die Daten aggregiert werden und dann auch im entsprechenden CSV-Import-Format bereitgestellt werden können.

Die Herausforderung bei der Bereitstellung ist immer, dass manche Felder auf Wertelisten/Grundlagedaten referenzieren und diese richtig in der CSV-Import-Datei bereitgestellt werden müssen. Dies kann bedeuten, dass ein Werte-Mapping von Wert Altsystem zu Wert Employee Central durchgeführt werden muss

Nachdem die Importdateien bereitgestellt worden sind, können sie über die Standardimportwerkzeuge importiert werden. Hier existieren für die einzelnen Typen unterschiedliche Importwerkzeuge. Die komplette Vorgehensweise wird später in Abschnitt 4.5, »Datenimport in SAP SuccessFactors«, detaillierter beschrieben.

4.3 Infoporter für SAP-ERP-HCM-Daten

Das Standardtool bzw. die Standardvorgehensweise für Datenimporte in SAP SuccessFactors ist der CSV-Dateiimport. Für Datenimporte aus SAP-

Systemen existieren für zwei Anwendungsfälle Standardtools, auf die in den weiteren Kapiteln zuerst eingegangen wird; danach wird der Standardimport vertieft.

Infoporter

SAP bietet mit dem Werkzeug *Infoporter* eine Standardfunktion zur Migration von Daten aus SAP-ERP-HCM-Systemen. Der Infoporter bietet Ihnen die Möglichkeit, Organisationsdaten wie z. B. organisatorische Einheiten oder Planstellen, aber auch Mitarbeiterdaten aus verschiedenen SAP-HCM-Infotypen für die Migration bereitzustellen. Dies kann über eine direkte Webservice-Kommunikation erfolgen oder über die Bereitstellung von textbasierten CSV-Importdateien, die manuell in das SAP-SuccessFactors-System geladen werden.

4.3.1 Gegenüberstellung von Infoporter und Standard-CSV-Import-Templates

Infoporter vs. Standard CSV-Import-Templates

Lassen Sie uns mit einer Gegenüberstellung der beiden Ansätze, also der Nutzung der SAP-SuccessFactors-Standard-CSV-Importe und des Infoporters starten. Tabelle 4.1 listet die wichtigsten Aspekte auf.

SAP SuccessFactors Import Templates	Infoporter
Beschreibung	
Standard-Importvorlagen werden für verschiedene SAP-SuccessFactors-Module bereitgestellt.	Von SAP bereitgestelltes Standardwerkzeug für die Migration von Daten aus SAP HCM nach Employee Central
Vorteile	
▪ Importvorlagen werden automatisch auf der Grundlage der Konfiguration der dazugehörigen Datenobjekte aktualisiert. ▪ Unterstützt sowohl vollständige als auch inkrementelle Ladungen. ▪ Überwachung von Datenladeaufträgen innerhalb von SuccessFactors.	▪ Bietet einen Konfigurationsrahmen für die Verwaltung von Feld-Wert-Zuordnungen. ▪ Erweiterbares Framework zur Unterstützung benutzerdefinierter Felder und Mapping-Logik. ▪ Unterstützung von Voll- und Delta-Ladungen. ▪ Unterstützt die Migration von Webservices. ▪ Bietet die Möglichkeit, die Datenübertagung im Vorschaumodus zu testen.

Tabelle 4.1 Gegenüberstellung von Infoporter und CSV-Import-Templates

SAP SuccessFactors Import Templates	Infoporter
Herausforderungen	
▪ Die Datenbereinigung/-transformation muss extern durchgeführt werden. ▪ Die Reihenfolge der Datenladungen muss den Anweisungen in den Implementierungshandbüchern folgen, um Fehler zu vermeiden.	▪ Die Datenbereinigung muss bei Bedarf in SAP HCM durchgeführt werden. ▪ Bereitstellung von Daten, die nicht in SAP verfügbar sind (diese müssen mit dem CSV-Standard bearbeitet werden) ▪ Der Mechanismus zur Datenvalidierung nach dem Laden muss extern über Berichte verwaltet werden.
Anwendungsfälle	
▪ Tools von Drittanbietern fallen nicht in den Anwendungsbereich. ▪ Der Bedarf an Datenumwandlung ist minimal oder kann extern verwaltet werden.	Unterstützt nur die Migration von Mitarbeiter- und Organisationsdaten von SAP HCM nach Employee Central

Tabelle 4.1 Gegenüberstellung von Infoporter und CSV-Import-Templates (Forts.)

Die Aussagen bezüglich des CSV-Ansatzes beziehen sich auf den durchgängigen Ansatz. Das heißt, dass die CSV-Dateien nicht mit dem Infoporter erstellt werden. Diese Vorgehensweise findet später in Abschnitt 4.3.2, »Infoporter-Integration – Architekturkomponenten«, Beachtung.

4.3.2 Infoporter-Integration – Architekturkomponenten

Business Integration Builder

Der Infoporter wird als Teil des Integrations-Add-ons `PA_SE_IN` für SAP ERP HCM und Employee Central ausgeliefert. Das Add-on integriert beide Systeme für die Datenreplikation. Die Festlegung des notwendigen Mappings findet im sogenannten *Business Integration Builder* (BIB) statt. Das Ergebnis kann als CSV-Datei(en) ausgegeben werden, und die Dateien können manuell oder automatisiert nach Employee Central hochgeladen werden.

Abbildung 4.11 visualisiert das Zusammenspiel der einzelnen Architekturkomponenten.

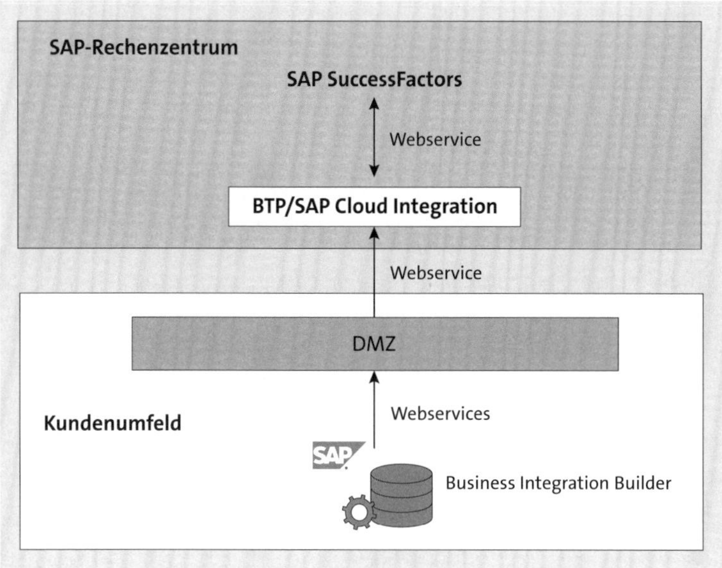

Abbildung 4.11 Infoporter-Integration der Architekturkomponenten

Nach dem Abschluss der Migration kann das Setup auch für die regelmäßige Replikation von Daten über die SAP Integration Suite der SAP Business Technology Platform (SAP BTP) verwendet werden.

[+]

Zusätzliche Ressourcen

Weitere Informationen inklusive Schritt-für-Schritt-Anleitungen zur Durchführung der Tätigkeiten finden Sie im Handbuch »Migration von Daten von SAP ERP nach Employee Central« unter

https://help.sap.com/viewer/p/SAP_SUCCESSFACTORS_EMPLOYEE_CENTRAL_INTEGRATION_TO_SAP_BUSINESS_SUITE

4.3.3 Infoporter – Vergleich von CSV und Webservice

Wie schon angesprochen, ist die Entscheidung, ob ein CSV-Datei-Import oder Webdienste verwendet werden sollen, eine wichtige Entscheidung, die zu Beginn des Projekts getroffen werden muss, da sie zu zwei unterschiedlichen Ansätzen führt.

Es gibt keine pauschale Empfehlung, die für alles gilt. Beide Optionen haben Auswirkungen auf die Kosten. Sobald Sie sich für eine Methode entschieden haben, müssen die relevanten Metadaten der Employee-Central-Entitäten in den BIB hochgeladen werden, und ein Wechsel der Technologie bedeutet, dass Sie die Konfiguration neu starten müssen. Sie können CSV-Infoporter-

Auswirkungen auf die Kosten

Vorlagen nicht einfach in Webservice-Infoporter-Vorlagen umwandeln und umgekehrt. Zur besseren Einschätzung, ob der Infoporter in einer CSV- oder Webservice-Konfiguration genutzt werden soll, finden Sie in Tabelle 4.2 eine Gegenüberstellung.

CSV	Webservice
Funktionsumfang	
CSV kann nur für die Datenmigration von SAP nach Employee Central verwendet werden.	Die webdienstbasierte Version kann grundsätzlich auch für die Replikation von Employee Central in das SAP-System als Option genutzt werden.
Umfang der Änderungen und Zeitfenster für die Umstellung	
Freeze-Zeitraum: Zeitraum, der mit dem Export der Daten aus den Quellumgebungen beginnt und mit der Bereitstellung in Employee Central endet. In dieser Zeit sind die Daten eingefroren.	
Die Dauer eines notwendigen Freeze-Zeitraums ist länger. Bei der Verwendung von CSV beginnt das Daten-Freeze-Fenster mit dem ersten Extrakt aus dem SAP-System, da es keine einfache Delta-Funktion gibt.	Mit Webservices kann eine erste Datenladung vorab durchgeführt werden. Somit ist der Großteil der Daten schon transferiert. In einem weiteren Schritt wird nur noch ein Delta an die Daten übertragen. Dies kann über die Konfiguration der sogenannten Vorlagengruppe aktiviert werden. Dadurch ist es möglich, den Beginn des Einfrierens (Freeze) der Daten später zu starten und zu verkürzen.
Konfigurationsaufwand	
Die Nutzung des CSV-Imports erfordert den gleichen Konfigurationsaufwand wie die Bereitstellung des Webservice, aber es kann Fälle geben, in denen es notwendig ist, den CSV-Inhalt für bestimmte Fälle manuell anzureichern. Diese manuelle Aktualisierung muss jedes Mal durchgeführt werden, wenn Sie die Daten während der Tests extrahieren und wieder hochladen.	Webdienste erfordern grundsätzlich eine große Portion an Konfigurationsarbeit. Da keine Dateien erstellt werden, müssen alle Zuordnungen in der Infoporter-Konfiguration vorgenommen werden. Von Vorteil sind die Konsistenz und die Automatisierung.

Tabelle 4.2 Infoporter im Vergleich zu CSV bzw. Webservice

CSV	Webservice
Die manuellen Änderungen müssen dokumentiert, befolgt und wiederholt werden und sind fehleranfällig (vergessen eines Schritts, Ausführen von Schritten in derselben Art und Weise).	
Es kann Ansätze geben bei denen eine Kombination von CSV-Import-und Webservice-Ansatz sinnvoll sind. Ein Ansatz kann sein, dass globale Daten mithilfe von Webdiensten automatisiert geladen werden und spezifische Fälle mit CSV bearbeitet und angereichert werden.	
Genauigkeit, Sicherheit und Vertraulichkeit	
Nach dem Extrahieren aus SAP ERP HCM und vor dem Import in Employee Central können Änderungen an den Dateien vorgenommen werden. Diese können dokumentiert sein oder nicht, und es können Benutzerfehler auftreten. Eine Kopie der Daten befindet sich eine Zeitlang auf Dateiservern und muss bereinigt werden. Die Löschung dieser persönlichen Daten ist ein wichtiges Datenschutzthema. Möglicherweise ist eine manuelle Aufspaltung in kleinere Pakete erforderlich.	Alle Änderungen bzw. Zuordnungen zu den Daten werden in der Konfiguration vorgenommen und über Transporte in die Produktion transportiert. Alle Daten werden über verschlüsselte HTTPS-Webdienste an Employee Central übertragen. Es werden keine Dateien erzeugt; dies ist ein einstufiger Prozess. Eine manuelle Aufteilung ist nicht erforderlich. Es sind keine manuellen Änderungen an den Daten möglich
Fehleranalyse	
Bei der Ausführung des Exports aus SAP ERP HCM werden keine unmittelbaren Import-Fehlermeldungen angezeigt. Der Fehler wird beim nächsten Schritt während und nach dem Hochladen in das Employee-Central-System gemeldet. Dieser Vorgang wird meist durch andere Projektmitarbeiter durchgeführt. Der Fehler kann auch durch Formatfehler, lokale PC-Einstellungen, Aufteilung oder manuelle inhaltliche Änderungen verursacht werden und macht deshalb die Fehleranalyse komplexer.	Beim Ausführen des Webservice-Aufrufs von SAP ERP HCM erhalten Sie eine sofortige Erfolgs-/Fehlermeldung mit Details, wenn ein Fehler auftritt.

Tabelle 4.2 Infoporter im Vergleich zu CSV bzw. Webservice (Forts.)

[»]

Zusammenfassung zu Webservices bzw. CSV

Bei Webservices ist ein höherer Konfigurationsaufwand erforderlich, der durch einen geringeren Aufwand bei den Test- und Produktivläufen der Datenmigration ausgeglichen wird. Wenn es eine Integration von Employee Central nach SAP HCM geben soll, können diese Konfigurationen wiederverwendet werden.

Eine CSV-Nutzung bedeutet einen geringeren Konfigurationsaufwand, vor allem, wenn die Replikation nicht im Vordergrund steht. Gleichzeitig entstehen mehr Migrationsaufwände und ein längerer Freeze-Zeitraum für die Umstellung.

4.3.4 Schritte der Datenmigration mit Infoporter

Schritte der Datenmigration

Die Datenmigration mit dem Infoporter gliedert sich in vier große Hauptblöcke, die in Abbildung 4.12 zusammengefasst sind.

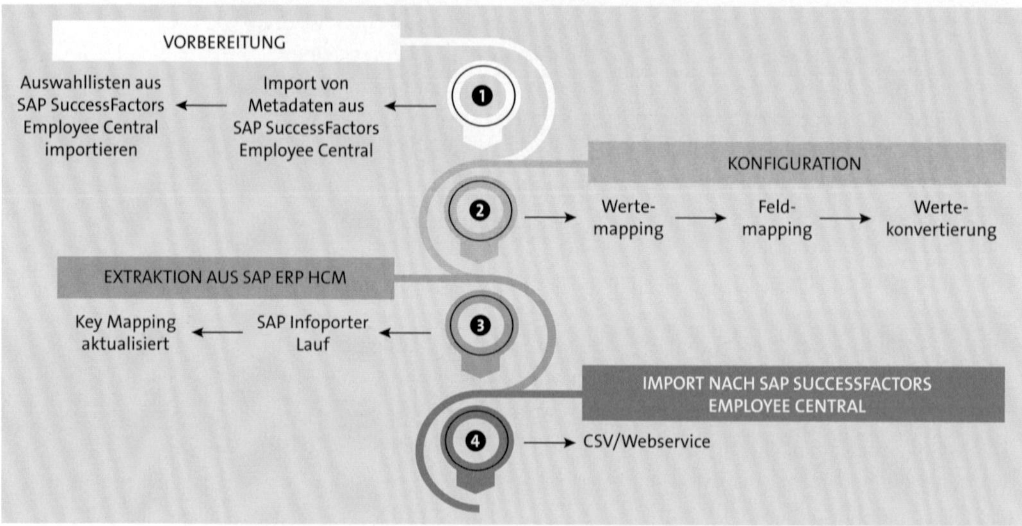

Abbildung 4.12 Schritte der Datenmigration mit dem Infoporter (Quelle: SAP)

❶ **Vorbereitung**
Hier werden die für das spätere Mapping erforderlichen Daten eingelesen.

❷ **Konfiguration**
Die Felder und Werte aus SAP HCM und Employee Central werden aufeinander abgebildet und, wenn notwendig, Konvertierungen durchgeführt.

❸ **Extraktion aus SAP ERP HCM**
Die Daten werden aus SAP ERP HCM extrahiert.

❹ **Import nach Employee Central**
Nach einer entsprechenden Verarbeitung werden die Daten entweder per CSV oder Webservice nach Employee Central übertragen.

4.4 Migration der SAP-Kostenstellen nach Employee Central

Kostenstellen nach Employee Central übertragen

Für die Übertragung von Kostenstellen aus einem SAP-ERP-System nach Employee Central stellt SAP eine Standardschnittstelle zur Verfügung. Diese Schnittstelle kann zur einmaligen Übertragung der Informationen sowie für ein zyklisches Update der Daten genutzt werden. Diese Schnittstelle basiert auf einem Add-on mit dem Namen `ODTFINCC`, das in der SAP-Quellumgebung installiert werden muss. Für die Übertragung der Daten nach Employee Central wird das SAP-Cloud-Integrations-Paket `ERPtoSuccessFactorsEmployeeCentralCostCenter` benötigt.

Abbildung 4.13 zeigt das Zusammenspiel der einzelnen Komponenten.

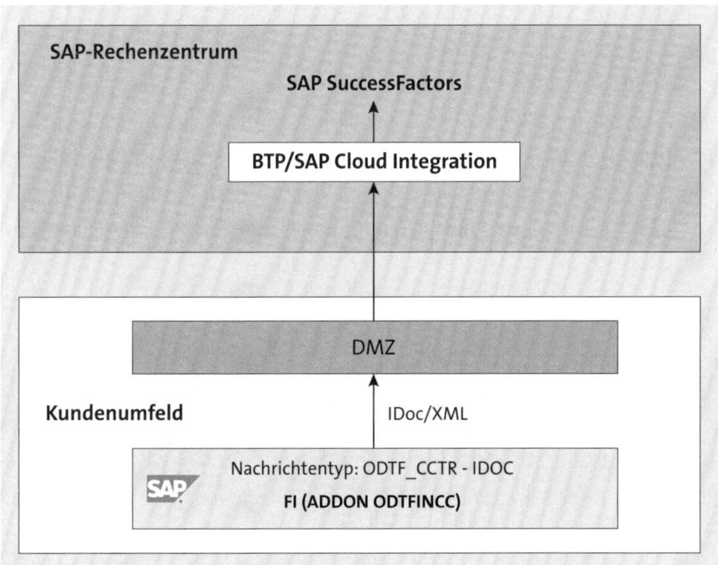

Abbildung 4.13 Integrationsarchitektur und Komponenten der Kostenstellenmigration

Konfiguration der Architekturkomponenten

Der erste Teil für die Bereitstellung umfasst die Konfiguration der Architekturkomponenten sowie die Installation des Add-ons, der CI-SSL-Zertifikate im SAP-System und des CI-Pakets. Auf der Employee-Central-Seite muss ein technischer Benutzer mit den notwendigen Berechtigungen bereitgestellt werden. Auf der SAP-Seite sind weitere Konfigurationen erforderlich:

- Änderungszeiger für Nachricht ODTF_CCTR aktivieren (Transaktion BD61)
- Logisches System für Employee Central anlegen (Transaktion SALE)
- Verteilungsmodell für Nachricht ODTF_CCTR pflegen (Transaktion BD64)
- RFC-Destination für Employee Central bearbeiten (Transaktion SM59)
- Logischen Port (XML/http) für Employee Central anlegen (Transaktion WE21)
- Partnervereinbarung für Employee Central anlegen (Transaktion WE20)

Nach der Durchführung dieser Punkte kann eine Übertragung der Kostenstellen von SAP ERP nach Employee Central erfolgen. Dazu wird über Transaktion SE38 der Bericht mit dem Namen ODTF_REPL_CC ausgeführt.

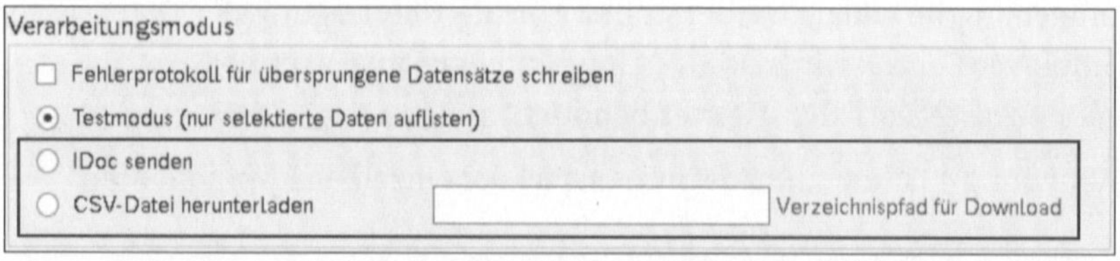

Abbildung 4.14 Ausschnitt aus dem Bericht ODTF_REPL_CC

SAP-Report

Abbildung 4.14 zeigt den SAP-Report ODTF_REPL_CC. Innerhalb des roten Rahmens in Abbildung ist zu sehen, dass es auch möglich ist, das Ergebnis des Reports per CSV-Datei ausgeben zu lassen. Die Datei, die über diese Konfiguration erzeugt wird, kann zum Upload nach Employee Central verwendet werden.

Der Integrationsprozess kann auch so konfiguriert werden, dass er verschiedene Anforderungen an die Datenzuordnung und -Transformation erfüllt, z. B. die Zuordnung von Kostenstellencodes und -namen aus dem SAP-ERP-System in das Datenmodell von Employee Central. Zusätzlich zu den Kostenstellendaten kann die Integration auch dazu verwendet werden, andere verwandte Daten zu übertragen, wie z. B. Kostenstellenleiter und Mitarbeiter, die den Kostenstellen zugeordnet sind.

[+]

Zusätzliche Ressourcen

Eine detaillierte Schritt-für-Schritt-Anweisung für die Bereitstellung der SAP-ERP-Kostenstellenmigration bzw. -integration finden Sie hier:

https://blogs.sap.com/2020/07/30/configuring-the-replication-of-cost-centers-from-sap-erp-to-successfactors-employee-central-using-sap-cloud-platform-integration/

Die SAP-Dokumentation finden Sie hier:

https://help.sap.com/doc/6e943d18c1f347b88e91b1e605d502e2/2211/en-US/SF_ERP_EC_CC_HCI_en-US.pdf

4.5 Datenimport in SAP SuccessFactors

CSV-Dateiimportschnittstelle

SAP SuccessFactors stellt eine CSV-Dateiimportschnittstelle zur Verfügung, die als Standardmethode für die Datenmigration, sprich für die initiale Datenladung, genutzt werden kann. Im Folgenden beschreiben wir die Standard-Datenimportprozesse, die Schlüsselfelder sowie die Einstellungen und teilen die beim Datenimport anzustellenden Überlegungen mit Ihnen. Der Aufbau der CSV-Importvorlagen ist abhängig von der Konfiguration des jeweiligen SAP-SuccessFactors-Systems und wird Ihnen so als Vorlage angeboten, wie es Ihrer Systemkonfiguration entspricht. Die folgenden Dateimporte werden für den Import von Employee-Central-Daten verwendet:

- Grundlagenobjektdaten und allgemeine (generische) Objektdaten
- personenbezogene oder Mitarbeiterdaten

Alle Importe funktionieren nach den gleichen Mustern. Im Folgenden vertiefen wir dieses Thema.

4.5.1 Vorgehensweise zum Employee-Central-Datenimport

Employee-Central-Datenimport

Die einzelnen Importe basieren zum Teil auf Daten, die sich zur Zeit der Durchführung des Imports bereits in SAP SuccessFactors befinden müssen. Andernfalls funktioniert der Import nicht. In der Regel gehen Sie in der folgenden Reihenfolge vor:

1. Auswahllisten müssen vor den Datenimports in SAP SuccessFactors verfügbar sein. Dies gilt insbesondere für Auswahllisten, auf die in den CSV-Importvorlagen verwiesen wird.
2. Sind die Auswahllisten im System verfügbar, beginnen Sie damit, die Daten der Grundlagenobjekte (z. B. **Juristische Einheit, Standort** usw.) zu importieren.
3. Da die Mitarbeiterdaten Grundlagenobjektdaten nutzen, können diese erst in einem nachfolgenden Schritt sinnvoll importiert werden.

[»]

Reihenfolge und Abhängigkeiten bei den Datenimporten

Da die Reihenfolge auch von Ihrer Systemkonfiguration abhängt, gilt es, die Importreihenfolge zu testen. SAP SuccessFactors weist Sie beim Laden bzw. Validieren der Daten sofort darauf hin, wenn ein anderes Datum zuerst geladen werden muss.

4.5.2 Bereitstellung von Importvorlagen

Die Art der Generierung der Importvorlagen hängt vom entsprechenden Typ der Vorlage ab; die relevanten Typen sind:

- Vorlagen für Grundlagenobjekte
- Vorlagen für generische Objekte
- Vorlagen für Benutzer und Mitarbeiter

Im Folgenden stellen wir Ihnen die einzelnen Typen näher vor.

Vorlagen für Grundlagenobjekte

Vorlagen für Grundlagenobjekte

Die relevanten CSV-Importvorlagen können Sie über den Button **Grundlagendaten importieren** in der Aktionssuche aufrufen.

CSV-Importvorlagen können heruntergeladen werden, indem Sie auf **Leere CSV-Vorlage herunterladen** klicken und eine Vorlage auswählen (siehe Abbildung 4.15).

Abbildung 4.15 Grundlagendaten importieren

Vorlagen für generische Objekte

Vorlagen für generische Objekte

Laden Sie CSV-Importvorlagen herunter, indem Sie in der Aktionssuche **Daten importieren und exportieren** aufrufen. Das nun erscheinende Fenster bietet die Möglichkeit, in der Dropdown-Liste **Auszuführende Aktion auswählen** die Option **Vorlage herunterladen** auszuwählen (siehe Abbildung 4.16).

Abbildung 4.16 Vorlage herunterladen

Beim Herunterladen von Vorlagen stehen Ihnen verschiedene Optionen zur Verfügung (siehe Abbildung 4.17). Die wichtigsten Optionen sind:

- **Allgemeines Objekt auswählen**: Diese Einstellung ermöglicht das Herunterladen der generischen Objektvorlage.
- **Abhängige Objekte einbeziehen**: Diese Einstellung gibt an, ob die CSV-Importvorlagen für abhängige Objekte, wie z. B. verknüpfte Objekte, Auswahllisten und Geschäftsregeln, einbezogen werden sollen.

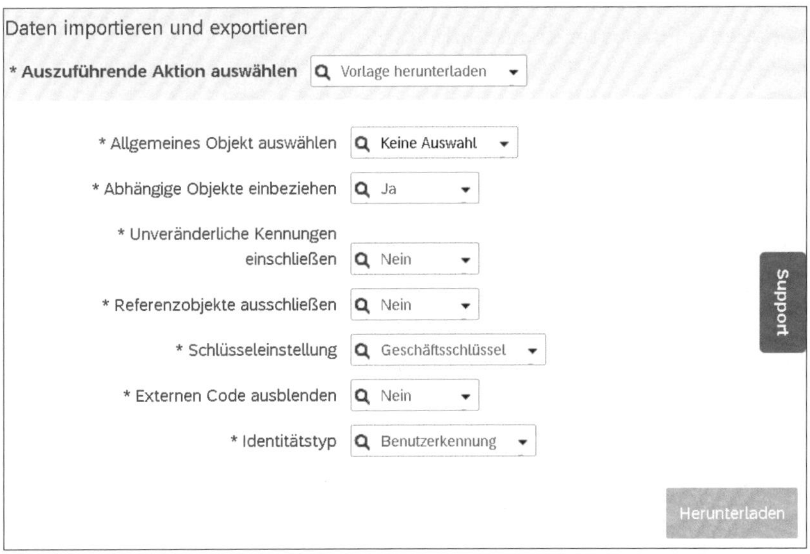

Abbildung 4.17 Daten importieren und exportieren

Nachdem diese Einstellungen eingegeben worden sind, klicken Sie auf **Herunterladen**, um die CSV-Importvorlage herunterzuladen. Beachten Sie, dass es zwar eine CSV-Importvorlage für ein generisches Objekt, aber noch eine separate CSV-Importvorlage für jede Verbindung zwischen dem Objekt und dem verbundenen generischen Objekt gibt. Diese CSV-Importvorlage definiert lediglich die Verbindungen; für die assoziierten Objekte gibt es eine separate CSV-Importvorlage. So gibt es z. B. für das Objekt **Abteilung** eine CSV-Importvorlage für Abteilungsobjektdaten, eine CSV-Importvorlage für Abteilungs-Geschäftsbereichs-Zuordnungen und eine CSV-Importvorlage für Geschäftsbereiche. Diese Assoziationen sind aber grundsätzlich davon abhängig, wie sie in Ihrem System konfiguriert wurden.

[»]

Regeln zum Befüllen von Importvorlagen

Es gibt einige Tipps für das Arbeiten mit generischen Objekten beim Befüllen von Importvorlagen:

- Denken Sie daran, beim Ausfüllen von verknüpften Objekten oder Referenzen den externen Code (`externalCode`) des Zielobjekts zu verwenden.
- Bei den Auswahllisten verwenden Sie den externen Code (`externalCode`) des Wertes.
- Stellen Sie sicher, dass die Daten der verknüpften Objekte im relevanten Zeitraum existieren.

Vorlagen für Benutzer und Mitarbeiter

Vorlagen für Benutzer und Mitarbeiter

Die Vorlagen zu den Mitarbeiterdaten können Sie über die Aktionssuche und den Button **Mitarbeiterdaten importieren** erreichen. Die dazugehörigen CSV-Vorlagen erhalten Sie auf dieser Seite, indem Sie unter **Wählen Sie die Aktion aus, die Sie ausführen möchten** die Aktion **Vorlage herunterladen** selektieren (siehe Abbildung 4.18).

Ihnen stehen dann unterschiedliche Entitäten zur Auswahl. Bei manchen Importvorlagen können Sie nur das Dateiformat auswählen, z. B. bei der Vorlage für den Basisimport von Mitarbeiterinformationen (**Grundlegender Import**, siehe Abbildung 4.18).

Bei anderen Importvorlagen können Sie entscheiden, welche Felder im Import-Template enthalten sein sollen. In Abbildung 4.19 sehen Sie exemplarisch die verfügbaren Datenfelder. Pflichtfelder, wie z. B. die Benutzerkennung, können Sie allerdings nicht entfernen. Welche Felder Pflichtfelder sind, hängt von Ihrer Konfiguration ab, die Sie unter **Geschäftskonfiguration verwalten** in der Aktionssuche einsehen und verändern können.

Abbildung 4.18 Vorlage herunterladen: Auswahl »Grundlegender Import«

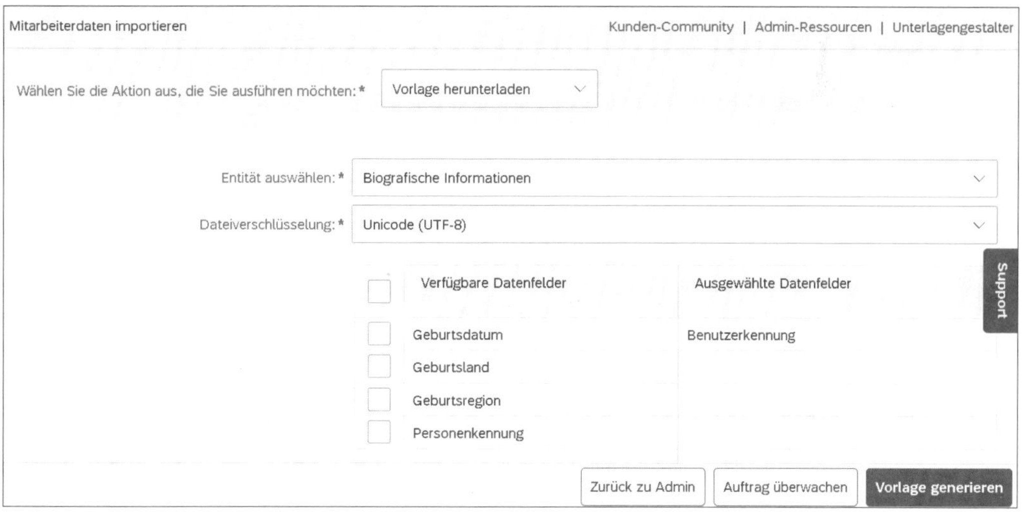

Abbildung 4.19 Vorlage herunterladen: biografische Informationen

Importvorlagen nach den Konfigurationsänderungen anpassen

Wenn sich das Datenmodell im System ändert, für das Sie Daten importieren möchten, müssen Sie neue CSV-Importvorlagen herunterladen oder bestehende CSV-Importvorlagen an die neue Konfiguration anpassen.

4.5.3 Verschiedene Importvorgehen

Bereitstellung der Importvorlagen

Bei der Bereitstellung der Importvorlagen existieren für die drei Objekt- bzw. Datentypen (Grundlagenobjekte, generische Objekte und Mitarbeiterdaten) sich ähnelnde Importvorgehensweisen:

- Datenimporte für Grundlagenobjekte
- Datenimporte für generische Objekte
- Datenimporte für Benutzer und Mitarbeiter

Im Folgenden beschreiben wir diese drei Arten von Import-Herangehensweisen im Detail.

Grundlagenobjektdaten importieren

Um die ausgefüllten CSV-Importvorlagen zu importieren, navigieren Sie zu **Grundlagendaten importieren** und führen dort die folgenden Schritte aus (siehe Abbildung 4.15):

Grundlagendaten importieren

1. Wählen Sie das zu importierende Grundlagenobjekt aus.
2. Wählen Sie den Typ (**Vollständiges Bereinigen** oder **Inkrementelles Laden**).
3. Wählen Sie die zu importierende Datei aus, indem Sie auf den Button **Datei auswählen** klicken.
4. Ändern Sie bei Bedarf die Dateikodierung in der Dropdown-Liste **Dateikodierung** aus. (Wir empfehlen Ihnen, die Option **UTF-8** zu verwenden.)
5. Klicken Sie auf **Import-Daten validieren**, um die Datei zu validieren, oder klicken Sie auf **Importieren**, um die Daten zu importieren.

Validieren Sie die Importdatei vor dem Importieren, um sicherzustellen, dass sie fehlerfrei ist. Ist das nicht der Fall, verarbeiten Sie die Rückmeldungen und validieren erneut. Wiederholen Sie die Korrektur, bis Sie keine Hinweise auf Inkonsistenzen oder Fehler mehr erhalten. Danach laden Sie die Daten.

Nachdem die Daten geladen worden sind, prüfen Sie, ob sie korrekt geladen wurden. Navigieren Sie dazu im Admin-Center zu **Strukturen für Organisation, Gehalt und Stellen verwalten**. Dort können Sie alle Datensätze sehen und einzelne Datensätze direkt im Bild **Strukturen für Organisation, Gehalt und Stellen verwalten** ändern.

[»]

Import von Daten von Grundlagenobjekten

Beachten Sie die folgenden Hinweise zum Import von Daten von Grundlagenobjekten:

- **Objekte mit Eltern-Kind-Beziehungen**
  Die Objekte, die eine Eltern-Kind-Beziehung beinhalten, müssen mindestens zweifach geladen werden – beim ersten Mal ohne die Beziehung, damit alle Datensätze angelegt werden können. Anschließend

erfolgt ein zweiter Ladevorgang mit den Beziehungen, die in diesem Importlauf angelegt werden können. Ein Beispiel ist hier die Hierarchiebeziehung von Planstellen oder Abteilungen.

- **Referenz auf Mitarbeiterdaten**
  Wenn in Grundlagenobjekten auf Mitarbeiterdaten referenziert wird, z. B. bei Kostenstellen auf den Kostenstellenverantwortlichen (Feld `costCenterManager`) oder in der Abteilung auf den Abteilungsleiter (Feld `headOfUnit`), müssen diese Daten auch zumindest zweimal geladen werden – zuerst die reinen Objektdaten und nach den Mitarbeiterimporten noch einmal dieselben Daten mit der Information der relevanten mitarbeitenden Person oder der relevanten Führungskraft.

Generische Objekte importieren

Generische Objekte importieren

Für generische Objekte können Sie mit der Funktion **Daten importieren und exportieren** in der Aktionssuche eine Reihe von unterschiedlichen Importen durchführen. CSV-Importvorlagen werden in das System importiert, indem Sie im Bild **Daten importieren und exportieren** im Dropdown-Menü **Auszuführende Aktion wählen** die Option **Daten importieren** auswählen (siehe Abbildung 4.20).

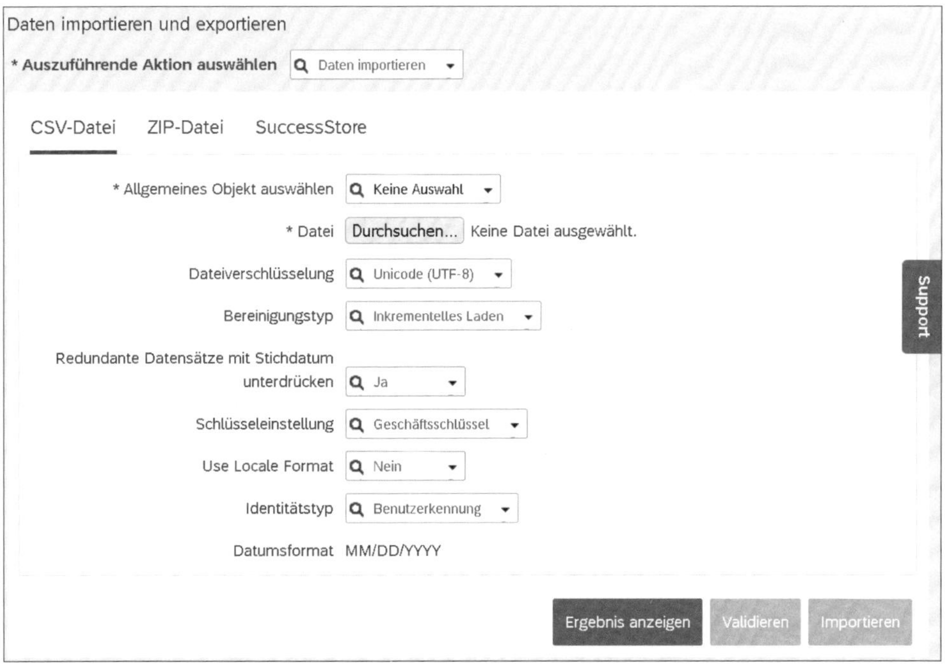

Abbildung 4.20 Daten importieren: generische Objekte

Wählen Sie aus den folgenden drei Optionen, welche Art von Import Sie verwenden möchten:

- **CSV-Datei**
  Importieren Sie eine einzelne CSV-Importvorlage mit Daten.
- **ZIP-Datei**
  Importieren Sie eine ZIP-Datei, die mehrere Dateien enthält.
- **SuccessStore**
  Importieren Sie die Daten mit den von SAP SuccessFactors bereitgestellten Inhalten. Diese Option ist für die Datenmigration nicht relevant.

Die Registerkarte **CSV-Datei** stellt die für den Datenimport notwendigen Funktionen zur Verfügung.

- **Allgemeines Objekt auswählen**
  Dieses Feld beinhaltet das generische Objekt, für das Sie Daten hochladen wollen.
- **Datei**
  Dieses Feld trägt den Dateinamen der hochzuladenden Datei.
- **Dateiverschlüsselung**
  In dieses Feld wird die Dateikodierung eingegeben (wir empfehlen, die Einstellung **UTF-8** zu nutzen).
- **Bereinigungstyp**
  In diesem Feld haben Sie die Auswahl zwischen den Optionen **Vollständiges Bereinigen** und **Inkrementelles Laden**.
- **Redundante Datensätze mit Stichdatum unterdrücken**
  Die Einstellung in diesem Feld ist standardmäßig **Ja**, um doppelte Einfügungen und unveränderte Aktualisierungen zu verhindern.
- **Schlüsseleinstellung**
  Dieses Feld beinhaltet die Methode zur Festlegung des Geschäftsschlüssels; wählen Sie entweder die Einstellung **Geschäftsschlüssel** (die Standardmethode) oder die Einstellung **Externer Code**.
- **Use Local Format**
  Wählen Sie **Ja**, um diese Funktion zu aktivieren (das Feld **Gebietsschema** wird zur Auswahl des Gebietsschemas angezeigt). Wählen Sie **Nein**, um das Gebietsschema des Benutzers zu verwenden, der den Import durchführt.
- **Dezimalrundungsoptions aktivieren**
  Legen Sie in diesem Feld fest, ob die Dezimalfelder gerundet werden sollen.

- **Identitätstyp**
  Die Optionen für den Identitätstyp sind **Benutzer-ID** oder **Beschäftigungsverhältnis-ID**. Wenn Sie mehrfache Beschäftigungsverhältnisse verwenden, sollten Sie die jeweils richtige Beschäftigungsverhältnis-ID nutzen.

Datenimporte werden asynchron verarbeitet. Sie können die Ergebnisse von Importen über **Auftrag überwachen** in der Aktionssuche herunterladen.

Gesicherte generische Objekte

Wenn Sie bei den generischen Objekten in der Objektdefinition die Sicherheitsfunktionen aktiviert haben, muss die Import- /Exportberechtigung für jedes generische Objekt dem Benutzer erteilt werden, der die Aktion durchführen soll. Oft wird dieser Umstand über einen technischen Nutzer abgebildet.

CSV-Vorlagen mit Daten importieren

Bei der Nutzung der Option **ZIP-Datei** wird, wie der Name es schon andeutet, eine ZIP-Datei hochgeladen. Die Steuerung des Imports findet über die Datei **import.properties** statt. Diese beinhaltet die Informationen, die Sie beim Typ **CSV-Datei** in den Optionen konfigurieren. Die Datei **import_sequence.csv** wird zur Definition der Importreihenfolge der über die ZIP-Datei gelieferten Daten genutzt. Abbildung 4.21 zeigt eine ZIP-Importdatei für den Import von Geschäftsbereichsinformationen.

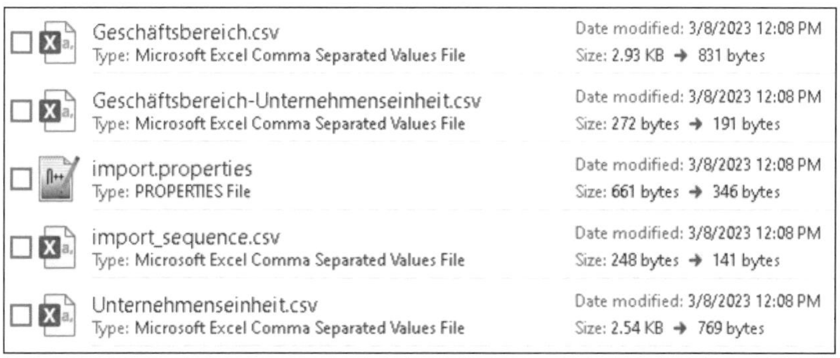

Abbildung 4.21 Importdefinition für eine ZIP-Datei

Validieren Sie über den Button **Validieren** die Daten (siehe Abbildung 4.20). Die Ergebnisse der Validierung und des Imports sind unter **Aufträge überwachen** verfügbar (siehe Abbildung 4.22).

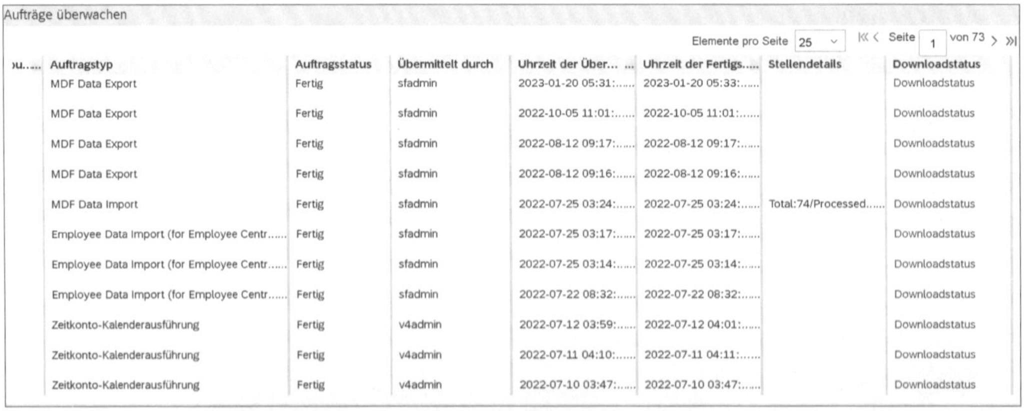

Aufträge überwachen

Elemente pro Seite 25 | Seite 1 von 73

u....	Auftragstyp	Auftragsstatus	Übermittelt durch	Uhrzeit der Über...	Uhrzeit der Fertigs....	Stellendetails	Downloadstatus
	MDF Data Export	Fertig	sfadmin	2023-01-20 05:31:.....	2023-01-20 05:33:.....		Downloadstatus
	MDF Data Export	Fertig	sfadmin	2022-10-05 11:01:.....	2022-10-05 11:01:.....		Downloadstatus
	MDF Data Export	Fertig	sfadmin	2022-08-12 09:17:.....	2022-08-12 09:17:.....		Downloadstatus
	MDF Data Export	Fertig	sfadmin	2022-08-12 09:16:.....	2022-08-12 09:16:.....		Downloadstatus
	MDF Data Import	Fertig	sfadmin	2022-07-25 03:24:.....	2022-07-25 03:24:.....	Total:74/Processed.....	Downloadstatus
	Employee Data Import (for Employee Centr.....	Fertig	sfadmin	2022-07-25 03:17:.....	2022-07-25 03:17:.....		Downloadstatus
	Employee Data Import (for Employee Centr.....	Fertig	sfadmin	2022-07-25 03:14:.....	2022-07-25 03:14:.....		Downloadstatus
	Employee Data Import (for Employee Centr.....	Fertig	sfadmin	2022-07-22 08:32:.....	2022-07-22 08:32:.....		Downloadstatus
	Zeitkonto-Kalenderausführung	Fertig	v4admin	2022-07-12 03:59:.....	2022-07-12 04:01:.....		Downloadstatus
	Zeitkonto-Kalenderausführung	Fertig	v4admin	2022-07-11 04:10:.....	2022-07-11 04:11:.....		Downloadstatus
	Zeitkonto-Kalenderausführung	Fertig	v4admin	2022-07-10 03:47:.....	2022-07-10 03:47:.....		Downloadstatus

Abbildung 4.22 Aufträge überwachen

[!]

Empfehlung zum Datenmigrationsimport

Wir empfehlen Ihnen, beim Datenmigrationsimport von Grundlagenobjektdaten die Option **CSV-Datei** zu verwenden. Bei anderen Importen hängt die Wahl vom Datensatz ab. Komplexe Objekte und Zusammenhänge benötigen mehrere Dateien und erfordern eine ZIP-Datei.

Anhänge importieren

Datentyp »Anhang«

Es kann bei der Datenmigration sinnvoll sein, Anhänge zu übernehmen. Sie können Anhänge in einen Datenimport für generische Objekte aufnehmen, wenn die Objekte ein oder mehrere Felder mit dem Datentyp **Anhang** haben. Anhänge können nur als ZIP-Datei(en) hochgeladen werden. Alle Anhänge müssen in einem Ordner mit dem Namen **attachments** innerhalb der ZIP-Datei abgelegt werden. Die Dateinamen müssen in den entsprechenden Spalten im Anhang richtig referenziert werden.

Der Inhalt der ZIP-Datei ist sehr ähnlich dessen, wie wir ihn in Abbildung 4.21 besprochen haben. Der größte Unterschied ist, dass die ZIP-Datei einen Unterordner hat, in dem sich die zu importierenden Dateien befinden. In Abbildung 4.23 sehen Sie den Ordner **attachments**. Die einzelnen Elemente haben die folgenden Funktionen:

- **attachments**: Ordner, der die Dateien enthält, hier Gehaltsabrechnungen
- **import.properties**: Definition des Importverhaltens
- **import_sequence.csv**: Definition der Importstruktur
- **Payslip-PaySlips.csv**: Definition, welche Datei für welchen Mitarbeiter hochgeladen werden soll. Der hier genutzte Dateiname ist spezifisch bezüglich des zu importierenden Inhalts.

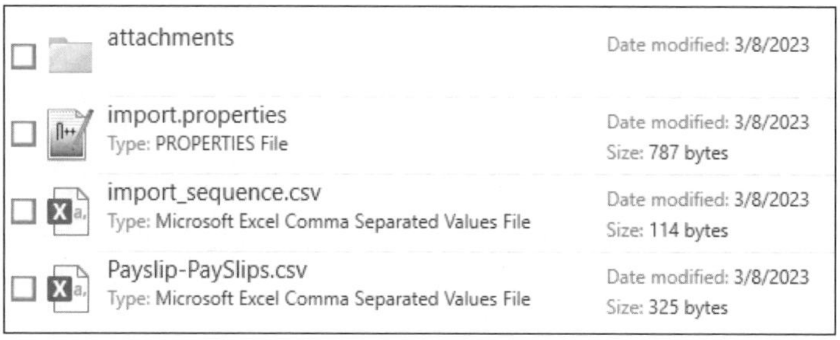

Abbildung 4.23 CSV-Importdatei für Anhänge

Benutzer- und Mitarbeiterdaten importieren

Mitarbeiterdaten importieren

Wenn Sie schon Grundlagendaten importiert haben, werden Sie sich im Bereich **Mitarbeiterdaten importieren** rasch zurechtfinden (siehe Abbildung 4.24). Es gibt nur wenige kleine Unterschiede zum Import der Grundlagendaten. Es gibt zusätzliche Optionen für den Basisimport und die Beschäftigungsdetails sowie einige zusätzliche Optionen für den Import von konsolidierten Datensätzen.

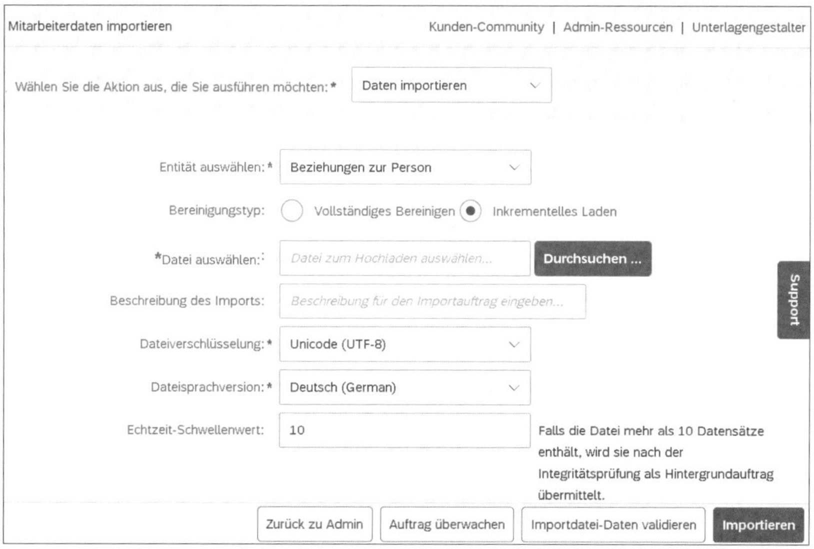

Abbildung 4.24 Mitarbeiterdaten importieren

Minimalimport der Mitarbeiter

Wenn Sie Mitarbeitende per Import laden wollen, müssen Sie mindestens die folgenden Importe erfolgreich durchführen:

- Grundlegender Import
- Biografische Informationen

- Persönliche Informationen
- Beschäftigungsinformationen
- Stellenverlauf

Diese Daten sind Voraussetzung dafür, dass Mitarbeitende in Employee Central verwaltet werden können. Weitere Importe können auch parallel ausgeführt werden.

Im Folgenden listen wir die Importe und Optionen auf, die Ihnen unter **Mitarbeiterdaten importieren** zur Verfügung stehen und die für Employee Central relevant sind, worin sie im Mitarbeiterprofil zur Anzeige gebracht werden:

- **Grundlegender Import**
  Über den Import der Benutzerdatendatei (UDF – User Data File) legen Sie die Benutzerkonten an. Diese Datei bildet die Grundlage für den Mitarbeiterdatensatz in SAP SuccessFactors. Beachten Sie, dass Sie diesen Import auch ohne Employee Central für die Talent-Module und das Mitarbeiterprofil benötigen. Für diesen Import stehen Ihnen mehrere Kennzeichen zur Verfügung (siehe Abbildung 4.25), von denen **Inaktive Mitarbeiter verarbeiten** besonders interessant ist. Wählen Sie diese Option, wenn Sie inaktive Mitarbeiter importieren möchten.
- **Biografische Informationen**
  Mit dieser Funktion importieren Sie die Daten, die im Mitarbeiterprofil unter **Biografische Informationen** im Bereich **Persönliche Informationen** angezeigt werden. Bei dieser Art von Import wird immer eine vollständige Bereinigung durchgeführt.
- **Beziehung zur Person**
  Mit dieser Funktion importieren Sie die Beziehungsdaten der Angehörigen, die im Portlet **Angehörige** im Bereich **Persönliche Informationen** angezeigt werden. Die Importe **Persönliche Informationen** und **Adressen** sind erforderlich, um persönliche Informationen über die Angehörigen zu importieren. Alternativ können Sie auch den Import **Konsolidierte Angehörige** verwenden, um alle Daten der Angehörigen zu importieren.
- **Beschäftigungsinformationen**
  Diese Funktion importiert die Informationen zum Beschäftigungsverhältnis.
- **Persönliche Informationen**
  Diese Funktion importiert die im Bereich **Persönliche Informationen** enthaltenen Daten wie Anrede oder Staatsangehörigkeit.

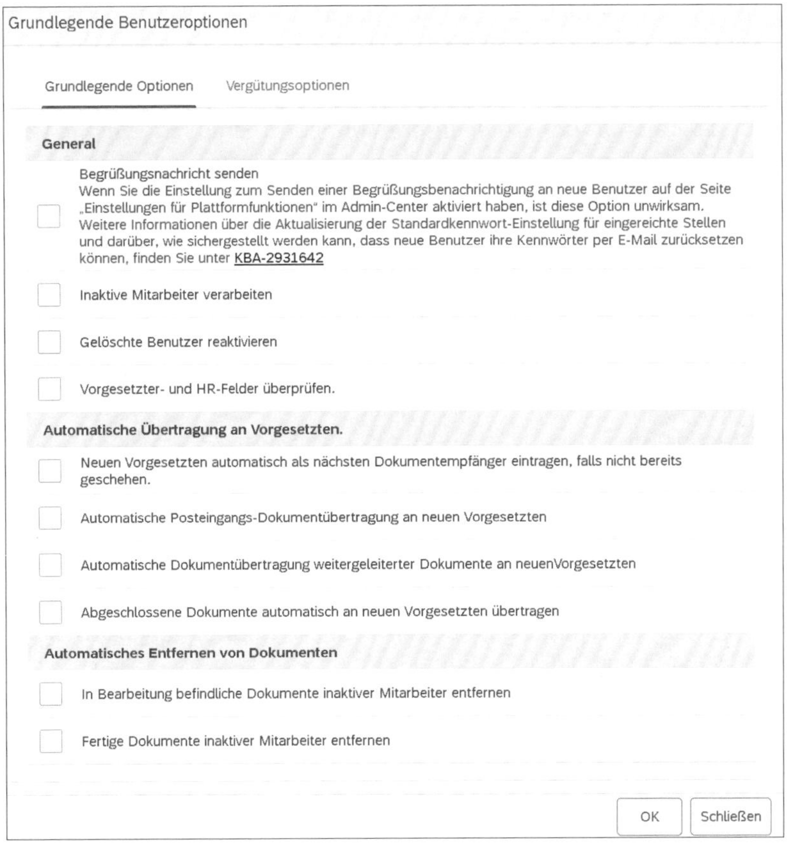

Abbildung 4.25 Grundlegende Importoptionen auswählen

- **Globale Informationen**
  Diese Funktion importiert Informationen zur Einschränkung des Mitarbeiters und die dazugehörigen Daten.
- **Austrittsinformationen**
  Diese Funktion importiert die Details zur Beendigung des Beschäftigungsverhältnisses eines Mitarbeiters. Diese Informationen werden im Portlet **Beschäftigungsdetails** im Bild **Beschäftigungsinformationen** angezeigt. Bei dieser Art von Import wird immer eine vollständige Bereinigung durchgeführt.
- **Stellenverlauf**
  Diese Funktion importiert Daten, die unter **Stelleninformationen** angezeigt werden. Beachten Sie, dass für diesen Import zwar sowohl die Option **Vollständiges Bereinigen** als auch die Option **Inkrementelles Laden** zur Verfügung steht, das inkrementelle Laden jedoch nicht für Daten-

sätze mit einem Ereignisgrund verwendet werden kann, der die Ereignisse **Einstellung** oder **Wiedereintritt** verwendet.

- **Vergütungsinformationen**
  Diese Funktion importiert Informationen rund um das Thema **Vergütung**.
- **Informationen zur Telefonnummer**
  Über diese Funktion werden Telefonnummern und damit verbundene Informationen importiert.
- **Informationen zur E-Mail**
  Diese Funktion importiert E-Mails und damit verbundene Informationen.
- **Ausweisinfo**
  Diese Funktion importiert Daten aus dem Umfeld unterschiedlicher Ausweise. In Deutschland gehört hierzu z. B. der Sozialversicherungsausweis.
- **Adressen**
  Diese Funktion importiert unterschiedliche Informationen aus dem Bereich der Adressdaten.
- **Ansprechpartner im Notfall**
  Mit dieser Funktion werden Informationen zum Ansprechpartner im Notfall importiert.
- **Informationen zu persönlichen Unterlagen**
  Diese Funktion importiert Arbeitsgenehmigungsdaten und, falls gewünscht, Dokumentanhänge, die im Bereich **Arbeitsgenehmigung** unter **Persönliche Informationen** angezeigt werden.
- **Wiederkehrende Gehaltskomponente**
  Diese Funktion importiert Informationen zu den Daten im Bereich der wiederkehrenden Gehaltskomponenten.
- **Einmalige Gehaltskomponente**
  Mit dieser Funktion werden Spot-Bonus-Daten importiert, die im Bereich **Spot-Bonus** angezeigt werden.
- **Stellenbeziehungen**
  Diese Funktion importiert Informationen zu den relevanten Stellenbeziehungen.
- **Upload gemischter Daten (ZIP)**
  Diese Option ermöglicht Ihnen das Hochladen einer ZIP-Datei, die mehrere CSV-Importdateien enthält. Das System verarbeitet die Dateien in der gewünschten Reihenfolge. Jede Datei innerhalb der ZIP-Datei kann im

Admin-Center über **Auftrag überwachen** überwacht werden, und für jede Datei wird eine E-Mail-Benachrichtigung versandt. Für neue Mitarbeiter muss sie die CSV-Importvorlagen **Grundlegender Import**, **Biografische Informationen** und **Beschäftigungsdetails** enthalten. Für bestehende Benutzer ist nicht vorgeschrieben, welche Importdateien enthalten sein müssen.

- **Konsolidierte Angehörige**
  Diese Funktion importiert die Beziehungsdaten der Angehörigen und die persönlichen Daten der Angehörigen eines Mitarbeiters oder einer Mitarbeiterin. Beachten Sie, dass bei dieser Art von Import immer eine vollständige Bereinigung durchgeführt wird.

[!]

Regeln zum Befüllen von Importvorlagen

Die folgenden allgemeinen Hinweise unterstützen Sie beim Ausfüllen der Importvorlagen:

- In eine CSV-Importvorlage sollten maximal 50.000 Datensätze eingefügt werden.
- Die User-ID ist die Benutzer-ID, die im Basisimport oder beim direkten Anlegen in SAP SuccessFactors definiert wurde.
- Beim initialen Import beinhaltet das Feld `Person-id-external` meist denselben Wert wie die User-ID.
- Für den ersten oder einzigen (Einstellungs)datensatz eines Mitarbeiters sollte das Datum im Feld **Startdatum** in allen CSV-Importvorlagen mit dem Datum im Feld **Startdatum** in der CSV-Importvorlage **Beschäftigungsinformationen** übereinstimmen.
- Die Spalte mit dem Ende-Datum kann für den letzten Datensatz leer gelassen werden.
- Bei mehreren Datensätzen mit gleichem Gültigkeitsdatum verwenden Sie das Feld `seq-number`, um die Reihenfolge innerhalb des Datums festzulegen.

Um die ausgefüllten CSV-Importvorlagen zu importieren, geben Sie in der Aktionssuche »Mitarbeiterdaten importieren« ein und folgen diesen Schritten (siehe Abbildung 4.24):

1. Wählen Sie, welche Art von Daten Sie importieren wollen.
2. Wählen Sie den Bereinigungstyp (**Vollständiges Bereinigen** oder **Inkrementelles Laden**), falls dieser in dem Kontext verfügbar ist.
3. Wählen Sie die zu importierende Datei aus, indem Sie auf den Button **Datei auswählen** klicken.

4. Beschreiben Sie optional den Import zur besseren Identifikation im Bereich **Auftrag überwachen**.
5. Ändern Sie bei Bedarf die Dateikodierung in der Dropdown-Liste **Dateiverschlüsselung** (wir empfehlen, mit **UTF-8** zu arbeiten).
6. Ändern Sie bei Bedarf die **Dateisprachversion** in der Dropdown-Liste (wir empfehlen, mit **en_US** zu arbeiten).
7. Ändern Sie den Schwellenwert im Feld **Echtzeit-Schwellenwert**, wenn Sie einen asynchronen Import auslösen wollen.
8. Klicken Sie auf **Importdatei-Daten validieren**, um die Datei zu validieren, oder klicken Sie auf **Import**, um die Daten zu importieren.

Wir empfehlen Ihnen, die Importdatei vor dem Importieren zu validieren, um sicherzustellen, dass sie fehlerfrei ist. Wenn nach der Validierung oder nach dem Versuch, die Datei zu importieren, Fehler auftreten, beheben Sie diese und versuchen Sie es erneut.

4.6 Tipps und Tricks

Tipps und Tricks

Wenn Sie beim Thema Datenmigration nach SAP SuccessFactors nur die Bereitstellung der Daten fokussieren, ist das zu kurzgegriffen. Die nachfolgenden Punkte sollen dazu dienen, Ihnen den einen oder anderen Denkanstoß zu vermitteln, damit Sie die Datenmigration optimiert durchführen können.

4.6.1 Relevante Umgebungen im Projektablauf

Umgebungen im Projektablauf

Die Vorbereitungen und die Durchführung der Datenmigration spielen sich über den Projektzeitraum in unterschiedlichen Umgebungen ab.

Welche Umgebungen relevant sind, kann von Implementierung zu Implementierung abweichen. Abbildung 4.26 stellt eine dreistufige Umgebung dar, mit der ein umfangreiches Testen der Datenmigration sowie weitere Go-live-relevante Schritte möglich sind. Einer dieser Schritte könnte z. B. das Testen der relevanten Integrationen von Employee Central an lokale Systeme sein, wie z. B. die Integration mit einem lokalen SAP-ERP-HCM-System.

[!]

SAP-ERP-HCM-System

Für die Integration von Employee Central mit einem SAP-HCM-System ist die dreistufige Umgebung unbedingt angeraten und für einen risikominimierten Go-live unabdingbar.

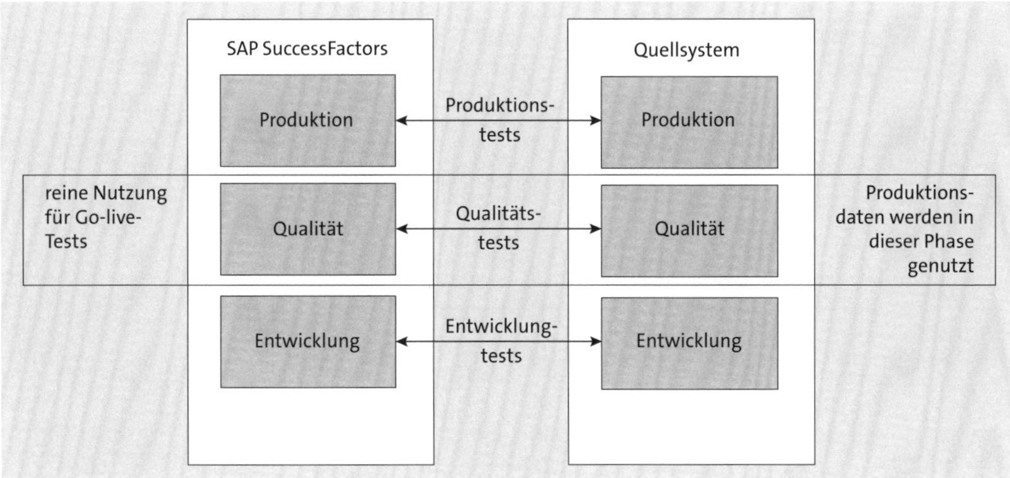

Abbildung 4.26 Employee Central: Projektumgebungen

Der Zweck bzw. die Aktivitäten und auch die benutzten Daten sind für einzelne Umgebungen unterschiedlich:

- **Entwicklungsumgebung**
  Hier findet die Definition des Employee-Central-Datenmodels statt. Diese Umgebung wird für erste Funktionstests verwendet. Die Mitarbeiterdaten, die hier verwendet werden, sind reine Testdaten.

[«]

Sondervorgehensweise für die Grundlagen-/Organisationsdaten

Ein Sondervorgehen für die Grundlagen-/Organisationsdaten könnte sein, dass schon in der Entwicklungsumgebung die relevanten Produktionsdaten in Employee Central bereitgestellt werden. Der Ansatz ist dann, dass die produktiven Grundlagen-/Organisationsdaten für den Import vorbereitet und in die Entwicklungsumgebung importiert werden, um dort final überprüft zu werden.

Für die weiteren Umgebungen können die so vorbereiteten Daten aus der Employee-Central-Entwicklungsumgebung exportiert und importiert werden. Die Vorgehensweise ist in Abbildung 4.27 skizziert. Dieses Sondervorgehen muss nicht für alle Grundlagen-/Organisationsdaten genutzt werden. Es kann auch sinnvoll sein, diese Vorgehensweise nur auf eher statische Daten (Juristische Einheit, Lokationen) anzuwenden und bei den anderen Daten den gleichen Ansatz wie bei den Mitarbeiterdaten zu verfolgen.

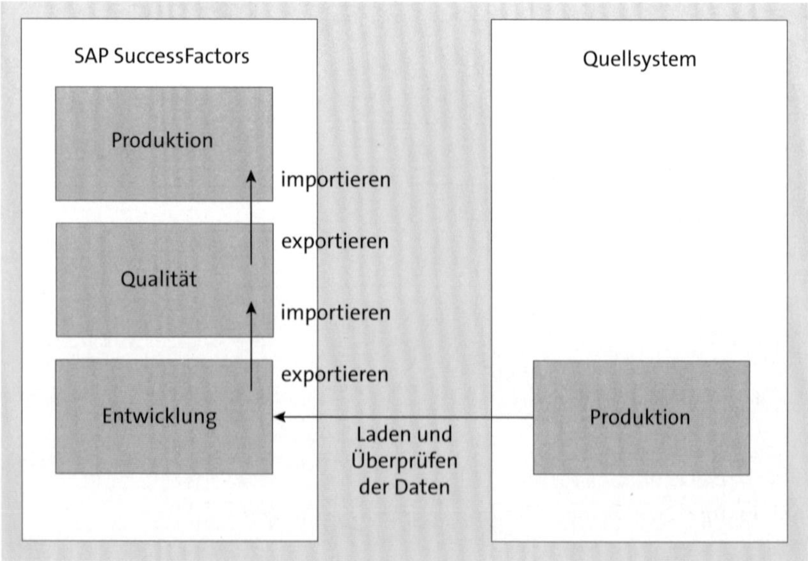

Abbildung 4.27 Sondervorgehensweise für Grundlagen-/Organisationsdaten

- **Qualitätsumgebung**
  Diese Umgebung wird für die Verifizierung der bisherigen Vorbereitungen genutzt. Man könnte diese auch als Umgebung sehen, in der der Go-live geprobt wird. Bei den Daten, die für die Tests genutzt werden, handelt es sich um Produktionsdaten. Dieser Tatsache geschuldet, müssen für diese Umgebung dieselben Berechtigungsrahmenbedingungen gelten wie für die Produktionsumgebung. Ist dies nicht möglich oder gewollt, müssen die persönlichen Mitarbeiterdaten anonymisiert werden, was aber zu einer erhöhten Komplexität des Datenvolumens führen kann.

[»]

Probe-Go-live

Wenn wir von einer Probe für den Go-live reden, ist damit gemeint, dass einerseits die vorbereitenden Aktivitäten wie die Überführung der Employee-Central-Konfigurationen, die Bereitstellung der Grundlagen-/Organisationdaten sowie die Durchführung der kompletten Mitarbeiterdaten-Loads verprobt wird.

Dabei werden Themen wie z. B. die Durchführungsdauer der einzelnen Datenloads aufgenommen. Die Ergebnisse der Durchführungsdauer können dann in die zeitliche Go-live-Planung einfließen und damit die Dauer einer z. B. Daten-Freeze-Zeit konkretisieren bzw. optimieren.

Nach dem erfolgreichen Laden der Daten wird die Qualität der importierten Daten überprüft. Ergebnisse dieser Prüfung können Anhaltspunkte für Verbesserungen und Korrekturen im Bereitstellungsprozess liefern.

Produktionsumgebung/Qualitätsprüfung

In den unterschiedlichen Umgebungen, die für die Durchführung eines Employee-Central-Projekts relevant sind, gibt es unterschiedliche Anforderungen an die Art und Weise der Tests bzw. an die Überprüfung der Datenqualität.

Was die Anforderungen angeht, sollten die Tests in der Qualitäts- sowie in der Produktionsumgebung die gleichen sein. Um die Tests reproduzierbar durchführen zu können, sollten dafür Tools implementiert werden, die dies ermöglichen. Es ist sinnvoll, für definierte Blöcke definierte Qualitätsprüfpunkte festzulegen, die eine qualitative Aussage über den abgeschlossenen Schritt zulassen. Erst nach einem erfolgreichen Abschluss eines Qualitätsprüfpunkts sollte der nächste Schritt in Angriff genommen werden.

Qualitätsprüfpunkte

Abbildung 4.28 stellt das Zusammenspiel einzelner Qualitätsprüfpunkte für die Bereitstellung von Daten in einem Employee-Central-System dar, bei der eine nachfolgende Integration mit einem SAP-HCM-System relevant ist.

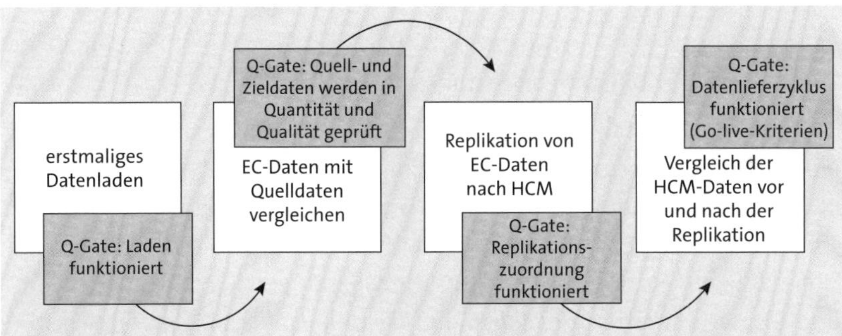

Abbildung 4.28 Qualitätsprüfpunkte für die Employee-Central-Datenladung: Replikation nach SAP HCM

Ein Versuch der Darstellung, welches Vorgehen das Risiko für eine Produktivsetzung wie beeinflusst, stellt Abbildung 4.29 dar.

Go-live-Risiko

Die höchste Qualitätsstufe bzw. das geringste Go-live-Risiko ist sicherlich mit einer toolgestützten Webservice-Datenmigration mit einer dreistufigen Landschaft erreichbar. Diese Vorgehensweise ist, was die zu investierenden Aufwände betrifft, auch die umfangreichste. Mit dem Infoporter wäre für SAP eine solche Vorgehensweise durchführbar. Eine gutes Aufwands-Nutzen-Verhältnis bietet die Vorgehensweise, CSV-Dateien automatisiert zu erstellen und diese in einer dedizierten Konvertierungs- und Integrationstestphase in einer Qualitätsumgebung zu testen und zu optimieren.

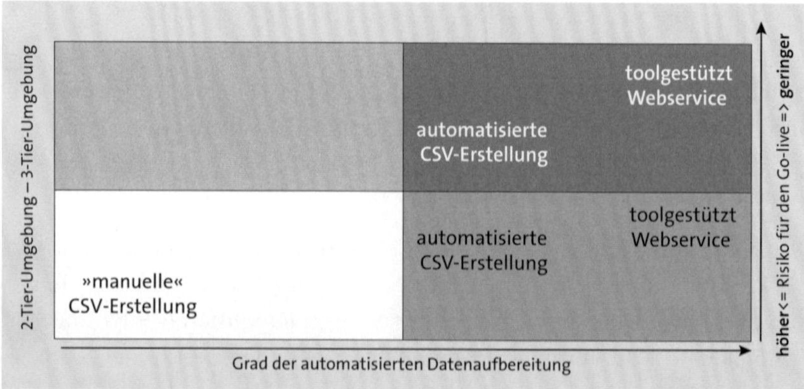

Abbildung 4.29 Risikoabschätzung für den Go-live in verschiedenen Umgebungen

Welche Vorgehensweise in Ihrem Fall Sinn ergibt, hängt auch von der Anzahl der zu migrierenden Datensätze bzw. Mitarbeiter ab. Hier kann eine (teil)manuelle Erstellung der CSV-Dateien mit Excel und der beliebten `Vlookup`-Funktion sinnvoll sein.

4.6.2 Identifier bei der Datenmigration

Identifier bei der Datenmigration

Employee Central hat verschiedene Kennungen/IDs. Für die Vorbereitung und Durchführung einer Datenmigration ist es vorteilhaft, diese zu kennen und ein klares Verständnis davon zu haben, welche Funktion sie haben. Es gibt Kennungen für Grundlagen-/Organisationsdaten und für Mitarbeiterdaten. Bei den Grundlagen-/Organisationsdaten existiert eine wichtige ID für die Datenmigration, der sogenannte *External Code*. Bei den Mitarbeiterdaten existieren verschiedene Kennungen.

Die wichtigsten personenbezogenen Kennungen sind:

- **PersonIdExternal**
  Dies ist ein eindeutiger Bezeichner für eine Person in Employee Central.
- **UserId**
  Eine eindeutige Kennung einer Benutzereinheit. Einer Person können eine oder mehrere `UserIds` zugewiesen sein. Dies ist davon abhängig, ob die Person eine oder mehrere Beschäftigungen inne hat oder hatte.
- **AssignmentId**
  Die `AssignmentId` korreliert mit der `UserId`. Der große Unterschied ist, dass die `AssignmentId` nach der initialen Anlage geändert werden kann,

die `UserId` jedoch nicht. Eine Person kann eine oder mehrere Zuordnungs-IDs haben; dies ist abhängig von der Anzahl der Beschäftigungen.

- **PayrollId**
  `PayrollId` ist ein Feld in Employee Central, um eine weitere Kennung hinterlegen zu können. Im Standard wird kein automatischer Wert für das Feld z. B. bei der Einstellung generiert, im Gegensatz zu den obig genannten Feldern. Diese Kennung soll hier beispielhaft für die Möglichkeit der Speicherung weiterer IDs genannt werden.

Einzigartige Unternehmens-ID

Ein wichtiger Schritt in einem Employee-Central-Projekt ist die Definition des Formats der IDs wie z. B. die Festlegung, dass die `UserId` ein 8-stelligs numerisches Format haben soll. Es kann der Fall eintreten, dass IDs bei der Datenmigration von Quellsystemen übernommen werden müssen. Ein Grund dafür kann sein, dass im Unternehmen schon eine einzigartige Unternehmens-ID für den Mitarbeiter besteht und diese weitergeführt werden soll, oder, dass durch entsprechende Applikationen die Weiternutzung sinnvoll ist.

IDs der Organisationsdaten

Eine Applikation dieser Art könnten ein oder mehrere SAP-HCM-Systeme sein, bei denen man die IDs der Organisationsdaten (Organisationseinheit, Planstelle, Stelle) und die IDs der Mitarbeiter (Personalnummer PRNR) übernimmt, um sie dann nach dem Produktivgang führend in Employee Central zu pflegen. Bei der Übernahme muss vorab geprüft werden, dass es keine Überschneidungen der existieren Nummernkreise gibt, denn andernfalls muss die Situation bereinigt werden.

Es ist sinnvoll, die einzelnen Kennungen z. B. in einer Excel-Datei aufzulisten und ihre Verarbeitung während der Datenmigration bzw. bei einer ersten Generierung eines Objekts oder bei einer Neueinstellung durchzuspielen. Abbildung 4.30 für Organisationsdaten und Abbildung 4.31 für Mitarbeiterdaten stellen zwei einfache Beispiele dar, wie eine Excel-Tabelle zu diesem Zwecke aussehen könnte.

	Successfactors Employee Central					SAP HCM		
Szenario	Business Unit	Division	Department	Position	Job Code	Org-Unit (O)	Position (S)	Job (C)
Status Quo						50005555	40010001	40020001
Datenmigation			50005555	40010001	40020001	50005555	40010001	40020001
Neue Objekte mit führendem Nummernkreis in EC			80511111	806111111	80411111	80511111	806111111	80411111

Abbildung 4.30 Analyse und Übernahme der Kennungen am Beispiel von SAP-HCM-Organisationsdaten

Szenario	Successfactors Employee Central				Datev	SAP HCM
	PersonIDExternal	UserID	AssignmentID	PayrollId	ID	PRNR
Status Quo vor Migration					91212	50014528
Datenmigration (die Daten wurden initial in das EC System geladen)	70200001	50014528	50014528	91212	91212	50014528
Neueinstellung	70500001	70000001	70000001	95001	95001	70000001

Abbildung 4.31 Analyse und Übernahme von Mitarbeiterkennungen

4.6.3 Stichtag für das Umstellungsdatum

Cut-over-Datum

Eine wichtige Entscheidung ist die Festlegung des Umstellungsdatums, also des relevanten Stichtags oder auch des Cut-over-Datums, für den Übertrag aller relevanten Daten. Dieses Datum muss sich in den zu erstellenden Datenimportdateien widerspiegeln (siehe Abbildung 4.32).

In allen relevanten zeitscheibenbasierenden Employee-Central-Bereichen wie z. B. Infos zum Beschäftigungsverhältnis wird zum Stichtag eine Zeitscheibe in den Importdateien generiert und geladen. Für mögliche Integrationen und die Datenpflege ist der Eintrag unter **Infos zum Beschäftigungsverhältnis** der Dreh- und Angelpunkt für alle weiteren führenden Datenpflegeabläufe in Employee Central. Im Projektverlauf und in den unterschiedlichen Umgebungen werden unterschiedliche Stichtage definiert. So gibt es ein Cut-over-Datum für die Qualitätsumgebung sowie ein anderes Cut-over-Datum für die Produktionsumgebung.

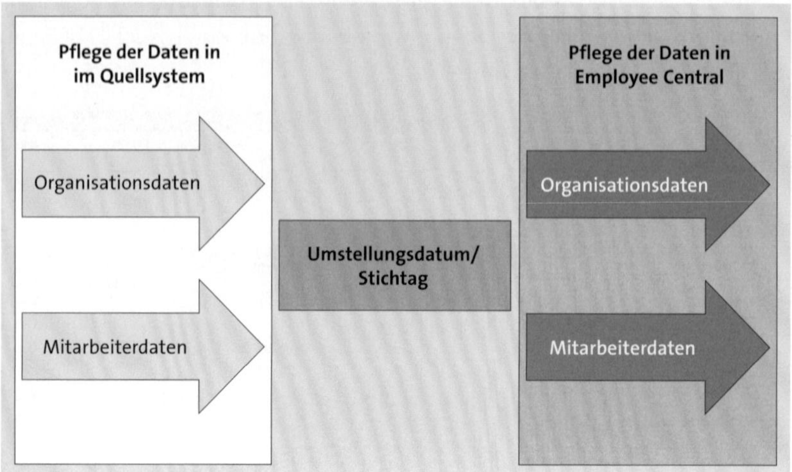

Abbildung 4.32 Umstellungsdatum für die Organisations-/ Mitarbeiterdaten

4.6.4 Cut-over-Vorgehen

Cut-over ist ein allgemeiner Begriff aus dem IT-Projektmanagement, der sich auf die Aktivitäten bezieht, die beim Wechsel von einem alten in ein neues System durchgeführt werden müssen.

Im Kontext von Employee-Central-Implementierungsprojekten umfasst der Begriff Cut-over in der Regel eine umfangreiche Liste von Aktivitäten, die mit der Einrichtung der Provisioning-Einstellungen der Produktivinstanz, dem Transferieren von Datenmodellen, dem Laden der Konfigurationen in die Produktivinstanz, der Anbindung von Schnittstellen, dem Laden von Zertifikaten usw. beginnen. Die eigentlichen Stammdaten (Mitarbeiter- und Organisationsdaten) werden erst zu einem späteren Zeitpunkt des Cut-over-Prozesses in das Employee-Central-System geladen.

Während eines bestimmten Zeitfensters bei der Umstellung auf Employee Central müssen die HR-Daten in den Quellsystemen, für die eine spätere Integration angedacht ist, eingefroren werden, sodass einige HR-Prozesse vorübergehend nicht verfügbar sind. Daher ist es wichtig, dieses Zeitfenster so kurz wie möglich zu halten. Ein Beispiel einer groben Cut-over-Planung ist in Abbildung 4.33 dargestellt.

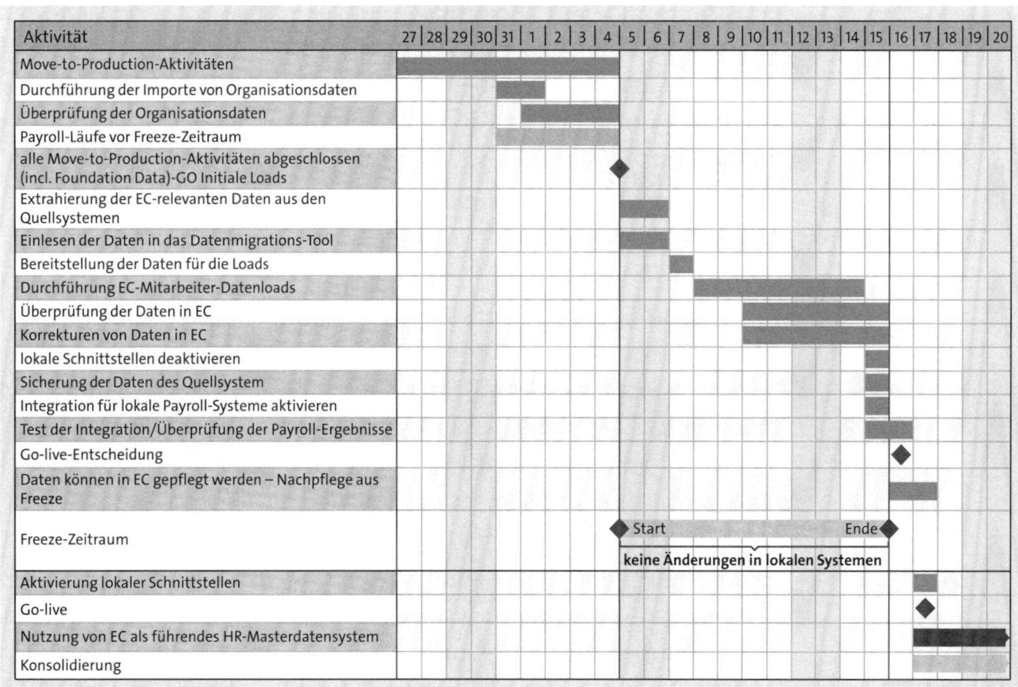

Abbildung 4.33 Beispiel einer groben Cut-over-Planung

Cut-over-Planung

Die einzelnen Aktivitäten umfassen:

- **Move-to-Prod-Aktivitäten**
  Die Aktivitäten bezüglich der Übertragung der Konfigurationen (Employee Central, Integrationen (SAP, Nicht-SAP-Systeme, weitere Unternehmenssysteme) werden abgeschlossen und funktional überprüft.
- **Durchführung der Importe der Organisationsdaten**
  Alle relevanten Organisationdaten werden in der richtigen Reihenfolge nach Employee Central geladen.
- **Überprüfung der Organisationdaten**
  Nach dem erfolgreichen Laden der Organisationsdaten werden die Daten auf Quantität und Qualität hin überprüft.
- **Payroll-Läufe vor dem Freeze-Zeitraum**
  In den betroffenen Gesellschaften wird die letzte Abrechnung vor dem Start der Aktivitäten für die initiale Datenladung durchgeführt.
- **Extrahierung der Employee-Central-relevanten Daten aus den Quellsystemen**
  Hier muss sichergestellt werden, dass alle für die Bereitstellung der Employee-Central-Load-Dateien notwendigen Informationen dem aktuellen Stand entsprechen und wie definiert bereitgestellt werden.
- **Einlesen der Daten in das Datenmigrationstool**
  Sind die Daten im vorangehenden Schritt aktuell bereitgestellt worden, können sie in das Tool eingelesen und für den nächsten Schritt vorbereitet werden.
- **Bereitstellen der Daten für die Loads**
  Aus dem Tool werden die einzelnen Employee-Central-Importdateien für die Durchführung der Loads bereitgestellt.
- **Durchführung der Employee-Central-Mitarbeiter-Datenloads**
  Die vom Tool bereitgestellten Daten werden nach vordefinierter Reihenfolge nach Employee Central importiert. Die Dateien können hier nicht immer 1:1 geladen werden. Hier kann es notwendig sein, die Dateien in Blöcke zu unterteilen oder die Loads zweimal durchzuführen, weil es Abhängigkeiten gibt, die beim ersten Load noch nicht existieren (z. B. Jobinformation – Managerbeziehungen).
- **Überprüfung der Daten in Employee Central**
  In diesem Schritt werden die Daten, die in das Employee-Central-System geladen wurden, mit den Daten des Quellsystems verglichen (quantitativ und qualitativ).

- **Korrekturen von Daten in Employee Central**
  Die Ergebnisse aus der Überprüfung der Daten in Employee Central werden in diesem Schritt korrigiert. Das können Einzelkorrekturen sowie Massenkorrekturimporte sein.
- **Sicherung der Daten im Quellsystem**
  Vor dem Übertrag der Daten aus Employee Central in ein lokales System (erster Integrationslauf) sollte das lokale System gesichert werden, damit ein Fallback möglich ist.
- **Lokale Schnittstellen deaktivieren**
  Vor dem ersten Integrationslauf von Employee Central in das lokale System sollten die ausgehenden Schnittstellen temporär deaktiviert werden. Diese werden nach einer erfolgreichen Überprüfung der Replikationsereignisse wieder aktiviert.
- **Integration für das lokale Payroll-System aktivieren**
  Je nach Integrationsschnittstelle ist diese Aktivität unterschiedlich. Im Grundsatz geht es darum, eine erste Datenreplikation der involvierten Systeme, Employee Central zum lokalen System durchzuführen.
- **Test der Integration und Überprüfung der Payroll-Ergebnisse**
  Unter der Nutzung der Daten aus dem Schritt **Sicherung der Daten im Quellsystem** findet ein Vergleich statt. Es sollten keine Änderungen an Mitarbeiterdaten, die abrechnungsrelevant sind und sich in der Replikation befinden, festgestellt werden.
- **Go-Entscheidung**
  Die vorangehenden Tests wurden erfolgreich abgeschlossen, und mögliche Fehler wurden beseitigt bzw. werden im nächsten Schritt noch finalisiert.
- **Daten können in Employee Central gepflegt werden – Nachpflege aus dem Freeze**
  Das Employee-Central-System ist bereit für die Nutzung; unter Umständen müssen noch Änderungen (Notfalländerungen), die in der Freeze-Phase im Quellsystem gemacht wurden, in Employee Central nachgepflegt werden.
- **Freeze-Zeitraum**
  In diesem Zeitraum dürfen keine Änderungen im Zielsystem in den replikationsrelevanten Bereichen erfolgen. Diese Änderungen gehen unter Umständen nach der ersten Replikation verloren, weil der Stand der Daten in Employee Central zum Zeitpunkt der Replikation relevant ist. Die Einstellung/Terminierungen sollten vor den initialen Datenloads mit einem zukünftigen Datum durchgeführt werden.

- **Aktivierung der Schnittstellen**
  Nach der erfolgreichen Überprüfung der Daten im lokalen System können die zuvor deaktivierten Schnittstellen wieder aktiviert werden.
- **Go-live**
  Employee Central wird als führendes System der Mitarbeiterstammdatenhaltung genutzt.

4.7 Fazit

Sie haben in diesem Kapitel einen Überblick über die Herausforderungen und Spezifika der Employee-Central-Datenmigration erhalten. Wir haben Ihnen für ein besseres Verständnis der Thematik einen Einblick in die Employee-Central-Grundlagen vermittelt. Dann haben wir Ihnen einen Eindruck über die Tools, die für Datenmigration von SAP HCM bzw. FI/CO in SAP ERP nach Employee Central zur Verfügung stehen vermittelt. Eine tiefere Erklärung der Vorgehensweise bei der Nutzung der Standard-Employee Central-Importmöglichkeiten ermöglicht es Ihnen, die notwendigen Schritte zu bewältigen. Mit den Tipps und Tricks haben Sie Anregungen dazu erhalten, welche Themen zusätzlichen zu den reinen Datenmigrationsthemen noch relevant sein können.

Kapitel 5
Datenmigration in SAP Ariba

In diesem Kapitel beschreiben wir die unterschiedlichen Möglichkeiten der Datenmigration mit SAP Ariba. Sie lernen die Tools zum Durchführen der Migration kennen, und wir geben Ihnen Hinweise dazu, wo Sie weiterführende Dokumentationen dazu finden können.

In diesem Kapitel geht es um die Datenmigration und -integration in SAP Ariba als Teil der SAP Procurement Solutions. Da sich die Anforderungen der Datenmigration von Kunde zu Kunde stark unterscheiden können, beschränken wir uns an dieser Stelle auf einen allgemeinen Überblick; Kenntnisse in SAP Ariba setzen wir voraus.

Wir sprechen bewusst von Datenmigration und -integration, da die Daten in SAP Ariba und in den SAP Procurement Solutions aus verschiedenen Systemen integriert oder migriert werden. Die verfügbaren Schnittstellen werden für beide Vorgänge genutzt. Im Folgenden sprechen wir gemäß dem Thema des Buches vereinfacht von Datenmigration.

Abhängig von den genutzten Quellsystemen stehen unterschiedliche Optionen zur Datenmigration zur Verfügung. In diesem Kapitel konzentrieren wir uns hauptsächlich auf die SAP-S/4HANA-Systeme, aber eine Integration aus SAP ERP 6.0 ist nach den beschriebenen Verfahren oft genauso möglich. In jedem Abschnitt gehen wir auch kurz auf die verfügbaren Möglichkeiten der Datenmigration aus einem Nicht-SAP-Backend-System ein.

Dieses Kapitel gibt Ihnen eine Übersicht über die verschiedenen Möglichkeiten und verweist auf weiterführende Dokumentationen zu Datenmigration und -integration in SAP Ariba im SAP Help Portal oder im SAP Ariba Connect Portal.

Wir konzentrieren uns in diesem Kapitel auf vier Schwerpunkte:

- Migration/Integration von Stammdaten (siehe Abschnitt 5.2)
- Migration/Integration von Lieferanten (siehe Abschnitt 5.3)
- Migration/Integration von Bewegungsdaten (siehe Abschnitt 5.4)
- Migration/Integration von Benutzerdaten (siehe Abschnitt 5.5)

5.1 Herausforderungen und Komplexitätsfelder

Die erste Herausforderung besteht darin festzustellen, welche Daten überhaupt nach SAP Ariba importiert werden müssen. Die Anforderungen können in den Upstream- und Downstream-Prozessen jeweils unterschiedlich sein.

[»]

Die Begriffe Upstream und Downstream

Die Begriffe Upstream und Downstream haben die folgende Bedeutung:

- **Upstream**
  Die Upstream-Prozesse beschreiben die Bezugsquellenfindung (Ausschreibungen), den Vertragsabschluss, die Ausgabenanalyse sowie das Lieferantenmanagement.
- **Downstream**
  Mit Downstream ist der eigentliche Prozess des Einkaufs gemeint, also wie und bei welchem Lieferanten bestellt wird und in welchem System Bestellung und Wareneingang ablaufen. Dazu gehören auch die Vertragserfüllung sowie die Rechnungsstellung und Bezahlung.

Überlegen Sie, wie Ihr integrierter Einkaufsprozess in SAP Ariba zukünftig aussehen soll. Zum Beispiel kann der Einkaufsprozess vollständig und separat in SAP Ariba Buying ablaufen, ohne dass die Bestellungen in SAP S/4HANA bzw. SAP ERP synchronisiert werden. In diesem Fall wird auch der Wareneingang in SAP Ariba gebucht und nicht im SAP-ERP-System. Für die strategischen (Upstream-)Prozesse sollten Sie sich z. B. Gedanken dazu machen, wo die Verträge mit den Lieferanten verwaltet werden und in welchem System das Management der Lieferanten stattfindet. Dies kann auch davon abhängig sein, welche und wie viele SAP-ERP-Systeme an den Prozessen beteiligt sind.

SAP Master Data Governance (SAP MDG)

In einer solchen sogenannten Multi-ERP-Landschaft kann das Lieferantenmanagement z. B. in einem zentralen SAP-ERP-System oder in einem SAP-Master-Data-Governance-System (Stammdatenmanagementsystem) stattfinden. Sind die Lieferanten nicht zwischen den beteiligten Systemen harmonisiert, kann eine solche Harmonisierung erforderlich werden, wenn Sie eine Lösung wie SAP Ariba Supplier Information and Performance Management einführen möchten.

Wenn Sie ein SAP-ERP-System mit SAP Ariba integrieren möchten, müssen Sie eine neue Integrationsmethode nutzen, die zunächst technisch eingerichtet werden muss. Die Integrationsmethode unterschiedet sich je nachdem, ob Sie SAP S/4HANA Cloud, SAP S/4HANA (On-Premise-Version) oder SAP ERP als Quellsystem nutzen wollen.

Das Add-on für SAP Integration Suite, managed gateway for spend management and SAP Business Network muss in SAP S/4HANA oder in SAP ERP von Ihrem SAP-Basis-Team installiert und eingerichtet werden. Die sichere Kommunikation mit Zertifikaten und einem dazugehörigen Cloud Connector muss ebenfalls installiert und eingerichtet werden. Zur Installation und Einrichtung von SAP Integration Suite, managed gateway for spend management and SAP Business Network nutzen Sie die Dokumentation im SAP Help Portal: *https://help.sap.com/docs/sisgw*

Cloud Connector

Details zum Cloud Connector finden Sie hier: *https://help.sap.com/docs/CP_CONNECTIVITY*

Möchten Sie SAP Ariba mit einem Nicht-SAP-Backend integrieren, kann es erforderlich sein, die Daten aus dem Quellsystem in einem Middleware-System durch Mapping in das von SAP Ariba geforderte Format zu bringen. Die Entwicklung und Tests dieser Mappings können einen hohen Aufwand verursachen; es gibt jedoch zahlreiche SAP-Partnerunternehmen, die für verschiedene Systeme vorgefertigten Mapping Content anbieten. Es können auch die von SAP Ariba bereitgestellten File-Schnittstellen (CSV) und Webservice-Schnittstellen genutzt werden, um diese Integration zu vereinfachen.

Bei der Migration von Bewegungsdaten stehen Sie zunächst vor der Entscheidung, ob Sie die Daten überhaupt migrieren oder ob Sie die jeweiligen Transaktionen nicht lieber im Altsystem abschließen möchten. Auf diese Weise können Sie die teilweise komplizierte Migration der Bewegungsdaten vermeiden. Für manche Daten stehen Schnittstellen bereit, um sie in SAP Ariba zu übertragen. Auch dort ist in der Regel ein Mapping beim Transfer notwendig. Des Weiteren sind diese Daten dann in SAP Ariba manchmal in einem besonderen Zustand und eher zu Archivzwecken im neuen System; Transaktionen sind damit nicht mehr oder nur sehr eingeschränkt möglich.

In Abschnitt 5.4, »Migration von Bewegungsdaten«, behandeln wir die Herausforderungen und verschiedenen Möglichkeiten der Migration von Benutzerdaten. In zunehmend komplexeren Systemlandschaften steigt auch die Administrationskomplexität. Es gilt sicherzustellen, dass sich Änderungen in den Berechtigungen, Stellvertreterregelungen und in der Organisationsstruktur in allen Systemen gleichermaßen umsetzen lassen.

5.2 Migration von Stammdaten

Die Migration von Stammdaten müssen Sie zuerst vornehmen, bevor Sie weitere Daten wie Lieferanten oder Bewegungsdaten integrieren und verarbeiten. Abhängig vom verfügbaren Quellsystem unterscheiden sich die Vorgehensweisen bei der Migration von Stammdaten.

[»]

Führendes System für die Stammdaten

Beachten Sie, dass SAP Ariba nicht das führende System für die Stammdaten sein kann. Denn dies ist immer das angeschlossene Backend oder MDG-System. Einzig bei den Lieferantendaten mit SAP Ariba SLP gibt es die Möglichkeit, dass die Daten in beide Richtungen aktualisiert und integriert werden.

Upstream-Prozesse

Die folgenden Stammdaten werden für die Upstream-Prozesse benötigt:

- Organisationsdaten
- Werk
- Werk-Einkaufs-Organisationen
- Buchungskreise
- Einkaufsorganisationen
- Einkäufergruppe
- Anwendungsübergreifende Konfigurationsdaten
- Zahlungsbedingungen
- Handelsklauseln
- Materialstamm
- Materialstamm
- Positionstyp
- ERP-Warennummer
- Einkaufsinfosatz

Downstream-Prozesse

Die folgenden Stammdaten werden für die Downstream-Prozesse benötigt:

- Kontierungstypen
- Anzeigestatus des Kontierungsfelds
- Anlage und Anlagenklasse
- Kostenstellen
- Buchungskreise

- Währungsumrechnungskurse
- ERP-Warengruppe
- Budgetverwaltungsdaten wie Budget, Finanzstelle, Finanzkreis, Funktionsbereich, Finanzposition, Mittelvormerkung, Budgetperiode und Förderung
- Sachkonten
- Innenaufträge
- Sprachabhängige Namen für Datenimporte
- Zahlungsbedingungen
- Werke
- Werkseinkaufsorganisation
- Einkäufergruppen
- Einkaufsorganisationen
- Lieferantenbezogene Informationen
- Steuerkennzeichen
- Benutzer und Benutzergruppen
- PSP-Elemente (Projektstrukturplanelemente)

SAP Business Technology Platform (SAP BTP)

Die Integration von Stammdaten aus dem SAP-S/4HANA-Cloud-System SAP Ariba läuft über den Service *Master Data Integration* in einem SAP-BTP-Subaccount.

Für die Integration aus SAP S/4HANA (On-Premise-Version) oder SAP ERP 6.0 wird SAP Integration Suite, managed gateway for spend management and SAP Business Network (ehemals SAP Ariba Cloud Integration Gateway) empfohlen.

[«]

SAP Integration Suite, managed gateway for spend management and SAP Business Network – SAP Ariba Cloud Integration Gateway

Zur Erstellungszeit dieses Buches wurde von SAP der Name *SAP Ariba Cloud Integration Gateway* in *SAP Integration Suite, managed gateway for spend management and SAP Business Network* geändert. Viele der verlinkten Dokumente haben noch den alten Namen in der URL oder in der Bezeichnung. Dies wird im neusten Release aktualisiert sein.

Alternativen sind die CSV- und Webservice-Schnittstellen zur Integration über ein Middleware-System. Diese Vorgehensweise kann sinnvoll sein, wenn nur wenige Stammdaten integriert werden müssen oder bereits eine Middleware existiert. So kann der Aufwand geringer gehalten werden. Von SAP empfohlen und unterstützt wird jedoch die Integration über SAP Integration Suite, managed gateway for spend management and SAP Business Network.

SAP S/4HANA Central Procurement

Einen anderen Ansatz für ein Stammdatenkonzept benötigen Sie, wenn Sie in einer Multi-ERP-Landschaft SAP S/4HANA Central Procurement einführen möchten. Hier bleiben die meisten Stammdaten im Quellsystem und werden über OData-APIs bei Bedarf temporär in SAP S/4HANA Central Procurement geladen.

Wenn Sie Stammdaten aus einem Nicht-SAP-System migrieren möchten, sind Sie auf die genannten CSV- und Webservice-Schnittstellen angewiesen. Auch ein manueller Upload der Stammdaten als CSV-Datei über das SAP-Ariba-UI (UI = User Interface) ist möglich.

Wie oft welche Stammdaten aktualisiert werden, hängt davon ab, wie oft sich bestimmte Daten in den Backend-Systemen verändern und daher in den Einkaufsprozessen aktualisiert zur Verfügung stehen müssen.

5.2.1 Stammdatenmigration aus SAP S/4HANA Cloud

Wenn Sie SAP S/4HANA Cloud nutzen, werden verschiedene Geschäftsszenarien für den Einkauf unterstützt. Einen Überblick über die verfügbaren Geschäftsszenarien bietet der SAP Best Practices Explorer: *https://rapid.sap.com/bp/BP_CLD_ENTPR*

[»]

Geplante Ablösung des SAP Best Practices Explorers

Zum Zeitpunkt des Schreibens dieses Buches wurde auf der Website des SAP Best Practices Explorer auf die Ersetzung des SAP Best Practices Explorers zum 30. Juni 2023 durch ein neues Tool hingewiesen. Nutzen Sie deshalb ab Mitte 2023 die neuen Suchoptionen nach dem Best Practices Package für SAP S/4HANA Cloud.

Eine Übersicht der Integrationsszenarien für SAP Ariba finden Sie außerdem im Overview Guide für SAP Ariba Cloud Integration Gateway. Im Bereich **Use** finden Sie ein Übersichtsdokument, in dessen Anhang die möglichen Szenarien aufgeführt sind: *https://help.sap.com/docs/sisgw*

SAP Master Data Integration

Die Stammdatenmigration aus SAP S/4HANA Cloud wird über den einen Service der SAP Business Technology Platform (SAP BTP) namens SAP Master Data Integration durchgeführt. Die Nutzung setzt einen vorhanden SAP-

BTP-Global-Account und -Subaccount voraus. Des Weiteren müssen ein Cloud-Foundry-Space in diesem Subaccount erstellt sowie die nötigen Benutzer hinzugefügt werden.

SAP Master Data Integration ist in den folgenden Regionen verfügbar:

- Europa (Frankfurt) – EU10
- USA Ost (VA) – US10
- Australien (Sydney) – AP10
- Singapur – AP11

SAP One Domain Model

SAP Master Data Integration beruht auf dem sogenannten SAP One Domain Model, das als gemeinsames systemübergreifendes Datenmodell zur Integration von Stammdaten verwendet werden kann. Eine Erweiterung des Datenmodells mit eigenen Interpretationen und kundenspezifischen Attributen ist möglich. SAP Master Data Integration bietet zwischen vielen SAP-Systemen eine direkte Out-of-the-Box-Integration via verfügbarer REST-APIs. Mit der SAP Integration Suite lassen sich sogar Nicht-SAP-Anwendungen integrieren.

Zur Migration der Stammdaten von SAP S/4HANA Cloud nach SAP Ariba muss dieser Service eingerichtet und konfiguriert werden. Die folgenden Stammdaten lassen sich aus SAP S/4HANA Cloud in SAP Ariba über SAP Master Data Integration migrieren:

- Kostenstellen
- Projektstrukturpläne (PSP/WBS)
- Buchungskreise
- Einkaufsorganisation
- Lieferanten (nur von SAP S/4HANA Cloud nach SAP Ariba)

Master Data Native Integration Service (MDNI)

Die Aktualisierung der Daten in SAP S/4HANA Cloud löst eine automatische Aktualisierung der Datensätze in SAP Master Data Integration aus. Über den SAP-Ariba-Service *Master Data Native Integration* (MDNI), der in regelmäßigen Abständen als Job ausgeführt wird, werden die Stammdaten nach SAP Ariba transferiert.

Wie Sie SAP Master Data Integration konfigurieren, lesen Sie im Dokument »Master data replication using SAP Master Data Integration for SAP Ariba applications«. Dieses Dokument finden Sie im Bereich **Integration** mit den Titeln »SAP Ariba Strategic Sourcing solutions« und »SAP Ariba Procurement solutions«. Den Einstieg finden Sie im SAP Help Portal unter *https://help.sap.com/docs/ariba*

5.2.2 Migration aus SAP S/4HANA und SAP ERP 6.0

Die Integration der Stammdaten aus dem SAP-S/4HANA-System (On-Premise-Version) und dem SAP-ERP-6.0-System kann mit den folgenden Verfahren durchgeführt werden:

- manueller Daten-Upload im SAP-Ariba-UI
- automatischer Upload mit dem SAP Ariba Integration Toolkit
- Echtzeit-Upload über Webservices mit SAP Integration Suite, managed gateway for spend management and SAP Business Network

Manueller Daten-Upload im User Interface von SAP Ariba

Die Funktion für den manuellen Upload der Stammdaten über das User Interface in SAP erreichen Sie im User Interface über den folgenden Pfad: **Manage • Administration / Core Administration – Site Manager**.

Hier gibt es den Link **Data Import/Export**, über den Sie die Daten im CSV-Format importieren und exportieren können. Abbildung 5.1 zeigt die Liste der verschiedenen Importdateien, die über das SAP-Ariba-UI erstellt werden können.

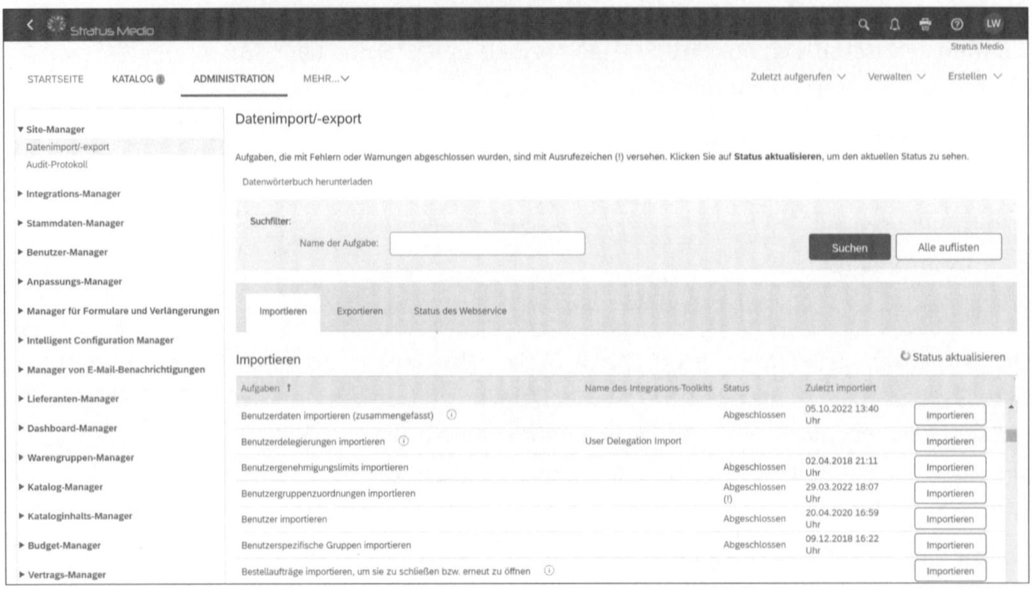

Abbildung 5.1 Site Manager im SAP-Ariba-Administrationsbereich

Über die Bereiche **Importieren** und **Exportieren** wechseln Sie zwischen Datenimport und Datenexport. Auch können Sie über den Button **Suche** nach einer bestimmten Stammdatendatei suchen.

Data Dictionary (Datenwörterbuch)

Das Data Dictionary (Datenwörterbuch) dient als Übersichtsdatei für die Struktur der Daten in der SAP-Ariba-Applikation. Im Site Manager können Sie das verfügbare Data Dictionary als Microsoft-Excel-Dokument herunterladen. Das Data Dictionary enthält Beschreibung und Struktur der verfügbaren Import- und Exportaufgaben. Wenn Sie Fragen beim Füllen der CSV-Dateien haben, sollten Sie das Excel-Dokument des Data Dictionarys zuvor zurate ziehen.

Ariba-Site-Variant-Datenmodell Ihrer SAP-Ariba-Seite

Das Data-Dictionary-Excel-Dokument ist immer gemäß der Variante Ihrer SAP-Ariba-Seite (SAP-Datenmodell oder generisches Datenmodell) aufgebaut. Es beinhaltet die freigeschalteten Features für Ihre spezifische Ariba-Seite.

[«]

Data Dictionary in Abhängigkeit der Gruppenzugehörigkeit Ihres Benutzers!

Bedenken Sie, dass sich das Data Dictionary nach der Gruppenzugehörigkeit Ihres Benutzers richtet. Wenn Sie mit Ihrem Benutzer bestimmte Funktionen nicht im UI sehen, sind diese auch nicht als Aufgaben in Ihrem heruntergeladenem Data Dictionary sichtbar.

Automatischer Upload mit dem SAP Ariba Integration Toolkit

Die Nutzung des SAP Ariba Integration Toolkits ist die zweite Möglichkeit, um Stammdaten zu migrieren. Hierbei stehen zwei Tools zur Verfügung:

- das *SAP Ariba Data Transfer Tool* zur Übermittlung der CSV-Dateien im Batch-Modus aus Ihrem Backend-System nach SAP Ariba
- der *Database Connector*, ein Datenbank-Konnektor zur Verbindung mit Java-Database-Connectivity-basierten (JDBC) ERP-Systemen.

SAP Ariba Data Transfer Tool

Das SAP Ariba Data Transfer Tool ist ein HTTP-Client, der über die Eingabeaufforderung bedient und gesteuert wird. Es SAP Ariba Data Transfer Tool kann die Daten selbst im Batch-Modus nach SAP Ariba laden. Das Tool wird auf einer Maschine innerhalb Ihres Netzwerks eingerichtet und lässt sich auf einem Windows- oder UNIX-basierten Betriebssystem betreiben.

Das SAP Ariba Data Transfer Tool lässt sich auch mit einem eigenen Tool ersetzen. Sie können alternativ ein Middleware-System Ihrer Wahl nutzen, um die Daten über HTTP nach SAP Ariba zu übermitteln, nachdem zuvor die Daten aus dem Quellsystem geladen worden sind.

Datenbank-Konnektor

Mit dem Datenbank-Konnektor können Sie Stammdaten aus Ihrer JDBC-basierten Backend-Systemdatenbank extrahieren und in CSV-Dateien sichern. Auch können Sie Daten aus Backend-Systemen extrahieren oder in Backend-Systeme laden, die Schnittstellenschemas exponieren. Der Database Connector fügt die Daten direkt in die Schnittstellentabellen ein und ruft Daten ab, indem er entweder Schnittstellen- oder Produktionstabellen abfragt.

Eine Beschreibung der Möglichkeiten und Vorgehensweisen finden Sie im Dokument »SAP Ariba integration toolkit guide«, das Sie im SAP Help Portal unter **SAP Ariba cloud integration** finden: *help.sap.com/docs/ARIBA_CLOUD_INTEGRATION*

SAP Integration Suite, managed gateway for spend management and SAP Business Network (früher: SAP Ariba Cloud Integration Gateway)

Für die Migration und Integration von Stammdaten aus SAP S/4HANA oder SAP ERP 6.0 nach SAP Ariba empfiehlt SAP die Lösung SAP Integration Suite, managed gateway for spend management and SAP Business Network. Es handelt sich dabei um eine relativ neue Integrationsmöglichkeit, die als Integration-as-a-Service (IaaS) konzipiert wurde. SAP Integration Suite, managed gateway for spend management and SAP Business Network basiert auf der SAP BTP, die in einer eigenen Instanz für die SAP-Ariba-Systeme läuft. Es enthält alle notwendigen Integrationsobjekte und Mappings in vorgefertigter Form und muss von Ihnen nur noch eingerichtet werden. Das heißt, dass sich SAP um die Entwicklung und Wartung der Integrations-Mappings kümmert, die Sie als Kunde nutzen können.

[»]

Keine Lizenzkosten für SAP Integration Suite, managed gateway for spend management and SAP Business Network

SAP Integration Suite, managed gateway for spend management and SAP Business Network erhalten Sie direkt mit der SAP-Ariba-Lizenz für Ihr gewähltes SAP-Ariba-Produkt. Es muss also nicht zusätzlich lizenziert werden, und man braucht auch keine Lizenz für die SAP BTP.

Eine Übersicht aller Funktionen und Möglichkeiten finden Sie im SAP Integration Suite, Managed Gateway for Spend Management and SAP Business Network Overview Guide im Tab **Use**: *https://help.sap.com/docs/sisgw*

SAP Integration Suite, managed gateway for spend management and SAP Business Network unterstützt die im Folgenden aufgeführten Lösungen von SAP Ariba.

- SAP Business Network
- SAP Ariba Buying
- SAP Ariba Buying, Multi-ERP-Edition
- SAP Ariba Catalog
- SAP Ariba Sourcing
- SAP Ariba Collaborative Sourcing
- SAP Ariba Commerce Automation
- SAP Ariba Discount Management
- SAP Ariba Supplier Lifecycle and Performance
- SAP Ariba Invoice Management
- SAP Ariba Buying and Invoicing
- SAP Ariba Contract Invoicing
- SAP Ariba Strategic Sourcing Suite
- SAP Ariba Contracts
- SAP Business Network for Supply Chain
- SAP Ariba Supplier Risk

SAP One Support Launchpad

Für SAP Integration Suite, managed gateway for spend management and SAP Business Network muss ein Add-on in SAP S/4HANA oder im SAP-ERP-6.0-System installiert werden. Es gibt jeweils eine Version für das SAP-S/4HANA-System und eine für das SAP-ERP-6.0-System. Dieses Add-on lässt sich über das SAP One Support Launchpad in den Software-Downloads herunterladen.

Weitere Informationen zum Einrichten von SAP Integration Suite, managed gateway for spend management and SAP Business Network finden Sie im SAP Integration Suite, Managed Gateway for Spend Management and SAP Business Network Installation Guide, den Sie auf den dazugehörigen Seiten des SAP Help Portals finden (*https://help.sap.com/docs/sisgw*)

Full Load und inkrementeller Upload

SAP Integration Suite, managed gateway for spend management and SAP Business Network unterstützt den Full Load und den inkrementellen Upload der Stammdaten aus Ihrem Backend-System. Sie müssen die Integration der Stammdaten über das Add-on konfigurieren, das Sie nach der Installation über das SAP GUI in Transaktion SPRO oder über SAP Reference IMG **Integration with Other SAP Components • Managed Gateway for Spend&Network for Buyer** finden. Abbildung 5.2 zeigt die Übersicht der Aufgaben für die Einstellungen des Add-ons **SAP Ariba Cloud Integration Gateway** im Backend für die Integration der Stammdaten.

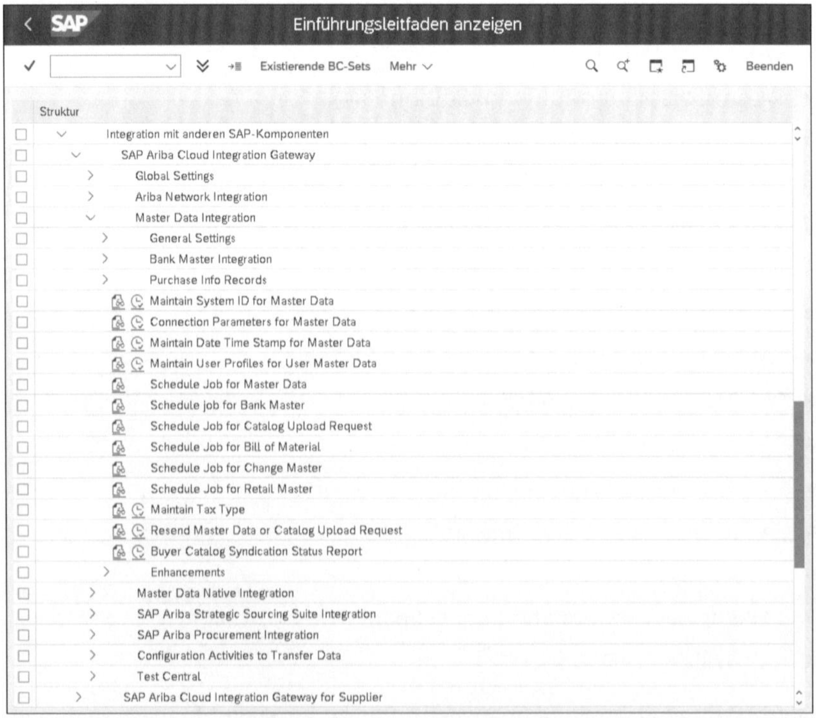

Abbildung 5.2 Customizing-Optionen der Stammdatenintegration mit dem Add-on »SAP Ariba Cloud Integration Gateway«

Zuerst treffen Sie die generellen Einstellungen für die Verbindung zu SAP Integration Suite, managed gateway for spend management and SAP Business Network und die jeweiligen Parameter. Weiter über den Bereich **Maintain System ID for Master Data** legen Sie die System-ID des verbundenen Backend-Systems fest. Über **Connection Parameters for Master Data** pflegen Sie den Realm-Namen Ihrer SAP-Ariba-Seite. Diesen sehen Sie rechts oben im User Interface von SAP Ariba und in der URL der Ariba-Seite. Danach kann ein Job im System mit Transaktion SM36 eingerichtet werden, der über das ABAP-Programm `ARBCIG_MASTER_DATA_EXPORT` die jeweiligen Stammdaten in die gewählte Lösung hochlädt.

SAP Ariba Master Data Native Integration (MDNI)

Darüber hinaus unterstützt SAP Integration Suite, managed gateway for spend management and SAP Business Network die native Stammdatenintegration zu SAP Ariba Master Data Native Integration (MDNI). Es bietet die folgenden Funktionen:

- Transfer der Stammdaten vom Backend nach MDNI über SAP Integration Suite (SAP Ariba Cloud Integration Gateway) im XML-Format
- Mehrere ERP-Systeme werden gleichzeitig unterstützt.

- Jedes ERP-System erhält eine eigene System-ID.
- Es werden die Standard-Webservices im SAP-ERP-System genutzt.
- Es findet kein Mapping in SAP Integration Suite, managed gateway for spend management and SAP Business Network statt.
- Es werden ein Full Load sowie ein inkrementeller Upload unterstützt.
- Im Full Load werden alle Objekte geladen. Wenn ein Objekt bereits existiert, wird es erst dekativiert, bevor es noch einmal geladen wird.
- In einem inkrementellem Upload werden nur die inkrementellen Änderungen hochgeladen. Existiert ein Objekt nicht, wird es erstellt.

Die Integration mit dem MDNI hat aber auch einige Einschränkungen, die Sie bedenken sollten. Details dazu finden Sie im SAP Integration Suite, Managed Gateway for Spend Management and SAP Business Network Overview Guide: *https://help.sap.com/docs/sisgw*

5.2.3 Stammdatenmigration aus Nicht-SAP-Systemen

Für die Migration von Stammdaten aus Nicht-SAP-Systemen steht SAP Integration Suite, managed gateway for spend management and SAP Business Network noch nicht zur Verfügung. Stattdessen haben Sie die Möglichkeit eines Uploads über die UI-Funktionen in SAP Ariba und über das SAP Ariba Integration Toolkit (siehe Abschnitt 5.2.2, »Migration aus SAP S/4HANA und SAP ERP 6.0«).

Überdies können Sie eine eigene Integration der Stammdaten mit einer vorhandenen Middleware einrichten. Sehen Sie dazu auch die Übersicht der verfügbaren Schnittstellen im SAP Help Portal: *https://help.sap.com/docs/ARIBA_APIS*

5.3 Migration von Lieferantendaten

Die Migration der Lieferantendaten unterscheidet sich je nach verwendetem Szenario für SAP Ariba (siehe Abschnitt 5.1, »Herausforderungen und Komplexitätsfelder«). Werden nur SAP Ariba Buying und SAP Ariba Guided Buying ohne Upstream-Prozesse genutzt, werden die Lieferanten im Format einer Lieferantenorganisation integriert.

Supplier Management Administration (SM Adminstration)

Nutzt Ihre Lösung auch das SAP Ariba Supplier Information and Performance Management (Supplier Management (SM) Administration) müssen die Lieferantendaten über die vorhandenen nativen Schnittstellen im Business-Partner-Format geladen werden.

[»]

Business Partner

Bei der Bezeichnung *Business Partner* (Geschäftspartner) handelt es sich um ein zentrales Stammdatenobjekt für alle natürlichen und juristischen Personen, zu denen das Unternehmen eine Geschäftsbeziehung hat. Dies können Lieferanten, Kunden sowie Kontaktpersonen sein.

Die Lieferantendaten als Business Partner zu verwalten, bietet neben der nativen Integration noch zahlreiche weitere Vorteile:

- harmonisierte Datenarchitektur zwischen den Applikationen
- strategisches Datenmodell in SAP S/4HANA
- Beziehungen zwischen den einzelnen Business Partnern (z. B. »Ist Dienstleister von«) sind möglich.
- unterschiedliche Adressen, Bankdaten
- Verschiedene Rollen wie **Kunde** oder **Lieferant** sind möglich.
- Die generischen Daten (Name, Adresse, Kontaktdaten) werden zwischen den Rollen des Business Partners geteilt.

5.3.1 Migration von Lieferantendaten von SAP S/4HANA Cloud über den MDI-Service der SAP BTP

Mit SAP S/HANA Cloud können die Lieferantendaten über den Service *SAP Master Data Integration* der SAP BTP integriert werden. Die Integration nutzt dazu SAP Integration Suite, managed gateway for spend management and SAP Business Network; die Architektur ist in Abbildung 5.3 dargestellt.

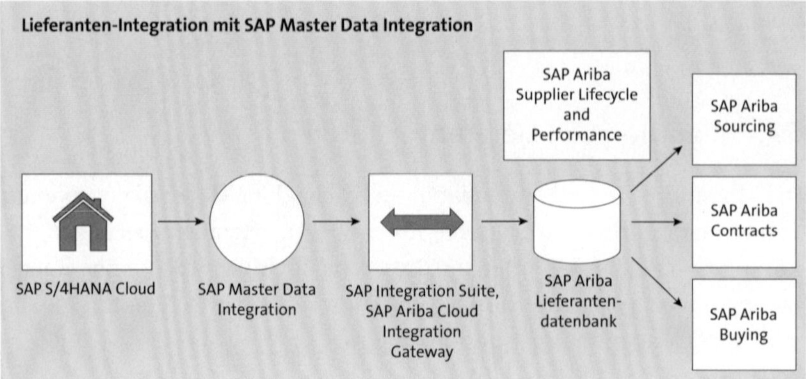

Abbildung 5.3 Migration von Lieferantendaten über SAP MDI

Pass-through-Szenario

Aus dem SAP-S/4HANA-Cloud-System wird zuerst definiert, welche Lieferanten nach SAP Ariba geladen werden sollen. Die Daten werden im Service

SAP Master Data Integration per nativer Schnittstelle an SAP Integration Suite, managed gateway for spend management and SAP Business Network (SAP Ariba Cloud Integration Gateway) übergeben. Dort findet kein Mapping statt (Pass-through-Szenario); es muss jedoch ein Integrationsszenario eingerichtet werden. Die Daten werden dann in der SAP-Ariba-Lieferantendatenbank gespeichert.

Die Migration der Lieferantendaten mit SAP Master Data Integration unterstützt auch den Upload der Lieferanten zum SAP Ariba Supplier Lifecycle and Performance und SAP Ariba Supplier Information and Performance Management (New Architecture). Allerdings wird zurzeit nur die Integration in Richtung SAP Ariba unterstützt und nicht die bidirektionale Synchronisation in beide Richtungen.

Eine Beschreibung der erforderlichen Konfigurationsschritte zur Einrichtung entnehmen Sie dem Dokument »Master Data Replication using SAP Master Data Integration for SAP Ariba Applications« auf den Seiten im SAP Help Portal für die SAP-Ariba-Lösungen.

5.3.2 Migration von Lieferantendaten aus SAP S/4HANA und SAP MDG-S

Supplier Management Administration

Wenn Sie Ihre Lieferanten in der Supplier Management Administration (SM Administration) in SAP Ariba verwalten und integrieren wollen, müssen Sie das Business-Partner-Datenmodell nutzen, um die Lieferanten nach SAP Ariba zu laden.

SAP Master Data Governance – Supplier (SAP MDG-S)

Die Lieferantendaten können hierbei aus einem SAP-ERP-6.0-, SAP-S/4HANA- oder einem System für SAP Master Data Governance – Supplier (SAP MDG-S) geladen werden. Die minimalen Voraussetzungen für diese Integration sind die folgenden Systeme:

- SAP Ariba Supplier Lifecycle and Performance, SAP Ariba Supplier Information and Performance Management (New Architecture), or SAP Ariba Supplier Risk
- SAP ERP 6.0 Enhancement Package 8 with Support Package 12
- SAP S/4HANA 1809
- SAP MDG 9.2 as Add-on for SAP ERP 6.0 Enhancement Package 8 with Support Package 12
- SAP MDG as Add-on for SAP S/4HANA 1809
- neure Versionen von SAP ERP 6.0, SAP S/4HANA, or SAP MDG

Zur Integration mit dem SAP-Ariba-System stehen die folgenden Webservices zur Verfügung, die nativ oder über Middleware genutzt werden können:

- BusinessPartnerSUITEBulkReplicateRequest_In
- BusinessPartnerSUITEBulkReplicateRequest_Out
- BusinessPartnerSUITEBulkReplicateConfirmation_In
- BusinessPartnerSUITEBulkReplicateConfirmation_Out

Durch die bidirektionale Synchronisation von SAP Ariba und dem angeschlossenen SAP-Backend oder SAP-MDG-S-System sind unterschiedliche Szenarien möglich.

Lieferantenerstellung in SAP S/4HANA und Replikation nach SAP Ariba

Der Lieferantenmanager erstellt einen neuen Lieferanten und möchte ihn in SAP Ariba replizieren:

- Sie erstellen einen neuen Lieferanten in SAP S/4HANA und weisen ihm die zuständige Einkaufsorganisation und den zuständigen Buchungskreis zu.
- SAP S/4HANA repliziert den Lieferanten über das Data Replication Framework (DRFOUT)

Lieferantenupdate in SAP Ariba und Replikation nach SAP S/4HANA

Der Lieferantenmanager hat z. B. den Kontakt des Lieferanten aktualisiert und möchte diese Änderungen auch in SAP S/4HANA aktualisieren:

- Ihr Mitarbeiter aktualisiert einen Registrierungs-Lieferantenfragebogen, der dann vom Lieferanten beantwortet wird.
- Das Update der Fragen triggert eine automatische Replikation der Daten von diesem Lieferanten nach SAP S/4HANA.
- Das SAP-S/4HANA-System aktualisiert die Lieferantendaten.

Lieferantenerstellung in SAP Ariba und Replikation nach SAP S/4HANA

Der Lieferantenmanager registriert einen neuen Lieferanten und möchte ihn nach dem gesamten Prozess in das SAP-S/4HANA-System replizieren:

- *Erstellung eines Lieferanten in SAP Ariba*: Nach einer in SAP Ariba erstellten Anfrage zur Erstellung eines neuen Lieferanten wird diese genehmigt, und ein neuer Lieferant mit den Standardeinstellungen wird erstellt.
- *Registrierung des Lieferanten*: Ein zuständiger Lieferantenmanager lädt den Lieferanten über SAP Ariba ein und schickt ihm einen oder mehrere Registrierungsfragebögen über das SAP-Ariba-Netzwerk zu.
- Der Lieferant bestätigt seine Registrierung und beantwortet die Fragebögen.

- Die definierten Personen genehmigen die Antworten des Lieferanten, und der Lieferant erhält den Status **Registriert**.
- Basierend auf den eingestellten Integrationseinstellungen kann der Status **Registriert** die initiale Replikation des Lieferanten aus SAP Ariba nach SAP S/4HANA auslösen.
- Im SAP S/4HANA werden nach den definierten Best-Practices- Prozessen Einkaufsorganisation, Buchungskreis, und Partner-Funktion zugeordnet.

Informationen zur Konfiguration über SAP Integration Suite, managed gateway for spend management and SAP Business Network dieser Integration finden Sie auf den Seiten des SAP Help Portals für SAP Integration Suite, managed gateway for spend management and SAP Business Network auf der Registerkarte **Integrate** in den beiden Konfigurationsdokumenten:

- Integrating SAP MDG-S with SAP Ariba Supplier Lifecycle and Performance
- SAP Integration Suite, managed gateway for spend management and SAP Business Network Configuration Guide

5.3.3 Lieferantenmanagement und Upload im SAP Business Network

SAP Business Network

Um über das SAP Business Network (früher: SAP-Ariba-Netzwerk) mit den Lieferanten zu interagieren, müssen die Lieferanten im SAP Business Network von Ihrem Lieferantenadministrator oder Lieferantenmanager freigeschaltet und mit Ihrem SAP-Business-Network-Käufer-Account verbunden werden.

Lieferanten können im SAP Business Network (Käufer-Account) mithilfe eines Uploads einer CSV-Datei erstellt werden. Diese CSV-Datei kann auch dazu genutzt werden, die Daten von existierenden Lieferanten im SAP Business Network zu aktualisieren. Diese Datei kann als Template im SAP Business Network (Käufer-Account) auf der Registerkarte **Lieferantenaktivierung** heruntergeladen werden.

Die Bedingungen für diese CSV-Datei sind die folgenden:

- Es können bis zu 100.000 Einträge in der Datei sein.
- Die maximale Dateigröße ist 10 MB.
- Es kann auch ein ZIP-Archiv verwendet werden, das nur die CSV-Datei enthält.
- Die Datei muss die Syntaxregeln erfüllen.

Wenn Sie in der Administration des SAP-Backends tätig sind, können Sie die CSV-Dateien auch direkt aus dem Backend-System im richtigen CSV-Format exportieren. Die Syntaxregeln für diese CSV-Datei sind die folgenden:

- Die Datei muss die Endung **.csv** haben.
- In der ersten Zeile muss die Kodierung genannt werden.
- Die Werte können Zeichenketten (Strings) beinhalten, aber diese Werte müssen in Anführungszeichen stehen.

Die folgenden Felder werden in dieser CSV-Datei benötigt:

- Lieferantenname
- Lieferanten-ID
- Steuernummer (nur erforderlich, wenn keine Lieferanten-ID genannt wurde)
- Stadt oder Postleitzahl
- Lieferanten-Länderkennung
- Bundesstaat (nur bei Lieferanten in USA)
- System-ID (Nur in Multi-ERP-Konfigurationen)
- Buyer ANID (nur für externe Serviceanbieter mit einem Provider-Account)

Data Universal Numbering System (DUNS)

Genauere Informationen und weitere mögliche Felder wie z. B. DUNS-Nummern (Data Universal Numbering System) entnehmen Sie dem Dokument »Enabling Suppliers on SAP Business Network« aus dem SAP Help Portal für das SAP Business Network.

5.4 Migration von Bewegungsdaten

Die Migration von Bewegungsdaten nach SAP Ariba ist in gewissem Umfang möglich, aber nicht immer empfehlenswert. Es stehen auch nicht für alle Objekte Schnittstellen dafür zur Verfügung. Zum Beispiel gibt es keine Schnittstelle, die offene oder abgeschlossene Bestellungen importieren kann. SAP Ariba Procurement kann Bedarfe importieren, aus denen Bestellungen erzeugt werden können. Zur Archivierung der Daten aus Altsystemen eignet es sich aber nicht. Wir empfehlen daher, die Bewegungsdaten zuerst im Altsystem abzuschließen und/oder parallel in SAP Ariba die neuen Objekte anzulegen.

Eine denkbarer Ausweg ist das Anlegen der Bestellungen aus einem Altsystem per API in SAP S/4HANA. Dafür gibt es eine OData-Schnittstelle in SAP

S/4HANA, die Bestellungen anlegen, aktualisieren und löschen kann. Hier der Link zum API Business Hub: *https://api.sap.com/api/OP_API_PURCHASEORDER_PROCESS_SRV_0001*

Es gibt jedoch Schnittstellen, die Sie nutzen können, um bestehende Objekte nach SAP Ariba zu laden. Als Beispiel sind die SOAP-Schnittstellen (Simple Object Access Protocol) zum Import von Ausschreibungsprojekten und Ausschreibungsevents nach SAP Ariba Sourcing zu nennen. Kombinieren lässt sich dies dann mit der SOAP-Schnittstelle für den Dokumenten-Upload in bestehende Ausschreibungsprojekte. Auf diese Weise können Sie bestehende Ausschreibungen in SAP Ariba Sourcing sehen und verwalten.

Diese Integration kann man relativ einfach mit dem SAP Cloud Integration Service als Middleware erreichen. SAP Cloud Integration bringt alle erforderlichen Adapter und Funktionen mit, um solche iFlows passend dazu zu erstellen.

SAP Integration Suite: Mapping iFlows

Abbildung 5.4 zeigt ein Beispiel für einen iFlow, der die Dateien aus einem SFTP-Server (Secure File Transfer Protocol) herausliest und die Objekte in SAP Ariba per Request-Reply-HTTP-Post-Verbindung erstellen kann. Zur Verbindung mit Ihrer SAP-Ariba-Seite erstellen Sie in SAP Ariba über **Administration – Intergations-Manager – Endpunktkonfiguration** einen Endpunkt für diese Schnittstelle.

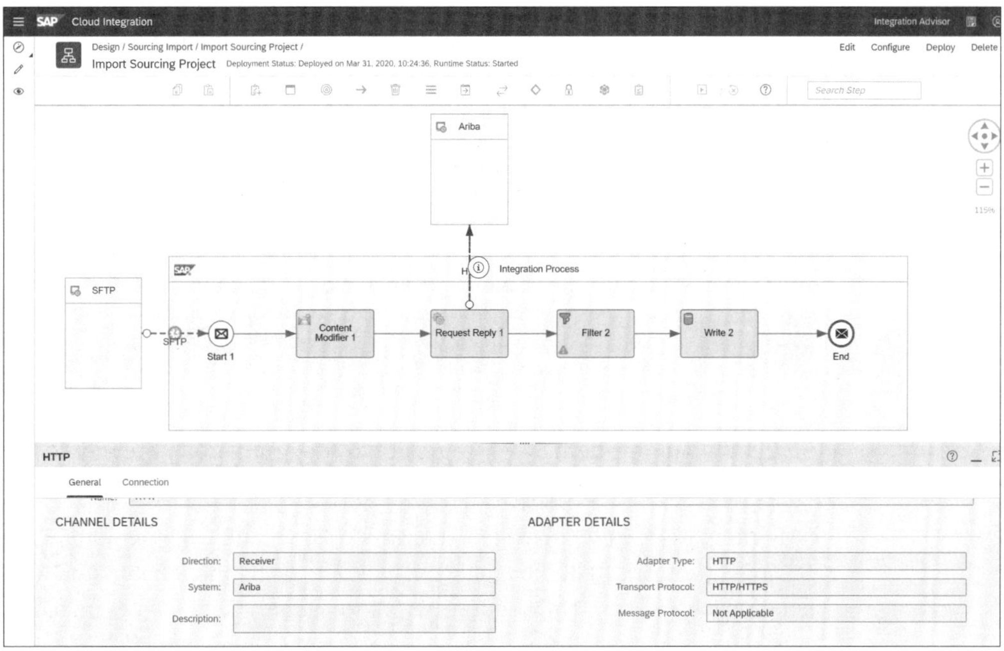

Abbildung 5.4 SAP-Cloud-Integration-Service-iFlow zum Import eines Ausschreibungsprojekts

Generell muss also etwas Aufwand in der Middleware betrieben werden, wenn man bestehende Objekte in die SAP-Ariba-Systeme laden möchte. SAP bietet darüber hinaus einen eigenen Migrationsservice als zusätzliche kostenpflichtige Consulting-Leistung an, die solche Aufgaben mit bereitstehenden Tools übernehmen kann.

5.5 Migration der Benutzerdaten

Benutzermanager

SAP Ariba umfasst eine eigene Benutzerverwaltung (Benutzermanager) im Aministrationsbereich. Die Benutzerdaten umfassen Daten wie Benutzer-ID, Name, Organisationszugehörigkeit, Adresse sowie Kontaktdaten, aber auch die zugeordneten Benutzergruppen. Sie können Benutzerdaten aus unterschiedlichen Systemen in SAP Ariba laden. Es gibt drei verschiedene Arten, um Benutzerdaten nach SAP Ariba zu laden:

- Upload über das SAP-Ariba-UI mit den jeweiligen CSV-Dateien
- Upload mit SAP Integration Suite, managed gateway for spend management and SAP Business Network
- Upload und User Management mit dem SAP-BTP-Service SAP Cloud Identity Services – Identity Provisioning

5.5.1 Upload über das SAP-Ariba-UI mit den jeweiligen CSV-Dateien

Bei dem Upload über das SAP-Ariba-UI stellt SAP Ariba mehrere CSV-Dateien bereit, die mit den zu übertragenden Daten befüllt werden müssen. Sie können auch in einer vereinfachten Variante eine konsolidierte Datei laden, die die anderen Daten beinhaltet.

Die genaue Beschreibung der unterschiedlichen CSV-Dateien und der konsolidierten Variante entnehmen Sie dem Guide »Common Data Import and Administration for SAP Ariba Procurement Solutions« aus dem SAP Help Portal.

5.5.2 Upload mit dem SAP Integration Suite, managed gateway for spend management and SAP Business Network

SAP Integration Suite, managed gateway for spend management and SAP Business Network stellt die Möglichkeit bereit, die Benutzerdaten und Rollen direkt aus SAP S/4HANA oder SAP ERP zu laden. Hierzu gibt es im dazugehörigen Add-on ein Import Event **Import User Group Mapping**.

Die hierbei über das Add-on für SAP Integration Suite, managed gateway for spend management and SAP Business Network exportierten Daten beinhalten die Informationen, die Sie Transaktion SU01 entnehmen können. Die HR-Informationen zu Kostenstelle, Buchungskreis, HR-Nationalität und Sprache sind ebenfalls darin enthalten.

Allerdings müssen mit dieser Methode alle Benutzer, die Sie in SAP Ariba nutzen möchten, in SAP S/4HANA oder SAP ERP gepflegt sein.

5.5.3 Upload und User Management mit dem BTP-Service SAP Cloud Identity Services – Identity Provisioning

SAP Cloud Identity Services

Die bequemste Möglichkeit, um Benutzerdaten zu migrieren, ist die Nutzung der SAP Cloud Identity Services. Mit den darin enthaltenen Services Identity Authentication und Identity Provisioning stehen zwei Cloud-Services bereit, um die Authentifikation und die Verteilung der Benutzerstammdaten aus unterschiedlichen angeschlossenen Systemen, wie das Active Directory von Microsoft, Microsoft Azure oder einem anderen IdP-System (Identity Provider) zu gewährleisten. Zur Integration mit dem SAP-Ariba-System nutzt Identity Provisioning SAP-interne SOAP-Schnittstellen, um die Daten zu erstellen, zu aktualisieren oder zu löschen.

Der Vorteil dieser Vorgehensweise ist, dass Sie ein zentrales Tool zur Benutzerverwaltung und zur Distribution nutzen können. Allerdings müssen für die SAP Cloud Identity Services zusätzliche Lizenzen auf der SAP BTP erworben werden, da sie nicht in die Ariba-Lizenz inkludiert sind.

Details zu den unterschiedlichen Quell- und Zielsystemen finden Sie im SAP Help Portal auf der Seite zu SAP Cloud Identity Services – Identity Provisioning: *https://help.sap.com/docs/IDENTITY_PROVISIONING*

5.6 Fazit

In diesem Kapitel haben Sie die verschiedenen Möglichkeiten für den Datenimport nach SAP Ariba kennengelernt. Mit SAP S/4HANA Cloud und einem SAP-S/4HANA-System hat man durch die nativen Schnittstellen und die Standardintegration über SAP Integration Suite, managed gateway for spend management and SAP Business Network Vorteile gegenüber einer manuellen oder einer dateibasierten (CSV-basierten) Datenmigration. Letztendlich können Sie auch oft eine passende Integrationsvariante auswählen, die zu ihren Prozessen und zur Systeminfrastruktur am besten passt.

Kapitel 6

Datenmigration in SAP Business ByDesign

Die Stärken des Migrationstools in SAP Business ByDesign sind die klar strukturierte Benutzerführung und die umfassende Simulations- und Vorschaufunktionalität, mit der Sie das Ergebnis eines Imports bewerten können, noch bevor die Daten endgültig geschrieben werden.

In diesem Kapitel stellen wir Ihnen das Migrationstool für eine Datenmigration in die SAP-Cloud-Lösung SAP Business ByDesign vor. Als Anwenderin oder Anwender werden Sie dabei Schritt für Schritt durch den Prozess geführt; die Interaktion erfolgt größtenteils über dynamische Aufgabenlisten.

Sie können zahlreiche betriebswirtschaftliche Datenobjekte migrieren, wobei auch die komplexeren Objekte so aufgebaut sind, dass eine Übernahme der Daten in vielen Fällen ohne Programmierung auskommt. Gleichzeitig lässt sich immer wieder Folgendes beobachten: Je einfacher die Abläufe zu bedienen sind, desto höher ist Gefahr, dass die trotzdem vorhandene Bedeutung der betriebswirtschaftlichen Details in den migrierten Daten unterschätzt wird. Dieses Kapitel soll Sie in die Lage versetzen, das Migrationstool bewusst einzusetzen und seine Möglichkeiten wirkungsvoll zu Ihrem Vorteil zu verwenden sowie Fehlersituationen zu vermeiden und bei ihrem Auftreten Ursachen gezielt eingrenzen zu können.

In Abschnitt 6.1, »Migrationsvorlagen«, werden zunächst die objektspezifischen Vorlagen im Microsoft-Excel-Spreadsheet-Format vorgestellt, die Ausgangspunkt der Migration sind. Abschnitt 6.2, »Migrationstool«, wird Sie mit der für die Migration relevanten Toolumgebung vertraut machen.

Anhand eines Beispiels werden Sie in Abschnitt 6.3, »Hauptschritte der Migration«, die Migration durchführen und dabei die zentralen Schritte **Validierung**, **Wertkonvertierung** und **Simulation** kennenlernen. Auf die Möglichkeiten zur Korrektur von aufgedeckten Datenfehlern wird hierbei genauer eingegangen. Vertieft wird dies in Abschnitt 6.4, »Migration von Buchhaltungsdaten«, durch die Vorstellung von Spezialfunktionen zur Migration von Buchhaltungsdaten.

Nach der Migration ist vor der Migration – in Abschnitt 6.5, »Änderungsmigration«, stellen wir Funktionen vor, die Sie beim späteren Anreichern und Ändern des Datenbestands unterstützen. In Abschnitt 6.6, »Migration als Teilprojekt«, wechselt die Perspektive zu der eines Teilprojektleiters der Migration. Wir betrachten die zur Migration gehörigen Schritte in den einzelnen Projektphasen. Besonderes Augenmerk legen wir dabei auf die zur jeweiligen Phase passende Teststrategie. Last, not least enthält Abschnitt 6.7, »Tipps aus der Praxis«, mit den Schwerpunktthemen Parallelisierung und Abstimmung der Daten nach der Migration.

6.1 Migrationsvorlagen

Zur Aufnahme der Daten Ihres Altsystems stellt SAP Business ByDesign sogenannte *Migrationsvorlagen* zum Herunterladen bereit. Es handelt sich dabei um XML-Dateien, die sich mit Microsoft Excel öffnen und weitgehend wie eine gewöhnliche Tabellenkalkulationsdatei bearbeiten lassen. Beim ersten Mal nutzen Sie gegebenenfalls die Funktion **Öffnen mit** Ihres PCs (Windows: rechte Maustaste) und wählen Microsoft Excel.

6.1.1 Aufbau und Struktur der Migrationsvorlagen

Technisch handelt es sich bei Migrationsvorlagen um Dateien in dem mit Microsoft Office 2003 eingeführten XML-Dateiformat. Dieses Dateiformat lässt sich auch mit neueren Microsoft-Excel-Versionen bearbeiten. Für jedes Migrationsobjekt (z. B. Kunden, Materialdaten, Sachkontensalden) gibt es eine eigene Migrationsvorlage. Neben der deutschen Version stehen dabei auch eigene Versionen in den zahlreichen, von SAP Business ByDesign unterstützten Sprachen zur Verfügung.

Aufbau der Migrationsvorlagen

Jede Migrationsvorlage besteht aus mehreren Tabellenblättern, zu denen Sie wie üblich über die Registerkarten am unteren Bildrand navigieren können:

- zu einem ansonsten leeres Titelblatt **Einführung**
- zu einem oder mehreren Datenblättern für die eigentlichen Daten
- zum Tabellenblatt **Dokumentation** mit objektspezifischen Informationen
- zum Tabellenblatt **Feldliste** für eine vollständige Übersicht über alle Tabellenblätter und Felder (auch ausgeblendete)

Datenblätter

Schauen Sie sich anhand eines Beispiels die Datenblätter für die eigentlichen Daten etwas genauer an. Wir wählen als Beispiel die Migrationsvorlage für den Kundenstammsatz. Das Tabellenblatt **Allgemein** enthält die Kopfsätze, d. h. eine Zeile für jeden Kunden (siehe Abbildung 6.1).

	1	2	8	9	13
1	**Quelldaten für Migrationsobjekt: Kunden**				
2	Version SAP_BYD 411 - 29.01.2015 © Copyright SAP SE. All rights reserved.				
3					
6	**Schlüssel**	**Kunde**	**Weitere Identifikatoren**		**Firmenkunde**
7	Kundennummer*	Privatkunde	DUNS-Nummer	Internationale Standortnummer	Kundenname*
8	10001				Omega Soft-Hardware Markt
9	10002				Lampen-Markt GmbH
10	10003				Hever Industrial UK
11	10004				Editorial Atlántida
12	10005				Adecom SA

Einführung | **Allgemein** | Adressen | Ansprechpartner | Direkte Zuständigkeit

Abbildung 6.1 Beispieldaten: Kopfsatz der Migrationsvorlage für Kundendaten

Bei einem Kunden können ein, mehrere oder auch kein Ansprechpartner bekannt sein. Entsprechend enthält das nachfolgende Tabellenblatt **Ansprechpartner** dann zu jedem Kunden eine oder mehrere Zeilen – oder eben auch keine. Über die Kundennummer im ersten Feld der Zeile ist die Zuordnung zum Kopfsatz eindeutig festgelegt (siehe Abbildung 6.2).

	1	2	3	4	6	7	8
1	**Quelldaten für Migrationsobjekt: Kunden**						
2	Version SAP_BYD 411 - 29.01.2015 © Copyright SAP AG. All rights reserved.						
3							
6	**Schlüssel**				**Ansprechpartnername**		
7	Kundennummer*	Ansprechpartnernummer	Vorname	Nachname*	Standard	Titel	Akademischer Titel
8	10001		Bernhard	Schmid		Herr	
9	10001		Luise	Maier		Frau	Dr.
10	10002		Frank	Fuchs		Herr	
11	10002		Susanne	Wolf		Frau	
12	10003		Georg	Winchester		Mr	
13	10003		Judy	Smith		Ms	
14	10004		Juan Carlos	Lopez		Sr.	

Einführung | Allgemein | Adressen | **Ansprechpartner** | Direkte Zuständigke

Abbildung 6.2 Beispieldaten: Registerkarte »Ansprechpartner« in der Migrationsvorlage für Kundendaten

Felddokumentation in Zeile 7

Jedes Feld beinhaltet als Eingabehilfe eine kurze Felddokumentation. Sie finden diese in Zeile 7 unterhalb des Feldnamens. Vergrößern Sie die Zeilenhöhe von Zeile 7, um den gesamten Zelleninhalt zu sehen (siehe Abbildung 6.3).

Abbildung 6.3 Eingabehilfe in Zeile 7

Obligatorische Datenblätter

Datenblätter, deren Registerkarte in Orange markiert ist, müssen immer gefüllt werden.

Obligatorische Felder

Es wird Ihnen aufgefallen sein, dass einige Felder mit einem Sternchen »*« gekennzeichnet sind, sowohl in der Spaltenüberschrift als auch in der Feldliste. Ein so gekennzeichnetes Feld ist ein Pflichtfeld. Zusätzlich gibt es eine Reihe von Sonderfällen, in denen es von bestimmten Bedingungen abhängt, ob die Angaben auf einem Datenblatt oder in einem bestimmten Feld vorhanden sein müssen. Beispiele für solche Bedingungen sind der Wert eines Nachbarfeldes, ein Fine-Tuning-Eintrag in der Konfiguration oder auch eine bestimmte spätere Verwendung im betriebswirtschaftlichen Prozess. In solchen Fällen finden Sie entsprechende Anweisungen in der Felddokumentation (Zeile 7 unterhalb des Feldnamens) oder in der Objektdokumentation (vorletztes Tabellenblatt).

Ausgeblendete Datenblätter

Es gibt Datenblätter, die nur selten gefüllt werden und doch ihre Berechtigung haben. Zugunsten einer größeren Übersichtlichkeit sind solche Datenblätter in den Migrationsvorlagen zunächst ausgeblendet. Sie erkennen ursprünglich ausgeblendete Datenblätter an der Graufärbung der Registerkarten. Ein Beispiel ist das Datenblatt **Geschäftszeiten** in der Migrationsvorlage für Kundendaten, in dem für die einzelnen Kunden mögliche Besuchs- und Warenannahmezeiten hinterlegt werden können.

In der Feldliste auf dem gleichnamigen Tabellenblatt sind diese Datenblätter mit der Einstufung **optional (ausgeblendet)** kenntlich gemacht. In Microsoft Excel können Sie diese Datenblätter leicht einblenden: Bewegen Sie den Cursor über die Registerkarten am unteren Bildrand, führen Sie dort einen Klick mit der rechten Maustaste aus, und wählen aus dem erscheinenden Kontextmenü **Einblenden**.

Ausgeblendete Spalten

Auch für Spalten innerhalb eines Datenblatts gilt: Selten verwendete Felder sind in den Migrationsvorlagen zunächst ausgeblendet. In der Feldliste auf dem letzten Tabellenblatt erkennen Sie so ein Feld und seine nächsten sichtbaren Nachbarfelder sehr gut.

Möchten Sie ein ausgeblendetes Feld einblenden, markieren Sie zunächst den Spaltenbereich zwischen den nächsten sichtbaren Nachbarfeldern zur linken und zur rechten Seite. Bewegen Sie nun den Cursor über das obere Ende der markierten Spalten, führen Sie dort einen Klick mit der rechten Maustaste aus, und wählen Sie aus dem erscheinenden Kontextmenü die Option **Einblenden**.

Möchten Sie alle Spalten eines Blattes einblenden, ziehen Sie die Markierung entsprechend über alle Spalten.

Bevor Sie die Datenwerte blockweise aus der Zwischenablage in eine Migrationsvorlage einfügen, sollten Sie alle Spalten einblenden, um mehr Kontrolle über den Kopiervorgang und die tatsächlich gefüllten Spalten zu bekommen. Zur weiteren Bearbeitung können Sie natürlich umgekehrt auch selbst alle Spalten und Tabellenblätter ausblenden, die Sie nicht benötigen.

6.1.2 Migrationsvorlagen – worauf sollten Sie achten?

Strukturelle Änderungen vermeiden

Verwenden Sie in Ihrem System möglichst nur Migrationsvorlagen, die Sie aus demselben System heruntergeladen haben. Das erspart Kompatibilitätsprobleme, die vor allem bei der Verwendung kundenspezifischer Felder entstehen können.

Sie sollten die Struktur der Migrationsvorlage nicht ändern; insbesondere sollten Sie keine Spalten oder Datenblätter hinzufügen. Wenn Sie ein Feld vermissen, prüfen Sie auf dem Datenblatt **Feldliste**, ob es sich bei den optionalen (ausgeblendeten) Feldern befindet. Verzichten Sie in der Migrationsvorlage auf die Definition von Formeln, Druckbereichen oder ähnlichen Microsoft-Excel-Funktionen.

Dateityp

Speichern Sie die Migrationsvorlage immer im bestehenden XML-Format (Microsoft-Excel-Spreadsheet) ab. Vermeiden Sie, die Datei als XLS- oder XLSX-Datei abzuspeichern – auch nicht vorübergehend!

[«]

Speichern von Migrationsvorlagen

Beim Speichern in Microsoft Excel erhalten Sie üblicherweise eine möglicherweise irritierende Warnung (siehe Abbildung 6.4). Diese bezieht sich darauf, dass Sie theoretisch Änderungen vorgenommen haben könnten, die mit dem XML-Dateiformat nicht kompatibel sind (z. B. eine Makrodefinition) und die jetzt beim Speichern wieder verloren gehen würden. Da Sie keine solchen Änderungen vorgenommen haben, beantworten Sie die Frage, ob Sie weiterhin im XML-Format speichern möchten, mit **Ja**.

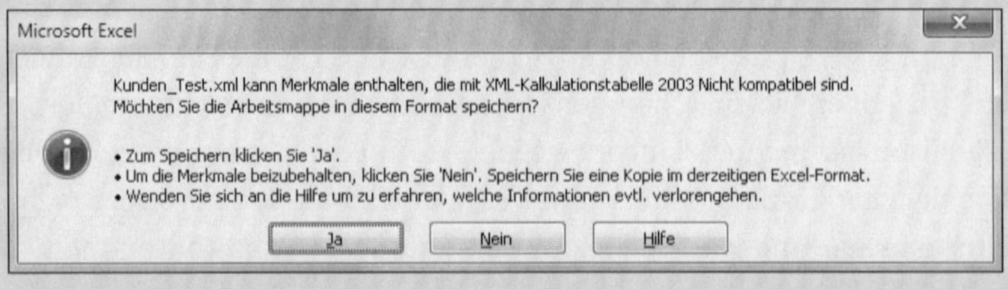

Abbildung 6.4 Warnung beim Speichern im XML-Format

Kundenspezifische Erweiterungsfelder

Kundenspezifische Erweiterungsfelder können Sie in SAP Business ByDesign im jeweiligen Applikations-Work-Center anlegen. Wählen Sie dazu einen Datensatz in der Listenanzeige des Work Centers aus (z. B. im Work Center **Kundenmanagement**, Sicht **Kunden)**, und öffnen Sie die Einzelsatzanzeige (im Beispiel etwa über **Bearbeiten • Allgemein**). Über die Menüfolge **Anpassen • Anpassungsmodus öffnen** und anschließend **Anpassen • Layout bearbeiten** erreichen Sie nun einen Dialog, in dem Sie **Kundenspezifische Felder** festlegen können. Sobald Sie ein Feld dort veröffentlicht haben (Button **Veröffentlichen**), ist es ab diesem Zeitpunkt auch in den neu heruntergeladenen Migrationsvorlagen enthalten.

[!]

Häufige Fehler beim Befüllen von Migrationsvorlagen

Probleme beim Hochladen von Migrationsvorlagen werden häufig durch die folgenden Fehler verursacht:

- Außerhalb des eigentlichen Datenbereichs werden Inhalte in zusätzliche frei angelegte Spalten geschrieben.
- In Zellen werden Formeln statt Werte eingetragen.
- Die Datei enthält eine zusätzliche Zeile mit Summenwerten oder Ähnliches.
- In der Datei sind Druckbereiche oder Ähnliches definiert worden.
- Die Migrationsvorlage stammt aus einem früheren Release.
- Unabsichtlich wurden Inhalte in ausgeblendete Spalten kopiert.

Nicht zulässige Feldformate sind ebenfalls immer wieder eine Fehlerursache. Welche Feldformate kommen in den Migrationsvorlagen vor? Diese Frage beantwortet der nächste Abschnitt.

6.1.3 Feldformate

Die Daten in den einzelnen Feldern werden jeweils in einem bestimmten Format erwartet. Sie finden das zulässige Feldformat an zwei Stellen:

- in der Spaltenüberschrift in Zeile 7
- in der Feldliste auf dem letzten Tabellenblatt

Typ »Text«

Die meisten Felder in den Migrationsvorlagen sind Felder vom Typ **Text**. Dabei existieren Einschränkungen für *Schlüsselfelder* (Identifikatoren, Kundennummern, Materialnummern, Belegnummern usw.). Verwenden Sie für Schlüsselfelder nur die folgenden Zeichen:

- **Großbuchstaben A-Z**
  Kleinbuchstaben werden bei Schlüsselfeldern automatisch in Großbuchstaben umgewandelt. Achten Sie bei der Verwendung von Kleinbuchstaben in Schlüsselfeldern also darauf, dass diese auch großgeschrieben noch eindeutig sind.
- **Ziffern 0–9**
  Nummernkreisdefinitionen sind meist so voreingestellt, dass Identifikatoren vom Typ 1ABC oder 1_2000 nicht vorgesehen sind, sondern nur reine Ziffernfolgen mit einer Ziffer beginnen dürfen.
- **Einige Sonderzeichen**
  Schrägstrich: »/«
  - Rückstrich: »\«
  - Doppelpunkt »:«
  - Bindestrich »-«
  - Unterstrich »_«
  - Punkt ».«

Für einzelne Fälle gelten noch stärkere Einschränkungen, die in der Regel in der jeweiligen Feldhilfe beschrieben sind. Das wichtigste Beispiel sind Buchhaltungsbelege: *Belegnummern* der Buchhaltung dürfen nur Großbuchstaben und Ziffern enthalten. Führende Nullen sind hier in jedem Fall ausgeschlossen. Beispiele für zulässige Belegnummern sind also 140000 oder A10023.

Unicode

Anders als bei Schlüsselfeldern können Sie bei Beschreibungsfeldern und anderen Textfeldern aus dem Vollen schöpfen. SAP Business ByDesign ist ein Unicode-System, d. h., dass Sie Schriftzeichen verschiedenster Sprachen verwenden können (z. B. Französisch, Chinesisch, Japanisch). Ebenso stehen zahlreiche Unicode-Symbole zur Verfügung, bis hin z. B. zu Gefahrgutsymbolen. Ausgenommen sind lediglich bestimmte technische Steuerzeichen. Für die Kodierung wird das UTF-8-Format verwendet.

Feldlänge

Bei den meisten Textfeldern in den Migrationsvorlagen ist eine explizite Maximallänge angegeben, z. B. »Ort: Text, Länge: 40«. Längere Einträge werden mit einer Fehlermeldung abgefangen. Felder für Notizen und Langtexte sind in der Regel als **unbeschränkt** gekennzeichnet.

Ein Sonderfall sind Längenangaben der Form »Länge: 10 (80)«, die vor allem bei Identifikatoren (Kundennummer, Materialnummer usw.) zu finden sind. Ansprechpartnernummern haben beispielsweise in SAP Business ByDesign eine Länge von maximal zehn Stellen. Sollten die Ansprechpartnernummern in Ihrem Quellsystem länger sein, können Sie die Quellnummer trotzdem in der Migrationsvorlage verwenden – zumindest, solange sie nicht mehr als 80 Zeichen umfasst. Die Wertkonvertierung zu den (gegebenenfalls automatisch zugeteilten) Zielnummern sorgt dann auch für die Reduzierung auf zehn Zeichen.

Typ »Zahl«

Mengen- und Betragsangaben werden im Format **Zahl** erwartet. Beispiele sind:

- Nettozahlungsfrist: »Länge 10« (keine Nachkommastellen)
- Prozentsatz: »Länge: 6; Dezimalstellen: 2«

»Länge: 6; Dezimalstellen: 2« bedeutet dabei, dass insgesamt sechs Stellen für die Zahl zur Verfügung stehen, davon maximal vier Stellen vor dem Komma und maximal zwei danach. Ein möglicher Wert ist etwa 1234,50. Ob Sie als Dezimalzeichen ein Komma oder einen Punkt verwenden müssen, hängt von den Einstellungen auf Ihrem Rechner ab. Die Grundeinstellung wird durch die Länderversion Ihres Betriebssystems vorgegeben: Das ist ein Komma (123,50) in den Länderversionen für Deutschland, Österreich und viele andere europäische Länder, ein Punkt (123.50) für Großbritannien, die Schweiz oder etwa die USA. Sie können diese Definition jedoch direkt in den Optionen von Microsoft Excel noch ändern:

Folgen Sie dazu dem Menüpfad **Datei • Optionen • Erweitert**, und wählen Sie dort das Kontrollkästchen **Trennzeichen vom Betriebssystem übernehmen** sowie die Einstellungen **Dezimaltrennzeichen** und **Tausendertrennzeichen**.

Ein wichtiger Spezialfall einer Zahl sind die *Betragsfelder*. Die Währung wird dabei meistens in einem Nachbarfeld mitgegeben. Für diese Betragsfelder sind in den Migrationsvorlagen meist fünf Dezimalstellen definiert. Achtung: Wie viele Nachkommastellen Sie tatsächlich verwenden dürfen, hängt von der Währung ab, in der der Betrag angegeben ist. Bei EUR-Beträgen sind das nur zwei Nachkommastellen (EUR-Cent). 123,12 (angezeigt als 123,12000) ist also ein typischer zulässiger EUR-Betrag. 123,12900 und 100,230001 sind ungültige EUR-Beträge.

Typ »Datum«

Das Datumsformat ist ebenfalls in den Ländereinstellungen Ihres lokalen Betriebssystems festgelegt. Der Initialwert kommt aus der gewählten Länderversion, beispielsweise `TT.MM.JJJJ` (z. B. 31.12.2023) für deutschsprachige Länder und `MM/TT/JJJJ` (z. B. 12/31/2023) für die US-Version; international sind noch andere Formate in Gebrauch. Diese Einstellungen können Sie in der Systemsteuerung auf Ihrem Rechner ändern:

Folgen Sie in Microsoft Windows in der **Systemsteuerung** dem Menüpfad **Zeit und Sprache • Region • Datenformate ändern**.

Unabhängig von der lokalen Einstellung können Sie die Datumswerte alternativ im Format `JJJJ-MM-TT` (z. B. 2023-12-31) in die Migrationsvorlage übertragen. Dieses Format wird von Microsoft Excel in jedem Fall als Datum erkannt (solange Sie das Zellenformat nicht fälschlicherweise in den Typ **Text** ändern).

Es gibt in seltenen Fällen Ausnahmefelder, die ein abweichendes Datumsformat erwarten, z. B. `2023-12-31T00:00:00Z` für den 31.12.2023. Die Feldinformation in Zeile 7 informiert Sie entsprechend.

[+]

Verdacht bei linksbündigen Datums- und Betragsfeldern

Es gibt ein Indiz dafür, dass ein Datums- oder Betragswert von Microsoft Excel als solcher erkannt wurde: Korrekte Datums- und Betragswerte werden in der Regel automatisch rechtsbündig ausgerichtet. Prüfen Sie daher linksbündig ausgerichtete Datums- oder Betragswerte noch einmal auf mögliche Fehler hin:

- Ungültiger Wert, z. B. ist 30.02.2023 kein Datum.
- Das Format entspricht nicht der Einstellung (z. B. wurde ein falsches Dezimalzeichen verwendet).
- Das Microsoft-Excel-Feldformat in der Migrationsvorlage wurde durch falsches Kopieren überschrieben (Text statt Datum oder Betrag).

Typ »Uhrzeit«

Geben Sie Uhrzeiten im Format `HH:MM:SS` an, z. B. 02:52:40 mit 24-Stunden-Zählung.

Datum/Uhrzeit

Das Format **Datum/Uhrzeit** kombiniert Datum und Uhrzeit in einem Feld: Formatieren Sie das Datum und die Uhrzeit jeweils wie beschrieben, getrennt durch ein Leerzeichen, z. B. 31.12.2023 02:52:40 für das in Deutschland übliche Länderformat. Auf der sicheren Seite sind Sie auch hier mit dem von lokalen Einstellungen unabhängigen Format `JJJJ-MM-TT HH:MM:SS`, z. B. 2023-12-31 02:52:40.

6.1.4 Migrationsvorlagen mit Daten befüllen

Nachdem Sie sich mit den Migrationsvorlagen vertraut gemacht haben, können Sie damit beginnen, diese mit Daten zu befüllen. Die in der Praxis gängigste Methode ist es, die Reporting- und Download-Funktionen des Altsystems zu nutzen, um die Daten in einem tabellenartigen Format auf Ihren lokalen PC zu exportieren. Über die Zwischenablage werden die Werte aus dieser Tabelle dann meist spalten- oder blockweise in die Datenblätter der Migrationsvorlage eingefügt.

Folgendes sollten Sie bei der Datenübernahme beachten:

- Verwenden Sie Originalwerte, d. h., übernehmen Sie Originalwerte aus dem Altsystem in die Migrationsvorlage so, wie sie sind (z. B. Bezeichner). Während der Verarbeitung mit dem Migrationstool können Sie die Originalwerte auf einfache Weise in Werte konvertieren, die in Ihrem SAP-System als gültige Werte erkannt werden. Es ist von Vorteil, die Wertkonvertierung des Migrationstools zu verwenden:
  - Spätere Läufe mit z. B. weiteren Testdaten verwenden dann automatisch dieselben Wertkonvertierungen.
  - Dieselbe Konvertierung wird in der Regel auch von allen Folgeobjekten verwendet, was sowohl die Effektivität als auch die Datenkonsistenz erhöht.
  - Das gilt insbesondere für Schlüsselwerte. Füllen Sie etwa Kundennummern in abhängigen Objekten konsequent mit den alten Kundennummern des Quellsystems, auch wenn Sie sich bei der Migration des Kundenstamms für eine neue Nummerierung entschieden haben.
  - Beachten Sie die Felddokumentation in Zeile 7. Keine Regel ohne Ausnahmen – hier werden Sie auf objektspezifische Ausnahmen hingewiesen. (Zum Beispiel brauchen Kundenverträge in SAP Business ByDesign abweichend von der Regel die neuen Kundennummern.)

[+]

Beschreibungen

Wir empfehlen, nicht nur ein Kürzel (z. B. `SI`) oder einen Zahlencode (`0003`) zu übernehmen, sondern eine aussagekräftige Beschreibung (Slowenien, Handelsware) zu verwenden. Eignen sich die Beschreibungen aus dem Quellsystem hierfür nicht (z. B. da sie nicht eindeutig sind), ist eine Kombination von beidem hilfreich, in diesem Beispiel: `SI – Slowenien`, `0003_Handelsware`. Die Verwendung der »sprechenden« Beschreibungen erleichtert die Arbeit mit den Migrationsvorlagen und verhindert wirksam Verwechslungen. Ihre Firma wäre nicht die erste, deren kanadische Lieferanten (Kfz-

Nationalitätskennzeichen CDN, ISO-Länderkürzel CA) nach einer Migration plötzlich im Kongo liegen (ISO-Länderkürzel CD, Demokratische Republik Kongo).

- Sofern Sie beim Auslesen aus dem Quellsystem Einfluss auf das technische Zeichenformat haben, wählen Sie UTF-8, den am weitesten verbreiteten Unicode-Zeichensatz.
- Wichtig: Verwenden Sie beim Kopieren und Einfügen nicht das einfache **Einfügen**, sondern die Microsoft-Excel-Funktion **Werte einfügen** zum Einfügen von Werten.

  Öffnen Sie dazu das Menü **Start**, und wählen Sie im Menüpunkt **Einfügen** die Funktion **Werte einfügen** aus.

  Auf diese Weise vermeiden Sie Fehler, die durch das Überschreiben der ursprünglichen Feldformate in der Migrationsvorlage entstehen können. Solche Fehler können im ungünstigen Fall dazu führen, dass das Tausendertrennzeichen bei einem Quellwert 10.000 falsch als Dezimalpunkt interpretiert wird.
- Machen Sie sich früh mit den Spalten der Migrationsvorlage vertraut. Soweit Sie das beim Export beeinflussen können, wählen Sie eine Spaltenreihenfolge, die der Reihenfolge im jeweils zu füllenden Datenblatt der Migrationsvorlage möglichst ähnlich ist – das erleichtert das blockweise Kopieren der Werte.
- Selten genutzte Spalten sind in der Migrationsvorlage ausgeblendet. Blenden Sie alle Spalten ein, bevor Sie die Daten kopieren! Erzeugen Sie möglichst schon beim Datenabzug aus dem Quellsystem Leerspalten an den entsprechenden Positionen.

[«]

Merkliste – Daten in Migrationsvorlage übernehmen

Fassen wir die wichtigsten Punkte zusammen, die Sie bei der Übernahme der Daten in die Migrationsvorlagen beachten sollten:

- Quelle: Verwenden Sie so weit wie möglich Originalwerte; die Konvertierung sollte erst im Tool erfolgen.
- Bevorzugen Sie sprechende Feldinhalte.
- Migrationsvorlage: Blenden Sie sie im Zieldatenblatt ein.
- Quelle: Wählen Sie die Spaltenreihenfolge beim Export günstig; fügen Sie gegebenenfalls Leerspalten ein.
- Kopieren Sie die Daten blockweise.
- Verwenden Sie **Inhalte Einfügen: Werte** statt **Einfügen.**

6.1.5 Andere Möglichkeiten zum Füllen von Migrationsvorlagen

Manuelle Eingabe

Welche anderen Möglichkeiten bestehen, um eine Migrationsvorlage zu füllen? Es ist grundsätzlich immer möglich, Daten von Hand in eine Migrationsvorlage einzutippen – eine gute Möglichkeit, um mit einem Objekt vertraut zu werden sowie für erste schnelle Beispiele. Sonst kommt das in der Praxis nur in speziellen Fällen vor:

Auch wenn z. B. für ein Objekt nur sehr wenige Datensätze vorhanden sind, kann die Erfassung in der Migrationsvorlage im Einzelfall effizienter sein als eine manuelle Eingabe direkt im Work Center der Anwendung sein, da Sie dieselbe Migrationsvorlage in anderen Systemen (z. B. in einem weiteren Testsystem oder in Ihrem Produktivsystem) wiederverwenden können.

Es gibt zum anderen weitere Gründe, auch ein sehr kleines Datenobjekt über eine Migrationsvorlage zu migrieren: Das Migrationstool enthält eine objektübergreifende Buchungsvorschau, die ganz erheblich dabei hilft, die Gesamtheit der migrierten Buchhaltungsdaten auf Konsistenz und Vollständigkeit hin zu prüfen, noch bevor sie geladen werden. Um diese Chance zu nutzen, müssen natürlich wirklich alle Buchhaltungsdaten die toolgestützte Migration nutzen, auch die naturgemäß kurze Liste der Salden der eigenen Hausbankkonten.

Programmiertechnische Lösungen/ ETL-Tools

Weitere Optionen, um Daten für die Migration bereitzustellen, hängen natürlich ganz wesentlich von den Funktionen ab, die Ihr Quellsystem Ihnen für den Datenexport anbietet. Migrationsvorlagen sind letztlich XML-Dateien mit einem bestimmten Format. Daher ist es prinzipiell möglich, eine Textdatei zu erzeugen, die genau dem XML-Quellcode einer gefüllten Migrationsvorlage entspricht, mit allen Dateninhalten in den jeweils richtigen XML-Tags.

Um diesen Quellcode auf programmiertechnischem Weg zu generieren, muss das Quellsystem allerdings über adäquate Möglichkeiten verfügen. Ebenso ist der Einsatz eines separaten ETL-Tools (Extraktion, Transformation, Laden) möglich, um die Quelldaten in das vorgegebene XML-Format zu übertragen. Voraussetzung ist natürlich, dass Tool und Know-how vorhanden sind, ein entsprechender Zugriff auf die Quelltabellen besteht und der Mehrwert den höheren Aufwand rechtfertigt.

Import aus CSV-Dateien

Wir zeigen in Abschnitt 6.2.6, »Textdateien mappen und hochladen«, wie Sie alternativ die Daten direkt aus Textdateien im CSV-Format importieren können. Dabei laden wir nicht in eine lokale Migrationsvorlage, sondern gleich in eine bereits im System hochgeladene Datei, die der Migrationsvorlage strukturell entspricht.

6.1.6 Daten bereinigen

In Abschnitt 6.1, »Migrationsvorlagen«, wurden bereits grundlegende Überlegungen zur Datenbereinigung vorgestellt. Anwender erleben immer wieder, dass Feldprüfungen in SAP-Lösungen schärfer sind als in ihrem vorherigen System. So lässt sich etwa *www.beispiel.com* in SAP Business ByDesign nicht als E-Mail-Adresse speichern. Alles ist darauf ausgerichtet, später einen reibungslosen operativen Betrieb zu gewährleisten – spätestens beim Versuch, eine E-Mail an *www.beispiel.com* zu schicken, gäbe es unweigerlich Probleme. Dies bedeutet natürlich, dass Sie manche Daten vor oder während der Migration bereinigen müssen.

Beispiele für die Datenbereinigung

Bei der Datenbereinigung sollten Sie die folgenden Punkte beachten:

- Überflüssige Datensätze (z. B. ehemalige Testdaten oder obsolete Datensätze) sollten Sie nach Möglichkeit schon beim Export herausfiltern. Dabei muss gesichert sein, dass diese wirklich überflüssig sind, vor allem, dass nicht abhängige Daten migriert werden, die sich auf diese beziehen.
- Überflüssige Leerzeilen oder Leerzeichen in Textfeldern können zu einem optisch unerwünschten Ergebnis führen.
- Numerische Felder dürfen keine Buchstaben enthalten.
- Negative Zahlen: Beachten Sie insbesondere bei Buchhaltungsdaten (Soll/Haben) die Eingabehilfe in Zeile 7 der Migrationsvorlage, um die Werte mit den jeweils richtigen Vorzeichen anzuliefern. In Einzelfällen werden nur positive Werte erwartet, da die Soll-/Haben-Information in einem separaten Nachbarfeld gespeichert wird.
- Postleitzahlen müssen dem Standard im jeweiligen Land entsprechen. Die Prüfung ist hier sehr strikt.
- E-Mail-Adressen müssen formal korrekt sein.
- Telefonnummern dürfen keine Buchstaben enthalten.
- Achten Sie auf zweckentfremdete Felder in Ihrem Altsystem und stellen Sie sicher, dass diese Inhalte in ein geeignetes Zielfeld eingegeben werden. Gegebenenfalls legen Sie ein Erweiterungsfeld in SAP Business ByDesign an.
- Wir verstehen Datenbereinigung hier bewusst als etwas konservativ. Zumindest bei Migrationen, in denen abhängige Daten migriert werden (Bewegungsdaten, Buchhaltungsdaten, aber auch höhere Stammdaten wie etwa das Produktionsmodell), sollte man z. B. mit Dublettenbereinigungen zurückhaltend sein. Werden nur Stammdaten migriert, haben Sie natürlich mehr Spielraum.

Nutzen und Risiko abwägen

Für eine umfassende Datenbereinigung vor der Migration spricht wiederum, dass die Daten außerhalb der Systeme leichter geändert werden können. Sie sollten andererseits nicht den Arbeitsaufwand unterschätzen, den gerade eine zügige Implementierung und Datenmigration fordern – oft neben bestehenden Aufgaben im Tagesgeschäft. Wägen Sie Nutzen und Risiko für Ihre individuelle Situation ab.

6.2 Migrationstool

In diesem Abschnitt zeigen wir Ihnen Schritt für Schritt und im Detail, wie Sie Daten nach SAP Business ByDesign migrieren können. Dabei gehen wir anhand eines konkreten Datenbeispiels vor.

Für diejenigen unter Ihnen, die noch nicht mit dem System gearbeitet haben, vorab noch ein Wort zur Navigation: Wir beschränken uns auf die Begriffe und Navigationsmöglichkeiten, die Sie im Umfeld als Minimalvoraussetzung benötigen. Eine allgemeine Einführung in SAP Business ByDesign kann und soll hier nicht geleistet werden.

6.2.1 In SAP Business ByDesign navigieren

Nach der Anmeldung werden Sie von der Startseite begrüßt, die Sie in Abbildung 6.5 sehen.

Abbildung 6.5 SAP Business ByDesign: Startseite

Navigation zwischen Work Centern

Über die Registerkarte im oberen Bereich des Bildes (**Startseite**, **Betriebswirtschaftliche Konfiguration** usw.) können Sie zu den verschiedenen Anwendungsbildern gelangen, den sogenannten *Work Centern*. Zu jedem Work Center sind spezielle *Sichten* definiert. Sobald Sie den Mauszeiger über den Namen eines Work Centers bewegen, werden alle Sichten zur Auswahl angezeigt, die Ihnen zugeordnet sind (siehe Abbildung 6.6).

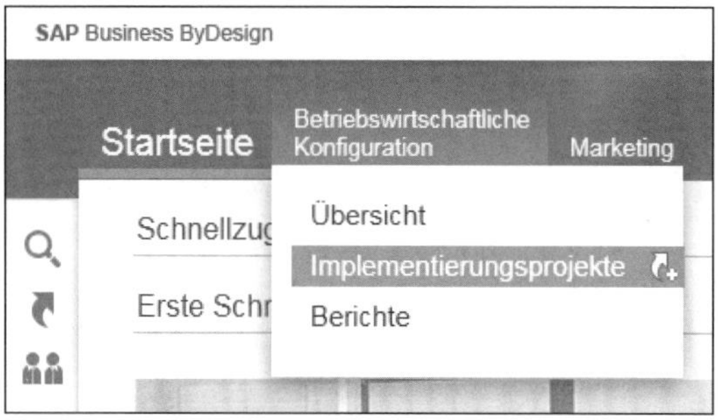

Abbildung 6.6 Navigation zu Work Centern und Sichten

Alternativ können Sie auf den Button **Start** unten links klicken, um eine bestimmte Sicht zu öffnen.

Die Datenmigration finden Sie im Work Center **Betriebswirtschaftliche Konfiguration** in der Sicht **Implementierungsprojekte**, die Sie nun öffnen.

[+]

Work Center »Betriebswirtschaftliche Konfiguration« nicht sichtbar

Fehlt das Work Center **Betriebswirtschaftliche Konfiguration** in Ihrer Ansicht, überprüfen Sie die Zuweisung von Work Centern und Sichten im Work Center **Anwendungs- und Benutzerverwaltung**. Achten Sie darauf, dass Ihnen das Work Center **Betriebswirtschaftliche Konfiguration** mit der Sicht `BC_DATAMIGRATION` zugeordnet ist.

6.2.2 Migrationsaufgaben im Implementierungsprojekt

Die angezeigte Liste der Implementierungsprojekte enthält in der Regel erst einen Eintrag, das Projekt **Erste Implementierung**.

Aufgabenliste

Ihr gesamtes Implementierungsprojekt wird durch eine Aufgabenliste gesteuert, die entsprechend dem ausgewählten Projektumfang im System selbst bereitgestellt wird. Das Teilprojekt **Datenmigration** wird dabei durch mehrere Einzelaufgaben dargestellt. Über den Button **Aufgabenliste öffnen** gelangen Sie zu der in Abbildung 6.7 gezeigten Aufgabenliste. Die Aufgaben sind auf fünf Projektphasen verteilt; angezeigt werden zunächst die Aufgaben der ersten Phase (**Vorbereitung**).

Wir konzentrieren uns in diesem Abschnitt zunächst auf die Aufgaben, die sich mit den eigentlichen Datenmigrationsarbeiten befassen. Dies sind erst einmal nur die folgenden Aufgaben:

- Datenmigration vorbereiten (Phase **Vorbereitung**)
- Migration von *<Name des Migrationsobjekts>* (Phase **Datenübernahme und Erweiterung**); hierbei wird für jedes beteiligte Objekt eine separate Aufgabe erstellt.

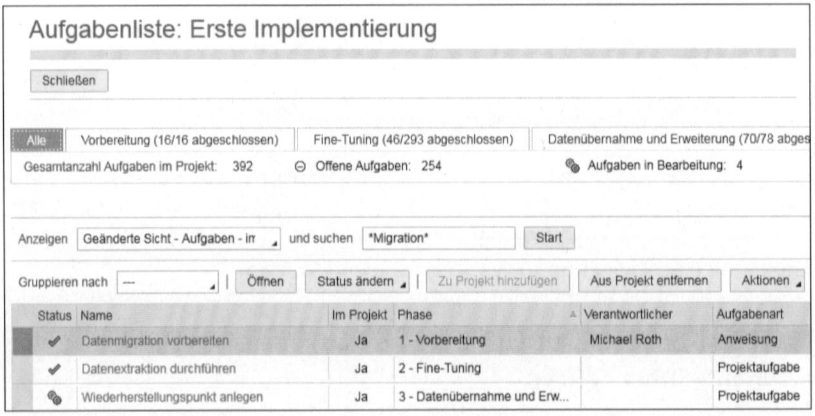

Abbildung 6.7 Aufgabenliste mit Filter auf die Migration

Es gibt noch eine Reihe weiterer migrationsspezifischer Aufgaben, die in Abschnitt 6.6, »Migration als Teilprojekt«, genauer betrachtet werden. Dort wird die Migration in einen größeren Kontext gestellt und als Teilprojekt des gesamten Implementierungsprojekts behandelt.

Wählen Sie für einen ersten Überblick die Registerkarte **Alle** mit der Anzeigeoption **Aufgaben – im Projekt**, und suchen Sie nach »*Migration*«. Über **Aktionen • Verantwortlichen ändern** können Sie sich selbst oder jemand anderen zuordnen.

6.2.3 Migration vorbereiten

Nach dem Öffnen der Aufgabenliste werden die Aufgaben der Phase **Vorbereitung** angezeigt. Wenn Sie etwas nach unten scrollen, sehen Sie schon die gesuchte Aufgabe: Klicken Sie auf den Eintrag **Datenmigration vorbereiten**, um zu den Details dieser Aufgabe zu gelangen (siehe Abbildung 6.8).

Die ersten beiden Einträge verzweigen zu genaueren Informationen und Anweisungen:

- Unter **Grundlagen zum gesamten Migrationsprozess** finden Sie die Dokumentation mit weiteren Details zu den einzelnen Migrationsaufgaben.
- Der Link **Datenmigration bei erster Implementierung vorbereiten** führt zu einer Kurzanleitung für die Datenmigration.

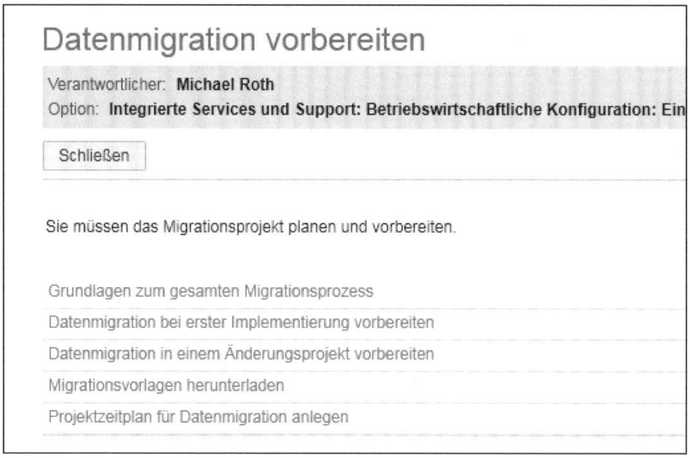

Abbildung 6.8 Details zur Aufgabe »Datenmigration vorbereiten«

Migrationsvorlagen herunterladen

Öffnen Sie nun die Aufgabe **Migrationsvorlagen herunterladen**. Für jedes beteiligte Objekt können Sie hier eine leere Migrationsvorlage herunterladen (siehe Abbildung 6.9).

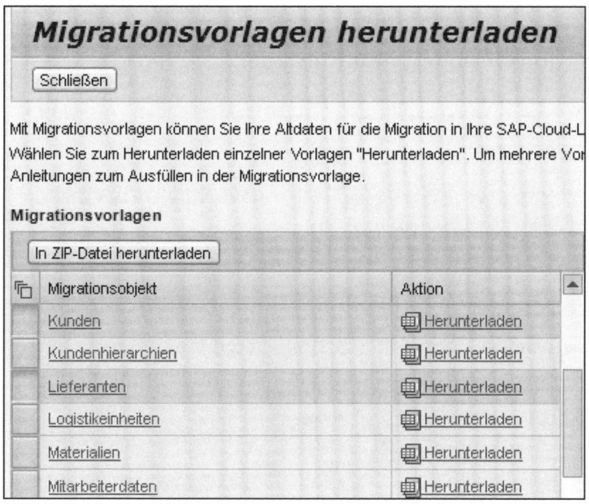

Abbildung 6.9 Migrationsvorlagen herunterladen und andere vorbereitende Schritte

Die Objekte sind dabei in drei Gruppen eingeteilt:

- Stammdaten
- Bewegungsdaten
- Bewegungsdaten der Finanzbuchhaltung

Klicken Sie auf **Herunterladen**, und legen Sie die Datei lokal ab. Eine objektspezifische Dokumentation erhalten Sie, wenn Sie auf den Objektnamen selbst klicken. (Diese ist oft ausführlicher als die Objektdokumentation in der Migrationsvorlage selbst und enthält zudem weiterführende Hyperlinks.) In unserem Beispiel legen wir die Migrationsvorlage für Kunden auf dem lokalen Rechner ab, hier im Beispiel über den Pfad **C:/Migrationsvorlagen/Kunden.xml**.

Zum Herunterladen werden genau die Objekte zur Auswahl angeboten, die dem ausgewählten Projektumfang entsprechen.

[»]

Kundenspezifische Erweiterungsfelder

Die heruntergeladene Migrationsvorlage enthält alle Erweiterungsfelder, die Sie bis zu diesem Zeitpunkt im System definiert und veröffentlicht haben. Sollten Erweiterungsfelder migrationsrelevant sein, müssen diese Schritte zeitlich aufeinander abgestimmt werden.

Sie erreichen das Fenster **Migrationsvorlagen herunterladen** übrigens auch aus der Phase **Fine-Tuning** heraus, der zweiten von fünf Implementierungsphasen. Öffnen Sie dort die Aufgabe **Datenextraktion durchführen**, und folgen Sie dem Eintrag **Migrationsvorlagen herunterladen**.

[+]

Objekt fehlt in Download-Liste

Wenn Sie in der Liste zum Herunterladen der Migrationsvorlagen ein Objekt vermissen, prüfen Sie die Angaben, die Sie bei der Definition des Projektumfangs gemacht haben. Dies können Sie im Work Center **Betriebswirtschaftliche Konfiguration** in der Sicht **Implementierungsprojekte** über den Button **Projektumfang bearbeiten** tun. Ein Beispiel: Ist im Lösungsumfang das Element **Personalverwaltung** nicht ausgewählt, wird das Objekt **Personalstammdaten** in der Migration nicht angeboten.

Projektzeitplan herunterladen

Der Eintrag **Projektzeitplan für Datenmigration anlegen** (siehe Abbildung 6.8) bietet einen Projektplan für das Teilprojekt Datenmigration an. In Abschnitt 6.6.1, »Projektsteuerung«, sprechen wir genauer über die Projektplanung.

6.2.4 Migrationsobjekte

In der Regel enthält die Phase **Datenübernahme und Erweiterung** für jedes beteiligte Objekt eine eigene Aufgabe, etwa **Migration von Materialdaten**. Dabei ist die Auswahl auf diejenigen Objekte beschränkt, die dem ausgewählten Lösungsumfang entsprechen.

Beim Auswählen einer »Migration von...«-Aufgabe (z. B. **Migration von Kundendaten**) öffnet sich eine Detailansicht (siehe Abbildung 6.10).

Abbildung 6.10 Migration von Kundendaten

Diese Detailansicht ist für jedes Objekt weitgehend gleichförmig aufgebaut. Grundsätzlich gibt es die folgenden beiden Einträge:

- **Informationen zur Migration von <Migrationsobjekt> lesen**
  In diesem Beispiel handelt es sich um **Informationen zur Migration von Kundendaten lesen**. Unter diesem Punkt finden Sie genau die Objektdokumentation, die auch in der Migrationsvorlage noch einmal angeboten wird (vorletztes Datenblatt). Die Online-Version hat den Vorteil, dass sie mit weiteren Online-Dokumentationsseiten verlinkt ist. Teilweise werden noch weitere Informationen angeboten, meist über Abhängigkeiten zu anderen Objekten.

  Bei einzelnen Migrationsobjekten (**Kunden**, **Lieferanten**, **Mitarbeiter**, **Anlagen**) gibt es zusätzlich die Rubrik **Bevor Sie anfangen** mit Informationen zu den objektübergreifenden Fragen, bei Kunden etwa zur Auswahl des richtigen Geschäftspartnertyps.

- **<Migrationsobjekt> mit dem Migrationstool migrieren**
  Mit dieser Funktion, in diesem Beispiel **Kunden mit dem Migrationstool migrieren**, erreichen Sie das eigentliche Migrationstool.

Bei bestimmten Objekten werden in diesem Bild noch weitere Arten von Funktionen angeboten.

<Migrationsobjekt> manuell migrieren

Für die meisten Objekte können Sie ja ohnehin jederzeit manuell Daten über die regulären, für den operativen Betrieb vorgesehenen Work Center erfassen. In solchen Fällen gibt es hier nicht extra noch einmal einen Absprung. Das ist für unser Beispiel der Kundendaten der Fall; im Work Center **Geschäftspartnerpflege** in der Sicht **Kunden** können Sie über den Button **Neu** Kundenstammdaten direkt eingeben.

In Einzelfällen genügen die Funktionen der operativen Work Center jedoch nicht, um Daten aus dem Altsystem zu übernehmen. Ein Beispiel sind offene Bestellungen. Würden Sie den Vorgang noch einmal als neue Bestellung im Work Center **Bestellanforderungen und Bestellungen** erfassen, würden Sie den Bestellprozess mit allen Nebeneffekten erneut auslösen – was sicher nicht in Ihrem Sinn ist, da diese Teilschritte ja schon im Quellsystem erfolgt sind. In solchen Fällen werden für die Zeit der Datenmigration spezielle Sichten für die manuelle Datenübernahme angeboten, die etwas anders reagieren, als es im operativen Betrieb der Fall ist. Der Absprung in diese Sichten wird dann als zusätzliche Teilaufgabe angeboten. So finden Sie unter **Migration von Bestellungen** den Eintrag **Bestellungen manuell erfassen**. Von diesem Fall sind die folgenden Migrationsobjekte betroffen: Mitarbeiter, Zuständigkeiten, Bankkontensalden und Kasse, Projekte, Bestände, Einkaufskontrakte, Bestellungen.

<Zusatzobjekt> mit Tool migrieren

Schließlich gibt es noch Einzelfälle (Kunden, Lieferanten, Geschäftspartner, Dienstleister, Mitarbeiter), in denen die Zusatzdaten zwar technisch ein eigenes Objekt sind, diese inhaltlich aber in einem so engen Zusammenhang mit einem Hauptobjekt stehen, dass sie mit in die Aufgabenliste dieses Hauptobjekts aufgenommen wurden. In unserem Beispiel **Migration von Kundendaten** sind das etwa die Daten zu Geschäftspartnerbeziehungen und die Zuordnung zu Kontenfindungsgruppen.

- Die Objekte für die Zuweisung von Kontenfindungsgruppen finden Sie unter **Migration von Lieferantendaten**.
- Das Objekt für die Geschäftspartnerbeziehungen finden Sie jeweils bei der Migration der einzelnen Geschäftspartner (Kunden, Lieferanten, Dienstleister, allgemeine Geschäftspartner).
- Bei der **Migration von Mitarbeiterdaten** sind alle zugehörigen Objekte in einer länderspezifischen Aufgabe **Migration von Mitarbeiterdaten** gebündelt: Mitarbeitergrunddaten, Personalstammdaten, Zeitwirtschaftsdaten, Vergütungsdaten und Abrechnungsdaten.

[+]

Wenn Sie Objekte vermissen

Die folgenden Punkte sollten Ihnen bei der Suche nach Objekten helfen:

- Die Aufgabenliste wird mit der Standardanzeige **Meine Aufgaben** geöffnet. Stellen Sie die Auswahl auf **Alle Aufgaben** um, und aktualisieren Sie die Anzeige über den Button **Start**.
- Wenn Sie die Bezeichnung des Objekts kennen, nutzen Sie das Suchfeld. Auf diese Weise finden Sie auch die erwähnten kleinen Ergänzungsobjekte, die keine eigene Aufgabe in der Liste haben, sondern einer anderen Aufgabe zugeordnet worden sind.
- Zugunsten einer leichteren Bearbeitung von Standardfällen werden die Migrationsaufgaben für selten verwendete Objekte dem Projekt nicht automatisch zugeordnet (z. B. **Privatadressen für Ansprechpartner**). Über den Button **Zu Projekt Hinzufügen** können Sie dies umgehend ändern.
- Wenn das gesuchte Objekt auch hier nicht zu finden war, prüfen Sie, ob es bei der Aufgabe **Datenmigration vorbereiten** zum Download angeboten worden ist. Wenn es auch dort schon fehlte, ist meist bereits bei der Definition des Funktionsumfangs Ihres Projekts etwas vergessen worden (Work Center **Betriebswirtschaftliche Konfiguration • Implementierungsprojekte • Projektumfang bearbeiten**).

6.2.5 Migrationscockpit

Die Ausgangsbasis für die meisten Migrationsarbeiten an einem Objekt ist das Migrationscockpit, das Einstiegsbild des Migrationstools. Von hier aus laden Sie die Migrationsvorlagen in das System, verwalten und bearbeiten die hochgeladenen Dateien und stoßen ihre Verarbeitung an. Gehen Sie am Beispiel der Kundendaten vor. Wählen Sie **Kunden mit dem Migrationstool migrieren**, um zu dem in Abbildung 6.11 gezeigten Migrationscockpit zu gelangen.

Im oberen Bereich erhalten Sie Anweisungen für den Schritt-für-Schritt-Ablauf der Migration. Hier wird angezeigt, welche Vorgängerobjekte für die Migration dieses Objekts als Voraussetzung erforderlich sind. In unserem Beispiel handelt es sich um das **Bankverzeichnis**. Mögliche Angaben zu Bankverbindungen der Kunden werden bei der Migration gegen das Bankenverzeichnis geprüft; daher muss dieses vor den Kundendaten angelegt werden.

Im Bereich **Quelldaten** sehen Sie die Liste der bisher hochgeladenen Dateien. Durch Markieren der jeweiligen Zeile können Sie eine dieser Dateien auswählen. Folgende Informationen werden angezeigt:

- Spalte **Migrationsstatus**: Mögliche Werte sind **Nicht gestartet**, **In Bearbeitung** oder **Abgeschlossen**. Bereits importierte Dateien sind für weitere Änderungen gesperrt; dies wird auch durch ein Sperr-Icon angezeigt.
- die Spalten **Dateiname** und **Beschreibung**: Dateiname und Dateibeschreibung
- die Spalten **Kunden insgesamt** und **Kunden importiert**: Anzahl der Datensätze (insgesamt, davon importiert)
- Spalte **Link zum Importprotokoll**: Für bereits vollständig prozessierte Dateien können Sie von hier aus in das Importprotokoll verzweigen.

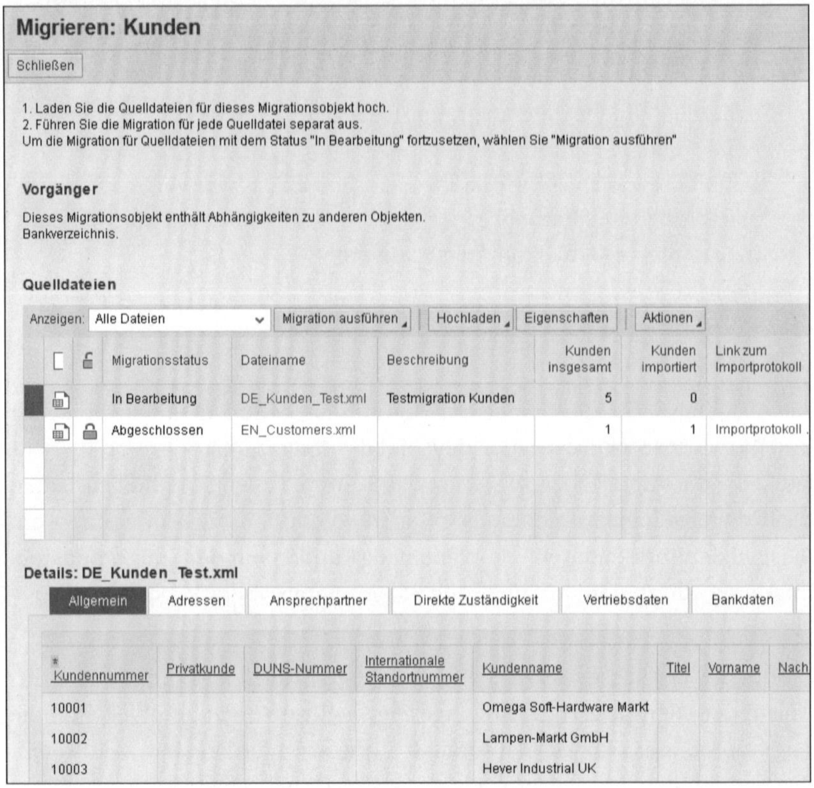

Abbildung 6.11 Migrationscockpit für Kundendaten

Im unteren Bereich sehen Sie eine Vorschau auf die Daten der gerade ausgewählten Datei. Sie erkennen leicht die Struktur der Migrationsvorlage wieder, die gleichen Registerkarte und Spaltenüberschriften.

Über **Hochladen • Daten aus der Migrationsvorlage** öffnen Sie den Dialog, um eine Migrationsvorlage von Ihrem Rechner aus hochzuladen.

Migrationsvorlage hochladen

Über den Button **Browse** wählen Sie die lokale Datei aus. Verwenden Sie das Feld **Beschreibung** nach einer eigenen Systematik, um die Übersicht über verschiedene Dateien und Versionen zu bewahren. Notieren Sie im Kommentar nähere Angaben zum Inhalt. Die Beschreibung und der Kommentar sind keine Pflichtfelder. Wir empfehlen trotzdem, die Zeit für das Ausfüllen dieser Felder zu investieren. Wenn für ein Objekt noch gar keine Datei hochgeladen worden ist, öffnet sich der Dialog zur Dateiauswahl beim ersten Aufruf des Migrationscockpits automatisch.

Das Migrationstool kann eine Migrationsvorlage auch in gezipptem Format verarbeiten. Dabei darf jede ZIP-Datei nur eine einzige Migrationsvorlage enthalten.

[+]

Verwenden Sie ZIP-Dateien!

Die Verwendung von gezippten Migrationsvorlagen ist ab 100 MB Dateigröße zwingend, jedoch schon weit vor dieser Grenze zu empfehlen. Migrationsvorlagen haben meist hohe Kompressionsraten; dies verkürzt die Übertragungszeit erheblich.

Alternativ können Sie Daten auch aus Textdateien (sogenannten CSV-Dateien) hochladen. Diese Technik, die mehr Interaktion erfordert, stellen wir in Abschnitt 6.2.6, »Textdateien mappen und hochladen«, im Detail vor.

Spaltenprüfung

Beim Hochladen prüft das System die formale Konsistenz der Migrationsvorlage. Unter anderem wird geprüft, ob die Spalten in der Migrationsvorlage mit den erwarteten Spalten übereinstimmen. Meldungen informieren Sie über Abweichungen:

- Enthält die Migrationsvorlage unbekannte Spalten, werden diese beim Hochladen ignoriert.
- Fehlen in der Migrationsvorlage Spalten, werden diese leer angelegt und könnten mit dem Dateneditor manuell gefüllt werden, der in Abschnitt 6.2.8, »Integrierter Dateneditor«, vorgestellt wird. Dies gilt auch für kundenspezifische Felderweiterungen.

Nun, eigentlich sollten Sie beide Meldungen nie erhalten, da Sie sich an die Spielregeln aus Abschnitt 6.1.2, »Migrationsvorlagen – worauf sollten Sie achten?«, gehalten haben.

- Sie verwenden in den Migrationsvorlagen das Ein- und Ausblenden von Spalten, aber Sie löschen keine Spalten und fügen auch keine hinzu.

- Möchten Sie kundenspezifische Felderweiterungen nutzen, laden Sie die Migrationsvorlage erst herunter, nachdem Sie diese Felderweiterungen im entsprechenden Work Center angelegt und veröffentlicht haben.

[»]

Fehler beim Hochladen

Mögliche Fehlerursachen beim Hochladen sind:

- Der Klassiker: Statt **Inhalte einfügen: Werte** wurde beim Datenkopieren in Excel das einfache **Einfügen** verwendet. Dies kann zur Folge haben, dass Feldformate überschrieben werden oder dass beim Kopieren von HTML-artigen Quellen HTML-Code in die Textfelder eingefügt wird.
- Migrationsobjekte werden verwechselt, und die hochgeladene Migrationsvorlage gehört in Wirklichkeit zu einem anderen Migrationsobjekt.

Strategien zur Selbsthilfe:

- Laden Sie eine neue Migrationsvorlage herunter. Übertragen Sie einen oder wenige Datensätze noch einmal und achten Sie dabei auf die Verwendung von **Inhalte einfügen: Werte**.
- Verwenden Sie eine gute Namenskonvention für Dateinamen, die auf das Migrationsobjekt und die enthaltenen Daten schließen lässt und gegebenenfalls Angaben zur Version oder zur zeitlichen Einordnung enthält, z. B. **Kunden_DE_Test2_20230117.xml**.

Noch ein Tipp: Falls Sie sich wegen eines Abbruchs beim Hochladen an den Support wenden, geben Sie als Anlage eine gezippte Beispielsdatei mit; anderenfalls fehlt die Datenbasis für eine Analyse.

Dateneditor

Ein Klick auf den Dateinamen öffnet schließlich die Datei im *Dateneditor*. Der Dateneditor ermöglicht es Ihnen, Daten in eine Migrationsdatei einzugeben und in vielfältiger Weise zu bearbeiten. In Abschnitt 6.2.8, »Integrierter Dateneditor«, lernen Sie diese Möglichkeit ausführlich kennen.

Bleiben wir noch bei den Funktionen, die Ihnen im Migrationscockpit zur Verfügung stehen:

Migration ausführen

Über den Button **ausführen** starten Sie die Verarbeitung der markierten Quelldatei. Beim ersten Aufruf startet die Verarbeitung mit dem Schritt **Datei validieren**. Bei erneutem Aufrufen setzt die Verarbeitung bei dem Schritt ein, an dem sie zuletzt unterbrochen worden ist.

Eigenschaften

Einige Eigenschaften der Datei können Sie über den Button **Eigenschaften** bearbeiten. Die Felder **Beschreibung** und **Kommentar** kennen Sie noch vom Hochladen. Über den Button **Erweitert** sehen Sie, wer die Datei wann hochgeladen bzw. zuletzt geändert hat. Zusätzlich gelangen Sie hier zur Auswahl des Migrationsmodus, der bei der Anreicherung und Änderung bereits existierender Datensätze benötigt wird. In Abschnitt 6.5, »Änderungsmigration«, stellen wir die Möglichkeiten im Detail vor.

Aktionen: Anlegen

Der Menüpfad **Aktionen • Anlegen** erzeugt direkt im Migrationstool eine neue Migrationsvorlage. Sobald Sie den geforderten Dateinamen und die Beschreibung der Datei angegeben haben, öffnet sich der bereits erwähnte Dateneditor zur Eingabe von Daten (mehr dazu in Abschnitt 6.2.8, »Integrierter Dateneditor«).

[+]

Migrationsvorlagen für erste Testmigrationen

Die Funktion **Anlegen** ist eine effiziente Möglichkeit, um erste Tests mit manuell eingegebenen Datensätzen durchzuführen. Sie ist damit eine Alternative zu der in Abschnitt 6.2.3, »Migration vorbereiten«, vorgestellten Aufgabe **Datenmigration vorbereiten • Migrationsvorlagen herunterladen**.

Aktionen: Kopieren

Mit dem Befehl **Aktionen • Kopieren** erzeugen Sie eine Kopie der markierten Datei. Wie beim Anlegen geben Sie dabei den Dateinamen und einen Beschreibungstext an. In Verbindung mit den Möglichkeiten des Dateneditors, die Daten einer Migrationsvorlage direkt im System zu verändern, können Sie mit der Kopierfunktion rasch verschiedene Varianten einer Migrationsdatei ausprobieren.

Aktionen: Löschen

Über den Pfad **Aktionen • Löschen** wird die markierte Datei endgültig gelöscht. Dateien mit dem Migrationsstatus **Abgeschlossen** haben den Verarbeitungsschritt **Import ausführen** schon durchlaufen und werden in der Dateiübersicht mit dem Sperr-Icon 🔒 gekennzeichnet. Zugunsten der Nachweisbarkeit erfolgter Importe können solche Dateien weder geändert noch gelöscht werden.

[+]

Eingrenzung von Datenfehlern

In der Praxis ist oft nicht auf den ersten Blick klar, welches Feld oder welche Kombination eine inkorrekte Datenkonstellation verursacht. Verwenden Sie Kopien, um den Datenfehler einzugrenzen. Testen Sie den gleichen Migrationsschritt (Validierung, Simulation) mit einer Kopie, deren Dateninhalte Sie mit dem Dateneditor iterativ vereinfachen, bis der auslösende Faktor klar wird.

Aktionen: Bearbeiten

Der Pfad **Aktionen • Bearbeiten** öffnet die markierte Datei im Bearbeitungsmodus des Dateneditors, der in Abschnitt 6.2.8, »Integrierter Dateneditor«, im Detail vorgestellt wird. Alternativ können Sie auf den Dateinamen klicken, wodurch sich der Dateneditor im Ansichtsmodus öffnet.

Aktionen: Herunterladen

Wenn Sie den Dateneditor intensiv nutzen, werden Sie für manche Zwecke eine lokale Kopie von editierten Migrationsdateien haben wollen. Hierzu dient der Pfad **Aktionen • Herunterladen**, der die markierte Datei auf Ihrem lokalen PC speichert.

6.2.6 Textdateien mappen und hochladen

Oft liegen Daten aus Quellsystemen als sogenannte CSV-Datei vor, also als flache Textdatei, die pro Zeile einen Datensatz enthält, dessen einzelne Feldinhalte durch Trennzeichen separiert sind.

Sie können die Migrationsdateien im Migrationscockpit auch direkt aus solchen Textdateien füllen. Dazu legen Sie am besten im Migrationscockpit zunächst eine neue Migrationsdatei an (**Aktionen • Anlegen**) und öffnen diese im Dateneditor (über **Aktionen • Bearbeiten**).

Nun laden Sie, Datenblatt für Datenblatt, jeweils eine eigene Textdatei hoch. Über den Button **Daten aus Textdatei hochladen** öffnen Sie ein Dialogfenster, in dem Sie genauere Angaben zur Textdatei machen können (siehe Abbildung 6.12).

- **Quelldatei**: Auswahl der Quelldatei vom Dateityp **.txt** oder **.csv**
- **Daten in Reg.-Karte import.**: Angabe des Datenblatts, in das die Inhalte geladen werden sollen. Für jedes Datenblatt wird eine eigene Textdatei benötigt.
- **Zeichencodierung**: Die Voreinstellung ist der Unicode-Zeichensatz UTF-8. Ändern Sie den Eintrag entsprechend, wenn Ihre Textdatei mit einem anderen Zeichensatz abgespeichert wurde (oder speichern Sie Ihre Textdatei vor dem Hochladen als UTF-8-Datei ab).
- **Feldbegrenzer**: Welches Zeichen trennt die verschiedenen Feldinhalte? Falls es sich dabei in Ihrer Datei um Komma, Semikolon oder Tabulatorzeichen handelt, müssen Sie an der Voreinstellung nichts ändern, denn das System erkennt an den ersten Zeilen automatisch, welches davon verwendet wird.
- **Texterkennungszeichen**: Texteinträge sollten durch ein passendes Zeichen markiert sein, damit die Zeichen im Text nicht fälschlich als Feldbegrenzer gewertet werden. Voreinstellung: »Doppeltes Anführungszeichen«.
- **Dezimaltrennzeichen**: Wie sind Zahlen mit Nachkommastellen dargestellt: 3.14 oder 3,14?
- **Feldnamen in der ersten Zeile**: Beginnt die Datei mit einer Kopfzeile oder sofort mit dem ersten Datensatz?

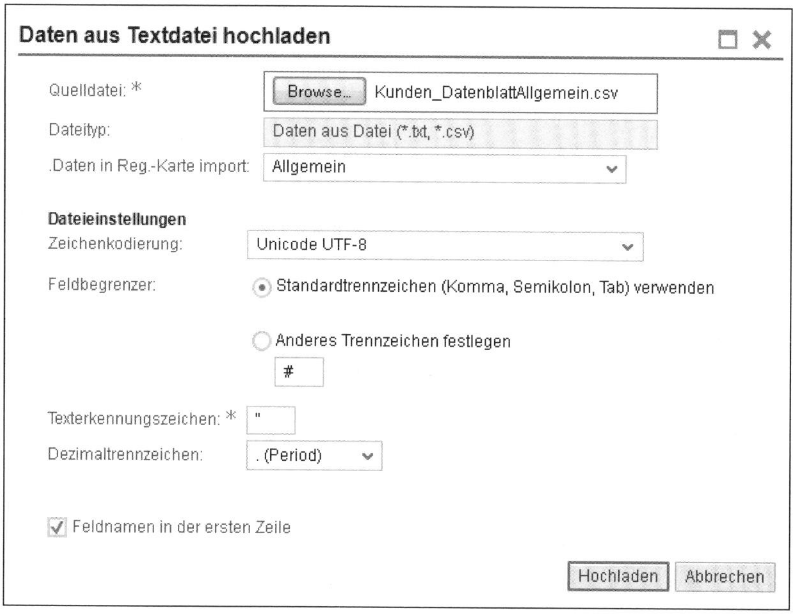

Abbildung 6.12 Daten aus der Textdatei hochladen

Die eigentliche Stärke des Hochladens von Textdateien liegt darin, dass in diesem Schritt ein Struktur-Mapping eingebaut ist. Aus dem Quellsystem bekommen Sie Ihre Daten in einer bestimmten Spaltenreihenfolge, die vermutlich von der Reihenfolge in der Migrationsvorlage abweicht. Trotzdem ist es nicht nötig, die Reihenfolge schon vor dem Hochladen per Middleware oder externem Tool anzupassen.

Stattdessen nehmen Sie die Zuordnung der einzelnen Quellspalten zu den Spalten in der Migrationsvorlage im nächsten Schritt vor, dem *Feld-Mapping*. Dabei lässt sich die Zuordnung so abspeichern, dass sie für spätere Dateien derselben Quelle wiederverwendet werden kann.

Sie erreichen das Feld-Mapping über den Button **Hochladen**, der Sie nach einer kurzen Informationsmeldung zu der in Abbildung 6.13 gezeigten Oberfläche bringt. Hier können Sie nun die Felder Ihrer Quelldatei den korrespondierenden Feldern des Zieldatenblatts zuordnen.

Die obere Bildhälfte zeigt die ersten Zeilen Ihrer Textdatei. In der unteren Bildhälfte sehen Sie die Feldnamen des Zieldatenblatts. Sobald Sie den Mauszeiger über einen Feldnamen bewegen, wird eine kurze Felddokumentation angezeigt, die Sie schon aus den entsprechenden Migrationsvorlagen kennen.

Um einem Zielfeld ein Quellfeld zuzuordnen, öffnen Sie, wie in Abbildung 6.13 gezeigt, die zugehörige Auswahlliste und wählen das entsprechende Quellfeld aus. Sofort wird in den Zeilen darunter eine Vorschau der ersten Datenwerte angezeigt.

Sowohl in der oberen als auch in der unteren Bildhälfte werden Filter angeboten, mit denen Sie die angezeigten Spalten einschränken können. Tipp: Die Filtereinstellung **Einblenden: Nicht zugeordnete Spalten** unterstützt Sie bei einer systematischen Feldzuordnung.

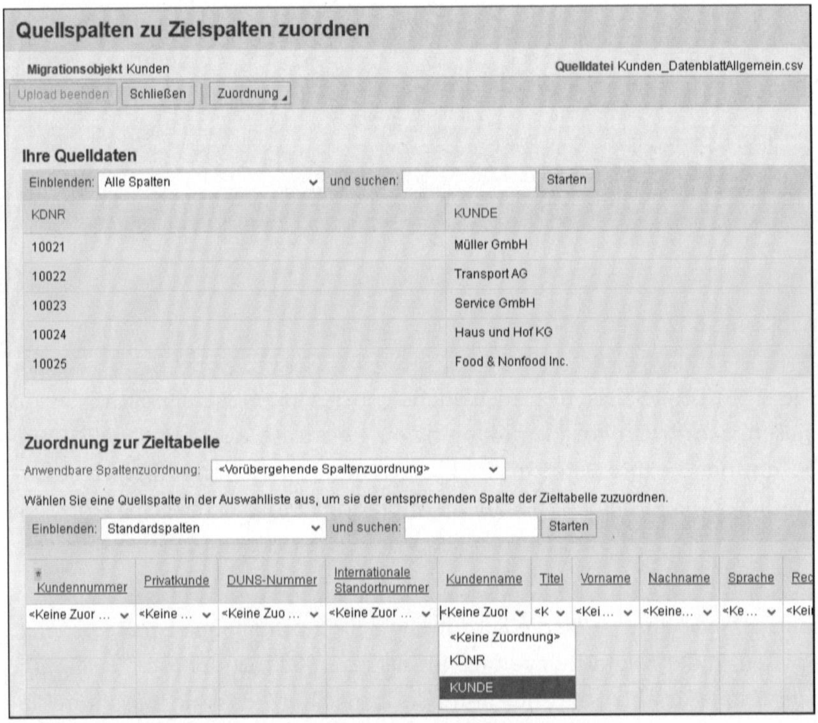

Abbildung 6.13 Quellfelder zuordnen (Feld-Mapping)

Automatische Feldzuordnung

Falls Sie in der Textdatei als Spaltenüberschriften bereits die korrekten Zielfeldnamen verwenden, werden die entsprechenden Feldzuordnungen automatisch vorgeschlagen. Dabei berücksichtigt das System alle vorhandenen Sprachen sowie die technischen Feldnamen, die sich in den Migrationsvorlagen in der ausgeblendeten Zeile 5 finden. Eine Zusammenstellung aller technischen Feldnamen erhalten Sie übrigens auch im Migrationscockpit über **Weitere Funktionen • csv-Migrationsvorlage herunterladen**.

Sie können die Zuordnungen speichern (**Zuordnung • Sichern**) und bei späteren Dateiimporten wieder laden (Auswahl über **Anwendbare Spaltenzuordnung**). Sie können die Zuordnungen auch auf Ihren lokalen Rechner exportieren (**Zuordnung • Export in lokale Datei**) und von dort wieder importieren (**Zuordnung • Import aus lokaler Datei**), was eine Wiederverwendung in einem anderen System ermöglicht.

Über **Zuordnung • Rücksetzen** löschen Sie alle Zuordnungen. Der Pfad **Zuordnung • Automatisierte Zuordn. zurücksetzen und neu aufbauen** löscht ebenfalls alle (!) Zuordnungen und stößt danach die automatische Feldzuordnung noch einmal an.

Über den Button **Upload beenden** werden die Daten schließlich hochgeladen. Falls das Zieldatenblatt bereits Daten enthält, werden Sie noch aufgefordert zu entscheiden, wie mit den neuen Datensätzen verfahren werden soll:

- an die bestehenden Zeilen anhängen
- die bestehenden Zeilen vollständig ersetzen
- mit den bestehenden Zeilen zusammenführen

Zusammenführen bedeutet: Gibt es schon einen Datensatz mit demselben Schlüssel, werden nur die Felder überschrieben, für die der neue Datensatz Werte enthält – alle anderen Felder bleiben unverändert. Anderenfalls wird der neue Datensatz einfach angehängt.

Mit einer Meldung im Dateneditor wird das Hochladen bestätigt. Bevor Sie nun mit dem nächsten Datenblatt fortfahren, sollten Sie die Daten noch sichern.

Sie können das Hochladen einer Textdatei übrigens auch direkt aus dem Übersichtsbild des Migrationscockpits heraus starten (**Hochladen • Daten aus Textdatei**). Die Daten werden dann in eine neue temporäre Migrationsdatei geladen, deren Namen Sie beim Speichern festlegen können.

6.2.7 Weitere Funktionen des Migrationscockpits

Über den Button **Weitere Möglichkeiten** erreichen Sie die Objektdokumentation sowie einige Spezialfunktionen des in Abbildung 6.11 gezeigten Migrationscockpits:

- **Dokumentation zum Migrationsobjekt anzeigen**
  Dies ist eine weitere Möglichkeit, um die Objektdokumentation anzuzeigen, der Sie schon an anderen Stellen begegnet sind.
- **Export und Import von Wertkonvertierungen (TRV-Datei)**
  Eine Ihrer wichtigsten Interaktionen mit dem Migrationstool ist die Auswahl oder Eingabe von Wertkonvertierungen. Typisches Beispiel ist der Wert D im Feld **Land** der Migrationsvorlage, der auf das Länderkürzel DE

umgeschlüsselt wird, das in der hier betrachteten SAP-Cloud-Lösung verwendete ISO-Kürzel für Deutschland.

Sie können Umschlüsselungswerte in eine lokale Datei vom Typ **.trv** exportieren und in ein anderes System importieren. Dabei sind wichtige Punkte zu beachten. Verwenden Sie diese Funktion erst, nachdem Sie sich über die Details informiert haben, die in Abschnitt 6.3.2, »Werte konvertieren«, beschrieben sind.

- **Migrationsobjekt anpassen**
  Wir empfehlen Ihnen, nötige Erweiterungsfelder sehr früh im Projekt festzulegen. Alle migrationsrelevanten Erweiterungsfelder sollten unbedingt im System definiert sein, bevor Sie mit der Arbeit an der Datenmigration beginnen. Der Umzug zwischen verschiedenen Versionen von Migrationsvorlagen im laufenden Projekt ist eine potenzielle Fehlerquelle.

  Sollten Sie eine kundenspezifische Felderweiterung definieren (oder eine bereits definierte Felderweiterung wieder löschen), nachdem Sie in dem betroffenen Objekt bereits Migrationsvorlagen in das Migrationstool hochgeladen haben, ist die Struktur dieser Dateien im System nicht mehr aktuell. Über **Migrationsobjekt anpassen** können Sie eine Aktualisierung dieser bereits hochgeladenen Dateien veranlassen. Die entsprechenden Spalten werden dann in schon hochgeladenen Dateien leer hinzugefügt (bzw. gelöscht).

  Kundenspezifische Erweiterungsfelder werden durch einen technischen Identifikator unterschieden. Fügen Sie nach dem Löschen eines kundenspezifischen Erweiterungsfeldes ein gleichnamiges Feld wieder hinzu, handelt es sich technisch um ein anderes Feld. Sie kommen nicht umhin, eine frische Migrationsvorlage zu verwenden.

- **Einstellung für Parallelverarbeitung**
  Die Datensätze werden bei der Migration letztlich durch den Aufruf von Serviceprogrammen im System verbucht. Zahlreiche Objekte erlauben einen parallelen Aufruf dieser Service. Den dabei genutzten Parallelisierungsfaktor können Sie hier einstellen. Abschnitt 6.7.1, »Verbesserte Performance durch Parallelisierung«, befasst sich näher mit dieser Möglichkeit.

- **Migrationsvorlage und CSV-Migrationsvorlage herunterladen**
  Hier ist eine weitere Stelle, an der Ihnen die leere Migrationsvorlage angeboten wird. Außerdem können Sie eine Textdatei herunterladen, in der für jedes Datenblatt die technischen Namen aufgelistet werden. Dies kann als Kopiervorlage bei der Nutzung der im vorangegangenen Abschnitt vorgestellten Textdateien nützlich sein.

Migration von Buchhaltungsdaten

Für die Bewegungsdaten der Buchhaltung sehen das Migrationscockpit und der gesamte Ablauf der Migration etwas anders aus; hier werden die Dateien der beteiligten Objekte (Sachkonten, offene Kundenposten, Anlagen usw.) zu einer sogenannten *Migrationseinheit* (**Einheit**) gruppiert. Nach der Simulation der einzelnen Dateien wird ein Saldenabgleich über alle Dateien der Migrationseinheit angeboten. Auch der Import kann nur für die Migrationseinheit als Ganzes vorgenommen werden. In Abschnitt 6.4, »Migration von Buchhaltungsdaten«, lernen Sie diese Besonderheiten im Detail kennen.

6.2.8 Integrierter Dateneditor

Das Migrationstool in SAP Business ByDesign hat einen integrierten Dateneditor. Sie werden ihn in der Regel bei den Schritten **Datei validieren** und **Import simulieren** benötigen, um auftretende Datenfehler direkt zu korrigieren. Gerade in der Phase der Testmigrationen und der damit verbundenen iterativen Abarbeitung von Fehlermeldungen erlaubt der Dateneditor extrem kurze Zyklen von lokalen Datenänderungen und neuen Testläufen, ohne das Migrationstool überhaupt verlassen zu müssen. Damit können sehr effektiv alle Fehler identifiziert werden, die in einer Testdatei stecken, bevor in einer aufwendigeren Runde die Fehler in den eigentlichen Originaldaten gesammelt behoben werden. Daher lohnt es sich, die Möglichkeiten dieses Dateneditors genauer anzuschauen.

In der Datenvorschau im unteren Bereich des Migrationscockpits war schon zu sehen, dass die hochgeladenen Migrationsvorlagen in derselben Struktur auch im System vorliegen (siehe Abbildung 6.11). Dabei ist auch im Detail vieles so, wie Sie es von der lokalen Datei inzwischen schon kennen.

Anzeigemodus

Klicken Sie im Migrationscockpit auf einen Dateinamen, öffnet sich der Dateneditor ganzseitig im Anzeigemodus (siehe Abbildung 6.14).

Mit einigen Klicks auf verschiedene Registerkarte können Sie sich leicht davon überzeugen, dass hier dieselben Datenblätter mit denselben Spalten angezeigt werden wie in der lokalen Migrationsvorlage. Falls mehr Registerkarten eingeblendet sind, als sie auf eine Bildschirmbreite passen, werden am rechten Bildrand auf Höhe der Registerkarte die drei Buttons  angezeigt, die zur Navigation zwischen den Datenblättern dienen.

Abbildung 6.14 Dateneditor: Anzeigemodus

Sichtbarkeit der Datenblätter

Auch hier sind zunächst nicht alle Datenblätter eingeblendet. Sie können zwischen zwei Sichten wechseln: Zunächst wird die Standardsicht angezeigt. Zu sehen sind hier alle Datenblätter, die auch in der lokalen Migrationsvorlage von Anfang an eingeblendet sind. Zusätzlich werden die Datenblätter gezeigt, auf denen sich tatsächlich Daten befinden. Mit [▸ Alle RegKarten anzeigen] wechseln Sie zur Ansicht aller Datenblätter und mit [▸ Standardregister anzeigen] wieder zurück.

Sichtbarkeit der Spalten

Wie bei den Migrationsvorlagen sind auch online erst einmal nur die häufig genutzten Spalten sichtbar. Über den Auswahl-Button **Einblenden** können Sie zwischen den folgenden Spaltenansichten wählen (siehe Abbildung 6.15).

Abbildung 6.15 Spaltenanzeige auswählen

- **Standardsicht**: Hier sehen Sie alle Spalten, die auch in der lokalen Migrationsvorlage von Anfang an eingeblendet sind, sowie zusätzlich die Spalten, in denen sich tatsächlich Daten befinden.
- **Minimalsicht** (Minimum View): Dies sind alle Spalten, die als Pflichtspalten gekennzeichnet sind, sowie zusätzlich die Spalten, in denen sich tatsächlich die Daten befinden.
- **Maximalsicht** (Maximum View): Alle Spalten sind sichtbar.

Filter setzen

Eine Filterfunktion erlaubt es Ihnen, die Auswahl der angezeigten Datensätze einzuschränken. Dazu befindet sich am rechten Bildrand der Button

(**Filter setzen**), durch den eine zunächst leere Selektionszeile unterhalb der Spaltenüberschriften eingeblendet wird (siehe Abbildung 6.16).

Geben Sie in dieser Zeile in der Spalte **Kundennummer** »1« ein, und bestätigen Sie dies mit der [↵]-Taste, werden auf diesem Datenblatt nur noch die Datensätze angezeigt, die mit 1 beginnen. Sie können dabei ein Sternchen (»*«) als Wildcard-Zeichen verwenden, z. B. liefert die Selektion »*111« in der Spalte **Kundennummer** nur noch die Datensätze, deren Kundennummer die Zeichenfolge 111 enthält.

Sie werden eine Anwendung des Filters später noch kennenlernen: Bei der Bearbeitung von Fehlermeldungen wird die Sicht mit diesem Filter automatisch auf fehlerhafte Datensätze eingeschränkt, bis hin zur Einzelsatzbearbeitung.

Am rechten Bildrand befindet sich der Button **Filterung aufheben**. Der Button **Schließen** bringt Sie schließlich wieder zurück zu dem Bild, von dem aus Sie den Dateneditor aufgerufen haben.

* Kundennummer	Vorname	* Nachname	Titel
	J*		
10003	Judy	Smith	Ms
10004	Juan Carlos	Lopez	Sr.

Abbildung 6.16 Dateneditor: Filter mit Wildcard

Bearbeitungsmodus

Über den Button **Bearbeiten** wechseln Sie nun zum Bearbeitungsmodus des Dateneditors. Sie können hier Daten ändern oder ergänzen. Zusätzlich stehen Ihnen Funktionen zur Verfügung, die auf Zeilen (**Zeile hinzufügen**, **Kopieren**, **Löschen**) oder Spalten (sogenannte Massenänderungsfunktionen) wirken. Diesen Bearbeitungsmodus erreichen Sie auch direkt vom Migrationscockpit (siehe Abbildung 6.11) aus über den Pfad **Aktionen • Bearbeiten**.

Die Wahl der Spaltenansicht, den Filter sowie die Buttons **Alle RegKarten anzeigen** und **Schließen** kennen Sie schon vom Ansichtsmodus. Des Weiteren haben Sie die im Folgenden vorgestellten Möglichkeiten.

Der Button **Sichern** speichert die gesamte Datei im System; der Button **Sichern & schließen** beendet zusätzlich den Editor.

Zeilenfunktionen

Mit einem Klick auf **Zeile hinzufügen** wird eine neue Zeile oberhalb der bestehenden Zeilen eingefügt. Eine Zeile markieren Sie über den Button am Zeilenanfang. Wie bei vielen anderen Programmen können Sie dabei ein ganzes Intervall von benachbarten Zeilen markieren, indem Sie während der Zeilenauswahl die [⇧]-Taste gedrückt halten. In ähnlicher Weise können Sie bei gehaltener [Strg]-Taste mehrere nicht benachbarte Zeilen eines Datenblatts markieren.

Zusätzlich steht Ihnen links neben der Zeilenüberschrift ein kleines Menü zur Verfügung, mit dem Sie alle Zeilen markieren (**Alles auswählen**) oder eine bestehende Markierung bei allen Zeilen entfernen können (**Alles abwählen**).

Die Buttons **Kopieren** und **Löschen** wirken auf alle markierten Zeilen. **Kopieren** erzeugt direkt unter jeder markierten Zeile eine neue Zeile mit identischem Inhalt. Das Besondere an **Löschen** ist, dass es sich hier um ein *datensatzlogisches, konsistentes Löschen* handelt. Außer der markierten Zeile selbst werden auch die zugehörigen Zeilen auf hierarchisch untergeordneten Datenblättern gelöscht. Schauen Sie sich das am konkreten Beispiel aus der Migration von Kundendaten an.

Löschen Sie auf dem Datenblatt **Allgemein** die Kopfzeile eines obsoleten Kundenstamms (z. B. des Kunden mit der Nummer 10099), dann löscht das Migrationstool automatisch auch auf allen anderen Datenblättern jeweils alle Zeilen, die zu diesem Kunden 10099 gehören, einschließlich Adressen und Ansprechpartnern. Dieses konsistente Löschen über mehrere Datenblätter hinweg ist eine Funktion, die natürlich deutlich über die Möglichkeiten eines reinen Tabellenbearbeitungsprogramms hinausgeht.

Spaltenfunktionen: Massenänderung

Den Button **Massenänderung** klicken Sie an, um bestimmte Änderungen auf eine ganze Spalte eines Datenblatts anzuwenden. Dabei gehen Sie in vier Schritten vor:

1. Schränken Sie, sofern erforderlich, mit der Filterfunktion die Menge der angezeigten Zeilen ein.
2. Markieren Sie nun manuell oder über den Button **Alles markieren** die Zeilen, die an der Massenänderung teilnehmen sollen. **Alles markieren** bezieht sich dabei nur auf das angezeigte Ergebnis der Filterung. Zeilen, die aufgrund von Filterung ausgeblendet sind, werden von der Änderung nicht erfasst.
3. Wählen Sie über den Button **Massenänderung** die Spalte aus, die Sie ändern möchten (siehe Abbildung 6.17).

Abbildung 6.17 Massenänderung im Dateneditor: Feldauswahl

4. Wählen Sie die Funktion aus, die Sie ausführen möchten, und geben Sie die jeweils erforderlichen Parameter an (siehe Abbildung 6.18).

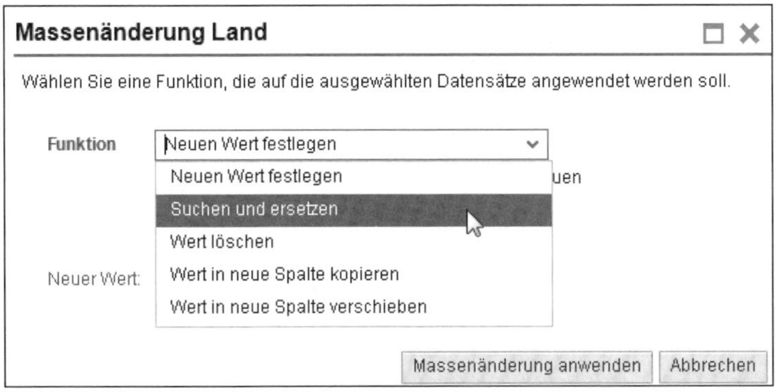

Abbildung 6.18 Massenänderung im Dateneditor: Funktionsauswahl

6

[+]

Massenänderung

Eine vergessene oder falsche Zeilenmarkierung ist die häufigste Ursache für ein unerwartetes Ergebnis bei der Massenänderung. Sie können den Editor in solch einem Fall schließen, ohne zu sichern, wenn Sie zum letzten gesicherten Stand zurückgehen möchten.

Funktionen für die Massenänderung

Bei der Massenänderung stehen die folgenden Funktionen zur Verfügung:

- **Neuen Wert festlegen**: Der bestehende Feldwert wird in allen markierten Zeilen durch einen festen Wert ersetzt.
- **Suchen und ersetzen**: In der ausgewählten Spalte wird in allen markierten Zeilen eine Zeichenkette gesucht und durch eine andere Zeichenkette ersetzt.
- **Wert löschen**: Die Feldwerte in der ausgewählten Spalte werden gelöscht (in allen markierten Zeilen).
- **Wert in neue Spalte kopieren**: Die Inhalte der ausgewählten Spalte werden in eine andere Spalte kopiert (in allen markierten Zeilen). Ein typisches Beispiel für Datensätze, die bei der Migration neue Nummern erhalten, lernen wir in Abschnitt 6.7.2, »Abstimmung des Migrationsergebnisses«, kennen: Kopieren Sie die Schlüsselspalte (z. B. Ansprechpartnernummer oder Aktivitätsnummer) in ein kundenspezifisches Erweiterungsfeld, das Sie für diesen Zweck angelegt haben. Dann bleibt auch nach der Neunummerierung noch die Verknüpfung zur bisherigen Nummer in jedem Datensatz erhalten.

- **Wert in neue Spalte verschieben**: Die Inhalte der ausgewählten Spalte werden in eine andere Spalte verschoben (in allen markierten Zeilen). Diese Funktion ist z. B. hilfreich, wenn beim Übertragen von Datenbereichen aus einer Quelldatei in die Migrationsvorlage ausgeblendete Spalten übersehen wurden und Werte deshalb in falschen Spalten gelandet sind.

Aber nun genug der Vorbereitungen und hinein in die Migration!

Nachdem Sie die Daten gemäß den Informationen aus Abschnitt 6.1, »Migrationsvorlagen«, in eine Migrationsvorlage gebracht haben und sich in diesem zweiten Abschnitt mit dem Werkzeug vertraut gemacht haben, können Sie sich gut vorbereitet dem Herzstück der Datenmigration in SAP Business ByDesign zuwenden.

6.3 Hauptschritte der Migration

In diesem Abschnitt durchlaufen Sie die Hauptschritte der Migration einer Datei:

1. Datei validieren
2. Werte konvertieren
3. Import simulieren
4. Import ausführen
5. Bestätigung

Dabei folgen Sie Schritt für Schritt der geführten Aktivität, die in Abbildung 6.19 zu sehen ist.

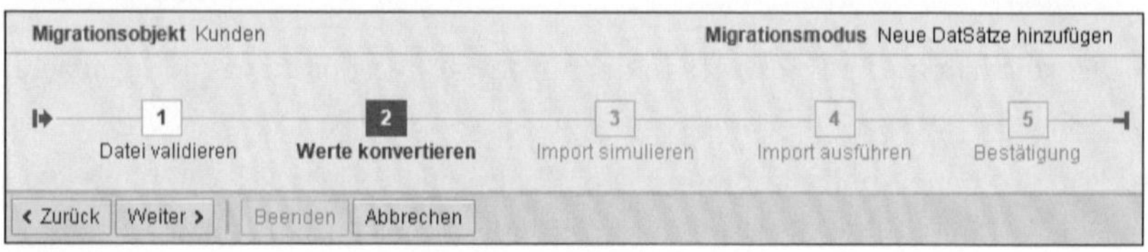

Abbildung 6.19 Hauptschritte der Migration

Etliche Bildelemente sind in allen Schritten gleich; daher erläutern wir sie direkt hier:

Die Navigation erfolgt über Buttons: Über den Button **Zurück** kommen Sie zum vorangehenden und mit **Weiter** zum nachfolgenden Schritt. Über den

Button **Abbrechen** verlassen Sie die Bearbeitung der Datei und wechseln zum Migrationscockpit. Ein Klick auf den Namen des Migrationsobjekts (z. B. **Kunden**) am oberen Bildrand öffnet die Objektdokumentation.

Die einzelnen Schritte enthalten noch zusätzlich Buttons mit spezifischen Funktionen, z. B. für eine ganze oder teilweise Wiederholung des jeweiligen Schritts; diese werden im jeweiligen Abschnitt vorgestellt.

Wir gehen anhand des konkreten Datenbeispiels **Kunden.xml** vor, das ausschnittweise in Abschnitt 6.1.4, »Migrationsvorlagen mit Daten befüllen«, zu sehen war. In das Datenbeispiel haben wir – an bisher nicht gezeigten Stellen – typische Fehler eingebaut. Wir zeigen damit repräsentativ die verschiedenen Formen der Systemreaktion und stellen gängige Vorgehensweisen zur Fehlerbehandlung vor.

6.3.1 Daten validieren

Im Migrationscockpit für Kundendaten markieren Sie die Datei **Kunden_Test.xml** und klicken auf den Button **Migration ausführen**. Damit starten Sie den ersten Schritt der Verarbeitung, die *Datenvalidierung*.

Datenvalidierung

Im Schritt **Datei validieren** wird die formale Korrektheit der Datensätze und ihrer Feldinhalte geprüft. Dabei wird Folgendes überprüft:

- Sind Pflichtfelder gefüllt?
- Sind Feldlängen eingehalten?
- Sind die Datumswerte gültig?
- Enthalten Zahlfelder gültige Formate?

Zusätzlich laufen bestimmte Prüfungen ab, die grundlegende Datenfehler aufdecken sollen. Beispielsweise wird hier die erneute Migration einer bereits migrierten Kundennummer abgefangen.

Anhand des Fortschrittsbalkens können Sie den Grad der Abarbeitung ablesen – je nach Objekt und Datenumfang mehr oder weniger genau. Über den Button **Im Hintergrund ausführen** könnten Sie zum Migrationscockpit zurückkehren, während die Verarbeitung der Datei im Hintergrund weiterläuft. Wenn Sie dann später die Datei im Migrationscockpit wieder per **Migration ausführen** aufrufen, kehren Sie automatisch zum Fortschrittsbalken zurück, der in Abbildung 6.20 zu sehen ist. Sobald alle Datensätze validiert sind, wird der Button **Schließen** aktiv, mit dem Sie zur Anzeige des Validierungsergebnisses gelangen.

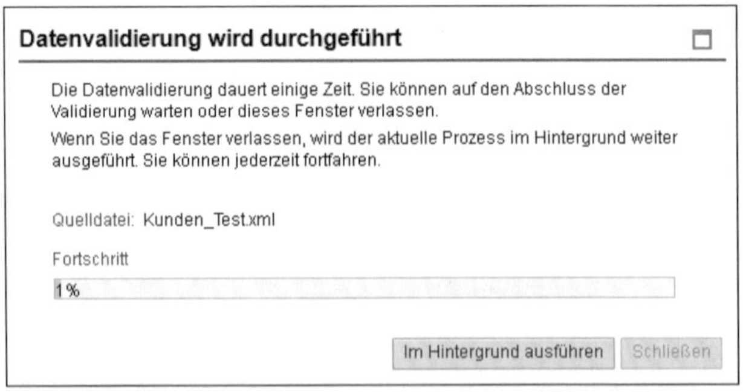

Abbildung 6.20 Datenvalidierung: Fortschrittsbalken

Protokoll der Validierung

Ein Validierungsprotokoll listet alle gefundenen Fehler in Form einer strukturierten Korrekturliste auf (siehe Abbildung 6.21).

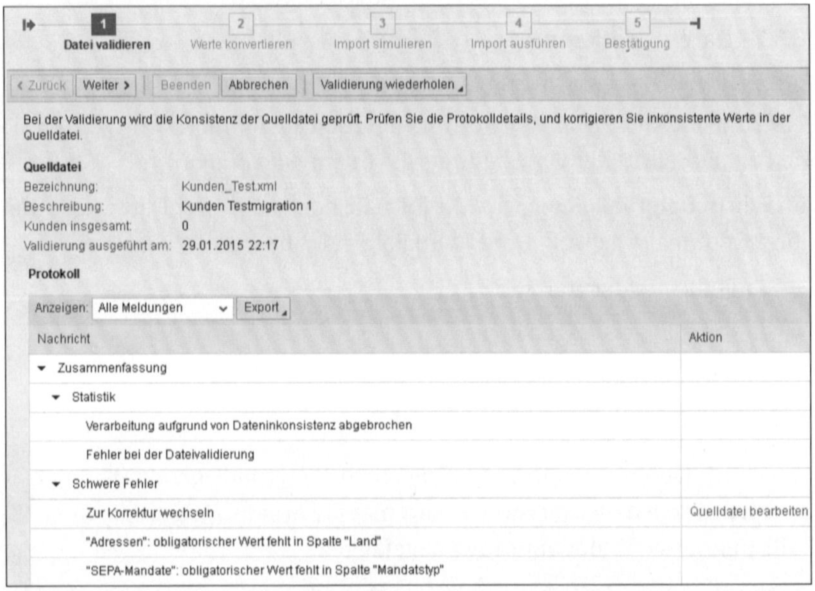

Abbildung 6.21 Datenvalidierung: Fehlerprotokoll mit Korrekturanweisungen

Protokoll exportieren

Über den Button **Export** können Sie das Protokoll als lokale Microsoft-Excel-Datei auf Ihrem PC abspeichern.

Haben Sie beim Befüllen der Migrationsvorlage alles richtig gemacht, belohnt Sie das Protokoll mit der Meldung »Keine Fehler bei der Dateivalidierung«. In der Regel aber werden Sie hier beim ersten Lauf zunächst einmal eine mehr oder minder lange Arbeitsliste vorfinden. Die Abarbeitung dieser Fehlerliste ist die eigentliche Aufgabe dieses Migrationsschritts.

Iteratives Vorgehen

Dabei gehen Sie iterativ vor:

1. Sie korrigieren einen oder mehrere angezeigte Datenfehler, in der Regel mithilfe des Dateneditors.
2. Mit einem erneuten Lauf der Validierung (**Validierung wiederholen • Nur geänderte Datensätze validieren**) überprüfen Sie die aktualisierten Daten.

Diesen Zyklus wiederholen Sie, bis alle Datenfehler behoben sind. Abschließend empfiehlt es sich, noch einmal eine Validierung der gesamten Datei vorzunehmen: **Validierung wiederholen • Alle Datensätze validieren** (siehe Abbildung 6.22).

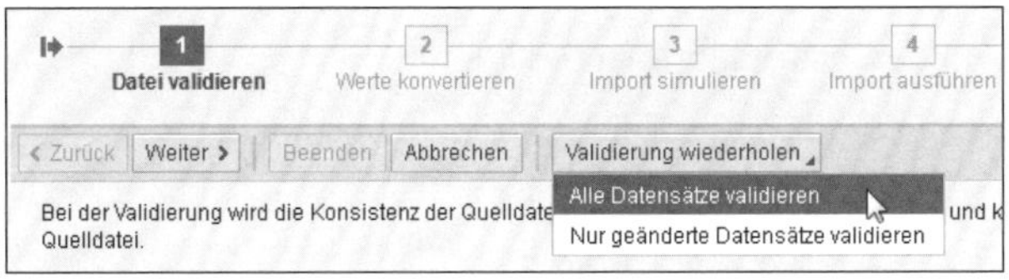

Abbildung 6.22 Validierung wiederholen

Inkonsistente Werte

Bei bestimmten Datenfehlern werden Feldwerte als *inkonsistent* gewertet, z. B. wenn Schlüsselfelder nicht gefüllt oder Schlüsselbeziehungen zwischen den einzelnen Datenblättern falsch sind. Liegt ein solcher Fehler vor, erhalten Sie bereits im Dialog des Validierungslaufs den Hinweis: »In der Quelldatei wurden inkonsistente Werte gefunden. Korrigieren Sie zunächst alle Fehler.« Die Fehler dieser Klasse müssen erst vollständig behoben sein, bevor die Validierung der Datei fortgesetzt und weitere Fehler angezeigt werden.

[+]

Validierung wiederholen

Für die Revalidierung haben Sie zwei Möglichkeiten:

1. **Validierung wiederholen • Nur geänderte Datensätze validieren**
   - Nur die seit dem letzten Lauf geänderten Datensätze werden validiert.
   - Vorteil: kurze Laufzeiten.
   - Überprüft, ob Ihre Datenkorrektur den Fehler behoben hat.
   - Es können neue Fehler sichtbar werden, da eine weitergehende Prüfung eines Datensatzes erst nach der Behebung des ursprünglichen Fehlers erfolgt (z. B. immer bei inkonsistenten Werten).
2. **Validierung wiederholen • Alle Datensätze validieren**
   Der Validierungslauf erfüllt noch einen weiteren Zweck: Er sammelt alle Werte auf, die im nächsten Migrationsschritt umgeschlüsselt werden

müssen. Durch Einzelkorrekturen können solche Werte wieder überflüssig werden. Ein abschließender Gesamtlauf reduziert die Sammlung auf die tatsächlich noch relevanten Werte.

Für die Korrektur verwenden Sie, soweit sich der Fehler durch Editieren beheben lässt, den Editor, den Sie in Abschnitt 6.2.8, »Integrierter Dateneditor«, kennengelernt haben. Sie verzweigen dabei über den Eintrag »Zur Fehlerkorrektur wechseln: Quelldatei bearbeiten« aus dem Protokoll direkt in spezielle Ansichten des Dateneditors. Bei der Datenkorrektur im Editor gibt es zwei komfortable Funktionen:

- Über eine Fehlerliste im Kopfbereich können Sie direkt zur jeweils betroffenen Stelle in den Datenblättern navigieren.
- Die fehlerhaften Felder sind rot unterlegt und dadurch leicht zu erkennen.

Um die Arbeit geeignet zu strukturieren, gibt es im Editor zwei Ansichten; beide Ansichten werden Sie in den Praxisbeispielen sehen: eine Sammelansicht für sogenannte *schwere Fehler* und eine *Einzelsatzansicht* für alle anderen Fehler.

Schwere Fehler

Einige Fehler sind als *schwer* klassifiziert. Dazu gehören die erwähnten *inkonsistenten Werte*, aber auch andere. Diese Fehler werden am Anfang des Protokolls in einem eigenen Abschnitt ausgewiesen. Dabei wird jeder Fehler nur einmal aufgeführt, unabhängig davon, wie viele Datensätze betroffen sind. Über **Quelldatei bearbeiten** gelangen Sie zu einer Sammelansicht im Editor, die nur die betroffenen Datensätze zeigt (siehe Abbildung 6.23).

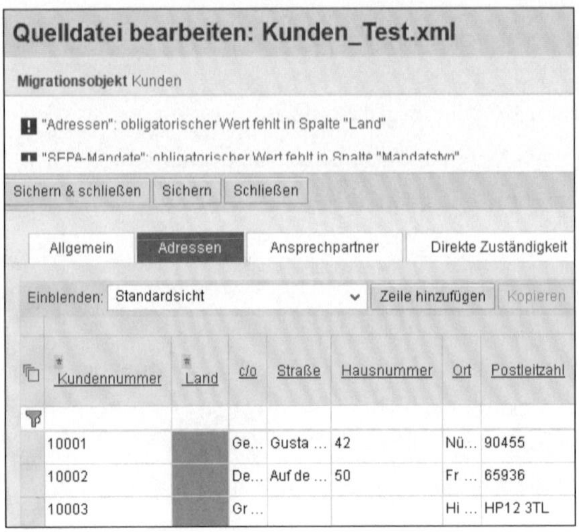

Abbildung 6.23 Korrekturanweisung im Dateneditor: schwerer Fehler

Sonstige Fehler

Die Liste der sonstigen Fehler ist im Protokoll nach den einzelnen Datensätzen gruppiert, für jeden Datensatz können Sie in eine Einzelsatzansicht verzweigen, in der nur Fehler dieses Datensatzes zu sehen sind.

> **Typische Datenfehler in der Validierung**
>
> Fehler bei der Validierung sind häufig auf einen der folgenden Datenfehler zurückzuführen:
>
> - **Schwere Fehler mit inkonsistenten Werten**
>   - Schlüssel- und Pflichtfelder sind nicht gefüllt.
>   - Es gibt zwei Datensätze mit derselben Kundennummer.
>   - Es gibt einzelne Zellen mit versehentlichen Einträgen außerhalb des Datenbereichs.
> - **Schwere Fehler (sonstige)**
>   Ein Datensatz mit derselben Kundennummer wurde bereits migriert.
> - **Einfache Fehler**
>   - Die Texte sind zu lang.
>   - Das Datum ist ungültig, oder der Feldinhalt wurde nicht als Datum erkannt.
>   - Zahlenwerte haben eine falsche Formatierung.

Praxisbeispiel »Datenvalidierung«

Schauen wir uns die Vorgehensweise anhand eines konkreten Beispiels an. In unser Datenbeispiel haben wir Fehler eingebaut, wie sie in der Praxis gerne vorkommen.

Die Validierung liefert zunächst das in Abbildung 6.24 gezeigte Protokoll, das *inkonsistente Werte* meldet.

Abbildung 6.24 Praxisbeispiel: schwere Fehler

Daten im Dateneditor korrigieren

Über **Quelldatei bearbeiten** wechseln Sie zum Dateneditor, um einen Überblick über den Fehler und die betroffenen Datensätze zu erhalten.

Wie in Abbildung 6.24 zu sehen ist, kam es in diesem Beispielfehler offensichtlich zu einer Verwechslung bei der Spaltenzuordnung; die Daten für das Feld **Land** sind im Nachbarfeld **c/o** gelandet. Die Werte können mit den Spaltenfunktionen des Dateneditors rasch verschoben werden. Über den Button (**Alles auswählen**) markieren Sie alle angezeigten Datensätze und wählen über den Button **Massenänderung** das zu verschiebende Feld aus (**c/o**, siehe Abbildung 6.25).

Abbildung 6.25 Dateneditor: Werte in eine andere Spalte verschieben

Im nachfolgenden Dialog wählen Sie die Funktion **Wert in neue Spalte verschieben** und die Zielspalte **Land**. Über den Button **Massenänderung anwenden** führen Sie die Änderung aus; die Länderangaben stehen nun in der richtigen Spalte. Eine Informationsmeldung quittiert die Änderung.

Im Kopfbereich des Dateneditors ist in unserem Beispiel noch eine weitere Fehlermeldung aufgelistet. Wenn Sie auf diese Meldung klicken, springt die Ansicht zur entsprechenden Stelle in den Daten. In diesem Fall ist es das Feld **Mandatstyp** auf dem Datenblatt **SEPA-Mandate** (siehe Abbildung 6.26).

Sie beheben den Fehler und kehren mit **Sichern & schließen** zum Protokoll zurück. Dort veranlassen Sie über **Validierung wiederholen • Nur geänderte Datensätze validieren** eine Revalidierung, um gegebenenfalls weitere Datenfehler zu korrigieren.

Parallel arbeiten

Wir sollten noch erwähnen, dass die Validierung eines Objekts nicht davon abhängt, ob andere Objekte schon bearbeitet wurden oder nicht. Sie können z. B. eine Migrationsvorlage mit offenen Kundenaufträgen validieren, unabhängig davon, wie weit die Arbeiten an der Kunden- oder Materialdatenmigration vorangekommen sind. Dies ermöglicht zumindest bis hierher eine Parallelisierung zwischen den verschiedenen Gewerken, die Daten zu migrieren haben.

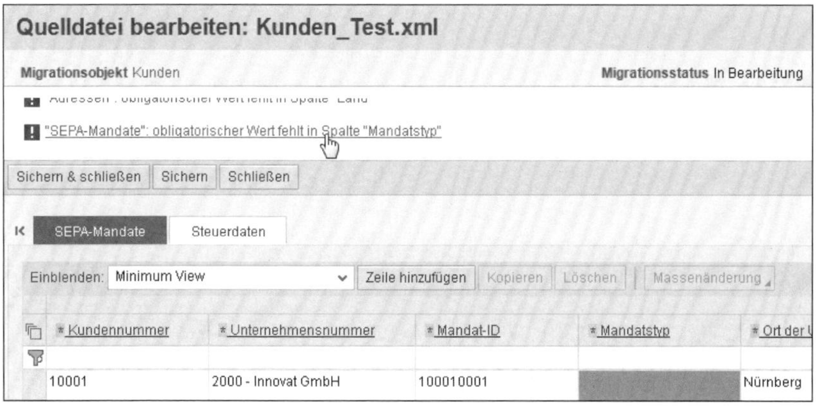

Abbildung 6.26 Navigation über die Fehlermeldung im Kopfbereich

Sobald alle Fehler behoben sind, sollten Sie eine abschließende Revalidierung aller Datensätze durchführen. Danach bringt Sie der Button **Weiter** zum nächsten Schritt, der Wertkonvertierung.

6.3.2 Werte konvertieren

Die Daten in Ihren Migrationsvorlagen enthalten zahlreiche Werte, denen in Ihrem SAP-Business-ByDesign-System inhaltlich entsprechende Werte gegenüberstehen.

Drei repräsentative Beispiele:

- Bei der Verwendung von Länderkürzeln arbeitet das SAP-System intern mit den zweistelligen ISO-3166-Codes, also DE für Deutschland, AT für Österreich usw.
- Ihre Verkaufsorganisationen haben Sie mit Nummern oder alphanumerischen Schlüsseln versehen, als Sie Ihre Organisationsstruktur im System definiert haben.
- Für Ihre Lieferanten und Kunden verwenden Sie eindeutige Identifikatoren wie Lieferanten- oder Kundennummern

Werte konvertieren

Im Schritt **Werte konvertieren** ordnen Sie diesen Werten jeweils einen zugehörigen Zielwert zu. In einer Aufgabenliste werden Ihnen die Werte systematisch zur Entscheidung vorgelegt. Zudem werden Sie durch eine Wertehilfe mit erlaubten Zielwerten unterstützt. Dabei müssen Sie jeden Wert natürlich nur einmal zuordnen, gleichgültig, in wie vielen Datensätzen dieser Wert vorkommt. Werfen Sie einen Blick auf den Dialog (siehe Abbildung 6.27).

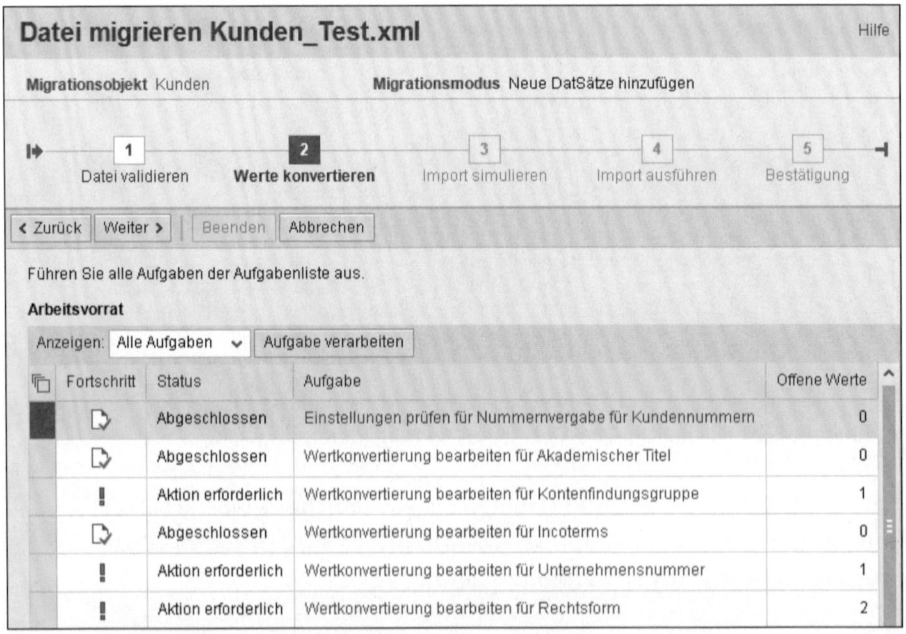

Abbildung 6.27 Werte konvertieren: Arbeitsvorrat

Im Hauptteil des Dialogs sehen Sie den Arbeitsvorrat für die Wertkonvertierungen. Jede Aufgabe bezieht sich auf ein bestimmtes Feld, und fast alle Aufgaben sind von der Art **Wertkonvertierung bearbeiten** für ein bestimmtes Feld, z. B. **Land**. Bei einzelnen Objekten sind hier noch andere Aufgaben eingereiht, in der Regel die Auswahl bestimmter Steuerparameter. Diesen Spezialfall stellen wir bis zum Ende dieses Abschnitts zurück.

Der Status ist **Aktion erforderlich** oder **Abgeschlossen** und wird zusätzlich durch ein Icon visualisiert (❗ oder ☑). In der Spalte **Offene Werte** lesen Sie ab, wie viele Wertzuordnungen in dieser Aufgabe noch vorgenommen werden müssen.

Mit der Dropdown-Liste können Sie die angezeigte Aufgabenliste filtern; hier haben Sie die folgenden Alternativen: **Alle Aufgaben**, **Offene Aufgaben** oder nur **Beendete Aufgaben**. Der Klick auf eine Bezeichnung öffnet die Aufgabe. Sie können stattdessen auch eine Zeile markieren und dann den Button **Aufgabe verarbeiten** anklicken. Im unteren Bereich des Bildes finden Sie noch die Information, wer die Zuordnungen in dieser Aufgabe zuletzt bearbeitet hat.

Sie öffnen die Aufgabe **Wertkonvertierung bearbeiten für Land** und sehen den in Abbildung 6.28 gezeigten Dialog. In diesem Dialog ordnen Sie die einzelnen Zielwerte zu.

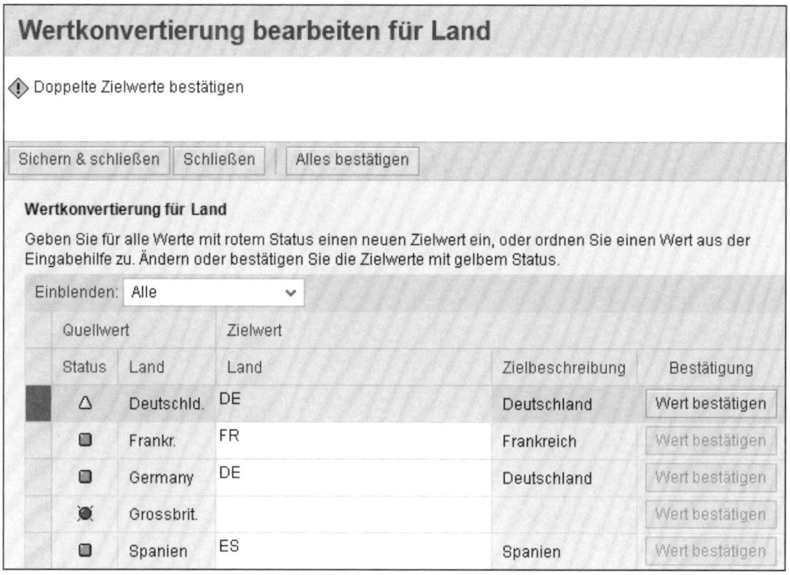

Abbildung 6.28 Wertkonvertierung bearbeiten

Status der Wertkonvertierung

Der Status der einzelnen Wertkonvertierungen wird durch eine Ampelfarbe wiedergegeben:

- Rote Ampel (**Konvertierung erforderlich**): Für den Quellwert in dieser Zeile ist noch kein gültiger Zielwert ausgewählt worden. Wählen Sie aus der Wertehilfe F4 einen gültigen Zielwert aus (siehe Abbildung 6.29). Die Statusanzeige wechselt auf Grün und markiert die Aufgabe damit als erledigt.
- Gelbe Ampel (**Bestätigung erforderlich**): Für den eingetragenen Zielwert ist eine Bestätigung erforderlich. Grund kann ein Vorschlag sein, der nur auf Basis eines Kürzels erfolgt ist, oder eine doppelte Zuordnung zu demselben Zielwert. Bestätigen Sie den Vorschlag über den Button Wert bestätigen, oder wählen Sie selbst den richtigen Wert aus; in beiden Fällen springt der Status auf Grün.
- Grüne Ampel (**OK**): Viele Zuordnungen werden automatisch gefunden und als korrekt erkannt (z. B. Deutschland → DE). Bei anderen Einträgen profitieren Sie von der Vorarbeit zu anderen Objekten, die dasselbe Feld enthalten.

Auch diese Liste beinhaltet einen Filter. Für eine gezielte Bearbeitung können Sie mit der Dropdown-Liste die Anzeige auf die Zeilen mit dem gelben bzw. roten Status einschränken.

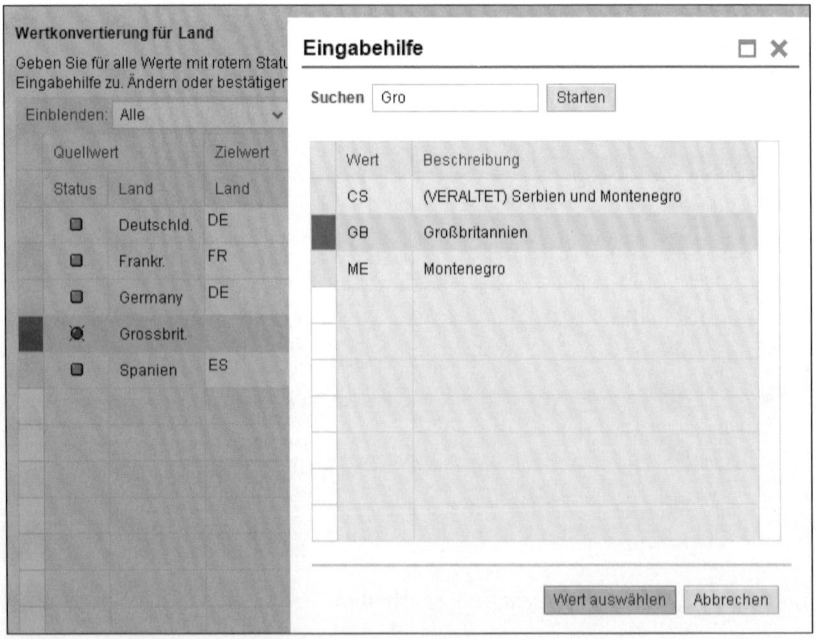

Abbildung 6.29 Wertkonvertierung bearbeiten: Wertehilfe

Mit **Sichern & schließen** speichern Sie schließlich die Änderungen und kehren zur Aufgabenliste der Wertkonvertierung zurück. Die Funktion **Schließen** verwirft hingegen alle Eingaben, die Sie hier vorgenommen haben.

Bei der Wertkonvertierung gibt es einige Sonderfälle:

- **Doppelte Zielwerte bestätigen**
  Es kann sein, dass Sie zwei verschiedenen Quellwerten denselben Zielwert zuordnen möchten, z. B. wenn im Quellfeld verschiedene Schreibweisen für denselben Wert verwendet wurden. Um sicherzustellen, dass die doppelte Zuordnung kein Versehen ist, wechselt der Status erst einmal auf Gelb, und Sie werden aufgefordert, die Zuordnung über den Button Wert bestätigen explizit zu bestätigen.

  Als Sonderfall gibt es bei den Identifikatoren (Kundennummern, Materialnummern) keine Wertehilfe. Eine Sicherung vor versehentlicher doppelter Zuordnung existiert aber auch hier.

- **Mehrstufige Umschlüsselungen**
  Regionen sind ein gutes Beispiel für eine mehrstufige Umschlüsselung. Kürzel für Regionen sind nur innerhalb eines Landes eindeutig. So steht das Kürzel AR für den US-Bundesstaat Arkansas, aber zugleich auch für den Schweizer Kanton Appenzell Ausserrhoden. Die Umschlüsselung ist hier also nur im Kontext sinnvoll durchführbar.

Um eine korrekte Zuordnung von Regionsangaben vornehmen zu können, müssen zu diesem Zeitpunkt die in den Daten vorkommenden Länderangaben bereits vollständig umgeschlüsselt sein. Keine Sorge: Das Migrationstool verhindert von selbst, dass Sie die Umschlüsselungen in der falschen Reihenfolge bearbeiten.

Es gibt übrigens auch dreistufige Umschlüsselungen, etwa US-Steuerstandortschlüssel auf der County-Ebene, bei deren Wertkonvertierung die US-Bundesstaaten bereits umgeschlüsselt sein müssen.

- **Vorsicht bei der Umschlüsselung von Lieferanten- und Kundennummern**
  Bei der Migration von Transaktionsdaten (etwa Bestellungen) sind die Umschlüsselungen der verwendeten Stammdaten (z. B. Materialnummern und Lieferantennummern) dem System normalerweise bereits aus der Stammdatenmigration bekannt. Sollte das nicht der Fall sein (etwa weil diese Stammdaten entgegen der Empfehlung manuell erfasst wurden), wird der Zielwert eins zu eins mit dem Quellwert als Vorschlag gefüllt und die Zuordnung mit »Bestätigung erforderlich« markiert. Achten Sie besonders auf die Fälle, in denen die Zielbeschreibung (etwa Materialkurztext, Lieferantenname) trotzdem leer bleibt – hier ist der automatisch vorgeschlagene Wert meist ungültig.

Eigentlich sollte die betriebswirtschaftliche Konfiguration zum Zeitpunkt der Migration bereits weitgehend abgeschlossen sein. Das betrifft insbesondere die Definition der Organisationseinheiten und die Einstellungen, die zur sogenannten Fine-Tuning-Phase gehören.

Nachträgliche Änderung der Konfiguration

Bei der Zuordnung von Umschlüsselungswerten sehen Sie sofort, ob die Einstellungen auf die tatsächlich in den Daten vorhandene betriebswirtschaftliche Vielfalt vorbereitet sind. In dem einen oder anderen Fall wird sich nun die Notwendigkeit ergeben, die Konfiguration noch nachzubessern. Ein Beispiel wäre das Hinzufügen einer Organisationseinheit in der Implementierungsaufgabe **Organisationsstruktur aufbauen**. Sobald Sie das neue Element aktiviert haben, steht es direkt beim nächsten Aufruf der Migration als möglicher Zielwert zur Verfügung.

[+]

Nachträgliche Konfigurationsänderungen

Wird die betriebswirtschaftliche Konfiguration geändert (insbesondere Organisationsstrukturen und sogenannte Fine-Tuning-Einstellungen), navigieren Sie zurück zum Schritt **Validierung** und wählen **Validierung wiederholen • Alle Datensätze validieren**.

Steuerparameter festlegen

Bei einzelnen Objekten enthält die Arbeitsliste im Schritt **Werte konvertieren** noch einen weiteren Eintrag, mit dem das Verhalten des Migrationstools bei diesem Objekt gesteuert werden kann. Beispiele:

- Objekte **Kunden** und **Lieferanten**: In der Aufgabe **Einstellungen prüfen für Nummernvergabe** kann festgelegt werden, ob bei der Migration die Kunden- bzw. Lieferantendaten beibehalten werden sollen oder ob das System neue Nummern zuteilen soll (und dabei natürlich entsprechende Umschlüsselungseinträge erzeugt).
- Objekt **Opportunities**, Aufgabe **Einstellungen prüfen für CRM-Belegfluss anlegen**: Mit diesem Parameter kann gesteuert werden, ob zusätzlich zum eigentlichen Objekt auch Verknüpfungen zwischen Leads, Opportunities und Kundenaufträgen angelegt werden sollen, die im CRM-Belegfluss sichtbar werden.

[+]

Wertkonvertierung

Um Ihnen die Wertkonvertierung zu erleichtern, möchten wir Ihnen hier noch einige Tipps aus der Praxis mitgeben:

- Vermissen Sie Zielwerte in der Wertehilfe? Meist fehlen in einem solchen Fall noch Einstellungen in der betriebswirtschaftlichen Konfiguration. Beispiel: Bei einer Migrationsdatei von *Bestellungen* kommen *Zahlungsbedingungen* vor, die im Fine-Tuning noch nicht angelegt wurden. Vergleichen Sie in diesem Fall die Konfiguration mit der entsprechenden Wertehilfe im zugehörige Work Center (hier **Bestellanforderungen und Bestellungen**). Nutzen Sie dort bei Bedarf die Hilfefunktion, um die zugehörige Konfigurationseinstellung zu identifizieren.
- Werden Quellwerte angezeigt, die nicht (mehr) in der aktuellen Migrationsdatei enthalten sind? Veranlassen Sie eine vollständige Revalidierung der Datei: Navigieren Sie über **Zurück** erneut zur Validierung, und wählen Sie **Validierung wiederholen • Alle Datensätze validieren**.

Nutzen Sie die hier vorgestellte Wertkonvertierung gezielt, indem Sie die Migrationsvorlagen mit aussagekräftigen Inhalten befüllen. Entladen Sie nach Möglichkeit nicht nur Codes aus dem Altsystem, denn sonst kommt es leicht zu Fehlern und Missverständnissen. Verwenden Sie Beschreibungstexte oder eine Kombination aus beidem (z. B. 05 – Rohstoffe); dies erleichtert die Zuordnung von Zielwerten und ist auch mit zeitlichem Abstand noch gut nachvollziehbar.

Wichtige Vorteile der hier vorgestellten Wertkonvertierung sind:

- Die Wertkonvertierung ist in die betriebswirtschaftliche Konfiguration integriert. Ergänzen Sie beispielsweise einen Eintrag im Fine-Tuning, steht dieser direkt nach der Freigabe als auswählbarer Zielwert in der Wertkonvertierung zur Verfügung, ohne dass Sie durch den Export von Zielwertlisten, deren Übertragung in ein externes Tool und ihre kontinuierliche Aktualisierung Zeit verlieren.
- Umschlüsselungswerte werden in der Regel bei allen anderen Objekten wiederverwendet, in denen ein gleichwertiges Feld vorkommt. Das reduziert von vornherein die Anzahl der noch offenen Umschlüsselungen bei den nachfolgenden Objekten.
- Die Wiederverwendung sorgt für eine Konsistenz über Objektgrenzen hinweg.

Export und Import von Wertkonvertierungen

Haben Sie in Ihrem Testsystem in größerem Umfang Wertkonvertierungen erfasst, möchten Sie diese Werte später beim Aufbau des Produktivsystems nicht noch einmal eingeben. Das Migrationstool in SAP Business ByDesign ermöglicht es Ihnen, Wertkonvertierungen zu exportieren und zu importieren. Die Funktionen dafür finden Sie im Migrationscockpit unter **Weitere Möglichkeiten • Wertkonvertierung in Datei exportieren** bzw. **Wertkonvertierung aus einer lokalen Datei importieren**.

Damit können Sie Wertkonvertierungen in eine lokale Datei vom Dateityp TRV auf Ihren Rechner exportieren und von dort aus in Ihr Produktivsystem importieren. Wir lösen das in Abschnitt 6.2.7, »Weitere Funktionen des Migrationscockpits«, gegebene Versprechen ein, Sie mit den Details bekannt zu machen.

Hier ist eine Reihe von wichtigen Punkten zu beachten:

- Beim Export werden nur Wertkonvertierungen von bereits importierten Dateien berücksichtigt (Status **Abgeschlossen** in der Dateiliste), und auch hier nur die Einträge mit Status **OK** (grünes Icon). Im System werden Sie entsprechend über einen Dialog informiert. Verwenden Sie diese Funktionalität nur, wenn die zu exportierenden Werte in produktionsreifer Qualität erfasst wurden. Sie müssen sich sicher sein, dass nicht jemand bei einer schnellen Testmigration »irgendeine« Wertzuordnung ausgewählt hat. Auch bei einer im Testsystem noch fehlenden Konfigurationseinstellung wird schnell einmal ersatzweise ein »ähnlicher« Zielwert zugeordnet. Solche Werte möchten Sie sicher nicht in Ihr Produktivsystem übernehmen.
- Die importierten Umschlüsselungen überschreiben gegebenenfalls die zu demselben Schlüsselwert vorhandene Umschlüsselungen. Enthält die

zu importierende TRV-Datei beispielsweise die Umschlüsselung Handelsware → 0003, und im Zielsystem gibt es schon die Umschlüsselung Handelsware → 0004, dann überschreibt der Import diese und ersetzt sie durch Handelsware → 0003. Dabei bleibt der Status ▣ (**OK**) der Umschlüsselung erhalten.

- Umschlüsselungen für Werte, die in der TRV-Datei nicht enthalten sind, bleiben im Zielsystem unverändert.
- Der Import hat Auswirkung auch auf andere Objekte: Wie alle Umschlüsselungen werden die importierten Umschlüsselungen in allen Objekten verwendet, die ein entsprechendes Feld enthalten.

[»]

Vorsicht beim Export und Import von Umschlüsselungswerten!

Der Export und Import von Umschlüsselungswerten kann ein sehr wirkungsvolles Werkzeug sein. Falsch angewendet, kann dieses Werkzeug aber auch schaden, bis hin zu einem Datenimport formal zwar richtiger, aber durch eine falsche Umschlüsselung inhaltlich verfälschter Daten. Wir betrachten diese Technik daher als Hilfsmittel für fortgeschrittene Benutzer. In jedem Fall muss mit der notwendigen Umsicht vorgegangen werden.

Möglicherweise haben Sie zu diesem Zeitpunkt die TRV-Datei bereits mit einem Texteditor (z. B. Notepad) geöffnet und haben festgestellt, dass sie eine transparente und übersichtliche Struktur besitzt.

6.3.3 Import simulieren

Nachdem Sie die Aufgabenliste der Wertkonvertierung bearbeitet haben, navigieren Sie mit **Weiter** zum nächsten Schritt **Simulation**.

Was geschieht bei der Simulation?

Im Schritt **Import simulieren** werden die gleichen Routinen aufgerufen wie später beim Schritt **Import ausführen** – nur eben ohne zu speichern. Dabei werden alle betriebswirtschaftlichen Prüfungen durchlaufen, die auch beim Echtimport prozessiert werden. Eine besondere Bedeutung erlangt die Simulation bei der Migration in SAP-Business-ByDesign-Systemen, weil der Import in der Regel nicht rückgängig gemacht werden kann.

Entsprechend der Vielfalt dieser Prüfungen bei der Simulation ist die Bandbreite der Fehlermeldungen höher als in den vorangegangenen Schritten. Die höhere Komplexität schlägt sich auch in einer gegenüber der Validierung deutlich längeren Laufzeit nieder.

Objektabhängigkeit

Während die Validierung auch durchgeführt werden konnte, ohne dass die vorausgesetzten Daten, auf die sich die aktuellen Datensätze beziehen, wirklich im System vorhanden waren, ist dies für die Simulation nicht mehr möglich. Möchten Sie z. B. den Import eines Kundenauftrags simulieren, müssen sowohl der Kundenstamm als auch die Materialstämme, die in diesem Kundenauftrag verwendet werden, bereits im System vorhanden sein. Die vorausgesetzten Objekte werden in der Objektdokumentation aufgezählt (auch in der Migrationsvorlage selbst auf dem vorletzten Tabellenblatt).

Ein kurzer Dialog, den Sie auch dauerhaft ausblenden können, erinnert Sie beim Aufruf der Simulation an die vorausgesetzten Objekte. Sollten Sie eine Voraussetzung übersehen haben, hat das aber keine ernsten Konsequenzen, lediglich zusätzliche Fehlermeldungen während der Simulation. Wie schon bei der Validierung können Sie auch bei der Simulation den Prozess im Hintergrund weiterlaufen lassen (Button **Im Hintergrund ausführen**) und währenddessen etwas anderes bearbeiten (siehe Abbildung 6.30).

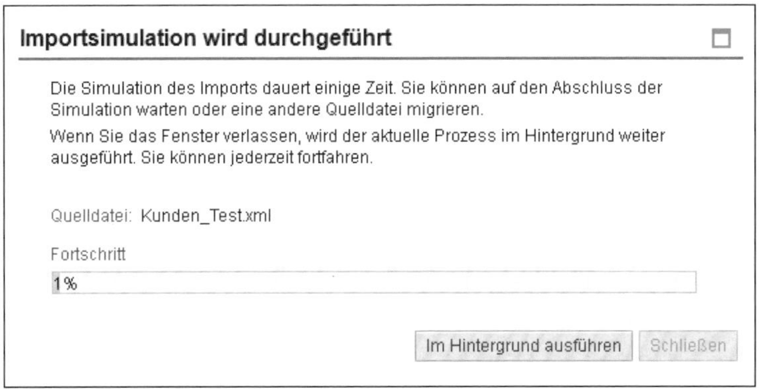

Abbildung 6.30 Importsimulation: im Hintergrund ausführen

Sobald die gesamte Datei verarbeitet ist, wird der Button **Schließen** freigegeben, und Sie können zum Ergebnisbild des Simulationslaufs weitergehen, der in Abbildung 6.31 gezeigt ist. Die Bildschirmoberfläche ist ähnlich wie die Oberfläche, die Sie aus der Validierung kennen.

- Mit dem Button **Simulation wiederholen** lösen Sie eine erneute Simulation aus. Sie haben dabei die Wahl, dies entweder für alle Datensätze zu tun oder nur für die seit dem letzten Lauf geänderten.
- Eine Zusammenfassung informiert Sie darüber, wie viele Datensätze verarbeitet wurden und wie viele davon Fehler ausgelöst haben.
- Das Protokoll mit Fehlermeldungen und Korrekturanweisungen füllt den wichtigsten Teil des Bildes. Über den Button **Export** speichern Sie eine Kopie des Protokolls lokal auf Ihrem PC.

Protokoll der Simulation

Wie es in Abbildung 6.31 zu sehen ist, ist das Protokoll nach Datensätzen strukturiert. Zu jedem Datensatz gibt es einen Absprung (**Quelldatensatz bearbeiten**) zum Dateneditor; die Ansicht ist dabei nur auf diesen einen Datensatz gefiltert. Danach werden die Fehler und Korrekturanweisungen aufgelistet, zum Teil mit der lohnenswerten Möglichkeit, ausführlichere Informationstexte aufzurufen.

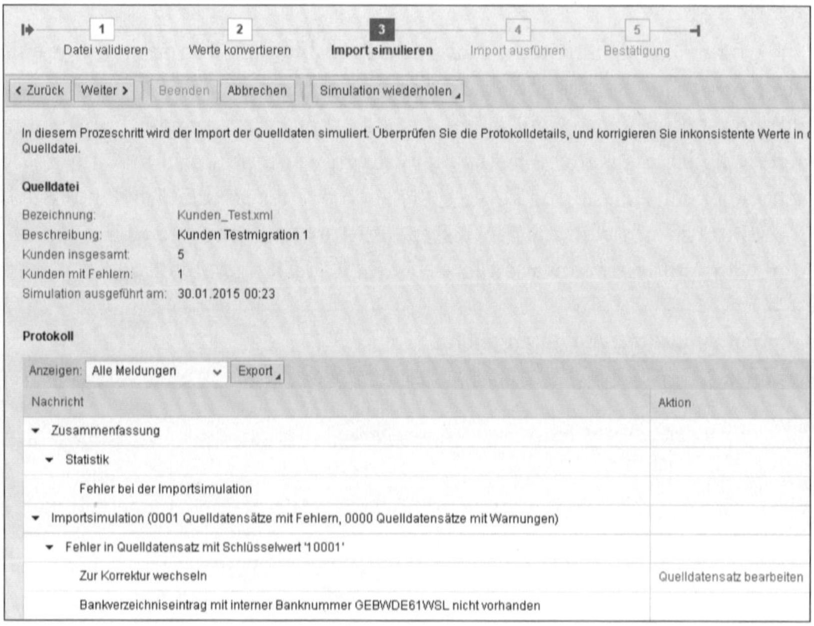

Abbildung 6.31 Ergebnis des Simulationslaufs

Im Dateneditor werden die Korrekturanweisungen im Kopfbereich nochmals angezeigt. Leider wird das Feld, das den Fehler verursacht hat, hier oft nicht mehr hervorgehoben.

Die Abarbeitung der Fehler und Handlungsanweisungen im Protokoll ist die eigentliche Aufgabe dieses Migrationsschritts.

Kleine Pilotdateien

Hier macht es sich besonders bezahlt, wenn Sie erst einmal eine kleine Datei mit einem »Pilotset« verschiedener Datensätze in die Simulation schicken. So können Sie die meisten Hindernisse identifizieren und beseitigen, bevor Sie größere Dateien (mit entsprechend längeren Laufzeiten) ins Spiel bringen.

Iteration

Sie gehen wieder iterativ vor:

1. Sie korrigieren einen oder mehrere Punkte aus dem Protokoll.
2. Mit einem erneuten Lauf der Simulation überprüfen Sie das Ergebnis.

Diesen Zyklus wiederholen Sie, bis Sie das Simulationsprotokoll mit der Meldung begrüßt: »Keine Fehler in der Importsimulation« (siehe Abbildung 6.32).

Abbildung 6.32 Simulationslauf ohne Fehler

Sie dürfen nicht überrascht sein, wenn die Anzahl der gemeldeten Fehler in den ersten Runden noch ansteigt. Manche betriebswirtschaftlich komplexeren Prüfungen können überhaupt erst durchlaufen werden, nachdem bestimmte Grundprobleme behoben worden sind.

Fehlerquellen

Je nach Fehlerursache kommt für die Korrektur von Simulationsfehlern üblicherweise eine von drei Stellen infrage:

- die zu migrierenden Daten
- die betriebswirtschaftliche Konfiguration
- Wertkonvertierungen

Schauen wir uns die drei Fälle und die jeweils nötigen Korrekturschritte etwas genauer an:

Fehler in den zu migrierenden Daten

Liegt der Fehler in den *zu migrierenden Daten*, werden Sie sie möglicherweise in der Datenquelle beheben wollen oder sich eine Notiz machen, welche Änderungen Sie nach einem erneuten Entladen von Quelldaten vornehmen wollen. Gleichzeitig werden Sie nicht wegen jedes Fehlers ein erneutes Entladen anstoßen wollen, sondern, viel effektiver, im aktuellen Datenbestand an Ort und Stelle – so weit wie möglich – zumindest eine Auswahl von Datensätzen lokal korrigieren, um weitere Fehler durch eine unmittelbar erneuten Simulationslauf zu finden. Dazu verwenden Sie den Dateneditor:

- Mit der Funktion **Quelldatensatz bearbeiten** öffnen Sie den Dateneditor in der *Einzelsatzansicht*.
- Betrifft ein Fehler viele oder alle Datensätze, klicken Sie stattdessen auf die Bezeichnung der Datei, wodurch sich der Dateneditor in der *Gesamt-*

ansicht öffnet. Für Änderungen können Sie die Filter- und Spaltenfunktionen nutzen, die Sie in Abschnitt 6.2.8, »Integrierter Dateneditor«, kennengelernt haben.

Solange nur Daten geändert werden, verwenden Sie eine erneute Simulation mit der schnelleren Option **Simulation wiederholen • Import nur für geänderte Datensätze Simulieren**. Die zugehörige Datenvalidierung startet dabei automatisch.

Benötigen Sie zusätzliche externe Daten aus dem Quellsystem oder komplexere Funktionen, ändern Sie die Migrationsvorlage außerhalb des Systems und laden sie dann erneut hoch. Der Zusatzaufwand durch den Wechsel der Datei ist überschaubar; Validierung und Wertkonvertierung sollten bis auf Angaben zu neuen oder geänderten Werten keine Aktionen erfordern.

[!]

Typische Datenfehler in der Simulation

Fehler bei der Simulation sind häufig auf einen der folgenden Datenfehler zurückzuführen:

- »Bedingte« Pflichtfelder sind nicht gefüllt, d. h. Felder, die nur in bestimmten Konstellationen gefüllt werden müssen und deshalb nicht generell als Pflichtfeld gekennzeichnet sind.
- Die Postleitzahl ist nicht korrekt (genaue länderspezifische Prüfung).
- Beträge erscheinen ohne Währung.
- Dubletten erscheinen auf untergeordneten Datenblättern der Migrationsvorlage.

Fehler in der betriebswirtschaftlichen Konfiguration

Liegt der Fehler in der betriebswirtschaftlichen Konfiguration, führt Ihr nächster Weg in das gleichnamige Work Center gehören hier alle Angaben, die Sie in den Detailfragen zum Projektumfang oder im Rahmen der Aufgabenliste gemacht haben. Dazu gehören beispielsweise:

- Die Schärfe der Dublettenprüfung, die Sie in den Fragen zum Projektumfang festlegen können.
- die Definition der organisatorischen Strukturen
- Einstellungen in der Phase **Fine-Tuning** der Aufgabenliste
- Grunddaten (z. B. Bankenverzeichnis, Lagerdefinition)

Nach den Korrekturen in den Einstellungen der betriebswirtschaftlichen Konfiguration lösen Sie die erneute Überprüfung selbst aus; dazu wählen Sie den Menüpfad **Simulation wiederholen • Alle Datensätze Simulieren**.

[!]

Typische Konfigurationsfehler in der Simulation

Einige typische Beispiele für Konfigurationsfehler, die zu Problemen bei der Simulation führen, haben wir hier zusammengestellt:

- Das Gültigkeitsintervall von organisatorischen Einheiten ist zu knapp bemessen für die Daten, die migriert werden sollen.
- Bei organisatorischen Einheiten fehlen Eigenschaften, wie z. B. die Kostenstellenzuordnung.
- Grunddaten fehlen (z. B. Einträge im Bankenverzeichnis).
- Fine-Tuning-Angaben fehlen oder sind unvollständig (z. B. ist die Anlagenklasse betriebswirtschaftlich nicht ausreichend definiert).

Fehler während der Konvertierung der Werte

Liegt der Fehler in einer Umschlüsselung im vorangegangenen Schritt **Werte konvertieren**, dann können Sie direkt zu diesem Schritt zurückgehen und gleich anschließend einen erneuten Simulationslauf starten, ohne die Migrationsumgebung verlassen zu haben.

In der Praxis findet man hier gelegentlich Umschlüsselungen, die nicht mit der nötigen Sorgfalt erstellt wurden. Darunter sind auch Fälle, in denen in einem frühen Test erst einmal »irgendeine« Zuordnung getroffen, diese dann aber nie mehr infrage gestellt wurde.

Vor allem die Einstellung des Steuerparameters, der bei der Migration von Kunden über eine Neuverteilung von Kundennummern entscheidet, sollte früh im Projekt gut überlegt werden.

Sind Sie aus der Simulation zum Schritt **Wertkonvertierung** zurücknavigiert und haben dort eine Korrektur vorgenommen, wird die erneute Simulation automatisch gestartet, sobald Sie über den Button **Weiter** den Schritt **Wertkonvertierung** wieder verlassen.

Unklare Fehlerursache

Schwer identifizierbare Fehler

Zum Ende dieses Abschnitts haben wir noch einige generelle Tipps zum Vorgehen bei schwer identifizierbaren Simulationsfehlern zusammengestellt.

[+]

Vorgehensweise bei unklaren Fehlern in der Simulation

Der Rückschluss vom Symptom, das in der Fehlermeldung genannt wird, auf die eigentliche Ursache ist bei Simulationsfehlern nicht immer offensichtlich. Sie haben die Fehlermeldung genau gelesen, ebenso ein eventuell verlinktes Detaildokument. Was können Sie noch tun?

- Öffnen Sie die Migrationsvorlage, und lesen Sie in Zeile 7 die Felddokumentation der beteiligten Felder noch einmal genau.
- Versuchen Sie, den Datensatz im entsprechenden Work Center in Ihrem Testsystem zu erfassen. Meist kommt es dort dann ebenfalls zu einer Fehlerreaktion; eventuell erhalten Sie so zusätzliche Informationen zum Eingrenzen des Fehlers.
- Kopieren Sie einen bis fünf fehlerhafte Datensätze in eine leere Datei. Grenzen Sie den Fehler ein, bis er nicht mehr auftritt. Dazu vereinfachen Sie den Inhalt sukzessive.
- Beginnen Sie mit einem fehlerfreien Datensatz in einer neuen Testdatei, und bauen Sie schrittweise Feldinhalte aus einem fehlerhaften Datensatz ein, bis ein ursächliches Feld lokalisiert ist.
- Nutzen Sie die Schlagwortsuche in der Online-Hilfe im entsprechenden Applikations-Work-Center.
- Nutzen Sie den Austausch mit anderen Benutzern in einem Forum.

Mit dem fehlerfreien Simulationslauf, wie er in Abbildung 6.32 gemeldet wird, haben Sie die wichtigsten Schritte bereits hinter sich gebracht. Alle Unebenheiten sind beseitigt, die dem Import im Weg gestanden hätten, und Sie sind nun bereit, über den Button **Weiter** den Datenimport aufzurufen.

6.3.4 Import ausführen

Beim Wechsel zum Migrationsschritt **Import ausführen** wird der Import selbst gestartet, der sich umgehend mit der in Abbildung 6.33 gezeigten Warnung meldet. Die Warnung ist ernst gemeint: Ein echtes Löschen migrierter Daten ist in den meisten Fällen nicht möglich!

Erst nachdem Sie den Importauftrag explizit bestätigt haben, startet der Importlauf. Wie schon bei der Validierung und Simulation können Sie auch diesen Lauf im Hintergrund ausführen lassen. Nachdem der Importlauf zum Ende gekommen ist, erwarten Sie mit Spannung das Ergebnisprotokoll, das in Abbildung 6.34 zu sehen ist.

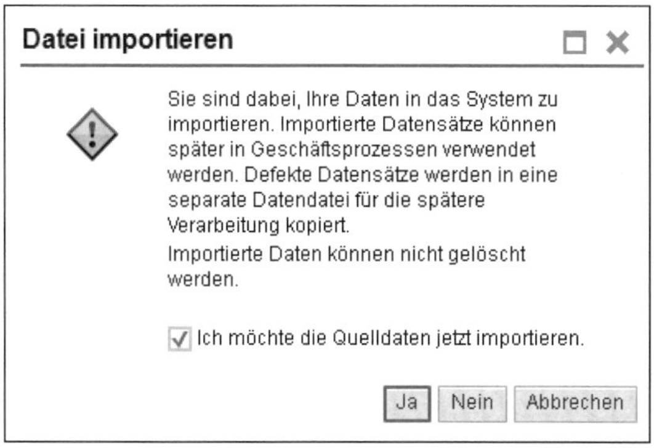

Abbildung 6.33 Import: Warnung und Bestätigung

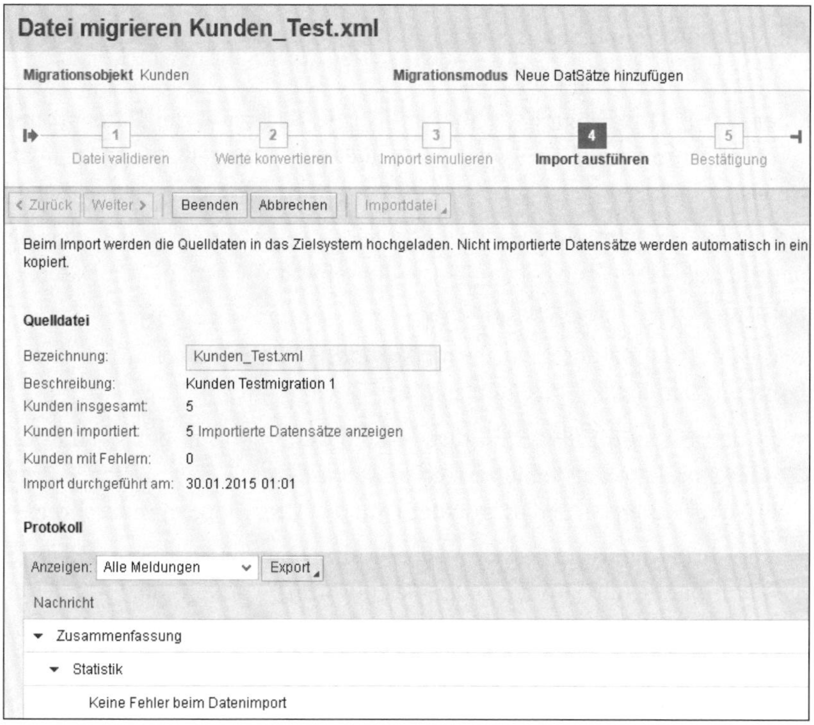

Abbildung 6.34 Ergebnis des Schritts »Import ausführen«

Die wichtigsten Informationen erhalten Sie zuerst:

- Anzahl der insgesamt prozessierten Datensätze
- Wie viele dieser Datensätze wurden erfolgreich importiert?
- Wie viele Datensätze wurden aufgrund von Fehlern nicht importiert?

- Das Importprotokoll informiert Sie über Details, insbesondere, falls Datensätze in diesem Schritt als fehlerhaft erkannt wurden. Über **Export** können Sie eine Kopie des Protokolls lokal ablegen.
- Über den Button **Importierte Datensätze anzeigen** können Sie überprüfen, welche Datensätze importiert wurden.

Mit **Abbrechen** kehren Sie wie immer zum Migrationscockpit zurück – aber importiert sind die Daten natürlich trotzdem.

Über den Button **Importdatei** können Sie den Import starten, sofern dies noch nicht geschehen ist. Daher ist dieses Bildelement normalerweise inaktiv, wenn Sie nach dem Importlauf zu diesem Bild gelangen. Haben Sie hingegen den Bestätigungsdialog für den Import (siehe Abbildung 6.33) mit **Nein** oder **Abbrechen** beantwortet, ist der Button aktiv, und Sie können den Import direkt von hier aus anstoßen. Wählen Sie dazu **Importdatei • Nicht Import. Datensätze importieren**.

Über den Button **Beenden** schließen Sie die Migration der Datei ab und wechseln zum Bild **Bestätigung**. Das Bild **Bestätigung** selbst enthält nichts Neues.

Delta-Datei

Jedoch laufen beim Wechsel hierher zwei wichtige Vorgänge ab: Die sogenannte *Delta-Datei* wird erzeugt, und ein separates Protokoll mit Datenexportmöglichkeit wird bereitgestellt.

Nicht importierte Datensätze

Was ist mit den Datensätzen, die nicht importiert werden konnten? Die fehlerhaften Datensätze stammen aus zwei Quellen:

- In den meisten Fällen sind diese Datensätze schon in der Validierung oder Simulation als fehlerhaft erkannt worden. Die Delta-Datei-Technik erlaubt es aber, bei Bedarf trotzdem mit der Migration voranzuschreiten.
- Im Schritt **Import** neu erkannte Fehler sind eher die Ausnahme. Nach einer erfolgreichen Simulation gibt es nur wenige neue Fehler, mit denen Sie beim Import noch rechnen müssen, in der Regel bestimmte Arten von Kollisionen zwischen zwei importierten Datensätzen. Ein Beispiel aus dem Objekt **Kunden** ist die doppelte Vergabe der gleichen sogenannten »D&B D-U-N-S→«-Nummer (einer eindeutigen Nummer aus einem internationalen Unternehmensverzeichnis).

Verarbeitung der Delta-Datei

Alle aufgrund von Fehlern nicht importierten Datensätze werden nun, am Ende der Bearbeitungskette, in eine Delta-Datei übertragen. Die angekündigte Delta-Datei wird aufgebaut und in der Dateiliste des Migrationscockpits zugänglich gemacht. Sie enthält alle Datensätze, die nicht importiert werden konnten. Sie erkennen die Datei am Dateinamen. Die Delta-Datei heißt wie die zuvor importierte Datei, nur ist am Ende noch das Suffix »_DELTAXL_0000000001« angehängt.

Sie durchlaufen mit der Delta-Datei wieder alle Verarbeitungsschritte, beginnend bei **Datei validieren**. Sollten auch in dieser Runde noch einzelne fehlerhafte Datensätze verblieben sein, greift der Delta-Mechanismus erneut: Der nicht importierbare Bodensatz wird wieder in eine neue Delta-Datei fortgeschrieben. Zur Unterscheidung sind die Delta-Dateien im Dateinamen fortlaufend nummeriert: Was beim Import von »..._DELTAXL_0000000001« noch offen ist, wird als »...DELTAXL_0000000002« erneut vorgelegt.

Export der importierten Daten

Im Migrationscockpit wird in der Dateiliste ein Link auf das Importprotokoll hinterlegt. Das Protokoll kennen Sie schon, aber diese Anzeige des Protokolls bietet die zusätzliche Funktion **Herunterladen**. Es gibt nicht nur die Möglichkeit, das Protokoll selbst zu exportieren, sondern auch, die tatsächlich importierten Daten in eine eigene Migrationsvorlage herunterzuladen (siehe Abbildung 6.35).

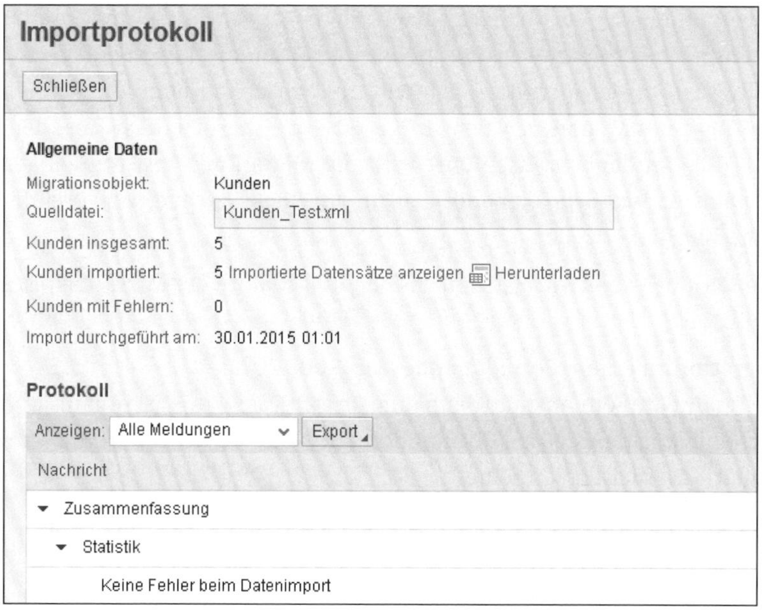

Abbildung 6.35 Importprotokoll: importierte Datensätze herunterladen

Der Import unserer Migrationsvorlage ist abgeschlossen; damit haben wir das Ziel dieses wichtigen Abschnitts erreicht. Sie haben die zentralen Schritte **Validierung**, **Wertkonvertierung**, **Simulation** und **Import** sowie mögliche Fehlerquellen kennengelernt.

6.4 Migration von Buchhaltungsdaten

Dieser Abschnitt beschreibt die Migration von Finanzbuchhaltungsdaten in ein SAP-Business-ByDesign-System.

Die zwei wichtigsten Besonderheiten bei den Buchhaltungsdaten sind:

- Die beteiligten Migrationsvorlagen eines Unternehmens werden zu einer sogenannten *Migrationseinheit* zusammengefasst.
- Sie legen als Buchungsdatum der Migration den Stichtag fest (z. B. 31.03.2023), zu dem Sie die Buchhaltung aus dem Quellsystem übernehmen.

Beginnen Sie mit dem Buchungsdatum der Migration, denn dessen Festlegung gehört zu den vorbereitenden Aufgaben im Zielsystem.

6.4.1 Vorarbeiten in SAP Business ByDesign

Eine grundlegende Wahl, die Sie in Ihrem Projekt treffen, ist der Stichtag für die Übernahme der Buchhaltungsdaten. Sie begegnen in diesem Zusammenhang auch der Kurzform *Migrationsdatum*. Damit ist hier ebenfalls das Buchungsdatum der Migration gemeint. Im Normalfall nehmen Sie den letzten Tag eines Monats, z. B. den 31.03.2023 (zur Sicherheit: nicht aber den 01.04.2023). Tatsächlich ausgeführt wird die Migration meist erst einige Tage später, da Sie noch Zeit benötigen, um im Quellsystem einen vorläufigen Abschluss zu erstellen.

Prinzipiell gibt es drei Ansätze, um das Buchungsdatum der Migration festzulegen:

1. **Migration zu einem Periodenende (z. B. 31.03.2023)**
   Das ist mit großem Abstand der häufigste Fall. Das Datum ist organisatorisch günstig, da es eine Kollision der Jahresabschlussarbeiten mit den Migrationsarbeiten vermeidet.
2. **Migration zum Geschäftsjahresende**
   Ein Vorteil dieses Ansatzes ist, dass die für das Migrationsjahr gültigen Belege in einem System sind. Ein Risiko ist, dass der Ansatz keine Projektverschiebung zulässt, ohne die Strategie grundsätzlich infrage zu stellen.
3. **Migration unter dem Monat**
   Auch dieser Ansatz ist möglich, hat allerdings Nachteile. Um nur zwei davon zu nennen: Die Migrationsbuchungen und die in derselben Periode entstandenen operativen Buchungen sind schwerer voneinander abzugrenzen. Die Steuermeldung muss aus zwei Systemen zusammengeführt werden, was je nach Land erhebliche Aufwände verursachen kann.

Sie hinterlegen das Buchungsdatum der Migration im Work Center **Betriebswirtschaftliche Konfiguration** in der Aufgabenliste in der Phase **Datenübernahme und Erweiterung**. Wählen Sie dort die Aufgabe **Migrationsdatum und Prozesssteuerung festlegen**, und öffnen Sie **Aktionen • Buchungsdatum für Migration festlegen** (siehe Abbildung 6.36).

Wählen Sie das Migrationsdatum auch schon bei Testmigrationen bewusst. Sobald die erste wirkliche Buchung im System vorgenommen worden ist, können Sie das einmal gewählte Buchungsdatum für die Migration nicht mehr ändern, nur noch ein späteres Datum als Buchungsdatum für die aktuelle Migrationsarbeit zusätzlich festlegen. Schon deswegen möchten Sie mit Sicherheit die Kontrolle darüber behalten, ab wann Sie welche Zeiträume für Buchungen öffnen. Das Konzept hierzu ist zweistufig.

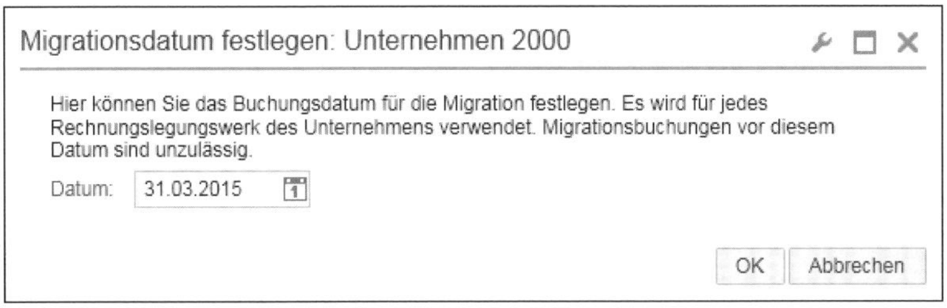

Abbildung 6.36 Buchungsdatum der Migration festlegen

Buchhaltungsperioden öffnen und schließen

Zunächst einmal ist jede Buchhaltungsperiode einzeln geschützt. Die Einstellungen nehmen Sie im Work Center **Hauptbuch** vor. Dort wählen Sie **Stammdaten • Unternehmen** und danach die Funktion **Perioden öffnen und schließen**. Die Einstellungen, die Sie hier vornehmen, haben auch Auswirkungen außerhalb der Migration. Nehmen Sie keine Änderungen vor, deren Konsequenzen Ihnen nicht vollständig klar sind.

Prozesssteuerung festlegen

Zusätzlich können Sie mit der sogenannten *Prozesssteuerung* Buchungsvorgänge in Abhängigkeit des Geschäftsprozesses sperren oder freigeben. Die Prozesssteuerung öffnen Sie wahlweise über einen der zwei eben erwähnten Orte im System: entweder wie das Buchungsdatum über die Aufgabe **Migrationsdatum und Prozesssteuerung festlegen** oder wie die Periodensteuerung im Work Center **Hauptbuch** über **Stammdaten • Unternehmen** und dann über den **Button Prozesssteuerung festlegen**.

Der Zeitraum bis einschließlich des Buchungsdatums der Migration soll nur durch die Migration bebucht werden. Genau genommen ist das normalerweise sogar nur das Buchungsdatum der Migration selbst. Dieser Stichtag trägt seinen Namen schon zu Recht. Es gibt allerdings Ausnahmen (z. B. bestimmte Spezialfälle in der Anlagenbuchhaltung), in denen auch frühere Perioden des laufenden Geschäftsjahres bebucht werden. Umgekehrt ist der

Zeitraum nach diesem Datum den Buchungen vorbehalten, die manuell oder durch den operativen Betrieb ausgelöst werden. Sobald Sie das Buchungsdatum für die Migration hinterlegt haben, trägt das System in die Prozesssteuerung automatisch eine passende Gültigkeitszeile für die Migration ein. Überprüfen Sie die voreingestellten Datumsgrenzen.

Sie werden in jedem Fall Ihr Migrationsintervall von unabgestimmten manuellen Buchungen frei halten wollen. Es wäre nicht das erste System, dessen Bücher liebe Kollegen mit einem kleinen Test eröffnet hätten. Selbst wenn Sie den Vorgang stornieren können, hinterlässt beides unschöne Spuren. Zumindest in Ihrem Produktivsystem werden Sie Zugriffe bis zur Abnahme des Migrationsergebnisses sehr restriktiv handhaben. Nehmen Sie dazu in die Prozesssteuerung einen weiteren Eintrag auf, diesmal für die Geschäftsprozessgruppe 01 (Alle) mit dem Status 3 (**Gesperrt**) und einem entsprechend großen Zeitintervall (z. B. 01.01.1900–31.12.9999).

Dessen ungeachtet haben Sie natürlich auch über die Benutzerverwaltung noch eine Stellschraube, die Sie ohnehin verwenden werden. Der Menüpfad im Work Center **Anwendungs- und Benutzerverwaltung** lautet **Benutzer- und Zugriffsverwaltung • Anwender • Zugeordnete Work Center und Sichten**.

6.4.2 Vorarbeiten im Quellsystem

Auch im Quellsystem müssen Sie Vorbereitungen treffen. Für die ersten Tests tragen Sie oft für die einzelnen Objekte nur kleinere Testdatenbestände in die Migrationsvorlagen ein. Diese Testdateien werden Sie in kleinen Migrationseinheiten isoliert simulieren und die in den folgenden Abschnitten erklärten Möglichkeiten der Buchungsvorschau nutzen, um prinzipielle Schwierigkeiten und Missverständnisse ausschließen zu können – aber Sie werden solche Daten nicht wirklich in das System importieren. Für einen betriebswirtschaftlich relevanten Test benötigen Sie ein abgestimmtes, in sich konsistentes Set an Haupt- und Nebenbuchdaten. Berücksichtigen Sie diese zeitliche Abhängigkeit bei Ihrer Projektplanung, und nutzen Sie die Gelegenheit, in einer richtigen Generalprobe mit einem eigenen Migrationsbuchungsdatum das Vorgehen bei der Produktivsetzung in einer realitätsnahen Weise zu üben. Entsprechend gelten die folgenden Punkte in gleicher Weise für die Produktivmigration wie für die Generalprobe und beziehen sich auf das jeweilige Buchungsdatum der Migration, wobei wir hier in beiden Fällen von einem Stichtag zum Monatsende ausgehen.

Vorarbeiten im Quellsystem

Bevor Sie mit dem Export der Buchhaltungsdaten beginnen, sollten Sie Folgendes sicherstellen:

- Alle verfügbaren Belege mit Buchungsdatum bis einschließlich des Stichtags sind im Quellsystem gebucht.
- Anlagenbuchhaltung: Die Abschreibungen des laufenden Geschäftsjahres sind bis einschließlich des Stichtags gebucht.
- Prüfen Sie, dass der Kontostand jedes Ihrer Bankkonten mit dem jeweiligen Wert in Ihrer Buchhaltung übereinstimmt und dass insbesondere keine Vorfälle bei Ihnen bereits verbucht sind, die bei der Bank noch nicht verarbeitet wurden).
- Melden und bezahlen Sie offene Steuern aus dem Altsystem. (Die Migration offener Steuern wird nicht unterstützt, mit der Ausnahme latenter Steuern.)
- Stimmen Sie die Bücher ab, und führen Sie einen vorläufigen Monatsabschluss durch.
- Die Datenübernahme selbst führen Sie üblicherweise in den ersten Tagen des neuen Monats durch. Sammeln Sie sämtlichen Buchungsstoff, der für die neue Periode bestimmt ist, und erfassen Sie ihn nach der Produktivsetzung direkt im SAP-Business-ByDesign-System.

Produktivmigration: Quellsystem sperren

Beim Entladen müssen Sie die Konsistenz der Daten gewährleisten. Die ausgelesenen Haupt- und Nebenbuchdaten müssen exakt demselben Stand entsprechen. Der Datenbestand darf sich während des Auslesens der Daten nicht verändern. Bei der Produktivübernahme sperren Sie nun das Quellsystem bis zur Abnahme des Migrationsergebnisses, um die Vergleichbarkeit und Abstimmfähigkeit sicherzustellen.

Testmigration: eingefrorene Kopie des Quellsystems

Bei der Testmigration läuft die operative Nutzung des Quellsystems weiter. Daher sind hier zusätzliche Schritte nötig. Am einfachsten haben Sie es, wenn die Möglichkeit besteht, zum Zeitpunkt des Auslesens eine Kopie des Quellsystems zu erstellen und sie bis zur Abnahme gegen Änderungen zu schützen. Sie erleichtern sich die Arbeit in zweifacher Hinsicht:

- Sie können das Migrationsergebnis relativ komfortabel vergleichen, indem Sie die jeweiligen Berichte und Auswertungen online in beiden Systemen parallel laufen lassen: in der eingefrorenen Quellkopie und im SAP-Business-ByDesign-System. In beiden Systemen stehen Ihnen alle Informationen zur Verfügung, um bei Bedarf in die Tiefe zu gehen.
- Die Daten für die Migrationsvorlagen sollten Sie bereits aus der Kopie auslesen. Da diese eingefroren ist, können Sie das Auslesen bei Bedarf von demselben Datenbestand wiederholen, z. B. wenn Sie beim Test feststellen, dass ein Feld beim Auslesen nicht berücksichtigt wurde.

Sollte es nicht möglich sein, eine temporäre Kopie des Quellsystems zu erstellen, müssen Sie sich für die Testmigration anders behelfen:

- Während des Auslesens aller für die Testmigration benötigten Daten muss das Produktivsystem gegen Änderungen gesperrt werden.
- Sie müssen alle Berichte und Auswertungen, die Sie für die Abnahme des Migrationsergebnisses heranziehen möchten, ebenfalls bereits beim Auslesen der Daten erstellen und lokal speichern. Dabei muss die Änderungssperre des Produktivsystems auch für diese Tätigkeiten noch aufrechterhalten werden, damit die Auswertungen exakt demselben Stand entsprechen wie die Daten selbst. Infrage kommen hier etwa Summen- und Saldenliste je Sachkonto, Listen mit offenen Debitoren- und Kreditorenposten, der Anlagenspiegel und weitere Details zu Anlagenbewegungen (Zugänge, Abgänge, Umbuchungen) sowie Bestandslisten einschließlich Preisinformationen zu diesem Zeitpunkt.

6.4.3 Buchhaltungsdaten als Migrationseinheit

Migrationsobjekte für Buchhaltungsdaten

Eine Migrationseinheit fasst alle zu migrierenden Haupt- und Nebenbuchdaten eines Unternehmens zusammen. Die entsprechenden Migrationsvorlagen werden dabei gemeinsam migriert. Folgende Objekte stehen zur Verfügung:

- Sachkontensalden
- Anlagen
- Bestand
- offene Posten – Forderungen
- Bankkontosalden
- offene Posten – Verbindlichkeiten
- offene Posten – Wareneingang
- offene Ausgangsschecks

Je nach Wahl des Lösungsumfangs kommen noch die selten verwendeten Objekte Schuldwechsel und Besitzwechsel hinzu.

[»]

Wer bei AHK an ein Autoteil denkt ...

Es gibt einige Migrationsobjekte, in denen z. B. eine falsche Umschlüsselung dem »Allrounder« formal korrekt erscheint, tatsächlich aber betriebswirtschaftlich falsch ist.

In der Migration von Finanzdaten können die Folgen bis hin zur Verletzung von Gesetzesvorschriften reichen. Gerade weil die geführten Abläufe überschaubar erscheinen, unterschätzt man leicht die betriebswirtschaftliche Komplexität, die hinter den Daten steckt.

Wer bei AHK zuerst an eine Anhängerkupplung denkt, wird bei der Migration von Anlagen nicht glücklich werden. Sorgen Sie dafür, dass die einzelnen Objektmigrationen intensiv durch Verantwortliche aus der jeweiligen Fachabteilung begleitet werden und dass die Fachabteilung das Ergebnis der »Generalprobe« formal nachvollziehbar abnimmt.

Ablauf der Migration von Buchhaltungsdaten

Bei der Migration von Buchhaltungsdaten werden Sie wieder Schritt für Schritt durch den Ablauf geführt:

Für die beteiligten Objekte laden Sie je eine Migrationsvorlage hoch. Diese Dateien bearbeiten Sie zunächst einzeln in den bekannten Schritten: **Validieren**, **Wertkonvertierung festlegen**, **Import simulieren**. Nun können Sie mit der Buchungsvorschau prüfen, auf welche Konten diese Daten gebucht würden. Wenn das Ergebnis passt, geben Sie die Datei frei und wiederholen die Schritte für die anderen Objekte.

Über alle freigegebenen Dateien können Sie eine Vorschau für den Saldenabgleich aufrufen. Ist die Abstimmung mit dem Altsystem erfolgreich, können Sie den Import der Migrationseinheit starten, bei dem alle freigegebenen Dateien gemeinsam geladen werden.

Konsistenz und Vollständigkeit

Wie bei allen Migrationsvorlagen erwarten wir, dass die einzelnen Datensätze korrekt sind. Darüber hinaus müssen wir bezüglich der Finanzdaten eines Unternehmens besonders hohe Anforderung an die Konsistenz und Vollständigkeit erfüllen. Die Migrationseinheit bildet eine Klammer, die uns bei dieser Aufgabe unterstützt. Dazu wurde die bekannte Importsimulation um zwei wichtige Elemente ergänzt: Der Migrationsablauf enthält bei jedem Objekt eine spezielle Buchungsvorschau und zusätzlich eine gemeinsame Vorschau für den Saldenabgleich, der über alle beteiligten Objekte reicht. Der Ablauf im Migrationstool ist hierzu erweitert worden. Das erste Bild beim Aufruf der Migration aus einem der genannten Objekte ist eine – anfänglich noch leere – Liste der Migrationseinheiten. Wie es in Abbildung 6.37 zu sehen ist, werden Status und Zuordnung der Migrationseinheiten angezeigt. Für die jeweils markierte Migrationseinheit sehen Sie im unteren Bereich des Bildes den Bearbeitungsstatus der zugehörigen Migrationsvorlagen.

Abbildung 6.37 Migration von Buchhaltungsdaten: Liste der Migrationseinheiten

Praktisch alle Buttons beziehen sich auf die Migrationseinheiten:

- Ein Klick auf den Button **Migration ausführen** öffnet die markierte Migrationseinheit im Migrationscockpit. Dort können Sie die Migrationsvorlagen hochladen und die Migration durchführen.
- Über den Button **Einheit anlegen** legen Sie eine neue Migrationseinheit an. Wir schauen uns gleich im Detail an, welche Angaben Sie dabei ausführen müssen.
- Solange Sie den Import noch nicht durchgeführt haben, können Sie über **Aktionen • Einheit bearbeiten** die beim Anlegen vorgenommenen Einstellungen noch ändern oder die Migrationseinheit mit **Aktionen • Löschen** vollständig entfernen.
- Sobald Sie die erste Datei einer Migrationsvorlage für den Import freigegeben haben, können Sie durch Klicken auf den Button **Vorschau für Saldenabgleich** eine Vorschau auf die Saldenliste aufrufen, die auf der Simulation der Buchungen aller freigegebenen Dateien beruht. Für bereits importierte Migrationseinheiten wird hier auch die Saldenvorschau dauerhaft dokumentiert, die zum Zeitpunkt des Imports angezeigt worden ist.

- Die übrigen Interaktionsmöglichkeiten (z. B. Öffnen der Datei im Dateneditor, Funktionen im Menü **Weitere Möglichkeiten**) sind identisch mit den entsprechenden Funktionen, die bereits in Abschnitt 6.2.5, »Migrationscockpit«, vorgestellt wurden.

Migrationseinheit anlegen

Beim Anlegen einer Migrationseinheit müssen Sie, wie in Abbildung 6.38 gezeigt, die folgenden Angaben machen:

- **Titel**: Legen Sie im Feld **Titel** einen Titel für die Migrationseinheit fest.
- **Unternehmen**: Wählen Sie das Unternehmen aus, dessen Daten Sie migrieren möchten. Falls Sie mehrere Unternehmen in Ihrem System abgebildet haben, benötige Sie für jedes dieser Unternehmen eine eigene Migrationseinheit. In der Buchhaltung migrieren Sie jedes Unternehmen separat.
- **Buchungsdatum**: Das Buchungsdatum der Migration, das Sie für dieses Unternehmen festgelegt haben, wird angezeigt. Überprüfen Sie das Datum, und korrigieren Sie es gegebenenfalls, wie in Abschnitt 6.4.1, »Vorarbeiten in SAP Business ByDesign«, beschrieben.
- **Anlagenmigration**: Entscheiden Sie, mit welcher der zwei möglichen Migrationsvorlagen Sie die Anlagenbuchhaltung migrieren möchten: Meistens genügen die Möglichkeiten der erheblich einfacher zu befüllenden Standardmigrationsvorlage. Die erweiterte Migrationsvorlage deckt als eine Art Expertenmodus auch spezielle Sonderfälle ab. Entsprechend hoch sind die Anforderungen an Ihre Buchhaltungskenntnisse, sowohl beim Befüllen der Migrationsvorlage als auch bei der Wertkonvertierung.

Abbildung 6.38 Migrationseinheit anlegen

Wir starten die Verarbeitung der Migrationseinheit in Abschnitt 6.4.5, »Hauptschritte der Buchhaltungsmigration«, mit **Migration ausführen**. Zuvor besprechen wir die Besonderheiten bei den Migrationsvorlagen in der Buchhaltung sowie die erforderlichen Vorarbeiten.

6.4.4 Migrationsvorlagen

Bevor wir uns den eigentlichen Buchhaltungsobjekten zuwenden, geben wir noch einige Hinweise zu den Stammdaten, die als Basis für diese Objekte benötigt werden.

Vorausgesetzte Stammdaten

Folgende Datenobjekte müssen vor den Buchhaltungsdaten migriert worden sein:

- Kunden, Lieferanten und Mitarbeiterdaten
- die Zuordnung der Kunden, Lieferanten und Mitarbeiter zu den Kontenfindungsgruppen (Objekte Kontenfindungsgruppen für Forderungen, Kontenfindungsgruppen für Verbindlichkeiten)
- Materialien (wichtig: Die Bewertungsmengeneinheit im Datenblatt **Allgemein** im Feld **Bestandsbewertungs-ME**; ME steht hier für Mengeneinheit.)
- Materialbewertungsdaten

Für das Füllen von Buchhaltungsvorlagen gilt alles, was in Abschnitt 6.1.4, »Migrationsvorlagen mit Daten befüllen«, über Migrationsvorlagen generell erläutert wurde, z. B. die Regel, Daten per **Inhalte einfügen: Werte** in die Migrationsvorlage zu kopieren, da Sie bei einfachem **Einfügen** Feldformate überschreiben würden.

Sollten in Ihrem System mehrere Unternehmen definiert sein, füllen Sie die Buchhaltungsdaten jedes dieser Unternehmen in ein eigenes Set von Migrationsvorlagen.

Die Notwendigkeit einer vollständigen Konsistenz der Haupt- und Nebenbuchdaten haben wir schon erwähnt. Sie werden nach der Simulation in einer Buchungsvorausschau Gelegenheit haben, die Konsistenz genau zu prüfen. Zugunsten eines effizienten Vorgehens empfehlen wir Ihnen, die Konsistenz auf der obersten Ebene bereits anhand der Migrationsvorlagen zu prüfen.

[»]

Konsistenz in den Migrationsvorlagen

Konsistenz ist auf allen Ebenen erforderlich. Die beiden wichtigsten Prinzipien können Sie für einen schnellen Plausibilitätstest verwenden:

- Der Gesamtsaldo aller Sachkonten muss immer 0 betragen.
- Der Gesamtsaldo eines Nebenbuchobjekts muss dem Wert der entsprechenden Sachkonten im Objekt **Sachkontensalden** entsprechen.

Sichtprüfung der Migrationsvorlagen

Schauen wir uns an, was diese Konsistenzanforderungen konkret für die Migrationsobjekte bedeutet. So können Sie mit relativ einfachen Mitteln schon in den Migrationsvorlagen sehen, ob es überhaupt sinnvoll ist, mit einem Vorlagenset in das Rennen zu gehen. Die Prüfungen können Sie mit einfachen Microsoft-Excel-Funktionen durchführen – nutzen Sie dazu am besten temporär eine Kopie der Migrationsvorlage, in der Sie den Blattschutz aufheben. Schauen wir uns das kurz für die wichtigsten Fälle an.

Beginnen Sie bei jeder Migrationsvorlage mit einer kurzen Sichtprüfung der Feldformate bei den Betragswerten. (Wir erinnern uns: Ein automatisch linksbündig ausgerichteter Betragswert kann ein Indiz für ein falsches Zellenformat sein.)

- Migrationsvorlage *Sachkontensalden*: Der Gesamtsaldo aller Sachkonten muss immer 0 sein. In der Migrationsvorlage muss daher die Summe über die Spalte **Betrag in Hauswährung** den Wert 0 ergeben. Verwenden Sie dazu in einer Kopie der Migrationsvorlage die Microsoft-Excel-Summenfunktion `Summe()`. Achten Sie bei diesem Objekt auf die richtigen Vorzeichen.
- Migrationsvorlage *Anlagen*: Achten Sie hier auf die richtigen Vorzeichen. Der Gesamtbetrag über die angegebenen Beträge muss gleich der Summe der entsprechenden Sachkonten sein. Je nach Datenbestand könnten Sie auch schon einen kurzen Check auf Teilsummen für bestimmte Anlagenklassen durchführen (z. B. Grundstücke, Bauten, Maschinen).
- Migrationsvorlage **Offene Posten Forderungen** und **Offene Posten Verbindlichkeiten**: Achten Sie hier auf die richtige Belegart (Rechnung, Gutschrift usw.). Die Werte sind hier ohne Vorzeichen einzutragen; die Information über das richtige Vorzeichen steckt implizit in der Belegart. Für Teilsummen über einzelne Belegarten könnten Sie die Microsoft-Excel-Funktion `Summewenn()` einsetzen oder die Datensätze zunächst geschickt sortieren – alles natürlich in einer temporären Kopie, deren Blattschutz Sie aufgehoben haben. Die aus den Teilsummen mit den richtigen Vorzeichen gebildete Gesamtsumme muss mit der Summe der beteiligten Konten in der Migrationsvorlage **Sachkontensalden** übereinstimmen.

- Migrationsvorlage **Offene Ausgangsschecks**: Die Summe der Beträge in der Migrationsvorlage **Offene Ausgangsschecks** muss mit dem Saldo des entsprechenden Kontos bei den *Sachkontensalden* identisch sein.
- Migrationsvorlage **Bestand**: Die Summe aller Bestandswerte in der Migrationsvorlage **Bestand** muss mit der Summe der entsprechenden Sachkonten in der Migrationsvorlage **Sachkontensalden** identisch sein.

6.4.5 Hauptschritte der Buchhaltungsmigration

Schauen wir uns den Ablauf im Einzelnen an. Dabei setzen wir die aus Abschnitt 6.2, »Migrationstool«, und Abschnitt 6.3, »Hauptschritte der Migration«, vorgestellten Handgriffe im Migrationstool als bekannt voraus. Wir fokussieren hier auf die Elemente, die es so nur bei der Buchhaltungsmigration gibt.

Zur Migration eines Buchhaltungsobjekts gelangen Sie wie üblich im Work Center **Betriebswirtschaftliche Konfiguration** über den Menüpfad **Aufgabenliste • Datenübernahme und Erweiterung • Migration von <Objekt> • <Objekt> mit dem Migrationstool migrieren**. Über jedes der beteiligten Objekte gelangen Sie so zu derselben Liste der bisher angelegten Migrationseinheiten. Legen Sie eine neue Migrationseinheit an, wie in Abschnitt 6.4.3, »Buchhaltungsdaten als Migrationseinheit«, beschrieben. Wählen Sie **Migration ausführen**, um die markierte Migrationseinheit im Migrationscockpit zu verarbeiten.

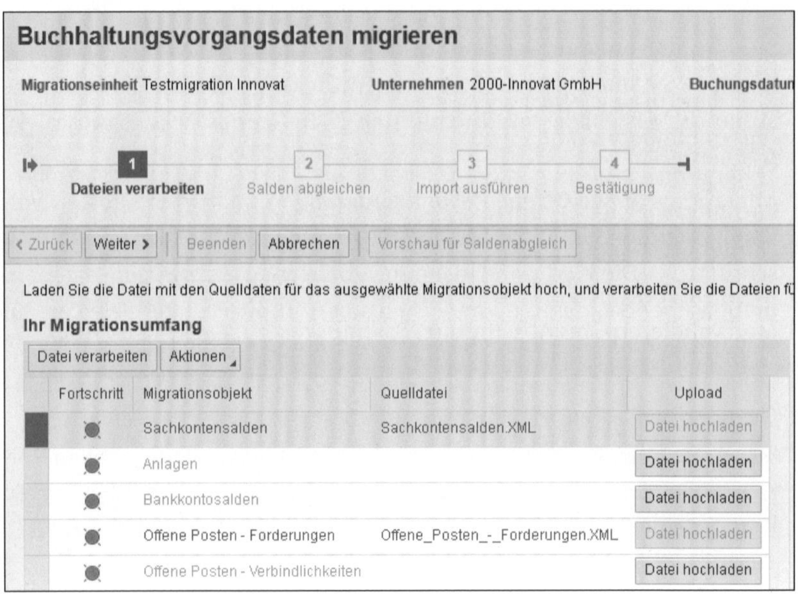

Abbildung 6.39 Migrationscockpit für Buchhaltungsdaten

Migration von Migrationseinheiten

Wie Sie in Abbildung 6.39 sehen, wurde das in Abschnitt 6.3, »Hauptschritte der Migration«, vorgestellte Migrationscockpit für die Verarbeitung von Migrationseinheiten geeignet erweitert. Was ist anders?

- **Button »Datei verarbeiten«**
  Die bisher bekannten Schritte **Datei validieren**, **Werte konvertieren** und **Import Simulieren** wurden in der Ablaufgrafik zum Sammelschritt **Datei verarbeiten** zusammengefasst. In diesem Schritt werden die Dateien einzeln bis zur Simulation verarbeitet, die auch eine Buchungsvorschau zeigt, und anschließend für den Import der Migrationseinheit freigegeben. Über den Button **Datei verarbeiten** wechseln Sie zur Bearbeitung der markierten Migrationsvorlage.
- **Dateiliste im unteren Bereich des Bildes**
  Hier verwalten Sie alle Dateien der Migrationseinheit. Am Statuskennzeichen erkennen Sie, wie weit die einzelne Datei schon vorbearbeitet worden ist.
- **Button »Vorschau für Saldenabgleich«**
  Haben Sie alle verwendeten Dateien freigegeben, können Sie mit der Migrationseinheit zum neuen Schritt **Salden abgleichen** vorrücken. Bis dahin können Sie über den Button **Vorschau für Saldenabgleich** schon einmal eine Vorschau über die bisher freigegebenen Dateien aufrufen.

Laden Sie nun eine Migrationsvorlage für ein Objekt hoch, und starten Sie die Verarbeitung über **Dateien verarbeiten**.

6.4.6 Simulation der einzelnen Dateien

Als Teilschritte a bis c begegnen Ihnen hier **Datei validieren**, **Werte konvertieren** und **Import simulieren**, die Ihnen aus Abschnitt 6.3, »Hauptschritte der Migration«, vertraut sind (siehe Abbildung 6.40). Neu ist der Teilschritt d, **Buchungsvorschau prüfen**, der wie eine vielversprechende Fortsetzung der Simulation klingt – zu Recht!

In den Teilschritten a bis c bearbeiten Sie die Datei, wie in Abschnitt 6.3.1, »Daten validieren«, bis Abschnitt 6.3.3, »Import simulieren«, beschrieben.

[«]

Keine Delta-Dateien in der Buchhaltungsmigration

Bei den Buchhaltungsdaten wird die in Abschnitt 6.3.4, »Import ausführen«, vorgestellte Delta-Datei-Technik nicht unterstützt, da sie die Forderung nach vollständigen und konsistenten Migrationseinheiten unterlaufen würde.

Abbildung 6.40 Vorbearbeitung der einzelnen Objekte

Bei der Migration durchlaufen die Datensätze die gleichen Prüfungen wie bei einer manuellen Buchung des entsprechenden Vorgangs. Sie werden in der Praxis gerade bei der Simulation mit Fehlermeldungen rechnen müssen, die Sie über Unzulänglichkeiten der Daten (im einfachsten Fall eine Migrationsvorlage für Sachkontensalden, deren Gesamtsaldo doch nicht 0 ist) oder in den vorgenommenen Systemeinstellungen informieren.

6.4.7 Buchungsvorschau

Buchungsvorschau

In Teilschritt d (**Buchungsvorschau prüfen**) wird die Liste aller Einzelbuchungen angezeigt, die von dieser einen Datei ausgelöst werden. Abbildung 6.41 zeigt ein Beispiel für das Migrationsobjekt **Sachkontensalden**.

Prüfen Sie, ob die angezeigten Salden mit den Auswertungen aus dem Quellsystem übereinstimmen. Diese Buchungsvorschau ist für die Fachabteilung ein wertvolles Werkzeug. Die Ansicht ist an das jeweilige Objekt angepasst. Bei den Buchungszeilen können Sie durch Auf- und Zuklappen der Aggregationsebenen zwischen einer Detailansicht und einer Summendarstellung wählen. Eine Besonderheit ist, dass diese Vorschau eine Kontrolle über die Wertkonvertierung erlaubt: Bei jedem relevanten Schlüssel (Sachkonto, Kundennummer usw.) wird sowohl die Bezeichnung aus dem Quellsystem als auch der zugeordnete Schlüssel im SAP-Business-ByDesign-System angezeigt.

Auch die *Buchungslogik der Migration*, die mehrere Migrationsverrechnungskonten verwendet, wird hier gut nachvollziehbar, z. B. anhand einer Testdatei mit nur wenigen Datensätzen, die bis zur Buchungsvorschau verarbeitet wird.

Buchungsvorschau

Export

Sachkonto	Sachkonto alt	Sachkonto zugeordnet	Hauswährung	Hauswährungsbetrag	Beschreibung der
▾			EUR	▪ ▪ ▪ ▪ **0,00**	
▾ Unternehmen 1000			EUR	▪ ▪ ▪ **0,00**	
▾ Rechnungslegungswerk 4010			EUR	▪ ▪ **0,00**	
▾ 086000 - Jahresüberschuss / Jahresfehlbetrag			EUR	▪ **-2.073.091,49**	
086000 - Jahresüberschuss / Jahresfehlbetrag	086000	086000	EUR	-2.073.091,49	Eigenkapital
▾ 400000 - Aufwendungen für Rohstoffe			EUR	▪ **-9.764,55**	
400000 - Aufwendungen für Rohstoffe	400000	400000	EUR	-9.764,55	Kosten/Aufwände
▸ 411000 - Löhne			EUR	▪ **-254.036,88**	
▸ 412000 - Gehälter			EUR	▪ **-1.638.840,00**	
▸ 413000 - Gesetzliche soziale Aufwendungen			EUR	▪ **-189.287,52**	
▾ 420000 - Sonst. betriebl. Aufwendungen			EUR	▪ **-3.426,00**	
420000 - Sonst. betriebl. Aufwendungen	420000	420000	EUR	-3.426,00	Kosten/Aufwände
▾ 421000 - Miete			EUR	▪ **-48.000,00**	
421000 - Miete	421000	421000	EUR	-48.000,00	Kosten/Aufwände
▾ 423000 - Heizung			EUR	▪ **-25.894,56**	

Abbildung 6.41 Buchungsvorschau der Sachkonten

6.4.8 Saldenabgleich

Datei freigeben

Hat die Fachabteilung die Buchungsvorschau geprüft, können Sie die Datei über den Button **Datei für Import freigeben** für die weitere Verarbeitung im Rahmen der Migrationseinheit freigeben. Der Button **Gehe zu Dateien verarbeiten** bringt Sie schließlich zurück zum Migrationscockpit.

Vorschau für den Saldenabgleich

Sobald die ersten Migrationsvorlagen freigegeben sind, können Sie sich über den Button **Vorschau für Saldenabgleich** die Sachkontensalden anzeigen lassen, die durch die bisher freigegebenen Migrationsvorlagen entstehen. Diese Vorschau ist das Herzstück der Buchhaltungsmigration. Hier sind die Verantwortlichen aus der Buchhaltung aufgefordert, das zuvor bekannt gegebene Ergebnis im Detail zu prüfen und gegen das Quellsystem abzugleichen. Einen Datenbestand, der hier schon als fehlerhaft erkannt wird, sollten Sie keinesfalls laden.

Für die Prüfung ist es sicher hilfreich, wenn Sie die Saldenvorschau in eine lokale Datei exportieren. Nutzen Sie die lokale Datei auch, um sicherzugehen, dass Sie keinen Warn- oder Fehlerhinweis in der Spalte **Nachricht** übersehen haben.

In der Saldenvorschau werden alle Sachkonten angezeigt, die bebucht werden (siehe Abbildung 6.42). Für jedes Objekt, das zu einem Sachkonto beiträgt, wird eine Summenzeile dargestellt. Die Analyse möglicher Differenzen wird wirkungsvoll unterstützt. Über einen Link am Ende der Zeile können Sie direkt zur Buchungsvorschau des entsprechenden Objekts navigieren und haben dort alle zugehörigen Einzelbuchungen im Blick. Über den Button **OK** kommen Sie wieder zur Saldenvorschau zurück.

In der Saldenvorschau werden mit dem Warnzeichen [⚠] alle nicht ausgeglichenen Migrationsverrechnungskonten markiert. Beim Verbuchen der Migrationsvorlagen werden die Gegenbuchungen jeweils auf einem von mehreren Migrationsverrechnungskonten gebucht. Die Migrationsverrechnungskonten für die verschiedenen Objekte legen Sie in der Fine-Tuning-Aufgabe für die **Kontenfindung** im Unterpunkt **Datenmigration** fest, zu erreichen über den folgenden Menüpfad im Work Center **Betriebswirtschaftliche Konfiguration**: **Implementierung • Aufgabenliste** (Sicht) **• Fine-Tuning** (Phase) **• Kontenpläne, Berichtsstrukturen, Kontenfindung** (Aufgabe) **• Datenmigration** (Unterpunkt).

Abbildung 6.42 Saldenvorschau

Migrationsverrechnungskonten mit Saldo 0

Wenn die Haupt- und Nebenbuchdaten zusammenpassen, ist jedes einzelne Migrationsverrechnungskonto am Ende ausgeglichen. Ein Migrationsverrechnungskonto mit dem Saldo ungleich 0 in der Saldenvorschau weist demnach auf eine Differenz in den angelieferten Daten hin. (Die einzige Ausnahme ist das Migrationsverrechnungskonto für offene Wareneingänge, das erst durch die Erfassung noch ausstehender Lieferantenrechnungen in den Wochen nach der Migration ausgeglichen wird.)

In der Praxis nehmen Sie nach den ersten Aufrufen der Saldenvorschau meist noch Korrekturen vor. Stoßen Sie danach die Simulation für alle Datensätze erneut an, um die Saldenvorschau neu aufzubauen.

[!]

Typische Fehler bei der Migration von Buchhaltungsdaten

Beispiele für typische Fehler, die durch die Analyse der Saldenvorschau gefunden werden, sind:

- unvollständige Datenbestände
- falsche Wertkonvertierungen
- Fehler in den Betragsfeldern beim Füllen der Migrationsvorlage, Vorzeichenfehler
- Datenfehler in Feldern mit steuernder Funktion, z. B. Belegart oder Kontenfindungsgruppen

Fehleranalyse mit Buchhaltung und Steuerberater

Die Fehleranalyse wird in der Regel zusammen mit Verantwortlichen aus der Buchhaltung durchgeführt; auch Rückfragen beim Steuerberater kommen in der Praxis regelmäßig vor.

Sind nach den Iterationsrunden alle Differenzen geklärt, wechseln Sie mit **Weiter** zum Schritt **Salden abgleichen**, wodurch noch ein letztes Mal der Saldenabgleich aufgerufen wird. Die Richtigkeit der in der Vorschau angezeigten Buchungen muss im Kontrollkästchen unterhalb der Saldenvorschau explizit bestätigt werden: »Ich habe die Buchhaltungswerte sorgfältig geprüft. Ich bestätige, dass die Daten korrekt und für den endgültigen Import in das Zielsystem bereit sind.«

Mit der Durchführung der Schritte **Import ausführen** und **Bestätigung** biegen Sie nun auf die Zielgerade ein; der Ablauf ist ab hier wieder identisch mit dem bekannten Ablauf für einzelne Dateien, den Sie in Abschnitt 6.3.4, »Import ausführen«, kennengelernt haben.

6.4.9 Abnahme der importierten Daten

Die Daten sind nun in Ihr SAP-Business-ByDesign-System importiert. Zum Feiern ist es einen kleinen Moment zu früh, denn erst müssen die Daten noch von der Fachabteilung abgenommen werden. Bis dahin bleiben Quelle und Ziel für die Buchungen weiter gesperrt.

In bestimmten Fehlersituationen werden die Buchungen automatisch einem Sachbearbeiter zur Klärung vorgelegt. Diese Buchungen würden bei der Abstimmung fehlen. Vergewissern Sie sich deshalb kurz an den folgenden zwei Stellen, dass kein Migrationsbeleg davon betroffen ist:

- Work Center **Anwendungs- und Benutzerverwaltung** und dort **Geschäftsdatenkonsistenz • Fehler in der Prozesskommunikation** (Liste)
- Work Center **Hauptbuch** und dort **Periodenabschluss • Abschlussrelevante Aufgaben**

Um diese Listen zu sehen, benötigen Sie Key-User-Berechtigungen.

Prüfung und Abnahme des Ergebnisses

Nun werden Ihre Buchhalterin oder Ihr Buchhalter das System gründlich prüfen und gegen das Altsystem abstimmen wollen. Bei der Produktivübernahme läuft der Vergleich direkt gegen das seit dem Datenauslesen eingefrorene Quellsystem, bei der Testmigration idealerweise gegen die eingefrorene Kopie des Quellsystems. Dabei kommt, angefangen bei einer Probebilanz bis hin zu Inventurlisten, eine Vielzahl an Auswertungen zum Einsatz.

6.4.10 Nacharbeiten

Sobald die Daten abgenommen worden sind, können Sie die Nacharbeiten angehen, die das System für den produktiven Betrieb bereit machen. Die wichtigsten Punkte sind:

- Nehmen Sie den Monatsabschluss vor (falls das Buchungsdatum der Migration wie empfohlen ein Monatsultimo ist).
- Sperren Sie die Perioden bis zum Migrationsbuchungsdatum.
- Passen Sie die Sperren in der Prozesssteuerung an. Navigieren Sie dazu im Work Center **Hauptbuch** in die Sicht **Stammdaten • Unternehmen**, und klicken Sie auf den Button **Prozesssteuerung festlegen**.
- Setzen Sie den Eintrag für **Migration** auf **gesperrt**, mit einem entsprechend großen Gültigkeitsintervall.
- Schränken Sie die in Abschnitt 6.4.1, »Vorarbeiten in SAP Business ByDesign«, für die Benutzergruppe **Alle** gesetzte Sperre zeitlich ein, sodass nur noch das Intervall bis einschließlich des Buchungsdatums der Migration gesperrt ist.

6.5 Änderungsmigration

In den vorangehenden Abschnitten hatten wir uns auf die initiale Datenmigration bei der Produktivsetzung Ihres SAP-Business-ByDesign-Systems konzentriert.

Fälle für Änderungsmigrationen

In der Praxis treten verschiedene Situationen auf, in denen Sie Ihren Datenbestand nach der Produktivsetzung durch weitere Datenmigrationen ändern wollen. Typische Situationen sind z. B. die folgenden:

- **Nachzügler**
  Weitere Datensätze sollen hinzugefügt werden, die zurückgestellt oder vergessen worden waren.
- **Rollout-Projekt**
  Die Nutzung des Systems wird im Rahmen eines zusätzlichen Implementierungsprojekts auf weitere Firmeneinheiten ausgedehnt. Stammdaten aus der ersten Migration sollen nun durch Zusatzangaben ergänzt werden, die spezifisch für die hinzukommende Firmeneinheit sind (z. B. Liefer- und Zahlungsbedingungen bei Kundenstammsätzen, die für eine hinzukommende Verkaufsorganisation gelten.)
- **Datenkorrektur**
  Erst nach der Produktivsetzung werden Lücken oder Fehler in den migrierten Datensätzen erkannt. Beispiel: In der Migrationsvorlage wurde vergessen, ein bestimmtes Feld zu füllen; das soll jetzt nachgeholt werden.
- **Massenänderung**
  Das Migrationstool bietet für einige Datenobjekte umfangreiche Funktionen für die Massenänderungen an.

Migrationsmodus

Hierzu verwenden wir die verschiedenen Optionen des in Abschnitt 6.2.5, »Migrationscockpit«, bereits kurz erwähnten Migrationsmodus.

Abschließend stellen wir noch das Work Center **Massendatenbearbeitung** vor, das ebenfalls auf Migrationsfunktionen beruht und die Änderungsmigrationen durch eine Verknüpfung mit Exportfunktionen in einer sehr interessanten Weise ergänzt.

6.5.1 Weitere Datensätze hinzufügen

Im einfachsten Fall kommen weitere neue Datensätze hinzu, z. B. zusätzliche Kundenstammdaten. Bei fast allen Objekten können diese mit einer neuen Migrationsvorlage migriert werden. Beim Hochladen der Datei wird dazu der voreingestellte Migrationsmodus **Neue Datensätze hinzufügen** beibehalten.

Der Migrationsmodus ist im Normalfall nicht dafür ausgelegt, bestehende Datenwerte zu ändern oder zu überschreiben. Es gibt allerdings Sonderfälle, in denen Sie mit diesem Migrationsmodus bestimmte weitergehende Änderungen bewirken können.

Materialbewertungsdaten

Das Objekt **Materialbewertungsdaten** stellt eine solche Ausnahme dar. Jeder Datensatz enthält ein Gültigkeitsintervall, für das er im Migrationsmodus **Weitere Datensätze hinzufügen** angelegt wird. Sind für das betroffene Material bereits Bewertungsdaten vorhanden, wird deren Gültigkeit so weit wie nötig zeitlich abgegrenzt, um Platz für den neuen Datensatz zu schaffen.

Damit ist die Migration hier eine funktional gleichwertige Alternative zur Massenänderung, die Sie im Work Center über **Bestandsbewertung • Stammdaten • Materialpreise** finden.

Typische Anwendungsfälle sind Massenänderungen von Gültigkeitsintervallen, Wertänderungen oder Einführung neuer Betriebsstätten.

Preislisten

Um zusätzliche Preislistenpositionen aufzunehmen, haben Sie in der Regel zwei Möglichkeiten:

- **Option 1: Verschiedene Gültigkeitsintervalle**
  Begrenzen Sie die Gültigkeit der bisherigen Preisliste (über das Work Center **Produkt- und Serviceportfolio** und dort über **Preisfindung • Preislisten**). Migrieren Sie danach eine neue Gesamtpreisliste, die um die hinzugekommenen Positionen erweitert ist und mögliche Preisänderungen enthält. Lassen Sie das Gültigkeitsintervall der neu migrierten Preisliste nahtlos an das abgegrenzte Intervall der alten Preisliste anschließen. Der Vorteil dieser Vorgehensweise ist, dass Sie die neue Preisliste mit einem zukünftigen Gültigkeitsbeginn vorab migrieren und freigeben können. Dennoch wird sie erst zum angegebenen Stichtag wirksam. Bis dahin greift automatisch die alte Preisliste.
- **Option 2: Neue Einträge migrieren**
  Alternativ können Sie die bestehende Preisliste beibehalten und mit der Migration die Einträge für die hinzugekommenen Produkte einfach hinzumigrieren. Es ist eine Besonderheit des Migrationsobjekts **Preislisten**, sogar Preisänderungen bei bestehenden Positionen zu erlauben.

Gehen Sie für diese Änderungsmigration wie folgt vor:

1. Füllen Sie im Datenblatt **Allgemein** die Felder **Listennummer**, **Gültig Ab**, **Gültig Bis** und **Währung** exakt mit den aktuell gültigen Werten (in der Regel sind dies die Werte aus der initialen Migration).
2. Es genügt im Datenblatt **Positionen**, wenn Sie nur die neu hinzukommenden Zeilen und die zu ändernden Zeilen angeben. Beachten Sie bei Änderungen, dass sich nur der Betrag des Preises ändern darf. Alle ande-

ren Felder (insbesondere Preiseinheit und Mengeneinheit) müssen exakt so ausgefüllt werden wie in der ursprünglichen Migration.

3. Dasselbe gilt entsprechend für das Datenblatt **Staffeln**.
4. Laden Sie die Migrationsvorlage im Migrationsmodus **Neue Datensätze hinzufügen**.

Beachten Sie, dass die so vorgenommenen Änderungen unmittelbar nach dem Migrationsschritt **Import** wirksam werden, und die Preisliste nur noch den aktualisierten Preis enthalten wird.

Es gibt auch eine Massenänderung von Preisen im Work Center **Produkt- und Serviceportfolio** (Ansicht **Preislisten** und Button **Herunterladen**). Die hier vorgestellte Massenänderung über Migration ist bezüglich Performance und Anwendbarkeit auf Preislisten mit Staffeln überlegen.

Organisationsstruktur

Neu hinzukommende Unternehmen können als eigenständige Organisationsstruktur samt ihren Unterstrukturen ganz regulär mit der Aufgabe **Organisationsstruktur aufbauen** migriert werden. Sie erscheinen nach dem Import im Work Center **Organisationsmanagement** im sogenannten *Planungsbereich*, den Sie über **Organisationsmanagement • Organisationsstrukturen bearbeiten** erreichen.

Neue Teilstruktur

Wenn Sie hingegen nur eine neue Teilstruktur in eine bestehende Organisationsstruktur bringen möchten, können Sie in zwei Schritten vorgehen: Migrieren Sie die neue Teilstruktur zunächst als eigenständige Organisationsstruktur. Dann nutzen Sie die Möglichkeiten der grafischen Oberfläche im Planungsbereich des Work Centers **Organisationsmanagement**, um die Struktur an die entsprechende Stelle der bestehenden Organisationsstruktur zu verschieben (Buttons **Organisationseinheit bearbeiten • Ausschneiden** und **Einfügen**).

Kundenhierarchie

Hier können Sie ähnlich vorgehen: Neu hinzukommende, eigenständige Kundenhierarchien können Sie ganz regulär migrieren.

Teilbaum migrieren

Um hingegen eine bestehende Kundenhierarchie zu erweitern, migrieren Sie den hinzukommenden Teilbaum als eigenständige Kundenhierarchie. Verwenden Sie anschließend die Funktionen der grafischen Oberfläche im Work Center **Kundenmanagement** über **Kundenhierarchien**, um den migrierten Teilbaum an die entsprechende Stelle im bestehenden Baum zu verschieben. Klicken Sie auf den Button **Bearbeiten** und danach auf den Button **Erweiterter Modus**, um zu dieser Funktion zu gelangen.

6.5.2 Vorhandene Datensätze anreichern

Der Migrationsmodus **Bereits vorhandene Datensätze erweitern** reichert Daten auf eine spezielle Weise an: Aus Sicht einer Migrationsvorlage werden ganze Zeilen untergeordneter Datenblätter zu einem bereits vorhandenen Datensatz hinzumigriert.

Beispiele aus dem Kundenstamm

Typische Beispiele aus dem Kundenstamm sind:

- Datenblatt **Ansprechpartner**: zusätzliche Ansprechpartner für bereits bestehende Kunden
- Datenblatt **Vertriebsdaten**: Einträge für eine zusätzliche Verkaufsorganisation
- Datenblatt **Zahlungsdaten**: Einträge für ein zusätzliches Unternehmen, das in der Organisationsstruktur definiert wurde

Damit eignet sich dieser Migrationsmodus in idealer Weise für Rollout-Projekte: Hier stellt sich regelmäßig die Aufgabe, einen bestehenden Stammsatz, der von allen Unternehmensteilen gemeinsam genutzt wird, um Teildaten für einen neu hinzukommenden Unternehmensteil zu ergänzen.

Die folgenden Kästen zeigen, welche Migrationsobjekte in SAP Business ByDesign diesen Migrationsmodus unterstützen.

[»]

Datensätze anreichern in SAP Business ByDesign

Im Migrationsmodus **Bereits vorhandene Datensätze erweitern** können Sie in SAP Business ByDesign die folgende Objekte bearbeiten:

- Kundendaten
- Lieferantendaten
- Serviceprodukte
- Materialdaten

Eigene Version erstellen

Diese Funktion steht in einzelnen Objekten nicht für alle Datenblätter und für alle Felder zur Verfügung. Wenn Sie beim Anlegen einer Migrationsdatei den Migrationsmodus **Bereits vorhandene Datensätze erweitern** auswählen, wird die Sicht automatisch auf die unterstützten Datenblätter und Spalten reduziert. Speichern Sie nun diese Datei per **Aktionen • Herunterladen** auf Ihrem PC, um eine Version der schon bekannten Migrationsvorlage zu erhalten, die für die Arbeit in diesem Migrationsmodus optimiert ist.

Ausgeblendete Felder

Bei der so entstandenen Version fällt sofort die geänderte Sichtbarkeit von Datenblättern und Spalten auf: Genau die Datenblätter und Spalten sind jetzt ausgeblendet, die von diesem Migrationsmodus nicht unterstützt werden. Auf dem Datenblatt **Feldliste** sehen Sie noch einmal übersichtlich, welche Felder dies sind.

Praxistipp

Verwenden Sie für die Arbeit im Migrationsmodus **Bereits vorhandene Datensätze erweitern** nur Migrationsvorlagen, die Sie im Migrationscockpit mit diesem Modus angelegt (**Aktionen • Anlegen**) und dann auf Ihren PC heruntergeladen haben (**Aktionen • Herunterladen**).

Nutzen Sie keine der in dieser Version ausgeblendeten Felder: Beim Hochladen von Migrationsvorlagen werden die Daten für die weggefallenen Felder nicht übernommen. Ebenso gehen die Inhalte dieser Felder verloren, falls Sie im Migrationscockpit den Migrationsmodus einer bereits mit einem anderen Modus angelegten Datei nachträglich ändern (Button **Eigenschaften**). Eine Warnmeldung informiert Sie hierüber (siehe Abbildung 6.43).

Abbildung 6.43 Migrationsmodus ändern

Gleiche Schlüssel verwenden

Wichtig: Verwenden Sie in der Migrationsvorlage als Schlüssel dieselben Werte wie in der alten Migrationsvorlage, mit der Sie den schon vorhandenen Teil des Datensatzes migriert hatten. Der Grund ist, dass auch in diesem Migrationsmodus automatisch die damals erzeugten Umschlüsselungen wieder angewendet werden. Typische Fälle sind etwa die Nummern von Kunden oder Kundenansprechpartner. Auch hier müssen die Schlüssel der ursprünglichen Migrationsvorlage wiederverwendet werden – eine Verwendung der neu vergebenen Schlüsselwerte (z. B. neue Ansprechpartnernummer) wäre hier falsch.

Migrationsvorlagen, die Sie per **Aktionen • Herunterladen** lokal speichern, merken sich übrigens den verwendeten Migrationsmodus und schlagen ihn vor, wenn Sie die Migrationsvorlage später wieder hochladen.

[!]

Häufige Fehler beim Erweitern vorhandener Datensätze

Im Migrationsmodus **Bereits vorhandene Datensätze erweitern** darf die Migrationsvorlage nur mit den hinzuzufügenden Teildatensätzen befüllt werden.

Tragen Sie keine bereits im System vorhandenen Teildatensätze ein – auch keine Kopfdaten. Es ist ein häufiger Fehler, in diesem Migrationsmodus den schon existierenden Kopfdatensatz noch einmal mitzugeben. Da dieser schon vorhanden ist, wird eine solche Datei mit einer Fehlermeldung abgewiesen.

Praxisbeispiel

Schauen wir uns das Anreichern von Datensätzen an einer Aufgabe aus der Praxis an: Ein SAP-Business-ByDesign-System, das seit einer Weile in Unternehmen A produktiv ist, soll zu einem Schwesterunternehmen B ausgerollt werden, das dieselben Materialstammdaten verwenden soll. Die Materialstämme sind bei der Produktivsetzung des Unternehmens A in das System migriert worden.

Dies betrifft zum einen allgemeine Materialeigenschaften wie Beschreibungen, Mengeneinheiten sowie Gewichts- und Volumenmerkmale. Gleichzeitig sind die Materialien dem Unternehmen A mittels der Datenblätter **Finanzorganisationen** und **Verkauf** zugeordnet worden, die auch einige unternehmensspezifische Einträge enthielten.

Migrationsvorlage anpassen

Für das Unternehmen B benötigen wir jetzt nur noch die unternehmensspezifischen Angaben, denn alles andere ist ja bereits vorhanden. Hierzu verwenden wir den Migrationsmodus **Vorhandene Datensätze anreichern**. Wie muss die Migrationsvorlage aussehen?

- Die Datenblätter **Finanzorganisationen** und **Verkauf** enthalten die Zuordnung zu Unternehmen B, mit den entsprechenden unternehmensspezifischen Einträgen (siehe Abbildung 6.44).
- Alle anderen Datenblätter bleiben vollständig *leer* – dies gilt insbesondere auch für das Datenblatt **Allgemein**.

Anschließend migrieren Sie noch die zugehörigen Materialbewertungsdaten für das Unternehmen B. Wie in Abschnitt 6.5.1, »Weitere Datensätze hinzufügen«, gezeigt, können Sie für dieses Objekt den Migrationsmodus **Neue Datensätze hinzufügen** verwenden.

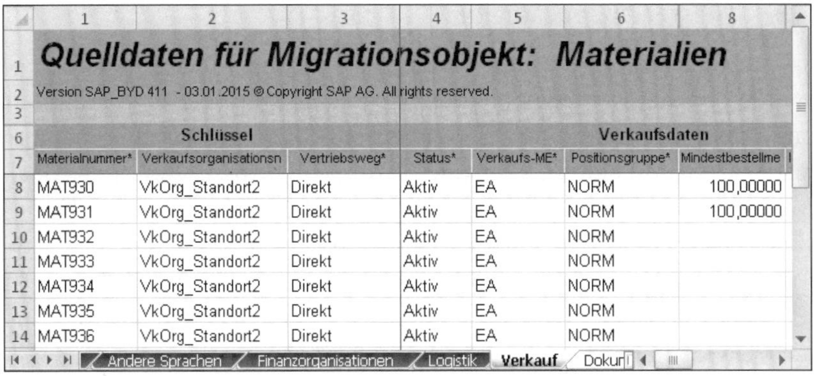

	1	2	3	4	5	6	8
1	**Quelldaten für Migrationsobjekt: Materialien**						
2	Version SAP_BYD 411 - 03.01.2015 © Copyright SAP AG. All rights reserved.						
3							
6		Schlüssel				Verkaufsdaten	
7	Materialnummer*	Verkaufsorganisationsn	Vertriebsweg*	Status*	Verkaufs-ME*	Positionsgruppe*	Mindestbestellme
8	MAT930	VkOrg_Standort2	Direkt	Aktiv	EA	NORM	100,00000
9	MAT931	VkOrg_Standort2	Direkt	Aktiv	EA	NORM	100,00000
10	MAT932	VkOrg_Standort2	Direkt	Aktiv	EA	NORM	
11	MAT933	VkOrg_Standort2	Direkt	Aktiv	EA	NORM	
12	MAT934	VkOrg_Standort2	Direkt	Aktiv	EA	NORM	
13	MAT935	VkOrg_Standort2	Direkt	Aktiv	EA	NORM	
14	MAT936	VkOrg_Standort2	Direkt	Aktiv	EA	NORM	

Abbildung 6.44 Migrationsvorlage: untergeordnetes Datenblatt

Die Migration der Buchhaltungsdaten ist in jedem Fall in *Migrationseinheiten* gegliedert, die jeweils die Daten eines einzigen Unternehmens enthalten (siehe Abschnitt 6.4, »Migration von Buchhaltungsdaten«). Der Bestand des Unternehmens B für die soeben migrierten Materialien lässt sich daher ganz regulär zu einem Stichtag im Rahmen einer neu angelegten Migrationseinheit übernehmen.

Migrationseinheiten

Wir haben Ihnen hier einen speziellen Migrationsmodus vorgestellt, der Teildatensätze hinzufügt, aber keine bestehenden Feldwerte ändert. Beim nächsten Migrationsmodus ist es gerade umgekehrt: Er ist darauf spezialisiert, Werte bestehender Felder zu ändern, kann aber keine Teildatensätze hinzufügen.

6.5.3 Vorhandene Datensätze ersetzen

Für die Datenobjekte Opportunities und Aktivitäten erlaubt SAP Business ByDesign das physische Löschen von Datensätzen, solange keine Folgebelege erzeugt worden sind. Auf diese Weise kann durch ein massenhaftes Löschen die Möglichkeit geschaffen werden, eine Testmigration mit denselben Daten zu wiederholen.

Migration wiederholen

Öffnen Sie hierzu im Work Center **Neugeschäft** die **Opportunity-Liste** bzw. im Work Center **Kundenmanagement** die **Aktivitäten**. Markieren Sie in der Dokumentenliste mithilfe der Umschalttaste alle relevanten Zeilen, und klicken Sie auf den Button **Löschen**. Bei den abgeschlossenen Aktivitäten ändern Sie zuvor den Status auf **in Bearbeitung**; auch das kann für alle markierten Datensätze in einem Schritt geschehen. Migrieren Sie nun eine, gegebenenfalls überarbeitete Kopie der ursprünglichen Migrationsvorlage ganz normal im Migrationsmodus **Neue Datensätze hinzufügen**.

6.5.4 Massendatenbearbeitung

Die Anwendungszwecke für Änderungen großer Datenmengen sind vielfältig, von Nachbesserungen migrierter Daten bis hin zu Rollout-Projekten, mit denen die Einführung weiterer betriebswirtschaftlicher Anwendungsbereiche und Standorte unterstützt wird. Dementsprechend ist der Übergang zu Massendatenänderungen fließend, die mehr im operativen Betrieb genutzt werden. Etliche Work Center in SAP Business ByDesign bieten lokale Änderungsfunktionen an, um bestimmte Daten in spezifischer Weise massenhaft ändern zu können. Ergänzt werden diese durch das Work Center **Massendatenbearbeitung**, das wir im nächsten Abschnitt vorstellen.

Das Work Center **Massendatenbearbeitung** ist eine Benutzeroberfläche, von der aus Sie Daten in mehreren Objekten ändern können. Die wichtigsten Eigenschaften auf einen Blick:

- massentauglich
- unterstützte Objekte (siehe den Kasten zu SAP Business ByDesign)
- Drei-Schritt-Verfahren
  - Export (datenblattweise in CSV-Dateien)
  - lokale Bearbeitung der CSV-Dateien
  - Reimport der CSV-Dateien (Validierung, Import)
- Mögliche Änderungen, vergleichbar mit den Migrationsmodusoptionen **Anreichern** und **Ändern**:
  - Feldwerte ändern (sofern der neue Feldwert nicht leer ist, also kein Löschen von Feldwerten)
  - bestehende Datensätze um neue Teildatensätze erweitern (Beispiel Kundenstamm: neue Adressen und Ansprechpartner)
- Datenstrukturen: reduzierte Migrationsvorlagen
- berücksichtigt nicht die Umschlüsselungen aus der Migration

Der wichtigste Unterschied zur Änderungsmigration ist die integrierte Datenexportfunktion. Die Struktur der exportierten CSV-Dateien entspricht weitgehend einem Datenblatt einer Migrationsvorlage. Die Datei enthält die tatsächlich im System verwendeten Schlüssel sowie, falls für einen späteren Reimport nötig, auch eindeutige technische Schlüssel (sogenannte UUIDs, z. B. für Adresszeilen).

Praxisbeispiel

Unsere Aufgabe ist es, in den Kundenansprechpartnern die E-Mail-Adressen sowie ein kundenspezifisches Erweiterungsfeld zu aktualisieren.

Work Center: Massendatenbearbeitung

Schauen wir uns das Work Center **Massendatenbearbeitung** kurz an (siehe Abbildung 6.45). Im oberen Bereich sind die Links zu finden, um den Export und später den Reimport für die einzelnen Objekte zu starten. Die Tabelle im unteren Bereich sammelt die Importdateien für alle Objekte; daher sind die Filter willkommen (Auswahlliste **Anzeigen/Start** sowie Filtersymbol am rechten Bildrand). Die Tabelle enthält die gängigen Informationen, vor allem zu Objekt, Importstatus (**Nicht gestartet**, **Mit Fehlern abgeschlossen**, **Abgeschlossen**) sowie zur Anzahl der Datensätze (**importiert**, **fehlerhaft**, **insgesamt**) und einen Link zum Importprotokoll. Mit einem Klick auf den Namen können Sie die Bearbeitung wieder aufnehmen.

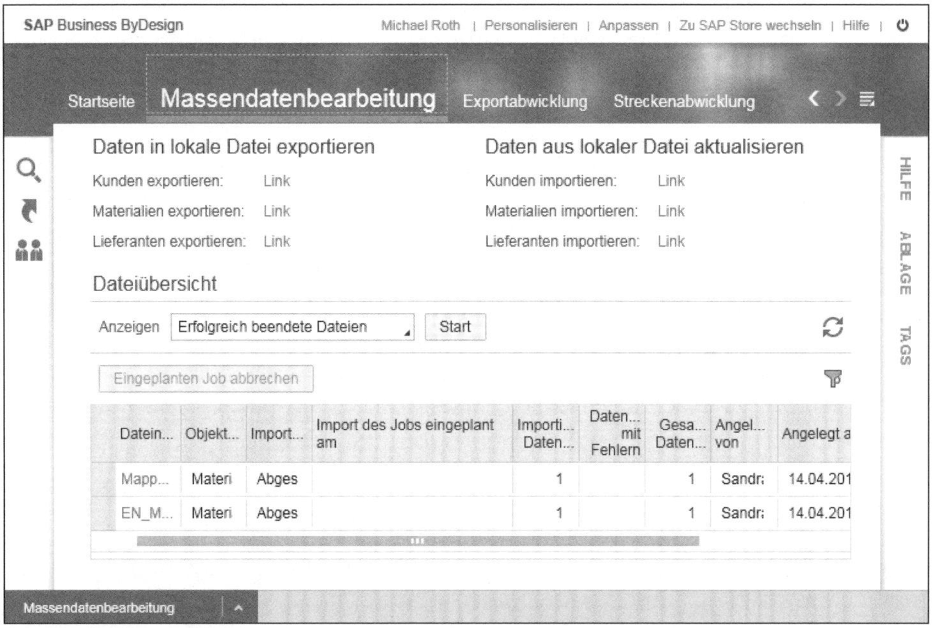

Abbildung 6.45 Work Center »Massendatenbearbeitung«

Klicken Sie auf den Link bei **Kunden exportieren**, um zum Dialogfenster **Export von Kunden** zu gelangen.

Nach der Eingabe möglicher Selektionskriterien lösen Sie über den Button **Start** die Datenbeschaffung aus (siehe Abbildung 6.46). Im unteren Bildbereich sehen Sie eine Migrationsvorlage mit mehreren Datenblättern, die nun mit den Exportdaten gefüllt wurden. Wechseln Sie zum Datenblatt **Ansprechpartner**.

Abbildung 6.46 Feldauswahl für den Export

Mit der Auswahlleiste unterhalb der Tabellenüberschrift können Sie für jede Spalte entscheiden, ob ihre Dateninhalte exportiert werden sollen. Wir brauchen in unserem Beispiel nur wenige Felder. Klicken Sie auf den Button **Für Export alle überspringen**, und schalten Sie dann die benötigten Felder einzeln wieder ein. Mit **Daten in CSV-Datei exportieren** beginnt schließlich der eigentliche Export. Speichern Sie das Ergebnis lokal auf Ihrem Rechner.

Daten weiterbearbeiten

Wir gehen davon aus, dass wir die neuen Werte für die beiden Felder in einer Zielliste erhalten haben. Entweder bringen wir diese Werte jetzt in die exportierte CSV-Datei (z. B. über den Excel-Befehl **SVerweis**), oder wir modifizieren die Zielliste so, dass sie strukturell der exportierten CSV-Datei gleicht und statt dieser jetzt weiterverwendet werden kann. Gegebenenfalls müssen Sie noch die Umschlüsselung für die Ansprechpartnernummern berücksichtigen – jetzt zahlt es sich aus, wenn Sie immer den Tipp aus Abschnitt 6.7.2, »Abstimmung des Migrationsergebnisses«, berücksichtigen und bei der ursprünglichen Migration den Schlüsselwert aus dem Altsystem in ein Erweiterungsfeld migriert haben.

Reimport

Sobald die CSV-Datei mit den neuen Werten vorliegt, steigen wir wieder im Work Center **Massendatenbearbeitung** ein. Rufen Sie jetzt den Import über **Kunden importieren: Link** auf, und wählen Sie die CSV-Datei aus. Sie kennen den Dialog bereits aus Abschnitt 6.2.6, »Textdateien mappen und hochladen«. Vergessen Sie nicht, das Zieldatenblatt **Ansprechpartner** auszuwählen (**Daten in Reg.-Karte import.**). Alle anderen Voreinstellungen des Dialogs können beibehalten werden.

Mit einem Klick auf den Button **Hochladen** starten Sie die Validierung der Daten und gelangen zum eigentlichen Hauptfenster der Massendatenbearbeitung (siehe Abbildung 6.47). Ein Dateneditor zeigt die Datensätze jeweils mit Bearbeitungsstatus. Buttons im Kopfbereich geben Ihnen die Kontrolle über den Prozessablauf:

- neue **Daten aus Textdatei hochladen**
- erneut **Daten Validieren** (dabei werden auch alle mit dem Dateneditor vorgenommenen Änderungen gesichert!)
- **Datenimport durchführen** (wahlweise sofort oder in einem eingeplanten Job)

Abbildung 6.47 Kundendaten aktualisieren

Sollte sich statt der Validierung das aus Abschnitt 6.2.6, »Textdateien mappen und hochladen«, bekannte Feld-Mapping geöffnet haben, enthält Ihre CSV-Datei Feldnamen, die auf dem Zieldatenblatt unbekannt sind. Das sollte in der konkreten Situation eigentlich nicht vorkommen – oder haben Sie vielleicht doch übersehen, beim Hochladen das richtige Zieldatenblatt auszuwählen ...?

Validierung

Die Validierung prüft formale Kriterien, wie z. B. richtige Formate und – bei Feldern mit Wertehilfen – erlaubte Zielwerte. Bei Fehlern öffnet sich eine spezielle Fehlerbearbeitungssicht, in der nur die fehlerhaften Datensätze angezeigt werden und jeder ungültige Eintrag rot hinterlegt wird.

Klicken Sie auf einen Feldinhalt, um einen Dialog zu öffnen, mit dem Sie den aktuellen Wert durch einen anderen ersetzen können – auf Wunsch auch gleich in allen anderen Datensätzen. Dabei werden Sie, soweit vorhanden, durch Wertehilfen unterstützt. Mit **OK** schließen Sie die Fehlerbearbeitungssicht. Rufen Sie **Daten Validieren** erneut auf, um Ihre Änderungen zu sichern und den Stand zu beurteilen.

Import starten

Die Massendatenbearbeitung hat, anders als die Migration, keinen Simulationsmodus. Über **Datenimport durchführen • Sofort** starten Sie den Import. Nach dem Importlauf wird der Status der einzelnen Datensätze aktualisiert. Klicken Sie bei fehlgeschlagenen Datensätzen auf den gleichnamigen Status, um Details zum Fehler zu sehen. Das zusammenfassende Importprotokoll erreichen Sie, indem Sie per **Schließen** zur Dateiübersicht navigieren und dem Eintrag am Ende der Zeile folgen.

[»]

Massendatenbearbeitung in SAP Business ByDesign

Für die folgenden Objekte ist eine Massendatenverarbeitung in SAP Business ByDesign möglich:

- Kundendaten
- Lieferantendaten
- Materialdaten

Mögliche Vorgehensweisen

Der Normalfall wird sicher die »Rundreise« sein, beginnend beim Datenexport über die lokale CSV-Datei zum Import. Es steht Ihnen natürlich frei, je nach Anwendungszweck die CSV-Datei für den Import direkt aus anderen Quellen anzureichern oder zu erstellen. Ebenso kann es im Einzelfall sinnvoll sein, die in der Massendatenbearbeitung exportierten CSV-Daten in einer Änderungsmigration zu nutzen.

6.6 Migration als Teilprojekt

Nachdem wir in den vorangegangenen Abschnitten die Arbeit mit den Migrationsprogrammen in den Mittelpunkt gestellt haben, möchten wir die Migration in diesem Abschnitt in den größeren Zusammenhang des gesamten Einführungsprojekts stellen. Einen Schwerpunkt legen wir dabei auf die zur jeweiligen Projektphase passende Teststrategie.

6.6.1 Projektsteuerung

Abhängigkeiten zwischen Gewerken

Schon bei einer mittleren Anzahl von Migrationsobjekten sind wir mit zahlreichen Abhängigkeiten zu anderen Gewerken, sowohl innerhalb als auch außerhalb des Teilprojekts **Migration** konfrontiert. Nennen wir nur einige Beispiele, und wir sehen sofort, dass hier rasch ein größeres Spannungsfeld entsteht:

- Für Objekte mit vielen Voraussetzungen ist es wichtig, dass die Stammdaten möglichst früh im Projekt geladen werden. Beispiele sind Bewegungsdaten und höhere Stammdaten wie etwa Produktionsmodelle.
- Gleichzeitig wartet die Stammdatenmigration häufig selbst auf andere Gewerke, etwa auf die Felderweiterungen. Vor allem hinsichtlich migrationsrelevanter Felder ist es wichtig, dass sich diese nicht immer wieder ändern.
- Änderungen am Fine-Tuning werfen die Migration oft zurück, was in der Regel Mehraufwand verursacht. Umgekehrt ist es immer wieder das Teil-

projekt **Migration**, das solche Defizite an Daten und Fine-Tuning konkret aufdeckt.

- Erst relativ spät im Projekt erhalten Sie die volle Transparenz darüber, wie gut die Datenqualität wirklich ist. Hier kann es leicht zu unliebsamen Überraschungen kommen.

Projektplanvorlage

Bei der Vielzahl von Abhängigkeiten ist es wichtig, dass die einzelnen Beiträge uhrwerkartig ineinandergreifen. Dies können Sie nur mit einem wirkungsvollen Projektmanagement sicherstellen, das bis hinunter auf die Ebene der Einzelobjekte reicht. Als Werkzeug empfehlen wir die Projektplanvorlage (siehe Abbildung 6.48), die Sie in der Aufgabe **Migration vorbereiten** herunterladen können.

Datenmigration - Umfang und Planung

	Activity List Phase	Anwendungsbereich	Typ	Aktivität / Objekt	Reihenfolge	Im Projektumfang	Migrationsmethode
32	Fine-Tuning	FIN	Vorausset	Grenzwert für die Aktivierung von	1		-
33	Fine-Tuning	FIN	Vorausset	Standardkontenfindungsgruppe für	1		-
34	Fine-Tuning	FIN	Vorausset	Ermittlung der Abgrenzungsmethoden	1		-
35	Fine-Tuning		Vorausset	**Human Resources**	1		-
39	Fine-Tuning		Vorausset	**Allgemeine Geschäftsdaten**	1		-
43	Fine-Tuning		Vorausset	**Integrierte Services und Support**	1		-
47	Datenübernahme und Erweiterung			**Grunddaten pflegen**	2	-	-
69	Datenübernahme und Erweiterung			**Stammdaten migrieren**	2	-	-
70	Datenübernahme und Erweiterung	SCM	Migrationsobjekt	Arbeitspläne	2	Ja	Migrationsvorlage
72	Datenübernahme und Erweiterung	Foundation	Migrationsobjekt	Kunden mit Kontenfindungsgruppen für Forderungen und Geschäftspartnerbeziehungen	3	Ja	Migrationsvorlage
73	Datenübernahme und Erweiterung	Foundation	Migrationsobjekt	Lieferanten mit Kontenfindungsgruppen für Verbindlichkeiten und Geschäftspartnerbeziehungen	3	Ja	Migrationsvorlage
74	Datenübernahme und Erweiterung	Foundation	Migrationsobjekt	Mitarbeiterdaten	3	Ja	Migrationsvorlage
75	Datenübernahme und Erweiterung	Foundation	Migrationsobjekt	Dienstleister	3	Ja	Migrationsvorlage
77	Datenübernahme und Erweiterung	Foundation	Migrationsobjekt	Materialien	4	Ja	Migrationsvorlage

Abbildung 6.48 Vorlage für den Migrationsprojektplan

Der Projektplan zeigt neben den reinen Importaufgaben auch wichtige Tätigkeiten aus dem Umfeld der Migration, etwa die Fine-Tuning-Aufgabe **Nummernkreise festlegen**. Passen Sie den Migrationsprojektplan an Ihre Situation, Ressourcen und Datenqualität an, und integrieren Sie ihn in den Gesamtprojektplan. Beginnen Sie früh im Einführungsprojekt mit den Migrationsarbeiten, und gehen Sie in geplanter und terminlich überwachter Weise vor. Gerade zu spät erkannte Probleme bei der Qualität der entladenen Daten verursachen immer wieder Projektverzögerungen.

Fachabteilungen einbeziehen

Binden Sie die Fachabteilungen frühzeitig in die Datenbereinigungen ein, und machen Sie Verantwortlichkeiten klar. Kein Leiter der Buchhaltung würde die Verantwortung für die Daten in der Bilanz aus der Hand geben. Mit gleichem Maß muss auch die Migration dieser Daten in ein neues System gemessen werden. Fordern Sie die verantwortliche Beteiligung der Fachabteilung gegebenenfalls ein. Die Migration ist nicht nur ein technischer Transport von Bits und Bytes, sondern auch ein mächtiger betriebswirtschaftlicher Prozess.

Die hier zu treffenden Entscheidungen erfordern oft einen tieferen Einblick in die betriebswirtschaftlichen Abläufe und einen guten Überblick über den Gesamtprozess.

6.6.2 Migrationsaufgaben im Implementierungsprojekt

Über die eigentliche Migration haben wir ausführlich gesprochen. Gehen wir noch eine Reihe von weiteren wichtigen Aufgaben im Implementierungsprojekt durch, um migrationsrelevante Aspekte anzumerken.

- **Vereinbarungen bei Abhängigkeiten zwischen den Objekten**
  Treffen Sie Vereinbarungen auf Basis des Gesamtprojektplans.
- **Migrationsplan**
  Delegieren Sie, und binden Sie die Fachabteilungen ein. Fordern Sie Einschätzungen der Fachabteilungen zur Qualität der Daten ein, und dokumentieren Sie diese.
- **Benutzer bereitstellen**
  Stellen Sie für die Mitglieder des Migrationsteams Benutzer mit ausreichenden Berechtigungen zur Verfügung (**Betriebswirtschaftliche Konfiguration** mit der Sicht **Datenmigration** sowie die jeweiligen Anwendungs-Work-Center).

[+]

Temporäre Benutzer für das Migrationsteam

Falls Sie im Migrationsteam tätig sind und parallel an den Applikationstests für den operativen Betrieb teilnehmen, sollten Sie zwei verschiedene Benutzer verwenden. Dabei sollten Sie Applikationstests mit genau dem Berechtigungsprofil durchführen, über das Sie später auch verfügen. Verwenden Sie in diesem Fall für Ihre Migrationsarbeiten einen separaten Benutzer (Typ **Dienstleister**), den Sie nach Abschluss des Migrationsprojekts wieder deaktivieren.

- **Fine-Tuning**
  In der Phase **Fine-Tuning** werden zahlreiche Einstellungen vorgenommen, die sich auch auf die Migration auswirken. Prominente Beispiele sind die Definition der Organisationsstrukturen, die Kontenfindung und die Festlegung der Nummernkreise für die zentralen Stammdatenobjekte (z. B. Kundennummer oder Materialnummer).
- **Migrationstestsystem anfordern**
  Nutzen Sie ein Migrationstestsystem. Dieses System hat dasselbe betriebswirtschaftliche Konfigurationsprofil wie Ihr Produktivsystem und eignet sich deshalb ideal für umfassende realistische Tests.
- **Migration im Produktivsystem planen**
  Auf diese Aufgabe läuft alles zu. Entzerren Sie die Migrationsarbeiten in diesem System zeitlich so weit wie möglich, und migrieren Sie einzelne Datenobjekte schon früher, wenn das geht. Entscheidend dafür ist die Frage, wie viele Änderungen für die Zeit bis zum Go-live erwartet werden und welche Alternativen infrage kommen (z. B. Zurückstellen oder doppelte Pflege). Sollten Sie Objekte mit hohem Volumen und langen Laufzeiten im Portfolio haben, haben Sie aus den Volumentests schon einen Erfahrungswert, mit dem Sie die benötigten Laufzeiten einschätzen können. Erstellen Sie vorab einen detaillierten Cut-over-Plan, der für die entscheidenden Tage auf Stundenbasis durchgeplant ist. Planen Sie bei größeren Migrationen Sicherungspunkte ein.
- **Produktivstart bestätigen**
  Eine der letzten Aufgaben in der Aufgabenliste zur Implementierung ist die Bestätigung des Produktivstarts (Aufgabenliste: Phase **Produktivstart**, Aufgabe **Meilenstein bestätigen: Produktivstart**). Ab diesem Zeitpunkt ist die Migration über die Aufgabenliste nicht mehr zugänglich. Dadurch soll verhindert werden, dass die Datenübernahmefunktionen unkoordiniert im Produktivsystem verwendet werden.
- **Benutzerverwaltung nach dem Produktivstart**
  Für die Ausführung der Migration benötigen die mit Migrationsaufgaben betrauten Mitarbeiter temporär relativ umfassende Berechtigungen, die in der Sicht **Datenmigration** im Work Center **Betriebswirtschaftliche Konfiguration** zusammengefasst sind. Im normalen operativen Betrieb müssen Sie diese spezielle Berechtigung wieder zurücknehmen. Die Berechtigungen werden im Work Center **Anwendungs- und Benutzerverwaltung** über **Anwender** verwaltet.

6.6.3 Teststrategie

Testmigrationen dienen nicht nur dem Test der Migration selbst, sondern schaffen auch eine Datenumgebung, von der alle Applikationstests profitieren können. Gleichzeitig testen sie natürlich auch den Datenexport aus dem Altsystem. Mit dem Fortschreiten des Implementierungsprojekts ändert sich auch die Strategie beim Testen.

- **Erste Schritte: frühe Migrationstests**
  Machen Sie sich bei jedem Migrationsobjekt früh mit der Migrationsvorlage vertraut. Beginnen Sie mit einer kleinen Beispieldatei, in die Sie manuell einige Datensätze eingeben. Verarbeiten Sie diese Migrationsvorlage mindestens bis zu einer erfolgreichen Simulation. Bei den Stammdaten führen Sie auch den Import durch und vergleichen ihn mit der Ansicht in den einzelnen Arbeitsbereichen der Anwendung. So lassen sich z. B. Missverständnisse bei den Feldern früh erkennen. (Beispiel: Nicht alle Adressfelder werden in allen Anwendungen angezeigt.)
- **In die Breite gehen: Datenvielfalt**
  Frühe Tests beginnen meist mit vereinfachten Ausprägungen, schon weil die betriebswirtschaftliche Konfiguration zu dem Zeitpunkt noch nicht so weit individuell vorangeschritten ist. Mit zunehmendem Fortschritt wird es für die Migration möglich, mehr Felder zu verwenden und diese mit vielfältigeren Ausprägungen zu testen. Dabei wird automatisch überprüft, ob die Konfigurationseinstellungen und die Grunddaten (z. B. Organisationsstrukturen) auf die tatsächlich vorkommende Datenvielfalt bereits vorbereitet sind. Die Realität der Daten bringt häufig doch noch einige Sonderfälle ans Tageslicht, an die bisher nicht gedacht wurde.

  Typisch für diese Runde ist es deshalb, in den Aufgaben der Phase Fine-Tuning noch ein wenig nachzubessern und die Validierungs- und Simulationsschritte in der Datenmigration zu wiederholen. Dabei ist es effizienter, vorübergehend mit einer großen Vielfalt, aber noch mit einem geringen Volumen zu arbeiten. Soweit dies möglich ist, verwenden Sie hier schon den Exportmechanismus aus dem Altsystem, den Sie auch für den Export aller Daten später einsetzen werden; so wird dieser gleich auf die Probe gestellt.
- **Frühe Daten für die Fachabteilungen: Testumgebungen schaffen**
  Auch wenn noch nicht alle Details geklärt sind, können Sie bei Ihren Kollegen aus den Fachabteilungen mit einer ersten Testumgebung punkten, die Sie ihnen zur Verfügung stellen können. Dabei hilft Ihnen die sogenannte *Delta-Datei-Technik*. Sie erlaubt es, die Bearbeitung einer Datei auch dann fortzuführen, wenn sie noch fehlerhafte Datensätze enthält.

Diese Datensätze werden in den Folgeschritten jeweils ignoriert. Am Ende des Durchlaufs, nachdem alle »guten« Sätze im System verbucht worden sind, wurden alle unterwegs in irgendeiner Stufe als fehlerhaft erkannten Datensätze gesammelt und Ihnen in einer neuen sogenannten *Delta-Datei* automatisch wieder vorgelegt.

[«]

Delta-Datei-Technik

Während Ihre Kollegen auf den importierten Daten schon die ersten Tests vornehmen, können Sie sich in Ruhe den noch offenen Punkten zuwenden. Dies lässt sich auch iterieren; was beim Import von »..._DELTAXL_0000000001« noch offen ist, wird als »...DELTAXL_0000000002« wieder vorgelegt.

Achtung: Eine Ausnahme bilden die als »Inkonsistenzfehler« klassifizierten Fehler. Zumindest diese Fehler müssen vollständig behoben sein, bevor eine Datei den Schritt **Validierung** verlassen kann.

- **Prozesstests auf migrierten Daten: vollständige Testmigration**
  Bei einem Integrationstest stehen die Prozesse der Anwendung im Vordergrund. Gleichzeitig testen Sie aber auch den Weg von der Quelldatei zur Migrationsvorlage (Entladeprogramme, manuelle Zwischenschritte usw.) auf Korrektheit und Vollständigkeit hin.

  Führen Sie im Rahmen des Integrationstests eine möglichst vollständige Migration in Ihr Migrationstestsystem durch. Jetzt ist es die letzte Chance, vor der Produktivmigration noch etwas zu ändern. Sind die Daten erst einmal im Produktivsystem geladen worden, ist es für Änderungswünsche meist zu spät. Nur für bestimmte Daten gibt es im System Massenänderungen, und diese zielen auf Änderungen im Rahmen betriebswirtschaftlicher Prozesse ab. Für ein bei allen Datensätzen vergessenes oder massenweise falsch gefülltes Feld bleibt in vielen Fällen nur die manuelle Änderung. Lassen Sie daher das Datenergebnis der vollständigen Testmigration von den Fachabteilungen abnehmen, bevor Sie zur Produktivmigration übergehen.
- **Generalprobe**
  Im Rahmen des Integrationstests (oder separat) sollten Sie nach Möglichkeit bis zu einer richtigen Generalprobe für die Produktivübernahme kommen, in der Sie möglichst Ihren vollständigen Migrationsdatenbestand einmal testweise in das Migrationstestsystem laden.
- **Volumentest**
  Bei sehr großen Datenmengen wird der vorangegangene Schritt meist nur für eine Teilmenge ausgeführt. Diese Teilmenge muss zumindest

groß genug sein, um eine Hochrechnung für die gesamte Laufzeit zu erlauben. Dabei ist wichtig, dass der ausgewählte Teilbestand repräsentativ für die übrigen Daten ist.

6.7 Tipps aus der Praxis

In diesem Abschnitt möchten wir noch einige nützliche Erfahrungen aus verschiedenen Projekten zur Performancesteigerung und zur Überprüfung des Migrationsergebnisses mit Ihnen teilen.

6.7.1 Verbesserte Performance durch Parallelisierung

Einige Objekte sind für die Parallelverarbeitung vorbereitet. Im Standard werden hier beim Import jeweils vier Aufrufe parallel an die verbuchende Serviceschnittstelle abgesetzt. Sie können diesen Faktor im Migrationscockpit über **Weitere Möglichkeiten • Einstellung für Parallelverarbeitung** ändern. Der optimale Faktor hängt vom Objekt und von Ihrer jeweiligen Datenkonstellation ab; wir haben in vielen Fällen gute Erfahrungen mit Faktoren im Bereich von 8–12 gemacht.

Parallelisierungsfaktor

Ab einer bestimmten Anzahl konkurrierender Prozesse sinkt durch gegenläufige Effekte der Gesamtdurchsatz wieder, weshalb ein zu hoher Faktor (z. B. 20 oder höher) kontraproduktiv ist. Bei einem Objekt mit einem großen Datenvolumen lohnt es sich, durch Importe von Testdateien mit z. B. je 500 Datensätzen einen für Ihren Fall günstigen Faktor auszuloten. Beachten Sie, dass der Parallelisierungsfaktor nur beim tatsächlichen Import wirksam wird, nicht beim Schritt **Datenimport simulieren**; für die Testreihe müssen Sie also wirklich Dateien in ein Testsystem laden.

Die folgenden Kästen zeigen, bei welchen Objekten Sie diese Möglichkeit nutzen können.

[»]

Parallelisierung in SAP Business ByDesign

Für die folgenden Migrationsobjekte ist eine Parallelisierung in SAP Business ByDesign möglich:

- Kundendaten
- Lieferantendaten
- Kontenfindungsgruppen für Verbindlichkeiten
- Kundenhierarchien
- Serviceprodukte

- Materialdaten
- Garantien
- registrierte Produkte
- Stücklisten
- Änderungsaufträge
- Arbeitspläne
- Wissensdatenbankdaten
- Opportunitys
- alle Aktivitäten (Termin, Aufgaben, E-Mail, Telefon usw.)
- Serviceanfragen
- Projekte
- Kundenaufträge
- Besitzwechsel
- Schuldwechsel
- Transportzonen

6.7.2 Abstimmung des Migrationsergebnisses

»Keine Fehler beim Datenimport« – wer empfindet nicht Erleichterung, das anvertraute Schiff voll Migrationsdaten gut in den Zielhafen gelotst zu haben (siehe Abbildung 6.49). Möglicherweise nach einer Flaute bei der Datenbeschaffung, gefühlt endlosen Wellen von Fehlermeldungen und einem Schlingerkurs durch überraschende Datenuntiefen, vielleicht aber auch nach rascher Überfahrt mit dem Rückenwind intensiver Tests und unter der Sonne kluger Konfigurationsentscheidungen.

Abbildung 6.49 Erfolgreicher Datenimport

So oder so – die Datenmigration ist damit noch nicht abgeschlossen. Sie müssen Prüfern und internen oder externen Auftraggebern noch nachweisen, dass kein Teil der Ladung verloren gegangen ist oder unterwegs beschädigt wurde.

Umfang der Prüfung

Der Umfang der erfolgreich nachzuweisenden Abstimmungen sollte schon zu Projektbeginn in der Zieldefinition des Projektauftrags festgelegt werden. Als absoluten Minimalumfang würden wir ansehen:

- Anzahl der Datensätze in Quelle und Ziel stimmen überein.
- Für eine festgelegte Anzahl von Stichproben wurden die Datensätze in Quelle und Ziel Feld für Feld verglichen.
- Das Ergebnis bestimmter Anwendungsreports ist in Quelle und Ziel identisch.

Zahlreiche Datenfehlerkonstellationen würden in diesem Sieb nicht hängenbleiben; daher geht unsere Empfehlung deutlich weiter. Beispielsweise sollte auch die Anzahl von Unterstrukturen verglichen werden. In etlichen Projekten wird der Feldvergleich zumindest für besonders wichtige Teildaten vollständig durchgeführt, indem Listen aus Quelle und Ziel beispielsweise mit Excel-Mitteln verknüpft und verglichen werden (etwa mittels der Excel-Funktion **SVerweis**).

Testabstimmung

Wichtig ist zu wissen, dass auch die Abstimmung selbst eingeübt werden muss! Nutzen Sie schon die Testmigration, um die Abstimmung in derselben Weise durchzuführen wie später bei der Produktivmigration. Die Zeit zwischen Produktivmigration und Freigabe des Systems ist knapp bemessen; daher müssen mögliche Schwierigkeiten schon bei den Testabstimmungen identifiziert worden sein.

Schlüsselfelder

Die vermutlich größte Herausforderung beim maschinellen Vergleich von Ergebnislisten sind die Schlüsselfelder. Aus unterschiedlichen Gründen können Sie die Schlüssel der neuen Datensätze von der Quelle unterscheiden.

- Die Migration hat automatisch neue Nummern vergeben (etwa Ansprechpartner oder Aktivitäten, in SAP Business ByDesign auch Opportunitys).
- Sie haben die Vergabe neuer Nummern bei der Migration ausgewählt (Kundennummern, Lieferantennummern).
- Die Nummer wird in anderer Weise im Zielobjekt verwendet (Anlagen).
- Möglicherweise haben Sie auch schon beim Export die Schlüsselinformationen modifiziert, um Daten aus verschiedenen Quellsystemen unterscheiden zu können.

Zwar haben wir gezeigt, wie man aus dem Migrationstool die Umschlüsselungsinformationen exportieren kann (Migrationscockpit: **Aktionen • Wertkonvertierung herunterladen**), die zusätzlich notwendigen Verknüpfungen treiben den Aufwand aber erheblich in die Höhe, und für manche

Datenobjekte sind die Identifikatoren und Umschlüsselungen nicht transparent (z. B. bei Aktivitäten).

Praxistipp

Kundenspezifische Erweiterungsfelder

Legen Sie in den betroffenen Objekten jeweils kundenspezifische Erweiterungsfelder für die Schlüsselinformationen aus dem Quellsystem an. Dies kann im Einzelfall auch mehr als ein Feld sein, z. B.:

- *bei Kunden*: Kundennummer und Ansprechpartnernummer
- *bei Daten aus mehreren Quellsystemen*: Quellsystem und Schlüsselnummer in dieser Quelle

Bei großen Datenmengen arbeiten Sie mit mehreren Dateien je Objekt. Um die Abstimmung auf der Dateiebene effektiv zu gestalten, ist es hilfreich zu wissen, mit welcher Datei ein bestimmter Datensatz migriert worden ist. Am einfachsten geht das, wenn diese Information im Datensatz selbst ablesbar ist (Dateiname).

Möglicherweise werden Sie schon bei der Analyse von Datenfehlern in Testmigrationen dankbar sein, ohne weitere Suche sofort zu wissen, mit welcher Datei ein bestimmter Datensatz in das System gelangt ist.

Sobald die Abstimmungsarbeiten abgeschlossen sind, blenden Sie die Erweiterungsfelder mit einem Klick einfach wieder aus (Kontrollkästchen **Sichtbar**).

[+]

Kundenspezifisches Erweiterungsfeld anlegen

Das Thema Felderweiterungen geht über den Rahmen dieses Buches hinaus; daher beschränken wir uns hier auf eine »Kürzestanleitung«.

1. Navigieren Sie zu der Work-Center-Sicht des Objekts, in der Sie das Feld anlegen möchten (z. B. **Kundenmanagement • Kunden**).
2. Wählen Sie in der Menüleiste am oberen Bildrand **Anpassen • Anpassungsmodus öffnen**, und bestätigen Sie die erscheinende Meldung.
3. Wählen Sie in der Menüleiste **Anpassen • Layout bearbeiten**.
4. Im rechten Bereich klicken Sie unten auf **Kundenspezifische Felder**.
5. Bei **Liste von Feldern** wählen Sie **Hinzufügen**.
6. Wählen Sie den Geschäftskontext aus, und legen Sie Feldnamen fest. **Sichern** Sie Ihre eingaben.
7. In der Feldliste setzen Sie ein Häkchen in der Spalte **Sichtbar**.
8. Klicken Sie auf den Button **Veröffentlichen**, und bestätigen Sie die erscheinende Meldung (Kontrollkästchen nicht auswählen).
9. Wählen Sie in der Menüleiste **Anpassen • Anpassungsmodus verlassen**.

Ergebnisse dokumentieren

Wir empfehlen Ihnen, die verwendeten Migrationsvorlagen sowie die Importlogs und Umschlüsselungsinformationen zusammen mit den Arbeitsdateien der Abstimmung zu exportieren, um das Ergebnis der Migration zu dokumentieren.

6.8 Fazit

Sie haben nun die Migration in SAP Business ByDesign ausführlich kennengelernt. Dabei haben wir Ihnen gezeigt, wie Sie ein geführter Prozess mit dynamischen Aufgabenlisten durch alle Teilschritte der Migration leitet. Die Benutzerführung macht den Ablauf damit leichter zugänglich, vor allem für »Nicht-ITler« aus den Fachabteilungen (Verkauf, Einkauf, Buchhaltung usw.). Eine starke Beteiligung von Verantwortlichen aus den Fachabteilungen ist in jedem Fall notwendig, gerade bei Themen wie einer Übernahme der Finanzbuchhaltung. Sie haben gesehen, dass die Betriebswirtschaft, die hinter der Migration steckt, sich angesichts einer hohen Vielfalt betriebswirtschaftlicher Optionen nicht im gleichen Maß vereinfacht hat wie die technischen Abläufe in der Migration.

TEIL III

Alternative Verfahren

Kapitel 7
Batch-Input

Bei der Batch-Input-Technik werden die einzugebenden Daten in die Felder der Bildschirmmasken einer SAP-Transaktion übertragen. Wir geben Ihnen einen Überblick, wie Sie diese Technik zur Datenmigration nutzen können.

7

In diesem Kapitel machen wir Sie mit der Batch-Input-Technik vertraut, einer grundlegenden Dateneingabetechnik des SAP-Systems. Heute würde man die Technik eher unter dem Begriff *Prozessautomatisierung* einsortieren. Die Batch-Input-Technik ist die älteste, aber immer noch oft genutzte Technik, um einen Prozess aufzuzeichnen und diesen dann automatisiert abzuspielen.

[!]

Warum noch Batch-Input?

Grundsätzlich empfehlen wir die Nutzung der Batch-Input-Technik nur, wenn alle anderen Werkzeuge, wie z. B. das *SAP S/4HANA Migration Cockpit* (siehe Kapitel 3, »Datenmigration in SAP S/4HANA«) oder die *Legacy System Migration Workbench* (siehe Kapitel 9, »Legacy System Migration Workbench«), keine geeigneten Migrationsobjekte oder Lösungen zur Datenmigration anbieten.

Für die Erstellung von Batch-Input-Mappen können Sie entweder auf die von SAP bereits ausgelieferten Standard-Batch-Input-Programme zurückgreifen, oder Sie erstellen eine eigene Aufzeichnung. Für Letztere erfassen Sie im Rahmen einer Transaktionsaufzeichnung manuell einen beispielhaften Datensatz im SAP-System. Dabei müssen alle für die Datenübernahme relevanten Felder für diesen Datensatz mit Werten versorgt werden. Im Anschluss daran können Sie z. B. aus der Aufzeichnung per Knopfdruck ein ABAP-Programm erzeugen lassen. Dieses lässt sich dann nach ein paar kleinen Änderungen für die Datenübernahme verwenden.

7.1 Was ist Batch-Input?

Wollte man den Begriff *Batch-Input-Verarbeitung* ins Deutsche übersetzen, müsste es wohl »Stapel-Eingabe-Verarbeitung« (oder ähnlich) heißen. Da ein derartiges Wortungetüm recht unhandlich ist, ist man vermutlich der Einfachheit halber beim englischen Begriff geblieben.

Meistgenutzte Methode zur Datenübertragung

In den frühen Zeiten des SAP-Systems war die Batch-Input-Verarbeitung die einzige Technik, um Daten von außen in das SAP-System zu überführen. Mittlerweile sind andere Techniken (OData, SOAP, BAPIs, IDocs) hinzugekommen. Dennoch ist die Batch-Input-Verarbeitung auch heute noch eine vielgenutzte Technik. Die Gründe liegen einerseits in der naturgemäßen Nähe zu den in der On-Premise Welt immer noch häufig genutzten Dialogtransaktionen und andererseits in der umfangreichen Unterstützung, die der Benutzer durch das SAP-System erfährt. Beide Aspekte beleuchten wir näher in den nachfolgenden Abschnitten.

Wirkungsprinzip

Das Prinzip der Batch-Input-Verarbeitung besteht darin, die Eingabefelder der Bildschirmmasken (Dynpros) von SAP-Dialogtransaktionen im Hintergrund mit bereitgestellten Daten zu »füttern«. Hierdurch ist sichergestellt, dass alle Eingabe- und Berechtigungsprüfungen durchlaufen werden, die auch bei manueller Eingabe der Daten vorgenommen würden. Per Batch-Input importierte Daten sind daher ebenso korrekt und konsistent wie manuell über diese Dialogtransaktion erfasste Daten.

7.2 Wie funktioniert Batch-Input?

In diesem Abschnitt machen wir Sie mit der Batch-Input-Technik näher vertraut. Dabei erläutern wir Ihnen den zentralen Begriff der *Batch-Input-Mappe* und zeigen anschließend, wie eine derartige Batch-Input-Mappe erzeugt und verarbeitet werden kann.

7.2.1 Was ist eine Batch-Input-Mappe?

Kernstück der Batch-Input-Verarbeitung ist die sogenannte Batch-Input-Mappe. Eine Batch-Input-Mappe besteht aus einem oder mehreren Aufrufen von SAP-Transaktionen, zusammen mit den durch die Transaktionen zu verarbeitenden Daten. Für jeden Transaktionsaufruf, jede Bildschirmmaske und jedes Eingabefeld ist dabei angegeben, welcher Wert in das entsprechende Feld übertragen werden soll. Eine Batch-Input-Mappe ist gewissermaßen eine geordnete Folge von Arbeitsanweisungen an das SAP-System:

»Versorge in Transaktion X und Bildschirmmaske Y das Feld Z mit dem Wert A.« Sie können damit einen Geschäftsprozess oder Teile davon automatisiert ablaufen lassen.

ABAP-Dictionary-Struktur BDCDATA

Im SAP-System ist eine Batch-Input-Mappe gemäß der ABAP-Dictionary-Struktur BDCDATA abgelegt (*BDC* engl. *Batch Data Communication*), die den folgenden Aufbau hat:

1. PROGRAM: In diesem Feld wird der Name des ABAP-Programms abgelegt, zu dem das aktuelle Dynpro gehört.
2. DYNPRO: Hier wird die vierstellige Nummer des aktuellen Bildes abgelegt.
3. DYNBEGIN: In diesem Feld wird markiert, ob eine neue Bildschirmmaske (Wert X) oder eine neue Transaktion (Wert T) beginnt.
4. FNAM: Dieses Feld enthält den technischen Namen des Eingabefeldes.
5. FVAL: Dieses Feld enthält den Eingabewert.

Einen ersten Eindruck vermittelt Ihnen der in Tabelle 7.1 wiedergegebene Ausschnitt einer Batch-Input-Mappe, die SAP-Transaktion KS02 (Kostenstelle ändern) aufruft und mit Daten versorgt.

Nr.	PROGRAM	DYNPRO	DYNBEGIN	FNAM	FVAL
01		0000	T	KS02	BS
02	SAPLKMA1	0200	X		
03		0000		BDC_CURSOR	CSKSZ-KOSTL
04		0000		BDC_OKCODE	/00
05		0000		CSKSZ-KOKRS	A000
06		0000		CSKSZ-KOSTL	0010100000
07	SAPLKMA1	0299	X		
08		0000		BDC_OKCODE	=BU
09		0000		BDC_SUBSCR	SAPLKMA1.... .... 0300SUB-SCREEN_EINZEL
10		0000		BDC_CURSOR	CSKSZ-KTEXT
11		0000		CSKSZ-KTEXT	Standard

Tabelle 7.1 Ausschnitt aus einer Batch-Input-Mappe

Nr.	PROGRAM	DYNPRO	DYNBEGIN	FNAM	FVAL
12		0000		CSKSZ-LTEXT	Dummy Kostenstelle
13		0000		CSKSZ-VERAK	Finkbohner
14		0000		CSKSZ-KOSAR	W
15		0000		CSKSZ-KHINR	0001
16		0000		CSKSZ-BUKRS	1010
17		0000		CSKSZ-PRCTR	YB000

Tabelle 7.1 Ausschnitt aus einer Batch-Input-Mappe (Forts.)

Tabelle 7.2 erläutert Ihnen, was die Zeilen 01 bis 17 im Einzelnen bedeuten:

Nr.	Erläuterung
01	Transaktion KS02 wird aufgerufen.
02	Das Dynpro 0200 aus dem Programm SAPLKMA1 wird aufgerufen.
03	Der Cursor wird im Feld CSKSZ-KOSTL (Kostenstelle) positioniert.
04	Der Funktionscode (OK-Code) 00 wird ausgelöst. Dies entspricht dem Drücken der Taste [↵].*
05	In das Feld CSKSZ-KOKRS (Kostenrechnungskreis) wird der Wert »A000« eingetragen.
06	In das Feld CSKSZ-KOSTL (Kostenstelle) wird der Wert »0010100000« eingetragen.
07	Das Dynpro 0299 aus dem Programm SAPLKMA1 wird aufgerufen.
08	Der Funktionscode (OK-Code) BU wird ausgelöst. Dies entspricht dem Drücken der Taste Save.
09	Das Subscreen-Dynpro 0300 wird gerufen. Der Feldwert ist die Aneinanderreihung von Subscreen-Programmname (40 Zeichen), Subscreen-Dynpro-Nummer (4 Stellen) und Subscreen-Name im aufrufenden Dynpro (30 Zeichen). Fehlende Stellen im Programmnamen sind mit Leerzeichen aufzufüllen. Die oben aufgeführten Punkte ›...‹ repräsentieren hier im Buch die aufgefüllten Leerzeichen.

Tabelle 7.2 Erläuterung zur Batch-Input-Mappe aus Tabelle 7.1

Nr.	Erläuterung
10	Der Cursor wird im Feld CSKSZ-PRCTR (Profit Center) positioniert.
11	In das Feld CSKSZ-KTEXT (Bezeichnung) wird der Wert »Standard« eingetragen.
12	In das Feld CSKSZ-LTEXT (Beschreibung) wird der Wert »Dummy Kostenstelle« eingetragen.
13	In das Feld CSKSZ-VERAK (Verantwortlicher) wird der Wert »Finkbohner« eingetragen.
14	In das Feld CSKSZ-KOSAR (Art der Kostenstelle) wird der Wert »W« eingetragen.
15	In das Feld CSKSZ-KHINR (Hierarchiebereich) wird der Wert »0001« eingetragen.
16	In das Feld CSKSZ-BUKRS (Buchungskreis) wird der Wert »1010« eingetragen.
17	In das Feld CSKSZ-PRCTR (Profit-Center) wird der Wert »YB000« eingetragen.
* Der Funktionscode (OK-Code) wird selbstverständlich erst dann ausgelöst, wenn die Eingabefelder des Dynpros mit Werten versorgt sind, also nach der Zeile 06.	

Tabelle 7.2 Erläuterung zur Batch-Input-Mappe aus Tabelle 7.1 (Forts.)

Sie haben nun eine Vorstellung davon, was eine Batch-Input-Mappe leistet und wie sie aufgebaut ist. Davon ausgehend, stellen sich im Wesentlichen zwei Fragen:

- Wie erzeugt man eine Batch-Input-Mappe?
- Wie verarbeitet man eine Batch-Input-Mappe?

Beginnen wir mit der einfacheren, also mit der zweiten Frage.

7.2.2 Wie verarbeitet man eine Batch-Input-Mappe?

Modi der Batch-Input-Verarbeitung

Im Zusammenhang mit der Verarbeitung einer Batch-Input-Mappe spricht man häufig auch vom Abspielen der Batch-Input-Mappe. Das SAP-System bietet Ihnen drei verschiedene Möglichkeiten (Modi), um eine Batch-Input-Mappe zu verarbeiten bzw. abzuspielen:

- **Sichtbar abspielen**
  In diesem Modus wird Ihnen jedes Bild mit den eingestellten Daten angezeigt. Mit der Taste [↵] gelangen Sie jeweils zum nächsten Bild. Fehlerhafte Transaktionen können Sie dabei interaktiv korrigieren. Mit dem OK-Code /n können Sie die aktuelle Transaktion verlassen und zur nächsten springen. Mit dem OK-Code /bend können Sie die Verarbeitung der Batch-Input-Mappe abbrechen und gegebenenfalls zu einem späteren Zeitpunkt wieder aufnehmen.

  Es ist offensichtlich, dass dieser Modus nicht für eine große Anzahl von Transaktionen geeignet ist.

- **Nur Fehler anzeigen**
  Dieser Modus gleicht dem Modus **Sichtbar abspielen**, außer dass Transaktionen, die noch nicht ausgeführt wurden und keine Fehler enthalten, nicht sichtbar (interaktiv), sondern im Hintergrund ablaufen. Tritt ein Fehler auf, wird die Hintergrundverarbeitung unterbrochen und das Dynpro angezeigt, bei dem der Fehler auftritt. Ist der Fehler korrigiert, wird von der Dialogverarbeitung wieder in die Hintergrundverarbeitung gewechselt, und zwar so lange, bis die nächste Fehlersituation auftritt oder die Batch-Input-Mappe verarbeitet ist. Sie können über den OK-Code /bda in den Sichtbar-abspielen-Modus umschalten. Mittels /bde springen Sie dann wieder in den Nur-Fehler-anzeigen-Modus zurück.

- **Im Hintergrund**
  Bei diesem Modus wird eine Batch-Input-Mappe für die Verarbeitung im Hintergrund eingeplant.

Prinzipien der Batch-Input-Verarbeitung

Grundsätzlich gelten für die Verarbeitung einer Batch-Input-Mappe folgende Prinzipien (siehe Abbildung 7.1):

- Transaktionen, die erfolgreich verarbeitet werden konnten, werden aus der Batch-Input-Mappe entfernt.
- Fehlerhafte Transaktionen verbleiben in der Batch-Input-Mappe und sind manuell zu korrigieren und zu verarbeiten.
- Konnten alle Transaktionen einer Batch-Input-Mappe erfolgreich verarbeitet werden, wird die gesamte Batch-Input-Mappe gelöscht.
- Sie können beim Erstellen einer Batch-Input-Mappe angeben, dass die Mappe »gehalten« werden soll. In diesem Fall wird die Batch-Input-Mappe auch bei fehlerfreier Verarbeitung nicht aus der Batch-Input-Mappen-Übersicht gelöscht. Dies kann für die Dokumentation genutzt werden. Generell gilt jedoch, dass eine Batch-Input-Mappe stets nur einmal abgespielt werden kann.

- Die Verarbeitung einer Batch-Input-Mappe wird in einem detaillierten Protokoll festgehalten.

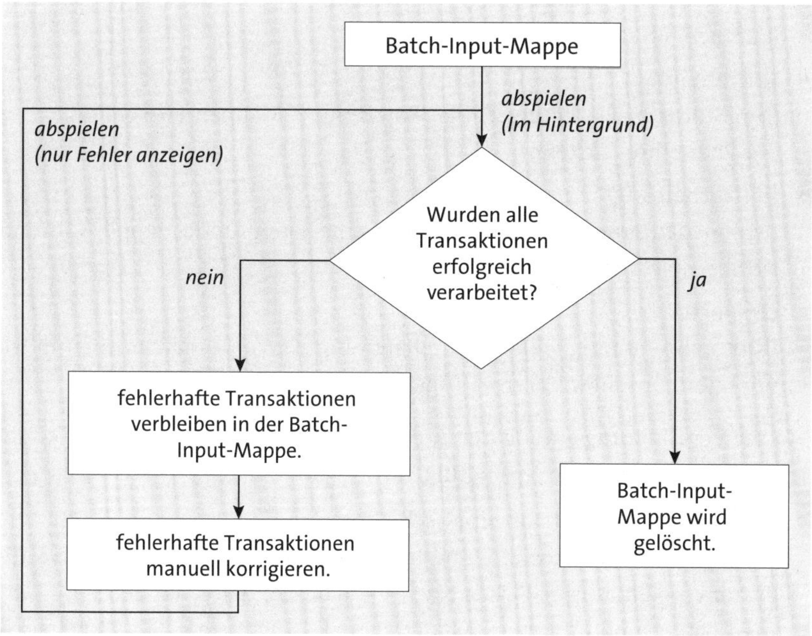

Abbildung 7.1 Batch-Input-Mappe abspielen

Status

Um auf einen Blick erkennen zu können, in welchem Zustand der Verarbeitung sich eine Batch-Input-Mappe befindet, muss man auf ihren Status achten. Dieser kann die folgenden Werte annehmen:

- **Neu**
  Batch-Input-Mappen mit dem Status **Neu** stehen zur Verarbeitung bereit, sind aber noch nicht verarbeitet worden.
- **Fehlerhaft**
  Hat eine Batch-Input-Mappe den Status **Fehlerhaft**, bedeutet dies, dass entweder die Verarbeitung aufgrund fehlerhafter Transaktionen nicht vollständig durchgeführt werden konnte oder die Verarbeitung im »hellen Modus« – **Sichtbar abspielen** oder **Nur Fehler anzeigen** – vorzeitig abgebrochen wurde.
- **Verarbeitet**
  Wie bereits erwähnt, werden erfolgreich verarbeitete Batch-Input-Mappen in der Regel gelöscht: Ist jedoch für eine Batch-Input-Mappe die Option **Mappe halten** gesetzt und wurde diese erfolgreich verarbeitet, wird ihr der Status **Verarbeitet** zugewiesen. Verarbeitete Batch-Input-Mappen

verbleiben so lange im SAP-System, bis sie von einem periodischen Reorganisationslauf gelöscht werden.

Fehlerhafte Batch-Input-Mappen werden von diesem Reorganisationslauf nicht erfasst.

- **In Erstellung**
  Den Status **In Erstellung** haben Batch-Input-Mappen ausschließlich in der Phase ihrer Erstellung.
- **In Bearbeitung**
  Im Status **In Bearbeitung** befindet sich eine Batch-Input-Mappe, während sie abgespielt wird.
- **Gesperrt**
  Es besteht die Möglichkeit, eine Batch-Input-Mappe zu sperren, um sie vor unerwünschter Verarbeitung zu schützen.

Weitere Optionen

Für die Verarbeitung einer Batch-Input-Mappe stehen Ihnen weitere Steuerungsmöglichkeiten zur Verfügung, die wir hier nur kurz vorstellen:

- **Batch-Input-Mappen automatisch abspielen**
  Wenn etwa im Rahmen einer periodischen Datenübernahme in das SAP-System regelmäßig (z. B. jede Nacht) von den entsprechenden Programmen Batch-Input-Mappen erzeugt werden, sollen sie in der Regel auch automatisch abgespielt werden. Das automatische Abspielen einer oder mehrerer Batch-Input-Mappen wird durch einen geeigneten Aufruf des ABAP-Programms `RSBDCSUB` erreicht. Diesem Programm können Sie die folgenden Selektionsparameter übergeben:
  - Namen der Batch-Input-Mappe(n)
  - Datum und Uhrzeit der Erstellung
  - Status (abspielbereit oder fehlerhaft)
- **Batch-Input-Mappen löschen**
  Wenn Sie eine Batch-Input-Mappe in der Liste nicht mehr benötigen, können Sie diese manuell löschen. Löschen Sie jedoch keine Batch-Input-Mappen, die noch unverarbeitete Transaktionen enthalten, also solche mit dem Status **Neu** oder **Fehlerhaft**. Derartige Transaktionen müssen Sie erst korrigieren und verarbeiten oder die Daten der Transaktionen auf andere Weise in das SAP-System eingeben.
- **Batch-Input-Mappen sperren und entsperren**
  Sie können eine Batch-Input-Mappe sperren, um zu verhindern, dass das System sie vor einem von Ihnen festgelegten Datum abspielt.

Transaktion SM35

Diese und weitere Funktionen im Zusammenhang mit Batch-Input-Mappen finden Sie in Transaktion SM35 (Batch-Input: Mappenübersicht) zusammengefasst. Diese Transaktion erreichen Sie über den Menüpfad **System • Dienste • Batch-Input • Mappen**. Transaktion SM35P (Batch-Input: Protokollübersicht), über die Sie die Protokolle von abgespielten Mappen sehen, rufen Sie über den Menüpfad **System • Dienste • Batch-Input • Protokolle** auf.

Wenden wir uns nun der schwierigeren der beiden Fragen zu:

7.2.3 Wie erzeugt man eine Batch-Input-Mappe?

Batch-Input-Mappen können grundsätzlich auf drei verschiedene Arten erzeugt werden:

1. aus einer Batch-Input-Aufzeichnung heraus
2. mittels eines ABAP-Programms
3. aus einem Standard-Batch-Input-Programm heraus

Abbildung 7.2 zeigt Ihnen diese drei Arten der Batch-Input-Mappen-Erzeugung.

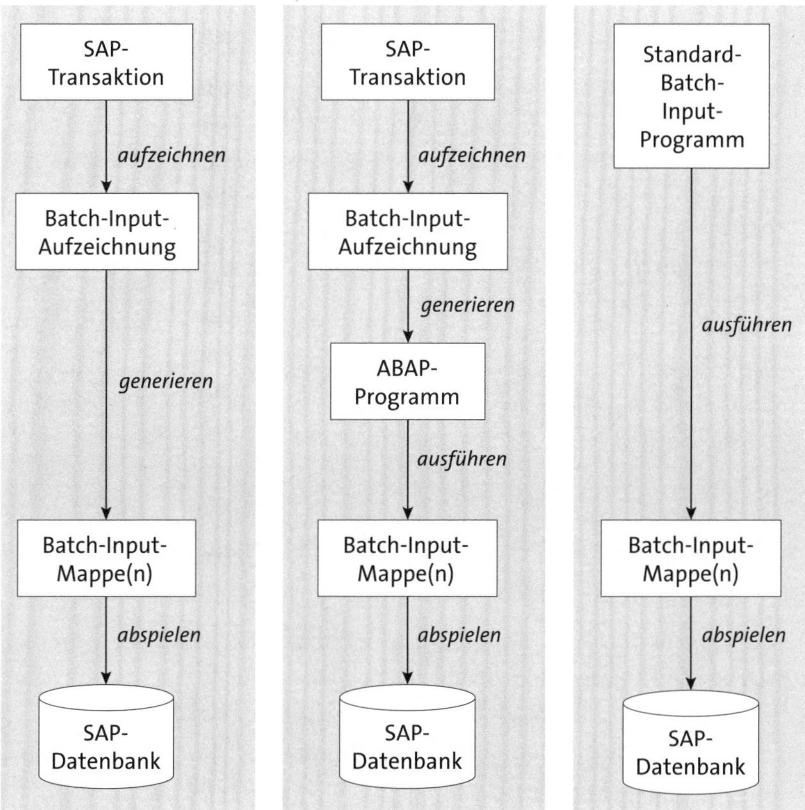

Abbildung 7.2 Verfahren zum Erzeugen von Batch-Input-Mappen

Batch-Input-Mappe aus der Aufzeichnung

- Mithilfe des SAP-Transaktionsrecorders werden Transaktionsabläufe aufgezeichnet. Man spricht hier von *Batch-Input-Aufzeichnungen* oder einfach nur von *Aufzeichnungen*. Aus einer derartigen Aufzeichnung lässt sich per Knopfdruck eine Batch-Input-Mappe generieren. Die zugehörige Transaktion im SAP-System ist SHDB (Transaktionsrecorder Batch-Input).
- Die in Kapitel 9, »Legacy System Migration Workbench«) vorgestellte *Legacy System Migration Workbench* (LSMW) enthält einen eigenen Transaktionsrecorder.

Batch-Input-Mappe aus dem Programm

Mithilfe eines geeigneten ABAP-Programms können Batch-Input-Mappen erzeugt werden. Hierbei unterscheiden wir zwei Arten von Programmen:

- Das SAP-System bietet die Möglichkeit, aus einer Batch-Input-Aufzeichnung heraus per Knopfdruck ein ABAP-Programm zu erzeugen. In der Regel muss ein derart generiertes Programm manuell nachbearbeitet werden.
- Mit dem SAP-System erhalten Sie darüber hinaus eine Reihe von sogenannten Standard-Batch-Input-Programmen.

[»]

Batch-Input-Standardprogramme in SAP S/4HANA

Unter SAP S/4HANA sollten Sie diese Programme nur noch nutzen, wenn diese auch für SAP S/4HANA freigegeben wurden. Einige dieser Programme basieren auf SAP-ERP-Transaktionen und sind gar nicht oder nur eingeschränkt unter SAP S/4HANA nutzbar. Prüfen Sie also, ob diese Reports bzw. Transaktionen auf der Simplification List stehen. Suchen Sie auch nach aktuellen SAP-Hinweisen oder Knowledge-Base-Artikeln, bevor Sie auf Probleme stoßen. Ist eines dieser Standardprogramme in der LSMW aufgeführt, heißt das noch lange nicht, dass es auch für SAP S/4HANA freigegeben ist.

7.2.4 Batch-Input-Aufzeichnung: Generelle Vorgehensweise

Schritte der Datenmigration

Die Vorgehensweise lässt sich in verschiedene Einzelschritte unterteilen:

1. Die Transaktion, mit der die Altdaten in das SAP-System übernommen werden sollen, wird identifiziert.
2. Die identifizierte Transaktion wird exemplarisch mit einem typischen zu übernehmenden Datensatz ausgeführt und vom Transaktionsrecorder oder von der LSMW aufgezeichnet.

3. Aus dieser Aufzeichnung wird per Knopfdruck der ABAP-Quellcode bzw. innerhalb der LSMW die entsprechende Zielstruktur generiert.
4. Das auf diese Weise generierte ABAP-Programm bildet die Grundlage für die Datenübernahme. Es muss den konkreten Gegebenheiten der Migration jedoch manuell angepasst werden.

7.3 Vor- und Nachteile des Batch-Input-Verfahrens

Sicher, aber langsam

Während des Batch-Input-Verfahrens werden umfangreiche Prüfungen beim Einlesen der Daten in das SAP-System (beim Abspielen der Batch-Input-Mappe) durchgeführt. Die Prüfungen entsprechen den Prüfungen aus der Dialogverarbeitung. Hierdurch wird das Risiko fehlerhaft eingegebener Datensätze minimiert. Diese zusätzlichen Prüfungen gehen allerdings zulasten der Performance. So übergibt die Batch-Input-Schnittstelle in Abhängigkeit von der Hardwareumgebung und der Systemkonfiguration lediglich zwischen 10 und 40 Datensätze pro Minute an den Datenbankserver des SAP-Systems. Insbesondere das Laden eines Dynpros in den Speicher ist einer der Hauptfaktoren der schlechten Performance des Verfahrens.

Komfortable Fehlerbearbeitung

Fehlerhafte Transaktionen, die vom SAP-System beim Abspielen der Batch-Input-Mappe nicht verarbeitet werden können, verbleiben in der Batch-Input-Mappe (*Fehlermappe*). Erfolgreich ausgeführte Transaktionen werden hingegen aus der Batch-Input-Mappe entfernt. Auf diese Weise ist sichergestellt, dass Sie im Rahmen der Fehlerbearbeitung, d. h. beim erneuten, nun sichtbaren Abspielen der Batch-Input-Mappe, nur mit fehlerhaften Transaktionen konfrontiert werden, die einer manuellen Nachbearbeitung bedürfen. Dabei ist es unbedeutend, ob Sie die fehlerhafte Batch-Input-Mappe sofort vollständig verarbeiten oder die Verarbeitung portionieren und zu einem späteren Zeitpunkt weiterbearbeiten bzw. von einem anderen Mitarbeiter weiterbearbeiten lassen.

Standard-Batch-Input-Programme

Das SAP-System enthält im Lieferumfang für eine Reihe von Applikationen Standard-Batch-Input-Programme, die Sie für Ihre Datenmigration – beispielsweise in Kombination mit der LSMW – verwenden können. Hierdurch können Sie zum einen alle bisher genannten Vorzüge der Batch-Input-Technik nutzen; zum anderen profitieren Sie zusätzlich von der übersichtlichen Benutzerführung der LSMW.

Standard-Batch-Input-Programme sind normalerweise in der Lage, für einen Satz von Eingabedaten die dazu passende Bildfolge in der Batch-Input-Mappe zu erzeugen, sodass diese fehlerfrei abgespielt werden kann.

Zeichnet nur Dynpros auf

Ein großer Nachteil des in die Jahre gekommenen Batch-Input-Verfahrens ist die Einschränkung auf die Aufzeichnung von Dynpros. Zusätzlich kommt dann noch hinzu, dass hier auch nicht mehr alle Arten »neuerer« Dynpro-Elemente unterstützt werden und damit Dialogtransaktionen im »neuen« Design der Nuller-Jahre überhaupt nicht mehr aufgezeichnet werden können. Neuere Prozessautomatisierungslösungen von SAP sind hier viel flexibler.

Call Transaction vs. Batch-Input

Wie in Abschnitt 7.2.4, »Batch-Input-Aufzeichnung: Generelle Vorgehensweise«, bereits beschrieben, stehen Ihnen beim Ausführen eines Batch-Input-Programms grundsätzlich zwei Möglichkeiten zur Verarbeitung der bereitgestellten Daten zur Verfügung (einzelne Standard-Batch-Input-Programme bieten diese Möglichkeit ebenfalls):

- **Verarbeitung mit Call Transaction**
  Mit Call Transaction werden die Daten prinzipiell schneller verarbeitet als mit Batch-Input-Mappen. Im Gegensatz zu Batch-Input-Mappen unterstützt das Call-Transaction-Verfahren jedoch nur bedingt interaktive Korrektur- oder Protokollfunktionen.

  Darüber hinaus ermöglicht diese Technik eine synchrone Verarbeitung der Daten. Sie können beim Ausführen des Programms über das Selektionsbild bestimmen, ob eine synchrone oder eine asynchrone Datenbankverbuchung gewünscht wird. Eine asynchrone Verbuchung ist für eine stetige Systemauslastung sinnvoll.
- **Kombinierte Verarbeitung mit Batch-Input und Call Transaction**
  Auf die generellen Vorzüge des Batch-Input-Verfahrens, wie z. B. Datensicherheit und Fehlerbearbeitungsmöglichkeiten, wurde bereits eingegangen. Sollen diese Vorzüge nun mit einer verbesserten Performance der Datenübernahme einhergehen, sollten Sie über einen kombinierten Einsatz des Batch-Input- und des Call-Transaction-Verfahrens nachdenken. Hierzu müssen Sie sich beim Ausführen des Datenübernahmeprogramms für das Call-Transaction-Verfahren entscheiden und zusätzlich eine Fehlermappe benennen, in die alle fehlerhaften Transaktionen gestellt werden, die das Call-Transaction-Verfahren nicht verarbeiten kann. Sobald das Programm beendet ist, kann mit der manuellen Nachbearbeitung der Fehlermappe begonnen werden. Mit dieser Vorgehensweise können Sie zwei auf den ersten Blick unvereinbare Ziele der Datenübernahme miteinander verbinden: Schnelligkeit und Datensicherheit.

Programmierung erforderlich

Sobald Sie allerdings Daten übernehmen möchten, für die keine Standard-Batch-Input-Programme zur Verfügung stehen, wird sich bei »traditioneller« Vorgehensweise eine eigene Programmierung nicht vermeiden lassen.

Auch wenn diese Programme weitestgehend vom SAP-System auf der Basis einer zugrundeliegenden Aufzeichnung automatisch generiert werden, bedarf es einer Erweiterung des Codings und damit zumindest rudimentärer ABAP-Kenntnisse. Beispielsweise muss das Programm mit zusätzlicher Funktionalität ausgestattet werden, die es erlaubt, mehr als nur einen Datensatz, d. h. eine gesamte Übernahmedatei in das SAP-System zu laden und zu verarbeiten (siehe Abschnitt 7.2.4, »Batch-Input-Aufzeichnung: Generelle Vorgehensweise«).

Besonderheiten einer Aufzeichnung

Ein aus einer Aufzeichnung generiertes Programm bildet exakt den Ablauf dieser Aufzeichnung ab. SAP-Transaktionen können sich jedoch für verschiedene Eingabedaten unterschiedlich verhalten. Dies bedeutet, dass die Abfolge der Bildschirmbilder nicht immer gleich ist, sondern häufig von den gewählten Eingabedaten abhängt.

Ein generiertes Batch-Input-Programm kennt jedoch nur die Bildfolge der zugrundeliegenden Aufzeichnung. Demnach müssen Sie, um auf die Möglichkeit sich ändernder Bildschirmbilder programmtechnisch reagieren zu können, alternative Bildfolgen in der Programmlogik hinterlegen, die in Abhängigkeit von einer bestimmten Bedingung zu verarbeiten sind. Dies bedeutet wiederum, dass Sie verschiedene Aufzeichnungen zu einer Transaktion erstellen müssen, die allen Eventualitäten Rechnung tragen, um daraus den entsprechenden Quellcode generieren zu lassen. Diese Aufgabe kann also durchaus komplexe Gestalt annehmen.

Problemfall

Sie können nicht davon ausgehen, dass Sie für alle SAP-Transaktionen mittels Aufzeichnung stets ein Umfeld für die Datenübernahme bereiten können, das die gewünschten Batch-Input-Mappen produziert. Daher sind Aufzeichnungen grundsätzlich zu verwerfen, wenn die Anzahl an Positionssätzen pro Datensatz variieren kann. Eine derartige Situation ist beispielsweise dann gegeben, wenn Belege übernommen werden sollen. In Extremfällen können sowohl Belege vorliegen, die nur eine einzige Position haben, als auch solche, die aus mehreren Hundert Positionen bestehen.

Selbst wenn Sie das aus einer entsprechenden Aufzeichnung generierte Programm mit einiger Programmierkunst auf dieses Spektrum an Eventualitäten vorbereiten können, ist es hier nicht unsere Absicht, näher darauf einzugehen. Wir empfehlen Ihnen in solchen Situationen vielmehr, das in Kapitel 3, »Datenmigration in SAP S/4HANA«, vorgestellte SAP S/4HANA Migration Cockpit. Mit diesem Werkzeug und den über 200 vorausgelieferten Migrationsobjekten können Sie quasi fast jedes Geschäftsobjekt auf elegantere Art und Weise und ohne Programmierung importieren.

7.4 Fazit

Wie Sie gesehen haben, kann die auf einer Batch-Input-Aufzeichnung basierende Datenübernahme auf eigene Programmierung oft nicht verzichten – wenngleich das Coding größtenteils automatisch generiert wird und nur noch punktuell anzupassen ist. Das SAP-Datenübernahmewerkzeug LSMW (Transaktion LSMW) bietet die Möglichkeit, Transaktionen, ähnlich wie mit dem Transaktionsrecorder, aufzuzeichnen und dann ganz ohne Coding in die LSMW zu integrieren. Details zu diesem Vorgehen finden Sie in Abschnitt 9.3, »Aufzeichnungen«.

[+]

Weitere Infos zu Batch-Input – BDC

In dem SAP-Community-Wiki finden sie unter dieser URL weitere interessante Information zu Batch-Input-BDC:

https://wiki.scn.sap.com/wiki/display/ABAP/Batch+Input+-+BDC

[»]

Die Zukunft von Aufzeichnungen

Mit *SAP Intelligent Robotic Process Automation* (SAP Intelligent RPA) liefert SAP eine Lösung aus, mit der sie wiederkehrende Prozesse automatisieren können. SAP Intelligent RPA wird z. B. in SAP S/4HANA Cloud eingesetzt, um Geschäftsprozesse nach einem Release-Upgrade zu testen. Es kann aber, ähnlich wie früher, das *Extended Computer Aided Test Tool* (eCATT) theoretisch auch zur Datenübernahme genutzt werden. Mehr zur Lösung finden Sie in der SAP Community unter *https://community.sap.com/topics/intelligent-rpa* oder im SAP Help Portal unter *https://help.sap.com/docs/IRPA*

Kapitel 8
IDoc und ALE-Verteilung

In diesem Kapitel stellen wir Ihnen IDocs als Schnittstellentechnologie und Methode der Datenmigration vor. Wir geben Beispiele, wie diese Technik über die ALE-Verteilung verwendet werden kann, und stellen ein Werkzeug zum Bearbeiten von IDoc-Dateien vor.

In diesem Kapitel geben wir Ihnen zuerst einführende Informationen zum Thema IDoc. Wir erläutern Ihnen den Ursprung und den Einsatz von IDocs und wie Sie IDocs im System einrichten. Sie lernen die wichtigsten Transaktionen und typischen Begriffe rund um das Thema IDoc kennen. Anschließend erhalten Sie wichtige Tipps zur Performanceoptimierung.

Im zweiten Teil stellen wir Ihnen die Nutzung der *ALE*-Verteilung (*Application Link Enabling*) für den Gebrauch bei einer Datenübernahme vor. Dazu nehmen wir das gängige Szenario der Verteilung von Klassen und Merkmalen und geben zusätzliche Informationen zur Produktdatenverteilung. Abschließend benennen wir die Vor- und Nachteile der Nutzung von IDocs und des ALE-Verfahrens.

8.1 Einführung in die Intermediate Documents (IDocs)

In diesem Abschnitt stellen wir Ihnen die Interface-Technologie IDoc (Intermediate Document) und deren Hintergrund vor; IDocs sind wichtige Schnittstellen im Rahmen einer SAP-Datenübernahme. IDocs werden sowohl bei der Stammdatenverteilung über ALE (siehe Abschnitt 8.2, »Stammdatenverteilung«), beim Einsatz der Legacy System Migration Workbench (LSMW), siehe Kapitel 9 und der Datenmigration mittels SAP Data Services verwendet. Außerdem möchten wir Ihnen das Wissen vermitteln, um alle nötigen Schritte für das IDoc-Setup und die Performanceoptimierung im SAP-System selbst durchführen zu können.

8.1.1 Warum IDocs als Schnittstelle?

EDI und ALE

Historisch liegt der Ursprung der heutigen IDocs noch weit vor der Verwendung von XML-Strukturen im Bereich des *Electronic Data Interchange* (EDI). Bei EDI kam es zu einem Austausch von Dateien in einer wohldefinierten Struktur, einer Vorgängerin der heutigen IDoc-Struktur. Diese IDoc-Struktur wurde später innerhalb der SAP-Kommunikation auch für ALE (siehe Abschnitt 8.2, »Stammdatenverteilung«) eingesetzt, wobei in diesem Fall die IDocs anstatt über Dateien über Remote Function Call (RFC) ausgetauscht werden. Beiden Einsatzbereichen gemein ist, dass nicht wie im Fall von XML jedes Mal die Metadaten mit den eigentlichen Daten mitgeschickt werden. Daher ist es bei der IDoc-Kommunikation ganz wichtig, dass beide Kommunikationspartner dieselbe IDoc-Definition für einen bestimmten IDoc-Typ kennen, um sich zu verstehen. Dadurch ergibt sich der Nachteil gegenüber XML, dass man ohne Kenntnis dieser »Schablone« nichts mit den Daten anfangen kann. Der Vorteil ist, dass die Größe der Nachricht lediglich dem Nachrichteninhalt entspricht und keinen Overhead hat. Heute kann man IDocs jedoch auch in XML darstellen und sowohl über XML-Dateien als auch über Webservices als XML-String zwischen SAP-Systemen austauschen.

8.1.2 Einsatz von IDocs

Segmente

In einem SAP-S/4HANA-Standardsystem gibt es zahlreiche IDocs, die von den einzelnen Anwendungsbereichen innerhalb von SAP mit Mitteln der IDoc-Technologie und IDoc-Entwicklungswerkzeugen entwickelt wurden. Ein IDoc ist dabei eine hierarchisch geschachtelte Struktur, und die einzelnen Datensätze eines IDocs heißen *Segmente*. Neben der hierarchischen Struktur besteht ein IDoc auch immer aus einem *Ausgangsfunktionsbaustein* zum Senden von Daten und einem *Eingangsfunktionsbaustein* zum Empfangen und Weiterverarbeiten von IDocs. Im Fall der Datenmigration mit *LSMW* aus Kapitel 9 werden die Eingangs-IDocs als Dateien im SAP-Zielsystem gespeichert und die Dateieingangsverarbeitung lokal angetriggert. Im Fall des Tools *SAP Data Services* werden die IDocs über RFC an das SAP-Zielsystem geschickt. In beiden Fällen ist für die Datenmigration lediglich der IDoc-Eingang im SAP-Zielsystem wichtig.

IDoc-Statuswerte

Ein IDoc im SAP-System hat zu jeder Zeit einen definierten Status. Die für die Datenübernahme wichtigsten Statuswerte im IDoc-Eingang sind:

- **Status 64 (Wartestatus)**
  Das IDoc ist übergabebereit an die Anwendung.
- **Status 53 (IDoc erfolgreich verbucht)**
  Der Anwendungsbeleg wurde gebucht.

- **Status 51 (IDoc fehlerhaft)**
  Der Anwendungsbeleg wurde nicht gebucht.

Nachrichtentyp und Basistyp

Man unterscheidet *IDoc-Nachrichtentypen*, die die Semantik eines IDocs angeben, und *IDoc-Basistypen*, die die Syntax bestimmen. Zum Beispiel ist der IDoc-Nachrichtentyp `DEBMAS` für Kundendaten zuständig, während die Basistypen `DEBMAS08` oder `DEBMAS07` als unterschiedliche Versionen die genaue Syntax der Segmente und aller Felder darin angeben. Das Versionskonzept sieht vor, dass stets Felder und Segmente hinzukommen können – niemals aber Felder wegfallen. Damit umfasst `DEBMAS08` die gesamte Funktionalität von `DEBMAS07`. Es ist sichergestellt, dass sowohl ein neueres System mit einem älteren IDoc umgehen kann (Aufwärtskompatibilität), als auch, dass ein neueres System mit niedrigerer Version an ein älteres System IDocs schicken kann (Abwärtskompatibilität). Die Beziehung zwischen Nachrichten- und Basistyp ist aber nicht immer 1:n, wie es hier den Anschein hat. Der IDoc-Basistyp `ORDERS05` überträgt z. B. die logischen Nachrichtentypen `ORDERS` (Bestellung) und `ORDRSP` (Bestellbestätigung) – wodurch sich die Bedeutung der IDoc-Nachricht unterscheidet.

8

IDoc-Typ

Für IDocs gibt es außerdem ein Erweiterungskonzept, wodurch beispielsweise eine IDoc-Erweiterung `ZDEBMAS08` entstehen kann, die zusätzliche kundenspezifische Felder oder Kundensegmente im sogenannten *IDoc-Typ* vereint.

Tiefer als mit diesem Überblick müssen wir gar nicht in die IDoc-Technologie eintauchen. Die Tools, wie z. B. die LSMW und SAP Data Services, übernehmen für uns die Arbeit. In beiden Fällen wird von dem jeweiligen Tool sichergestellt, dass die IDocs mit korrektem IDoc-Kontrollsatz und mit der korrekten Syntax aufgebaut werden.

BDBG und BAPI

Im Laufe der Zeit haben sich IDocs als stabile und konsistente, mit einem ausgeklügelten Versionskonzept ausgestattete Schnittstellen erwiesen. Außerdem sind IDocs sehr verbuchungssicher, da es bei einem Abbruch immer zu einem kompletten *Rollback* kommt und die IDocs zur erneuten Verarbeitung bereitstehen. Dies sind auch die Gründe, warum SAP mit Transaktion BDBG ein Generierungstool zur Verfügung stellt, das auf Knopfdruck aus einem asynchronen BAPI eine IDoc-Schnittstelle generieren kann. Asynchrone BAPIs sind dabei genau jene, die Daten in ein System laden können, anstatt eine Operation auszuführen und eine Antwort zu geben. Sie geben lediglich eine Information über Erfolg oder Misserfolg zurück, ähnlich einem klassischen IDoc. Mit Transaktion BDBG wurde es möglich, die IDoc-Welt erheblich zu erweitern.

Die meisten BAPIs werden heute bereits mit der sogenannten *BAPI-/ALE-Schnittstelle* ausgeliefert. Dadurch werden eine IDoc-Struktur und ein IDoc-Typ aus dem BAPI generiert. Dabei ist das IDoc eine Art Hülle um das BAPI herum. Verschickt werden die Daten als IDoc, anstatt ein BAPI direkt remote in einem entfernten System aufzurufen. Das IDoc wird dann im Eingang ausgepackt und das BAPI lokal im Zielsystem aufgerufen. Im Wesentlichen ist ein BAPI nämlich ein SAP-Funktionsbaustein mit einem definierten Interface und einer Dokumentation. Der Vorteil liegt darin, dass wie beim Application Link Enabling der Sendeprozess vom Verarbeitungsprozess entkoppelt wird. Anderenfalls müsste die Verbindung zwischen den Systemen während der gesamten BAPI-Verarbeitungszeit geöffnet bleiben.

Abbildung 8.1 zeigt exemplarisch das Ergebnis einer ALE-Schnittstelle für das BAPI des Objekttyps `BUS7050` und der Methode `CREATEFROMDATA`. Dieses BAPI dient zur Übernahme von Claims und wird nicht mit einer generierten IDoc-Schnittstelle ausgeliefert.

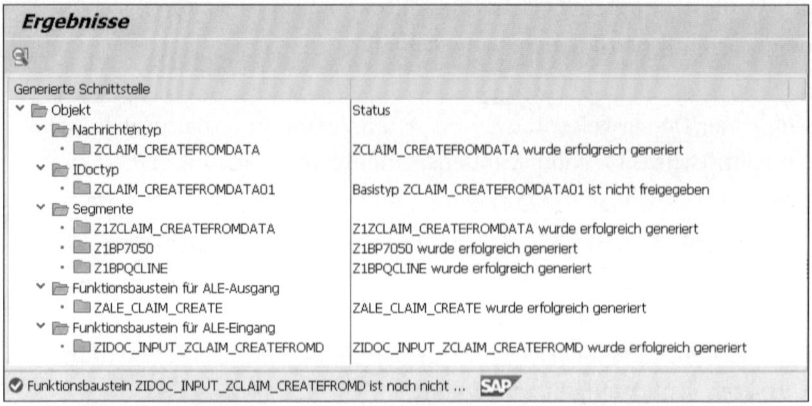

Abbildung 8.1 Ergebnis einer BDBG-Generierung

Ein Großteil der Business Objects von SAP wird mit dieser Technologie abgedeckt, und es ist technisch kein Unterschied, ob am Ende ein IDoc-Eingangsfunktionsbaustein oder ein BAPI gerufen wird. Der Anwender bemerkt diesen Unterschied nicht einmal.

[»]

Wichtige IDoc-Transaktionen im Rahmen der Datenmigration

Folgende IDoc-Transaktionen stehen Ihnen für die Datenmigration zur Verfügung:

- SALE – IDoc-Customizing
- WE19 – IDoc-Testwerkzeug
- WE20 – IDoc-Partnervereinbarungen

- WE21 – IDoc-Portpflege
- WE30 – IDoc-Typübersicht
- WE31 – IDoc-Segmentübersicht
- WE82 – Nachrichtarten zu IDoc-Typen zuordnen
- WE57 – Funktionsbaustein einem IDoc- und Nachrichtentyp zuordnen
- WE60 – IDoc-Dokumentation
- WE02 – IDoc-Monitor
- WE09 – Erweiterte IDoc-Suche
- BD87 – IDoc-Übersicht
- BDBG – BAPI/ALE-Schnittstelle
- SLG1 – Fehlerprotokolle im Anwendungs-Log

[+]

Das Bereichsmenü WEDI zeigt alle IDoc-Transaktionen an

Über das Bereichsmenü WEDI (**IDoc und EDI Basis**) haben Sie alle IDoc-Transaktionen direkt im Überblick. Rufen Sie das Bereichsmenü wie eine Transaktion im Befehlsfeld auf. Es erscheint dann im Menübaum unterhalb von **SAP Menü**. Wenn Sie SAP Easy Access über /n im Befehlsfeld der Systemfunktionsleiste verlassen und dann »WEDI« eingeben, erscheint das Bereichsmenü nicht als Baum, sondern als normale Menüleiste. In dieser lässt sich schneller mit der Maus als im Menübaum navigieren.

8.1.3 IDoc-Customizing im SAP-System

Um das SAP-System auf das Empfangen von IDocs vorzubereiten, müssen Sie dort ein Grund-Customizing durchführen. Alle ALE-relevanten Customizing-Funktionalitäten sind in Transaktion SALE abrufbar, und die für die Datenmigration obligatorischen Customizing-Funktionalitäten sind nachfolgend aufgeführt. Sämtliche Schritte müssen durchgeführt werden, falls zuvor noch kein IDoc-Customizing vorgenommen worden ist.

1. **IDoc-Administrator festlegen**
   Grundeinstellungen • IDoc-Administration
2. **Workflow-Customizing durchführen**
   Grundeinstellungen • Automatisches Workflow-Customizing durchführen
3. **Logisches System anlegen**
   Grundeinstellungen • Logische Systeme einrichten • Logisches System benennen

4. **Globalen Buchungskreis für jeden Buchungskreis anlegen**
   Geschäftsprozesse modellieren und implementieren • Globale Organisationseinheiten einrichten • Globale Buchungskreise einrichten

Globaler Buchungskreis

Der globale Buchungskreis ist eine IDoc-/ALE-spezifische Einstellung im SAP-System. Da die ALE-Kommunikation über IDocs durchaus zwischen zwei entfernten SAP-Systemen stattfinden kann, die für denselben Buchungskreis Daten vorhalten, musste man sich dieses Hilfskonstrukts bedienen. Dies ist notwendig, da die beiden autarken Systeme ein und denselben Buchungskreis unter verschiedenen Buchungskreisnummern als Bezeichnung kennen können. Meist hat dies historische Gründe. Daher ist für die Übermittlung von buchungskreisabhängigen Daten in einem ALE-Szenario (z. B. mit dem IDoc `DEBMAS`) ein neuer, eindeutiger Name als Bezeichner zu verwenden. Diesen Namen nennt man *globalen Buchungskreis*.

Da wir im Fall der Datenmigration keine ALE-Kommunikation zwischen SAP-Systemen durchführen, ist hier nicht weiter darauf zu achten. Die einzige notwendige Maßnahme ist das Anlegen des globalen Buchungskreises, da das IDoc stets mit diesem internen Wert arbeitet. Im Normalfall ist es bei einer Migration ausreichend, für den globalen Buchungskreis einfach die Bezeichnung des (lokalen) Buchungskreises zu wählen, wenn der Name nicht schon anderweitig vergeben wurde oder anderslautende Namenskonventionen zu erfüllen sind (z. B. Präfix »GL« für globale Buchungskreise). Abbildung 8.2 zeigt Ihnen die relevanten Einträge in Transaktion SALE.

IDoc-Partnerprofil

Des Weiteren müssen Sie für die verwendeten IDoc-Nachrichtentypen Einstellungen im SAP-System vornehmen, um festzulegen, was nach dem Empfang eines spezifischen IDocs mit den Daten geschehen soll. Die LSMW (siehe Kapitel 9) bietet dafür eine Generierungsmöglichkeit; dennoch soll hier am Beispiel des Kundenstamms dieses sogenannte *Partnerprofil* manuell eingerichtet werden. Dazu verwenden Sie Transaktion WE20 und legen dort Folgendes fest (siehe Abbildung 8.3):

1. IDocs vom spezifischen Partner **Logisches System** (LS) mit der Partnernummer `BOBJTFR` dürfen empfangen werden. Dazu legen Sie einen entsprechenden Partnereintrag unter dem Knoten **Partnerart LS** an.
2. IDocs vom Nachrichtentyp `DEBMAS` werden an die Debitorenerzeugung übergeben. Dazu legen Sie einen entsprechenden Eingangsparameter für den Partnereintrag an.

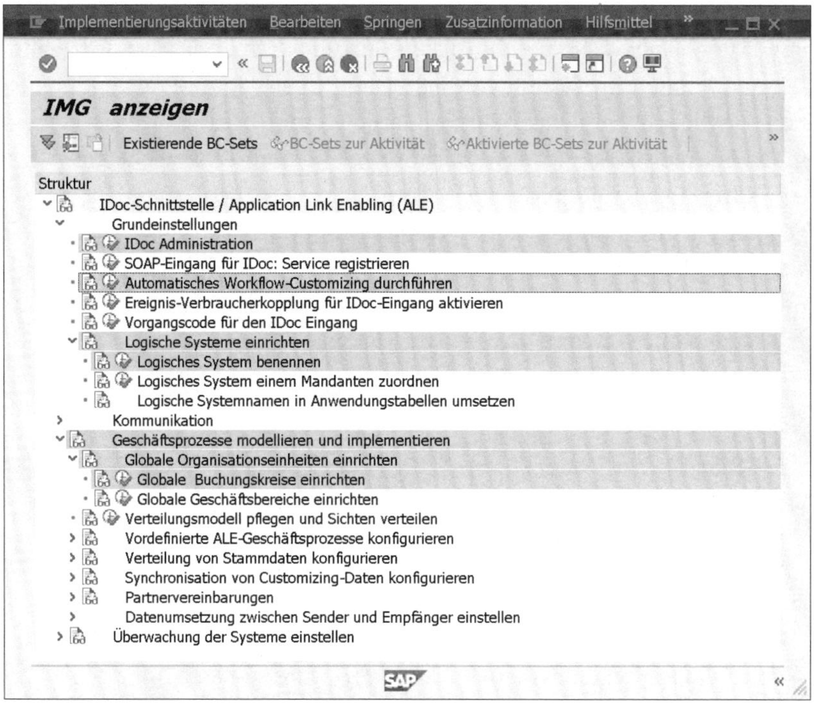

Abbildung 8.2 Transaktion SALE: relevantes Customizing

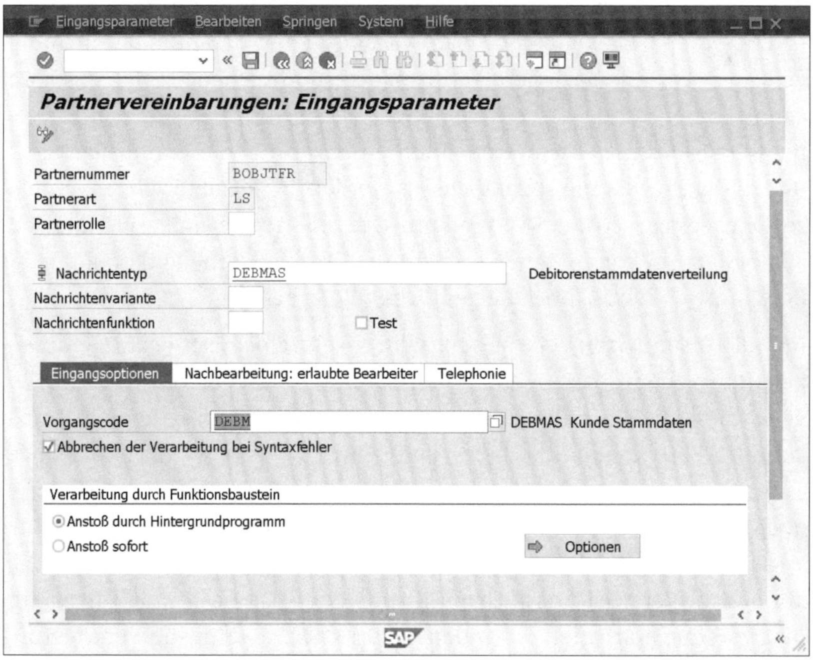

Abbildung 8.3 IDoc-Partnervereinbarungen

Im Feld **Vorgangscode** wird festgelegt, was die Debitorenanwendung mit den Daten tun soll; in diesem Fall werden über den Code DEBM die Debitorenstammdaten im System angelegt. Generell schlägt die Anwendung einen möglichen Vorgangscode vor, der jedoch nicht immer passend sein muss. Beispielsweise gibt es Applikationen, die unterschiedliche Vorgangscodes für Einzel- und Massenverarbeitung kennen. Beim manuellen Anlegen der Partnervereinbarungen kann dies über die Wertehilfe ausgewählt werden, bei der automatischen Generierung (wie z. B. über das Verteilungsmodell und in Abschnitt 8.2, »Stammdatenverteilung«, beschrieben) muss es gegebenenfalls manuell angepasst werden.

[»]

Hintergrundverarbeitung

Die Standardeinstellung in den Partnervereinbarungen ist **Anstoß sofort**, was zu einer synchronen Abarbeitung eines IDocs führt, nachdem es empfangen worden ist. Da dadurch aber für jedes einzelne IDoc ein eigener Workprozess belegt wird, ist diese Vorgehensweise nicht immer zu empfehlen. Bei großen Datenmengen kommt es sehr schnell zu Ressourcenengpässen. Eine Alternative sind die Hintergrundverarbeitung und der Anstoß durch das Hintergrundprogramm RBDAPP01 (Transaktion BD20).

8.1.4 IDoc-Performanceoptimierung

Report RBDAPP01

Um für einen IDoc-Massen-Upload, wie er bei einer Datenmigration durchgeführt wird, eine geeignete Performance zu erreichen, ist die angesprochene Hintergrundverarbeitung obligatorisch. Nur in diesem Fall können mehrere IDocs als Paket an einen Workprozess zur Verarbeitung übergeben und dieser Prozess selbst parallelisiert werden. Im Idealfall verwendet man so gleichzeitig mehrere SAP-Workprozesse, die jeweils ein Paket von IDocs abarbeiten. Im Wesentlichen erreicht man dadurch eine Entkopplung des Empfangsprozesses von der eigentlichen Verarbeitung.

Im Fall der sofortigen Verarbeitung wird ein einzelnes IDoc per RFC empfangen und in einem Prozess verarbeitet. Sammeln Sie jedoch die IDocs im Eingang durch die Einstellung **Anstoß durch Hintergrundprogramm** in Transaktion WE20, können Sie beim Verbuchen der IDocs ein Performance-Tuning vornehmen. Generell bedeutet dieser Anstoß im Hintergrund jedoch, dass die IDocs erst einmal im Status 64 »hängen«; sie warten auf die Verarbeitung. Diese muss nicht ausschließlich im Hintergrund erfolgen, Sie können die Verarbeitung auch im Dialog starten. Die beste Möglichkeit, um die IDocs zu verarbeiten, ist es, den Report RBDAPP01 (Eingangsverarbeitung von übergabebereiten IDocs) entweder über Transaktion SM36 als ABAP-Job im Hintergrund einzuplanen oder aber direkt mittels Transaktion SE38 oder über die LSMW im Dialog zu starten.

Wichtige Einstellungen im Selektionsbild des Programms RBDAPP01 sind:

Paketgröße

- **Registerkarte »IDoc Selektion«**
  - **Paketgröße**: Die Paketgröße steuert die maximale Anzahl der IDocs, die in einer Logical Unit of Work (LUW) in einem Dialog-Workprozess verarbeitet werden sollen. Eine große Paketgröße hält die Anzahl der notwendigen Prozesse klein, verlangt aber auch nach einem großen Rollbereich. Der Datenbank-Commit wird stets entweder für das gesamte Paket vorgenommen, oder es gibt einen Datenbank-Rollback, und keine Daten des Pakets werden abgespeichert. Generell lässt sich sagen, dass seine große Paketgröße den Grad der Parallelverarbeitung herabsetzt.
- **Registerkarte »Parallelverarbeitung«**
  - **Parallelverarbeitung aktiv**: Über dieses Kennzeichen aktivieren Sie die Parallelverarbeitung. Wird dieses Ankreuzfeld markiert, wird auf dem Applikationsserver ein freier Dialogprozess pro IDoc-Paket für die Eingangsverarbeitung der Anwendung eingesetzt. Das bedeutet, dass die Pakete parallel verarbeitet werden. Wenn viele Pakete selektiert worden sind, werden alle Dialogprozesse des Servers durch die IDoc-Verarbeitung belegt. Sie sollten daher zusätzlich eine Servergruppe angeben, die die Belegung der Workprozesse steuert (z. B. parallel_generators), um eine Überlast des Systems zu vermeiden. Wird das Kennzeichen nicht gesetzt, erfolgt keine parallele Verarbeitung der IDocs, d h., dass jedes Paket sequenziell an die Anwendung übergeben wird. Insgesamt wird dann nur ein Workprozess auf dem Applikationsserver belegt (siehe Abbildung 8.4).

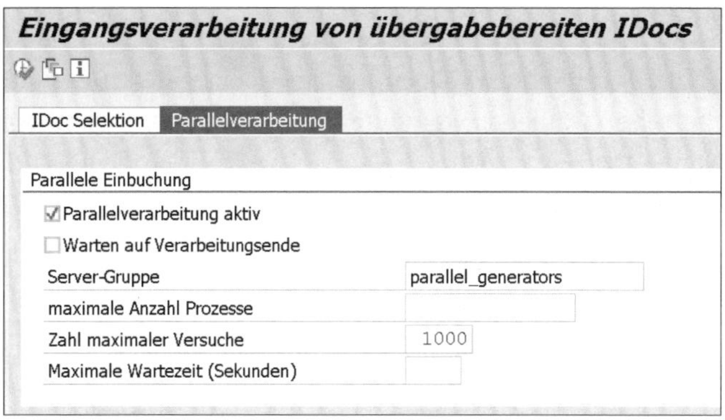

Abbildung 8.4 Parallelverarbeitung im Report RBDAPP01

- **Server-Gruppe**: Die Servergruppe bestimmt, wie die Ressourcen auf die vorhandenen Workprozesse des oder der Applikationsserver verteilt werden, d. h., wie viele Workprozesse jeweils zur Verfügung gestellt werden. Die Einstellungen dazu nehmen Sie in Transaktion RZ12 vor (siehe Abbildung 8.5).

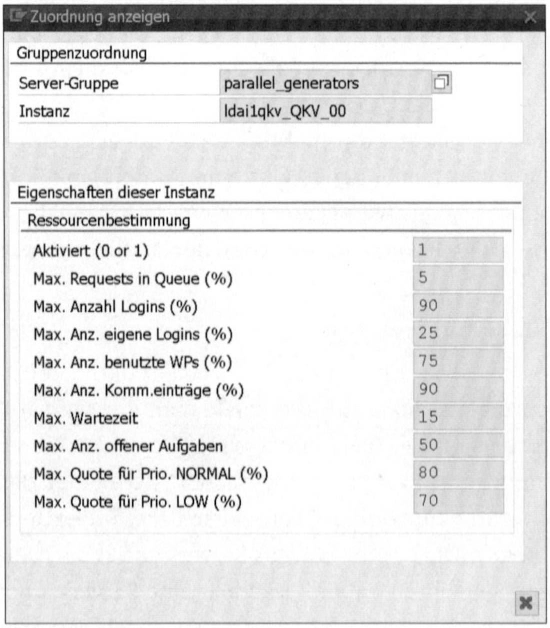

Abbildung 8.5 Servergruppenpflege in Transaktion RZ12

Es gibt keine generelle Empfehlung für die Paketgröße und die Anzahl der Workprozesse in einer Servergruppe zur Parallelverarbeitung. Sie sollten daher in jedem Fall versuchen, mithilfe von Testdaten den für Ihren Fall besten Wert zu ermitteln. Beeinflusst wird dieser Wert von unterschiedlichen IDoc-Typen, IDoc-Größen (Anzahl der Segmente), Datenbank- und Serverleistungen. Eine Anzahl von 50 IDocs pro Paket bei großen IDocs und 100 pro Paket bei eher wenigen Segmenten ist dabei aber sicherlich kein schlechter Startwert.

Tipps

Weitere wichtige Einstellungen des Programms RBDAPP01 für zusätzliche Performanceoptimierung und als Hilfestellung im Migrationsprojekt sind:

- **Registerkarte »IDoc Selektion«**
  Das Kennzeichen **Ausgabeliste** steuert, ob am Ende der IDoc-Verarbeitung eine detaillierte Liste als Protokoll ausgegeben wird. Im Allgemeinen ist diese Ausgabe nicht notwendig, da sämtliche Informationen über

die IDoc-Monitortransaktionen und auch über das Zurückmelden des IDoc-Status an die Data Services abrufbar sind und somit separat zur Verfügung stehen. Vielmehr kann ein Auslassen dieses Schritts in Abhängigkeit von der selektierten Datenmenge zu einem entsprechenden Performancegewinn führen.

- **Registerkarte »Parallelverarbeitung«**
  - **Zahl maximaler Versuche**: Hier wird die Zeitspanne (in Sekunden) definiert, in der versucht wird, einen parallelen Prozess mit einem Paket von zu verarbeitenden IDocs zu belegen. Dieser Versuch erfolgt sekündlich. Ist der Versuch nicht erfolgreich, werden nach dieser Zeitspanne sämtliche IDocs des Pakets in einen Fehlerstatus gesetzt. Wenn Sie massive Parallelisierung einsetzen und die Paketgröße noch nicht optimiert haben, sollten Sie diesen Wert so groß wie möglich wählen (z. B. 99999), um einen Abbruch der Verarbeitung zu vermeiden.
  - **Warten auf Verarbeitungsende**: Mit dieser Einstellung legen Sie fest, ob der Lauf des Programms RBDAPP01 endet, sobald alle IDocs verarbeitet sind (*synchron*), oder ob er bereits endet, nachdem alle Pakete der Anwendung übergeben worden sind (*asynchron*). Das Setzen dieses Kennzeichens ist im Hintergrundmodus sinnvoll, um die gesamte Verarbeitungszeit zu protokollieren. Das Protokoll erleichtert Ihnen den Optimierungsprozess, da Sie mit unterschiedlichen Einstellungen testen und anschließend die Verarbeitungszeiten vergleichen können. Für den produktiven Lauf sollte es jedoch wieder entfernt werden, damit die Performance nicht durch diesen wartenden Prozess negativ beeinflusst wird.

Sie sind nun in der Lage, auch für eine Massenübernahme, wie sie für einige Business Objects immer wieder notwendig ist, geeignete Einstellungen zur Performanceoptimierung auf der SAP-Zielseite vorzunehmen.

8.2 Stammdatenverteilung

In diesem Abschnitt behandeln wir die ALE-Stammdatenverteilung im SAP-System für die Datenmigration am konkreten Beispiel der Übernahme von Klassen und Merkmalen. Dies ist in Datenübernahmeprojekten meist ein kritischer Faktor, da die meisten Nicht-SAP-Quellsysteme diese SAP-spezifischen Objekte nicht kennen.

ALE und Verteilungsmodell

Die Technologie Application Link Enabling (ALE) nutzt ebenfalls IDocs für die Datenintegration in einer verteilten Systemlandschaft. Ein sehr gutes Beispiel ist die Verteilung von Stammdaten über die IDoc-Nachrichtentypen `CLSMAS` (Klassen) und `CHRMAS` (Merkmale), bei denen eines der SAP-Systeme die Rolle der Stammdatenverwaltung übernimmt. Dieses System für die zentrale Pflege der Klassen und Merkmale kann dann über ALE sämtliche Änderungen an entfernte Systeme (wie z. B. in einzelnen Werken oder bei Tochtergesellschaften) nach genauen Regeln replizieren. Für diese automatische Verteilung, die auf Änderungszeigern und Filtern beruht, stellt SAP mit Transaktion BD64 das sogenannte *Verteilungsmodell* bereit. Dieses Modell können Sie aber genauso gut auch für Bewegungsdaten oder als Datenübertragung zu externen Geschäftspartnern verwenden.

8.2.1 ALE-Verbindung einrichten (Sender)

Transaktion SALE

Richten Sie die ALE-Verbindung immer im sendenden Mandanten des Quellsystems ein. Die ersten Schritte bis zum Punkt »RFC-Verbindung definieren« sind zwar mandantenunabhängig, aber ab diesem Punkt werden die Einträge mandantenabhängig.

- Rufen Sie Transaktion SALE auf.
- Wenn nicht schon vorhanden, richten Sie die logischen Systeme über **Grundeinstellungen • Logische System einrichten • Logisches System benennen** ein. Folgen Sie der Konvention <System>CLNT<Mandant>, also z. B. `ABCCLNT100` für den Mandanten 100 im System ABC.
- Falls noch nicht geschehen, weisen Sie das logische System einem Mandanten über **Grundeinstellungen • Logisches System einrichten • Logisches System einem Mandanten zuordnen** zu.
- Definieren Sie die entsprechenden RFC-Zielverbindungen im sendenden Quellsystem (Verbindungstyp **3 ABAP-Verbindung**) mittels Transaktion SM59 (Tipp: nach dem Sichern die Verbindung testen).

8.2.2 Verteilungsmodell im Sender einrichten

Generell ist zu bemerken, dass normalerweise Verteilungsmodelle für Verteilungen zwischen Systemen eingerichtet werden. Das heißt, es gibt je ein separates Modell für die Verteilung innerhalb der Entwicklungssystemlandschaft, der Qualitätslandschaft und der Produktivlandschaft. Im Fall der Datenmigration können wir jedoch davon abweichen, da die Daten zwischen den Landschaften auch über ALE verteilt werden sollen.

Verteilungsmodell einrichten mit BD64

1. Rufen Sie Transaktion BD64 zum Einrichten des Verteilungsmodells auf.
2. Wechseln Sie in den Änderungsmodus, und filtern Sie dann die Darstellung über Modellanzeige filtern.
3. Geben Sie unter **Nachrichtentyp** für Merkmale »CHRMAS« und für Klassen »CLSMAS« ein. Klicken Sie auf, um die Anzeige zu filtern.
4. Legen Sie danach eine Modellsicht über Modellsicht anlegen an.
5. Vergeben Sie einen Kurztext und einen technischen Namen für die Modellsicht.
6. Markieren Sie Ihre Modellsicht, und fügen Sie die Nachrichtentypen über Nachrichtentyp einfügen hinzu.
7. Geben Sie hier **Sender**, **Empfänger** und **Nachrichtentyp** an.
8. Das Ganze wiederholen Sie dann für alle weitere Nachrichtentypen und Empfänger.
9. Nach dem Speichervorgang (**Sichern**) lassen Sie die Partnervereinbarung über **Umfeld • Partnervereinbarung generieren** automatisch für die Systeme generieren; um eine bessere Performance zu erreichen, gibt es hier wieder die Option der Hintergrundverarbeitung (siehe Abschnitt 8.1.3, »IDoc-Customizing im SAP-System«).
10. Anschließend verteilen Sie die komplette Modellsicht an die betreffenden Systeme über **Bearbeiten • Modellsicht • Verteilen**.

8.2.3 ALE-Verbindung einrichten (Empfänger)

Partnervereinbarung generieren mit BD64

Analog müssen Sie auf der Empfängerseite die Partnervereinbarung generieren. Melden Sie sich dazu am entsprechenden System an, und rufen Sie Transaktion BD64 auf. Das dorthin verteilte Modell sollte verfügbar sein; daher sind nur noch die Eingangsparameter in den Partnervereinbarungen zu generieren.

8.2.4 Verteilen von Merkmalen

Merkmale verteilen mit BD91

Für das Verteilen von Merkmalen über das soeben eingerichtete Verteilungsmodell verwenden Sie Transaktion BD91 oder das ABAP-Programm RBDSECHR. Beim Ausführen des Reports in Transaktion SE38 wird Ihnen das Selektionsbild wie in Abbildung 8.6 angezeigt. Tragen Sie ein, an welches System was verteilt werden soll. Das Programm selektiert automatisch die entsprechenden Einträge und sendet sie mittels CHRMAS-IDocs an das im BD64-Verteilungsmodell angegebene Zielsystem.

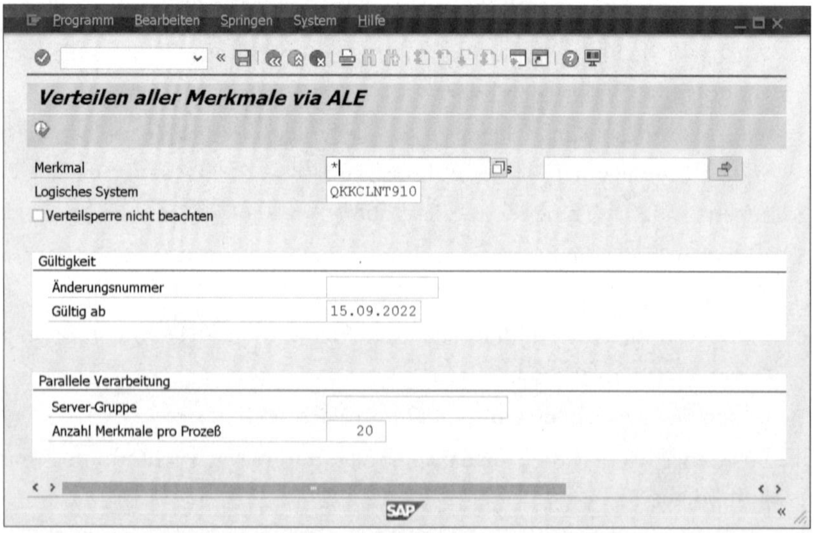

Abbildung 8.6 ABAP-Report RBDSECHR zum Verteilen von Merkmalen

8.2.5 Verteilen von Klassen

Klassen verteilen mit BD92

Das Verteilen von Klassen funktioniert analog mittels Transaktion BD92 oder des Programms `RBDSECLS` (siehe Abbildung 8.7). Legen Sie eigene Varianten für unterschiedlichen Klassenarten wie z. B. Chargen (Batches) und Materialklassen an. Dieser Report verschickt die IDocs vom Nachrichtentyp `CLSMAS` gemäß den Einstellungen im Verteilungsmodell.

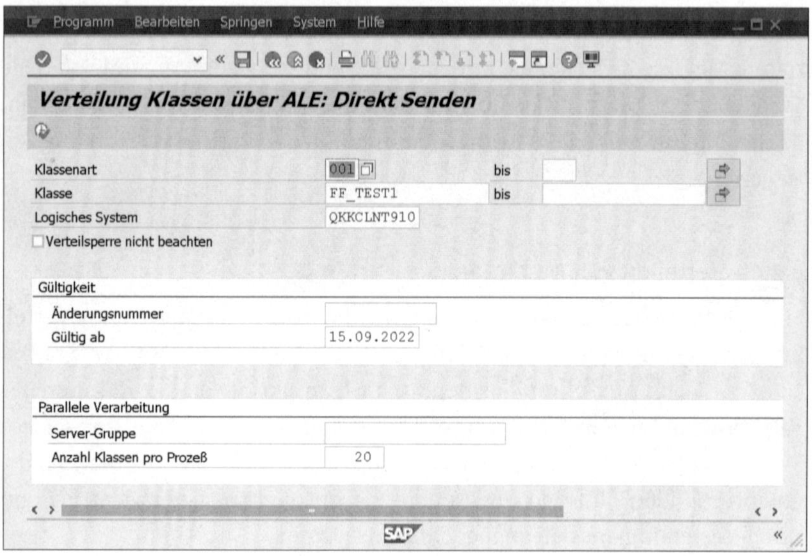

Abbildung 8.7 ABAP-Report RBDSECLS zum Verteilen von Klassen

8.2.6 Verteilung überwachen

Transaktion BD87 (Statusmonitor)

Um die IDoc-Verteilung nach dem Erzeugen der IDocs zu überwachen, bieten sich die bereits in Abschnitt 8.1.2, »Einsatz von IDocs«, eingeführten Monitortransaktionen WE02, WE05 oder BD87 an. Besonders für die ALE-Verteilung ist jedoch Transaktion BD87 zu empfehlen. Dieser Statusmonitor für ALE-Nachrichten ermöglicht das bequeme Prüfen sowohl der IDoc-Erzeugung im Sendersystem als auch des IDoc-Eingangs im Zielsystem. Schränken Sie dabei die Sicht auf die Nachrichtentypen `CHRMAS` und `CLSMAS` ein. Beachten Sie, dass im Eingangssystem im Fall einer Verarbeitung durch das Hintergrundprogramm (Einstellung in Transaktion WE20 (Partnervereinbarungen), siehe Abschnitt 8.1.3 »IDoc-Customizing im SAP-System«) erst das Programm `RBDAPP01` gestartet werden muss, denn anderenfalls bleiben sämtliche IDocs im Status 64 und warten auf ihre Verarbeitung.

Zeigen alle IDocs im Eingang den Status 53, ist alles in Ordnung (siehe Abbildung 8.8).

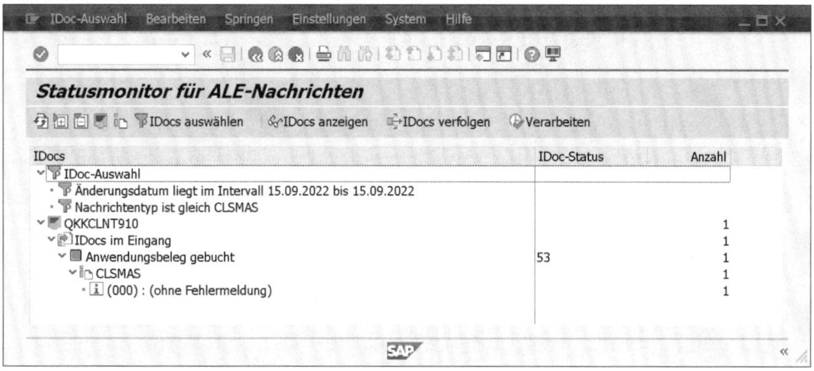

Abbildung 8.8 IDoc-Statusmonitor BD87

Anwendunglog mit SLG1 auswerten

Sind Fehler aufgetreten, finden Sie im IDoc-Monitor eine rote Ampel vor, und das IDoc zeigt den Status 51. Dann konnte die Anwendung das IDoc nicht buchen, und Sie sollten die Ursache im *Anwendungslog* (Transaktion SLG1) untersuchen.

8.2.7 Produktdatenverteilung

Ein weiteres Beispiel für die Stammdatenverteilung als Alternative zur klassischen Datenmigration ist die *Produktdatenverteilung*, engl. *Product Data Replication* (PDR). Sie wird bevorzugt eingesetzt, wenn Sie mit der Variantenkonfiguration arbeiten. Die PDR ist eine Anwendung, mit der Sie Produktkonfigurationsmodelle zwischen Systemen verteilen können. Sie identifiziert alle zu einem Produktkonfigurationsmodell gehörigen Objekte. Anstatt Objekte dann mittels einzelner IDocs zu verteilen, werden diese in einem *UPS*-Paket (*Uniform Packaging Service*) zusammengefasst und dann an die Zielsysteme verteilt. Sie können damit Ihre Stammdaten zentral und konsistent in einem System speichern und vermeiden eine redundante Pflege Ihrer Objekte in verschiedenen Systemen.

[»]

Produktdatenverteilung in SAP S/4HANA Cloud

Die PDR kann auch in SAP S/4HANA Cloud genutzt werden. Das Cloud-System kann aber nur Empfänger der Daten sein. Als Sender dient entweder ein SAP-S/4HANA- oder ein SAP-ERP-System.

8.3 Vor- und Nachteile des Verfahrens

Die Vorteile einer Nutzung von IDocs und ALE zur Datenmigration sind vielfältig.

- **Hohe Performance durch Parallelisierung über Dialogprozesse**
  Ein Vorteil ist die Nutzung von Dialogprozessen bei der parallelen Verarbeitung. Da in einem System meist ein Vielfaches mehr Workprozesse vom Typ **Dialog** als vom Typ **Hintergrund** konfiguriert sind, lässt sich dadurch ein höherer Grad der Parallelisierung erreichen. Das SAP S/4HANA Migration Cockpit z. B. parallelisiert über Hintergrundprozesse und hat dadurch bei einem sehr hohen Datenvolumen einen Performancenachteil.
- **Asynchrone Verarbeitung**
  Ein Vorteil, aber auch ein Nachteil ist die asynchrone Verarbeitung. Auf der einen Seite können Sie IDocs erzeugen, müssen diese aber nicht gleich verarbeiten, ähnlich einer Batch-Input-Mappe (siehe Kapitel 7). Auf der anderen Seite ist die Erzeugung der IDocs zeitaufwendig.
- **Keine bzw. eingeschränkte Simulierung**
  Die Simulierung von Daten ist gegeben, wenn der Funktionsbaustein einen Simulationsparameter hat, der als IDoc-Feld ansprechbar ist. Diese Möglichkeit ist aber im Falle von IDocs eher eingeschränkt nutzbar. Hier ist das Migration Cockpit im Vorteil.

- **Kompatibilität**
  Bevor Sie Ihnen bekannte SAP-ERP-IDoc-Typen für SAP S/4HANA nutzen, sollten Sie zuerst nachlesen, ob diese IDoc-Typen in SAP S/4HANA bzw. SAP S/4HANA Cloud überhaupt noch gültig sind und ob sie überhaupt zur Datenübernahme genutzt werden können. Einige IDoc-Typen wurden mittlerweile für die Nutzung in SAP S/4HANA angepasst, andere sind jedoch überhaupt nicht oder nur eingeschränkt nutzbar.

[zB]

Migrieren von Einkaufsinfosätzen

Ein Beispiel für die eingeschränkte Nutzbarkeit ist der IDoc-Typ `INFREC` für die Übertragung von Einkaufsinfosätzen. SAP empfiehlt hier die Nutzung des Funktionsbausteins `ME_INFORECORD_MAINTAIN_MULTI`. Letzterer wird auch vom Migration Cockpit für die Migration von Einkaufsinfosätzen genutzt. Näheres hierzu finden Sie in SAP-Hinweis 327083.

- **Paketierung von IDocs**
  Eine Paketierung von IDocs ist, wie Sie gelernt haben, ein weiterer Faktor zur Beschleunigung der Performance. Die perfekte Paketgröße zu finden, ist sehr testaufwendig. Eine zu hohe Paketgröße kann bei einer unglücklichen Fehlerverteilung dazu führen, dass z. B. kein einziges Paket verbucht werden kann und sich danach alle IDocs des Pakets, sowohl fehlerhafte als auch fehlerfreie, im Status 51 befinden. Hier ist oft eine kleinere Paketgröße, wie z. B. 25, sinnvoller als eine Paketgröße von 1.000. Dadurch erhöht sich die Wahrscheinlichkeit des Vorhandenseins von Paketen ohne fehlerhafte Datensätze.

[+]

Lumpensammlerjob bucht fehlerfreie IDocs nach

Eine sinnvolle Strategie beim Verbuchen von IDocs in Paketen ist es, je nach Datenvolumen einen Lumpensammlerjob einzuplanen. Wichtig ist es, diesen Job mit etwas Zeitabstand, z. B. 30–45 Minuten nach den anderen Jobs, zu starten. Der Report `RBDMANI2` wird für alle IDocs im Status 51 ohne Paketverarbeitung als Job eingeplant und startet dann die entsprechenden IDocs sequenziell noch einmal. Dadurch werden alle fehlerfreien IDocs im Status 51 ordentlich verbucht, und am Ende bleiben nur die wirklich fehlerhaften übrig. Je nach Datenvolumen müssen Sie auch mehr als einen Lumpensammler einplanen, wenn der erste schon beendet ist und die parallelen Jobs immer noch fleißig fehlerhafte IDocs produzieren.

8.4 Fazit

In diesem Kapitel haben Sie die Grundlagen der IDoc-Technologie sowie Anwendungsbeispiele dafür kennengelernt. Damit haben Sie nun das nötige Rüstzeug, um diese Technologie für die Datenübernahme einzusetzen. Ein sehr gutes Beispiel – und bereits häufig erwähnt – ist der Einsatz von IDocs als Importtechnik in der LSMW, die wir im folgenden Kapitel im Detail einführen. Außerdem werden IDocs gerne bei der Datenübernahme mittels SAP Data Services eingesetzt.

Kapitel 9
Legacy System Migration Workbench

In diesem Kapitel lernen Sie ein flexibles und mächtiges Werkzeug kennen, mit dessen Hilfe Daten aus SAP-fremden Systemen weitgehend ohne Programmierung in ein SAP-S/4HANA-System übernommen werden können.

Die Verwendung der *Legacy System Migration Workbench* (umgangssprachlich und nachfolgend einfach auch nur nach ihrem Transaktionscode *LSMW* benannt) bietet sich in SAP S/4HANA immer dann an, wenn es für das SAP S/4HANA Migration Cockpit (kurz Migration Cockpit) kein entsprechendes Migrationsobjekt gibt bzw. das Anpassen eines vorhandenen oder das Erstellen eines neuen Migrationsobjekts mittels SAP S/4HANA Migration Object Modeler (kurz Object Modeler) zu aufwendig oder nicht möglich ist. Dieses Kapitel stellt die Möglichkeiten dar, wie Sie mithilfe der LSMW eine Datenmigration durchführen können.

Nach einem Überblick über die grundlegende Funktionsweise lernen Sie den Einsatz der LSMW anhand eines Beispiels detailliert Schritt für Schritt kennen. Anschließend erfahren Sie, wie Sie in diesem Zusammenhang Aufzeichnungen von Transaktionen verwenden können. Ausführungen zum Transport von Migrationsprojekten zwischen SAP-Systemen und zur Verwendung der IDoc-Schnittstelle verdeutlichen schließlich den breiten Funktionsumfang der LSMW. Ab Abschnitt 9.8, »Anwendungsbeispiele für Fortgeschrittene«, finden Sie weitere Funktionen und Anwendungsbeispiele für fortgeschrittene Anwender und in Abschnitt 9.9 zur Übernahme von Langtexten.

[«]

SAP-S/4HANA-Release 2022

Alle Informationen und Beispiele wurden in SAP S/4HANA 2022 FPS00 verifiziert und getestet. Sie sollten auch in darunterliegenden Releases Bestand haben.

9.1 Überblick über die Legacy System Migration Workbench

Entstehungsgeschichte

Die Legacy System Migration Workbench ging historisch aus der R/2-R/3-Migration-Workbench hervor; wesentliche Konzepte und Erfahrungen aus der R/2-R/3-Migration flossen in die Entwicklung der LSMW mit ein. Sie ist ein mächtiges, auf der SAP-NetWeaver-Technologie basierendes Werkzeug, das Sie bei der einmaligen und periodischen Übernahme von Daten aus SAP-fremden Systemen (*Legacy Systems* oder *Altsystemen*, hier Quellsysteme genannt) in auf SAP-NetWeaver-Technologie basierende SAP-Systeme unterstützt. Die LSMW ist also eigentlich ein Datenmigrationswerkzeug für die klassische SAP Business Suite, aber auch in der *ABAP-Plattform* für SAP S/4HANA enthalten.

[»]

Eingeschränkte Nutzung auf eigenes Risiko

Sie haben vielleicht gehört, dass die LSMW auf der *Simplification List for SAP S/4HANA* steht und dass es deshalb »angeblich« verboten ist, sie zu nutzen. Die Simplification List und der entsprechende SAP-Hinweis 2287723 beschreiben jedoch nur, dass es seitens SAP keinen Support mehr für das Werkzeug in SAP S/4HANA gibt und dessen Nutzung daher nur eingeschränkt (engl. *restricted*) möglich ist. Aus diesem Grunde wird die Nutzung dieses Werkzeugs nicht empfohlen und kann nur auf eigenes Risiko erfolgen. Aufgrund der Änderungen und Simplifizierungen in SAP S/4HANA ist es nicht mehr unbedingt sichergestellt, dass die für die SAP-ERP-Datenmigration angebotenen Übernahmemethoden (BAPIs, IDocs, Standardprogramme) noch einwandfrei funktionieren. Sie sollten sich also vergewissern, dass die genutzten Übernahmemethoden auch für SAP S/4HANA freigegeben sind und welchen Funktionsumfang von SAP S/4HANA sie unterstützen. Nutzen Sie die LSMW nur als unterstützendes Werkzeug neben dem SAP S/4HANA Migration Cockpit und dem SAP S/4HANA Migration Object Modeler.

Leistungsumfang

Die LSMW unterstützt in komfortabler Weise das Einlesen von Daten aus Dateien SAP-fremder Systeme, die Umsetzung (Konvertierung) dieser Daten in SAP-Formate und den Import der umgesetzten Daten in ein SAP-System mithilfe der SAP-Standardschnittstellen Batch-Input, Direct-Input, BAPI (Business Application Programming Interface) und IDoc (Intermediate Document).

Darüber hinaus ist die LSMW mit der Aufzeichnungsfunktionalität von SAP-Transaktionen (Batch Input) ausgestattet. Hierdurch haben Sie die Möglichkeit, eine Erfassungs- oder Änderungstransaktion aufzuzeichnen und die daraus resultierende Aufzeichnung als Grundlage für die Datenmigration zu verwenden.

Prinzipien

Die Entwicklung der LSMW wurde von den folgenden Leitgedanken bestimmt:

- Es werden keine einzelnen Tabellen oder Feldinhalte migriert, sondern zusammenhängende betriebswirtschaftliche Datenobjekte wie Kundenstämme, Materialstämme, Finanzbelege usw.
- Die gesamte Funktionalität befindet sich im SAP-System. Es sollte keine Sammlung von verstreuten, zusammenhanglosen und schwer wartbaren Programmen auf unterschiedlichen Plattformen geben.
- Der Qualität und der Konsistenz der in das SAP-System importierten Daten wird ein höherer Stellenwert eingeräumt als der Geschwindigkeit der Datenmigration.
- Es werden keine vorgefertigten Programme zur Datenumsetzung ausgeliefert. Vielmehr werden die benötigten Programme aus vordefinierten Umsetzungsregeln generiert. Diese Umsetzungsregeln können mehrfach genutzt werden (wiederverwendbar) und gewährleisten dadurch ein hohes Maß an Datenkonsistenz.

Aus diesen Überlegungen heraus entstand das in Abbildung 9.1 dargestellte Konzept.

Kernfunktionen

Folgendes sind die Kernfunktionen der LSMW:

- **Daten einlesen**
  Darunter versteht man das Einlesen von Daten aus dem Quellsystem, die in Dateien auf dem Frontend oder auf dem Applikationsserver abgelegt sind.
- **Daten umsetzen**
  Damit ist das Umsetzen der Daten in das SAP-Format gemeint. Für das Umsetzen von Daten verwenden wir gleichbedeutend den Ausdruck »Daten konvertieren«.
- **Daten importieren**
  Das Importieren von Daten meint das Verbuchen der Daten in die Datenbank des SAP-Systems.

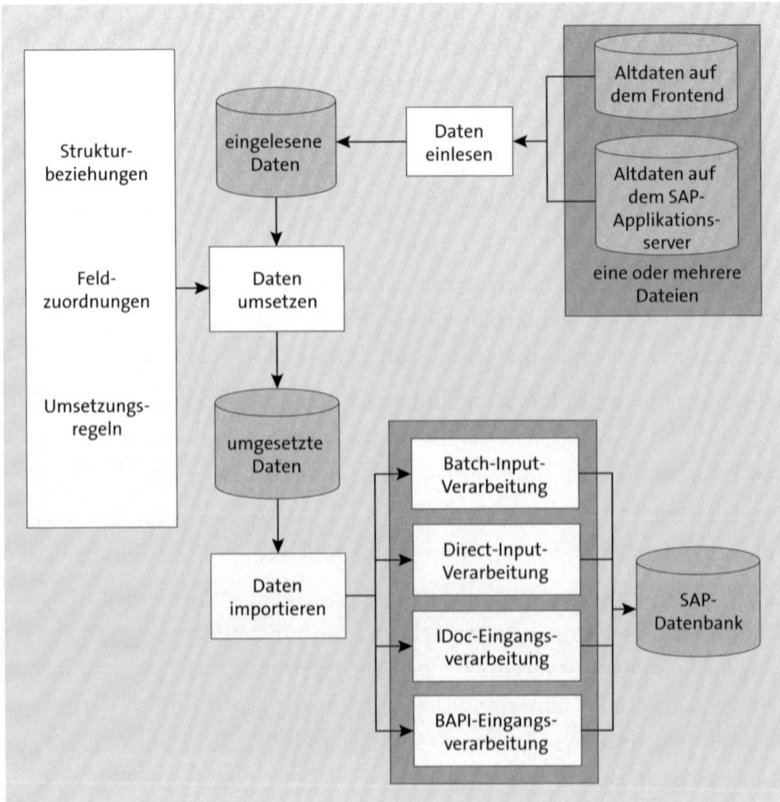

Abbildung 9.1 Schematischer Ablauf einer Datenmigration mit der Legacy System Migration Workbench

Die Hauptvorzüge der LSMW lassen sich also wie folgt zusammenfassen:

- Die LSMW ist Bestandteil des SAP-Systems und daher plattformunabhängig.
- Sie bietet umfangreiche technische Möglichkeiten der Datenumsetzung.
- Sie gewährleistet Datenkonsistenz durch die Verwendung von SAP-Standardimporttechniken (Standardschnittstellen).
- Sie generiert ABAP-Programme aus definierten Umsetzungsregeln.
- Sie bietet eine klare Benutzerführung.
- Sie unterstützt das Einlesen von Daten sowohl vom Frontend als auch vom Applikationsserver.
- Sie ist in der Lage, SAP-Erfassungs- oder Änderungstransaktionen aufzuzeichnen und die daraus resultierende Aufzeichnung als Grundlage für die Datenmigration zu verwenden.
- Sie steht SAP-Kunden und SAP-Partnern kostenlos zur Verfügung.

9.2 Datenmigration mit der Legacy System Migration Workbench

In diesem Abschnitt zeigen wir Ihnen anhand eines konkreten Beispiels Schritt für Schritt, wie die Daten mithilfe der LSMW migriert werden können.

Kundenstammdaten migrieren

Die Aufgabe besteht darin, Kundenstammdaten von einem Quellsystem in das SAP-System zu übernehmen. Wir nehmen an, dass die Quelldaten bereits extrahiert sind und in zwei Tabellenblättern einer Microsoft-Excel-Datei mit dem Namen **Kunden.xlsx** vorliegen:

Das Tabellenblatt `Kunden_Kopf` enthält zu jedem Kunden einen Kopfsatz (siehe Abbildung 9.2).

	A	B	C	D	E	F	G	H
1	KUNDEN NUMMER	NAME	STRASSE	ORT	POSTLEIT ZAHL	LAND	SPRACHE	TELEFONNUMMER
2	1001	Omega Soft-Hardware Markt	Gustav-Jung-Str. 425	Nuernberg	90455	GER	D	09256-4548-0
3	1002	Lampen Markt GmbH	Auf der Schanz 54	Frankfurt	65936	GER	D	069-467653-0
4	1003	Hever Industrial UK		High Wycombe	HP12 3TL	GBR	E	00-170866645
5	1004	Editorial Atlántida S.A.	Carrer de la Mariana 34, PL. 13	Barcelona	8005	ESP	S	34-91-556159
6	1005	Adecom SA	ZI Les Echarmeaux	Longjumeau	91230	FRA	F	0615489712

Kunden_Kopf | Kunden_Kontakt

Abbildung 9.2 Beispiel: Migration von Kundenstammdaten – Kopfsätze (Ausschnitt)

Das Tabellenblatt `Kunden_Kontakt` enthält zu jedem Kunden einen oder mehrere Sätze mit Ansprechpartnerdaten (siehe Abbildung 9.3).

	A	B	C	D	E	F	G
1	KUNDEN NUMMER	NACHNAME	VORNAME	ANREDE	ABTEILUNG	POSITION	TELEFONNUMMER KONTAKT
2	1001	Schmidt	Ralf	Herr	Einkauf	Leiter Einkauf	09256-45485
3	1001	Huber	Luise	Frau	Einkauf	Einkäuferin	09256-45486
4	1002	Luchs	Harald	Herr	Organisation	Marketingleiter	069-467653-145
5	1002	Wolf	Susanne	Frau	Einkauf	Leiterin Einkauf	069-467653-146
6	1003	Winchester	George	Mr	Vorstand	Vorstand Einkauf	170877755
7	1003	Smith	Judy	Ms	Finanzen	Leiterin Finanzbuchhaltung	170877756
8	1004	Lopez	Juan Carlos	Sr.	Geschäftsführung	Vorstand Einkauf	34-91-556153

Kunden_Kopf | Kunden_Kontakt

Abbildung 9.3 Beispiel: Migration von Kundenstammdaten – Ansprechpartnersätze (Ausschnitt)

9.2.1 Einstieg in die Legacy System Migration Workbench

Starttransaktion

Zum Einstieg in die LSMW dient Transaktion LSMW. Wenn Sie diese Transaktion zum ersten Mal aufrufen, erhalten Sie in einem Dialogfenster einen Willkommensgruß. Sie werden darüber informiert, dass es sich bei der

LSMW um ein Werkzeug handelt, das Sie bei der Datenübernahme von Nicht-SAP-Systemen unterstützt.

Nach der Bestätigung dieses Dialogfensters gelangen Sie zum Startbild (siehe Abbildung 9.4).

Abbildung 9.4 LSMW: Startbild

Projekt, Teilprojekt

Diesem Startbild können Sie entnehmen, dass die zu migrierenden Dateneinheiten (oder auch *Datenmigrationsobjekte*) in der LSMW nach Projekten und Teilprojekten organisiert sind. Ein Projekt kann eine beliebige Anzahl von Teilprojekten und ein Teilprojekt eine beliebige Anzahl von Datenmigrationsobjekten enthalten. Diese Gliederung können Sie individuell nutzen.

Eine pauschale Empfehlung für die Verwendung dieser Gliederungsmöglichkeit kann nicht gegeben werden. Es ist jedoch nicht sinnvoll, viele Kleinstprojekte zu erzeugen und sich damit der Gefahr des »Wildwuchses« auszusetzen.

Beispiel

Für unser Beispiel wählen wir die folgende Gliederung:

- **Projekt**
  - Kürzel: `PROJEKT_1`
  - Bezeichnung: Datenmigrationsprojekt #1
- **Teilprojekt 1**
  - Kürzel: `STAMMDATEN`
  - Bezeichnung: Stammdaten
- **Teilprojekt 2**
  - Kürzel: `BEWEGDATEN`
  - Bezeichnung: Bewegungsdaten

Ein Teilprojekt kann eine beliebige Anzahl von Objekten enthalten. Als *Objekt* bezeichnet man eine betriebswirtschaftliche Dateneinheit (Kundenstamm, Materialstamm, Finanzbeleg usw.) einschließlich aller Definitionen, die zur Datenmigration erforderlich sind (Quelle, Ziel, Feldzuordnungen, Umsetzungsregeln usw.).

Objekt

Für unser Beispiel müssen Sie also zunächst ein Projekt mit dem Kürzel PROJEKT_1 und der Bezeichnung »Datenmigrationsprojekt #1« anlegen. Positionieren Sie hierzu den Cursor im Feld **Projekt**, und klicken Sie auf den Button (**Eintrag anlegen**). Im folgenden Dialogfenster geben Sie diese Daten ein (siehe Abbildung 9.5).

Projekt, Teilprojekt, Objekt anlegen

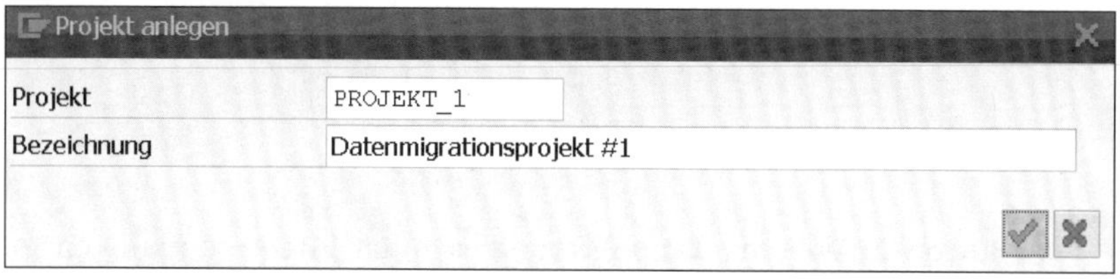

Abbildung 9.5 LSMW: Projekt anlegen

Analog gehen Sie vor, um das Teilprojekt mit dem Kürzel STAMMDATEN und der Bezeichnung »Stammdaten« sowie das Objekt mit dem Kürzel KUNDEN und der Bezeichnung »Kundenstammdaten« anzulegen. Die Kürzel für Projekte, Teilprojekte und Objekte können im Rahmen der maximal zulässigen Länge von 15 Zeichen völlig frei gewählt werden.

Bevor wir fortfahren, gehen wir kurz auf eine Reihe nützlicher Funktionen ein, die Ihnen im Startbild der LSMW zur Verfügung stehen (siehe Abbildung 9.4):

Nützliche Funktionen im Startbild

- Der Button **Alle Objekte** führt Sie zu einer Übersicht über alle bereits angelegten Projekte, Teilprojekte und Objekte.
- Der Button **Meine Objekte** zeigt Ihnen eine Übersicht über alle von Ihnen (unter der aktuellen Benutzerkennung) angelegten Objekte.
- Der Button **Alle Objekte des Projekts** führt Sie zu einer Übersicht aller Teilprojekte und Objekte des ausgewählten Projekts. Hier können Sie z. B. zu einem Objekt navigieren, wenn Sie auf den Namen des Objekts doppelt klicken. Abbildung 9.6 zeigt diese Darstellung für unser Projekt PROJEKT_1 mit allen Teilprojekten und Objekten.
- Der Button **Projektdokumentation** zeigt Ihnen – falls vorhanden – die gesamte Dokumentation, die Sie zu den einzelnen Dialogfenstern und Arbeitsschritten erstellt haben. Sie können die Projektdokumentation ausdrucken, versenden oder in verschiedenen Dateiformaten sichern.

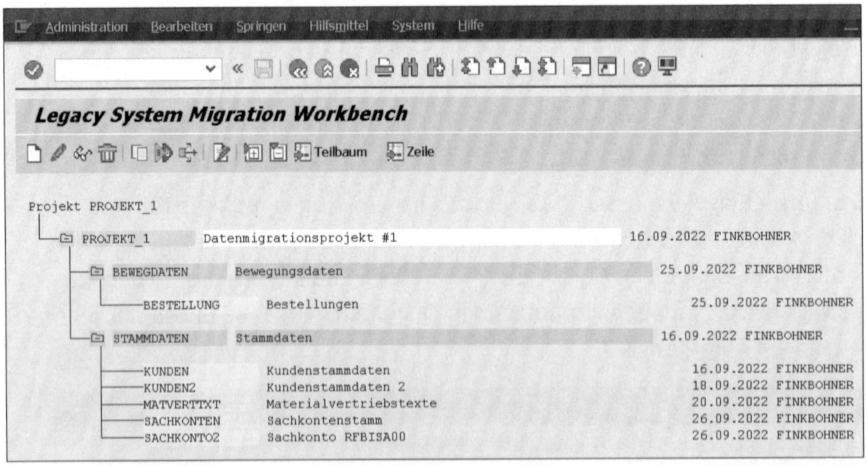

Abbildung 9.6 LSMW: Übersicht über ein Projekt

- Der Button (**Dokumentation**) erlaubt es Ihnen, Ihre Anmerkungen anzulegen. Ihnen wird ein Dialogfenster angezeigt, in dem Sie Ihre persönliche Dokumentation hinterlegen können.

Administration

Noch einen Schritt weiter als die Funktion **Alle Objekte des Projekts** geht die Funktion **Administration**, zu der Sie aus dem Startbild heraus über den Menüpfad **Springen • Administration** gelangen. Hier finden Sie alle in der LSMW definierten Projekte in einer Übersicht.

Des Weiteren haben Sie dort die Möglichkeit, Projekte, Teilprojekte, Objekte und wiederverwendbare Regeln (siehe Abschnitt 9.2.8, »Festwerte, Umschlüsselungen und eigene Routinen pflegen«) anzulegen, zu bearbeiten, anzuzeigen, zu löschen, zu kopieren oder umzubenennen. Durch einen Doppelklick auf einen Eintrag verzweigen Sie zum Anzeige- bzw. die Bearbeitungsmodus eines Eintrags.

Die Administrationsfunktion dient – wie der Name es vermuten lässt – zur allgemeinen Verwaltung von Projekten und deren Bestandteilen.

Wenn Sie den Cursor auf einem Eintrag positionieren, können Sie über den Button (**Dokumentation**) eine Notiz anlegen. Bei jeder Bearbeitung wird der Name der Person, die die letzte Änderung vorgenommen hat, und das Datum der letzten Änderung festgehalten.

Berechtigungskonzept

Da die LSMW in letzter Konsequenz den Datenbestand des SAP-Systems manipuliert, muss der Zugriff auf diese Funktionalität kontrolliert werden; da die LSMW in das SAP-Berechtigungskonzept integriert ist, lässt sich diese Kontrolle aber gut bewerkstelligen. Hierzu stehen zwei Berechtigungsobjekte zur Verfügung, die in Tabelle 9.1 erläutert werden.

Berechtigungs-objekt	Berechtigungs-felder	Funktion
B_LSMW »LSMW: Transaktion und Aktivität«	TCD	Für TCD geben Sie immer den Wert »LSMW« an.
	ACTVT	Das Feld ACTVT kennt vier Werte: 1. »02« Ändern; Objekte ändern und kopieren 2. »03« Anzeigen; Projekte und Arbeitsschritte anzeigen 3. »06« Ausführen; Berechtigung zum Einlesen, Umsetzen und Importieren von Daten 4. »36« Erweiterte Pflege; Berechtigung für alle Funktionen der LSMW
B_LSMW_PRO »LSMW: Projekt«	PROJECT	Sie schränken den Zugriff auf die Projekte ein, die Sie im Feld Project benennen.

Tabelle 9.1 Berechtigungsobjekte der LSMW

[!]

Keine Berechtigungsprofile mehr in SAP S/4HANA

Die vier mit SAP R/3 und SAP NetWeaver ausgelieferten Berechtigungsprofile B_LSMW_SHOW, _LSMW_EXEC, B_LSMW_CHG und B_LSMW_ALL gibt es nicht mehr in SAP S/4HANA.

[!]

Weitere Berechtigungen

Neben den generellen Berechtigungen für die LSMW benötigen Sie weitere Berechtigungen:

- Für das Fieldmapping benötigen Sie die Entwicklungsberechtigung (S_DEVELOP) für lokale Entwicklungsklassen/Pakete (»$TMP«). Diese Berechtigung benötigen Sie u. a., um Coding im Fieldmapping zu ändern und die Umsetzungsprogramme zu generieren.
- Für das Lesen und Schreiben der LSMW-Dateien auf dem Applikationsserver benötigen Sie das Berechtigungsobjekt S_DATASET.

Insbesondere für Produktivsysteme ist das Berechtigungsobjekt S_DEVELOP immer kritisch zu betrachten. Die Person, die für das Berechtigungskonzept verantwortlich ist, sollte hier die Berechtigungen auf das notwendigste beschränken.

9.2.2 Benutzerführung: Hauptschritte der Datenmigration

Nachdem Sie Ihr Projekt mit dessen Teilprojekten und Objekten angelegt bzw. ausgewählt haben, gelangen Sie über [↵] oder **Weiter** in die Benutzerführung der LSMW (siehe Abbildung 9.7). Beachten Sie, dass – bei identischem Funktionsumfang – die Darstellung des persönlichen Menüs je nach Darstellung geringfügig voneinander abweicht.

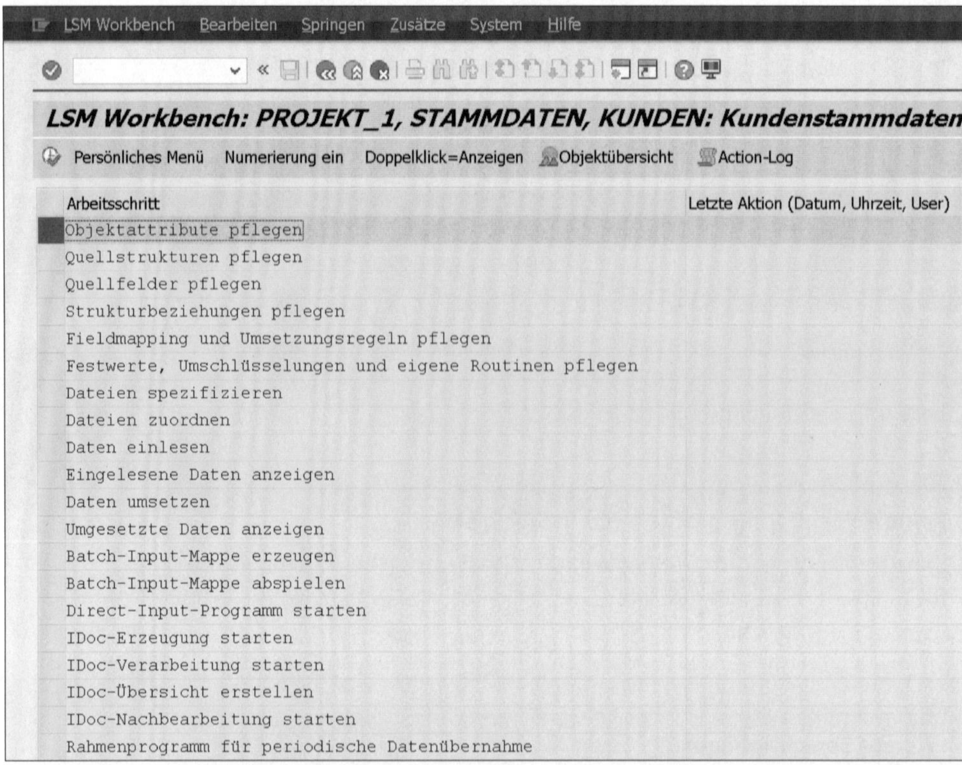

Abbildung 9.7 LSMW: Benutzerführung

Navigation

Von diesem Bild aus leitet Sie die LSMW der Reihe nach durch die einzelnen Schritte der Datenmigration: Von hier aus springen Sie in die einzelnen Arbeitsschritte ab und kehren anschließend wieder hierhin zurück. Der Auswahl-Button am linken Bildrand springt jeweils zum nächsten auszuführenden Arbeitsschritt. Dies ist jedoch lediglich als unverbindliche Empfehlung zu betrachten. Sie können jederzeit zu jedem bereits ausgeführten Arbeitsschritt zurückspringen, falls dies erforderlich sein sollte.

In dieser Bildschirmansicht stehen Ihnen die folgenden Funktionen zur Verfügung:

- (Ausführen)
  Diese Funktion führt den Arbeitsschritt aus, bei dem sich der Auswahl-Button aktuell befindet. Alternativ dazu können Sie auf einen Eintrag doppelklicken.
- **Persönliches Menü**
  Sie haben die Möglichkeit, eine individuelle Auswahl der angezeigten Arbeitsschritte zu vorzunehmen. Selbstverständlich können Sie einmal ausgeblendete Arbeitsschritte jederzeit wieder einblenden. Über den Button **Hauptschritte** werden alle Arbeitsschritte, die für eine Datenumsetzung zwingend erforderlich sind, automatisch aktiviert. Beachten Sie hierzu auch Abschnitt 9.6.1, »Zusatzmenüs einblenden«.
- **Nummerierung ein/aus**
  Diese Funktion erlaubt es Ihnen, die ausgewählten Arbeitsschritte fortlaufend zu nummerieren bzw. die Nummerierung auszublenden.
- **Doppelklick = Anzeigen/Ändern**
  Hiermit legen Sie fest, ob im weiteren Verlauf durch einen Doppelklick der Anzeigemodus oder der Änderungsmodus gewählt werden soll. Wenn Sie ein Objekt anlegen, ist es sinnvoll hier **Doppelklick = Ändern** zu wählen. Sie ersparen es sich dadurch, in jedem Arbeitsschritt den Änderungsmodus einzuschalten.
- **Objektübersicht**
  Sie erhalten alle Informationen zum ausgewählten Objekt auf einen Blick (siehe Abschnitt 9.2.18, »Objektübersicht«).
- **Action-Log**
  Es wird Ihnen eine detaillierte Übersicht (Datum, Uhrzeit, Benutzername) zu allen bereits erfolgten Arbeitsschritten angezeigt. Über den Menüpfad **Zusätze • Action-Log zurücksetzen** können Sie das Action-Log zurücksetzen. Diese Aktion wird mit Verweis auf den Anwender und das Datum vermerkt.

9.2.3 Objektattribute pflegen

Im Arbeitsschritt **Objektattribute ändern** legen Sie fest, welche Daten migriert werden und wie diese in das SAP-System importiert werden sollen. In der Sprache der LSMW bedeutet dies, dass Sie Objekttyp und Importtechnik auswählen.

Objekttyp und Importtechnik

Im Bildbereich **Attribute** sind alle Eingaben bereits vorbelegt. Im Bildbereich **Objekttyp und Importtechnik** entscheiden Sie sich für die Importtechnik **Standard-Batch/Direct-Input** und wählen mittels Wertehilfe [F4] das Objekt **Kundenstamm** (Kürzel 0050) aus. Nachdem die Auswahl vorgenommen worden ist, müssen Sie die Methode mittels Wertehilfe [F4] auswählen. Hat das Objekt nur eine Methode, wird diese damit automatisch übernommen. Für das Objekt **Kundenstamm** gibt es zwei Methoden. Wir wählen die Standardmethode 0000, die das Standard-Batch-Input-Programm RFBIDE00 verwendet. Dieses wird nach der Auswahl im Feld **Programmname** mit dem Programmtyp B für den Batch-Input angezeigt (siehe Abbildung 9.8).

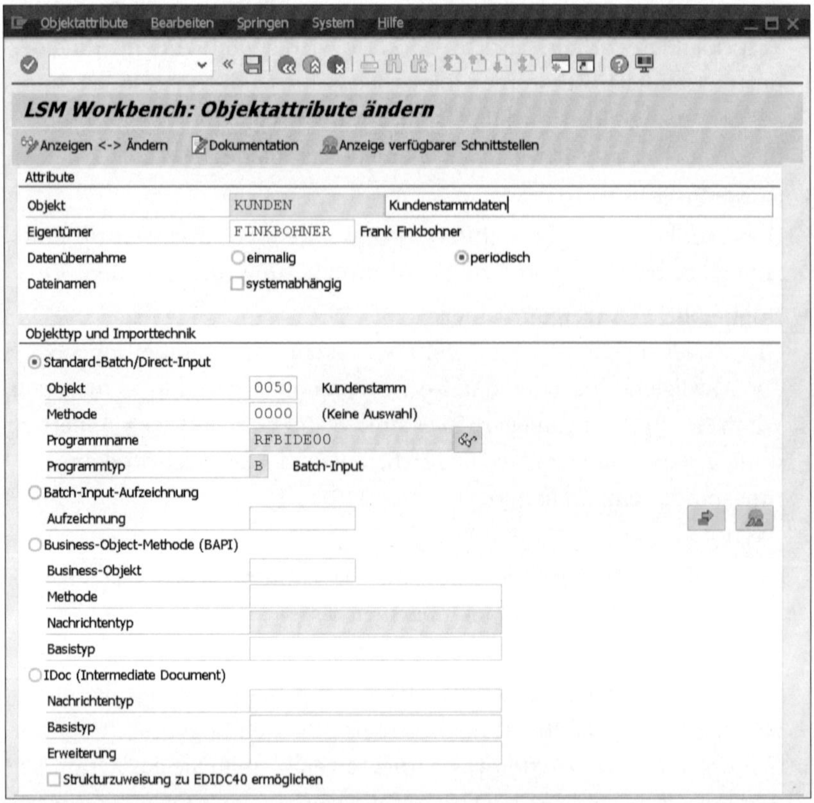

Abbildung 9.8 LSMW: Objektattribute ändern

Anschließend speichern Sie Ihre Eingaben über den Button (**Sichern**).

Bei Batch-Input und Direct-Input können Sie mithilfe des Buttons (**Anzeigen**) zum ABAP-Editor navigieren, sich dort die Dokumentation des Programms ansehen und sich im Einzelnen über die Funktionalität dieses Programms informieren.

Weitere Importtechniken

Die LSMW unterstützt weitere Importtechniken, **Batch-Input-Aufzeichnungen**, **Business-Object-Methode (BAPI)** und **IDoc (Intermediate Document)**. Daher kann es durchaus sinnvoll sein, für verschiedene Datenobjekte unterschiedliche Importtechniken zu verwenden.

Kriterien für die Auswahl der Importtechnik

Für die Auswahl der jeweiligen Importtechnik können die folgenden Gesichtspunkte eine Rolle spielen:

- **Verfügbarkeit**
  Es sind nicht für jedes Datenobjekt alle Datenimporttechniken verfügbar. Im Arbeitsschritt **Objektattribute pflegen** können Sie sich über den Button **Anzeige verfügbarer Schnittstellen** alle für ein Datenobjekt verfügbaren Schnittstellen anzeigen lassen und die entsprechenden Informationen übernehmen (siehe Abbildung 9.9).

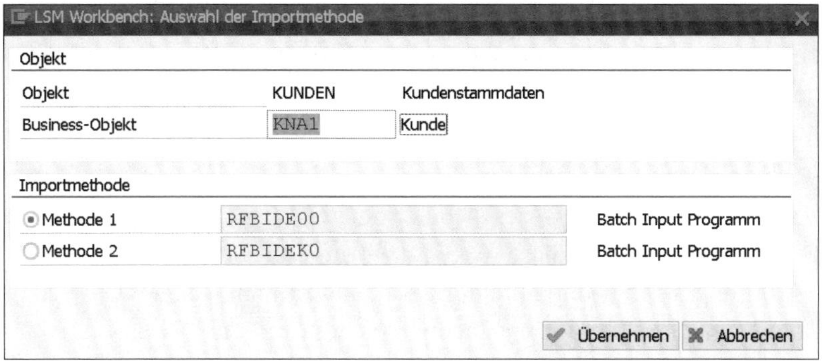

Abbildung 9.9 LSMW: Anzeige verfügbarer Schnittstellen für ein Business Object

- **Benutzerkomfort**
  Die Batch-Input-Technik bietet Ihnen komfortable Möglichkeiten bei der Nachbearbeitung fehlerhafter Daten.
- **Laufzeiten**
  Bei sehr großem Datenvolumen ist Direct-Input dem Batch-Input vorzuziehen, da die Batch-Input-Technik möglicherweise zu übermäßig langen Laufzeiten führt. Ein sehr grober Anhaltspunkt zur Einschätzung des Zeitbedarfs sind 3.000 bis 5.000 Transaktionen pro Stunde, wobei dieser Wert hardwareabhängig stark variieren kann.
- **Komplexität**
  Sind die Daten aus dem Quellsystem so einfach strukturiert, dass sie in einer Tabelle abgelegt werden können, ist möglicherweise die Aufzeichnungstechnik vorzuziehen. Bei dieser Technik bereitet die Feldzuordnung (siehe Abschnitt 9.2.7, »Fieldmapping und Umsetzungsregeln pflegen«) in der Regel keine Schwierigkeiten, da normalerweise die Zahl der zu befüllenden SAP-Felder überschaubar ist.

  Aufzeichnung nur bei einfach strukturierten Quelldaten
- **Flexibilität**
  Die Aufzeichnungstechnik sollte jedoch nur dann eingesetzt werden, wenn die zugehörige SAP-Transaktion für unterschiedliche Datensätze

stets die gleichen Bildfolgen liefert. Wenn Ihre Quelldaten so strukturiert sind, dass zu einem Kopfsatz eine variable Anzahl von Positionssätzen gehört, scheidet die Aufzeichnungstechnik definitiv aus.

Beachten Sie Folgendes: Wenn Sie die Importtechnik BAPI oder IDoc wählen, wird beim Sichern geprüft, ob zu dem voreingestellten Partner (siehe Abschnitt 9.5, »Vorbereitende Maßnahmen zur Nutzung der IDoc-Eingangsverarbeitung«) und dem gewählten Nachrichtentyp bereits eine sogenannte *Partnervereinbarung* vorliegt. Ist dies nicht der Fall, versucht das System, diese anzulegen. Eine Partnervereinbarung ist eine technische Verknüpfung zwischen einem Sender oder Empfänger einer Nachricht (Partner) und einem Nachrichtentyp. Durch die Partnervereinbarungen wird demnach definiert, wer welche Typen von Nachrichten senden oder empfangen darf.

Weitere Attribute des Objekts

Zusätzlich zu den hier wesentlichen Angaben über Objekttyp und Importtechnik können Sie in diesem Arbeitsschritt eine Reihe weiterer nützlicher Attribute pflegen (siehe Abbildung 9.8). Sie können beispielsweise zu dem Objekt eine Bezeichnung eintragen bzw. diese ändern.

Durch einen Eintrag im Feld **Eigentümer** wird das Projekt der Liste mit allen von Ihnen angelegten Projekten hinzugefügt. Sie finden das Projekt anschließend im Startbild unter **Meine Objekte**.

Periodische Datenübernahme

Des Weiteren kann festgelegt werden, ob die Datenübernahme einmalig oder periodisch erfolgen soll. Der Normalfall ist die einmalige Datenübernahme. Bei einer periodischen Datenübernahme können keine Dateien vom Frontend eingelesen werden. Ihnen wird in diesem Fall in der Liste der Arbeitsschritte der zusätzliche Arbeitsschritt **Rahmenprogramm für die periodische Datenübernahme** angeboten.

Systemabhängige Dateinamen

Darüber hinaus können Sie bestimmen, ob die Dateinamen systemabhängig gepflegt werden sollen. Wenn Sie sich dafür entscheiden, können Sie in diesem Fall später pro SAP-System eigene Dateinamen erfassen. Dies ist sehr nützlich, wenn Daten in mehrere SAP-Systeme migriert werden sollen.

Nachdem wir in diesem Arbeitsschritt festgelegt haben, dass wir die Kundenstammdaten mithilfe der Batch-Input-Technik migrieren möchten, können wir uns nun der Definition der Quelldaten zuwenden.

9.2.4 Quellstrukturen pflegen

Bei den bisher vorgestellten Verfahren mussten Sie als Anwender die Daten in das SAP-Format konvertieren. Das SAP-System benötigt keine Informationen über das Format der aus dem Quellsystem exportierten Daten. Nun soll die LSMW die Aufgabe der Konvertierung übernehmen und muss daher »wissen«, wie die Daten des Quellsystems strukturiert sind.

Zwei Satzarten

Die Quelldaten zu einem Anwendungsobjekt bestehen in der Regel aus einer oder mehreren *Satzarten*. Typische Satzarten sind Kopfsatz und Positionssatz. Diese Satzarten werden in der LSMW als *Quellstrukturen* bezeichnet. In unserem Beispiel handelt es sich um zwei Satzarten: den Kopfsatz je Kunde (siehe Abbildung 9.2) und den Kontaktsatz je Ansprechpartner (siehe Abbildung 9.3), der formal betrachtet ein Positionssatz ist, da es beliebig viele Ansprechpartner pro Kunde geben kann.

Im Arbeitsschritt **Quellstrukturen pflegen** werden die Quellstrukturen des Objekts mit Namen, Bezeichnung und hierarchischen Beziehungen definiert. Sie rufen aus dem Navigationsbild (siehe Abbildung 9.7) den Arbeitsschritt **Quellstrukturen pflegen** auf, klicken auf den Button 🗋 (**Anlegen Struktur**) und legen eine Quellstruktur mit dem Kürzel KOPF und der Bezeichnung »Kunden – Kopfsatz« an. Anschließend positionieren Sie den Cursor auf der soeben angelegten Quellstruktur und klicken erneut auf den Button 🗋 (**Anlegen Struktur**). Sie werden gefragt, ob die zweite Quellstruktur gleichrangig oder untergeordnet sein soll. Sie wählen **untergeordnet** und geben das Kürzel KONTAKT als Quellstruktur sowie die Bezeichnung »Kunden – Ansprechpartner« ein. Das Ergebnis ist in Abbildung 9.10 dargestellt.

Gleichrangig oder untergeordnet?

Wann ist gleichrangig und wann untergeordnet zu wählen? Generell gilt Folgendes: Satzart 2 ist Satzart 1 untergeordnet, wenn zu jedem Satz der Satzart 2 genau ein Satz der Satzart 1 existiert. In unserem Beispiel bedeutet dies, dass zu jedem Ansprechpartnersatz genau ein zugehöriger Kopfsatz existiert.

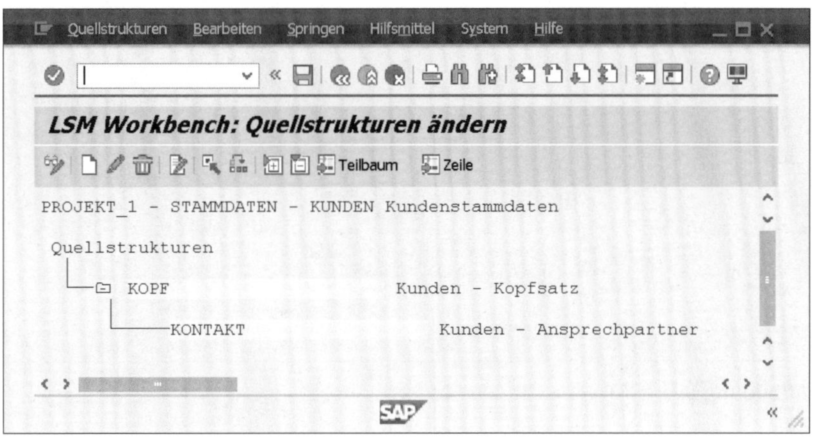

Abbildung 9.10 LSMW: Quellstrukturen ändern

Weitere Funktionen

Darüber hinaus haben Sie in diesem Arbeitsschritt die Möglichkeit, neue Quellstrukturen anzulegen, diese zu ändern, umzuhängen oder zu löschen. Für all diese Funktionen stehen Ihnen Buttons zur Verfügung.

9.2.5 Quellfelder pflegen

Eine Quellstruktur besteht im Normalfall aus mehreren Feldern. Diese Felder werden in der LSMW als *Quellfelder* bezeichnet.

Quellfelder und Eigenschaften definieren

Im Arbeitsschritt **Quellfelder pflegen** (siehe Abbildung 9.7) werden zu den im vorangegangenen Schritt definierten Quellstrukturen die zugehörigen Quellfelder angelegt und mit den gewünschten Eigenschaften versehen. In unserem Beispiel sind für die Quellstruktur KOPF die Felder KUNDENNUMMER, NAME, STRASSE, ORT usw. zu definieren. Dies bedeutet, dass wir die Struktur unserer Quelldaten (siehe Abbildung 9.2 und Abbildung 9.3) in der LSMW abbilden.

Attribute eines Quellfeldes

Ein Quellfeld wird in der LSMW durch **Feldname**, **Bezeichnung**, **Feldlänge** und **Feldtyp** beschrieben. Diese Informationen können einzeln – Feld für Feld – eingegeben werden.

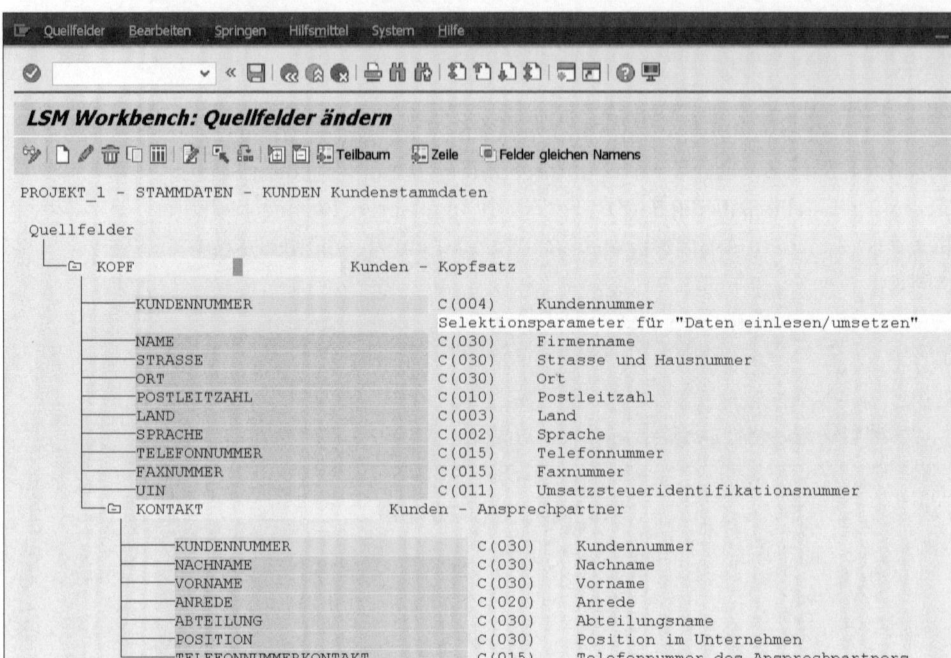

Abbildung 9.11 LSMW: Quellfelder ändern

Hierzu positionieren Sie den Cursor auf der Quellstruktur KOPF, klicken auf den Button [Icon] (**Anlegen Feld**) und geben die geforderten Attribute für das

Feld KUNDENNUMMER ein. Anschließend positionieren Sie den Cursor auf dem Quellfeld KUNDENNUMMER, klicken erneut auf den Button **Anlegen Feld** und geben die geforderten Attribute für das Feld NAME usw. ein, um das Ergebnis gemäß Abbildung 9.11 zu erzielen.

Die einzelnen Möglichkeiten zur Definition und Pflege der Quellfelder beschreiben wir in den folgenden Abschnitten.

Quellfelder einzeln anlegen

Wie bereits erläutert, positionieren Sie den Cursor auf einer Quellstruktur oder auf einem bereits angelegten Quellfeld und klicken auf den Button [ ] (**Anlegen Feld**). Daraufhin gelangen Sie zu dem in Abbildung 9.12 dargestellten Dialogfenster. Die **Feldlänge** legen Sie nach Bedarf fest, und den **Feldtyp** können Sie mittels Wertehilfe [F4] auswählen (siehe Abbildung 9.13).

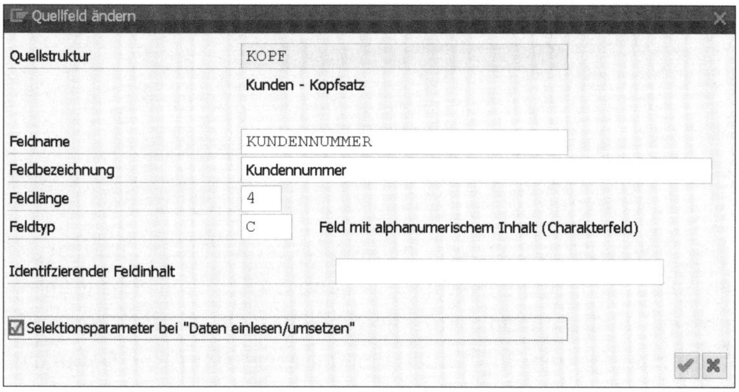

Abbildung 9.12 LSMW: Quellfelder einzeln anlegen

Datumsfelder, Betragsfelder

Wenn Sie ein Feld als Datumsfeld (Feldtypen DDMY, DMDY oder DYMD) oder Betragsfeld (Feldtypen AMT1, AMT2, AMT3 oder AMT4) definieren, können Sie später beim Einlesen der Daten (siehe Abschnitt 9.2.13, »Daten einlesen«) wählen, ob Datumswerte in das interne Datumsformat (YYYYMMDD), d. h. die vierstellige Jahreszahl, gefolgt von einer zweistelligen Monatszahl, gefolgt von einer zweistelligen Tageszahl) und Betragsfelder in das Rechenformat (1234.56, d. h. ohne Tausendergruppierungszeichen, mit einem Punkt als Dezimalzeichen) umgesetzt werden sollen.

Identifizierender Feldinhalt

Sind in einer Datei Quelldaten zu mehreren Quellstrukturen enthalten, benötigt die LSMW zusätzliche Informationen darüber, wie ein Satz identifiziert werden kann. Hierzu muss im Feld **Identifizierender Feldinhalt** ein Wert angegeben werden, mit dessen Hilfe ermittelt werden kann, welche Quellstruktur zu diesem Satz gehört (siehe Abbildung 9.12). Je Quellstruktur darf nur für ein Feld ein identifizierender Feldinhalt angegeben werden.

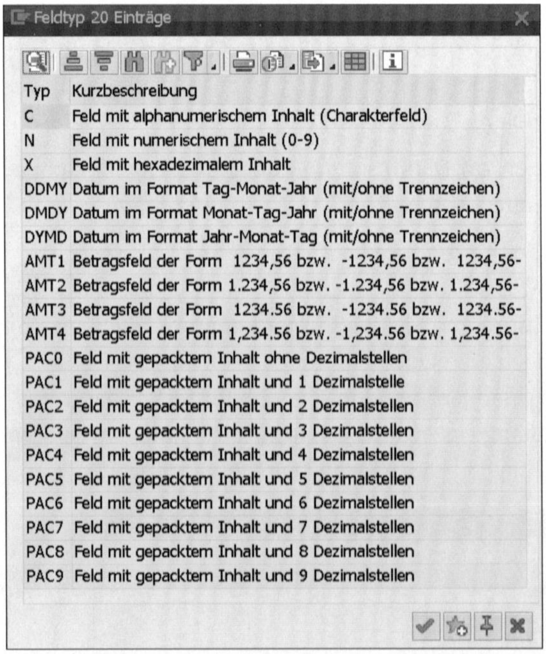

Feldtyp 20 Einträge

Typ	Kurzbeschreibung
C	Feld mit alphanumerischem Inhalt (Charakterfeld)
N	Feld mit numerischem Inhalt (0-9)
X	Feld mit hexadezimalem Inhalt
DDMY	Datum im Format Tag-Monat-Jahr (mit/ohne Trennzeichen)
DMDY	Datum im Format Monat-Tag-Jahr (mit/ohne Trennzeichen)
DYMD	Datum im Format Jahr-Monat-Tag (mit/ohne Trennzeichen)
AMT1	Betragsfeld der Form 1234,56 bzw. -1234,56 bzw. 1234,56-
AMT2	Betragsfeld der Form 1.234,56 bzw. -1.234,56 bzw. 1.234,56-
AMT3	Betragsfeld der Form 1234.56 bzw. -1234.56 bzw. 1234.56-
AMT4	Betragsfeld der Form 1,234.56 bzw. -1,234.56 bzw. 1,234.56-
PAC0	Feld mit gepacktem Inhalt ohne Dezimalstellen
PAC1	Feld mit gepacktem Inhalt und 1 Dezimalstelle
PAC2	Feld mit gepacktem Inhalt und 2 Dezimalstellen
PAC3	Feld mit gepacktem Inhalt und 3 Dezimalstellen
PAC4	Feld mit gepacktem Inhalt und 4 Dezimalstellen
PAC5	Feld mit gepacktem Inhalt und 5 Dezimalstellen
PAC6	Feld mit gepacktem Inhalt und 6 Dezimalstellen
PAC7	Feld mit gepacktem Inhalt und 7 Dezimalstellen
PAC8	Feld mit gepacktem Inhalt und 8 Dezimalstellen
PAC9	Feld mit gepacktem Inhalt und 9 Dezimalstellen

Abbildung 9.13 LSMW: mögliche Typen von Quellfeldern

Selektionsparameter

Zu den Feldern von Strukturen der obersten Hierarchiestufe – im Beispiel also zu den Feldern der Quellstruktur KOPF – kann ein Kennzeichen bei **Selektionsparameter bei »Daten einlesen/umsetzen«** gesetzt werden. Wenn Sie dieses Kennzeichen setzen, wird Ihnen bei den Arbeitsschritten **Daten einlesen** und **Daten umsetzen** das betreffende Feld als Selektionsparameter zur Verfügung gestellt. Dieses Feld wird in der Regel für Tests verwendet, um dort den Datenumfang einzuschränken.

Quellfelder in Tabellenform pflegen

Anstatt jedes Quellfeld einzeln zu pflegen, können Sie alle Felder zu einer Quellstruktur auf einmal bearbeiten. Positionieren Sie hierzu den Cursor auf einer Quellstruktur oder auf einem bereits angelegten Quellfeld, und klicken Sie auf den Button (**Tabellenpflege**). Sie gelangen in eine Bildschirmmaske, wie sie in Abbildung 9.14 zu sehen ist.

Vorschlagswerte

Wenn Sie **Feldname**, **Typ** und **Länge** eingeben und mit [↵] bestätigen, wird der Feldname übernommen.

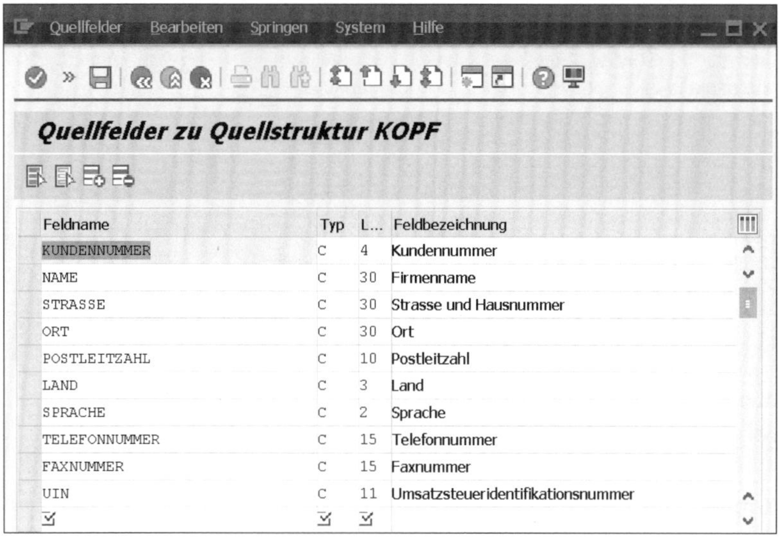

Abbildung 9.14 LSMW: Quellfelder in Tabellenform pflegen

Quellfelder aus anderen Quellen kopieren

Darüber hinaus bietet Ihnen die LSMW die Möglichkeit, die Beschreibung von Quellfeldern aus anderen Quellen zu kopieren, um auf diese Weise den Pflegeaufwand zu reduzieren. Positionieren Sie hierzu den Cursor auf einer Quellstruktur oder auf einem bereits angelegten Quellfeld (siehe Abbildung 9.11), und klicken Sie auf den Button (**Quellfelder kopieren**). In dem in Abbildung 9.15 dargestellten Dialogfenster werden Sie aufgefordert, eine Quelle auszuwählen.

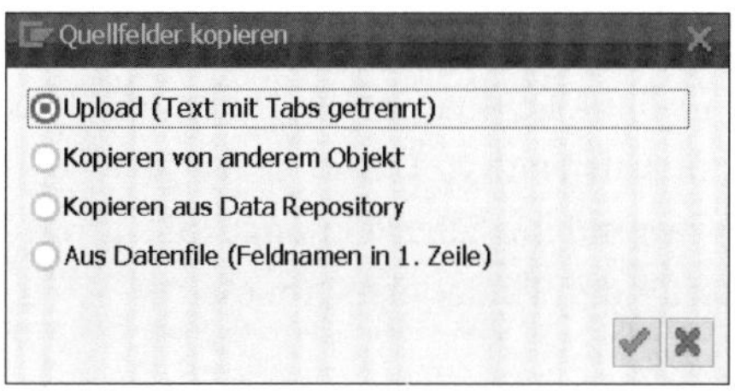

Abbildung 9.15 LSMW: Quellfelder kopieren

Strukturbeschreibungen kopieren

Folgende Quellen stehen Ihnen zur Verfügung:

- **Upload (Text mit Tabs getrennt)**
  In diesem Fall wird erwartet, dass die Beschreibung der Quellfelder in einer Textdatei abgelegt ist, deren Spalten mit Tabstopps getrennt sind, wie z. B. in Abbildung 9.16 dargestellt.

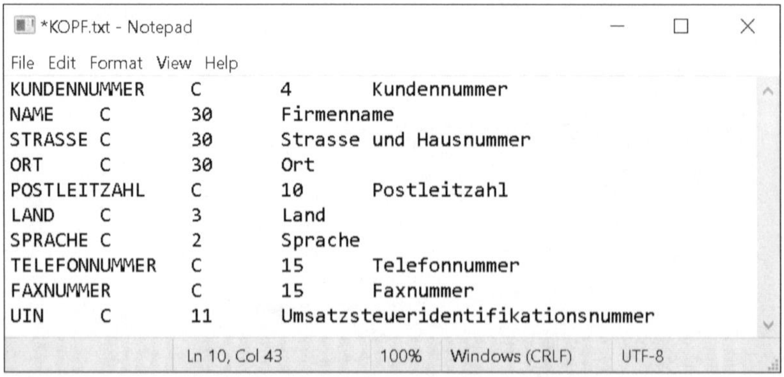

Abbildung 9.16 LSMW: Quellfelder aus Textdatei kopieren (mit Tabstopps getrennt)

- **Kopieren von anderem Objekt**
  Sie können die Quellfelder aus einer Quellstruktur eines anderen Objekts der LSMW kopieren. Wenn Sie sich für diese Variante entscheiden, werden Sie im darauffolgenden Schritt aufgefordert, das entsprechende Objekt (genauer: Projekt, Teilprojekt, Objekt) auszuwählen.
- **Kopieren aus Data Repository**
  Sie können die Quellfelder aus einer Struktur des ABAP Dictionary des SAP-Systems kopieren. Bei dieser Variante werden Sie im folgenden Schritt aufgefordert, die gewünschte Struktur des ABAP Dictionary auszuwählen.
- **Aus Datenfile (Feldnamen in 1. Zeile)**
  Sie können die Quellfelder aus einer Datei kopieren, die die zugehörigen Quelldaten enthält. Diese Datei muss auf dem PC im Format **Text (Tabstopp-getrennt) (*.txt)** vorliegen und die Feldnamen in der ersten Zeile enthalten. Dabei wird für alle Felder als Feldtyp C und als Feldbezeichnung der Feldname vergeben, während für die Feldlänge die größte Länge eines Feldinhaltes des betreffenden Feldes errechnet wird.

[»]

Felder des gleichen Namens

Bei der Pflege der Quellfelder haben Sie die Möglichkeit, Felder gleichen Namens über den gleichnamigen Button farblich hervorzuheben (siehe Abbildung 9.11). Dies erlaubt es Ihnen, zu verifizieren, ob diese Felder tatsächlich in inhaltlicher Beziehung zueinanderstehen. Wenn nämlich im weiteren Verlauf die Quelldaten in mehreren Dateien vorliegen, erfolgt die Verknüpfung der Datensätze automatisch über Felder gleichen Namens (siehe Abschnitt 9.2.12, »Dateien zuordnen«). Ein Feld, das nicht in inhaltlicher Beziehung zu einem Schlüsselfeld steht, sollten Sie deshalb umbenennen. Ansonsten kann es passieren, dass beim Einlesen und Umsetzen der Datensätze diese falsch oder gar nicht miteinander verknüpft werden.

9.2.6 Strukturbeziehungen pflegen

In Abschnitt 9.2.4, »Quellstrukturen pflegen«, wurde ausgeführt, dass die Daten aus dem Quellsystem zu einem Objekt aus einer oder mehreren Satzarten bestehen und diese Satzarten im Rahmen der LSMW als *Quellstrukturen* bezeichnet werden. Folgerichtig werden die Satzarten des Zielformats – des SAP-Formats – als *Zielstrukturen* bezeichnet.

Beziehungen zwischen Quell- und Zielstrukturen

Im Arbeitsschritt **Strukturbeziehungen pflegen** werden die Beziehungen zwischen Quell- und Zielstrukturen definiert. Die möglichen Zielstrukturen werden bereits bei der Auswahl des Objekttyps und der Importtechnik festgelegt (siehe Abbildung 9.8). Unsere Auswahl **Kundenstamm** legte fest, in welches Format die Daten gebracht werden müssen, damit sie vom Batch-Input-Programm RFBIDE00 verarbeitet werden können. Das Ergebnis sehen Sie, wenn Sie aus dem Navigationsbild (siehe Abbildung 9.7) den Arbeitsschritt **Strukturbeziehungen pflegen** aufrufen (siehe Abbildung 9.17).

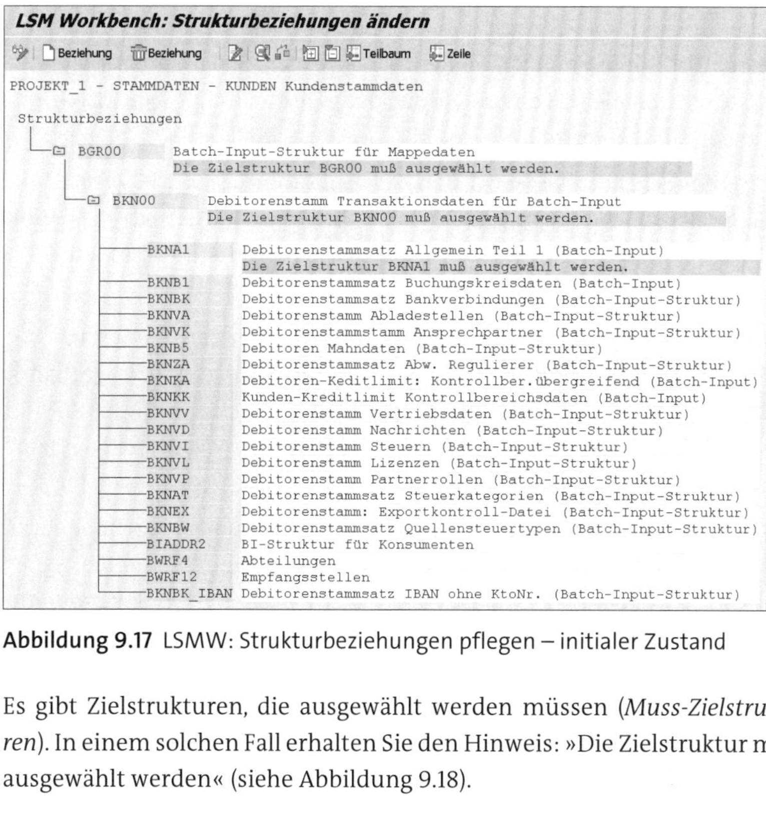

Abbildung 9.17 LSMW: Strukturbeziehungen pflegen – initialer Zustand

Muss-Zielstrukturen

Es gibt Zielstrukturen, die ausgewählt werden müssen (*Muss-Zielstrukturen*). In einem solchen Fall erhalten Sie den Hinweis: »Die Zielstruktur muss ausgewählt werden« (siehe Abbildung 9.18).

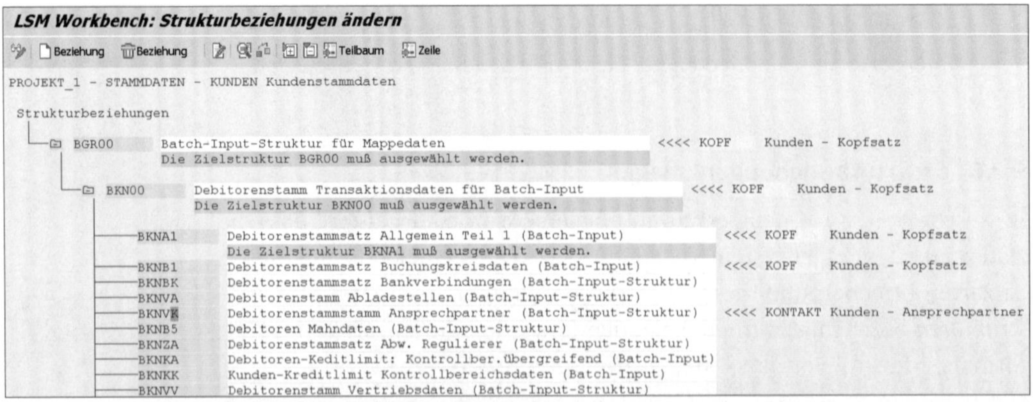

Abbildung 9.18 LSMW: gepflegte Strukturbeziehungen

Um Strukturbeziehungen festzulegen, positionieren Sie den Cursor auf einer Zielstruktur und klicken auf den Button [Beziehung] (**Anlegen Beziehung**). Ihnen wird ein Dialogfenster angezeigt, das Ihnen die bereits angelegten Quellstrukturen zur Auswahl anbietet. Möchten Sie die Beziehung ändern, entfernen Sie zunächst die bereits bestehende Beziehung über den Button [Beziehung] (**Löschen Beziehung**).

Strukturbeziehungen prüfen

Darüber hinaus haben Sie mit über den Button [ ] (**Prüfen**) die Möglichkeit, die Strukturbeziehungen auf Fehler hin zu prüfen. Sie erhalten in der Statusleiste entweder eine Fehlermeldung oder die Meldung: »Die Strukturbeziehungen sind fehlerfrei.«

Zielstrukturen gezielt auswählen

In unserem Beispiel weisen wir den Zielstrukturen BGR00, BKN00, BKNA1 und BKNB1 jeweils die Quellstruktur KOPF zu, während der Zielstruktur BKNVK die Quellstruktur KONTAKT zugeordnet wird. Das Ergebnis ist in Abbildung 9.18 dargestellt.

Umgekehrt bedeutet unsere Festlegung, dass die Kunden, die wir im SAP-System anlegen möchten, eine Reihe von Informationen *nicht* enthalten werden, und zwar alle Informationen, die in den Strukturen enthalten sind, die wir nicht ausgewählt haben: Bankverbindungen, Abladestellen, Mahndaten, abweichende Regulierer usw.

Kontrollsätze

Abschließend soll zu diesem Arbeitsschritt Folgendes hervorgehoben werden: Viele Batch-Input- und Direct-Input-Programme verwenden einen Kontrollsatz namens BGR00 oder BI000. Weisen Sie diesem Satz stets die Quellstruktur der obersten Hierarchiestufe (Kopfstruktur) zu.

9.2.7 Fieldmapping und Umsetzungsregeln pflegen

Zwei Schritte in einem Schritt

In diesem Arbeitsschritt besteht die konkrete Aufgabe darin, den Zielfeldern Quellfelder zuzuordnen und festzulegen, wie die Feldinhalte umgesetzt werden sollen. Dieser Schritt wird auch als *Fieldmapping* bezeichnet. Genau genommen handelt es sich um zwei Arbeitsschritte:

1. Zuordnung der Quellfelder zu den Zielfeldern
2. Festlegung der Umsetzungsregeln

Da der Zusammenhang zwischen beiden Teilschritten jedoch sehr eng ist, sind sie in der LSMW zu einem Arbeitsschritt zusammengefasst.

Alle Zielfelder auf einen Blick

9

Wenn Sie diesen Arbeitsschritt aus dem Navigationsbild (siehe Abbildung 9.7) aufrufen, sehen Sie alle ausgewählten Zielstrukturen und die dazugehörigen Felder in hierarchischer Baumstruktur dargestellt (siehe Abbildung 9.19).

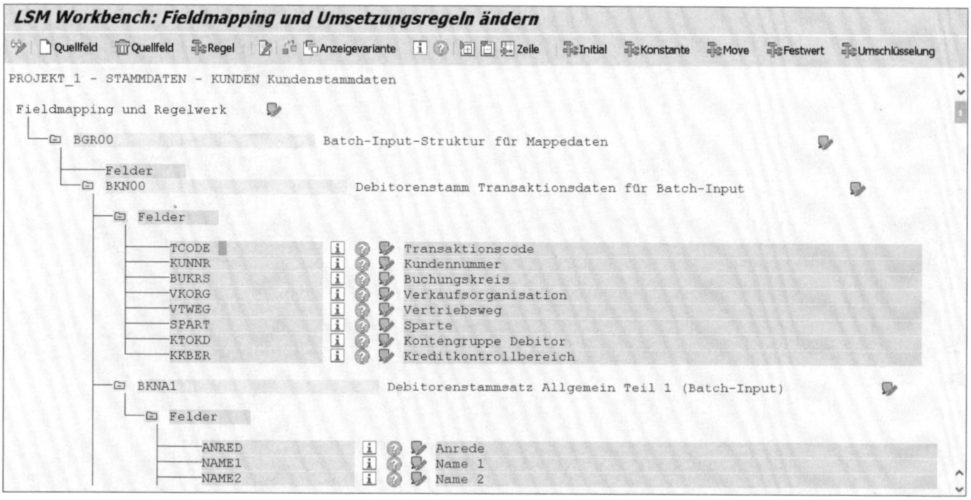

Abbildung 9.19 Ausschnitt LSMW: Fieldmapping – initialer Zustand

Da nun alle verfügbaren Zielfelder angezeigt werden, können wir die Zuordnung von Quellfeldern zu Zielfeldern – zunächst »auf Papier« – festlegen. Dieser vorbereitende Schritt ist in der Regel von den Fachabteilungen zu leisten, gegebenenfalls in Zusammenarbeit mit den SAP-Beratern, da dort das erforderliche Applikationswissen zur Verfügung steht.

[+]

Objektübersicht für Papier-Mapping einsetzen

Hierzu nutzen Sie am besten die Funktion [Objektübersicht] aus Abbildung 9.7, die wir Ihnen in Abschnitt 9.2.18 erläutern, und exportieren diese Übersicht als Tabelle.

[»]

Verwendeter Nummernkreis

Die in diesem Beispiel verwendeten Festwerte und Konstanten müssen Sie wahrscheinlich an die Konfiguration Ihres Systems anpassen. Wir verwenden eine Kontengruppe für Kunden mit externem alphanumerischen Nummernkreis.

In unserem Beispiel kommen wir zu dem Ergebnis aus Tabelle 9.2:

Nr.	Zielfeld	Quellfeld	Umsetzungsregel
1	BKN00-TCODE	–	Konstante XD01
2	BKN00-KUNNR	KOPF-KUNDENNUMMER	Präfix »D«
3	BKN00-BUKRS	–	Festwert FV_BUKRS
4	BKN00-KTOKD	–	Konstante KUNA Passende Kontengruppe ihres Systems für Kunden wählen
5	BKNA1-NAME1	KOPF-NAME	Übertragen (MOVE)
6	BKNA1-SORTL	KOPF-NAME	Übertragen (MOVE); abgeschnitten
7	BKNA1-STRAS	KOPF-STRASSE	Übertragen (MOVE)
8	BKNA1-ORT01	KOPF-ORT	Übertragen (MOVE)
9	BKNA1-PSTLZ	KOPF-POSTLEITZAHL	Übertragen (MOVE)
10	BKNA1-LAND1	KOPF-LAND	Umschlüsselung
11	BKNA1-SPRAS	KOPF-SPRACHE	Umschlüsselung
12	BKNA1-TELF1	KOPF-TELEFONNUMMER	Übertragen (MOVE)
13	BKNA1-TELFX	KOPF-FAXNUMMER	Übertragen (MOVE)
14	BKNA1-STCEG	KOPF-UIN	Übertragen (MOVE)
15	BKNB1-AKONT	–	Konstante 140000 (Debitoren-Forderungen Inland)

Tabelle 9.2 Mapping auf dem Papier: Feldzuordnungen und Umsetzungsvorschriften für Kundenstammdaten

Nr.	Zielfeld	Quellfeld	Umsetzungsregel
16	BKNVK-NAME1	KONTAKT-NACHNAME	Übertragen (MOVE)
17	BKNVK-TELF1	KONTAKT-TELEFON-NUMMERKONTAKT	Übertragen (MOVE)
18	BKNVK-ABTNR	KONTAKT-ABTEILUNG	Umschlüsselung
19	BKNVK-NAMEV	KONTAKT-VORNAME	Übertragen (MOVE)
20	BKNVK-ANRED	KONTAKT-ANREDE	Übertragen (MOVE)
21	BKNVK-PAFKT	KONTAKT-POSITION	Umschlüsselung

Tabelle 9.2 Mapping auf dem Papier: Feldzuordnungen und Umsetzungsvorschriften für Kundenstammdaten (Forts.)

Felder der Kontrollstruktur BGR00

Als aufmerksamem Leser ist Ihnen sicherlich nicht entgangen, dass in Tabelle 9.2 kein einziges Feld der Kontrollstruktur BGR00 aufgeführt ist. Dies liegt daran, dass alle Felder der Struktur BGR00 von der LSMW als sogenannte *technische Felder* angesehen und automatisch vorbelegt werden. Daher müssen in der Regel keine Änderungen an diesen Feldern vorgenommen werden.

Mit dem »Mapping auf dem Papier« ist bereits der größte Teil der Arbeit erledigt. Nun müssen diese Informationen lediglich noch der LSMW mitgeteilt werden. Die Vorgehensweise wird in Tabelle 9.3 dargestellt. Die in der ersten Spalte angegebene laufende Nummer bezieht sich dabei auf die laufende Nummer aus Tabelle 9.2.

Nr.	Zielfeld	Aktion
1	BKN00-TCODE	■ Positionieren Sie, wie es in Abbildung 9.19 zu sehen ist, den Cursor auf dem Feld BKN00-TCODE. ■ Klicken Sie auf den Button Regel. ■ Wählen Sie in dem in Abbildung 9.20 dargestellten Dialogfenster die Regel **Konstante** aus. ■ Geben Sie im nachfolgenden Dialogfenster »XD01« ein, und bestätigen Sie die Eingabe.

Tabelle 9.3 Umsetzung des Mappings auf Papier in der LSMW

Nr.	Zielfeld	Aktion
2	BKN00-KUNNR	▪ Positionieren Sie, wie es in Abbildung 9.19 zu sehen ist, den Cursor auf dem Feld BKN00-KUNNR. ▪ Klicken Sie auf den Button Quellfeld (**Quellfeld zuordnen**). ▪ Wählen Sie aus der Liste der möglichen Quellfelder per Doppelklick KOPF-KUNDENNUMMER aus. ▪ Klicken Sie auf den Button **Regel**. Wählen Sie in dem in Abbildung 9.20 dargestellten Dialogfenster die Regel **Präfix** aus. ▪ Geben Sie im nachfolgenden Dialogfenster »D« ein, und bestätigen Sie die Eingabe.
3	BKN00-BUKRS	▪ Positionieren Sie gemäß Abbildung 9.19 den Cursor auf dem Feld BKN00-BUKRS. ▪ Klicken Sie auf den Button **Regel**. ▪ Wählen Sie in dem in Abbildung 9.20 dargestellten Dialogfenster die Regel **Festwert (wiederverwendbar)*** aus. ▪ Die LSMW schlägt Ihnen als Namen BUKRS vor. Übernehmen Sie diesen Vorschlag. ▪ In dem darauffolgenden Dialogfenster können Sie bereits den konkreten Wert eingeben. Sie nutzen diese Möglichkeit und hinterlegen »0001«.
4	BKN00-KTOKD	Analog zu 1: Konstante
5	BKNA1-NAME1	▪ Positionieren Sie, wie es in Abbildung 9.19 dargestellt ist, den Cursor auf dem Feld BKNA1-NAME1. ▪ Klicken Sie auf den Button **Quellfeld zuordnen**. ▪ Wählen Sie aus der Liste der möglichen Quellfelder per Doppelklick KOPF-NAME aus. Da die LSMW automatisch die Regel **Übertragen** (MOVE) wählt, müssen keine weiteren Einstellungen vorgenommen werden.
6	BKNA1-SORTL	Analog zu 5; allerdings ist in diesem Fall das Quellfeld länger als das Zielfeld. Dies bedeutet, dass bei der Übertragung der Inhalt des Quellfeldes abgeschnitten wird.
7	BKNA1-STRAS	Analog zu 5: **Übertragen** (MOVE)
8	BKNA1-ORT01	Analog zu 5: **Übertragen** (MOVE)
9	BKNA1-PSTLZ	Analog zu 5: **Übertragen** (MOVE)

Tabelle 9.3 Umsetzung des Mappings auf Papier in der LSMW (Forts.)

Nr.	Zielfeld	Aktion
10	BKNA1-LAND1	■ Positionieren Sie, wie in Abbildung 9.19 gezeigt, den Cursor auf dem Feld BKNA1-LAND1. ■ Klicken Sie auf den Button **Quellfeld zuordnen**. ■ Wählen Sie aus der Liste der möglichen Quellfelder per Doppelklick KOPF-LAND aus. ■ Klicken Sie auf den Button **Regel**. ■ Wählen Sie in dem in Abbildung 9.20 dargestellten Dialogfenster die Regel **Umschlüsselung (wiederverwendbar)** aus. ■ Die LSMW schlägt Ihnen als Namen LAND1 vor. Übernehmen Sie diesen Vorschlag.
11	BKNA1-SPRAS	Analog zu 10: **Umschlüsselung (wiederverwendbar)** Übernehmen Sie den Vorschlag SPRAS
12	BKNA1-TELF1	Analog zu 5: **Übertragen** (MOVE)
13	BKNA1-TELFX	Analog zu 5: **Übertragen** (MOVE)
14	BKNA1-STCEG	Analog zu 5: **Übertragen** (MOVE)
15	BKNB1-AKONT	Analog zu 1: **Konstante**
16	BKNVK-NAME1	Analog zu 5: **Übertragen** (MOVE)
17	BKNVK-TELF1	Analog zu 5: **Übertragen** (MOVE)
18	BKNVK-ABTNR	Analog zu 10: **Umschlüsselung (wiederverwendbar)** Übernehmen Sie den Vorschlag ABTNR
19	BKNVK-NAMEV	Analog zu 5: **Übertragen** (MOVE)
20	BKNVK-ANRED	Analog zu 5: **Übertragen** (MOVE)
21	BKNVK-PAFKT	Analog zu 10: **Umschlüsselung (wiederverwendbar)** Übernehmen Sie den Vorschlag PAFKT

* Die sogenannten wiederverwendbaren Regeln werden in Abschnitt 9.2.8, »Festwerte, Umschlüsselungen und eigene Routinen pflegen«, ausführlich beschrieben.

Tabelle 9.3 Umsetzung des Mappings auf Papier in der LSMW (Forts.)

Wenn Sie die Anweisungen gemäß Tabelle 9.3 ausführen, werden Sie feststellen, dass die LSMW Ihre Instruktionen in ABAP-Coding übersetzt. Sie bietet Ihnen darüber hinaus die Flexibilität, das ABAP-Coding bei Bedarf nach Belieben zu ändern oder zu ergänzen. Ein Beispiel wäre, dass in Telefonnummern die führende Null der Vorwahl durch die Ländervorwahl ersetzt werden soll, also etwa »06227 741117« durch »+49 6227 741117«. In diesem Fall würden Sie das generierte Coding `BKNA-TELF1 = KOPF-TELEFONNUMMER` ersetzen durch:

```
Concatenate '+49', KOPF-TELEFONNUMMER+1 into BKNA1-TELF1 separated
by space
```

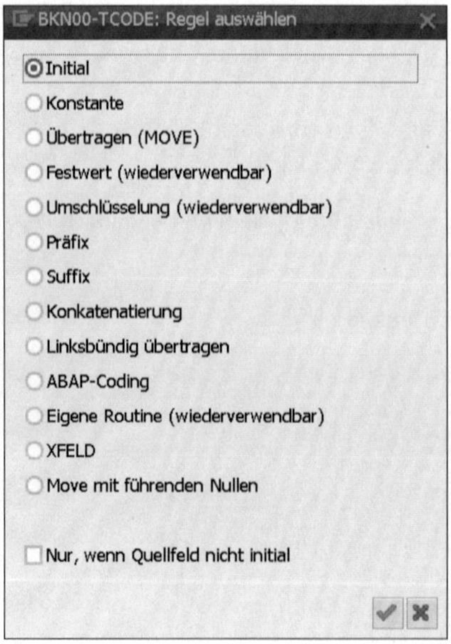

Abbildung 9.20 LSMW: vordefinierte Umsetzungsregeln

In unserem Beispiel sind jedoch keine Anpassungen erforderlich.

Zusammenfassung

Wir haben nun sämtliche Anweisungen aus Tabelle 9.3 abgearbeitet – das Ergebnis unserer Bemühungen ist in den Abbildung 9.21 und Abbildung 9.22 dargestellt.

Syntaxprüfung

Sie können sich nun direkt vergewissern, ob Ihre Bemühungen von Erfolg gekrönt waren. Klicken Sie hierzu auf den Button (**Syntax prüfen**) an (siehe Abbildung 9.22). Hierdurch veranlassen Sie die LSMW, um das Datenumsetzungsprogramm zu generieren und auf syntaktische Korrektheit hin zu überprüfen. Wenn alles richtig gemacht wurde, erscheint in der Statuszeile die Erfolgsmeldung: »Das Datenumsetzungsprogramm konnte erfolgreich generiert werden.« Ansonsten wird das Datenumsetzungsprogramm angezeigt und über den Button (**Syntax prüfen**) der oder die Fehler angezeigt. Wenn ausschließlich vordefinierte Regeln verwendet werden und kein eigenes ABAP-Coding hinzugefügt wird, sind Syntaxfehler unwahrscheinlich.

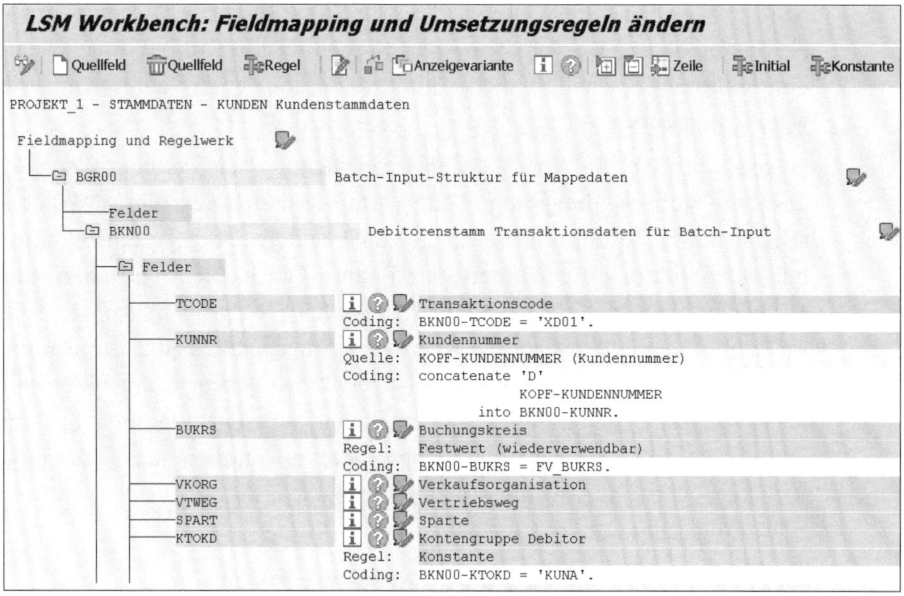

Abbildung 9.21 LSMW: Fieldmapping (Ausschnitt 1)

Anzeigevariante: keine initialen Felder anzeigen

Der Vollständigkeit halber muss erwähnt werden, dass in Abbildung 9.22 alle initialen Felder ausgeblendet wurden. Dies wurde über den Button Anzeigevariante erreicht, auf den wir in Abschnitt 9.7.1, »Anzeigevariante und Verarbeitungszeitpunkte«, ausführlich eingehen.

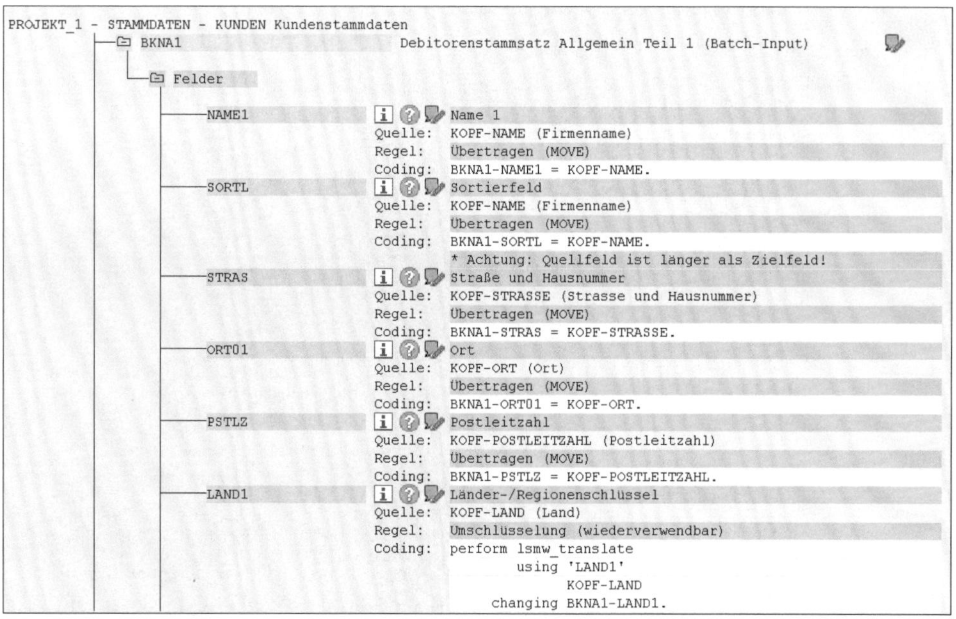

Abbildung 9.22 LSMW: Fieldmapping (Ausschnitt 2)

Nun kennen Sie bereits die wichtigsten Funktionen des Arbeitsschritts **Fieldmapping und Umsetzungsregeln pflegen**. Es gibt darüber hinaus noch eine Reihe zusätzlicher nützlicher Funktionen, von denen wir Ihnen nun die wichtigsten vorstellen.

Auto-Fieldmapping

Eine sehr pfiffige Funktion ist das sogenannte *Auto-Fieldmapping*. Wenn Sie **Zusätze • Auto-Fieldmapping** wählen, unterbreitet Ihnen die LSMW Vorschläge für die Zuordnung von Quell- zu Zielfeldern. Über das Einstellungsbild aus Abbildung 9.23 können Sie wählen, ob nach Feldern gleichen oder ähnlichen Namens (mit Trefferwahrscheinlichkeit) gesucht werden soll. Des Weiteren müssen Sie die Funktion nicht für jedes Feld einzeln aufrufen, sondern können alle Felder ab der Cursorposition oder sogar alle Felder aller Zielstrukturen durchlaufen lassen – mit oder ohne Bestätigung bei jedem einzelnen Schritt. Sie wählen, ob eine wiederverwendbare Regel oder eine `MOVE`-Regel verwendet werden und ob die Vorschläge nur für nicht initiale Felder angezeigt werden sollen.

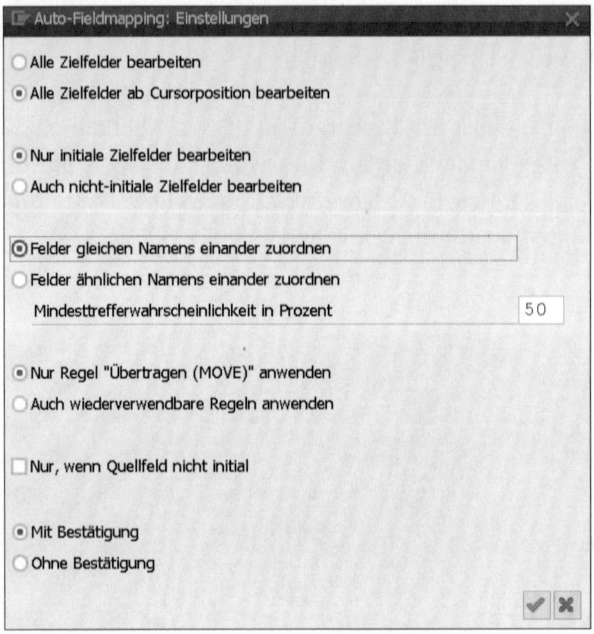

Abbildung 9.23 LSMW: Auto-Fieldmapping: Einstellungen

[»]

Trefferwahrscheinlichkeit

Die Trefferwahrscheinlichkeit ist ein Maß für die Ähnlichkeit zweier Wörter. Je ähnlicher sich zwei Wörter sind, desto höher ist die Trefferwahrscheinlichkeit. Für zwei identische Wörter beträgt die Trefferwahrscheinlichkeit demnach 100 %.

Wenn Sie in unserem Beispiel diese Funktion für das Zielfeld BKNA1-NAME1 aufrufen, wird Ihnen der in Abbildung 9.24 dargestellte Vorschlag unterbreitet.

Abbildung 9.24 LSMW: Auto-Fieldmapping – Vorschlag

Falls Sie mit vielen Feldern arbeiten und die Feldnamen des Quellsystems (genauer: der Quellfelder) den Feldern des SAP-Systems (genauer: der Zielstrukturen) entsprechen oder ähneln, ist es durchaus sinnvoll, die Feldnamen der Quellfelder, den Feldnamen der Zielstruktur anzupassen. Das Auto-Fieldmapping beschleunigt Ihre Arbeit.

Technische Felder

Einige Zielfelder werden durch das System vorbelegt. Diese Felder werden als *technische Felder* bezeichnet und mit dem Regeltyp **Default-Belegung** gekennzeichnet. Die Regeln zu diesen Feldern werden zunächst im Fieldmapping nicht angezeigt, können aber mithilfe des Buttons **Anzeigevariante** (siehe 9.7.1, »Anzeigevariante und Verarbeitungszeitpunkte«) eingeblendet werden. Änderungen an der Default-Belegung können den Ablauf der Datenumsetzung unter Umständen gravierend beeinträchtigen. Haben Sie die Default-Belegung eines Feldes versehentlich geändert, können Sie diese wiederherstellen, indem Sie **Zusätze • Default wiederherstellen** wählen.

Zu jedem Zielfeld wird Ihnen die folgende Information angezeigt (siehe Abbildung 9.21 und Abbildung 9.22):

- SAP-Feldbezeichnung
- eventuell zugewiesene Quellfelder
- Regeltyp (Festwert, Umschlüsselung usw.)
- Coding

Funktionen je Ziel- und Quellfeld

Darüber hinaus stehen Ihnen für jedes Ziel- bzw. Quellfeld die folgenden Funktionen zur Verfügung:

- **(Feld-Dokumentation)**
  Es wird eine Kurzdokumentation zu dem Zielfeld angezeigt, auf dem sich der Cursor befindet. Die Dokumentation enthält möglicherweise Verzweigungen zu weiterführenden Informationen.
- **(Mögliche Werte)**
  Sie erhalten in manchen Fällen eine Auswahlliste aller zu diesem Zielfeld möglichen Werte. Ob die Auswahlliste zur Verfügung steht, hängt von der Definition des Zielfeldes im Data Dictionary ab.
- **(Dokumentation)**
  Sie können die Dokumentation zu einem Feld oder zu einer Struktur pflegen und Feldzuordnung sowie Umsetzungsregel gegebenenfalls näher erläutern.
- **Nicht zugeordnete Quellfelder**
  Wenn Sie mit vielen Feldern arbeiten, kann es vorkommen, dass Sie nicht mehr wissen, welche Quellfelder bereits zugeordnet wurden und welche noch nicht. Diesen Überblick können Sie wiedergewinnen, indem Sie **Zusätze • Nicht zugeordnete Quellfelder** wählen.
- **Zuordnung eines Quellfeldes entfernen**
  Um ein zugeordnetes Quellfeld wieder zu entfernen, positionieren Sie den Cursor auf einem Zielfeld in der Baumstruktur und wählen Quellfeld (**Quellfeld entfernen**). Ist nur ein Quellfeld zugeordnet, wird dieses entfernt. Ist mehr als ein Quellfeld zugeordnet, erhalten Sie eine Liste aller zugeordneten Quellfelder zur Auswahl und können das gewünschte Quellfeld über einen Doppelklick auswählen.

Vordefinierte Umsetzungsregeln

Abschließend zum Arbeitsschritt **Fieldmapping und Umsetzungsregeln pflegen** stellen wir Ihnen die vordefinierten Umsetzungsregeln detailliert vor (siehe Abbildung 9.20).

- **Initial**

  Zurücksetzen eines Feldes

  Durch **Initial** wird das dem Zielfeld zugeordnete Coding gelöscht. Ebenso werden alle Quellfelder entfernt, die dem Zielfeld zugeordnet sind. Dem Zielfeld wird ferner ein Initialwert zugewiesen, der je nach gewählter Importtechnik unterschiedlich sein kann:
  - **Standard-Batch-Input/Standard-Direct-Input**
    Das Zielfeld wird mit dem Wert des Zeichens für »Keine Daten« gefüllt, dem sogenannten Nodata-Zeichen, das in der Regel im Kontrollsatz (`BGR00`, `BI000`) definiert und mit dem Zeichen »/« vorbelegt ist.

- **Batch-Input-Aufzeichnung**
  Das Zielfeld wird mit dem Wert »/« als Nodata-Zeichen gefüllt.
- **BAPI, IDoc**
  Auf das Zielfeld wird der ABAP-Befehl `CLEAR` angewendet. Hierdurch werden Charakterfelder mit Leerzeichen und numerische Felder mit Nullen gefüllt.

- **Konstante**
  Dem Zielfeld wird ein konstanter Wert zugewiesen.
- **Übertragen (MOVE)**
  Die Übertragung der Daten vom Quellfeld zum Zielfeld erfolgt mithilfe der ABAP-Anweisung `MOVE`, dies bedeutet, in Abhängigkeit des Feldtyps die in Tabelle 9.4 jeweils aufgeführte Art der Übertragung.

  Zuweisung

  Darüber hinaus kommen die Konvertierungsregeln zur Anwendung, die für das ABAP-Kommando `MOVE` gelten. Einzelheiten hierzu enthält die einschlägige Dokumentation des SAP-Systems.

Feldtyp	Art der Übertragung
C (Character)	1:1-Übertragung
N (numerisch)	1:1-Übertragung, einschließlich evtl. führender Nullen
Gepacktes Feld	Entpacken in das Zielfeld mithilfe der ABAP-Anweisung `WRITE ... TO ...`
Datumsfeld	Sie werden in einem Dialogfenster aufgefordert zu entscheiden, wie das Datumsfeld übertragen werden soll: ▪ internes Format (`YYYYMMDD`) ▪ Benutzerformat (z. B. `30.01.2003`)
Betragsfeld	Im Fall von Batch-Input oder Direct-Input wird der Betragswert gemäß den Einstellungen des Benutzerstamms im Ausgabeformat aufbereitet. Im Fall von BAPIs oder IDocs wird der Betragswert im internen Rechenformat belassen.

Tabelle 9.4 Art der Datenübertragung in Abhängigkeit des Feldtyps

- **Festwert (wiederverwendbar)**
  Dem Zielfeld wird ein *Festwertobjekt* zugewiesen, d. h., eine Variable, deren Name mit `FV_` beginnt. Im Arbeitsschritt **Festwerte, Umschlüsselungen und eigene Routinen pflegen** wird diese Variable mit einem konkreten Wert versorgt. Festwerte sind wiederverwendbar, d. h., dass sie im Gegen-

satz zu Konstanten in mehreren Objekten des Projekts verwendet werden. Der konkrete Wert muss dabei nur an einer Stelle festgelegt werden.

In unserem Beispiel haben wir für das Feld **Buchungskreis** einen Festwert verwendet. Nehmen Sie einmal an, Sie möchten nacheinander Daten für verschiedene Buchungskreise migrieren. Den zugehörigen Festwert können Sie in verschiedenen Objekten verwenden. Den konkreten Wert müssen Sie aber immer nur an einer zentralen Stelle einstellen. Dies ist der Vorteil gegenüber einer Konstanten. Ein Festwert ist daher gewissermaßen eine projektweit gültige Konstante.

- **Umschlüsselung (wiederverwendbar)**
  Dem Zielfeld wird ein Coding zugeordnet, das die Umsetzung des Feldinhaltes des Quellfeldes anhand einer Umschlüsselungstabelle vornimmt. Die Werte dieser Umschlüsselungstabelle können im Schritt **Festwerte, Umschlüsselungen und eigene Routinen pflegen** eingetragen werden (siehe Abbildung 9.7). Dies wird ausführlich in Abschnitt 9.2.8, »Festwerte, Umschlüsselungen und eigene Routinen pflegen«, beschrieben.
- **Präfix**
  Sie können ein beliebiges Präfix bestimmen, das dem Feldinhalt des Quellfeldes vorangestellt wird.
- **Suffix**
  Sie können ein beliebiges Suffix bestimmen, das dem Feldinhalt des Quellfeldes nachgestellt wird.
- **Konkatenatierung**
  Sie haben die Möglichkeit, zwei oder mehrere Quellfelder zu verbinden und an das Zielfeld zu übergeben.
- **Linksbündig übertragen**
  Der Feldinhalt wird linksbündig übertragen.

ABAP-Coding

Wenn Sie diese Möglichkeit auswählen (oder auf ein Zielfeld doppelklicken), verzweigen Sie in den ABAP Editor. Dort können Sie generiertes ABAP-Coding nachbearbeiten oder eigenes Coding hinterlegen. Hier steht Ihnen ein Großteil der Funktionen des SAP-Standard-Editors zur Verfügung, z. B. **Prüfen** (Syntaxcheck), **Pretty Printer** usw.

Eigene Routine (wiederverwendbar)

Selbst geschriebenes Unterprogramm

Das System erstellt für Sie den Rahmen einer `FORM`-Routine (ABAP-Unterprogramm) mit dem Namenspräfix `UR_`. Diese Routine ist wiederverwendbar, d. h., dass sie auch in anderen Objekten des Projekts verwendet werden kann. Hierin liegt der Unterschied zum ABAP-Coding, das Sie zu einem Zielfeld hinterlegen können.

Bei allen Arten wiederverwendbarer Regeln schlägt Ihnen die LSMW einen bis drei mögliche Namen vor. Dabei wird ein Name vom System empfohlen. Wir raten, den Vorschlag zu übernehmen. Detaillierte Informationen zur Namensfindung erhalten Sie in Abschnitt 9.7.4, »Namensfindung bei wiederverwendbaren Regeln«.

Beim Anlegen benutzereigener Routinen ist Folgendes zu beachten:

- Vor dem Anlegen der Routine ist die korrekte Anzahl von Quellfeldern zuzuordnen (entsprechend der Anzahl der Eingabeparameter der Routine).
- Die Quellfelder sind in der korrekten Reihenfolge (d. h. in der Reihenfolge der Parameter) zuzuordnen.

X-FELD

X-Feld bei IDoc-Verarbeitung

Beim *X-Feld* handelt es sich um eine spezielle Funktion für die Verarbeitung von IDocs. In einigen Fällen existiert zusätzlich zur Datenübernahmestruktur (in der die zu übernehmenden Werte stehen) eine sogenannte *Ankreuzstruktur*. Diese Ankreuzstruktur hat dieselben Feldnamen wie die Datenübernahmestruktur. Allerdings sind alle Felder dieser Struktur einstellig und werden mit »X« bzw. mit Leerzeichen gefüllt. Diese Ankreuzfelder bestimmen, ob das entsprechende Feld aus der Datenübernahmestruktur übernommen wird oder nicht. Für ein X-Feld wird das Coding aus Listing 9.1 automatisch generiert:

```
IF NOT <Feld der Datenübernahmestruktur> IS INITIAL.
     <Feld der Ankreuzstruktur> = 'X'.
ELSE.
      <Feld der Ankreuzstruktur> = '  '.
ENDIF.
```

Listing 9.1 Coding für ein X-Feld

X-Strukturen füllen

Über den Menüpfad **Zusätze • X-Strukturen füllen** (siehe Abbildung 9.19) können Sie dieses Coding für ganze Zielstrukturen hinzufügen.

Nur, wenn Quellfeld nicht initial

In dem Dialogfenster mit den vordefinierten Regeln (siehe Abbildung 9.20) befindet sich das Ankreuzfeld **Nur, wenn Quellfeld nicht initial**. Ist dieses Kennzeichen gesetzt, wird die ausgewählte Regel nur dann zur Anwendung gebracht, wenn das betreffende Quellfeld einen nicht initialen Wert besitzt.

9.2.8 Festwerte, Umschlüsselungen und eigene Routinen pflegen

Wiederverwendbare Regeln

Wir wenden uns nun der Bearbeitung der wiederverwendbaren Regeln eines Projekts zu. In unserem Beispiel haben wir die folgenden wiederverwendbare Regeln verwendet: Festwert FV_BUKRS für das Feld Buchungskreis sowie Umschlüsselungen für die Felder Land, Sprache, Abteilung und Position.

Wenn Sie den Arbeitsschritt **Festwerte, Umschlüsselungen und eigene Routinen pflegen** aufrufen (siehe Abbildung 9.7), wird Ihnen die in Abbildung 9.25 dargestellte Bildschirmmaske angezeigt.

Alternativ hierzu können Sie die Pflege auch im Schritt **Fieldmapping und Umsetzungsregeln pflegen** vornehmen (siehe Abbildung 9.7) und über einen Doppelklick auf eine Regel in Ihre Pflege verzweigen.

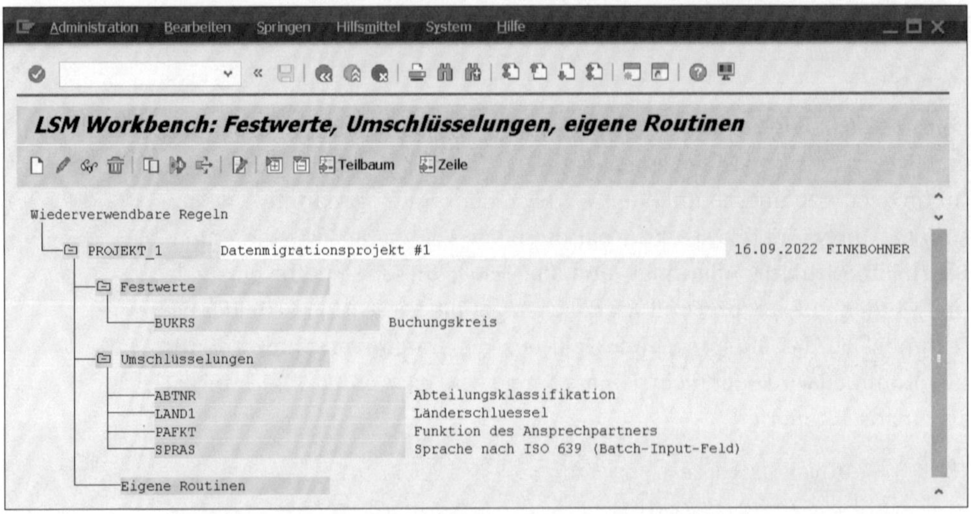

Abbildung 9.25 LSMW: wiederverwendbare Regeln

Festwert

Über **Festwert** können Sie neben der Bezeichnung die Länge, den Typ, das Kennzeichen für Groß-/Kleinschreibung und den Wert angeben.

In unserem Beispiel haben wir für den Festwert FV_BUKRS bereits während des vorangegangenen Arbeitsschritts den Wert 0001 vergeben. Ist die Wertevergabe noch nicht erfolgt, können Sie dies nun nachholen. Positionieren Sie hierzu den Cursor auf dem Eintrag BUKRS, und klicken Sie auf den Button (**Eintrag bearbeiten**), oder doppelklicken Sie alternativ dazu auf den Namen des Festwertes. Sie sehen daraufhin das in Abbildung 9.26 dargestellte Dialogfenster.

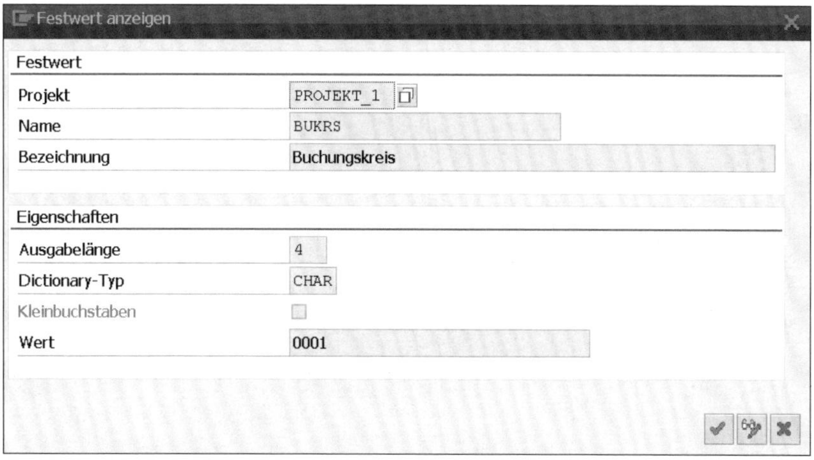

Abbildung 9.26 LSMW: Festwert

Wertehilfe

Ein sehr nützliches und daher erwähnenswertes Detail ist die Wertehilfe [F4] für das Wertefeld.

Umschlüsselung

In unserem Beispiel verwenden wir die Technik der Umschlüsselung gleich mehrfach, z. B. für das Feld LAND. Hier finden sich in den Quelldaten die Einträge »GER« (für Deutschland), »GBR« (für Großbritannien), »ESP« (für Spanien) und »FRA« (für Frankreich). Das SAP-System erwartet hingegen »DE«, »GB«, »ES« und »FR«. Daher muss die in Tabelle 9.5 dargestellte Umschlüsselung vorgenommen werden.

Alter Wert	Neuer Wert
GER	DE
GBR	GB
ESP	ES
FRA	FR

Tabelle 9.5 Umschlüsselung für das Feld »LAND«

Genau dies leistet die Umschlüsselungsregel. Die Definition einer Umschlüsselungsregel erfolgt in mehreren Schritten (siehe Abbildung 9.27 bis Abbildung 9.29).

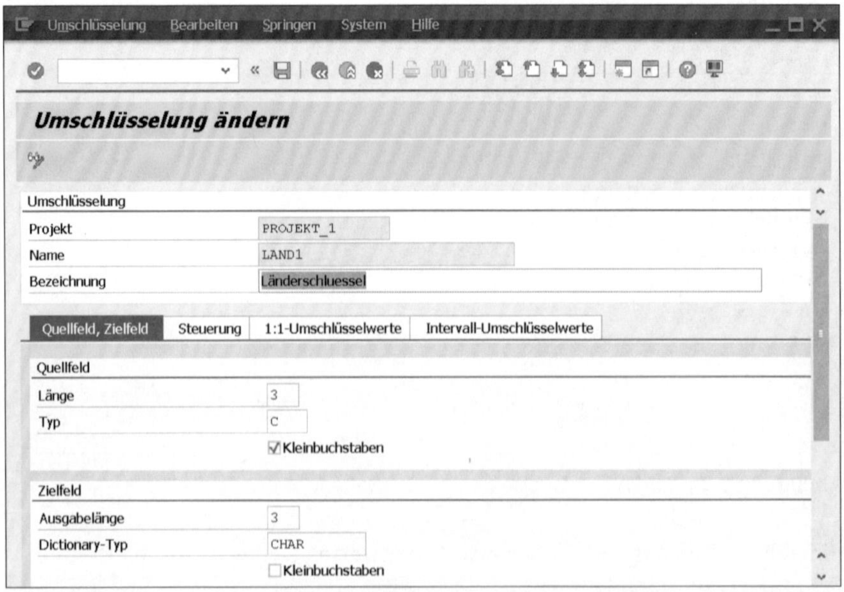

Abbildung 9.27 LSMW: Umschlüsselung – Quellfeld, Zielfeld

- **Quellfeld, Zielfeld**
  Hier können Sie Angaben zu Quell- und Zielfeld machen. Falls Sie eine neue Umschlüsselung anlegen, müssen Sie die Angaben zunächst speichern. Erst dann können Sie zur nächsten Registerkarte wechseln.
- **Steuerung**
  Hier legen Sie die Art der Umschlüsselung fest. Sie können dabei angeben, in welcher der beiden Umschlüsselungstabellen zuerst nach einem Wert gesucht und welche Alternative gewählt werden soll, wenn kein passender Eintrag gefunden wird. Für unser Beispiel sind die vorgeschlagenen Einstellungen ausreichend: Ist die Suche in der 1:1-Umschlüsselungstabelle erfolglos, bleibt das Zielfeld initial. Damit der automatische Wertesammler aktiv wird, muss das Ankreuzfeld **1:1-Umschlüsseltabelle automatisch ergänzen** gesetzt sein (siehe Abbildung 9.28).
- **1:1-Umschlüsselungswerte**
  Hier geben Sie die Wertetabelle an, die bei der Umschlüsselung verwendet werden soll. Sie haben auch die Möglichkeit, die Werte aus einer PC-Datei im Format **Text (Tabstopp-getrennt) (*.txt)** zu übernehmen, indem Sie den Button (**Upload**) anklicken.

Wertehilfe und OK-Kennzeichen

Sehr hilfreich ist auch, dass in der Regel in der Spalte **Neuer Wert** eine Wertehilfe F4 zur Verfügung steht. Beachten Sie, dass bei der Umschlüsselung nur die Werte berücksichtigt werden, für die das **OK**-Kennzeichen gesetzt ist.

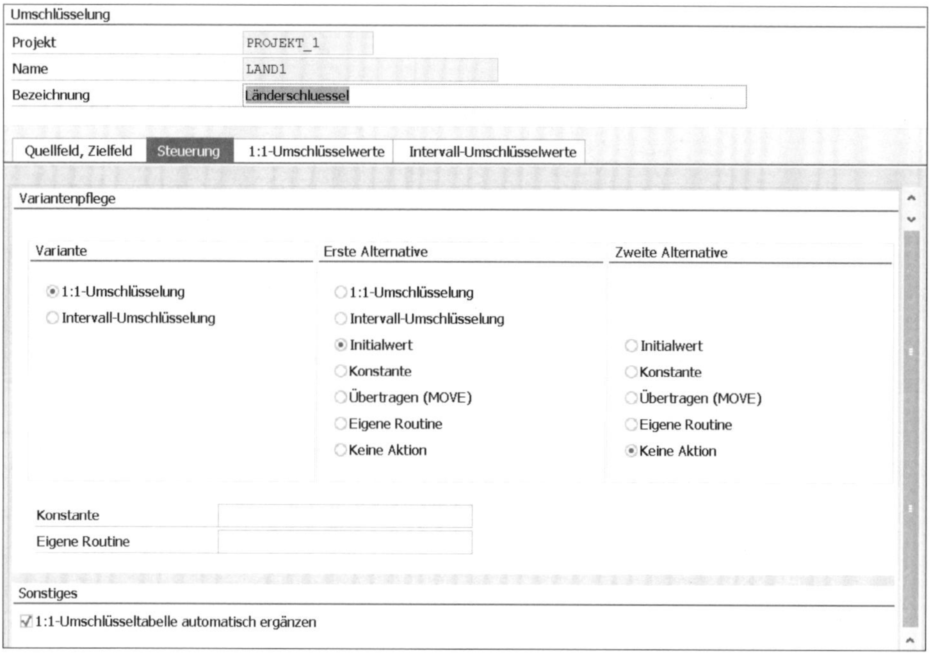

Abbildung 9.28 LSMW: Umschlüsselung – Steuerung

Automatischer Wertesammler

Von außerordentlichem Nutzen ist ferner, dass die Umschlüsselung bei der Datenumsetzung als automatischer Wertesammler fungiert. Dies bedeutet, dass alle verschiedenen Werte in den Quellfeldeinträgen aufgesammelt werden, wenn Sie den Schritt **Daten umsetzen** (siehe Abschnitt 9.2.15, »Daten umsetzen«) ausführen. Dieses Feature bringt nicht zu unterschätzende Vorteile. Erfahrungsgemäß ist man in der Regel überrascht, welche Einträge sich im Lauf der Zeit in den Quelldaten angesammelt haben. Um eine ordnungsgemäße Umsetzung zu erzielen, müssen all diese Werte auf Werten abgebildet werden, die vom SAP-System akzeptiert werden.

In unserem Beispiel führt dies dazu, dass in der Umschlüsselungstabelle zum Feld LAND in der linken Spalte alle Einträge »ESP«, »FRA«, »GBR« und »GER« aufgesammelt werden. Nun müssen Sie lediglich die rechte Spalte mit korrekten Werten versehen (die Wertehilfe [F4] erleichtert Ihnen dies) und das **OK**-Kennzeichen setzen. Das Endergebnis ist in Abbildung 9.29 dargestellt.

- **Intervall-Umschlüsselungswerte**
  Hier geben Sie die Wertetabelle an, die bei der Umschlüsselung nach Intervallen verwendet werden soll. Auch hier stehen Ihnen eine Upload-Möglichkeit und eine Wertehilfe [F4] zur Verfügung. Des Weiteren wer-

den hier nur die Werte berücksichtigt, für die das **OK**-Kennzeichen gesetzt ist.

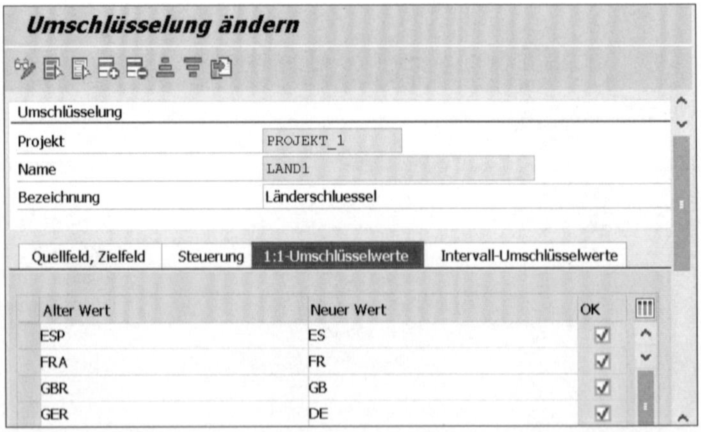

Abbildung 9.29 LSMW: Umschlüsselung – 1:1-Umschlüsselungswerte

Das Feature der Umschlüsselungstechnik kommt relativ selten zum Einsatz. Ein möglicher Anwendungsfall liegt beispielsweise dann vor, wenn im Rahmen einer Kontenplanbereinigung jeweils mehrere Konten aus einem Nummernintervall (alte Werte) zu einem Konto (neuer Wert) zusammengefasst werden sollen.

Eigene Routine

Wie bereits erwähnt, kann zu jedem Zielfeld beliebiges ABAP-Coding hinzugefügt werden. Erfordert es die konkrete Situation, ABAP-Coding an verschiedenen Stellen innerhalb eines Projekts zu verwenden, bietet sich die Verwendung einer eigenen Routine an.

Beispiel: Telefonnummern bearbeiten

Angenommen, in den Telefonnummern Ihrer Quelldaten befinden sich unzulässige Zeichen, die Sie entfernen möchten. Da Telefonnummern an verschiedenen Stellen im SAP-System vorkommen und auch Bestandteil der Korrespondenz nach außen sein können, ist eine Bereinigung der unzulässigen Zeichen durchaus sinnvoll.

Im Übersichtsbild der wiederverwendbaren Regeln (siehe Abbildung 9.25) positionieren Sie nun den Cursor auf dem Label **Eigene Routinen** und wählen den Button (**Anlegen**). In dem daraufhin erscheinenden Dialogfenster tragen Sie Namen und Bezeichnung ein und bestätigen dies mit [Enter] (siehe Abbildung 9.30).

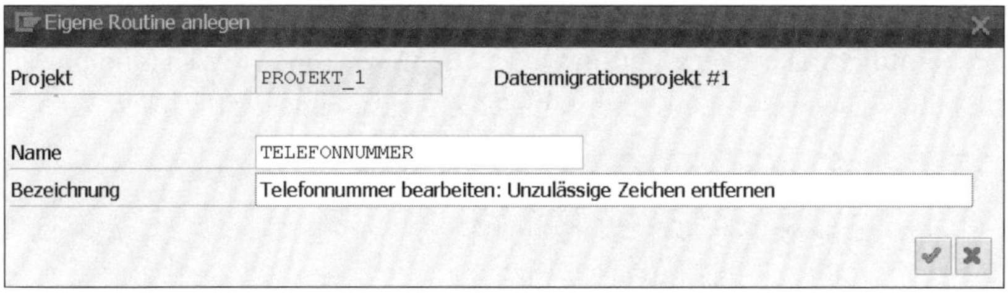

Abbildung 9.30 LSMW: eigene Routine – Name und Bezeichnung

Ein- und Ausgabeparameter pflegen

Es folgt ein weiteres Dialogfenster, in dem Sie nach der Anzahl der Ein- und Ausgabeparameter gefragt werden (siehe Abbildung 9.31). In unserem Beispiel möchten wir eine Telefonnummer an die Routine übergeben und eine »bereinigte« Telefonnummer zurückerhalten. Folglich tragen wir in beide Felder eine »1« ein und bestätigen mit [↵].

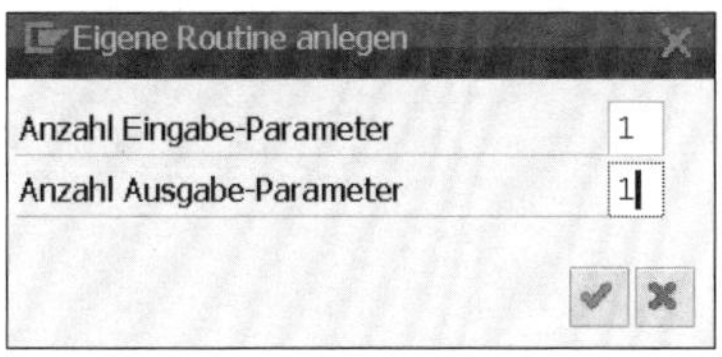

Abbildung 9.31 LSMW: eigene Routine – Anzahl Parameter

Daraufhin erscheint die Regel im Baum unter **Eigene Routinen.** Wählen Sie die neue Regel aus, und klicken Sie auf den Button [✎] (**Eintrag bearbeiten**). Der ABAP Editor wird geöffnet, in dem die LSMW bereits einen Rahmen vorgibt, den Sie nun mit eigenem ABAP-Coding füllen können. Dabei stehen die wesentlichen Funktionen (Pretty Printer, Syntaxprüfung usw.) zur Verfügung, die Ihnen im Zusammenhang mit dem ABAP Editor vertraut sind (siehe Abbildung 9.32).

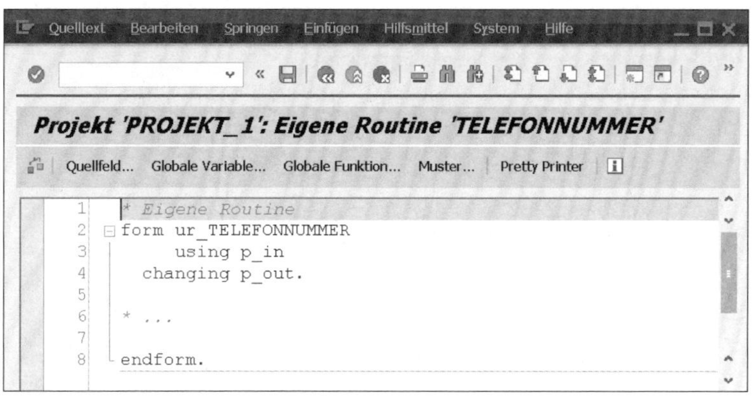

Abbildung 9.32 LSMW: eigene Routine – Rahmen für das ABAP-Coding

Das Ergebnis ist in Abbildung 9.33 dargestellt. Sie können nun Ihr Coding hier einfügen. Die eigene Routine kann nun im Volumen des Fieldmappings an beliebig vielen Stellen innerhalb des Projekts eingesetzt werden.

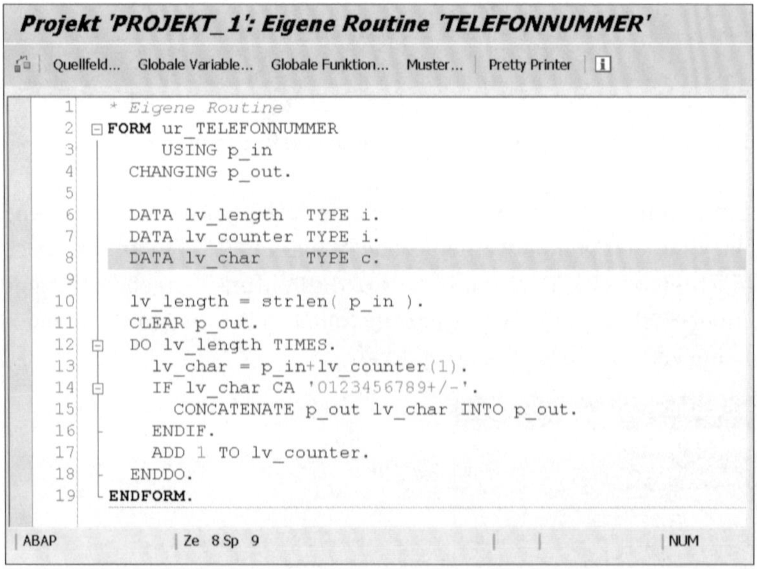

Abbildung 9.33 LSMW: eigene Routine – fertiggestelltes ABAP-Coding

9.2.9 Exkurs: Dateien

Bevor wir mit den Arbeitsschritten der LSMW fortfahren, die die Dateien betreffen, legen wir dar, durch welche Eigenschaften die Dateien beschrieben werden können und welche Arten von Dateien die LSMW unterstützt.

Die Daten können in verschiedener Art und Weise in Dateien abgelegt werden. Damit ein Programm die Dateien korrekt verarbeiten kann, müssen die folgenden Informationen über die Dateien zur Verfügung stehen:

Satzbegrenzung

- **Satzendekennzeichen oder feste Satzlänge**
  Es gibt verschiedene Möglichkeiten, um innerhalb einer Datei zu kennzeichnen, wo ein Satz endet und wo der nächste Satz beginnt. Die LSMW unterstützt hier die drei folgenden Möglichkeiten:
  - **Satzendekennzeichen**: Dies ist zweifellos der häufigste Fall, der immer dann vorliegt, wenn die Datei mit einem Texteditor erstellt oder aus einem Tabellenkalkulationsprogramm exportiert wird. Dateien mit Satzendekennzeichen bezeichnen wir auch als Textdateien.
  - **Feste Satzlänge**: Dies bedeutet, dass jeder Satz dieselbe Länge in Byte hat. Dieser Fall liegt häufig vor, wenn Daten per Programm aus einer Mainframe-Anwendung (Großrechner) exportiert werden.

- **Hexadezimales Längenfeld (4 Byte) am Satzanfang**: Dieser Fall trat im Zusammenhang mit der R/2-R/3-Migration auf.

- **Tabelle oder sequenzielle Datei**
Es gibt grundsätzlich zwei Möglichkeiten bezüglich des Dateiinhalts:

Struktur des Dateiinhalts

  - **Tabelle**: Der Inhalt einer Datei kann von tabellenartigem Charakter sein. Dies ist der Fall, wenn alle Sätze in der Datei dieselbe Struktur haben, also wenn alle Sätze in der Datei zu derselben Quellstruktur gehören.
  - **Sequenzielle Datei**: Wenn die Datei Sätze zu verschiedenen Quellstrukturen enthält, stellt sich die Frage, wie ermittelt werden kann, welche Sätze zusammengehören. Die einzig vernünftige Lösung hierfür besteht darin, dies über die Reihenfolge zu lösen. In diesem Fall sprechen wir von einer sequenziellen Datei.

- **Trennzeichen**
Um innerhalb eines Satzes kenntlich zu machen, wo ein Feld endet und wo das nächste Feld beginnt, stehen die folgenden Alternativen zur Verfügung:

Feldbegrenzung

  - **Trennzeichen**: Eine Methode besteht darin, dass zwischen je zwei Feldern ein vereinbartes Trennzeichen eingefügt wird. Typische Trennzeichen sind das Tabulatorzeichen, das Komma und das Semikolon. In der Praxis führt die Verwendung von Komma oder Semikolon als Trennzeichen häufig zu Problemen, da diese Zeichen in Textfeldern vorkommen können und in diesem Fall zu unerwünschten Trennungen führen.
  - **Kein Trennzeichen**: In diesem Fall legt die LSMW die definierte Quellstruktur gewissermaßen als Schablone über den Satz einer Datei und ermittelt auf diese Weise die Feldgrenzen.

- **Feldnamen am Dateianfang**
Möglicherweise sind am Anfang der Datei die Feldnamen aufgeführt. Bei tabellenartigen Dateien kann diese Information für die korrekte Zuordnung des Dateiinhalts zu den Quellfeldern herangezogen werden, d. h., dass in diesem Fall die Reihenfolge der Quellfelder innerhalb der Quellstruktur nicht notwendigerweise mit der Reihenfolge der Spalten in der Datei übereinstimmen muss. Allerdings wird erwartet, dass die Felder jeweils durch ein Trennzeichen voneinander getrennt sind.

- **Zeichensatz (Codepage)**
Wenn Sie Ihr Quellsystem und Ihr SAP-System in unterschiedlichen Betriebssystemumgebungen betreiben, sind die Daten aus dem Quellsystem möglicherweise in einem Zeichensatz codiert, der von Ihrem SAP-System nicht interpretiert werden kann. In diesem Fall muss eine

Zeichensatzkonvertierung bei Bedarf

Zeichensatzkonvertierung durchgeführt werden. Die LSMW erledigt dies automatisch für Sie. Voraussetzung ist allerdings, dass Sie den Zeichensatz spezifizieren, in dem die Daten des Quellsystems codiert sind. Hierzu steht Ihnen eine komfortable Wertehilfe [F4] zur Verfügung.

[+]

Arbeiten mit Dateien auf dem Frontend

Wenn Sie mit Dateien auf dem Frontend arbeiten, empfehlen wir Ihnen, Dateien des Formats **Text (Tabstopp-getrennt) (*.txt)** einzusetzen. Dateien dieses Typs haben zwei Vorteile:

- Sie können von allen gängigen Tabellenkalkulationsprogrammen (z. B. Microsoft Excel) erzeugt werden.
- Das Tabulatorzeichen kommt in Daten normalerweise nicht vor. Ein Komma oder Semikolon kann hingegen durchaus in Ihren Daten enthalten sein. Wenn Sie daher als Trennzeichen das Semikolon wählen und in Ihren Daten ein Semikolon enthalten ist, wird dieses Semikolon fälschlicherweise als Trennzeichen gedeutet – mit der sehr wahrscheinlichen Konsequenz, dass der betreffende Datensatz nicht richtig interpretiert werden kann.

Wenn Sie mit einem Tabellenkalkulationsprogramm arbeiten, sollten Sie die Zellen als Text formatieren. Damit vermeiden Sie Probleme mit der automatischen Formatierung bei numerischen Werten und dass führende Nullen gelöscht werden.

9.2.10 Dateien spezifizieren

Wir kommen nun zu dem Arbeitsschritt, in dem Sie alle Dateien, die in den nachfolgenden Schritten verwendet werden sollen, beschreiben und dem System bekannt machen müssen.

Zu spezifizierende Dateien

Im Einzelnen handelt es sich um die folgenden Dateien:

- die Dateien auf dem PC und/oder SAP-Applikationsserver, die Ihre Quelldaten enthalten
- Zwei interne Arbeitsdateien der LSMW:
  - die Datei für die eingelesenen Daten
  - die Datei für die umgesetzten Daten

In unserem Beispiel liegen die Quelldaten in zwei Tabellenblättern einer Microsoft-Excel-Datei vor. Bevor Sie diese der LSMW bekannt machen können, müssen Sie jedes Tabellenblatt im Format **Text (Tabstopp-getrennt) (*.txt)** abspeichern. Sie vergeben dabei die Dateinamen »Kunden_Kopf.txt« und »Kunden_Kontakt.txt«.

Leerzeilen löschen

Beim Speichern der Textdateien sollten Sie darauf achten, dass Sie keine leeren Zeilen exportieren. Leere Zeilen sollten Sie vorher löschen.

Altdaten auf dem Frontend (PC)

Im vorliegenden Beispiel gehen wir davon aus, dass sich sämtliche Quelldaten auf dem PC befinden. Sie gehen wie folgt vor:

- Im Navigationsbild (siehe Abbildung 9.7) rufen Sie den Arbeitsschritt **Dateien spezifizieren** auf.
- Sie positionieren den Cursor im Änderungsmodus auf der Zeile **Altdaten – Auf dem PC (Frontend)**, siehe Abbildung 9.35).
- Sie klicken auf den Button (**Eintrag hinzufügen**) und sehen daraufhin das in Abbildung 9.34 dargestellte Dialogfenster.

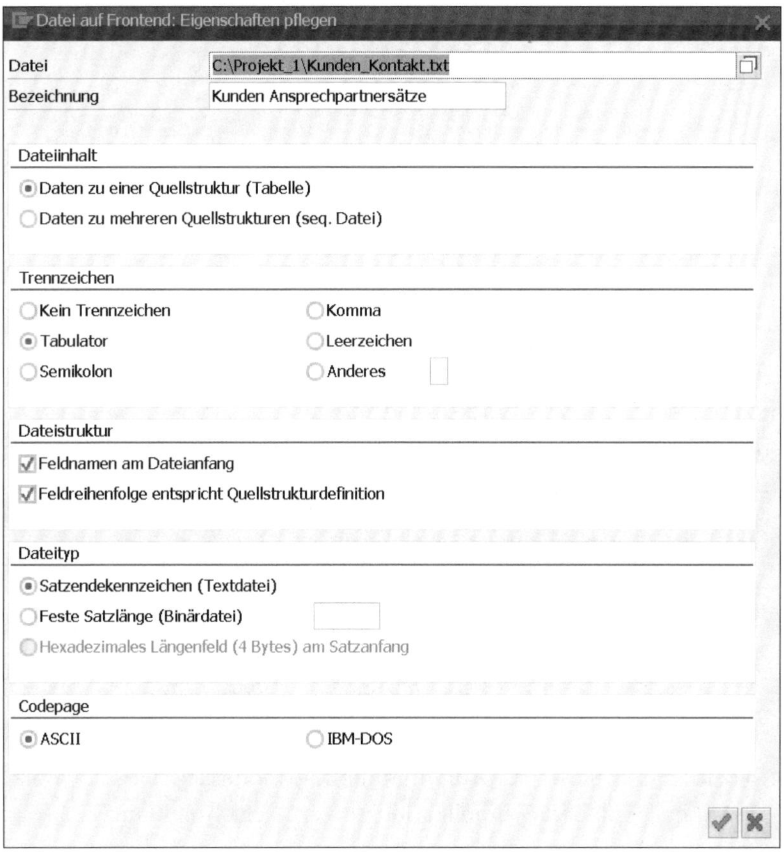

Abbildung 9.34 LSMW: Datei auf dem Frontend spezifizieren

- Im Dialogfenster geben Sie den Dateipfad, den Dateinamen, die Dateibezeichnung sowie die weiteren Eigenschaften entsprechend der ersten Quelldatei an. Für die Auswahl des Dateipfads steht Ihnen die Wertehilfe F4 zur Verfügung.
- Am Ende drücken Sie ↵ und sichern die Einstellungen.

Sie wiederholen das Ganze für die weiteren Quelldateien und erhalten am Ende die Übersicht aus Abbildung 9.35.

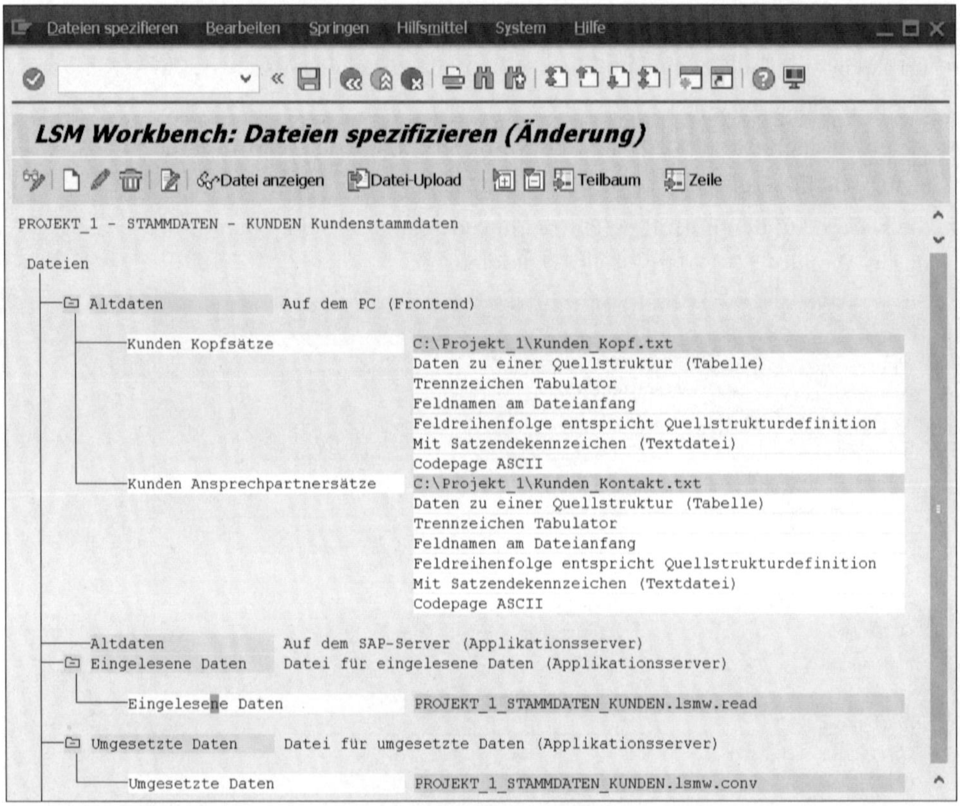

Abbildung 9.35 LSMW: Dateien spezifizieren

Altdaten auf dem SAP-Applikationsserver

Falls Sie Dateien verwenden möchten, die auf dem Applikationsserver abgelegt sind, gehen Sie ähnlich vor, wie wir es im vorangehenden Abschnitt, »Altdaten auf dem Frontend (PC)«, beschrieben haben:

- Positionieren Sie den Cursor im Änderungsmodus auf der Zeile **Altdaten – Auf dem SAP-Server (Applikationsserver)**, siehe Abbildung 9.35.
- Wenn Sie den Button (**Eintrag hinzufügen**) anklicken, wird Ihnen das in Abbildung 9.36 dargestellte Dialogfenster angezeigt.

- Geben Sie auch hier den Dateipfad, den Dateinamen und die Dateibezeichnung sowie die weiteren Eigenschaften an.

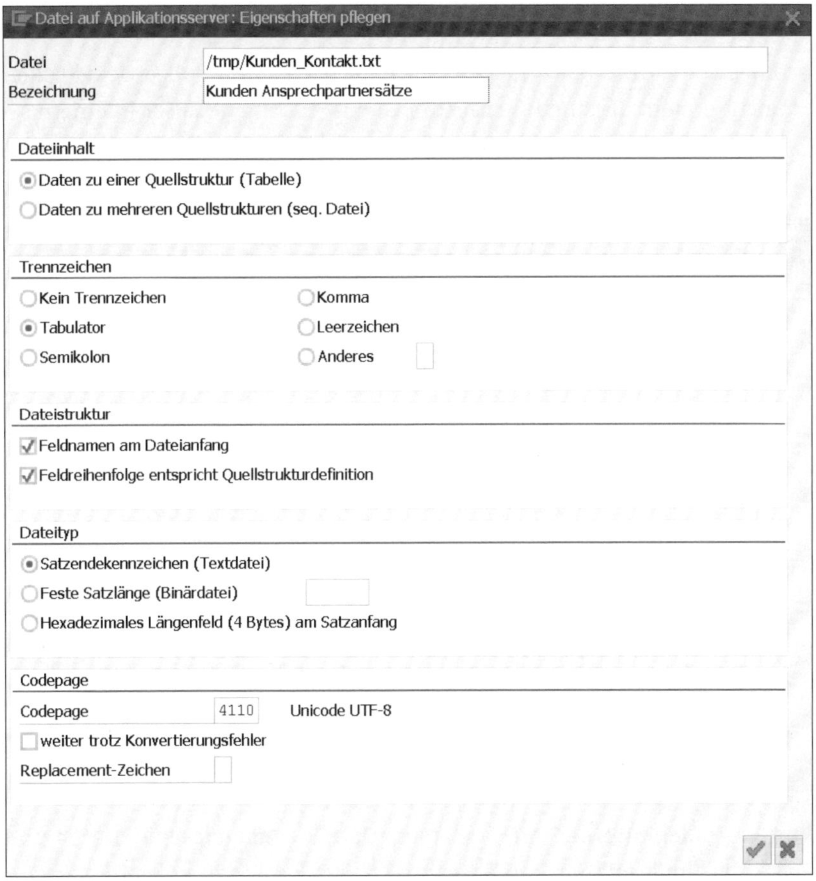

Abbildung 9.36 LSMW: Dateien auf dem SAP-Applikationsserver spezifizieren

Zusätzliche Regeln bezüglich der Dateien

In Bezug auf die Dateien, die die Quelldaten enthalten, verlangt die LSMW die Einhaltung einiger Regeln, die in unserem Beispiel keine Rolle spielen, die in Ihrer konkreten Migrationssituation jedoch von Bedeutung sein können. Wir möchten sie Ihnen daher nicht vorenthalten:

- Das SAP-System tritt gegenüber dem Betriebssystem unter der Benutzerkennung `<sid>adm` auf, wobei `<sid>` für die dreistellige Kennung des SAP-Systems steht. Es muss daher sichergestellt sein, dass in dem gewählten Verzeichnis eine Lese- bzw. Schreibberechtigung vorliegt.
- Enthält eine Datei Daten zu mehreren Quellstrukturen, muss die Feldreihenfolge in der Datei mit der Reihenfolge der in der LSMW definierten Quellfelder übereinstimmen.

Feldreihenfolge oder Feldnamen

- Enthält eine Datei Daten zu einer Quellstruktur, muss entweder die Feldreihenfolge mit der Quellstrukturdefinition übereinstimmen, oder es müssen Feldnamen am Dateianfang stehen, anhand derer die Zuordnung der Spalten der Datei zu den Quellfeldern erfolgen kann.
- Enthält die Datei Satzendekennzeichen (Textdatei), sind gepackte Felder nicht erlaubt. In einem gepackten Feld ist nicht jede Ziffer in einem separaten Byte abgelegt. Vielmehr ist die Ablage in kompakterer Weise gestaltet.
- Enthält eine Datei Trennzeichen, sind gepackte Felder nicht erlaubt.

Mix aus Frontend und Applikationsserver erlaubt

- Sie können auch innerhalb eines Objekts Dateien auf dem Frontend und dem SAP-Applikationsserver verwenden.
- Eine Datei, die Daten zu mehreren Quellstrukturen enthält, kann im folgenden Arbeitsschritt (Dateien zuordnen) mehreren Quellstrukturen zugeordnet werden. Eine Datei, die Daten zu nur einer Quellstruktur enthält, kann hingegen nur einer Quellstruktur zugeordnet werden.
- Wenn Sie in einem Objekt mehrere Dateien verwenden, müssen die zugehörigen Quellstrukturen Felder gleichen Namens enthalten. In unserem Beispiel ist dies das Feld `KUNDENNUMMER`. Mithilfe der Felder gleichen Namens erfolgt die Zuordnung zusammengehöriger Sätze. Die Felder, die für diese Zuordnung genutzt werden, lassen sich bei der Pflege der Quellfelder (siehe Abbildung 9.11) über den Button **Felder gleichen Namens** farblich hervorheben.

Datei der eingelesenen Daten, Datei der umgesetzten Daten

Vollständige Vorschlagswerte

Für die beiden internen Arbeitsdateien **Datei der eingelesenen Daten** und **Datei der umgesetzten Daten** der LSMW werden Ihnen vollständige Vorschläge unterbreitet, die Sie in aller Regel komplett übernehmen können.

Als Dateipfad wird das sogenannte *SAP Home Directory* des SAP-Applikationsservers bzw. das letzte von Ihnen in der LSMW verwendete Verzeichnis gewählt.

[+]

Überblick über alle SAP-Verzeichnisse

Transaktion AL11 gibt Ihnen einen Überblick über alle SAP-Verzeichnisse. Unter der Kennung `DIR_HOME` finden Sie dort den physischen Pfad des SAP-Home-Verzeichnisses.

Der Dateiname wird aus den Kürzeln für Projekt, Teilprojekt und Objekt zusammengesetzt (jeweils durch einen Unterstrich getrennt) und mit der Dateierweiterung **lsmw.read** (für die Datei der eingelesenen Daten) bzw.

lsmw.conv (für die Datei der umgesetzten Daten) versehen. In unserem Beispiel ergibt dies die folgenden Dateinamen (siehe Abbildung 9.37):

Abbildung 9.37 LSMW: Dateien der eingelesenen und umgesetzten Daten spezifizieren

- **PROJEKT_1_STAMMDATEN_KUNDEN.lsmw.read** für die Datei der eingelesenen Daten
- **PROJEKT_1_STAMMDATEN_KUNDEN.lsmw.conv** für die Datei der umgesetzten Daten

Selbstverständlich können Sie die Dateinamen nach Ihren Vorstellungen anpassen. Sie können außerdem dem Dateinamen einen Dateipfad voranstellen. Die dafür zu befolgende Syntax hängt vom Betriebssystem Ihres Applikationsservers ab.

Data Browser

Ein undokumentiertes Feature ist die Wertehilfe [F4] für Dateien auf dem Applikationsserver. Um diese verfügbar zu machen, müssen Sie mit Transaktion SE16 (Data Browser) einen Eintrag in der SAP-Datenbanktabelle /SAPDMC/LSGCUST mit dem Servernamen und einem »X« für die Anzeige der Wertehilfe erfassen. Sie benötigen dazu aber die folgenden Berechtigungen:

- S_TABU_CLI
  - CLIIDMANINT = X
- S_DEVELOP
  - DEVCLASS = /SAPDMC/LSGCUST
  - OBJTYPE = TABL

- OBJNAME = /SAPDMC/LSGCUST
- P_GROUP
- ACTVT = 02

Logischer Pfad, logischer Dateiname

Die Felder **Logischer Pfad** und **Logischer Dateiname** werden im Schritt **Dateien spezifizieren** nur dann angezeigt, wenn das im weiteren Verlauf aufzurufende Batch-Input- bzw. Direct-Input-Programm dies erfordert. Für die beiden Felder steht eine Wertehilfe [F4] zur Verfügung. Wir empfehlen Ihnen ausdrücklich, keine logischen Pfade und Dateinamen zu verwenden, die auch von anderen Anwendungen genutzt werden.

[!]

Maximale Länge von Dateinamen

Die Dateinamen auf dem Applikationsserver dürfen inklusive Pfad nur 45 Zeichen lang sein. Diesen Wert erreichen Sie recht schnell. Sie sollten deshalb diese Dateien in einem Verzeichnispfad mit nur einer oder sehr wenigen Ebenen speichern. Auch sollten Sie z. B. die Dateiendungen auf **.rd** und **.cv** kürzen.

9.2.11 Verwendung von Wildcards in Dateinamen

Beispiel

Die Verwendung von Wildcards in Dateinamen erläutern wir anhand eines Beispiels. Nehmen wir an, dass die Quelldaten in den folgenden vier Dateien vorliegen:

- Datei 1: **C:\Projekt_1\Kunden_Kopf_1.txt**
- Datei 2: **C:\Projekt_1\Kunden_Kontakt_1.txt**
- Datei 3: **C:\Projekt_1\Kunden_Kopf_2.txt**
- Datei 4: **C:\Projekt_1\Kunden_Kontakt_2.txt**

Dabei bilden je zwei Dateien (**1.txt* und **2.txt*) ein *Set*, d. h., dass die Datei 2 die Positionsdaten zu den Kopfsätzen in Datei 1 und die Datei 4 die Positionsdaten zu den Kopfsätzen in Datei 3 enthält.

Beim Einlesen der Daten sollen zunächst Datei 1 und Datei 2 und anschließend Datei 3 und Datei 4 verarbeitet werden. Dies erreichen Sie mit den Einstellungen für **Werte für Wildcard** und dem Einfügen des Wildcard-Zeichen »*« in den Dateinamen im Arbeitsschritt **Dateien spezifizieren**, die in Abbildung 9.38 dargestellt sind.

Wildcards in allen Dateinamen

Beachten Sie, dass Sie auch in den Dateinamen der Datei der eingelesenen und umgesetzten Daten Wildcards verwenden können.

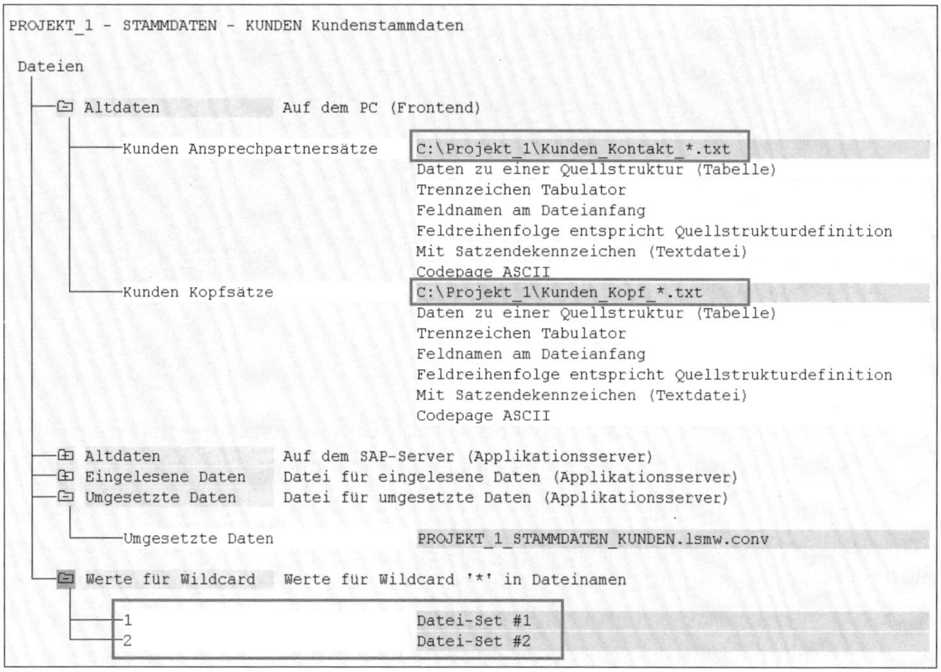

Abbildung 9.38 LSMW: Verwendung von Wildcards in den Dateinamen

9.2.12 Dateien zuordnen

In diesem Schritt ordnen Sie den Quellstrukturen die Dateien zu, die Sie im vorangegangenen Schritt definiert haben (siehe Abbildung 9.39).

In unserem Beispiel rufen Sie aus dem Navigationsbild (siehe Abbildung 9.7) den Arbeitsschritt **Dateien zuordnen** auf und positionieren den Cursor auf der Quellstruktur KOPF. Dann klicken Sie doppelt auf den Namen der Quellstruktur oder auf den Button Zuordnung (**Datei zuordnen**). Aus der Liste der definierten Dateien wählen Sie die Datei aus, die die Kopfsätze enthält. Entsprechend verfahren Sie mit der Quellstruktur KONTAKT.

[+]

Dateinamen und Dateizuordnung

Beachten Sie Folgendes: Wenn Sie nachträglich Dateinamen oder Dateieigenschaften ändern, bleibt die Dateizuordnung erhalten.

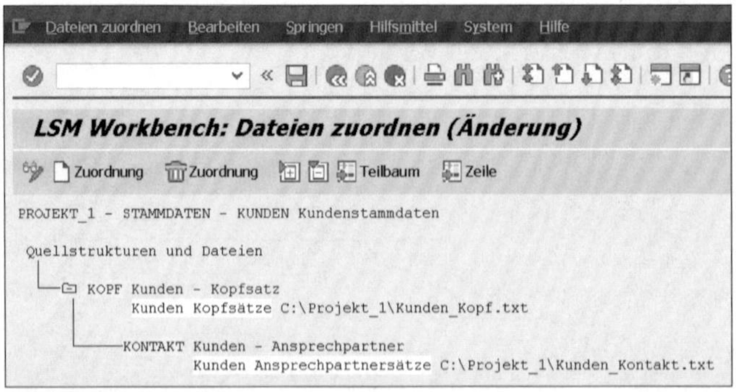

Abbildung 9.39 LSMW: Dateien zuordnen

9.2.13 Daten einlesen

Das Einlesen der Daten bewirkt, dass die Dateien mit Daten aus Ihrem Quellsystem in ein technisch einheitliches Format überführt werden. Davon ausgehend, erfolgt im nächsten Schritt die Umsetzung in das SAP-Format.

Programm bei Bedarf neu generiert

Im Navigationsbild (siehe Abbildung 9.7) rufen Sie den Arbeitsschritt **Daten einlesen** auf und erhalten die in Abbildung 9.40 dargestellte Bildschirmmaske. Das System prüft zunächst, ob das Daten-Einlese-Programm noch aktuell ist. Ist dies nicht der Fall, wird es automatisch neu generiert.

Selektionsparameter

Falls Sie alle zum Objekt gehörenden Daten einlesen möchten, klicken Sie auf **Ausführen**. Der Prozess wird nun in Gang gesetzt. Falls Sie lediglich einen Teil des Datenbestandes migrieren möchten, können Sie im Bereich **Allgemeine Selektionsparameter** die Anzahl der Daten beschränken, die Sie migrieren möchten. Treffen Sie im Feld **Transaktion Nummer** Ihre Datenauswahl. Wir raten jedoch davon ab, diese Selektionsmöglichkeit bei der Produktivmigration zu nutzen, da in diesem Fall die Gefahr besteht, dass nicht alle Daten lückenlos migriert werden.

Wenn Sie bei der Definition der Quellfelder (siehe Abschnitt 9.2.5, »Quellfelder pflegen«) ein oder mehrere Quellfelder als Selektionsparameter gekennzeichnet haben, werden Ihnen auch diese Felder als Selektionsparameter angeboten. Darüber hinaus gibt es zwei Ankreuzfelder:

- **Betragsfelder → 1234.56**
  Betragsfelder werden in das Rechenformat (mit Dezimalpunkt) umgesetzt.
- **Datumswerte → YYYYMMDD**
  Datumsfelder werden in das SAP-interne Format (YYYYMMDD) umgesetzt.

Wildcards

Falls Sie in den Namen der Dateien der Quelldaten das Wildcard-Zeichen (*) verwenden (siehe Abschnitt 9.2.11, »Verwendung von Wildcards in Dateinamen«) und mindestens einen Wert für die Wildcard definiert haben, wird in dem Daten-Einlese-Programm ein Selektionsparameter für die Wildcard generiert. Dieser Selektionsparameter verhält sich ganz normal in folgendem Sinne: Wenn Sie bei der Ausführung des Programms keine Eingabe vornehmen, werden alle definierten Wildcard-Werte abgearbeitet. Wenn Sie eine Eingabe vornehmen, werden die dazu passenden Werte verarbeitet.

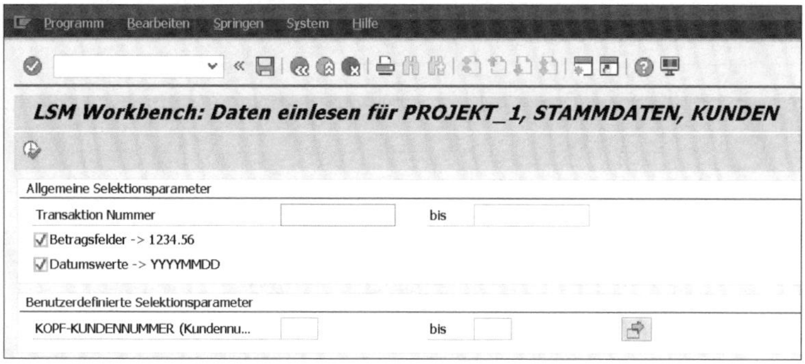

Abbildung 9.40 LSMW: Daten einlesen – Selektionsbild

Übernehmen Sie in unserem Beispiel die Vorschlagswerte, und klicken Sie auf **Ausführen**.

Protokoll

Nach erfolgreichem Abschluss des Vorgangs erhalten Sie ein kleines summarisches Protokoll (siehe Abbildung 9.41), dem Sie entnehmen können, ob alle Sätze erfolgreich verarbeitet werden konnten.

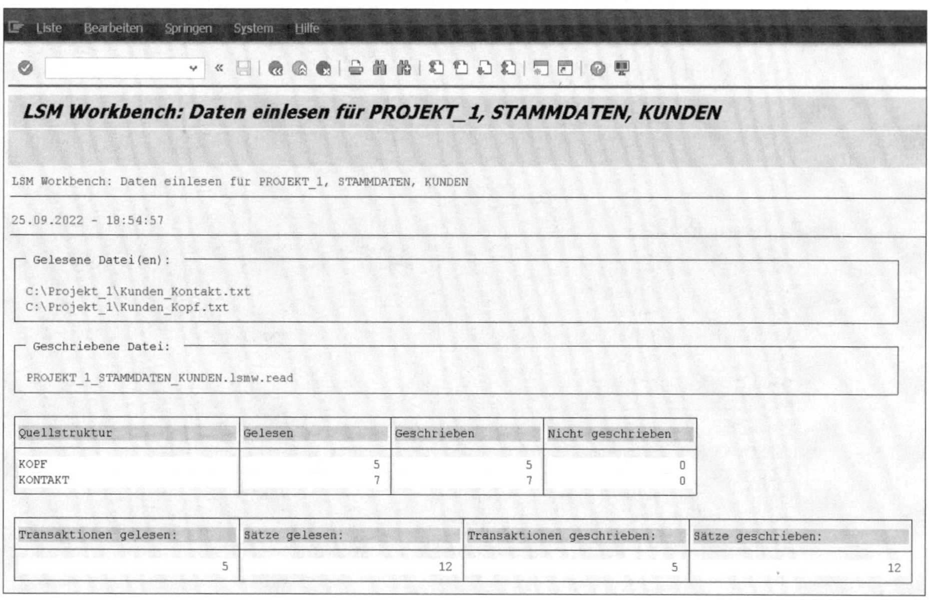

Abbildung 9.41 LSMW: Daten einlesen – Protokoll

9.2.14 Eingelesene Daten anzeigen

Farbliche Kennzeichnung

Nach dem Einlesen der Daten werden Sie sich das Ergebnis ansehen wollen. Sie können sich alle oder einen Teil der eingelesenen Daten in Tabellenform anzeigen lassen. Die einzelnen Satzarten (Quellstrukturen) sind der Übersichtlichkeit halber farblich voneinander abgesetzt (siehe Abbildung 9.42).

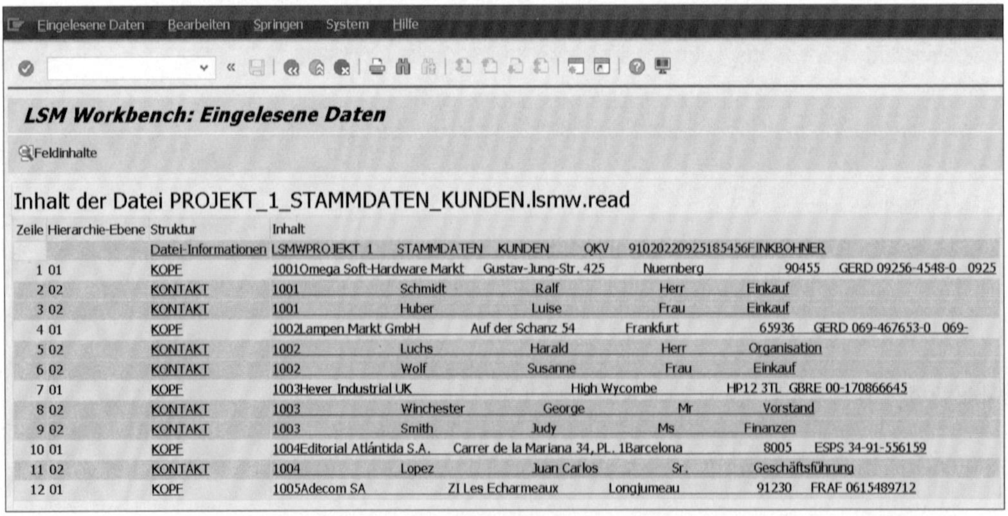

Abbildung 9.42 LSMW: eingelesene Daten anzeigen

Durch Anklicken einer Zeile erhalten Sie alle Informationen, die sich in dieser Zeile befinden, in übersichtlicher Form untereinander angezeigt. Das gleiche Ergebnis erhalten Sie, wenn Sie auf den Button **Feldinhalte** klicken (siehe Abbildung 9.43).

Abbildung 9.43 LSMW: eingelesene Daten anzeigen – Detail

An dieser Stelle lassen sich gegebenenfalls Fehler erkennen, die im Rahmen der Zeichensatzkonvertierung oder der Verarbeitung von Trennzeichen entstanden sind. Diese Fehler sollten selbstverständlich vor der weiteren Verarbeitung bereinigt werden.

Fehler erkennen

9.2.15 Daten umsetzen

Umsetzung gemäß Feldzuordnungen und Umsetzungsregeln

Nachdem durch den Vorgang des Einlesens die Daten aus Ihrem Quellsystem in ein technisch einheitliches Format gebracht worden sind, erfolgt nun anhand der von Ihnen definierten Feldzuordnungen und Umsetzungsregeln die Umsetzung dieses Formats in das SAP-Format.

Im Navigationsbild (siehe Abbildung 9.7) rufen Sie den Arbeitsschritt **Daten umsetzen** auf und sehen das in Abbildung 9.44 dargestellte Selektionsbild. Auch hier prüft das System zunächst, ob das Datenumsetzungsprogramm noch aktuell ist. Ist dies nicht der Fall, wird es automatisch neu generiert.

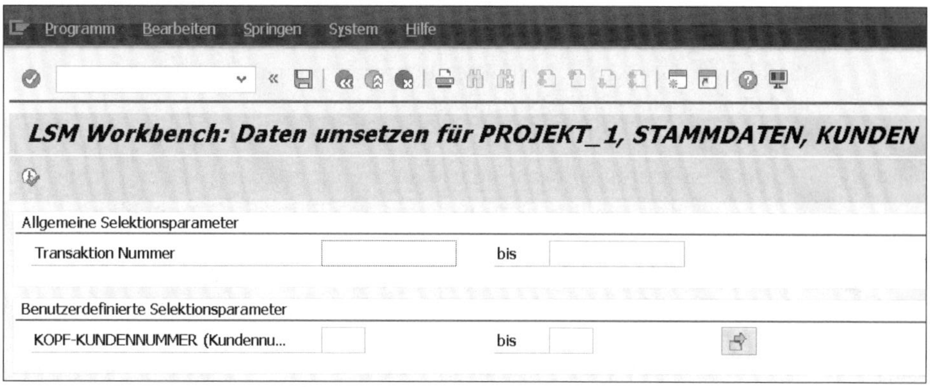

Abbildung 9.44 LSMW: Daten umsetzen – Selektionsbild

Falls Sie keine Datenselektion vornehmen möchten, starten Sie über den Button (**Ausführen**) den Prozess. Alternativ treffen Sie im Feld **Transaktion Nummer** die Datenauswahl.

Selektionsparameter und Wildcards

Haben Sie bei der Definition der Quellfelder ein oder mehrere Quellfelder als Selektionsparameter gekennzeichnet, werden Ihnen auch diese Felder als Selektionsparameter angeboten. Falls Sie in den Namen der Dateien der Quelldaten eine Wildcard verwenden und mindestens einen Wert dafür definiert haben, erhalten Sie auch hier einen Selektionsparameter für die Wildcard. Wenn Sie hier keine Eingabe vornehmen, werden alle definierten Wildcard-Werte abgearbeitet.

Zusatzfunktion im Fall BAPI, IDoc

Wenn Sie unter **Objektattribute pflegen** (siehe Abschnitt 9.2.1, »Einstieg in die Legacy System Migration Workbench«) die Importtechnik BAPI oder

IDoc gewählt haben, erhalten Sie im Selektionsbild des Datenumsetzungsprogramms weitere Selektionsparameter (siehe Abbildung 9.45).

Wenn Sie **Datei erzeugen** auswählen, wird bei der Datenumsetzung eine Datei erzeugt. Wählen Sie hingegen **IDocs direkt erzeugen** aus, werden bei der Datenumsetzung IDocs gesammelt und dann paketweise zur IDoc-Erzeugung übergeben. Die Paketgröße können Sie mit dem Parameter **Anzahl IDocs je Paket** festlegen. Die Voreinstellung hierfür ist 50.

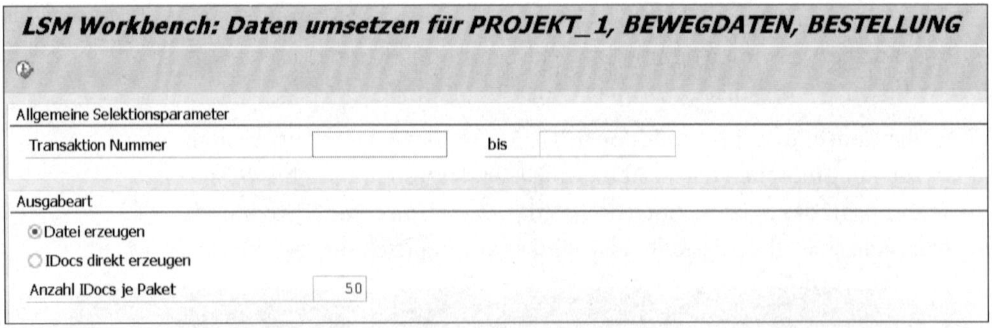

Abbildung 9.45 LSMW: Datenumsetzungsprogramm – Selektionsbild – weitere Selektionsparameter für BAPI/IDoc

Protokoll In unserem Beispiel klicken Sie wiederum nur auf den Button (**Ausführen**). Sie erhalten ein Protokoll, wie es in Abbildung 9.46 zu sehen ist.

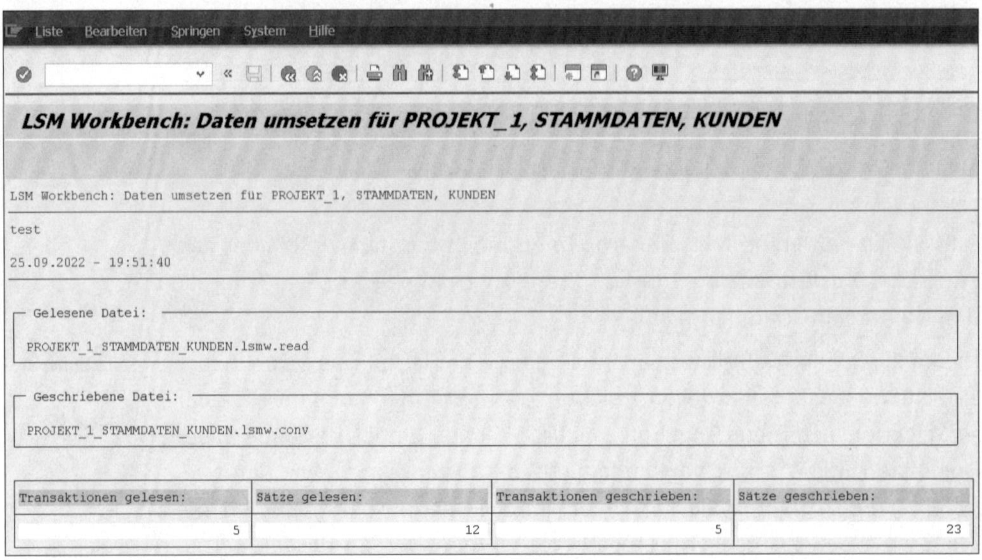

Abbildung 9.46 LSMW: Daten umsetzen – Protokoll

9.2.16 Umgesetzte Daten anzeigen

Abweichende Anzahl an Sätzen

Nach der Ausführung der Datenumsetzung können Sie sich im nächsten Schritt **Umgesetzte Daten anzeigen** vom Ergebnis der Datenumsetzung überzeugen. Sie haben hier im Wesentlichen die gleichen Möglichkeiten wie im Schritt **Eingelesene Daten anzeigen** (siehe Abschnitt 9.2.14, »Eingelesene Daten anzeigen«). Beachten Sie, dass die Anzahl der Sätze im Allgemeinen von der Anzahl der Sätze in den Quelldaten abweicht. Dies liegt an der unterschiedlichen Struktur von Quelldaten und SAP-Format. Die Anzahl der Dateneinheiten (hier: fünf Kunden) sollte jedoch übereinstimmen.

In unserem Beispiel wird ein BGR00-Satz und zu jedem Kunden je ein BKN00-Satz, ein BKNA1-Satz und ein BKNB1-Satz erzeugt. Für jeden Ansprechpartnersatz wird ein BKNVK-Satz erzeugt (23 Sätze, siehe Abbildung 9.47).

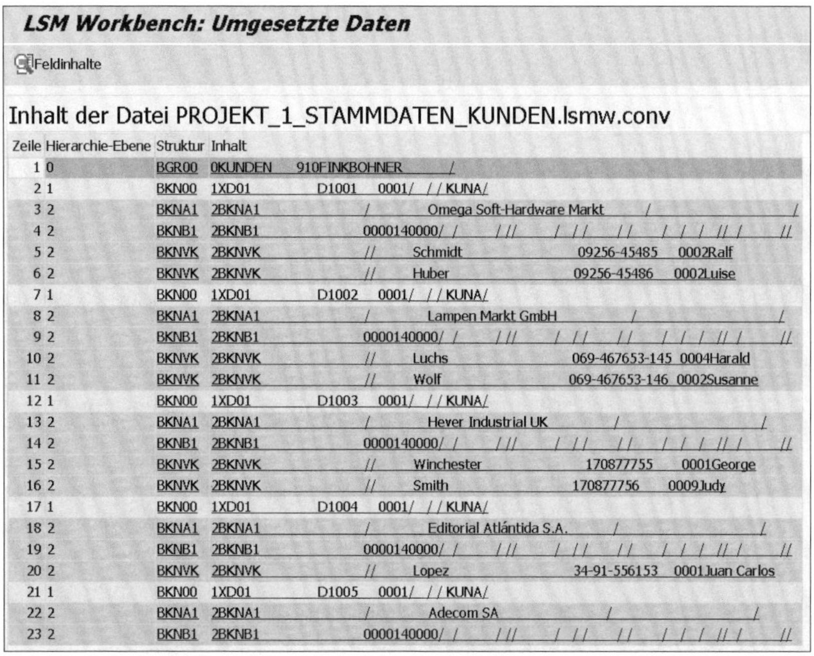
LSM Workbench: Umgesetzte Daten

Feldinhalte

Inhalt der Datei PROJEKT_1_STAMMDATEN_KUNDEN.lsmw.conv

Zeile	Hierarchie-Ebene	Struktur	Inhalt
1	0	BGR00	0KUNDEN 910FINKBOHNER /
2	1	BKN00	1XD01 D1001 0001/ / / KUNA/
3	2	BKNA1	2BKNA1 / Omega Soft-Hardware Markt / /
4	2	BKNB1	2BKNB1 0000140000/ / /// / // // / / / // / //
5	2	BKNVK	2BKNVK // Schmidt 09256-45485 0002Ralf
6	2	BKNVK	2BKNVK // Huber 09256-45486 0002Luise
7	1	BKN00	1XD01 D1002 0001/ / / KUNA/
8	2	BKNA1	2BKNA1 / Lampen Markt GmbH / /
9	2	BKNB1	2BKNB1 0000140000/ / /// / // // / / / // / //
10	2	BKNVK	2BKNVK // Luchs 069-467653-145 0004Harald
11	2	BKNVK	2BKNVK // Wolf 069-467653-146 0002Susanne
12	1	BKN00	1XD01 D1003 0001/ / / KUNA/
13	2	BKNA1	2BKNA1 / Hever Industrial UK / /
14	2	BKNB1	2BKNB1 0000140000/ / /// / // // / / / // / //
15	2	BKNVK	2BKNVK // Winchester 170877755 0001George
16	2	BKNVK	2BKNVK // Smith 170877756 0009Judy
17	1	BKN00	1XD01 D1004 0001/ / / KUNA/
18	2	BKNA1	2BKNA1 / Editorial Atlántida S.A. / /
19	2	BKNB1	2BKNB1 0000140000/ / /// / // // / / / // / //
20	2	BKNVK	2BKNVK // Lopez 34-91-556153 0001Juan Carlos
21	1	BKN00	1XD01 D1005 0001/ / / KUNA/
22	2	BKNA1	2BKNA1 / Adecom SA / /
23	2	BKNB1	2BKNB1 0000140000/ / /// / // // / / / // / //

Abbildung 9.47 LSMW: umgesetzte Daten anzeigen

Auch hier können Sie sich durch Anklicken einer Zeile eine detaillierte Darstellung anzeigen lassen (siehe Abbildung 9.48). Hier sind einige Felder mit dem Wert »/« (Nodata-Kennzeichen) zu sehen. Das nachfolgend aufzurufende Batch-Input-Programm interpretiert diesen Wert als »Keine Eingabe« – im Unterschied zur Eingabe » «.

LSM Workbench: Umgesetzte Daten

Struktur BKNA1

Feldname	Feldtext	Feldlänge	Feldwert
STYPE	Satztyp für Batch-Input-Schnittstelle	1	2
TBNAM	Tabellenname	30	BKNA1
ANRED	Anrede	15	/
NAME1	Name 1	35	Omega Soft-Hardware Markt
NAME2	Name 2	35	/
NAME3	Name 3	35	/
NAME4	Name 4	35	/
SORTL	Sortierfeld	10	Omega Soft
STRAS	Straße und Hausnummer	35	Gustav-Jung-Str. 425
PFACH	Postfach	10	/
ORT01	Ort	35	Nuernberg
PSTLZ	Postleitzahl	10	90455
ORT02	Ortsteil	35	/
PSTL2	Postleitzahl des Postfachs	10	/
LAND1	Länder-/Regionenschlüssel	3	DE
REGIO	Region (Bundesstaat, Bundesland, Provinz, Grafschaft)	3	/
SPRAS	Sprache nach ISO 639 (Batch-Input-Feld)	2	DE
TELX1	Telexnummer	30	/
TELF1	1. Telefonnummer	16	+49 9256-4548-0
TELFX	Telefaxnummer	31	09256-4548-99

Abbildung 9.48 LSMW: umgesetzte Daten anzeigen – Detail

9.2.17 Daten importieren

Abhängigkeit von der Importtechnik

Von der im Schritt **Objektattribute pflegen** (siehe Abschnitt 9.2.1, »Einstieg in die Legacy System Migration Workbench«) gewählten Importtechnik hängt ab, welche Schritte Ihnen bezüglich **Daten importieren** angeboten werden (siehe Tabelle 9.6).

Importtechnik	Datenimportschritt
Standard-Batch-Input oder Aufzeichnung	Batch-Input-Mappe erzeugen
	Batch-Input-Mappe abspielen
Standard-Direct-Input	Direct-Input-Session starten
BAPI oder IDoc	IDoc-Erzeugung starten
	IDoc-Verarbeitung starten
	IDoc-Übersicht erstellen
	IDoc-Nachbearbeitung starten

Tabelle 9.6 Von der Importtechnik abhängige Importschritte

Daten importieren mit Batch-Input oder Aufzeichnungen

In unserem Beispiel (Standard-Batch-Input) müssen Sie den Schritt **Batch-Input-Mappe erzeugen** ausführen (siehe Abbildung 9.7). Der weitere Verlauf dieses Arbeitsschritts hängt stark vom jeweiligen Batch-Input-Programm ab.

[!]

RFDIBDE00/RFBIKR00 ab SAP S/4HANA 1809

Für den Standard-Batch-Input-Report zur Übernahme von Kundenstammdaten (RFBIDE00) bzw. Lieferantenstammdaten (RFBIKR00) ist die Bezeichnung **Batch-Input-Mappe erzeugen** seit SAP S/4HANA 1809 etwas irreführend, da die Daten direkt verbucht werden. Nach dem Ausführen erscheint ein Dialogfenster, das darauf hinweist. Der Text, der für RFBIDE00 über den Info-Button verfügbar ist, lautet wie folgt:

»Mit Release 1809 sind die Transaktionen der Kundenstammdaten für den Batch-Input veraltet. Beim Ausführen des Programms wird nicht länger eine Batch-Input-Mappe angelegt. Stattdessen werden die Kundenstammdaten durch Änderung der zugehörigen Geschäftspartnerdaten angelegt/geändert. Die Geschäftspartnerdaten werden sofort aktualisiert«.

SAP-Hinweis 2803681 erläutert Ihnen die Änderungen im Detail.

9

Die Batch-Input-Mappen, die wir hier normalerweise erzeugen, heißen in der Regel genauso wie das LSMW-Objekt. Der globalen Variable g_groupname wird der Objektname zugewiesen und über die Standard-Zuweisung BGR00-GROUP = g_groupname. wird der Mappenname festgelegt. Beachten Sie, dass es beliebig viele Batch-Input-Mappen gleichen Namens geben kann. Im vorliegenden Beispiel werden, wie erwähnt, keine Mappen erzeugt, sondern die Daten direkt verbucht. Der Name der Datei mit den umgesetzten Daten wird bereits vorgeschlagen. Das Programm RFBIDE00 bringt einige Meldungen und kehrt dann zum Ausgangspunkt zurück. Um sich eine Klickorgie von Dialogfenstern zu ersparen, sollten Sie die Option **Protokoll** anstatt der Option **Dialogfenster** wählen. Danach klicken Sie auf den Button (**Ausführen**).

Letzter Schritt: Batch-Input-Mappe abspielen

Bei eigenen Aufzeichnungen bzw. anderen Batch-Input-Programmen müssen Sie dann noch den Schritt **Batch-Input-Mappe abspielen** ausführen (siehe Abbildung 9.7). Hier erfolgt ein Absprung in die SAP-Standardtransaktion SM35. Dabei werden allerdings nur die Batch-Input-Mappen zum ausgewählten Objekt angezeigt. Beachten Sie: Falls Sie den Namen des Objekts auch in anderen Projekten bzw. Teilprojekten verwendet haben, werden möglicherweise auch Batch-Input-Mappen aus diesen Objekten angezeigt. Mit dem Abspielen von Batch-Input-Mappen sind Sie in Kapitel 7,

»Batch-Input«, vertraut gemacht worden. Daher gehen wir an dieser Stelle nicht näher darauf ein.

Daten importieren mit Direct-Input

Wenn Sie die Importtechnik Direct-Input gewählt haben (siehe Tabelle 9.6), rufen Sie im Schritt **Direct-Input-Session starten** – je nach Objekttyp – entweder direkt das zum Objekt gehörende Standard-Direct-Input-Programm auf, oder Sie erhalten die Möglichkeit, zwischen Direct-Input-Programm und Direct-Input-Transaktion zu wählen.

Daten mit BAPI bzw. mit IDoc importieren

Haben Sie BAPI oder IDoc als Importtechnik gewählt, erfolgt der Import im Wesentlichen in drei Schritten:

1. **IDoc-Erzeugung starten**
   Zunächst wird die Datei der umgesetzten Daten eingelesen. Die darin enthaltenen Informationspakete werden im IDoc-Format in der SAP-Datenbank – allerdings nicht in der Datenbank der zugehörigen Anwendung – abgespeichert. Dabei wird jedem IDoc vom System eine Nummer zugewiesen. Anschließend wird die Datei der umgesetzten Daten gelöscht.
2. **IDoc-Verarbeitung starten**
   Die im ersten Schritt angelegten IDocs werden an das zugehörige Anwendungsprogramm übergeben. Dieses Anwendungsprogramm prüft die Daten und verbucht sie gegebenenfalls in der Datenbank der Anwendung.
3. **IDoc-Übersicht erstellen**
   Sie erhalten eine Statusübersicht, in der Sie mit Drill-down bis zum einzelnen IDoc gelangen.

Abkürzung: IDocs direkt erzeugen

Beachten Sie: Der Schritt **IDoc-Erzeugung starten** entfällt, wenn Sie bei der Datenumsetzung die Option **IDocs direkt erzeugen** gewählt haben (siehe Abbildung 9.45).

Es hängt von den Einstellungen des ALE-EDI-Customizings ab, ob der zweite Schritt (**IDoc-Verarbeitung starten**) automatisch angestoßen wird oder nicht. Eine wesentliche Einstellung hierfür ist in der Partnervereinbarung (zu einem Partner und einem Nachrichtentyp) hinterlegt (siehe Abschnitt 9.2.3, »Objektattribute pflegen«). Dort ist festgelegt, ob die Verarbeitung der IDocs sofort oder mithilfe eines Hintergrundprogramms erfolgen soll. Näheres dazu finden Sie in Abschnitt 9.5, »Vorbereitende Maßnahmen zur Nutzung der IDoc-Eingangsverarbeitung«.

[+]

IDoc-Eingangsverarbeitung

Bei der IDoc-Eingangsverarbeitung sollten Sie Folgendes beachten:

- Bei den von der LSMW automatisch angelegten Partnervereinbarungen lautet die Einstellung **Anstoß durch Hintergrundprogramm**. Sie können dies jederzeit manuell ändern.
- Bei der Verarbeitung von eingehenden IDocs werden im Standard sogenannte *Workitems* erzeugt. Dies sind Elemente des SAP-Workflows, die man bei der Datenmigration im Allgemeinen nicht benötigt. Wie man die Erzeugung von Workitems unterdrücken kann, ist in SAP-Hinweis 2031151 beschrieben.

Unser Beispiel, das uns durch die wichtigsten Funktionen der LSMW geführt hat, ist damit abgeschlossen.

9.2.18 Objektübersicht

Bevor wir das Beispiel endgültig beenden, zeigen wir Ihnen, wie Sie sich einen Überblick über alle Definitionen verschaffen, die Sie im Zusammenhang mit dem Objekt KUNDEN vorgenommen haben.

Kehren Sie hierzu in das Übersichtsbild der Arbeitsschritte zurück (siehe Abbildung 9.7), und klicken Sie dort auf den Button Objektübersicht (**Objektübersicht**). Das Ergebnis ist in Abbildung 9.49, Abbildung 9.50 und Abbildung 9.51 dargestellt.

Abbildung 9.49 Objektübersicht in Listenform: allgemeine Daten, Quellstrukturen und Zielstrukturen

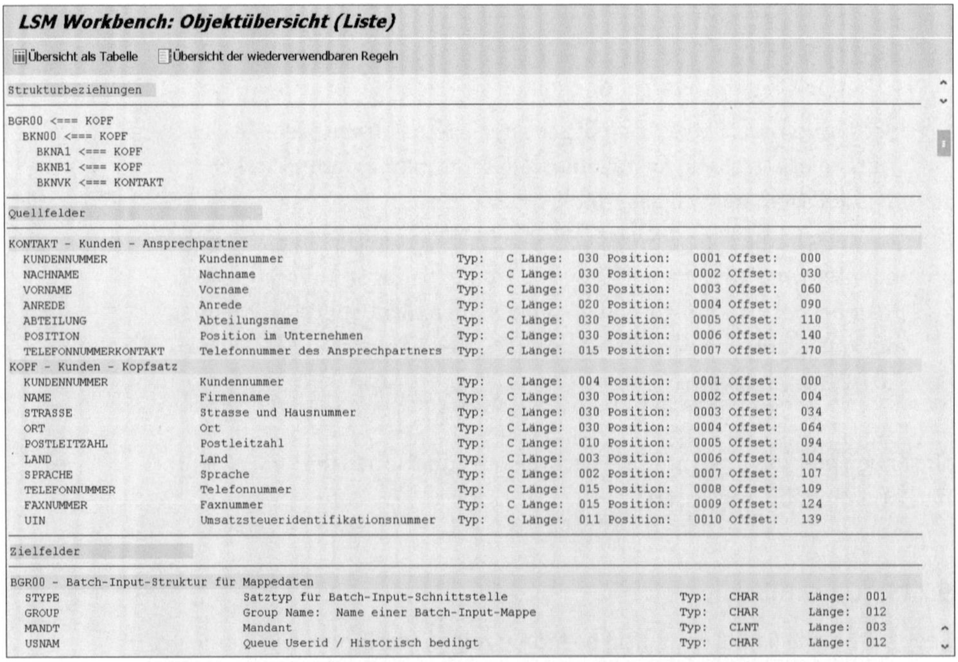

Abbildung 9.50 Objektübersicht in Listenform: Strukturbeziehungen und Quellfelder

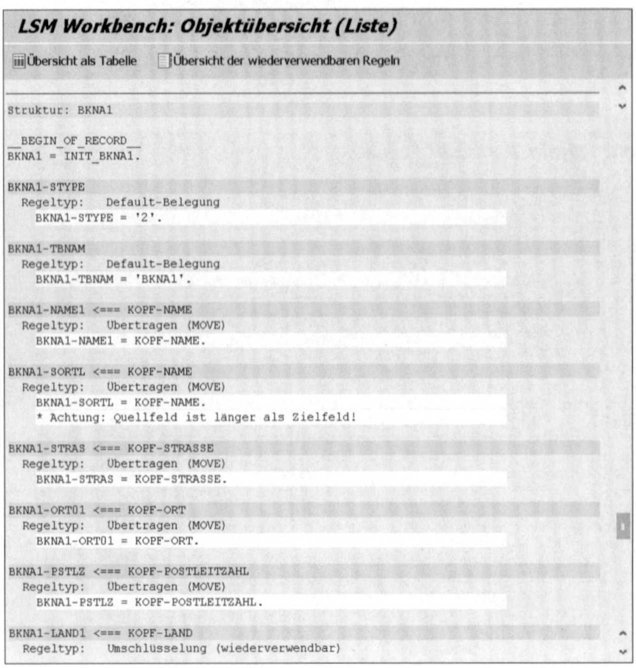

Abbildung 9.51 Objektübersicht in Listenform: Umsetzungsregeln (Auszug)

Neben der listenartigen Übersicht steht Ihnen auch eine tabellenartige Übersicht zur Verfügung (Button **Übersicht als Tabelle**). Diese Übersicht eignet sich als Vorlage für das »Mapping auf Papier« (siehe Abschnitt 9.2.7, »Fieldmapping und Umsetzungsregeln pflegen«).

Wiederverwendbare Regeln

Darüber hinaus können Sie alle in dem Objekt tatsächlich verwendeten wiederverwendbaren Regeln auflisten lassen (Button **Übersicht der wiederverwendbaren Regeln**). Sehr hilfreich ist dabei, dass für Umschlüsselungen der Inhalt der Umschlüsselungstabelle ausgegeben wird.

9.3 Aufzeichnungen

In Abschnitt 9.2, »Datenmigration mit der Legacy System Migration Workbench«, haben wir Sie anhand des Beispiels »Kundenstammdaten migrieren mittels Standard-Batch-Input« durch die zentralen Funktionen der LSMW geführt. In diesem Abschnitt zeigen wir Ihnen anhand eines weiteren Beispiels, wie die LSMW in die Aufzeichnungsfunktion des SAP-Systems integriert ist. Den Transaktionsrecorder haben Sie bereits in Kapitel 7, »Batch-Input«, kennengelernt. Natürlich legen wir dieses zweite Beispiel nicht so ausführlich dar wie das erste. Vielmehr konzentrieren wir uns auf die Stellen, an denen die Vorgehensweise von der Vorgehensweise im ersten Beispiel abweicht.

Beispiel: Sachkonto anlegen

Das von uns gewählte Beispiel heißt »Sachkonto anlegen«. Nun werden Sie möglicherweise fragen, warum wir diese Aufgabe nicht mit dem Standard-Batch-Input-Programm `RFBISA00` für die Übernahme von Sachkonten durchführen. Dies wäre selbstverständlich auch möglich. Da unsere Quelldaten jedoch nur über sehr wenige Felder verfügen, können wir Sie hoffentlich bis zum Ende des Abschnitts davon überzeugen, dass die Aufzeichnungsfunktion in diesem Fall schneller zum Ziel führt.

Nehmen wir an, unsere Aufgabe bestünde darin, basierend auf den in Abbildung 9.52 angegebenen Quelldaten, Sachkonten im SAP-System anzulegen.

	A	B	C
1	**Unternehmensbereich**	**Kontonummer**	**Kontobezeichnung**
2	A	123401	Konto 123401-A
3	A	123402	Konto 123402-A
4	A	123403	Konto 123403-A
5	B	234501	Konto 234501-B
6	B	234502	Konto 234502-B
7	B	234503	Konto 234503-B

Sachkonten

Abbildung 9.52 Beispiel: Migration von Sachkontenstammdaten (Ausschnitt)

Wir gehen weiter davon aus, dass wir uns bereits mit der zugehörigen Transaktion FS00 vertraut gemacht haben und daher wissen, welche Daten wir wo einzugeben haben (siehe Tabelle 9.7).

Bereich/Reiter in FS00	Feldname	Eingabe
Kopf	**Sachkonto**	Feld `Kontonummer` aus Quelldaten
	Buchungskreis	Soll durch Umschlüsselung aus dem Feld `Unternehmensbereich` der Quelldaten abgeleitet werden: A -> 0001 B -> 1000
Typ/Bezeichnung	**Kurztext**	Feld `Kontobezeichnung` aus Quelldaten
	Sachkontoart	»X« = Bestandskonto
	Kontengruppe	SAKO
	Konzernkontonummer	»10101011«
Steuerungsdaten	**Salden nur in Hauswährung**	»X«
Erfassung/Bank/Zins	**Feldstatusgruppe**	»G001«

Tabelle 9.7 Sachkonto anlegen: Mapping auf Papier

Damit ist alles vorbereitet. Wir können nun mit der LSMW ans Werk gehen. Die Konzernkontonummer wurde hier konstant gesetzt, um das Beispiel möglichst einfach zu halten.

9.3.1 Aufzeichnung anlegen und nachbearbeiten

Keine Simulation

Im Startbild (siehe Abbildung 9.4) wählen Sie **Springen • Aufzeichnungen**. Sie gelangen in das noch leere Übersichtsbild, in dem alle Aufzeichnungen zum aktuellen Projekt aufgelistet werden (siehe Abbildung 9.53).

Beachten Sie, dass eine Aufzeichnung immer zu einem Projekt gehört. Darüber hinaus sei daran erinnert, dass beim Erstellen einer Aufzeichnung die entsprechende Transaktion tatsächlich ausgeführt und nicht nur simuliert wird. Wir erstellen die Aufzeichnung daher mit einem Konto, das nicht in unseren Quelldaten aufgeführt ist.

Erstellung von Aufzeichnungen mit Transaktion SM35

Die Verwendung von Aufzeichnungen, die direkt in Transaktion SM35 erstellt wurden, ist hier leider nicht möglich, da die LSMW zusätzliche Angaben benötigt, die eine in Transaktion SM35 erstellte Aufzeichnung nicht enthält.

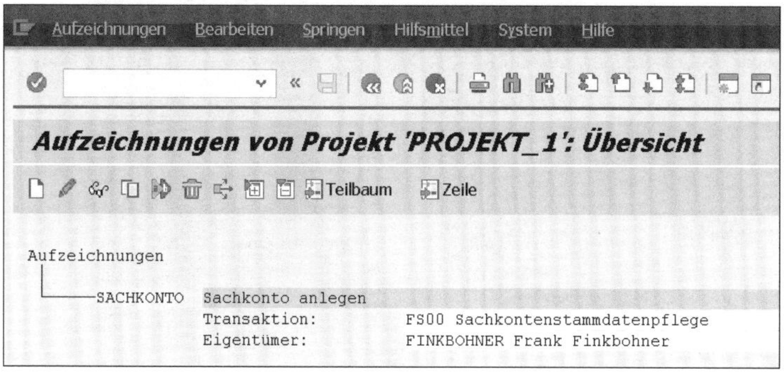

Abbildung 9.53 LSMW: Aufzeichnungen

Im Übersichtsbild der Aufzeichnungen klicken Sie auf den Button (**Aufzeichnung anlegen**). In dem daraufhin erscheinenden Dialogfenster (siehe Abbildung 9.54) geben Sie für die Aufzeichnung das Kürzel SACHKONTO und die Bezeichnung »Sachkonto anlegen« ein.

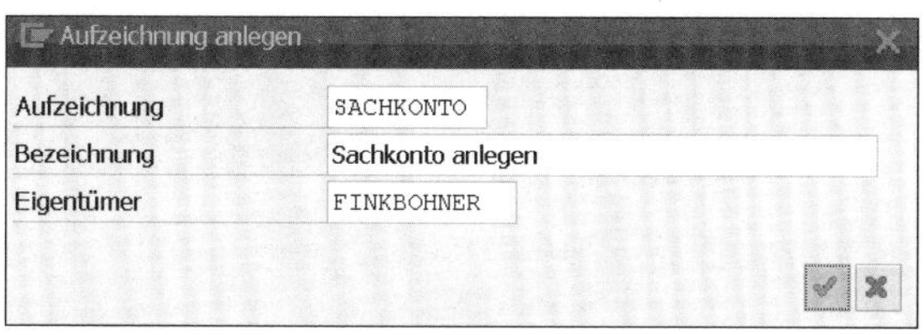

Abbildung 9.54 LSMW: Aufzeichnung anlegen

Klicken Sie auf den Button (**Weiter**). Sie werden nun aufgefordert, den Transaktionscode FS00 einzugeben (siehe Abbildung 9.55).

Abbildung 9.55 LSMW: Transaktionscode für die Aufzeichnung eingeben

Geben Sie den Transaktionscode ein, und bestätigen Sie Ihre Eingabe. Daraufhin gelangen Sie in Transaktion FS00, die Sie mit dem Sachkonto 123491 befüllen. Anschließend klicken Sie auf den Button (**Anlegen**) und bearbeiten das Sachkonto (siehe Abbildung 9.56, Abbildung 9.57, Abbildung 9.58 und Abbildung 9.59).

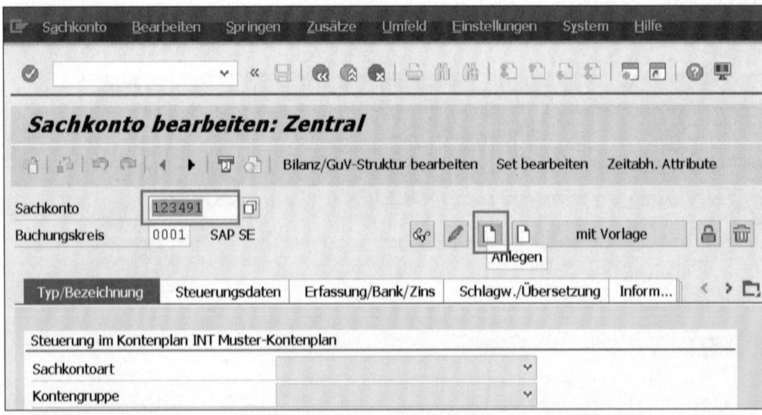

Abbildung 9.56 LSMW: Aufzeichnung – Transaktion FS00 (Bild 1)

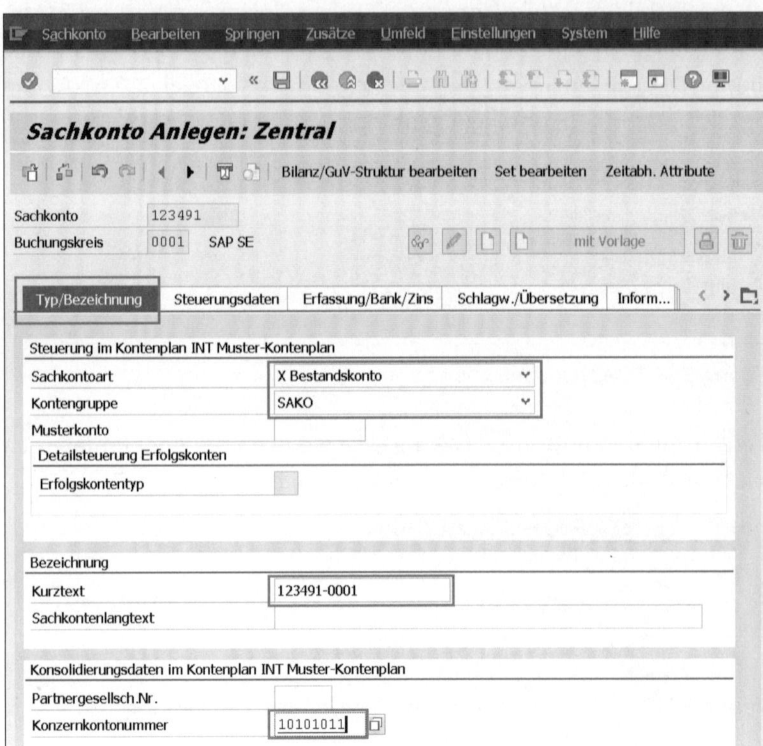

Abbildung 9.57 LSMW: Aufzeichnung – Transaktion FS00 (Bild 2)

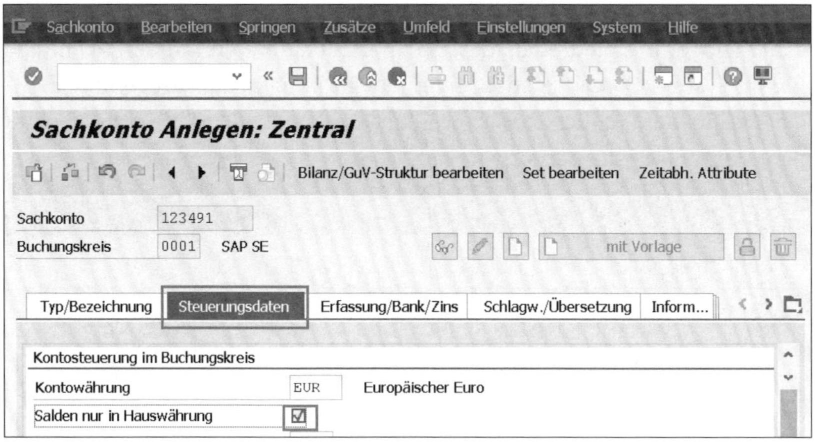

Abbildung 9.58 LSMW: Aufzeichnung – Transaktion FS00 (Bild 3)

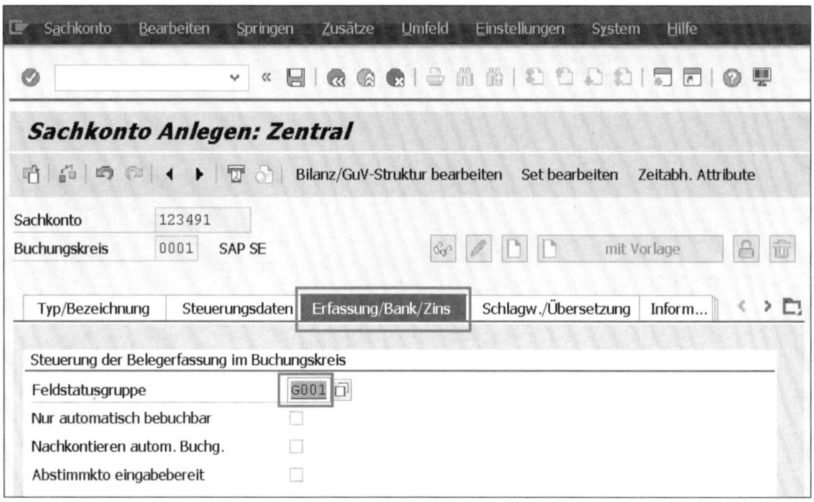

Abbildung 9.59 LSMW: Aufzeichnung – Transaktion FS00 (Bild 4)

Das Sichern des neu erfassten Kontos beendet die Aufzeichnung, und die LSMW übernimmt wieder die Kontrolle.

Baumartige Darstellung der Aufzeichnung

Sie führt uns in ein Bild, in dem die Aufzeichnung mit ihren technischen Bestandteilen dargestellt ist (siehe Abbildung 9.60). Die Darstellung entspricht der Struktur, wie Sie sie bereits in Kapitel 7, »Batch-Input«, kennengelernt haben. Die baumartige Struktur ist nach Transaktion (`FS00`), Dynpros (`SAPLGL_ACCOUNT_MASTER_MAINTAIN 2001` usw.) und Feldern (`GLACCOUNT_SCREEN_KEY-SAKNR` usw.) gegliedert.

In der mittleren Spalte finden Sie in den farbig unterlegten Feldern die Werte, die Sie bei der Erstellung der Aufzeichnung verwendet haben bzw.

die Werte, die uns vom SAP-System vorgeschlagen wurden. Die rechte Spalte ist leer und deutet an, dass Sie hier nacharbeiten müssen. Wenn Sie dies im System nachvollziehen, erkennen Sie anhand der Farbgebung deutlich drei Spalten. In der schwarz-weißen Wiedergabe wird die rechte Spalte nicht deutlich genug hervorgehoben.

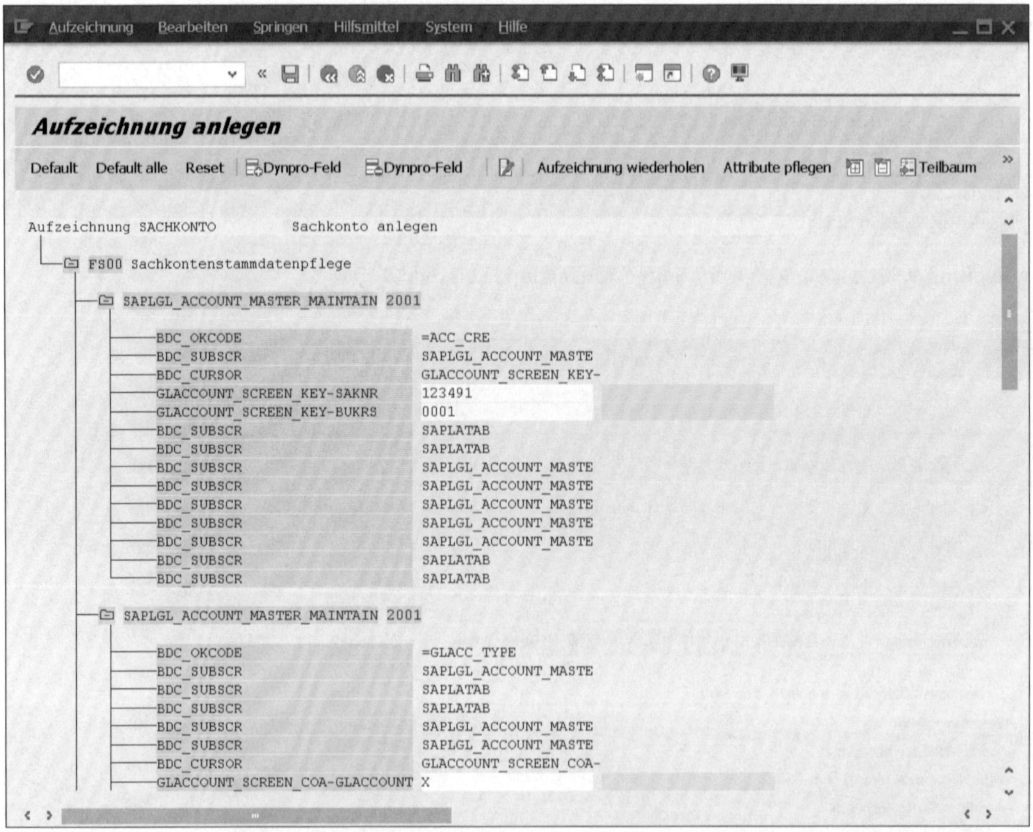

Abbildung 9.60 Ausschnitt LSMW: Ergebnis der Aufzeichnung von Transaktion FS00

Feldnamen der Zielstruktur definieren

Aus Abschnitt 9.2, »Datenmigration mit der Legacy System Migration Workbench«, wissen Sie bereits, dass die LSMW eine Zielstruktur benötigt, auf die die Quelldaten im weiteren Verlauf abgebildet werden. Eine Struktur erfordert Feldnamen, und diese Feldnamen müssen Sie nun vergeben. Positionieren Sie hierzu den Cursor auf das erste Eingabefeld in der Liste – das Dynpro-Feld `GLACCOUNT_SCREEN_KEY-SAKNR` mit dem Wert `123491` –, und klicken Sie doppelt darauf. Es erscheint ein Dialogfenster, das Sie auffordert, einen Namen und eine Bezeichnung für das Feld zu vergeben (siehe Abbildung 9.61). Diese Angaben werden später in der Zielstruktur erscheinen. Tragen Sie in das Feld **Name** »KONTONUMMER«, als in das Feld **Bezeichnung** »Kontonummer« ein, löschen Sie den Vorschlagswert, und klicken Sie auf **Weiter**.

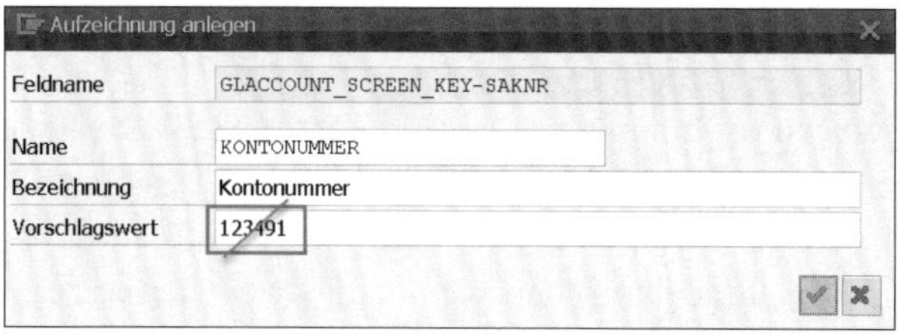

Abbildung 9.61 LSMW: Aufzeichnung – Feldnamen vergeben

Benennung der zu versorgenden Felder

Analog verfahren Sie nun mit allen Eingabefeldern, die Sie mit Feldwerten aus den Quelldaten versorgen möchten. Für alle anderen Felder lassen Sie Namen und Bezeichnung leer. Wenn für ein Feld Name und Bezeichnung leer sind, übernimmt die LSMW automatisch den hinterlegten Vorschlagswert.

Dies bedeutet, dass Sie lediglich für drei Felder Namen und Bezeichnung vergeben: KONTONUMMER, BUCHUNGSKREIS und KURZTEXT Abbildung 9.62 zeigt einen Ausschnitt der erfolgten Benennung. Das Feld KURZTEXT wird im Dynpro SAPLGL_ACCOUNT_MASTER_MAINTAIN 2001 dem Feld GLACCOUNT_SCREEN_COA-TXT20_ML zugeordnet.

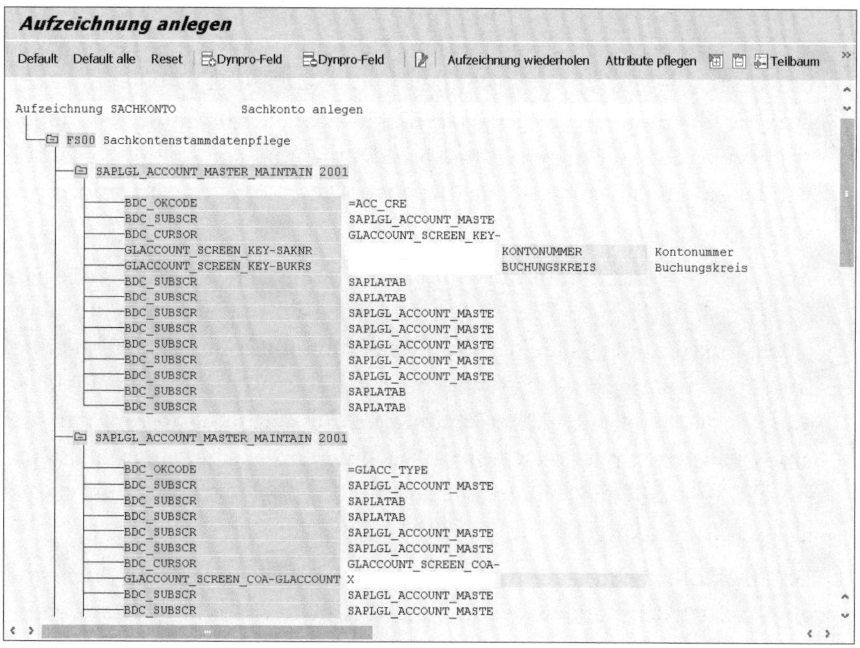

Abbildung 9.62 Ausschnitt LSMW: Ergebnis der Aufzeichnung von Transaktion FS00 (Feldnamen und Bezeichnungen)

Aus technischen Gründen muss mindestens einem Feld ein Name und eine Bezeichnung zugewiesen werden. Sichern Sie das Ergebnis, und kehren Sie zum Übersichtsbild aller Aufzeichnungen des Projekts zurück (siehe Abbildung 9.53).

Abkürzung Default

Bevor wir fortfahren, zeigen wir Ihnen noch eine »Abkürzung« für den letzten Schritt. In der Darstellung aus Abbildung 9.60, in der Sie soeben die Aufzeichnung nachbearbeitet haben, finden Sie die Buttons **Default** bzw. **Default alle**. Wenn Sie davon Gebrauch machen, vergibt die LSMW für das Feld, auf dem der Cursor positioniert ist, bzw. für alle Felder automatisch Namen und Bezeichnungen, die aus den zugrundeliegenden Dynpro-Feldern abgeleitet werden. Der Vorteil liegt in der Schnelligkeit. Der Nachteil besteht darin, dass die Feldnamen nicht immer sprechend sind. Darüber hinaus kann es vorkommen, dass dadurch zwei Feldern der gleiche Name zugeordnet wird – mit der Konsequenz, dass im Fieldmapping nur ein Feld mit diesem Namen zur Verfügung steht.

9.3.2 Aufzeichnung verwenden

Quellstruktur, Quellfelder definieren

Nun können Sie bereits, wie gewohnt, die Aufzeichnung in der LSMW verwenden. Hierzu legen Sie im Projekt `PROJEKT_1` und Teilprojekt `STAMMDATEN` ein Objekt mit dem Namen »SACHKONTEN« und der Bezeichnung »Sachkontenstammdaten« an. Im Arbeitsschritt **Objektattribute pflegen** wählen Sie unter **Objekttyp und Importtechnik Batch-Input-Aufzeichnung** und mittels Wertehilfe [F4] die Aufzeichnung `SACHKONTO` aus (siehe Abbildung 9.63). Darüber hinaus bietet die LSMW die Möglichkeit, mehrere Aufzeichnungen »hintereinander zu hängen«, um zwei oder mehrere Transaktionen nacheinander auf einen Datensatz anzuwenden. Dieses Feature wird jedoch nur selten genutzt.

Analog zum Verfahren in Abschnitt 9.2, »Datenmigration mit der Legacy System Migration Workbench«, fahren wir nun mit der Definition von Quellstruktur und Quellfeldern fort. Dies ist in unserem Beispiel nicht besonders schwierig, da wir nur mit einer Quellstruktur und drei Quellfeldern arbeiten. (Generell gilt: Bei Verwendung der Aufzeichnungstechnik darf nur eine Quellstruktur definiert werden.) Definieren Sie daher eine Quellstruktur `KONTOSATZ` mit den Feldern `UNTERNEHMENSBEREICH`, `KONTONUMMER` und `KONTOBEZEICHNUNG`. Das Ergebnis ist in Abbildung 9.64 dargestellt.

Strukturbeziehungen

Die Strukturbeziehungen sind trivial, da es sich lediglich um eine Quell- und eine Zielstruktur handelt. Wenn Sie den Arbeitsschritt **Strukturbeziehun-**

gen pflegen aufrufen, sehen Sie, dass die LSMW »intelligent« genug ist, hier gleich die einzig mögliche Zuordnung automatisch zu treffen.

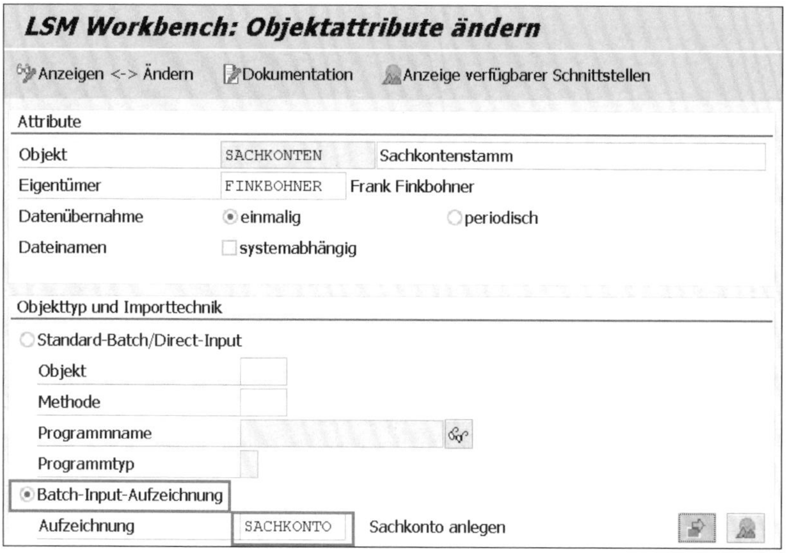

Abbildung 9.63 LSMW: Aufzeichnung – Objektattribute ändern

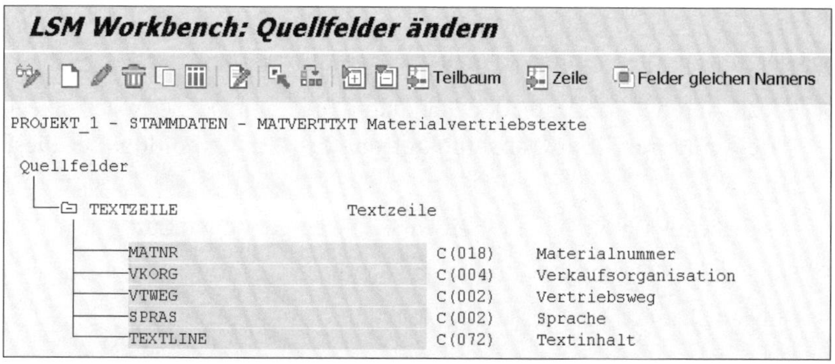

Abbildung 9.64 LSMW: Aufzeichnung – Quellfelder

Fieldmapping und Umsetzungsregeln

Wir kommen nun zur Pflege von Fieldmapping und Umsetzungsregeln. Auch dieser normalerweise recht aufwendige Schritt gestaltet sich in diesem Fall denkbar einfach, da wir lediglich drei Zielfelder zu versorgen haben. Das Ergebnis ist in Abbildung 9.65 dargestellt. Wir weisen erneut darauf hin, dass alle anderen Felder aus der Aufzeichnung automatisch mit den in der Aufzeichnung hinterlegten Vorschlagswerten belegt werden.

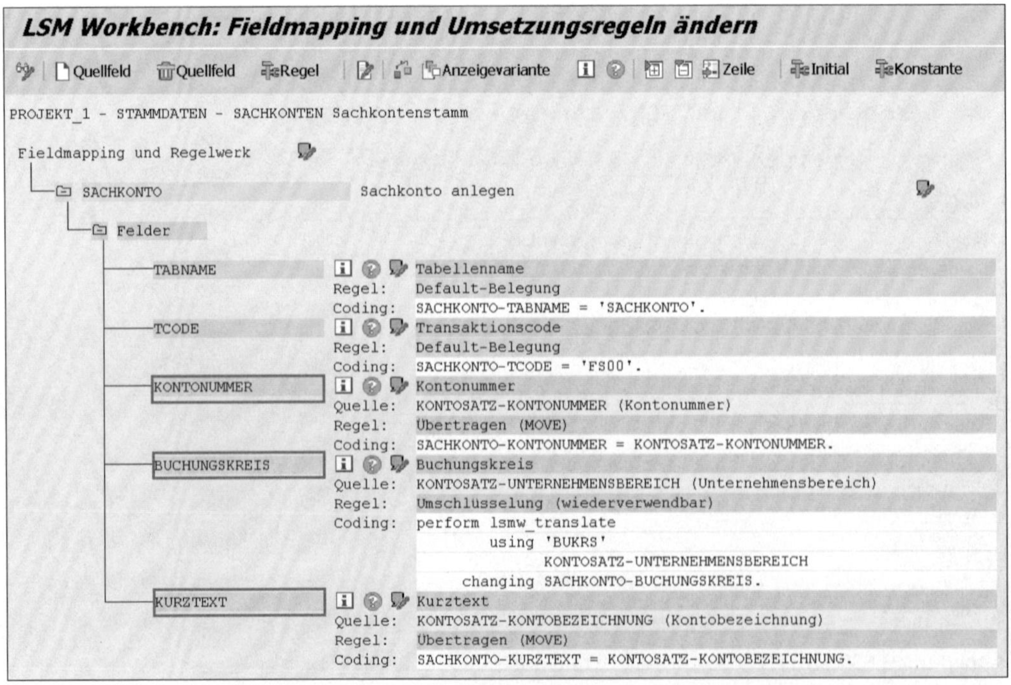

Abbildung 9.65 LSMW: Aufzeichnung – Fieldmapping

Weitere Schritte

Die letzten Schritte können schnell durchgeführt werden:

- Spezifizieren Sie als Datei der Quelldaten die Kopie der Microsoft-Excel-Datei im Format **Text (Tabstopp-getrennt) (*.txt)**, und ordnen Sie diese zu.
- Lesen Sie die Daten ein, und zeigen Sie die eingelesenen Daten an.
- Setzen Sie die Daten um, und zeigen Sie die umgesetzten Daten an.
- Pflegen Sie die Umschlüsselung für die Buchungskreise.
- Setzen Sie die Daten erneut um.
- Erzeugen Sie eine Batch-Input-Mappe, und spielen Sie diese ab.

Anwendbarkeit der Aufzeichnungstechnik

Mit diesem Beispiel haben wir Ihnen gezeigt, dass die Aufzeichnungstechnik in der LSMW schnell zum Ziel führt, vorausgesetzt, dass sie anwendbar ist.

Unter welchen Voraussetzungen ist die Aufzeichnungstechnik jedoch anwendbar?

- Die Quelldaten müssen sich in einer einzigen Tabelle darstellen lassen, und zwar so, dass eine Zeile einer Transaktion entspricht. Erinnern Sie sich an unser erstes Beispiel aus Abschnitt 9.2, »Datenmigration mit der

Legacy System Migration Workbench«? Dort hatten wir je Kunde eine Variable, d. h. eine beliebige Anzahl von Ansprechpartnern. In diesem Fall ist die Aufzeichnungstechnik nicht anwendbar.

- Für jeden Datensatz muss die Transaktion die gleiche Bildfolge durchlaufen.
- In SAP S/4HANA müssen Sie sicherstellen, dass die Transaktion vom System noch unterstützt wird.

9.4 Projekte transportieren

Die LSMW bietet Ihnen die Möglichkeit, die Daten zu einem Projekt sowohl mit dem SAP-Transportsystem als auch per Download und Upload zwischen zwei SAP-Systemen zu transportieren. Die von der LSMW generierten Programme werden dabei nicht transportiert, sondern im Zielsystem neu erzeugt.

9.4.1 Änderungsauftrag erzeugen

Sie können auf Knopfdruck einen SAP-Änderungsauftrag erzeugen, der alle Informationen zu einem Projekt der LSMW enthält.

Dieser SAP-Änderungsauftrag kann mit den üblichen Mitteln des SAP-Änderungs- und Transportwesens exportiert und importiert werden. Sie finden diese Funktion im Startbild (siehe Abbildung 9.4) unter **Zusätze • Änderungsauftrag erzeugen**.

SAP-Änderungs- und Transportwesen

Wenn Sie Daten zu einem Projekt auf die beschriebene Weise transportieren, können Sie im SAP-Änderungs- und Transportwesen jederzeit nachvollziehen, wer was wann wohin transportiert hat.

Beachten Sie dabei Folgendes:

- Beim Importieren eines derartigen Änderungsauftrags wird zunächst das gesamte Projekt im Zielsystem gelöscht und anschließend neu angelegt.
- Wenn Sie den Transportauftrag exportieren, wird der aktuelle Stand exportiert und nicht der Stand zum Zeitpunkt der Erstellung des Transportauftrags.
- Da das gesamte Projekt exportiert wird, ist darauf zu achten, dass das Projekt zum Zeitpunkt des Exports einen »sauberen« Stand hat.

9.4.2 Projekt exportieren

Wählen Sie im Startbild (siehe Abbildung 9.4) **Zusätze • Projekt exportieren**. Hierdurch wird zunächst der Strukturbaum des ausgewählten Projekts angezeigt (siehe Abbildung 9.66). Mittels Select / Deselect können Sie Teile des Projekts für den Export ab- bzw. auswählen. Wenn Sie auf einen Abschnitt, wie z. B. Festwerte, linksklicken, werden alle Festwerte ab- bzw. ausgewählt. Für den Export ausgewählte Teile sind mit gekennzeichnet. Anschließend klicken Sie auf den Button **Exportieren** F8. Hierdurch wird eine Textdatei erzeugt.

Selbstverständlich wird zu den ausgewählten Elementen auch die zugehörige Dokumentation mit exportiert.

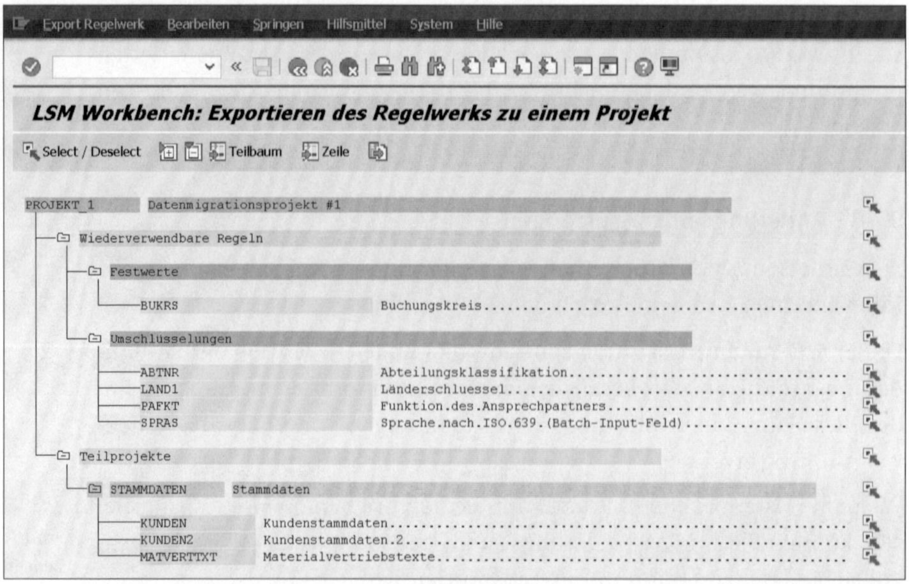

Abbildung 9.66 LSMW: Projekt exportieren

9.4.3 Projekt importieren

Das exportierte Projekt kann in ein anderes SAP-System importiert werden. Wählen Sie hierzu im Startbild des anderen SAP-Systems **Zusätze • Projekt importieren**. Daraufhin werden Sie aufgefordert, den Namen der Textdatei anzugeben. Die Datei wird eingelesen und der Inhalt analysiert. Nach Abschluss der Analyse erhalten Sie eine Liste der ermittelten Teilprojekte und Objekte (siehe Abbildung 9.67).

Vorhandene Elemente überschreiben

Sie können nun die Objekte ankreuzen, die importiert werden sollen. Bereits vorhandene Daten des Projekts sind durch Haken gekennzeichnet; sie werden beim Importieren überschrieben. Das Überschreiben eines bereits im Zielsystem existierenden Projekts kann verhindert werden, indem die Funktion **Import unter anderem Namen** verwendet wird.

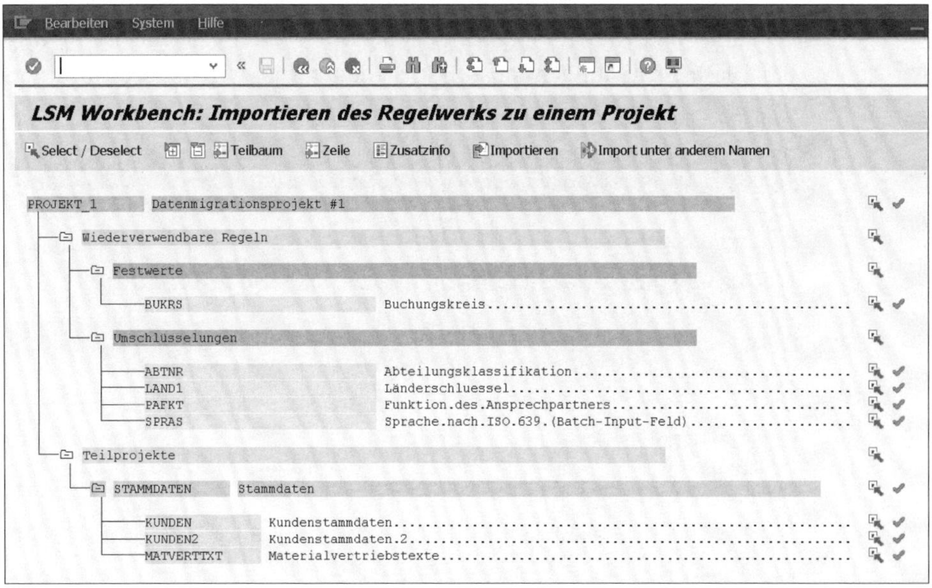

Abbildung 9.67 LSMW: Projekt importieren

[«]

Mandaten beim Importieren

Beachten Sie, dass beim Importieren der Einstellungen zur IDoc-Eingangsverarbeitung (siehe Abschnitt 9.5, »Vorbereitende Maßnahmen zur Nutzung der IDoc-Eingangsverarbeitung«) der Quellmandant nicht automatisch durch den Zielmandanten ersetzt wird. Sie können jedoch vor dem Import den Mandanten in der beim Export erzeugten Textdatei manuell anpassen. Sie finden den relevanten Eintrag in der Textdatei im Abschnitt »[Project Information]« in der Zeile »/SAPDMC/LSMCUST«.

9.5 Vorbereitende Maßnahmen zur Nutzung der IDoc-Eingangsverarbeitung

IDocs (Intermediate Document) wurden für den Austausch von Nachrichten zwischen verschiedenen Systemen (z. B. zwischen zwei SAP-Systemen) entwickelt. Eine ausführliche Behandlung dieses Themas würde zweifellos den Rahmen dieses Buches sprengen. Sie finden aber einige nützliche Hinweise zum Thema ALE und IDoc in Kapitel 8, »IDoc und ALE-Verteilung«.

Wir haben bereits mehrfach darauf hingewiesen, dass die LSMW diese Importtechnik unterstützt. Damit sie allerdings verwendet werden kann, sind einige Voreinstellungen und Vorbereitungen erforderlich. Sie finden diese Einstellungen zusammengefasst im Startbild der LSMW (siehe Abbildung 9.4) unter **Einstellungen • IDoc-Eingangsverarbeitung** (siehe Abbildung 9.68). Diese Einstellungen müssen je Mandant und Projekt vorgenommen werden.

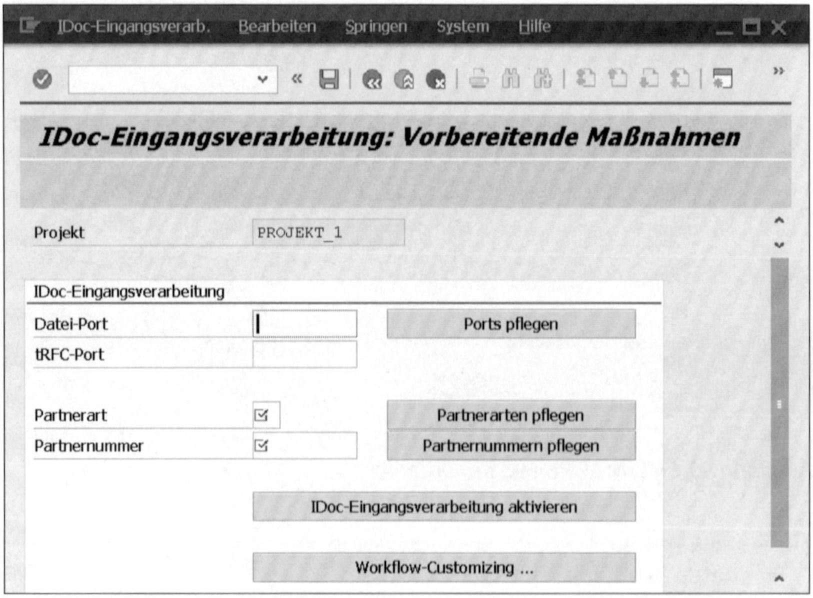

Abbildung 9.68 LSMW: Einstellungen zur IDoc-Eingangsverarbeitung

Im Einzelnen sind die folgenden Schritte durchzuführen:

1. **Datei-Port**
   Zunächst muss ein Datei-Port für den Transfer der Datei existieren. Legen Sie gegebenenfalls über **Ports pflegen** einen Port vom Typ **Datei** an, indem Sie den Cursor auf **Datei** positionieren und **Anlegen** wählen. Hierzu müssen Sie sich im Änderungsmodus befinden. Wir empfehlen die Einstellungen aus Tabelle 9.8.

Feld	Wert
Port	LSMW
Beschreibung	Legacy System Migration Workbench
Version	IDoc-Satzarten SAP-Release 4.x

Tabelle 9.8 IDoc-Eingangsverarbeitung: Datei-Port

Feld	Wert
Ausgangsdatei	Eingabe eines Dateipfads, den Ihnen Ihr Systemadministrator nennen kann, und eines Dateinamens (z. B. **filelsmw**)

Tabelle 9.8 IDoc-Eingangsverarbeitung: Datei-Port (Forts.)

[«]

Eigenes Verzeichnis für die Datenmigration

Es hat sich als sehr hilfreich erwiesen, wenn Ihnen für die Datenmigration, separate Verzeichnisse zugewiesen werden. Es sollte auch auf die maximale Speichergröße des Verzeichnisses geachtet werden. Dateien für die Datenmigration benötigen oft einige 100 Megabyte. Das Verzeichnis sollte also einige Gigabyte an freiem Speicherplatz haben.

2. **tRFC-Port**
   Ergänzend hierzu können Sie einen tRFC-Port angeben. Dieser Port ist erforderlich, wenn Sie bei der Datenumsetzung keine Datei erzeugen, sondern die Daten paketweise direkt an die IDoc-Eingangsverarbeitung übergeben möchten. Folgende Einstellungen werden empfohlen (siehe Tabelle 9.9).

Feld	Wert
Port	<Fragen Sie Ihren Administrator nach der Namenskonvention in Ihrem Unternehmen>
Version	IDoc-Satzarten SAP-Release 4.x
RFC-Destination	<Name des SAP-Systems>
Beschreibung	Legacy System Migration Workbench

Tabelle 9.9 IDoc-Eingangsverarbeitung: tRFC-Port

3. **Partnerart**
   Definieren Sie eine Partnerart bzw. wählen Sie eine Partnerart aus. Wir empfehlen die folgende Einstellungen:

   Partnerart: US

4. **Partnernummer**
   Definieren Sie eine Partnernummer bzw. wählen Sie eine Partnernummer aus. Wir empfehlen die in Tabelle 9.10 dargestellten Einstellungen.

Feld	Wert/Kommentar
Partnernummer	LSMW
Partnerart	US
Klassifikation/ Partnerstatus	A = Aktiv, Partnervereinbarung ist einsatzbereit
Art	US
Bearbeiter	<Ihre Benutzerkennung>
Sprache	DE oder EN

Tabelle 9.10 IDoc-Eingangsverarbeitung: Partnernummer

5. **IDoc-Eingangsverarbeitung**
   Aktivieren Sie die IDoc-Eingangsverarbeitung über **IDoc-Eingangsverarbeitung aktivieren**. Bestätigen Sie die Aufforderung mit **Ja**. Dies muss einmal je System erfolgen.
6. **Workflow-Customizing**
   Verifizieren Sie das Workflow-Customizing. Dies muss ebenfalls einmal je System erledigt werden.

   Folgende Einträge des Workflow-Laufzeitsystems müssen mit einem grünen Haken versehen sein (siehe Abbildung 9.69):
   - **RFC-Destination konfigurieren**
   - **Systemadministrator für Workflow pflegen**
   - **Entscheidungsaufgabe als generell klassifizieren**
   - **Senden an Objekte und an HR-Objekte aktivieren**

   Sie können hierzu das automatische Customizing starten. Anschließend sollten Sie den Punkt **Hintergrundaufträge SAP Business Workflow einplanen** auf **nicht eingeplant** setzen. Anderenfalls würde das SAP-System immer wieder versuchen, fehlerhafte IDocs einzubuchen, die im Rahmen der Datenmigration entstehen.

[»]

Automatisches Workflow-Customizing

Sie können das automatische Workflow-Customizing auch nachträglich über Transaktion SWU3 starten. SAP-Hinweis 2366252 erläutert Ihnen diese Transaktion im Detail.

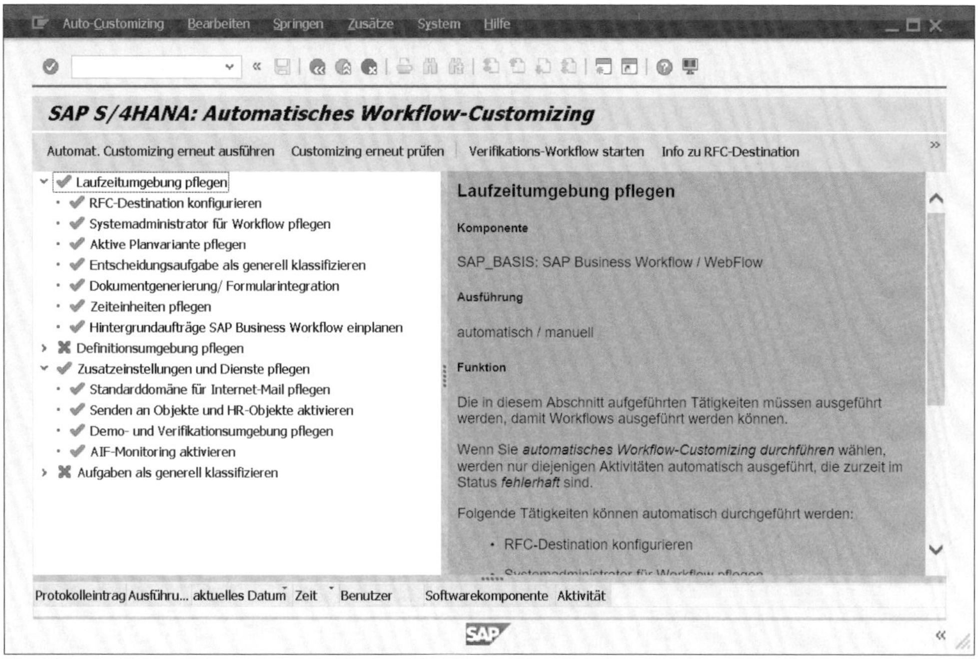

Abbildung 9.69 Workflow-Customizing

9

9.6 LSMW-Umsetzungsprogramm

Nachfolgend erläutern wir, wie das Umsetzungsprogramm der LSMW aufgebaut ist. Wenn Sie wissen, wie das generierte Umsetzungsprogramm am Schluss aussieht und wohin einzelne Coding-Teile Ihres Fieldmappings generiert werden, können Sie diese Codings viel gezielter und raffinierter einsetzen. Dieses Wissen ist hilfreich, wenn Sie in Ihrem Fieldmapping eigenes Coding oder eigene Routinen einsetzen, um komplexere Mappings abbilden zu können.

9.6.1 Zusatzmenüs einblenden

Persönliches Menü

Wie in Abschnitt 9.2.2, »Benutzerführung: Hauptschritte der Datenmigration«, schon erwähnt, können Sie Ihr persönliches Menü selbst zusammenstellen. Damit Sie die nachfolgenden Tipps besser nachvollziehen und überprüfen können, sollten Sie die zusätzlichen Arbeitsschritte **Umsetzungsprogramm generieren** und **Umsetzungsprogramm anzeigen** in Ihr persönliches Menü aufnehmen. Öffnen Sie dazu das Fenster **Persönliches Menü**, und aktivieren Sie die erwähnten Arbeitsschritte (siehe Abbildung 9.70).

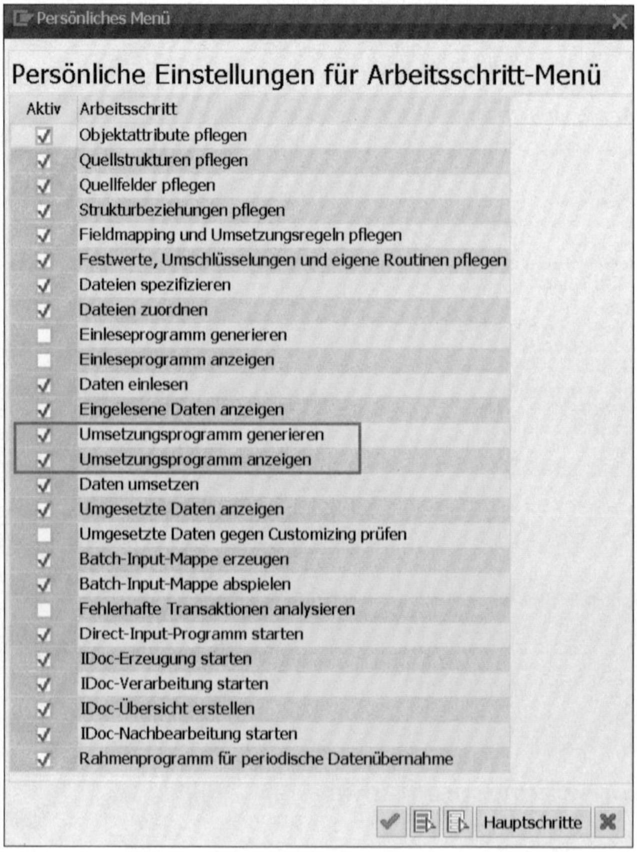

Abbildung 9.70 Persönliches Menü: Umsetzungsprogramm anzeigen

9.6.2 Anzeigevariante anpassen

Passen Sie die Anzeigevariante im Fieldmapping an, wie in Abschnitt 9.7.1, »Anzeigevariante und Verarbeitungszeitpunkte«, beschrieben, und aktivieren Sie alle aufgeführten Optionen wie in Abbildung 9.72.

9.6.3 Aufbau des Umsetzungsprogramms

Aus den Definitionen und dem Fieldmapping generiert die LSMW beim Aufruf des Arbeitsschritts **Daten umsetzen** einen temporären lokalen ABAP-Report im Namensraum `/1CADMC/`, wie z. B. `/1CADMC/SAP_LSMW_CONV_00000003`. Dabei wird die Nummer am Ende des Reports für jedes lokal neu erzeugte Umsetzungsprogramm hochgezählt.

Einlese- oder Umsetzungsprogramme niemals ändern

Da Einlese- und Umsetzungsprogramme lokale Programme sind, können sie auch nicht in andere Systeme transportiert werden. Sie werden in jedem System neu generiert, erhalten eine neue Nummer und dadurch einen neuen Namen. Änderungen im Coding dieser Programme werden bei jeder Neugenerierung wieder gelöscht.

Programm aufrufen

Rufen Sie den zusätzlichen Menüpunkt **Umsetzungsprogramm anzeigen** (siehe Abbildung 9.71) auf, um sich das Umsetzungsprogramm anzeigen zu lassen.

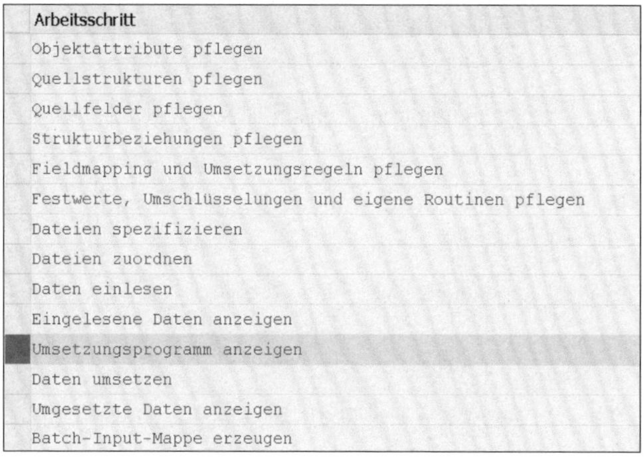

Abbildung 9.71 Arbeitsschritt »Umsetzungsprogramm anzeigen«

Aufbau des Reports

Der Report ist aufgebaut, wie in Tabelle 9.11 dargestellt:

Programmabschnitt	Was geschieht hier?
`Datendeklaration`	Datendefinitionen und Einbindung von Standard-LSMW-Includes
`__GLOBAL_DATA__`	Kundeneigene Datendeklarationen und Coding zum Fieldmapping-Zeitpunkt `GLOBAL_DATA` (nur vorhanden, wenn das Coding im Zeitpunkt definiert wurde)
`Selektionsparameter`	Definition des Standardselektionsbilds für den Umsetzungsreport
`Initialization`	Definition einiger globaler Variablen

Tabelle 9.11 Programmabschnitte des LSMW-Umsetzungsprogramms

Programmabschnitt	Was geschieht hier?
Start-of-Selection	Hier werden die generierten Programmbestandteile aufgerufen.
PERFORM determine_wildcardvalues	Einlesen der definierten Wildcard-Werte in Abhängigkeit des Selektionsparameters so_wldcd. Alle nachfolgenden Programmabschnitte werden dann innerhalb einer LOOP..ENDLOOP-Schleife über diese Wildcard-Werte aufgerufen (nur vorhanden, wenn Wildcard-Werte unter **Dateien spezifizieren** definiert wurden).
PERFORM initializations	Dateipfade ermitteln und andere globale Variablen initialisieren. Weitere objektabhängige Werte einlesen und Einlesedateien öffnen.
PERFORM reset_counters_and_flags	Standardroutine zum Zurücksetzen der Zähler und Flags
PERFORM reset_tables	Standardroutine zum Zurücksetzen der internen Tabellen
__BEGIN_OF_PROCESSING__	kundeneigenes Coding zum Fieldmapping-Zeitpunkt BEGIN_OF_PROCCESSING (nur vorhanden, wenn das Coding im Zeitpunkt definiert wurde)
PERFORM execute_data_conversion PERFORM convert_transaction PERFORM convert_0001 PERFORM convert_<nnnn>	Generierte Routine, die die Umsetzung vornimmt. Innerhalb dieser Routine wird **convert_transaction** für das Fieldmapping aufgerufen. Pro Zielstruktur wird hier noch eine konvertierte Routine **convert_<nnnn>** aufgerufen, die das Fieldmapping für diese Zielstruktur enthält.
PERFORM final_message	Standardroutine zur Anzeige der Zähler und des Standardprotokolls
PERFORM close_files	Standardroutine zum Schließen der genutzten Dateien
__END_OF_PROCESSING__	kundeneigenes Coding zum Fieldmapping-Zeitpunkt END_OF_PROCESSING (nur vorhanden, wenn das Coding im Zeitpunkt definiert wurde)
PERFORM write_protocol	Standardroutine zum Ermitteln der Laufzeit
FORM Routines	Einbindung von Standard-LSMW-Unterprogrammen (FORM-Routinen)

Tabelle 9.11 Programmabschnitte des LSMW-Umsetzungsprogramms (Forts.)

Programmabschnitt	Was geschieht hier?
`Generierte Form-Routinen`	generierte `Form`-Routinen und eigene Routinen pro LSMW-Objekt

Tabelle 9.11 Programmabschnitte des LSMW-Umsetzungsprogramms (Forts.)

9.7 Funktionen für Fortgeschrittene

In diesem Abschnitt stellen wir einige Expertenfunktionen vor, die für Sie von Interesse sind, wenn Sie sich intensiver mit der LSMW beschäftigen:

- Anzeigevariante und Verarbeitungszeitpunkte
- globale Variablen
- globale Funktionen
- Namensfindung bei wiederverwendbaren Regeln

9

9.7.1 Anzeigevariante und Verarbeitungszeitpunkte

Klicken Sie im Arbeitsschritt **Fieldmapping und Umsetzungsregeln pflegen** (siehe Abbildung 9.7) auf den Button **Anzeigevariante** Anzeigevariante (**Anzeigevariante**); Ihnen wird das Dialogfenster **Anzeigevariante bestimmen** (siehe Abbildung 9.72) angezeigt.

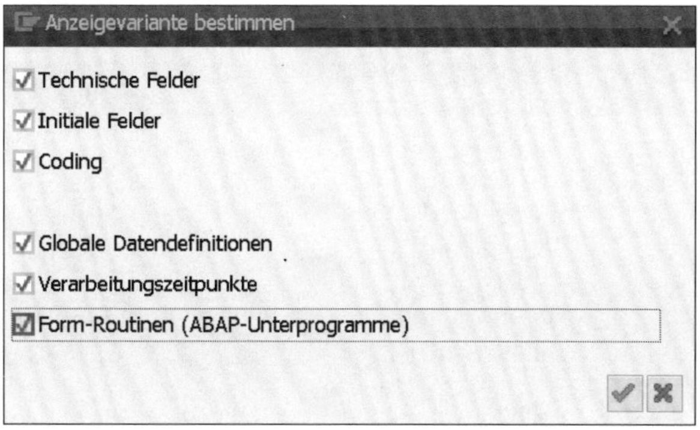

Abbildung 9.72 LSMW: Anzeigevariante bestimmen

Diese Funktion ist insbesondere für erfahrene Anwender von Nutzen, die ihr Fieldmapping modifizieren möchten. Sie können bestimmen, welche Informationen angezeigt werden:

- **Technische Felder**
  Technische Felder sind Zielfelder, für die die LSMW eine Umsetzungsvorschrift (z. B. Konstante) vorschlägt. In der Regel müssen hier keine Änderungen vorgenommen werden.
- **Initiale Felder**
  Initiale Felder sind die Felder, denen kein Quellfeld und keine Umsetzungsregel zugewiesen wurden. Diese Auswahl dient insbesondere dazu, die Anzeige zu komprimieren. Dies empfiehlt sich allerdings erst dann, wenn Sie die für Sie relevanten Zielfelder bereits identifiziert haben.
- **Coding**
  Wenn Sie **Coding** ankreuzen, wird – soweit vorhanden – das von der LSMW implizit oder von Ihnen explizit formulierte ABAP-Coding angezeigt.
- **Globale Datendefinitionen**
  Wenn **Globale Datendefinitionen** angekreuzt ist, wird das Label `__GLOBAL_DATA__` eingeblendet. Dort können Sie Variablen, Strukturen, Tabellen usw. definieren, die Sie in eigenem Coding im Fieldmapping verwenden möchten. Hierdurch befinden sich alle Datendefinitionen gebündelt an zentraler Stelle, was der Übersichtlichkeit zugutekommt.
- **Verarbeitungszeitpunkte**
  Mit **Verarbeitungszeitpunkte** haben Sie die Möglichkeit, eigenes Coding zu bestimmten Verarbeitungszeitpunkten einzufügen. Folgende Verarbeitungszeitpunkte stehen Ihnen zur Verfügung (siehe Tabelle 9.12):

Verarbeitungszeitpunkt	Default-Belegung
`__BEGIN_OF_PROCESSING__`	vor Beginn der Verarbeitung der Daten
`__BEGIN_OF_TRANSACTION__`	vor Beginn der Verarbeitung der Daten zu einer Transaktion
`__BEGIN_OF_RECORD__`	vor Anwendung der Umsetzungsregeln zu einer Quellstruktur
`__END_OF_RECORD__`	nach Anwendung der Umsetzungsregeln zu einer Quellstruktur Default-Belegung: `Transfer_record.`
`__END_OF_TRANSACTION__`	nach Ende der Verarbeitung der Transaktion `Transfer_transaction.`
`__END_OF_PROCESSING__`	nach Ende der Verarbeitung aller Transaktionen

Tabelle 9.12 Verarbeitungszeitpunkte

- **Form-Routinen**
  Schließlich können Sie das Label `__FORM_ROUTINES__` für **Form-Routinen (ABAP-Unterprogramme)** einblenden. Hier können Sie ABAP-Unterprogramme definieren, die Sie in eigenem Coding im Fieldmapping verwenden möchten, oder Includes mit `FORM`-Routinen einbinden.

[!]

Anzeigevarianten werden weder exportiert noch transportiert

Anzeigevarianten-Einstellungen werden weder exportiert noch transportiert. Sie sollten also nicht erschrecken, wenn Ihr gesamtes Coding im Fieldmapping eines frisch importierten Projekts »verschwunden« zu sein scheint. Keine Panik, das ist nur die Anzeigevariante, die noch auf den initialen Werten eingestellt ist. Aktivieren Sie einfach wieder alle ihre gewünschten Einstellungen, und das scheinbar verlorene Coding ist wieder sichtbar.

9

9.7.2 Globale Variablen

Die LSMW verwendet intern eine Reihe von globalen Variablen. Diese können Sie in eigenem ABAP-Coding innerhalb der LSMW nutzen. Die folgenden Variablen können Sie in Ihrem ABAP-Coding verwenden (siehe Tabelle 9.13):

Globale Variable	Bezeichnung
`g_project`	aktuelles Projekt
`g_subproj`	aktuelles Teilprojekt
`g_object`	aktuelles Objekt
`g_record`	aktuelle Zielstruktur
`g_cnt_records_read`	Anzahl der bislang gelesenen Sätze
`g_cnt_records_skipped`	Anzahl der bislang übersprungenen Sätze
`g_cnt_records_transferred`	Anzahl der bislang in die Ausgabedatei übertragenen Sätze
`g_cnt_transactions_read`	Anzahl der bislang gelesenen Transaktionen
`g_cnt_transactions_skipped`	Anzahl der bislang übersprungenen Transaktionen

Tabelle 9.13 Globale Variablen der LSMW

Globale Variable	Bezeichnung
g_cnt_transactions_transferred	Anzahl der bislang in die Ausgabedatei übertragenen Transaktionen
g_cnt_transactions_group	Anzahl der in der aktuellen Batch-Input-Mappe enthaltenen Transaktionen
g_userid	Benutzer-ID
g_groupname	Name der aktuellen Batch-Input-Mappe
g_groupnr	laufende Nummer der aktuellen Batch-Input-Mappe

Tabelle 9.13 Globale Variablen der LSMW (Forts.)

9.7.3 Globale Funktionen

Die LSMW stellt Ihnen eine Reihe von Funktionen zur Verfügung, die an beliebigen Stellen im ABAP-Coding verwendet werden können. Mit diesen Funktionen können Sie den Ablauf des Datenumsetzungsprogramms zum Teil erheblich beeinflussen. Verwenden Sie diese Funktionen daher sehr vorsichtig. Folgende Funktionen stehen Ihnen zur Verfügung (siehe Tabelle 9.14):

Globale Funktion	Beschreibung
transfer_record.	Der aktuelle Satz (zur aktuellen Zielstruktur) wird in den Ausgabepuffer übertragen (siehe auch Abschnitt 9.8.4, »Duplizieren eines Satzes«).
transfer_this_record '...'.	Ein Satz einer anderen Zielstruktur wird in den Ausgabepuffer übertragen. Der Name der Zielstruktur muss dabei als Argument in Hochkommata angegeben werden.
at_first_transfer_record.	Der aktuelle Satz wird in den Ausgabepuffer übertragen, wenn es sich um die erste Transaktion handelt.
on_change_transfer_record.	Der aktuelle Satz wird in den Ausgabepuffer übertragen, wenn dieser sich gegenüber dem letzten Satz geändert hat (siehe auch Abschnitt 9.9.2, »Zielstrukturen und Feldzuordnung«).

Tabelle 9.14 Globale Funktionen der LSMW

Globale Funktion	Beschreibung
`transfer_transaction.`	Die aktuelle Transaktion wird in die Ausgabedatei geschrieben. Hierdurch werden alle Sätze des Ausgabepuffers in die Ausgabedatei übertragen.
`skip_record.`	Der aktuelle Satz wird nicht in den Ausgabepuffer übertragen (siehe Abschnitt 9.8.2, »Überspringen eines Satzes«).
`skip_transaction.`	Die aktuelle Transaktion wird nicht in die Ausgabedatei geschrieben (siehe Abschnitt 9.8.3, »Überspringen aller Sätze einer Transaktion«).

Tabelle 9.14 Globale Funktionen der LSMW (Forts.)

9.7.4 Namensfindung bei wiederverwendbaren Regeln

Wiederverwendbare Regeln haben Sie als Regeln kennengelernt, die projektweit, d. h. in allen Objekten eines Projekts, verwendet werden können. Wiederverwendbare Regeln sind Festwerte, Umschlüsselungen und eigene Routinen.

Bis zu drei vorgeschlagene Namen

Wenn Sie einem Zielfeld eine wiederverwendbare Regel zuordnen, schlägt das System Ihnen bis zu drei unterschiedliche Namen vor. Um die Namensfindung zu verstehen, ist es erforderlich, einen Blick auf die Definition von Datenobjekten im SAP-System zu werfen.

Datenobjekte im SAP-System

Die Definition von Datenobjekten im SAP-System erfolgt in drei Stufen:

1. **Domäne**
   Auf der untersten Ebene werden technische Eigenschaften definiert, z. B. Feldtyp, Feldlänge, Wertetabelle bzw. Festwerte.
2. **Datenelement**
   Auf der zweiten Ebene werden, basierend auf einer Domäne und deren Eigenschaften, »semantische« Eigenschaften definiert, z. B. sprachabhängige Texte, Dokumentation usw.
3. **Feld**
   Auf der obersten Ebene werden, basierend auf einem Datenelement, Eigenschaften des Feldes im Kontext einer Struktur bzw. einer Tabelle definiert, z. B. Fremdschlüsselbeziehungen, Suchhilfen usw.

Dies bedeutet insbesondere: Zu einer Domäne gibt es im Allgemeinen mehrere Datenelemente, die sich auf die Domäne beziehen. Zu einem Datenelement gibt es für gewöhnlich mehrere Felder, die sich auf dieses Element beziehen.

Empfehlung übernehmen

In der Regel empfiehlt es sich, den Namensvorschlag des Systems zu übernehmen. Eine Ausnahme von dieser Empfehlung liegt dann vor, wenn die Domäne von sehr allgemeiner Art ist, wie z. B. CHAR1 oder XFELD. Würden Sie in einem solchen Fall den Namen der Domäne verwenden, wäre die wiederverwendbare Regel bei einem anderen Feld mit derselben Domäne unter Umständen nicht brauchbar, da dieses Feld möglicherweise eine vollkommen andere Bedeutung hat. Durch dieses Verfahren der Namensfindung wird die Zahl der Umsetzungsregeln klein gehalten und die Konsistenz in der Datenumsetzung gewährleistet. Tabelle 9.15 zeigt ein Beispiel.

Nr.	Feld	Datenelement	Domäne	Bezeichnung
1	BUKRS	BUKRS	BUKRS	Buchungskreis
2	CO_CODE	CO_CODE	BUKRS	Buchungskreis

Tabelle 9.15 Namensfindung

Beide Felder haben die Bezeichnung *Buchungskreis*. Die Feldnamen sind verschieden, aber die Domäne ist gleich. Demnach sollten beide Felder mit dem gleichen Festwert bzw. der gleichen Umschlüsselung oder derselben eigenen Routine versorgt werden.

9.8 Anwendungsbeispiele für Fortgeschrittene

In diesem Abschnitt beschreiben wir einige Techniken, die Sie vermutlich nicht sehr häufig benötigen werden. Falls Ihnen jedoch ein entsprechender Anwendungsfall vorliegt, können Ihnen die hier dargestellten Lösungen unter Umständen nennenswerten Aufwand ersparen.

9.8.1 Ermittlung des Transaktionscodes zur Laufzeit

Nehmen Sie einmal an, Sie möchten Datensätze übernehmen, von denen einige bereits im System angelegt sind. Für die bereits existierenden Datensätze möchten Sie statt der Erfassungstransaktion die jeweilige Änderungstransaktion aufrufen. Anhand des Beispiels des Kundenstamms erläutern wir Ihnen die Lösung.

Anlegen oder ändern

Zunächst müssen Sie feststellen, welcher Fall vorliegt. Im Beispiel des Kundenstamms ist zu prüfen, ob in der Tabelle Kann1 ein Eintrag mit der fraglichen Kundennummer existiert. Im Einzelnen sind die folgenden Schritte auszuführen:

1. Fügen Sie Folgendes unter `__GLOBAL_DATA__` ein (siehe Abschnitt 9.7.2, »Globale Variablen«), siehe Listing 9.2):

   ```
   TABLES: KNA1.
   ```

   Listing 9.2 Datendefinition in Global Data für Kundennummer

2. Fügen Sie in das Feld `BKN00-TCODE` folgendes ABAP-Coding ein (siehe Listing 9.3):

   ```
   SELECT count(*) FROM KNA1
     WHERE kunnr = <alte_kundennummer>.
   IF sy-dbcnt = 0.
     bkn00-tcode = 'XD01'.
   ELSE.
     bkn00-tcode = 'XD02'.
   ENDIF.
   ```

   Listing 9.3 ABAP-Coding für die Suche nach der Kundennummer

Hierdurch wird für einzufügende Sätze Transaktion XD01 und für zu ändernde Sätze Transaktion XD02 aufgerufen. Den Platzhalter `<alte_kundennummer>` ersetzen Sie durch das Quellfeld Ihrer definierten Quellstruktur, die die zu prüfende Kundennummer enthält, also z. B. `KOPF-KUNDENNUMMER`.

9.8.2 Überspringen eines Satzes

Möglicherweise möchten Sie gewisse Datensätze aus Ihrem Quellsystem nicht in Ihr SAP-System übernehmen. Selbstverständlich können Sie diese Filterung auch bereits beim Exportieren der Daten aus dem Quellsystem vornehmen. Wir zeigen Ihnen hier, wie Sie dies auch bequem in der LSMW erledigen können. Ein Satz soll übersprungen werden, d. h., dass er nicht umgesetzt und in die Ausgabedatei übertragen werden soll. Die Lösung ist sehr einfach: Sie müssen die entsprechende Bedingung in ABAP formulieren und in die folgenden ABAP-Anweisungen einbauen:

```
IF <bedingung>.
  skip_record.
ENDIF.
```

Diese ABAP-Anweisungen können im Coding in ein beliebiges Feld der betreffenden Zielstruktur eingefügt werden. Beachten Sie, dass damit nur ein Satz (z. B. ein Ansprechpartner zu einem Kunden) und nicht das ganze Datenobjekt (z. B. Kunden) übersprungen wird.

9.8.3 Überspringen aller Sätze einer Transaktion

Wenn Sie in Abhängigkeit einer gewissen Bedingung alle Sätze eines Datenobjekts (einer Transaktion) überspringen, müssen Sie an einer beliebigen Stelle im Fieldmapping die folgenden ABAP-Anweisungen einfügen:

```
IF <bedingung>.
  skip_transaction.
ENDIF.
```

Damit nicht unnötig weiteres Coding durchlaufen wird, ist es sinnvoll, oft ein EXIT-Kommando nach skip_transaction einzufügen.

9.8.4 Duplizieren eines Satzes

Beispiel Nehmen Sie an, Sie möchten (oder müssen) aus einem Quellsatz zwei (oder mehrere) Zielsätze erzeugen. Ihr Kundenstamm besteht z. B. im Quellsystem aus einem Satz, der u. a. die Felder VORNAME, NAME und TELEFON für zwei Ansprechpartner enthält (siehe Abbildung 9.73). Im SAP-System ist hingegen für jeden Ansprechpartner ein Satz BKNVK zu füllen.

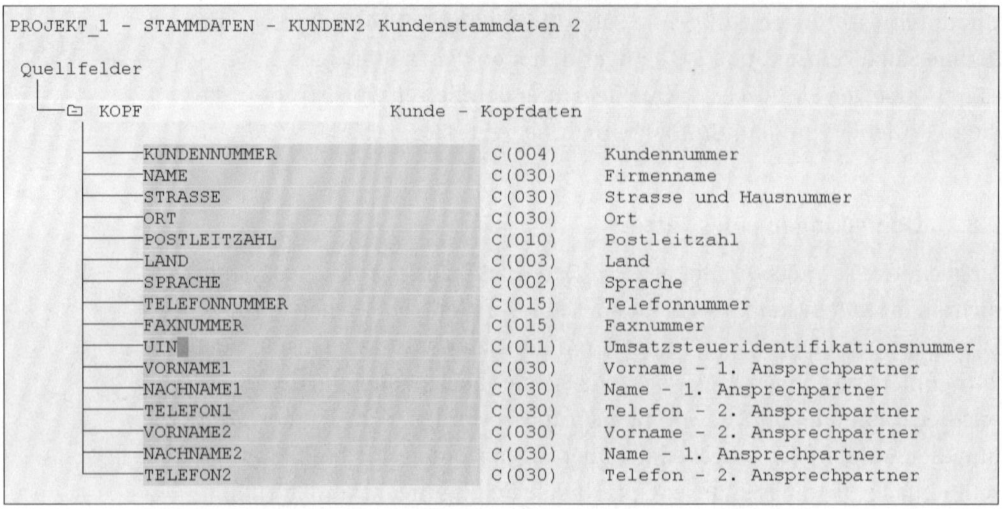

Abbildung 9.73 LSMW: alle Felder in einer Quellstruktur

Sie lösen dieses Problem, indem Sie für die Zielstruktur BKNVK das Coding aus Listing 9.4 in den Verarbeitungszeitpunkt _END_OF_RECORD einbauen.

```
transfer_record.
BKNVK = INIT_BKNVK.
BKNVK-STYPE = '2'.
BKNVK-TBNAM = 'BKNVK'.
```

```
BKNVK-NAME1 = KOPF-NACHNAME2.
BKNVK-TELF1 = KOPF-TELEFON2.
BKNVK-NAMEV = KOPF-VORNAME2.
transfer_record.
```

Listing 9.4 Duplizieren eines Satzes

Das entsprechende Regelwerk sieht dann wie das in Abbildung 9.74 dargestellte Regelwerk aus.

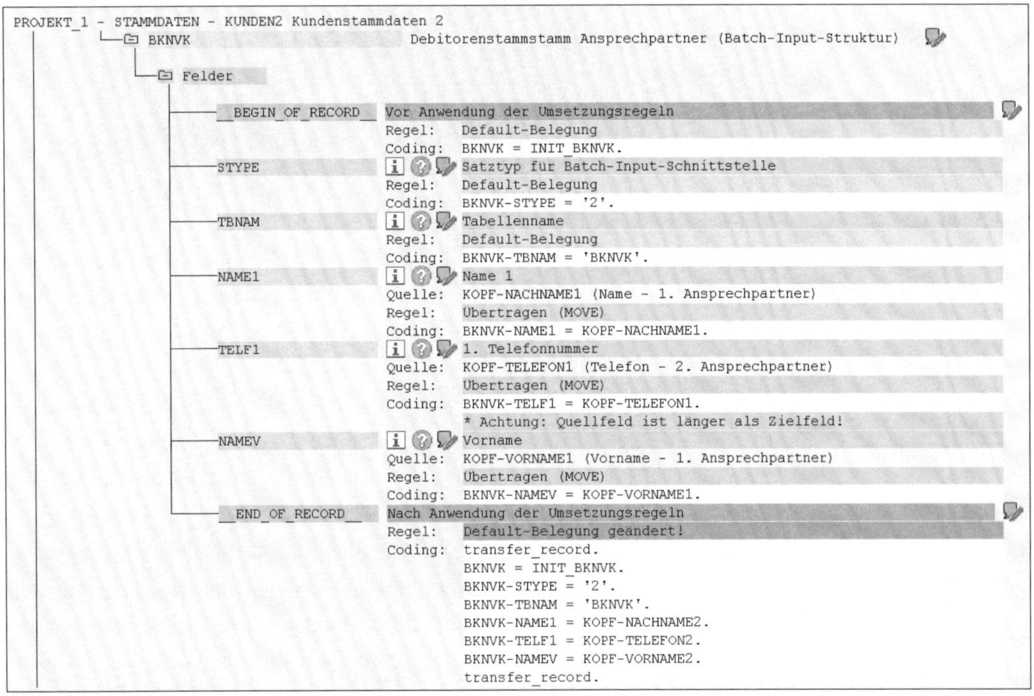

Abbildung 9.74 LSMW: Satz duplizieren

Verarbeitungszeitpunkt: __End_of_Record__

Die entscheidende Stelle ist das Coding beim Verarbeitungszeitpunkt `__END_OF_RECORD__`. Durch die erste Anweisung `transfer_record` wird der `BKNVK`-Satz mit den Daten des ersten Ansprechpartners übertragen. Anschließend wird der `BKNVK`-Satz initialisiert, mit den Daten des zweiten Ansprechpartners gefüllt und mittels der zweiten Anweisung `transfer_record` geschrieben. Dadurch werden zwei `BKNVK`-Sätze erzeugt.

9.8.5 Mehrere Quellstrukturen einer Zielstruktur zuordnen

Quellstrukturen zuweisen

Möglicherweise möchten Sie einer Zielstruktur mehrere Quellstrukturen zuordnen. In diesem Fall gehen Sie wie folgt vor: Legen Sie Ihre Quellstrukturen wie gewöhnlich an. Weisen Sie nun die untergeordnete Quellstruktur der Zielstruktur zu. Hierdurch stehen Ihnen die Felder aus beiden Quellstrukturen für die Felder der Zielstruktur zur Verfügung. Abbildung 9.75 zeigt diese Konstellation. Im unteren Teil der Abbildung ist das ABAP-Coding schematisch dargestellt, das die LSMW aus den Strukturbeziehungen generiert.

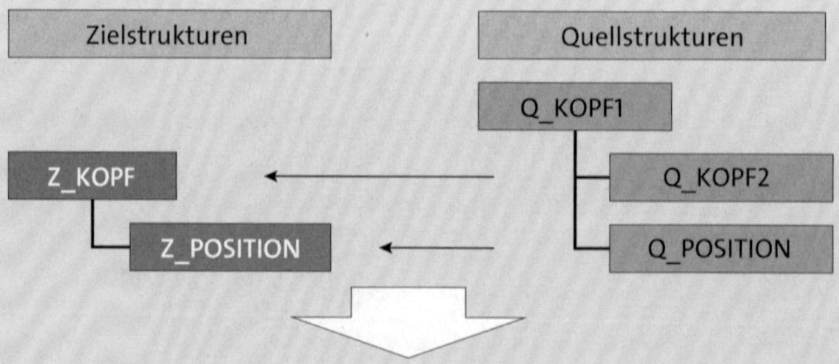


```
LOOP AT Q_KOPF1.
  LOOP AT Q_KOPF2 WHERE ...
* Fülle Zielstruktur Z_KOPF aus Quellstrukturen
* Q_KOPF1, Q_KOPF2
    LOOP AT Q_POSITION WHERE ...
* Fülle Zielstruktur Z_POSITION aus
* Quellstruktur Q_POSITION. Bei Bedarf stehen auch
*     die Quellstrukturen Q_KOPF1 und Q_KOPF2 zur Verfügung.
    ENDLOOP.
  ENDLOOP.
ENDLOOP.
```

Abbildung 9.75 LSMW: Strukturbeziehungen – mehrere Quellstrukturen zu einer Zielstruktur

9.8.6 Eigene Selektionsparameter im Umsetzungsprogramm

[zB]

Datenmigration von Produkten/Materialstämmen

Das folgende Phased-Rollout-Szenario gilt für Abschnitt 9.8.6, »Eigene Selektionsparameter im Umsetzungsprogramm«, Abschnitt 9.8.7, »IDoc-Strukturen mit Nodata-Kennzeichen initialisieren«, und Abschnitt 9.8.8, »Mehrere Quellstrukturen einer Zielstruktur mit Unterstrukturen zuordnen«.

Sie rollen Ihre MM-Prozesse nach und nach in den Werken 1000, 1010 und 1100 Ihres Unternehmens aus. Die Materialstämme sind in einem Quellsystem abgelegt. Die Werke nutzen zum Teil unterschiedliche Materialstämme, sodass beim ersten Go-live für Werk 1000 nur die von diesem Werk verwendeten Materialstämme extrahiert werden müssen. Dafür haben Sie Wildcards in den Dateidefinitionen definiert, die das Werk widerspiegeln (1000, 1010 und 1100).

Für die Übernahme dieser Materialstämme nutzen wir den IDoc-Typ MATMAS07.

Selektionsparameter definieren

Über eigene Selektionsparameter in der globalen Datendefinition _GLOBAL_DATA können Sie das Verhalten Ihres Umsetzungsprogramms beeinflussen. Die einfachste Lösung ist hier, einfach einen Selektionsparameter einzufügen. Im Selektionsbild fehlt dann aber der entsprechende Text. Im folgenden Coding-Beispiel legen Sie einen zusätzlichen *Selektionsparameter* für das Werk an. Mit diesem Parameter werden dann alle eingelesenen Werte für dieses Werk geladen. Um eigene Selektionsparameter (PARAMETER) oder Selektionsoptionen (SELECT-OPTIONS) im Umsetzungsprogramm inklusive Textelemente verwenden zu können, müssen Sie wie folgt vorgehen:

Coding in globale Datendefinition einbinden

1. Fügen Sie das Beispiel-Coding aus Listing 9.5 in die globale Datendefinition _GLOBAL_DATA des Fieldmappings ein (siehe Abbildung 9.77). Die Definition der Textelemente wird über das Ereignis INITIALIZATION vorgenommen.

```
SELECTION-SCREEN BEGIN OF BLOCK a WITH FRAME TITLE t_b1.
SELECTION-SCREEN BEGIN OF LINE.
SELECTION-SCREEN COMMENT (30) t_s1 FOR FIELD pa_werk.
SELECTION-SCREEN POSITION 32.
PARAMETERS: pa_werk TYPE werks_d.
SELECTION-SCREEN COMMENT (30) t_c1.
SELECTION-SCREEN END OF LINE.
SELECTION-SCREEN END OF BLOCK a.
INITIALIZATION.
 t_b1 = 'Eigene Selektionsparameter'. "block-titel"
 t_s1 = 'Zielwert'."1. Selektionsparameter"
 t_c1 = '<- Wählen Sie das Werk aus'.
```

Listing 9.5 Selektionsparameter für das Zielwerk definieren

2. Weisen Sie dem Feld E1MARCM-WERKS den Parameter zu (siehe Abbildung 9.81 und Listing 9.6).

```
E1MARCM-WERKS = pa_werk.
```

Listing 9.6 Selektionsparameter zuweisen

Das Coding aus der globalen Datendefinition _GLOBAL_DATA wird zwischen **Datendeklaration** und **Selektionsparameter** in das Umsetzungsprogramm eingefügt. Das Umsetzungsprogramm enthält nun zwar zwei (!) **INITIALI-**

ZATION-Ereignisse; der ABAP-Compiler fügt diese aber am Schluss zu einem Ereignis zusammen.

Wertehilfe

Ihr Umsetzungsprogramm hat nun einen zusätzlichen Selektionsparameter für das Zielwerk inklusive Wertehilfe (siehe Abbildung 9.76).

[+]

Include verwenden

Sie können das Ganze auch in ein Include auslagern und dieses dann einbinden. Das Include hat Vorteile, wenn es allgemeine Parameter sind, die Sie auch in anderen Objekten verwenden möchten. Änderungen am Include werden dann in allen Umsetzungsprogrammen wirksam.

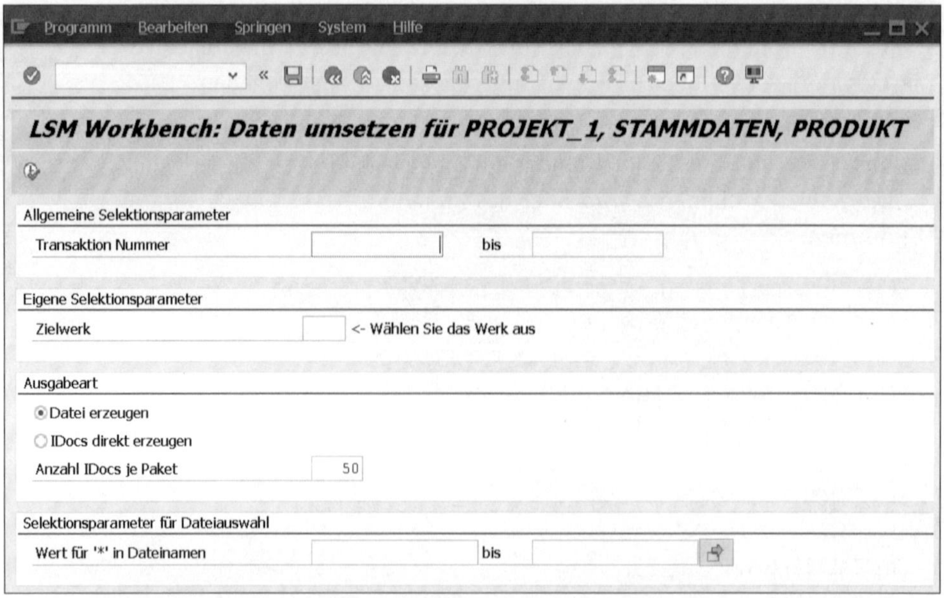

Abbildung 9.76 Eigener Parameter für das Zielwerk

[»]

Phased Rollouts

Bei Phased Rollouts verwenden Sie die Datenmigrationsobjekte öfter. Meist ändert sich hierbei die Zuordnung der Quell- zu den Zielfeldern nicht. Jedoch können sich einzelne Umschlüsselungsregeln in Abhängigkeit der Organisationseinheit ändern. Es werden dann zusätzliche Codings im Fieldmapping eingebaut und die unterschiedlichen Mapping-Regeln über z. B. CASE..ENDCASE-Konstruktionen ausgeführt.

9.8.7 IDoc-Strukturen mit Nodata-Kennzeichen initialisieren

In vielen IDocs wird, wie bei Aufzeichnungen und Batch-Input, das sogenannte Nodata-Zeichen verwendet. Dieses Zeichen dient dazu, dem Programm mitzuteilen, dass ein Feld keinen Wert enthält (»No Data«), es also nicht mit einem Leerwert überschrieben werden soll. In der Regel ist das Nodata-Zeichen der Querstrich »/« (Slash).

Variable g_nodata

Die LSMW generiert standardmäßig eine Strukturvariable `init_<zielstruktur>`, die dazu genutzt werden kann, die Felder einer Zielstruktur mit Nodata-Zeichen über die `FORM`-Routine `initialize_with_nodata` zu befüllen. Dazu wird der Wert der globalen Variablen **`g_nodata`** verwendet. Dieser wird bei Datenübernahmen mittels IDoc von der LSMW nicht vorbefüllt und muss deshalb vor dem Aufruf der Routine(n) gesetzt werden.

In unserem Beispielszenario müssen alle Felder des IDoc-Typs `MATAMAS07` mit dem Nodata-Zeichen »/« vorbefüllt werden. Wir verwenden die Zielstrukturen `E1MARAM`, `E1MAKTM` und in Abschnitt 9.8.8, »Mehrere Quellstrukturen einer Zielstruktur mit Unterstrukturen zuordnen«, auch `E1MARCM`. Leere Felder würden dazu führen, dass bestehende Feldwerte überschrieben und damit gelöscht werden.

Füllen der Strukturvariable

Das Coding für das Befüllen der Strukturvariablen `init_e1maram` und `init_e1maktm` erfolgt im Block `BEGIN_OF_PROCESSING` (siehe Listing 9.7). Als Übergabeparameter für die Routine werden zuerst der Name der Zielstruktur `E1MARAM` bzw. `E1MAKTM` und dann der Name der Strukturvariablen `init_e1maram` bzw. `init_e1maktm` übergeben.

```
__BEGIN_OF_PROCESSING__
g_nodata = '/'.
PERFORM initialize_with_nodata USING
          'E1MARAM' init_e1maram.
PERFORM initialize_with_nodata USING
          'E1MAKTM' init_e1maktm.
```

Listing 9.7 Befüllen der Strukturvariablen mit Nodata-Zeichen

Felder initialisieren

Die Felder der Struktur werden dann im jeweiligen `_BEGIN_OF_RECORD_`-Block der Struktur initialisiert (siehe Listing 9.8).

```
* Zielstruktur E1MARAM
__BEGIN_OF_RECORD__
g_edidd_segnam = 'E2MARAM006'.
g_edidd_segnum = '0001'.
g_edidd_psgnum = '000000'.
g_edidd_hlevel = '02'.
```

```
clear E1MARAM.
E1MARAM = INIT_E1MARAM.

* Zielstruktur E1MAKTM
__BEGIN_OF_RECORD__
g_edidd_segnam = 'E2MAKTM001'.
g_edidd_segnum = '0004'.
g_edidd_psgnum = '000001'.
g_edidd_hlevel = '03'.
clear E1MAKTM.
E1MAKTM = INIT_E1MAKTM.
```

Listing 9.8 Zielstruktur mit Nodata initialisieren

Wie das Ganze dann im Fieldmapping aussieht, sehen Sie in Abbildung 9.77. Die Einträge in BEGIN_OF_PROCESSING werden zwischen den Programmabschnitten reset_tables und execute_data_conversion eingefügt.

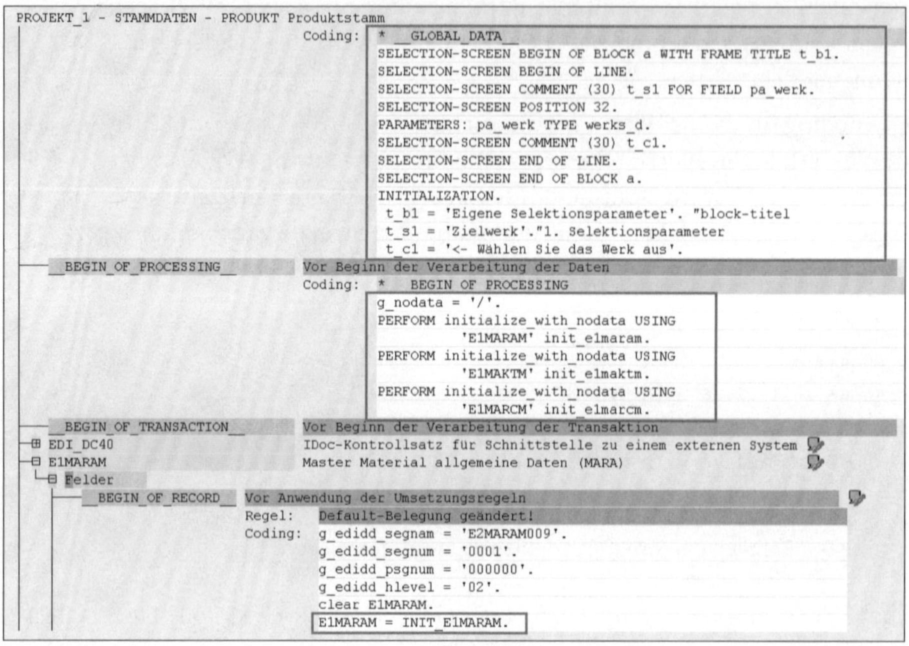

Abbildung 9.77 Zielstruktur mit Nodata initialisieren

9.8.8 Mehrere Quellstrukturen einer Zielstruktur mit Unterstrukturen zuordnen

Das in Abschnitt 9.8.5, »Mehrere Quellstrukturen einer Zielstruktur zuordnen«, beschriebene Vorgehen funktioniert nur, wenn Sie auf die Daten einer untergeordneten Struktur zugreifen möchten. Wenn Sie im Fieldmapping einer Zielstruktur gleichzeitig auf verschiedene Unterstrukturen (also Datenquellen) zugreifen müssen, funktioniert das Vorgehen nicht. In Kapitel 11, »Techniken zur Vermeidung von Programmierung«, beschreiben wir, wie Sie solche Probleme z. B. mithilfe von externen Werkzeugen wie Microsoft Excel ohne zusätzliches Coding lösen können. Mithilfe von eigenem Coding innerhalb des Fieldmappings können Sie diese Probleme aber auch innerhalb der LSMW lösen. Wie das funktioniert, erläutern wir nachfolgend. Dazu erweitern wir zuerst das Datenübernahmeszenario aus den vorangehenden Abschnitten.

[zB]

Daten aus mehreren Datenquellen für unterschiedliche Felder einer Zielstruktur

Die Hauptdaten des Materials werden in einem System A abgespeichert. Die Materialstämme sollen neue Texte erhalten, die aus einem anderen System B kommen sollen. Alle nicht deutschen Texte werden in einem System C gepflegt. Werksdaten werden aus den lokalen Werkssystemen extrahiert. Die Einkaufsdaten sind in einem System D und die Lagerungsdaten in einem System E gespeichert. Insgesamt gibt es Daten aus fünf verschiedenen Systemen. Wir nutzen die Wildcards aus dem vorangehenden Beispiel, um zwischen den Werken zu unterscheiden.

Felder der Quellstruktur

Die Quellstrukturen enthalten die folgenden Felder:

- HAUPTDATEN__MATERIAL
  MATERIALNUMMER
- MATERIALTEXT1
  MATERIALNUMMER, TEXT (in deutscher Sprache)
- MATERIALTEXT2
  MATERIALNUMMER, SPRACHE, TEXT2 (in nicht-deutscher Sprache)
- WERKSDATEN1
  MATERIALNUMMER, EINKAUEFERGRUPPE
- WERKSDATEN2
  MATERIALNUMMER, MAX_LAGERUNGSZEIT, EH_MAX_LZ

Die Quellstrukturen sollen logisch den jeweiligen Zielstrukturen zugeordnet werden, wie es in Abbildung 9.78 zu sehen ist.

Quellstruktur zuweisen

Da wir jetzt mehrere Strukturen auf einer Ebene haben, können wir das in Abschnitt 9.8.5, »Mehrere Quellstrukturen einer Zielstruktur zuordnen«, beschriebene Vorgehen nicht anwenden. Deshalb weisen wir nur jeweils eine Quellstruktur der Zielstruktur zu (siehe Abbildung 9.79).

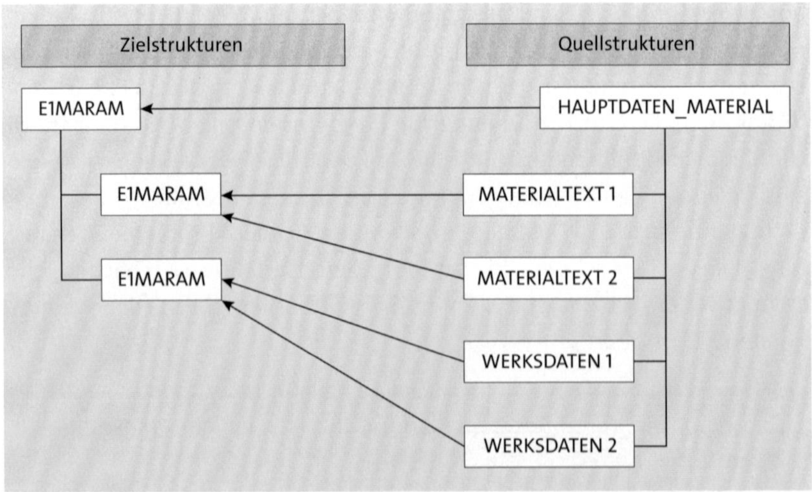

Abbildung 9.78 Eine Hauptstruktur, mehrere Unterstrukturen

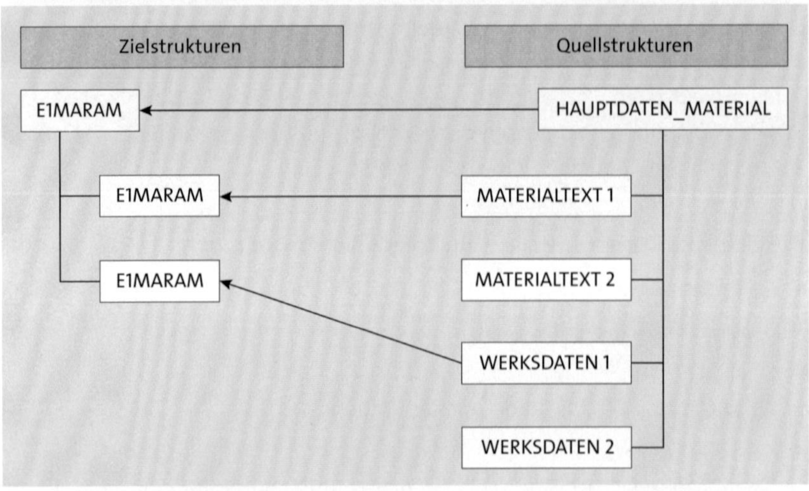

Abbildung 9.79 Quellstruktur zu den Zielstrukturen zuweisen

Daten einlesen

Wenn nun die Daten über den Arbeitsschritt **Daten einlesen** eingelesen werden, ergibt sich folgendes Bild (siehe Abbildung 9.80).

Die LSMW generiert für jede Quellstruktur eine interne Struktur mit dem Namen *LSMW_<Name der Quellstruktur>* und eine interne Tabelle mit dem Namen der Quellstruktur. Obwohl wir in unserem Beispiel der Zielstruktur `E1MARCM` nur die Quellstruktur `WERKSDATEN1` zugeordnet haben, kann zur Laufzeit aber auch auf die Daten der anderen Quellstruktur `WERKSDATEN2` in der internen Tabelle `WERKSDATEN2` zugegriffen werden.

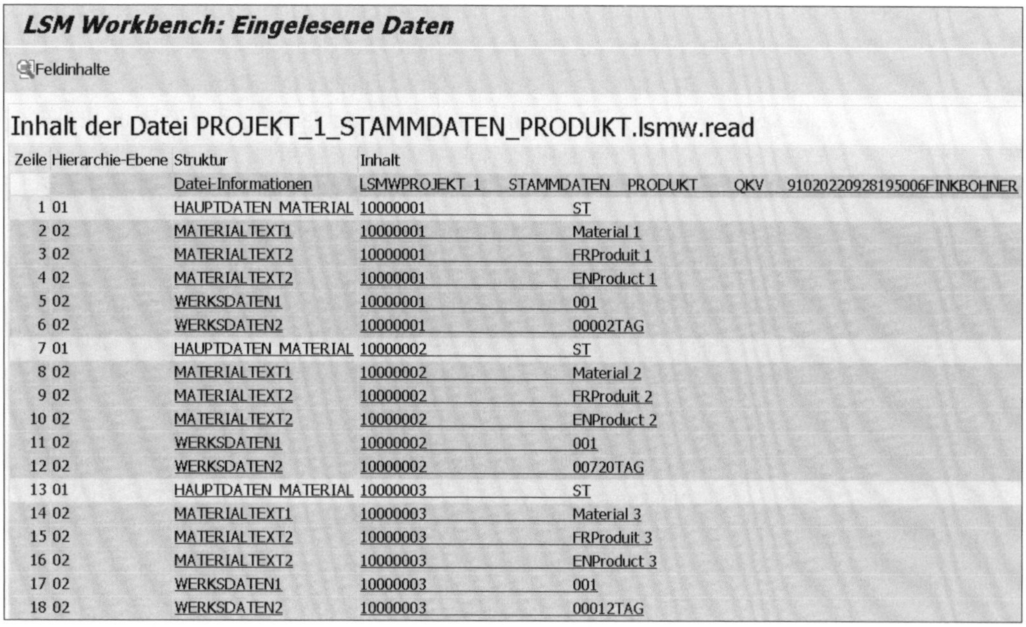

LSM Workbench: Eingelesene Daten

Feldinhalte

Inhalt der Datei PROJEKT_1_STAMMDATEN_PRODUKT.lsmw.read

Zeile	Hierarchie-Ebene	Struktur	Inhalt	
		Datei-Informationen	LSMWPROJEKT 1 STAMMDATEN PRODUKT QKV 91020220928195006FINKBOHNER	
1	01	HAUPTDATEN MATERIAL	10000001	ST
2	02	MATERIALTEXT1	10000001	Material 1
3	02	MATERIALTEXT2	10000001	FRProduit 1
4	02	MATERIALTEXT2	10000001	ENProduct 1
5	02	WERKSDATEN1	10000001	001
6	02	WERKSDATEN2	10000001	00002TAG
7	01	HAUPTDATEN MATERIAL	10000002	ST
8	02	MATERIALTEXT1	10000002	Material 2
9	02	MATERIALTEXT2	10000002	FRProduit 2
10	02	MATERIALTEXT2	10000002	ENProduct 2
11	02	WERKSDATEN1	10000002	001
12	02	WERKSDATEN2	10000002	00720TAG
13	01	HAUPTDATEN MATERIAL	10000003	ST
14	02	MATERIALTEXT1	10000003	Material 3
15	02	MATERIALTEXT2	10000003	FRProduit 3
16	02	MATERIALTEXT2	10000003	ENProduct 3
17	02	WERKSDATEN1	10000003	001
18	02	WERKSDATEN2	10000003	00012TAG

Abbildung 9.80 Eingelesene Daten aus fünf Quellsystemen (Auszug)

Zielstruktur initialisieren

Fügen Sie zusätzlich zu den in Abschnitt 9.8.7, »IDoc-Strukturen mit Nodata-Kennzeichen initialisieren«, aufgeführten Codings folgendes Coding aus Listing 9.9 in _BEGIN_OF_PROCESSING_ ein. Dadurch wird die Zielstruktur **E1MARCM** mit Nodata-Zeichen initialisiert.

```
__BEGIN_OF_PROCESSING__
PERFORM initialize_with_nodata USING
          'E1MARCM' init_e1marcm.
```

Listing 9.9 Strukturvariable für E1MARCM befüllen

Im _BEGIN_OF_RECORD-Block der **E1MARCM**-Zielstruktur weisen Sie die in _BEGIN_OF_PROCESSING befüllte Initialstruktur **INIT_E1MARCM** zu (siehe Listing 9.10):

```
__BEGIN_OF_RECORD
g_edidd_segnam = 'E2MARCM005'.
g_edidd_segnum = '0004'.
g_edidd_psgnum = '000001'.
g_edidd_hlevel = '03'.
clear E1MARCM.
E1MARCM = INIT_E1MARCM.
```

Listing 9.10 Initialstruktur zuweisen

Lagerungswerte befüllen

In unserem Beispiel definieren wir eine lokale Variable mit der Struktur von WERKSDATEN2 mittels LIKE LSMW_WERKSDATEN2. Dann lesen wir über den READ-Befehl die Daten aus der internen Tabelle WERKSDATEN2 in die lokale Variable ls_werks2. Das Schlüsselfeld materialnummer der internen Tabelle WERKSDATEN2 wird hierbei mit dem aktuellen Wert des gleichnamigen Feldes materialnummer der obersten Struktur HAUPTDATEN_MATERIAL verglichen. Wurde ein Wert gefunden, werden die entsprechenden Lagerungswerte in die zugehörigen Zielfelder geschrieben. Wurde kein Wert gefunden, werden die Werte vorsichtshalber noch einmal mit dem Nodata-Zeichen befüllt. Wir fügen das Coding im Fieldmapping des Feldes E1MARCM-MAXLZ ein (siehe Listing 9.11 und Abbildung 9.81):

```
*--- E1MARCM-MAXLZ
DATA ls_werk2 LIKE lsmw_werksdaten2.
READ TABLE werksdaten2 INTO ls_werk2
  WITH KEY materialnummer = hauptdaten_material-materialnummer.
IF sy-subrc = 0.
  e1marcm-maxlz = ls_werk2-max_lagerungszeit.
  e1marcm-lzeih = ls_werk2-eh_max_lz.
ELSE.
  e1marcm-maxlz = g_nodata.
  e1marcm-lzeih = g_nodata.
ENDIF.
```

Listing 9.11 Coding zur Befüllung der Lagerungswerte

[!]

Pflegestatus MATMAS07

Damit die Felder für die Einkäufergruppe und die Lagerungszeit auch geschrieben werden können, müssen Sie das Feld Pflegestatus E1MARCM-PSTAT mit dem Wert »EL« für die Einkaufs- und Lagerungssicht befüllen. Theoretisch gibt es zwar auch eine automatische Erkennung des Pflegestatus, aber diese funktioniert nicht immer korrekt. Wenn ein Feld nicht befüllt wird, gibt es nur eine Warnmeldung. Deshalb ist es bei der Datenmigration mittels MATMAS07 immer wichtig, sich auch die Warnungen im Protokoll anzusehen. Ansonsten übersehen Sie Felder, die nicht geladen wurden, weil sie aufgrund von fehlendem Pflegestatus nicht eingabebereit sind.

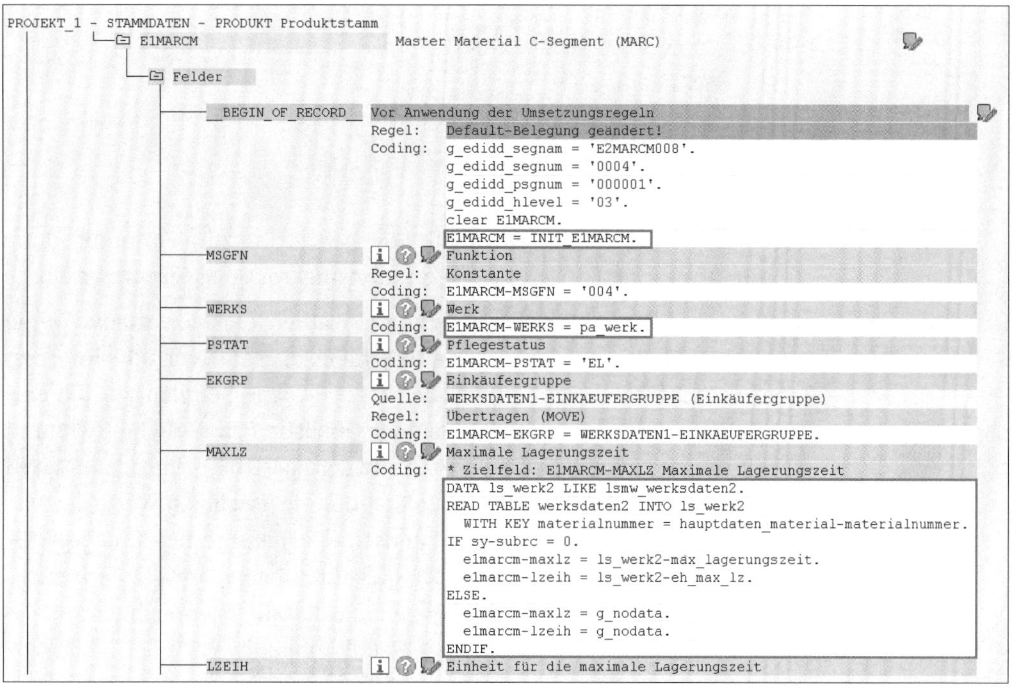

Abbildung 9.81 Auslesen von Quellstrukturen derselben Ebene (READ)

Im nächsten Beispiel befüllen wir nun dieselben Felder einer Zielstruktur mit unterschiedlichen Datenquellen. Die Zielstruktur wird also verdoppelt.

Zielstruktur verdoppeln

[zB]

Daten aus mehreren Datenquellen für dieselben Felder einer Zielstruktur

Für die Materialtexte haben wir ein ähnlich gelagertes Problem. Erschwerend haben wir hier zwei Quellstrukturen derselben Ebene für dieselben Felder. In der Quellstruktur `MATERIALTEXT1` befinden sich die deutschen Texte und in der Quellstruktur `MATERIALTEXT2` die Materialtexte anderer Sprachen für dasselbe Material.

Die Quellstruktur- und Quellfelddefinition erfolgen wie in Abbildung 9.78. Wir weisen nur die Quelldatei der deutschen Texte der Zielstruktur zu, wie es in Abbildung 9.79 zu sehen ist.

Felder zuweisen

Im eigentlichen Fieldmapping ordnen Sie dann den einzelnen Zielfeldern die entsprechenden Felder der Struktur **`MATERIALTEXT1`** zu. Da es sich um deutsche Texte handelt, belegen wir das Feld **`E1MAKTM-SPRAS_ISO`** mit der Konstante **`'DE'`** vor (siehe Listing 9.12):

```
* --- E1MAKTM-MAKTX
E1MAKTM-MAKTX = MATERIALTEXT1-TEXT.
* --- E1MAKTM-SPRAS_ISO
E1MAKTM-SPRAS_ISO = 'DE'.
```

Listing 9.12 Struktur »Materialtext1« zuordnen

Das Coding für die zweite Quelldatei fügen wir dann zum Zeitpunkt `__END_OF_RECORD__` unterhalb des globalen Funktionsmakros **transfer_record** ein.

Lesen der zweiten Struktur

Ähnlich wie bei den Werksdaten definieren wir eine lokale Variable für die **MATERIALTEXT2**-Struktur und fügen eine Schleife über alle Werte der internen Tabelle **materialtext2** ein. Innerhalb dieser Schleife befüllen wir die entsprechenden Felder mit den Werten der Quellstruktur **MATERIALTEXT2** und schreiben den entsprechenden Datensatz der Zielstruktur mit dem Makro **transfer_record** weg. Da sich zur Laufzeit nur die jeweiligen Werte der Materialnummer des aktuellen Quelldatensatzes in der internen Tabelle **MATERIALTEXT2** befinden, kann auf eine **WHERE**-Bedingung in der Schleife verzichtet werden. Wer auf Nummer sicher gehen will, kann aber noch eine **WHERE**-Bedingung einbauen (siehe Listing 9.13 und Abbildung 9.82).

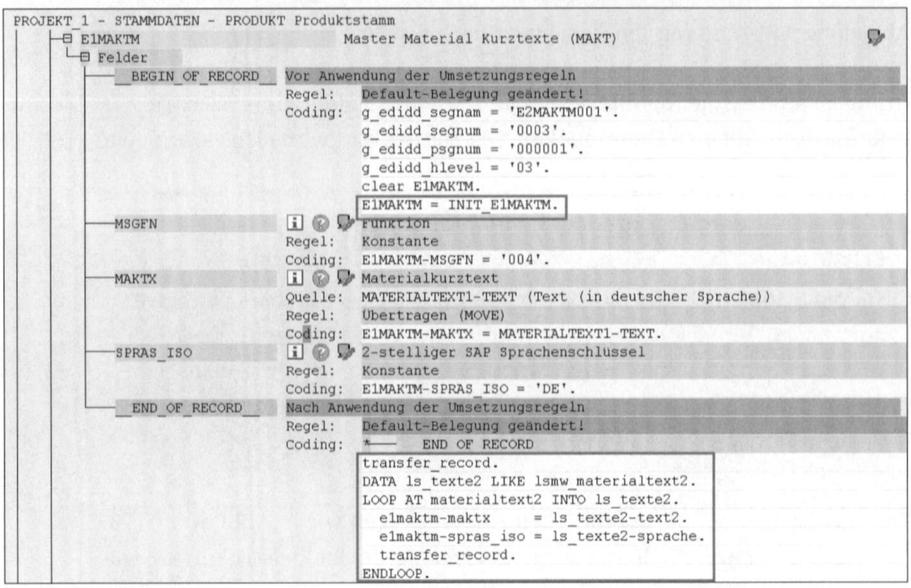

Abbildung 9.82 Quellstrukturen derselben Ebene auslesen (Schleife)

```
*--- __END_OF_RECORD__
transfer_record.
DATA ls_texte2 LIKE lsmw_materialtext2.
LOOP AT materialtext2 INTO ls_texte2.
```

```
  e1maktm-maktx     = ls_texte2-text2.
  e1maktm-spras_iso = ls_texte2-sprache.
  transfer_record.
ENDLOOP.
```

Listing 9.13 Coding-Beispiel für das Lesen der zweiten Struktur

Nach dem Umsetzen der Daten über den Arbeitsschritt **Daten umsetzen** sehen die Daten wie in Abbildung 9.83 aus. Wie gewünscht, wurden für jeweils ein Material die entsprechenden Textsegmente für Deutsch und die anderen Sprachen sowie ein Werkssegment angelegt, dessen Daten aus zwei Dateien gespeist wurden.

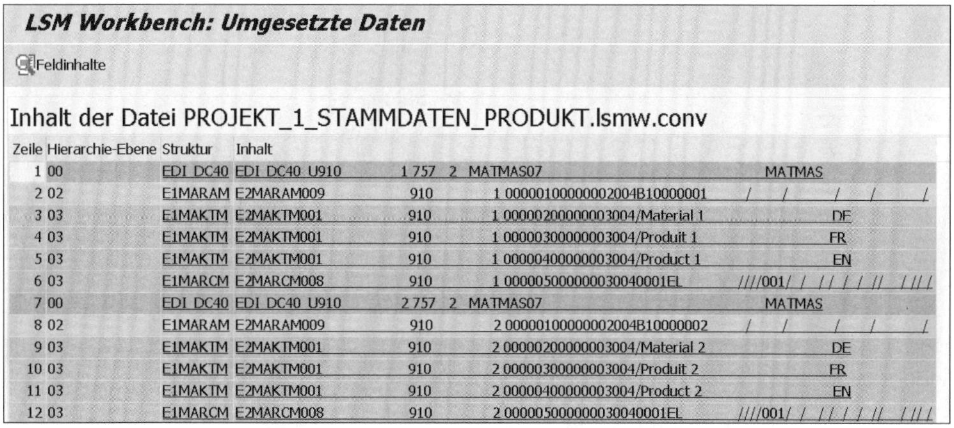

Abbildung 9.83 Umgesetzte Daten aus fünf Quellsystemen (Auszug)

9.9 Langtexte

Mehrzeilige Texte

Mit den Langtexten wenden wir uns nun einem Thema zu, das häufig vernachlässigt wird, das aber immer dann Ärger verursacht, wenn es nicht ordnungsgemäß behandelt wurde. Unter *Langtexten* verstehen wir mehrzeilige Texte. Langtexte zu einem Objekt müssen in der Regel separat migriert werden. Dies liegt daran, dass im SAP-System eine zentrale Ablage für Langtexte verwendet wird.

Objekttyp 0001

In der LSMW steht Ihnen für die Übernahme von Langtexten der Objekttyp mit der Kennung `0001` zur Verfügung. Damit Ihnen dieses Objekt jedoch zur Verfügung steht, müssen Sie eventuell das Programm `/SAPDMC/SAP_LSMW_SXDA_TEXTS` einmal ausführen. Bevor wir allerdings die Migration von Langtexten beschreiben, gehen wir zunächst darauf ein, wie Langtexte im SAP-System abgelegt sind.

9.9.1 Langtexte im SAP-System

Langtexte werden im SAP-System im SAPscript-Format in einem Textpool abgelegt. Dies sind die Tabellen STXH für den Kopf und STXL für die Zeilen. Der Schlüssel eines Langtextes setzt sich aus vier Bestandteilen zusammen (siehe Tabelle 9.16).

Schlüsselfeld	Bedeutung	Beispiel	Länge	Prüftabelle
OBJECT	Anwendungsobjekt	MVKE = Materialvertriebstexte	10	TTXOB, TTXOT
ID	Text-ID	0001	4	TTXID, TTXIT
NAME	eigentlicher Text-Key	Materialnummer (18-stellig) + Verkaufsorganisation (vierstellig) + Vertriebsweg (zweistellig)	70	(keine)
SPRAS	Sprache	DE	1-2	T002

Tabelle 9.16 Bestandteile eines Langtextschlüssels

Text-Key: keine einheitliche Regel

Für den Aufbau des eigentlichen Text-Keys Name gibt es keine einheitliche Regel. Wichtig ist, dass numerische Schlüssel mit führenden Nummern aufgefüllt werden und fehlende optionale Schlüsselbestandteile durch die jeweilige Anzahl an Leerzeichen ersetzt werden. Um zu einer bestimmten Textart die Werte für OBJECT und ID sowie den Aufbau von Name zu ermitteln, gehen Sie wie folgt vor:

1. Bringen Sie einen Text der gewünschten Textart (z. B. Materialvertriebstext) zur Anzeige, und verzweigen Sie in den Editor.
2. Im Editor können Sie sich über den Menüpfad **Springen • Kopf** die gewünschten Informationen im Feld **Textname** anzeigen lassen.

9.9.2 Zielstrukturen und Feldzuordnung

Zwei Zielstrukturen

Wir beschreiben nun, wie Sie den Objekttyp 0001 für die Migration von Langtexten nutzen können. Dieses Objekt hat die folgenden beiden Zielstrukturen:

- /SAPDMC/LTXTH: **Langtext-Header**
  - STYPE: Satztyp (technisches Feld, Wert = 1)
  - OBJECT: Anwendungsobjekt
  - NAME: Textname
  - ID: Text-ID
  - SPRAS: Sprache
- /SAPDMC/LTXTL: **Langtext-Textzeile**
  - STYPE: Satztyp (technisches Feld, Wert = 2)
  - TEXTFORMAT: SAPscript-Formatschlüssel (zweistellig), z. B. »*« für Standardabsatz
  - TEXTLINE: Textzeile

Das Feld TEXTFORMAT dient zur Aufnahme von Formatierungsangaben für den Text. Möchten Sie den Text eins zu eins übertragen, geben Sie in dieses Feld stets den SAPscript-Formatschlüssel für den Standardabsatz »*« ein.

Wie am Beispiel der Materialvertriebstexte ein Objekt in der LSMW aussehen könnte, ist in Abbildung 9.84 bis Abbildung 9.87 dargestellt.

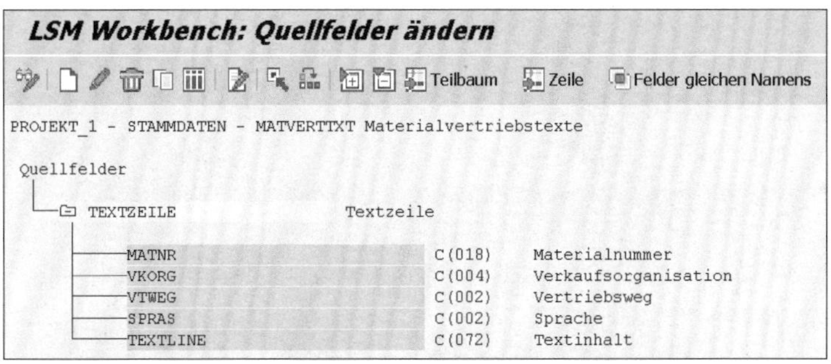

Abbildung 9.84 LSMW: Langtexte – Quellfelder

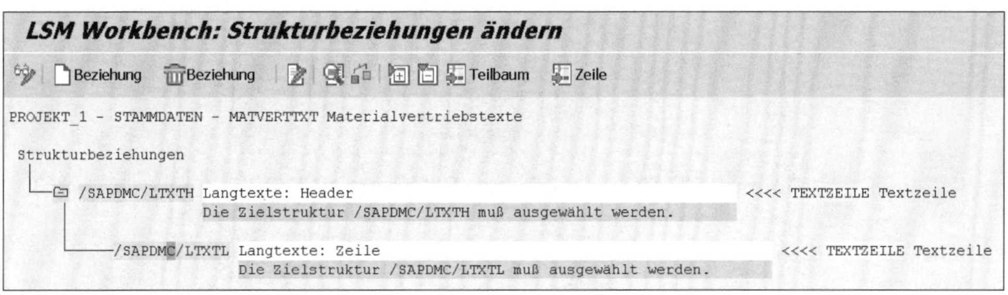

Abbildung 9.85 LSMW: Langtexte – Strukturbeziehungen

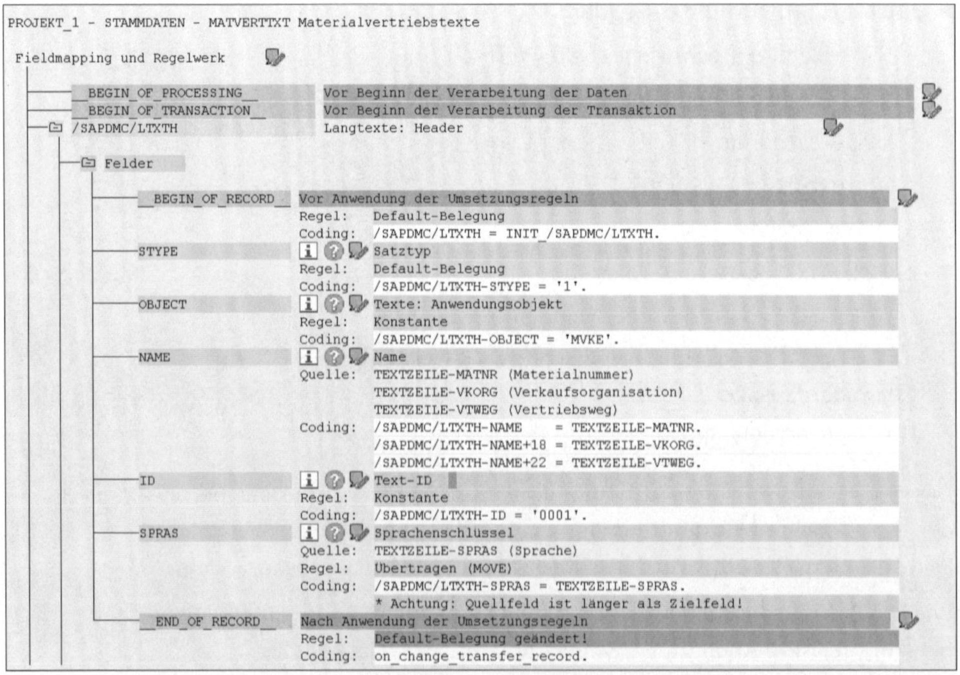

Abbildung 9.86 LSMW: Langtexte – Fieldmapping (Teil 1)

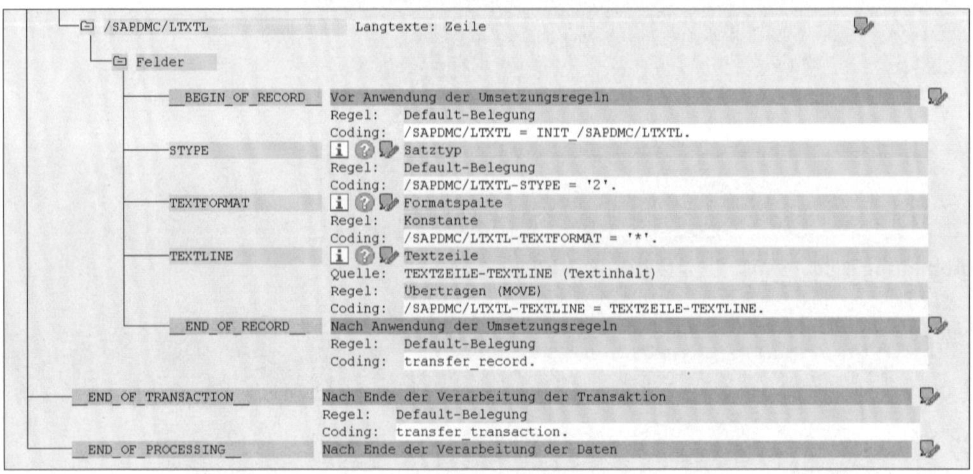

Abbildung 9.87 LSMW: Langtexte – Fieldmapping (Teil 2)

Langtext Schritt für Schritt

Im Einzelnen sind dazu die folgenden Schritte durchzuführen:

1. **Objekt definieren**
   Legen Sie im Projekt PROJEKT_1 und im Teilprojekt STAMMDATEN ein Objekt mit dem Kürzel MATVERTTXT und der Bezeichnung »Materialvertriebstexte« an.

2. **Objektattribute pflegen**
   Im Bildbereich **Objekttyp und Importtechnik** wählen Sie **Standard-Batch/Direct-Input**, das Objekt 0001 und die Methode 0001.
3. **Quellstrukturen pflegen**
   Definieren Sie eine Quellstruktur mit dem Kürzel TEXTZEILE und der Bezeichnung »Textzeile«.
4. **Quellfelder pflegen**
   Fünf Felder werden benötigt: MATNR (Materialnummer Länge 18), VKORG (Vertriebsorganisation, Länge 4), VTWEG (Vertriebsweg, Länge 2) SPRAS (Sprache, Länge 2), TEXTLINE (Textinhalt, Länge 72). Alle Felder sind vom Typ C.
5. **Strukturbeziehungen pflegen**
   Die einzige Quellstruktur TEXTZEILE wird den beiden Zielstrukturen /SAPDMC/LTXTH und /SAPDMC/LTXTL zugewiesen.
6. **Fieldmapping und Umsetzungsregeln pflegen**
   Die folgenden Aktionen sind auszuführen (siehe Tabelle 9.17):

Zielfeld	Aktion
/SAPDMC/LTXTH-OBJECT	Konstante MVKE zuweisen
/SAPDMC/LTXTH-NAME	Quellfeld TEXTZEILE-MATNR, VKORG, VTWEG zuordnen Doppelklick auf /SAPDMC/LTXTH-NAME
	ABAP-Coding eingeben: /SAPDMC/LTXTH-NAME = TEXTZEILE-MATNR. /SAPDMC/LTXTH-NAME+18 = TEXTZEILE-VKORG. /SAPDMC/LTXTH-NAME+22 = TEXTZEILE-VTWEG.
/SAPDMC/LTXTH-ID	Konstante 0001 zuweisen
/SAPDMC/LTXTH-SPRAS	Quellfeld TEXTZEILE-SPRAS zuordnen
/SAPDMC/LTXTL-TEXTFORMAT	Konstante * zuweisen
/SAPDMC/LTXTL-TEXTLINE	Quellfeld TEXTZEILE-TEXTLINE zu- ordnen

Tabelle 9.17 Übersicht über die Aktionen, die auf Zielfeldern ausgeführt werden

Wenn wir es dabei belassen, tritt ein höchst unerwünschter Effekt ein: Für jede Textzeile wird ein Textkopf angelegt; jede Textzeile ist also ein eigener Text. Um dies zu verhindern, müssen wir in die »Trickkiste« der LSMW greifen (siehe Abschnitt 9.7.3, »Globale Funktionen«):

- Klicken Sie auf den Button **Anzeigevariante**, und kreuzen Sie **Verarbeitungszeitpunkte** an.
- Es erscheinen nun verschiedene Labels – u. a. `__END_OF_RECORD__` – am Ende einer jeden Zielstruktur. Doppelklicken Sie auf dieses Label am Ende der Zielstruktur `/SAPDMC/LTXTH`. Es öffnet sich der ABAP-Editor, in den Sie »on_change_transfer_record.« eingeben.

Diese Anweisung bewirkt, dass der Textkopf nur dann übertragen wird, wenn er sich gegenüber dem vorangehenden Satz geändert hat – genau dies wollten wir erreichen. Für weitergehende Ausführungen verweisen wir auf Abschnitt 9.7, »Funktionen für Fortgeschrittene«.

9.9.3 Import von Langtexten

Import per Direct-Input

Der Import von Texten in das SAP-System erfolgt mithilfe der Direct-Input-Technik. Das zugehörige Direct-Input-Programm `/SAPDMC/SAP_LSMW_IMPORT_TEXTS` kann über **Direct-Input-Session starten** bequem aus der LSMW aufgerufen werden.

Nachbearbeitung

Importierte Langtexte sind dann jedoch teilweise aus der entsprechenden Anwendung heraus nicht lesbar, obwohl sie korrekt auf der Datenbank abgelegt sind. Dies liegt daran, dass einige Anwendungen in den Stammdaten Felder führen, in denen die Sprache des Langtexts enthalten ist, bzw. in denen vermerkt wird, ob ein Langtext existiert. Diese Felder werden vom Direct-Input-Programm nicht gefüllt, da dieses Programm für alle Anwendungen gilt und zur Laufzeit keine Informationen darüber vorliegen, zu welcher Anwendung ein Text gehört.

Für dieses Problem gibt es zwei Lösungsmöglichkeiten:

1. Das betreffende Feld wird durch einen selbst zu schreibenden Report versorgt, der nach dem Import der Langtexte aufgerufen wird.
2. Bei der Definition der Umsetzungsregeln des zugehörigen Objekts (siehe Abschnitt 9.2.7, »Fieldmapping und Umsetzungsregeln pflegen«) füllen Sie das betreffende Feld, falls vorhanden, in entsprechender Weise.

9.10 Fazit

Wir konnten zeigen, dass Ihnen mit der LSMW ein Werkzeug zur Verfügung steht, das Ihnen umfangreiche Unterstützung bei der Bewältigung Ihrer Anforderungen hinsichtlich der Datenmigration bietet. Für weitergehende Informationen verweisen wir Sie auf die SAP Community. Über den Link *https://community.sap.com* gelangen Sie auf die SAP-Community-Seiten und können dort nach dem Begriff »LSMW« suchen.

[«]

Zusatzmaterial

Alle hier aufgeführten Beispiele können Sie über die Website zum Buch (*https://www.rheinwerk-verlag.de/5632/*) als LSMW-Projektexporte (Textdatei) herunterladen und in Ihr System zur eigenen Nutzung importieren (siehe Abschnitt 9.4.3, »Projekt importieren«), verändern und anpassen. Die Nutzung der gezeigten Programmbeispiele ist ohne Gewähr und erfolgt auf eigene Gefahr. Auf dieser Website finden Sie auch weitere nützliche Programmbeispiele, die es aus Platzgründen nicht in die Druckausgabe geschafft haben.

Kapitel 10
Vorbereitung der Datenmigration mit SAP Cloud Integration

SAP Cloud Integration ist die Middleware-Lösung von SAP für die Integration von Cloud- und On-Premise-Applikationen. Wir geben Ihnen einen Überblick, wie Sie SAP Cloud Integration im Kontext der Datenmigration nutzen können. Dazu erhalten Sie eine Einführung in die sichere Anbindung eines SFTP-Servers. Außerdem finden Sie hilfreiche Handlungsoptionen für die Implementierung der Schnittstellen in SAP Cloud Integration.

In diesem Kapitel machen wir Sie mit dem Einsatz von *SAP Cloud Integration* im Kontext der Datenmigration vertraut. Hierbei zeigen wir Ihnen, wie Sie Ihre Integrationsprozesse in SAP Cloud Integration am besten gestalten. Damit wollen wir Sie in die Lage versetzen, eigene *Integrationsprozesse* im Rahmen Ihrer Datenmigration zu entwickeln und anforderungsbezogen zu implementieren. Dazu geben wir Ihnen Schritt für Schritt mit, wie Sie eine sichere Verbindung zu einem *On-Premise-SFTP* mittels des *Cloud Connectors* herstellen. Außerdem geben wir Ihnen Beispiele, wie Sie das Grundgerüst Ihrer Konfiguration in SAP Cloud Integration aufbauen und dieses Grundgerüst auf Basis der häufig auftretenden Anforderungen an die Datenaufbereitung erweitern können.

Die in dem Kapitel beschriebenen Schritte sind abgestimmt auf die Cloud-Foundry-Umgebung der SAP Business Technology Platform (SAP BTP). Sollten Sie eine Neo-Umgebung verwenden, so können Sie einige der dargestellten Schritte teilweise analog in Ihrer Umgebung umsetzen.

SAP Cloud Integration ist Teil der *SAP Integration Suite*, des Integration-Platform-as-a-Service-Produkts (iPaaS-Produkts) von SAP. Die SAP Integration Suite hilft Ihnen mit ihrem breiten Produktportfolio, reibungslose Integrationen von On-Premise- und cloudbasierten Anwendungen und Prozessen zu ermöglichen. Dazu stehen Ihnen von SAP verwaltete Tools und vorkonfigurierte Inhalte zur Verfügung. SAP Cloud Integration war früher unter den Namen *SAP Cloud Platform Integration, SAP HANA Cloud Integration* oder *SAP HANA Cloud Platform, Integration Service* bekannt. SAP Cloud Integration ist somit der Nachfolger der lange verbreiteten Middleware *SAP Process Orchestration*. SAP bietet im Rahmen von SAP Cloud Integration vorkonfigurierte Integrationen, harmonisierten Zugriff auf beliebte Cloud-Anwendungen von Drittanbietern und KI-gestützte Entwicklungen von Cloud- und Hybrid-Integrationen an. SAP Cloud Integration soll Sie aber vor allem dazu ermächtigen, Ihre Integrationsstrategie mit einem systematischen Ansatz zu definieren, dokumentieren und zu steuern.

10.1 SAP Cloud Integration im Kontext der Datenmigration

SAP Cloud Integration im Kontext der Datenmigration wird verwendet, um bereits vorhandene, aber unvollständige *XML-Dokumente* entsprechend den Anforderungen aufzubereiten oder mit weiteren Daten aus anderen XML-Dokumenten anzureichern. Des Weiteren wird SAP Cloud Integration eingesetzt, um XML-Dokumente in das gewünschte Zielformat zu transformieren oder eine Aufteilung der Daten durchzuführen.

Standardmigrationsmethoden verwenden

Darüber hinaus führt SAP Cloud Integration im Rahmen von Datenmigrationen keine Value Mappings durch. Ziel soll es sein, die XML-Dokumente so aufzubereiten, dass Sie sie mit den Standardmigrationsmethoden, die in diesem Buch bereits erläutert wurden, verwenden können, ohne eine manuelle Datenaufbereitung zu betreiben. Diesen Ansatz nennen wir *File-to-File-Ansatz*.

10.2 Wahl des File-to-File-Ansatzes

SAP Cloud Integration als Hilfswerkzeug

Wir zeigen Ihnen hier einen File-to-File Ansatz ohne Value Mapping, da Sie bereits andere Systeme für Ihre Datenmigration administrieren und für eine Migration vorbereiten sowie auch die Migrationstools konfiguriert werden. Aus diesem Grund soll die Logik nur in einem System vorliegen. Auf diese Weise haben Sie vor allem bei komplizierten und langwierigen Migrationen einen besseren Überblick über die Systemlandschaft. SAP Cloud Integration ist ein Hilfswerkzeug, um die bestehenden XML-Dokumente für die Datenmigration aufzubereiten. Somit bleibt die Logik der Migration in einem System bestehen und wird nicht auf sonst unbeteiligte Systeme ausgeweitet.

10.3 Vorbereitung

Damit Sie ihre kontextbezogenen Daten mittels SAP Cloud Integration mit dem File-to-File-Ansatz verarbeiten können, sind einige Vorbereitungen vorzunehmen. Zunächst muss der SFTP-Server mit einer sicheren Verbindung zugänglich gemacht werden, um sowohl Daten daraus abzurufen als auch die aufbereiteten Daten auf diesem wieder abzulegen. Hierzu wird in Abschnitt 10.3.2, »Nachrichtensplitting oder Daten-Merge«, erläutert, wie der Cloud Connector zum Einsatz kommt. Der Cloud Connector ist notwendig, wenn Sie die Datenübertragungen mit einem SFTP-Server durchführen, der sich lokal in Ihrem Netzwerk befindet. Dies wird auch als on-premise bezeichnet.

Anschließend können Sie, je nach Ihren Anforderungen, ein *Nachrichtensplitting* und einen *Daten-Merge* durchführen. Auf dieser Grundlagen können Sie abwägen, ob eines dieser Szenarien während des Migrationsprozesses eine Rolle spielen soll.

10.3.1 Konfiguration einer sicheren Verbindung zum SFTP-Server

Mit dem Cloud Connector können Sie über einen kontrollierbaren Zugang auf interne Systeme zugreifen. Indem Sie auf den internen SFTP-Server zugreifen, ermöglichen Sie einen Datenaustausch zwischen SAP Cloud Integration und dem internen Netzwerk.

[«]

SFTP-Server in der Cloud

Sollten Sie einen SFTP-Server in der Cloud hosten, wird der Cloud Connector nicht benötigt.

Was ist der Cloud Connector?

Der Cloud Connector ist eine von SAP zur Verfügung gestellte Java-Applikation, die häufig in der *demilitarisierte Zone* (DMZ) installiert wird. Dieser dient als Verbindungsstelle zwischen der *SAP BTP* und den On-Premise-Systemen in einem Netzwerk. Der Cloud Connector zeichnet sich durch eine einfache Einrichtung, kombiniert mit einer einfachen Konfiguration der Systeme aus, die mit der SAP BTP integriert sind. Durch die häufige Installation in der DMZ fungiert der Cloud Connector als On-Premise-Agent in einem sicheren Teil des Netzwerkes und dient gewissermaßen als Reverse Proxy zwischen lokalem Netzwerk und SAP BTP.

Sie können einschränken, inwieweit die Cloud-Anwendungen Zugriff auf die offen gelegten Systeme und Ressourcen haben dürfen. Um die Verbindungsverfügbarkeit herzustellen, ist der Cloud Connector in der Lage, unterbrochene Verbindungen automatisch wiederherzustellen. Mit mehreren Cloud Connectors lässt sich außerdem ein Hochverfügbarkeits-Setup realisieren. Abbildung 10.1 zeigt ein Beispiel für eine Architektur mit den Anbindungsmöglichkeiten und die Kommunikationsabläufe des Cloud Connectors.

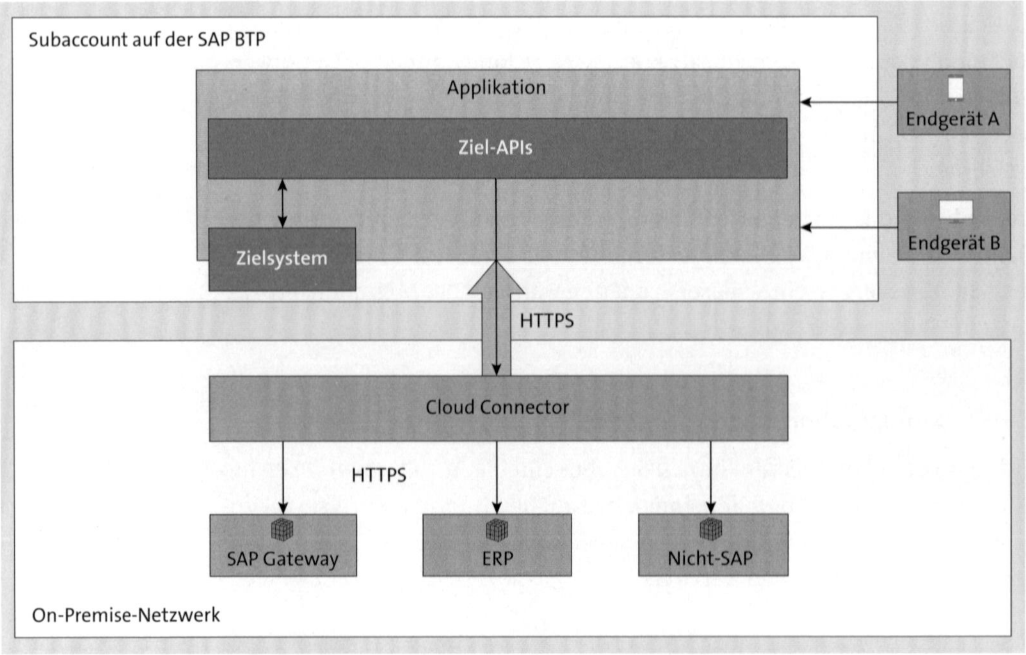

Abbildung 10.1 Cloud Connector: Architekturbild (Quelle: SAP)

Kein Öffnen von Ports oder Verwenden von Reverse Proxys

Die Vorteile des Cloud Connectors kommen gegenüber dem Öffnen von Ports in der Firewall und der Verwendung von Reverse Proxys für den Zugang zu den internen On-Premise-Systemen zum Tragen. Beim Einsatz des Cloud Connectors muss die firmeninterne Firewall nicht für den externen Zugriff der SAP BTP konfiguriert werden. Außerdem sind für zulässige ausgehende Verbindungen keine Änderungen erforderlich.

Breites Protokollportfolio

Zudem unterstützt der Cloud Connector ein breites Portfolio an Protokollen, die er für die Kommunikation anbietet. Dazu zählt nicht nur das HTTP-Protokoll, sondern auch beispielsweise das RFC-Protokoll. Das RFC-Protokoll ermöglicht den nativen Zugriff auf ABAP-Systeme durch den Aufruf von Funktionsbausteinen. Des Weiteren können On-Premise-Datenbanken und Business-Intelligence-Tools mit den SAP-HANA-Datenbanken in der Cloud verbunden werden.

Principal Propagation ermöglichen

Zur Weitergabe von Identitäten des aufrufenden Benutzers bietet der Cloud Connector die Funktion der *Principal Propagation* an. Über Principal Propagation lassen sich die Cloud-Benutzer auf eine sichere Weise an das On-Premise-System weiterleiten. Sollte der Cloud Connector in der DMZ Ihres Netzwerkes in Betrieb genommen werden ist zu beachten, dass Firewall-Freischaltungen für die IP-Adressen des Cloud Connectors durchgeführt werden müssen. Eine Übersicht erhalten Sie im SAP Help Portal; dort finden Sie auch weitere Hinweise zur Installation und zu den systemischen Voraussetzungen:

https://help.sap.com/docs/CP_CONNECTIVITY/cca91383641e40ffbe03bdc78f00f681/e6c7616abb5710148cfcf3e75d96d596.html?locale=en-US&q=ip%20address

Grundkonfiguration des Cloud Connectors

Sie können den Cloud Connector nach dessen Installation mit folgender URL in Ihrem Browser aufrufen: *http://<hostname>:8443*. Der Hostname ist hier der Name der Maschine, auf der Sie den Cloud Connector installiert haben. Wenn Sie den Cloud Connector mit dem Browser der virtuellen Maschine öffnen möchten, verwenden Sie als Hostnamen *localhost*.

[«]

Standardport des Cloud Connectors

Der Port 8443 ist der Standard-Port des Cloud Connectors. Abweichungen sind möglich, wenn Sie während des Installationsprozesses einen anderen Port konfiguriert haben. Dieser sollte dann in der genannten URL entsprechend Ihrer Anpassung, geändert werden.

Anschließend erscheint die Anmeldemaske. Geben Sie hier »Administrator / manage (case sensitiv)« für `<User Name>` / `<Password>` ein. Wenn Sie sich zum ersten Mal anmelden, werden Sie aufgefordert, das Passwort zu ändern. Befolgen Sie diese Aufforderung in jedem Fall, da das Standardpasswort für jeden installierten Cloud Connector dasselbe ist. Es handelt sich somit nicht um ein persönliches generiertes Admin-Passwort. Schließlich müssen Sie in derselben Maske wie die Passwortänderung angeben, um welche Instanz es sich bei dem Cloud Connector handelt. Wählen Sie hier **Master** aus, wenn Sie einen einzelnen Cloud Connector installiert haben. Sollten Sie sich dazu entscheiden eine Failover- bzw. Hochverfügbarkeitsarchitektur aufzubauen, wählen Sie bei dem ersten Cloud Connector ebenfalls **Master** aus.

Bei weiteren Cloud Connectors, die der Master Instanz zugeordnet werden sollen, wählen Sie **Shadow** aus. Bestätigen Sie in beiden Fällen Ihre Eingabe mit dem Button **Save** in der rechten oberen Bildecke. Weitere Informationen zur Failover- bzw. Hochverfügbarkeitsarchitektur finden Sie unter:

https://help.sap.com/docs/CP_CONNECTIVITY/cca91383641e40ffbe03bdc78f00f681/c697705179a24d2b8b6be038fae59c33.html?locale=en-US.

Fürs Erste haben Sie damit die Grundkonfiguration abgeschlossen. Sollten Sie während des gesamten Prozesses auf unerklärliche Fehlermeldungen stoßen oder nicht weiterkommen, finden Sie in der Regel im SAP Help Portal von SAP im Bereich des Cloud Connectors, aber auch in einigen SAP-Blog-Beiträgen Hilfe.

Berechtigungen in der SAP Business Technology Platform

Subaccount und Berechtigungen

Der Cloud Connector ist nun zugänglich, und Sie können im nächsten Schritt dazu übergehen, die SAP BTP an diesen zu koppeln. Für die weiteren Schritte benötigen Sie einen Zugang zum *SAP-BTP-Cockpit* und des Weiteren die Berechtigung, den *Subaccount* im Cockpit einzusehen. Ein Subaccount der SAP BTP lässt Sie den *Global Account* nach den in Ihrem Unternehmen spezifizierten Projektvorgaben im Hinblick auf Benutzer, Berechtigungen und Lizenzen organisieren. Ein Subaccount ist immer an eine Region gebunden. In dieser Region befindet sich der physikalische Server Ihres Subaccounts. Damit Sie und Ihr S-User auch die erforderlichen Berechtigungen besitzen, um den Subaccount anzubinden, finden Sie in Tabelle 10.1 eine Übersicht zu den Rollen (*Roles*) oder Rollenkollektionen (*Role Collections*), die auf der entsprechenden Umgebung Ihrer SAP BTP benötigt werden.

Feature Set

Sollte Ihnen das *Feature Set* unbekannt sein, navigieren Sie in das SAP-BTP-Cockpit. In der rechten oberen Ecke Ihres Bildschirms befindet sich ein Dropdown-Menü mit Ihrem Vornamen. Mit einem Klick auf das Informationsfeld **About** öffnet sich ein Fenster inmitten Ihres Browsers. Unter dem Punkt **Cloud Management Tools** wird aufgeführt, welches Feature Set Sie besitzen. Fahren Sie mit der Berechtigungszuweisung entsprechend Tabelle 10.1 fort.

Umgebung	Benötigte Rolle/Rollenkollektion
Cloud Foundry – Feature Set A	Entweder ist der Benutzer ein *Mitglied* von dem Global Account, zu dem der Subaccount gehört, oder dem User ist die Rolle **Security Administrator** zugewiesen worden.

Tabelle 10.1 Berechtigungen in Abhängigkeit der Umgebung und des Feature Sets (Quelle: SAP)

Umgebung	Benötigte Rolle/Rollenkollektion
Cloud Foundry – Feature Set B	Fügen Sie dem User eine von den folgenden Standard-Rollenkollektionen hinzu (alle davon enthalten die Rolle **Cloud Connector Administrator**): ▪ **Subaccount Administrator** ▪ **Cloud Connector Administrator** ▪ **Connectivity and Destination Administrator** Alternativ kann dem User auch eine benutzerdefinierte Rollenkollektion, die die Rolle **Cloud Connector Administrator** beinhaltet, zugewiesen werden.
Neo	Fügen Sie dem Benutzer mindestens eine der folgenden Rollen hinzu: ▪ **Cloud Connector Admin** ▪ **Administrator** Alternativ kann dem User auch eine benutzerdefinierte Rolle, die die Berechtigung `manageSCCTunnels` beinhaltet, zugewiesen werden.

Tabelle 10.1 Berechtigungen in Abhängigkeit der Umgebung und des Feature Sets (Quelle: SAP) (Forts.)

Subaccounts anbinden

Subaccount im Cloud Connector bekannt machen

Mit den Berechtigungen aus dem letzten Abschnitt sind Sie ausgestattet, um im Folgenden den Subaccount der SAP BTP, den Sie für die SAP Integration Suite verwenden wollen, anzubinden. Dazu navigieren Sie zu dem Burger-Button ☰ in der linken oberen Bildecke. Dort klicken Sie auf den Button **Connector**. Zum hinzufügen des Subaccounts befindet sich in der rechten oberen Bildecke der Button **+Add Subaccount**. Es öffnet sich ein Eingabeformular auf Ihrem Bildschirm. Fügen Sie in die entsprechenden Buttons die relevanten Informationen ein.

- **Region**: Geben Sie hier die Region Ihres Subaccounts mithilfe des Dropdown-Menüs ein.
- **Subaccount**: Hiermit ist die Subaccount-ID gemeint. Diese finden Sie im SAP-BTP-Cockpit unter dem Navigationsmenüpunkt **Overview**: Dort befinden sich die relevanten Metadaten Ihres Subaccounts auf der Registerkarte **General**. Kopieren Sie die Subaccount-ID, und fügen Sie diese in den Button im Cloud Connector ein.
- **Display Name**: Der Display-Name kann von Ihnen frei gewählt werden. Hierbei handelt es sich um den Namen, der nach der Anlage im Cloud Connector zu sehen ist.

- **Subaccount User**: Geben Sie hier die E-Mail-Adresse des S-Users ein, dem Sie im vorangehenden Schritt die Berechtigungen hinzugefügt haben. Dieser wird nicht gespeichert und dient nur der einmaligen Anlage.
- **Password**: Geben Sie hier das Passwort zu dem entsprechenden S-User ein.
- **Location ID**: Die Location ID dient in der Cloud-Connector-Architektur der eindeutigen Identifizierung des Cloud Connectors. Sollten Sie den Subaccount an weitere Cloud Connectors angebunden haben, ist es unerlässlich, eine Location-ID anzugeben. Diese kann frei gewählt werden, sollte aber am besten den Standort des Cloud Connectors widerspiegeln. Später wird diese Location-ID verwendet, um in den Schnittstellen von SAP Cloud Integration anzugeben, bei welchem Cloud Connector die Verbindung zum SFTP-Server gefunden und damit auch aufgebaut werden kann.
- **Description**: Die Beschreibung kann von Ihnen frei gewählt werden.

Speichern Sie Ihre Eingaben, indem Sie auf den Button **Save** des Formulars klicken. Mit der Bestätigung taucht der Subaccount in dem **Subaccount Dashboard** auf Ihrem Bildschirm auf.

SFTP-Server anbinden

SFTP-Server im Cloud Connector bekannt machen

Damit haben Sie die meisten Hürden überwurden, und Sie können sich der eigentlichen Anbindung des SFTP-Servers widmen. Dazu klicken Sie erneut auf den Burger-Button ☰ in der linken oberen Bildecke. Klicken Sie auf den Button **Cloud To On-Premise**. In dem Dropdown-Menü darüber finden Sie den Display-Namen des Subaccounts, den Sie bei der Anlage eingegeben haben. Sollte dieser nicht mit dem gewünschten Subaccount übereinstimmen, klicken Sie auf den Auswahl-Button. Am oberen Bildrand befindet sich ein Auswahlfeld mit dem Label **Subaccount**. Wählen Sie dort den richtigen Subaccount aus. Gehen Sie danach im Navigationsmenü zurück zum Button **Cloud To On-Premise**. Klicken Sie in dem neuen Fenster auf den Plus-Button + in der rechten Bildhälfte. Anschließend öffnet sich ein Eingabeformular. Gehen Sie die Schritte wie folgt durch:

1. Zunächst ist der **Backend Typ** auszuwählen. Da es sich hierbei um einen SFTP-Server handelt, wählen Sie **Non-SAP-System** aus. Mit einem Klick auf **Next** bestätigen Sie die Auswahl.
2. Als Protokoll wählen Sie **TCP**. Mit einem Klick auf **Next** bestätigen Sie die Auswahl.
3. Als Nächstes geben Sie den **internen Host** und **Port** des On-Premise-SFTP-Servers an. Mit einem Klick auf **Next** bestätigen Sie Ihre Eingaben.

4. Im nächsten Formular können Sie einen beliebigen **virtuellen Host** und **virtuellen Port** angeben. Diese werden später in Ihren Schnittstellen verwendet. Diese Informationen werden später an den Personenkreis ausgegeben, die die tatsächlichen Verbindungsinformationen des SFTP-Servers nicht kennen sollen; der Cloud Connector schlüsselt dynamisch den virtuellen Host und Port auf die internen Verbindungsdaten um. Mit einem Klick auf **Next** bestätigen Sie Ihre Eingabe.
5. Geben Sie eine optionale Beschreibung der Verbindung an. Mit einem Klick auf **Next** bestätigen Sie Ihre Eingabe.
6. Im Anschluss erhalten Sie eine Zusammenfassung Ihrer Angaben. Setzen Sie den Haken für das Kennzeichen **Check Internal Host**. Mit einem Klick auf **Finish** wird gleichzeitig ein Verbindungstest zum angebundenen System durchgeführt. Das Ergebnis sehen Sie als grünes oder rotes Informationsfeld auf der Registerkarte **Check Result** der Tabelle Ihrer Verbindungen.

Verbindungstest zum SFTP-Server

Sollten Sie beim Verbindungsaufbau nicht erfolgreich sein, überprüfen Sie die internen Verbindungsdaten zum On-Premise-System. Mit einem Klick auf den Stift-Button können Sie die Verbindungsinformationen bearbeiten. Mit einem Klick auf den Kalender-Lupen-Button können Sie erneut einen Verbindungstest durchführen. Mit erfolgreichem Verbindungsaufbau haben Sie eine sichere Verbindung zwischen der SAP BTP und Ihrem On-Premise-System hergestellt. Damit können Sie die Oberfläche des Cloud Connectors verlassen.

Freigegebene Systeme im SAP-BTP-Cockpit ansehen

Angebundene Cloud Connectors und freigegebene Systeme können auch im SAP-BTP-Cockpit Ihres Subaccounts eingesehen werden. Klicken Sie dazu im SAP-BTP-Cockpit Ihres Subaccounts auf den Burger-Button, daraufhin auf das Dropdown-Feld **Connectivity** und anschließend auf den Button **Cloud Connectors**. Hier finden Sie alle angebundenen Instanzen der Cloud Connectors und die zur Verfügung gestellten Backend-Systeme.

10.3.2 Nachrichtensplitting oder Daten-Merge

Nutzen des Nachrichtensplittings verstehen

Unter *Nachrichtensplitting* verstehen wir im Kontext von SAP Cloud Integration, die Nachricht in mehrere einzelnen Nachrichten aufzuteilen. Diese Aufteilung kann ebenfalls in Gruppen ablaufen; so können Blöcke gebildet werden.

Ein Beispiel dazu wäre, dass eine *Application Programming Interface* (API) immer nur 500 Positionen pro Aufruf annehmen kann. Die ursprüngliche Nachricht beinhaltet allerdings 10.000 Positionen. Hier kann das Nachrichtensplitting Abhilfe schaffen, indem es die Nachricht in jeweils 500 Blöcke gruppieren und diese als einzelne Nachrichten und damit auch Aufrufe verwalten kann. Im Kontext der Datenmigration kann es vorkommen, dass bestimmte Nachrichten nicht mehr als 10.000 Positionen beinhalten dürfen. Insbesondere bei Datenmigrationen können jedoch durchaus mehr als 10.000 Positionen in einer Nachricht vorliegen. In einem solchen Fall müssen Sie ein Nachrichtensplitting durchführen. Ein einfaches Beispiel zum Nachrichtensplitting ist in Tabelle 10.2 dargestellt.

Ursprüngliche Nachricht

`<kundenListe>`
`    <kunden>`
`        <kundenNummer>0001</kundenNummer>`
`        <kundenName>Max Mustermann</kundenName>`
`    </kunden>`
`    <kunden>`
`        <kundenNummer>0002</kundenNummer>`
`        <kundenName>Sabine Musterfrau</kundenName>`
`    </kunden>`
`</kundenListe >`

Ergebnis mit Nachrichtensplitting

`<!-- Nachricht 1 -->`
`<kundenListe>`
`    <kunden>`
`        <kundenNummer>0001</kundenNummer>`
`        < kundenName >Max Mustermann</kundenName>`
`    </kunden>`
`</kundenListe>`
 	
`<!-- Nachricht 2 -->`
`<kundenListe>`
`    <kunden>`
`        <kundenNummer>0002</kundenNummer>`
`        <kundenName>Sabine Musterfrau</kundenName>`
`    </kunden>`
`</ kundenListe>`

Tabelle 10.2 Darstellung eines einfaches Nachrichtensplittings

Wie Sie das Nachrichtensplitting im Einzelnen implementieren können, zeigen wir Ihnen in Abschnitt 10.4.4, »Nachrichtensplitting implementieren«.

Nutzen des Daten-Merges verstehen

Unter einem *Daten-Merge* verstehen wir eine Nachricht, deren Inhalt mit einer anderen Nachricht zusammengefügt (*merge*) wird. Dabei handelt es sich zumeist um ergänzende Daten, die in der ursprünglichen Datei nicht vorhanden sind. Im Bereich der Datenmigration kann es in einigen Fällen dazu kommen, dass Ihnen eine Nachricht vorliegt, die nicht ausreichend Informationen enthält. Denn diese notwendigen Informationen sind einer anderen Datei vorbehalten. Jetzt müssen Sie die Informationen aus beiden Nachrichten zusammenführen, um den vollen Nutzen aus der Kombination beider Nachrichten zu ziehen. Dazu wird die Funktionalität des Daten-Merges verwendet. Wie Sie einen Daten-Merge in SAP Cloud Integration implementieren, erfahren Sie in Abschnitt 10.4.3, »Daten-Merge implementieren«.

10.4 Implementierung der Schnittstelle

Nach der Lektüre des vorangehenden Abschnitts haben Sie den SFTP-Server der Cloud zugänglich gemacht. In diesem Abschnitt geht es nun um die beispielhafte Implementierung der Schnittstelle, um Ihre Daten für die Datenmigration aufzubereiten. Dazu erfahren Sie, wie das Grundgerüst dieser Art von Schnittstelle aussehen kann und wie Sie Nachrichtensplitting und Daten-Merge implementieren können. Des Weiteren erklären wir die Grundlagen des Mappings, mit dessen Hilfe Sie die alten Datenbestände in ein anderes Zielformat transformieren und für die Datenmigration vorbereiten können.

Dieser Abschnitt gibt Beratern und Entwicklern, die aktiv an der Implementierung des File-to-File-Ansatzes mitwirken, Informationen zur Vorbereitung der Datenmigration mit SAP Cloud Integration. Doch auch Key-User, die nicht direkt an einer Implementierung mitwirken, sind eingeladen, diesen Abschnitt zu lesen. In Abschnitt 10.5 stellen wir einige Handlungsoptionen vor, die es Ihnen ermöglichen, Anpassungen und Konfigurationen an den bereits implementierten Objekten, die in diesem Kapitel vorgestellt werden, vorzunehmen.

10.4.1 Grundgerüst aufbauen

In diesem Abschnitt lernen Sie, wie Sie Bausteine verwenden, um ein solides Grundgerüst für Ihre Schnittstellen im Datenmigrationskontext aufzubauen. Dazu richten wir unseren Blick auf den File-to-File Ansatz.

Voraussetzungen für die Schnittstellenentwicklung

Damit Sie mit der Entwicklung Ihrer Schnittstellen beginnen können, sind einige Voraussetzungen zu erfüllen. Dazu gehört, dass Ihr Benutzer über die erforderlichen Berechtigungen verfügt, um *Pakete*, *Integration-Flows* (*iFlows*) und *Credentials* anzulegen. Die Berechtigungen pflegen Sie dabei wieder im SAP-BTP-Cockpit. Für einen schnellen Start mit allen Berechtigungen kann die Administrationsrolle für SAP Cloud Integration hinzugefügt werden. Streben Sie ein feineres Rollenmanagement an, finden Sie im nachfolgenden Link die zur Verfügung stehenden Rollen und deren Beschreibungen. *https://help.sap.com/docs/CLOUD_INTEGRATION/368c481cd6954bdfa5d0435479fd4eaf/4b4ba1c553474259b5be661f4ef0702c.html?locale=en-US*

Paketanlage in SAP Cloud Integration durchführen

Paket erstellen

Als Nächstes müssen Sie ein Paket in SAP Cloud Integration erstellen. Dazu navigieren Sie zunächst zur Oberfläche von SAP Cloud Integration. Diese erreichen Sie über das SAP-BTP-Cockpit. Dazu klicken Sie auf den Burger-Button und anschließend auf **Instances and Subscriptions**. Hier finden Sie in der Mitte Ihres Bildschirms die **Integration Suite**. Klicken Sie auf deren Namen, um auf die Kapazitätsübersichtsseite weitergeleitet zu werden. Dort klicken Sie dann auf die Kachel **Cloud Integration**. Navigieren Sie nun noch über den Burger-Button, klicken Sie anschließend auf den Stift-Button und wählen Sie **Integrations**.

Nun befinden Sie sich an der Stelle, an der Sie Ihre Pakete managen können. Klicken Sie in der rechten oberen Ecke auf den Button **Create**, um ein neues Paket anzulegen. Geben Sie den Namen nach Ihrer im Betrieb definierten Namenskonvention im Eingabefeld ein.

Schließlich müssen Sie noch die Beschreibung (*Description*) des Pakets ausfüllen. Damit sind die Minimalanforderungen zur Paketanlage erfüllt, und Sie können durch einen Klick auf **Save** Ihr Paket speichern. Anschließend klicken Sie in Ihrem Paket auf die Registerkarte **Artifacts**. Klicken Sie auf das Dropdown-Menü **Add**, und wählen Sie **Integration Flow** aus. Geben Sie hier ebenfalls im Namensfeld den Namen nach Ihrer Namenskonvention ein. Bestätigen Sie Ihre Eingaben mit einem Klick auf **OK**. Mit diesen Schritten haben Sie nun alle Voraussetzungen erfüllt. Im nächsten Schritt zeigen wir Ihnen, wie Sie Daten vom SFTP-Server abrufen können und diese ebenfalls wieder auf dem SFTP-Server ablegen.

Einführung von essenziellen Bausteinen und Funktionalitäten

Sender- und Receiverkanal

Im folgenden Abschnitt erklären wir Ihnen die essenziellen Bausteine von SAP Cloud Integration, mit der Sie das Grundgerüst eines Integrationsflows (iFlows) zur Datenmigration aufbauen können. Dabei gehen wir vor allem auf die Komponenten *Sender-* und *Receiverkanal* ein.

Externalized Parameters

Außerdem erläutern wir Ihnen, wie Sie die Konfiguration mit *Externalized Parameters* dynamischer gestalten können. Abschließend stellen wir Ihnen noch den Mapping-Baustein vor. Wir starten mit einem konkreten Schaubild dazu, wie Ihr Grundgerüst eines iFlows im Einzelnen aussehen kann (siehe Abbildung 10.2).

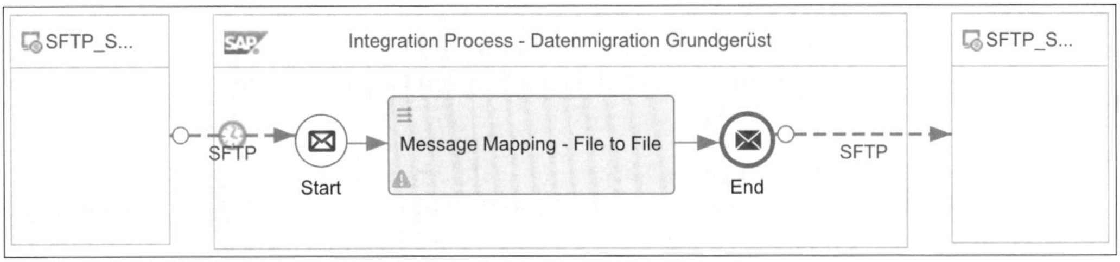

Abbildung 10.2 Grundgerüst des iFlows

Standardbausteine im neu angelegten iFlow

Um den im vorangehenden Schritt erstellten iFlow aufzurufen, klicken Sie auf den Button mit dem Namen Ihres iFlows. Zu sehen sind nun die Standardbausteine, die bei der Anlage eines neuen iFlows vordefiniert sind. Dazu zählt der Integrationsprozess in der Mitte, in den die Bausteine für die Verarbeitung im Aufbau eines Nachrichtenflusses von links nach rechts eingebunden werden. Links neben dem Rechteck des Integrationsprozesses befindet sich das Objekt des Senders und auf der entgegengesetzten Seite das Objekt des Receivers. Innerhalb des Integrationsprozesses befinden sich ein Start-Message-Baustein und ein End-Message-Baustein. Auf die konkrete Verhaltensweise und die verschiedenen Start- und Endbausteine gehen wir hier nicht näher ein, da dies den Rahmen dieses Buches sprengen würde. Auf die Konfiguration der Bausteine gehen wir in den nachfolgenden Abschnitten näher ein. Dabei gehen wir von links nach rechts vor und widmen uns somit zunächst dem Senderkanal, dann dem Message Mapping und abschließend dem Receiverkanal.

Vertrauen (Trust) zum SFTP-Server herstellen

Known-Host-Datei

Für die *Secure-Shell*-basierte (SSH-basierte) Kommunikation benötigt der SAP-Cloud-Integration-Tenant den *Host Key* des SFTP-Servers. Dieser ist erforderlich, da SAP Cloud Integration nur Verbindungen zu vertrauenswürdigen SFTP-Servern aufbauen kann (*trust*). Um dieses Vertrauen für eine sichere SSH-Kommunikation herzustellen, kommt die *Known-Host-Datei* zum Einsatz. Der Host Key des SFTP-Servers muss in die Known-Host-Datei eingepflegt werden. Der Host Key selbst kann vom SFTP-Server heruntergeladen werden, oder Sie lassen sich diesen von Ihrem SFTP-Server-Administrator geben.

Host Key über SAP Cloud Integration

Alternativ können Sie sich den Host Key auch über die SAP Cloud Integration kopieren. Dazu navigieren Sie über den Burger-Button ☰ am linken oberen Bildrand und klicken auf das Balkensymbol (**Monitor**). Dort wählen Sie in dem Dropdown-Menü **Integrations**. In der Mitte des Bildschirms öffnet sich die Übersichtsseite des Monitorings von SAP Cloud Integration. In der dritten Zeile befinden sich die Kacheln mit der Überschrift **Manage Security**. Klicken Sie auf die Kachel **Connection Test** und anschließend auf die Registerkarte **SSH**. Geben Sie in den Eingabefeldern die Verbindungsinformationen wie folgt an:

1. Zunächst geben Sie im Eingabefeld **Host** den virtuellen Hostnamen, den Sie im Cloud Connector konfiguriert haben, ein. Wenn Sie einen Cloud-SFTP-Server haben, geben Sie den Hostnamen Ihres SFTP-Servers ein.
2. Geben Sie im Eingabefeld **Port** den virtuellen Port, den Sie im Cloud Connector konfiguriert haben, ein. Wenn Sie einen Cloud-SFTP-Server haben, geben Sie den Port Ihres SFTP-Servers ein.
3. Aus dem Dropdown-Menü **Proxy Type** wählen Sie **On-Premise**, wenn Sie Ihren SFTP-Server über den Cloud Connector angebunden haben, und **Internet**, wenn Sie einen SFTP-Server in der Cloud verwenden.
4. Die Authentifizierungsmethode behalten Sie mit der Einstellung **None** bei.
5. Bestätigen Sie Ihre Eingaben mit einem Klick auf den blauen Button zu Senden.

SAP Cloud Integration versucht nun, den Server anzupingen, ohne sich dabei zu authentifizieren. Anschließend befindet sich in der rechten Bildhälfte die Antwort auf Ihre Anfrage. Wenn die Anfrage erfolgreich war, finden Sie einige Informationen zu Ihrem SFTP-Server vor. Darunter befindet sich ein Button mit Namen **Copy Host Key**. Klicken Sie auf diesen Button, um den Host Key zu kopieren.

Update der Hostdatei

Navigieren Sie nun erneut über den Burger-Button am linken oberen Bildrand, und klicken Sie anschließend auf den Augen-Button (**Monitor**). Wählen Sie in dem Dropdown-Menü **Integrations**. In der Mitte des Bildschirms öffnet sich die Übersichtsseite des Monitorings der SAP Cloud Integration. In der dritten Zeile befinden sich die Kacheln mit der Überschrift **Manage Security**. Klicken Sie auf die Kachel **Security Material**, und suchen Sie dort, ob Sie bereits ein Security Material mit dem Namen `known.hosts` besitzen. Sollte dies der Fall sein, laden Sie diese Datei mit einem Klick auf den Button **Download** ganz rechts von dem Tabelleneintrag herunter.

Known-Host-Datei neu anlegen

Sollten Sie noch keinen Tabelleneintrag vorfinden, erstellen Sie auf Ihrem Computer eine neue Textdatei mit dem Namen **known.hosts** und löschen die Dateinamenserweiterung **.txt** anschließend aus dem Namen. Öffnen Sie mit einem belieben Texteditor diese Datei, und fügen Sie den soeben kopierten Host Key als neue Zeile in diese Datei ein. Jeder Host Key muss in der

Datei in einer eigenen Zeile stehen. Für eine neue Zeile drücken Sie auf Ihrer Tastatur die [↵]. Mit [Strg] + [V] können Sie den Host Key in die neue Zeile einfügen, sofern Ihre Kopie des Host Keys noch in Ihrer Zwischenablage vorhanden ist. Speichern Sie die Datei mit [Strg] + [S]. Anschließend müssen Sie die Datei erneut in den SAP-Cloud-Integration-Tenant hochladen. Dazu können Sie in dem noch offenen Fenster in der rechten oberen Ecke auf das Dropdown-Menü mit Namen **Upload** klicken. Klicken Sie auf **Known Host (SSH)**, und wählen Sie im sich öffnenden Dialogfeld die soeben von Ihnen gespeicherte Datei aus. Nach dem Upload deployt sich die Datei automatisch, und Sie haben Ihren SFTP-Server erfolgreich SAP Cloud Integration bekannt gemacht.

Senderkanal im Grundgerüst konfigurieren

Senderkanal konfigurieren

Navigieren Sie nun zurück zu Ihrem iFlow. Zur Konfiguration des Senderkanals navigieren Sie zum Senderbaustein und klicken darauf (siehe Abbildung 10.3).

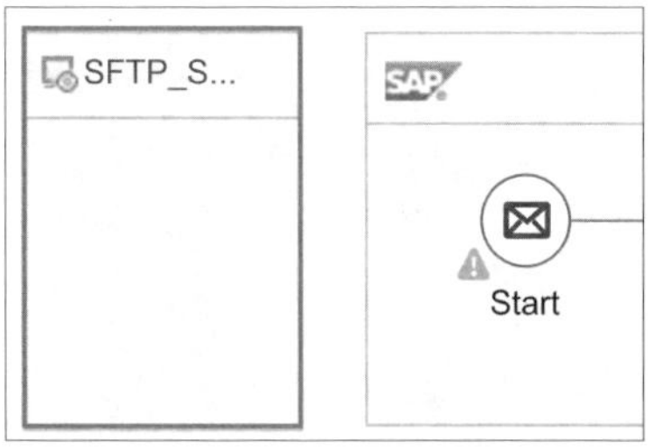

Abbildung 10.3 Senderkanalauswahl

Daraufhin erscheinen am rechten Rand des Objekts drei Symbole. Platzieren Sie Ihren Mauszeiger auf dem Symbol mit dem **Pfeil**, führen Sie per Drag & Drop den Pfeil bis zum Start-Message-Baustein, und lassen Sie die linke Maustaste wieder los. Daraufhin öffnet sich ein Dialogfeld, in dem alle Senderkanaltypen aufgeführt sind. Scrollen Sie nach unten, und wählen Sie **SFTP** als Kanaltyp aus. An dem **gestrichelten Pfeil** ist nun das Label SFTP zu erkennen. Damit haben Sie den Senderkanal erfolgreich angelegt. Um diesen nun zu konfigurieren, führen Sie einen Doppelklick darauf aus. Am unteren Bildrand öffnet sich eine Detailübersicht des Kanals, die Grundlage zur Anbindung Ihres SFTP-Servers. Die Detailübersicht enthält vier Registerkarten: **General**, **Source**, **Processing** und **Schedule**.

Spezifische Informationen hinterlegen

Die Registerkarte **General** hält die adapterspezifischen Informationen vor und dient lediglich zu Ihrer Information. Auf der Registerkarte **Source** wird das Verzeichnis und der Dateiname, die Sie aus dem Verzeichnis lesen wollen, hinterlegt. Des Weiteren müssen Sie hier die Verbindungsinformationen zum SFTP-Server pflegen. Geben Sie in den Feldern **Verzeichnis** und **Dateiname** Ihre spezifischen Informationen an. Für den Dateinamen lassen sich Wildcards verwenden. Wildcards werden hier mit dem Asterisk (*) ausgezeichnet. Gehen Sie zu den Verbindungsparametern, denn dort müssen Sie bei **Address** den virtuellen Host und den virtuellen Port des SFTP-Servers eingeben, den Sie in Abschnitt 10.3.1, »Konfiguration einer sicheren Verbindung zum SFTP-Server«, im Cloud Connector konfiguriert haben. Gehen Sie dabei nach dem Schema *<Hostname>:<Port>* vor. Sollten Sie abweichend von der von uns präsentierten Konnektivität über den Cloud Connector einen Cloud-SFTP-Server besitzen, geben Sie den Hostnamen und den Port Ihres SFTP-Servers an. Für eine Konnektivität über den Cloud Connector wählen Sie im Dropdown-Menü **Proxy Type On-Premise** aus. Sollten Sie den Cloud Connector mit einer Location-ID aufgesetzt haben, geben Sie diese in dem auftauchenden Feld **Location ID** an. Wenn Sie über einen Cloud-SFTP-Server verfügen, behalten Sie die **Proxy Type**-Konfiguration **Internet** bei. Im Dropdown-Menü zur Auswahl der **Authentifizierung** empfehlen wir der Einfachheit halber die Auswahl **User Name/Password** beizubehalten.

[»]

Weitere Authentifizierungsmethoden

Sollten Sie sich mit den anderen Authentifizierungsmethoden auseinandersetzen wollen, empfehlen wir Ihnen die Lektüre des SAP-Blog-Artikels von Mandy Krimmel (2017) *https://blogs.sap.com/2017/08/03/cloud-integration-how-to-setup-secure-connection-to-sftp-server/*.

Anschließend müssen Sie den Namen des Sicherheitsmaterials angeben, in dem die Zugangsdaten zum SFTP-Server gespeichert sind.

Credenials anlegen

Sollten Sie keine Credentials angelegt haben, navigieren Sie über den Burger-Button hin zum Balken-Button (**Monitor**). Dort wählen Sie in dem Dropdown-Menü **Integrations** und klicken auf **Manage Security** in der dritten Zeile. Klicken Sie auf die Kachel **Security Material** sowie in der rechten oberen Ecke auf **Create**, und wählen Sie **User Credentials** als Authentifizierungstyp. Geben Sie im erscheinenden Eingabeformular einen Namen für das User Credential an.

Credentials im Kanal hinterlegen

Geben Sie außerdem den **Benutzer** mit Berechtigung auf dem SFTP-Server an und ebenfalls das **Passwort**. Die Eingabe des Passworts müssen Sie wiederholen. Bestätigen Sie Ihre Eingaben mit einem Klick auf den Button **Deploy**. In der Tabelle erscheint nun Ihr neu erstelltes Security Material. Kopieren oder merken Sie sich den Namen, und navigieren Sie zurück in Ihren iFlow. Klicken Sie auf den **Senderkanal** und anschließend auf die Registerkarte **Source**, und geben Sie in dem Eingabefeld von **Credential Name** den

Namen Ihres soeben angelegten Security Materials ein. Die weiteren vier Verbindungsparameter können Sie nach Belieben einstellen. Wir empfehlen, die Standardparameter beizubehalten. Klicken Sie nun auf die Registerkarte **Processing**, um die Prozessierungsparameter zu konfigurieren. Hier können ebenfalls die Standardparameter beibehalten werden, wir empfehlen jedoch das Post Processing auf **Move File** einzustellen und hier ein Archivierungsverzeichnis auf Ihrem SFTP-Server anzugeben. Dies dient dazu, dass Ihnen diese auch nach der Prozessierung der Datei noch für eine Archivierung oder weitere Verwendung vorliegt. Sollte es während der Verarbeitung der Datei zu einem Fehler in der Nachrichtenverarbeitung kommen, verlieren Sie die Datei nicht.

Post Processing

Das *Post Processing* greift erst, wenn die Verarbeitung erfolgreich abgeschlossen ist. Somit bleibt Ihnen die Datei bei einem Fehlschlag auf Ihrem SFTP-Server erhalten. Navigieren Sie nun zur letzten Registerkarte **Scheduler**. Auf dieser lässt sich das sogenannte Polling konfigurieren. Polling meint eine zyklische Abfrage von Daten, in diesem Fall von Dateien mit dem von Ihnen konfigurierten Dateinamen aus dem konfigurierten Verzeichnis vom SFTP-Server. Somit fragt nach dem Deployment des Integrationsprozesses SAP Cloud Integration mithilfe des konfigurierten SFTP-Senderkanals automatisch Daten von dem SFTP-Server ab.

iFlow bereitstellen

Sie können den iFlow deployen, indem Sie in der rechten oberen Bildecke auf den Button **Deploy** klicken. Erst nach dem ersten Deployment des iFlows ist der Integrationsprozess aktiv und fragt automatisch zyklisch die Daten vom SFTP-Server ab. Als Grundlage dient hier die Registerkarte **Scheduler** von Ihnen definierte Intervall. Legen Sie hier somit Werte fest, mit denen Sie sich arrangieren können; die Einstellung ist Ihnen freigestellt und obliegt Ihnen ganz allein. Damit haben Sie die Konfiguration des Senderkanals abgeschlossen, und Sie sollten unbedingt Ihre Anpassungen mit einem Klick auf den Button **Save** in der rechten oberen Ecke speichern.

Receiverkanal im Grundgerüst konfigurieren

Receiverkanal konfigurieren

Im nächsten Schritt widmen wir uns der Konfiguration des Receiverkanals. Wie in Abbildung 10.4 zu erkennen, navigieren Sie dazu zum End-Message-Baustein und halten mit der linken Maustaste das Pfeilsymbol gedrückt.

Führen Sie nun per Drag & Drop Ihren Mauszeiger zum Receiverbaustein, und lassen Sie die linke Maustaste los. Im sich öffnenden Dialogfeld scrollen Sie bis ans Ende und wählen aus der Liste der verfügbaren Adaptertypen die Option **SFTP** aus. Wie bereits aus der Anlage des Senderkanals bekannt, führen Sie einen Doppelklick auf die gestrichelte Linie des Receiverkanals aus.

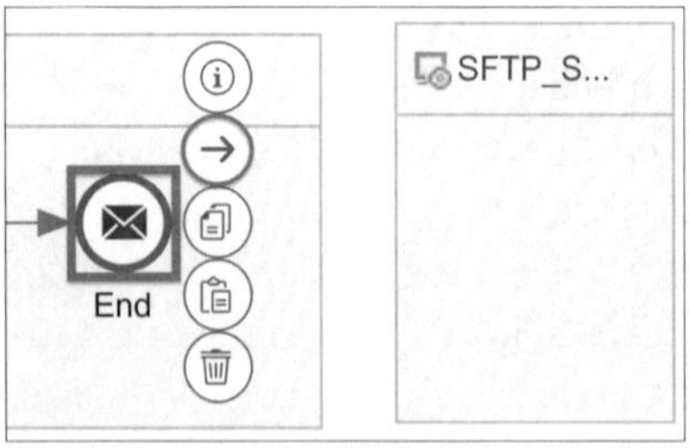

Abbildung 10.4 End-Message-Auswahl

Am unteren Bildrand öffnet sich daraufhin die Detailansicht des Kanals. Dieser beinhaltet die drei Registerkarten **General**, **Target** und **Processing**. Die Registerkarte **General** hält die adapterspezifischen Informationen vor und dient lediglich zu Ihrer Information. Auf der Registerkarte **Target** werden, ähnlich zum Senderkanal, die Dateizugriffsparameter und die Verbindungsparameter konfiguriert. Geben Sie im Feld **Directory** das Verzeichnis an, in dem Sie die Dateien nach der Transformation ablegen wollen. Gehen Sie dabei nach dem folgenden Schema vor: **Elternverzeichnis/Kindsverzeichnis**. Für das Eingabefeld **File Name** geben Sie den Dateinamen an, den Sie bei der Ablage verwenden wollen. Sollten Sie dieses Parameterfeld frei lassen, wird der Inhalt des `CamelFileName`-Headers als Dateiname verwendet.

[»]

CamelFileName-Header im Falle eines SFTP-Senderkanals

Da Sie einen SFTP-Senderkanal verwenden, wird dieser Header automatisch gesetzt. Somit ist der Dateiname in der Ablage identisch mit dem Dateinamen, den die Datei hatte, als sie von SAP Cloud Integration abgeholt wurde. Dieses Vorgehen hat den Vorteil, dass Sie den Überblick darüber behalten, welche Dateien Sie ablegen. Die Voraussetzung dabei ist, dass Sie Ihre Dateien nachvollziehbar benannt haben.

Zeitstempel

Mit einem Klick auf **Append Timestamp** wird dem Dateinamen automatisch ein Zeitstempel angehangen. Sollten Sie das Eingabefeld **File Name** leer gelassen haben enthält der Dateiname nur einen Zeitstempel. Wenn Sie den Dateinamen dynamisch über den Header `CamelFileName` setzen lassen wollen, müssen Sie den Haken von **Append Timestamp** entfernen. Mit dem Anhängen eines Zeitstempels lassen sich Dateien nach deren Verarbeitung einem entsprechenden Datum zuordnen. Gehen Sie nun zu den Verbindungsparametern und geben Sie bei **Address** den virtuellen Host und den virtuellen Port des SFTP-Servers ein, den Sie in Abschnitt 10.3.1, »Konfiguration einer sicheren Verbindung zum SFTP-Server«, im Cloud

Connector konfiguriert haben. Gehen Sie dabei nach dem Schema *<Hostname>:<Port>* vor.

Art des SFTP-Servers beachten

Sollten Sie, abweichend von der hier dargestellten Konnektivität, in Ihrem Cloud Connector über einen Cloud-SFTP-Server verfügen, geben Sie den Hostnamen und den Port Ihres SFTP-Servers an. Für eine Konnektivität über den Cloud Connector wählen Sie im Dropdown-Menü die Option **Proxy Type On-Premise** aus. Sollten Sie den Cloud Connector mit einer Location-ID aufgesetzt haben, geben Sie diese in dem auftauchenden Feld **Location ID** an. Wenn Sie über einen Cloud-SFTP-Server verfügen, behalten Sie die Proxy-Type-Konfiguration **Internet** bei. Die weiteren vier Verbindungsparameter können Sie nach Belieben einstellen. Wir empfehlen Ihnen, die Standardparameter beizubehalten.

Credentials im Kanal hinterlegen

Im Dropdown-Menü zur Auswahl der Authentifizierung empfehlen wir Ihnen, bei der Auswahl **User Name/Password** zu bleiben. Für Informationen zu anderen Authentifizierungsmethoden verweisen wir auf den bereits erwähnten SAP-Blog-Artikel von Mandy Krimmel. Anschließend müssen Sie den Namen des Sicherheitsmaterials angeben, in dem die Zugangsdaten zum SFTP-Server gespeichert sind. Sollten Sie den gleichen SFTP-Server wie beim Senderkanal verwenden, können Sie den Namen des Security Materials ebenfalls eintragen.

Credentials anlegen

Sollten Sie keine Credentials angelegt haben oder einen anderen SFTP-Server für die Ablage verwenden, navigieren Sie über den Burger-Button auf den Balken-Button (**Monitor**), wählen Sie im Dropdown-Menü **Integrations** und orientieren sich an der dritten Zeile mit dem Namen **Manage Security**. Klicken Sie auf die Kachel **Security Material**, dann in der rechten oberen Bildecke auf **Create**, und wählen Sie anschließend **User Credentials** als Authentifizierungstyp. Geben Sie in dem erscheinenden Eingabeformular einen Namen für das User Credential an. Geben Sie außerdem den **Benutzer** mit Berechtigung für den SFTP-Server und das **Passwort** an. Die Eingabe des Passworts müssen Sie wiederholen. Bestätigen Sie Ihre Eingaben mit einem Klick auf den Button **Deploy**. In der Tabelle erscheint nun Ihr neu erstellen Security Material. Kopieren oder merken Sie sich den Namen, und navigieren Sie zurück in Ihrem iFlow.

Klicken Sie auf den Receiverkanal und anschließend auf die Registerkarte **Target**, und geben Sie in dem Eingabefeld von **Credential Name** den Namen Ihres soeben angelegten Security Materials ein. Klicken Sie auf die Registerkarte **Processing**, um die Prozessierungsparameter zu konfigurieren. Wir empfehlen Ihnen, die Standardparameter beizubehalten.

[»]

Weitere Informationen zu den Parametern

Sollen Sie weitere Informationen zu den Parametern nachlesen wollen, folgen Sie dem folgenden Link zum SAP Help Portal:

https://help.sap.com/docs/CLOUD_INTEGRATION/368c481cd6954bdbd5d-0435479fd4eaf/4ef52cf6c89b44219ab7c23ef8a1df31.html?locale=en-US&q=SFTP%20Sender

Damit haben Sie die Konfiguration des Receiverkanals abgeschlossen und müssen unbedingt die Anpassungen mit einem Klick auf den Button **Save** in der rechten oberen Ecke speichern.

Externalized Parameters kennen und anwenden lernen

Externalized Parameters

Sie haben nun die Konfiguration der Kanäle kennengelernt. Im nächsten Schritt wollen wir Ihnen zeigen, wie Sie die Parameter konfigurierbar machen können. Im SAP-Cloud-Integration-Umfeld heißen diese Art von Parametern *Externalized Parameters*. Dies sind Parameter, die nach dem Deployment, ohne die iFlows in den Bearbeitenmodus zu versetzen, konfiguriert werden können. Dies bietet vor allem den Vorteil, dass Sie z. B. den Host und den Port des SFTP-Servers konfigurierbar machen können, und bei einem Wechsel des SFTP-Servers (mit Behalten der Datensätze) können Sie die Verbindungsinformationen anpassen. Des Weiteren bietet das *Externalize Feature* den Vorteil, dass diese Parameter nach einmaliger Anlage im Geltungsbereich (*Scope*) des iFlows wiederverwendet werden können. Zur Anlage navigieren Sie in ein Eingabefeld, z. B. in das **Address**-Feld des Senderkanals.

Externalized Parameters definieren

Definieren Sie hier einen *Externalized Parameter* im Format `{{parameter_1}}`, und drücken Sie zum bestätigen [↵] auf Ihrer Tastatur. Daraufhin ist die Eingabe bestätigt, und Sie können mit einem Doppelklick auf diesen Parameter den Standardwert (Default Value) setzen. Sollte dieser Parameter nicht konfiguriert werden, wird in jedem Fall der Default Value herangezogen. Sollten Sie den Parameter anpassen wollen, sichern Sie Ihren iFlow mit einem Klick auf den Button **Save** in der rechten oberen Bildecke, sofern noch nicht geschehen.

Nachträgliches konfigurieren von Parametern

Danach klicken Sie daneben auf den Button **Cancel**, und es erscheint der Button **Configure**, auf den Sie nun klicken. Es öffnet sich ein Dialogfenster, in dem Sie alle Externalized Parameter vorfinden, die in dem iFlow angelegt worden sind. Sollten Sie eine Anpassung durchführen, speichern Sie diese mit einem Klick auf den Button **Save** in der rechten unteren Ecke des Dialogfensters. Wenn Sie den Parameter wiederverwenden möchten, etwa z. B. im Sender- und Receiverkanal den gleichen SFTP-Server verwenden, navigieren Sie zum SFTP-Receiverkanal und klicken auf die Registerkarte **Target**. Navigieren Sie zum Eingabefeld **Address**, und tippen Sie {{ ein. Daraufhin erscheinen die angelegten Externalized Parameter darunter als Vorschläge. Klicken Sie auf den von Ihnen angelegten Parameter für die Adresse des SFTP-Servers, und bestätigen Sie mit [↵]. Denken Sie daran, nach einer Anpassung im iFlow diesen mit einem Klick auf den Button **Save** in der rechten oberen Bildecke zu speichern. Mit diesen Parametern sind Sie in der Lage, Ihre iFlows so benutzerdefiniert wie möglich aufzubauen.

[+]

Transportieren von iFlows mit Externalized Parameters

Beim Durchführen von Änderungen oder Transporten in eine andere Umgebung (*Stage*) können Sie die sich ändernden Parameter anpassen, ohne den iFlow in den Bearbeitungsmodus versetzen zu müssen.

Message-Mapping-Baustein

Widmen wir uns nun dem letzten Baustein in dem Grundgerüst, dem *Message-Mapping-Baustein*. Dieser Baustein erlaubt es Ihnen, in einem grafischen Mapping-Editor, den Sie in Folgendem kurz kennenlernen, strukturelle Mappings zwischen zwei verschiedenen Strukturen zu designen. Dazu stehen Ihnen verschiedene Standard-Mapping-Funktionen zur Verfügung. In SAP Cloud Integration unterstützt das Message Mapping die folgenden Dateitypen:

- *XML Schema Definitions* (XSD)
- *OData-V2/V4*-Metadaten-Dateien mit der Dateierweiterung **.edmx** oder **.xml**
- *Webservice Description Language* (WSDL)
- *Swagger/OpenAPI Specification* als JSON-Datei

Da Sie es im Datenmigrationskontext mit XML-Dateien zu tun haben, konzentrieren wir uns auf die Verwendung von XSD-Dateien. Zunächst erläutern wir Ihnen, wie Sie den Message-Mapping-Baustein erstellen. In Abschnitt 10.4.2, »Nachrichten-Mapping durchführen«, gehen wir auf die Verwendung des Bausteins ein. Außerdem erläutern wir Ihnen, was eine XSD-Datei ist und woher Sie diese Art von Dateityp bekommen.

[zB]

Notwendigkeit des Message Mappings

Schauen wir nun auf ein kurzes Beispiel, um Ihnen die Notwendigkeit des Message Mappings näher zu bringen. Stellen Sie sich vor, Ihr System A hält Mitarbeiterdaten vor. Jeder Mitarbeiter in System A hat ein Geburtsdatum im Format `yyyy-MM-dd` (`y` = Year, `M` = Month, `d` = Day), einen Nachnamen und einen Vornamen. Jetzt sollen Ihnen diese Daten ebenfalls in System B vorliegen. System B verlangt das Geburtsdatum im Format dd:MM:yyyy und den Nachnamen und Vornamen konsolidiert in einem Feld. Das Message Mapping kann dabei Abhilfe schaffen, diese Anforderungen zu erreichen.

Zur Anlage des Message-Mapping-Bausteins navigieren Sie, wie in Abbildung 10.5 zu sehen, in Ihrem iFlow auf den Pfeil zwischen Start- und End-Message-Baustein.

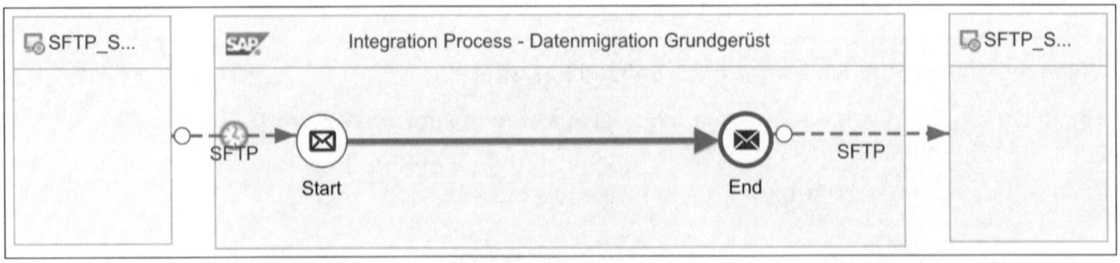

Abbildung 10.5 Message Mapping anlegen

Führen Sie auf dem Pfeil einen Doppelklick aus, und klicken Sie auf das Pluszeichen in den aufkommenden Symbolen. Klicken Sie, wie es in Abbildung 10.6 zu sehen ist, in dem Dialogfeld auf das Auswahlfeld **Message Mapping**, oder suchen Sie im Suchfeld nach dem Stichwort »Message Mapping«.

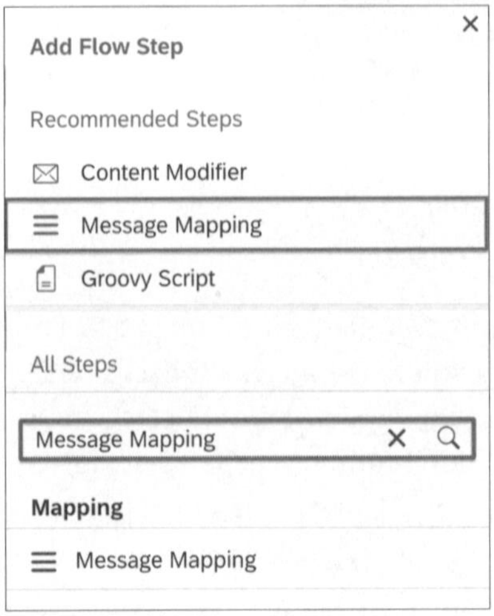

Abbildung 10.6 Message-Mapping-Schritt hinzufügen

Message Mapping einsetzen

Daraufhin erscheint der Baustein in Ihrem Integrationsprozess zwischen Start- und End-Message-Baustein. Zur Anlage eines neuen Message Mappings klicken Sie auf den Button (**Create**). Geben Sie anschließend einen Namen für das Message Mapping an. Bestätigen Sie Ihre Eingabe mit einem

Klick auf den Button **Create**. Damit öffnet sich der Editor des Message Mappings. Wie Sie hierbei weiter vorgehen, erläutern wir Ihnen in Abschnitt 10.4.2, »Nachrichten-Mapping durchführen«. Für das Erste klicken Sie auf den Button **OK** in der rechten oberen Bildecke. Klicken Sie auf den Button **Later** in dem aufkommenden Error-Dialog, und speichern Sie den iFlow mit dem bereits bekannten Klick auf den Button **Save** ab. Damit sind zunächst Ihre Änderungen gespeichert. Um Ihren iFlow nutzen zu können, muss dieser noch deployt werden. Dies können Sie mit einem Klick auf den Button **Deploy** erledigen, der sich in der rechten oberen Bildecke befindet. Sollte dieser Button wider Erwarten nicht zu sehen sein, befinden Sie sich noch im Bearbeitungsmodus. Diesen können Sie mit einem Klick auf den Button **Cancel** in der rechten oberen Bildecke beenden. Daraufhin sollte auch der Button **Deploy** zu sehen sein. Im nachfolgenden Kapitel machen wir Sie mit dem grafischen Editor des Message Mappings vertraut, damit Sie selbst in der Lage dazu sind, ein Mapping für Ihre Datenmigration durchzuführen.

10.4.2 Nachrichten-Mapping durchführen

In diesem Abschnitt bringen wir Ihnen die Grundlagen des Message Mappings näher. Den Message-Mapping-Baustein haben Sie im letzten Abschnitt in das Grundgerüst eingebaut. Bei den Dateien, mit denen Sie während der Datenmigration in Verbindung kommen, handelt es sich um XML-Dokumente. Um XML-Dokumente zu definieren und zu validieren, verwenden Sie die XML-Schema-Definition, kurz XSD. Diese XSD-Dateien sind für uns die Grundlage des Message Mappings, wie bereits im vorangehenden Abschnitt kurz erläutert.

[«]

Was ist XSD?

Die XML-Schema-Definition (XSD) ist eine Empfehlung des *World Wide Web Consortiums* (W3C), um Strukturen von XML-Dokumenten zu definieren. Das bedeutet, dass sowohl die Art der Struktur von XML-Dokumenten als auch die darin enthaltenen Elemente validiert werden können. Ein XML-Schema wird üblicherweise als XML-Schema-Definition mit der Dateiendung **.xsd** gespeichert.

XDS-Datei erstellen

Wenn Ihnen ein XML-Dokument vorliegt, können Sie eine XSD-Datei auf dessen Basis erstellen. Dazu können Sie verschiedene Software verwenden, z. B. Visual Studio. Außerdem gibt es im Internet viele Anbieter, mit denen Sie Ihre XSD-Datei auf Basis Ihres XML-Dokuments erstellen lassen können.

Feld-Mapping durchführen

Sie benötigen sowohl für die Quelldatei, also die Datei, die von Ihrem SFTP-Server von SAP Cloud Integration abgeholt wird, als auch für die Zieldatei, also die Datei, die nach der Verarbeitung wieder auf dem SFTP-Server abgelegt werden soll, eine XSD-Datei. Sobald Ihnen diese vorliegt, navigieren Sie zu Ihrem Message-Mapping-Baustein und führen einen Doppelklick aus. Klicken Sie auf die Registerkarte **Processing** und dann auf die Ressource, die Sie im letzten Abschnitt angelegt haben. Daraufhin öffnet sich der Message-Mapping-Editor.

Quellstruktur im Message Mapping

Der Message-Mapping-Editor teilt sich in drei Bereiche auf: Der obere Teil ist von der Quellstruktur auf der linken Seite und der Zielstruktur auf der rechten Seite abgeteilt. Im unteren Bereich befindet der Abschnitt, in dem Sie das Mapping durchführen. Zunächst navigieren Sie im Bereich der Quellstruktur auf den blau hinterlegten Text **Add source message**. In dem sich öffnenden Fenster klicken Sie unten links auf **Upload from File System**. Ihr Dateiexplorer öffnet sich. Suchen Sie Ihre XSD-Datei zu Ihrer Quelldatei, und führen Sie einen Doppelklick auf der Datei aus, um sie automatisch in SAP Cloud Integration zu öffnen.

Zielstruktur im Message Mapping

Zum Hinzufügen der XSD-Datei für die Zielstruktur klicken Sie auf den blau hinterlegten Text **Add Target Message** und gehen bei der Auswahl der Datei gleich vor. Da Ihnen nun die beiden Strukturen vorliegen, können Sie anfangen, die Felder zu mappen. Ziehen Sie per Drag & Drop einzelne Felder von der Zielstruktur in den unteren Bereich des Bildschirms. Die Quellfelder aus Ihrer Quellstruktur, die nun auf das Zielfeld gemappt werden müssen, können Sie ebenfalls per Drag & Drop in den Editor ziehen. In dem Mapping-Expression-Bereich befinden sich auf der linken Seite einige Auswahlfelder. Diese spiegeln die Standard-Mapping-Funktionen wieder. Suchen Sie sich die benötigten Funktionen heraus, und ziehen Sie diese ebenfalls via Drag & Drop in den Bereich. Für die Durchführung eines Feld-Mappings orientieren Sie sich an Abbildung 10.7, die zeigt, wie Vor- und Nachname der Quellstruktur, konkateniert mit einem Leerzeichen als Trennzeichen, auf den Namen als Zielfeld gemappt werden können. Zusätzlich müssen Sie den Elternknoten *customer* von der Quellstruktur mittels Drag & Drop auf die Zielstruktur, ebenfalls auf den Elternknoten *customer* ziehen. Dies ermöglicht, durch die Übertragung des Kontextes, dass in der Zielstruktur die Namen pro Kunde erzeugt werden. Die Vorgehensweise bei einem Message Mapping ist immer gleich.

Message Mapping simulieren

Zur Simulation Ihres durchgeführten Feld-Mappings klicken Sie in der rechten oberen Ecke des Bildes auf den Button **Simulate**. In dem sich öffnenden Fenster klicken Sie auf den blauen Button **Browse** und wählen aus Ihrem Datei-Explorer eine Beispielnachricht, die zur Quellstruktur passt, aus.

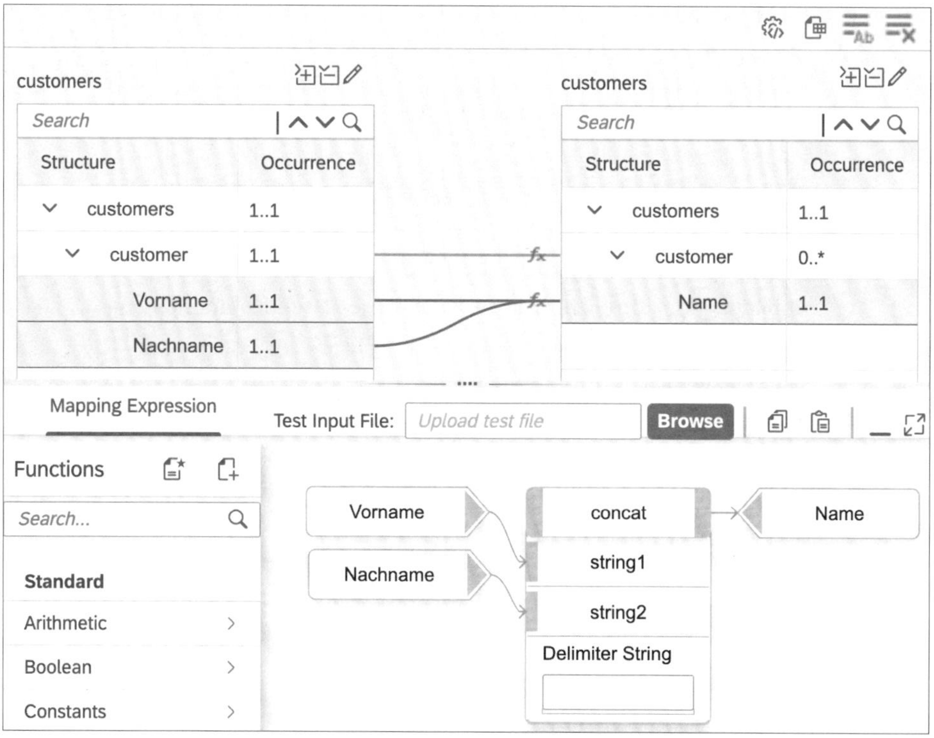

Abbildung 10.7 Beispiel für ein Feld-Mapping

Klicken Sie zum Start der Simulation auf den Button **Test** rechts unten am Fensterrand. Nach einer kurzen Wartezeit befindet sich, sofern keine Fehler ermittelt wurden, auf der rechten Seite des Fensters die Zielstruktur. Zum Schließen des Simulationsfensters klicken Sie auf den Button **Close**.

Message Mapping bereitstellen

Wenn Sie fertig mit der Durchführung des Feld-Mappings sind, klicken Sie auf den Button **OK** in der rechten oberen Bildecke. Speichern Sie wiederum Ihre Änderungen mit einem Klick auf den Button **Save**. Klicken Sie auf den Button **Deploy**, um Ihren iFlow zu deployen. Nach dem Deployment pollt der SFTP-Senderkanal aktiv auf das im Kanal konfigurierte Verzeichnis. Nach kurzer Zeit sehen Sie in dem Ablageverzeichnis Ihres SFTP-Servers die verarbeiteten Dateien.

Dynamisches Nachrichten-Mapping

Es kann vorkommen, dass Sie während Ihres Implementierungsprojekts merken, dass Sie ein Nachrichten-Mapping immer wieder neu erstellen müssen, um es in Ihren Integrationsprozessen wiederverwenden zu können. In diesem Abschnitt erklären wir Ihnen, wie Sie mit diesem Fall umgehen können. Mit der Version von SAP Cloud Integration von Oktober 2022 ist es möglich, Nachrichten-Mappings wiederzuverwenden. Die dazu notwendigen Schritte stellen wir Ihnen im Folgenden vor.

Das Grundgerüst unseres iFlows wird nach den Anpassungen wie in Abbildung 10.8 dargestellt aussehen.

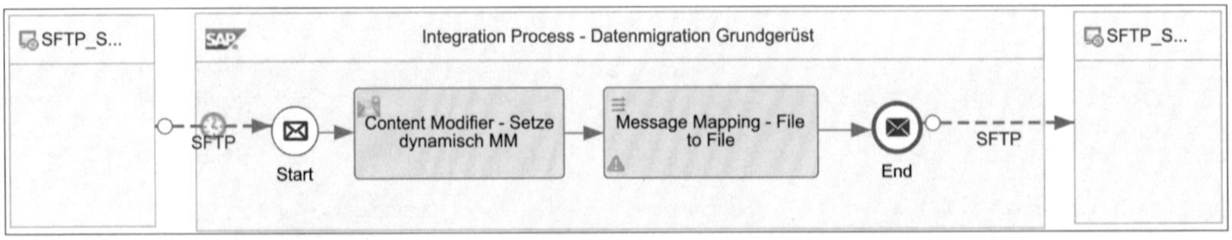

Abbildung 10.8 Grundgerüst des dynamischen Nachrichten-Mappings

Um das Nachrichten-Mapping wiederverwenden zu können, muss es als eigenes Artefakt angelegt werden. Dazu navigieren Sie in die Paketübersicht. Versetzen Sie das Paket mit einem Klick auf den Button **Edit** in der rechten oberen Ecke in den Bearbeitungsmodus. Zum Erstellen des Nachrichten-Mapping-Artefakts klicken Sie auf das Dropdown-Menü **Add** und anschließend auf **Message Mapping**. Es öffnet sich ein Formular, in dem Sie den Namen Ihres Nachrichten-Mappings festlegen können. Bestätigen Sie Ihre Eingaben mit einem Klick auf den **OK**-Button. Anschließend befindet sich das Artefakt in der Übersicht.

Navigieren Sie im nächsten Schritt in das Artefakt. Es öffnet sich der Ihnen bereits bekannte Nachrichten-Mapping-Editor. Zusätzlich befindet sich auf der linken Seite dieses Editors die Übersicht der eingebundenen **Ressourcen**. Das Nachrichten-Mapping können Sie analog zur Darstellung in Abschnitt 10.4.2, »Nachrichten-Mapping durchführen«, durchführen.

Um das Artefakt bereitzustellen und aktiv zu verwenden, speichern Sie es als Version über den Button **Save-as-version** in der rechten oberen Bildschirmhälfte. Anschließend klicken Sie auf den Button **Deploy**. Damit haben Sie das Nachrichten-Mapping als eigenes Artefakt angelegt. Um es in den unterschiedlichen iFlows Ihres Paketes wiederzuverwenden, müssen Sie noch eine Reihe von Schritten ausführen.

Zunächst benötigen Sie den Identifier des Nachrichten-Mapping-Artefakts. Klicken Sie dafür in der Auflistung der Artefakte in der Spalte **Actions** auf das Symbol [⧉]. Klicken Sie dann auf **View metadata**. Die Eigenschaft, die Sie benötigen, ist der Name der ID. Speichern Sie den ID-Namen ab, denn diesen benötigen Sie in den weiteren Schritten.

Navigieren Sie anschließend in den iFlow, in dem Sie das Nachrichten-Mapping einbinden wollen (siehe Abschnitt 10.4.1). Orientieren Sie sich bei den folgenden Schritten an Abbildung 10.8. Versetzen Sie Ihren iFlow mit einem Klick auf den Button **Edit** in der rechten oberen Bildschirmecke in den Bearbeitungsmodus. Fügen Sie nun einen Content-Modifier-Baustein zwischen dem **Start-Message**-Baustein und dem **Message-Mapping**-Baustein ein. Führen Sie nun einen Doppelklick auf den Content-Modifier-Baustein aus, um die Konfiguration anzupassen. Navigieren Sie zur Registerkarte **Exchange Property** und fügen Sie mit einem Klick auf **Add** eine neue Eigenschaft hinzu. Die Spalten **Action** und **Source Type** bleiben bestehen. Geben Sie für die Eigenschaft einen beliebigen **Namen** an. Als **Source Value** geben Sie *ref:<Nachrichten-Mapping Artefakt-ID>* ein. Den Namen der Eigenschaft benötigen Sie für den nächsten Schritt. Führen Sie nun einen Doppelklick auf den Baustein **Message Mapping** aus. Auf der Registerkarte **Processing** ändern Sie den **Reference Type** auf **Dynamic**. Als **Expression** geben Sie nun `${property.<Eigenschaftsname>}` ein. Damit haben Sie eine Verlinkung auf die Eigenschaft aus dem Content Modifier erstellt. Das in der Eigenschaft referenzierte Nachrichten-Mapping wird somit in dem Integrationsprozess während der Laufzeit ausgeführt. Speichern Sie den iFlow mit einem Klick auf den Button **Save** oder auf den Button **Save-as-version**. Stellen Sie den iFlow anschließend mit einem Klick auf den Button **Deploy** bereit.

Damit haben Sie das Nachrichten-Mapping dynamisch in Ihrem iFlow hinterlegt. Selbstverständlich können Sie diesen Schritt mit den externen Parametern aus Abschnitt 10.4.1, »Grundgerüst aufbauen«, verbinden.

10.4.3 Daten-Merge implementieren

Aufbauend auf dem Grundgerüst widmen wir uns in diesem Abschnitt der Erweiterung des bereits erwähnten Daten-Merges. Ein Daten-Merge wird benötigt, wenn sich beispielsweise die Mitarbeiternamen in einer Datei und die Wohnorte der Mitarbeiter in einer anderen Datei befinden und Sie diese nun in einem XML-Dokument benötigen. Hierbei hilft Ihnen der Daten-Merge der mittels des Bausteins **Poll Enrich** verwirklicht wird. Wie Sie in Abbildung 10.9 sehen können, bedient sich der Baustein eines SFTP-Senders, verbunden mit einem Senderbaustein.

Konfiguration des Poll-Enrich-Bausteins

Um den Daten-Merge zu implementieren, klicken Sie in der **Menüleiste** auf den in Abbildung 10.10 zu sehenden Button, und in der Auswahl klicken Sie auf **Sender**.

Klicken Sie nun auf den Pfeil zwischen dem Start-Message-Baustein und dem Message-Mapping-Baustein Ihres Grundgerüstes, und klicken Sie anschließend auf den Plus-Button. In dem sich öffnenden Fenster suchen Sie in der Suchleiste nach »Poll Enrich« und bestätigen Ihre Eingabe mit einem Klick auf die erscheinende Poll-Enrich-Auswahl.

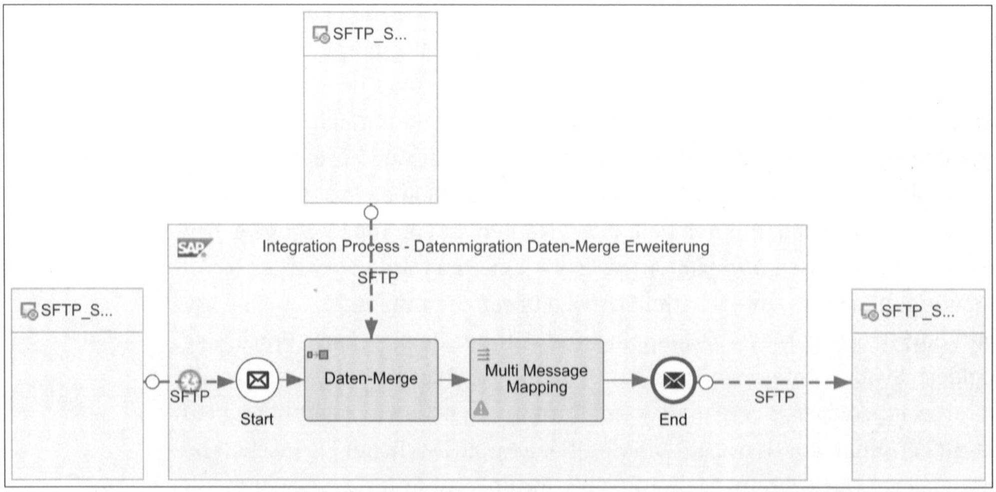

Abbildung 10.9 iFlow mit Daten-Merge

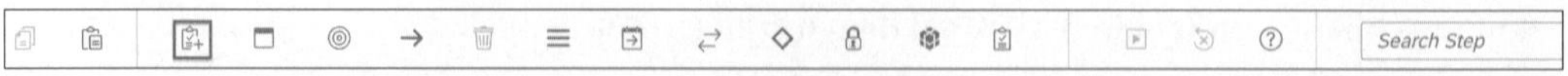

Abbildung 10.10 Auswahlbanner

Führen Sie einen Doppelklick auf dem Poll-Enrich-Baustein aus, navigieren Sie zur Registerkarte **Processing**, und wählen Sie im Feld die Option **Aggeration Algorithm Combine XML** aus. Dies dient dazu, dass die beiden XML-Dokumente, die sowohl vom SFTP-Senderkanal aus dem Grundgerüst als auch vom im Anschluss angelegten Poll-Enrich-Baustein die beiden XML-Dokumente zu einer Nachricht zusammengefügt werden. Zum Anlegen des zweiten SFTP-Senderkanals für die Daten-Merge-Funktionalität klicken Sie auf den soeben erstellten Senderbaustein, führen per Drag & Drop den Pfeil zum Poll-Enrich-Baustein und lassen dann los. Im sich öffnenden Fenster klicken Sie auf die Auswahl **SFTP**. Konfigurieren Sie den Kanal so, wie Sie es bereits auch beim Senderkanal im Grundgerüst getan haben. Denken Sie daran, gegebenenfalls das Verzeichnis und den Dateinamen abzuändern, sollten sich diese vom eigentlichen Verzeichnis und Dateinamen unterscheiden. Sollten Sie Externalized Parameter konfiguriert haben, können Sie diese hier wiederverwenden. Sichern Sie Ihre Änderungen mit einem Klick auf den Button **Save** in der rechten oberen Bildecke.

Multi-Mapping-Funktion

Navigieren Sie nun zu Ihrem Message-Mapping-Baustein. Führen Sie einen Doppelklick darauf aus, klicken Sie auf die Registerkarte **Processing**, und wählen Sie unter **Resource** Ihr bereits angelegtes Mapping aus. Die XML-Dokumente wurden durch den Poll-Enrich-Baustein zusammengefügt. Diese XML-Dokumente müssen Sie nun in dem Mapping-Editor ebenfalls abdecken. Dazu dienen die XSD-Dateien der beiden Quelldateien einmal als Hauptdatei und einmal als Datei, die durch den Poll-Enrich-Baustein für einen Daten-Merge hinzugefügt wurde. Klicken Sie in der rechten oberen Ecke auf den blauen Text **Add source message**, und suchen Sie in Ihrem Dateiexplorer nach einem Klick auf **Upload from File System** die XSD-Datei heraus.

Quellstruktur anreichern

Sollten Sie bereits eine XSD-Datei hinzugefügt haben und diese nur um die zweite XSD-Datei erweitern wollen, klicken Sie auf den Stift-Button in dem Bereich der Quellnachricht. Klicken Sie nun auf den Plus-Button im Bereich **Source Message**, und fügen Sie die zusätzliche XSD-Datei über den gleichen Mechanismus wie bei der ersten XSD-Datei ein. Diesmal verwenden Sie die XSD-Datei, die für den Daten-Merge verwendet wird. Nach der Auswahl sehen Sie bei der Source-Nachricht zwei Nachrichten. Bestätigen Sie Ihre Änderungen mit einem Klick auf den Button **OK** in der rechten oberen Bildecke. Führen Sie nun Ihr Feld-Mapping durch, wie Sie es in Abschnitt 10.4.2, »Nachrichten-Mapping durchführen«, bereits gelernt haben. Bestätigen Sie Ihr Mapping mit einem Klick auf den Button **OK** in der rechten oberen Bildecke.

In der Tabelle 10.3 finden Sie eine Beispieldurchführung der Daten-Merge-Funktion.

Hauptdokument

```
<?xml version="1.0" encoding="UTF-8"?>
<Kunden>
    <Kunde>
        <Vorname>Max</Vorname>
        <Nachname>Mustermann</Nachname>
    </Kunde>
    <Kunde>
        <Vorname>Sabine</Vorname>
        <Nachname>Musterfrau</Nachname>
    </Kunde>
</Kunden>
```

Poll-Enrich-Dokument

```
<?xml version="1.0" encoding="UTF-8"?>
<Anschriften>
    <Anschrift>
        <Ort>Dortmund</Ort>
        <PLZ>12345</PLZ>
```

Tabelle 10.3 Beispiel für einen Daten-Merge

Hauptdokument
<pre>   <Strasse>Musterstrasse</Strasse>   <Hausnr>13</Hausnr>   </Anschrift>   <Anschrift>   <Ort>Walldorf</Ort>   <PLZ>67890</PLZ>   <Strasse>Musterstrasse</Strasse>   <Hausnr>7</Hausnr>   </Anschrift> </Anschriften></pre>
Kombiniertes XML-Dokument durch Poll-Enrich-Baustein

<pre><?xml version='1.0' encoding='UTF-8'?>
<multimap:Messages xmlns:multimap="http://sap.com/xi/XI/SplitAnd-
Merge">
    <multimap:Message1>
        <Kunden>
            <Kunde>
                <Vorname>Max</Vorname>
                <Nachname>Mustermann</Nachname>
            </Kunde>
            <Kunde>
                <Vorname>Sabine</Vorname>
                <Nachname>Musterfrau</Nachname>
            </Kunde>
        </Kunden>
    </multimap:Message1>
    <multimap:Message2>
        <Anschriften>
            <Anschrift>
                <Ort>Dortmund</Ort>
                <PLZ>12345</PLZ>
                <Strasse>Musterstrasse</Strasse>
                <Hausnr>13</Hausnr>
            </Anschrift>
            <Anschrift>
                <Ort>Walldorf</Ort>
                <PLZ>67890</PLZ>
                <Strasse>Musterstrasse</Strasse>
                <Hausnr>7</Hausnr>
            </Anschrift>
        </Anschriften>
    </multimap:Message2>
</multimap:Messages></pre>

Tabelle 10.3 Beispiel für einen Daten-Merge (Forts.)

Hauptdokument
XML-Dokument nach dem Multi Message Mapping

```
<?xml version="1.0" encoding="UTF-8"?>
<ns0:Messages xmlns:ns0="http://sap.com/xi/XI/SplitAndMerge">
    <ns0:Message1>
        <Kunden>
            <Kunde>
                <Name>Max Mustermann</Name>
                <PLZ>12345</PLZ>
                <Ort>Dortmund</Ort>
                <Strasse>Musterstrasse</Strasse>
                <Hausnr>13</Hausnr>
            </Kunde>
            <Kunde>
                <Name>Sabine Musterfrau</Name>
                <PLZ>67890</PLZ>
                <Ort>Walldorf</Ort>
                <Strasse>Musterstrasse</Strasse>
                <Hausnr>7</Hausnr>
            </Kunde>
        </Kunden>
    </ns0:Message1>
</ns0:Messages>
```

Tabelle 10.3 Beispiel für einen Daten-Merge (Forts.)

Sie speichern Ihre Anpassungen mit einem Klick auf den Button **Save** in der rechten oberen Bildecke Ihres iFlows. Um den iFlow nutzen zu können klicken Sie auf den Button **Deploy** in der rechten oberen Bildecke.

[«]

Dateiname

Falls Sie das Feld **File Name** im Receiverkanal leer gelassen haben, wird der Dateiname des Dokuments genommen, der durch den Poll-Enrich-Baustein in den Nachrichtenfluss mit aufgenommen worden ist. Sollte Ihnen ein anderer Dateiname zusagen, ändern Sie diesen im Receiverkanal. Bedenken Sie dabei Folgendes: Sollten Sie weitere Nachrichten verarbeiten und Sie die bereits verarbeiteten Dokumente nicht aus dem Ablageverzeichnis entnommen haben, besteht die Gefahr, dass diese überschrieben werden. Entnehmen Sie zunächst die bereits verarbeiteten Dateien aus dem Ablageverzeichnis, oder ändern Sie den Namen der Datei, die durch den Poll-Enrich-Baustein in den Nachrichtenfluss hinzugefügt wird.

10.4.4 Nachrichtensplitting implementieren

In diesem Abschnitt widmen wir uns der Erweiterung des Nachrichtensplittings. Zur Erinnerung: Es kann vorkommen, dass Sie während Ihrer Datenmigration vor der Anforderung stehen, dass nur eine bestimmte maximale Anzahl an Elementen in einem XML-Dokument vorliegen darf, sodass Sie dieses verarbeiten können. Hierbei schafft das Nachrichtensplitting Abhilfe, wenn in der Quelldatei mehr als diese maximale Anzahl an Elementen vorhanden ist. In SAP Cloud Integration gibt es eine Reihe Splitterbausteine; wir konzentrieren uns auf den Baustein **General Splitter**. In Abbildung 10.11 sehen Sie die Erweiterung des Grundgerüsts mit dem Nachrichtensplitting.

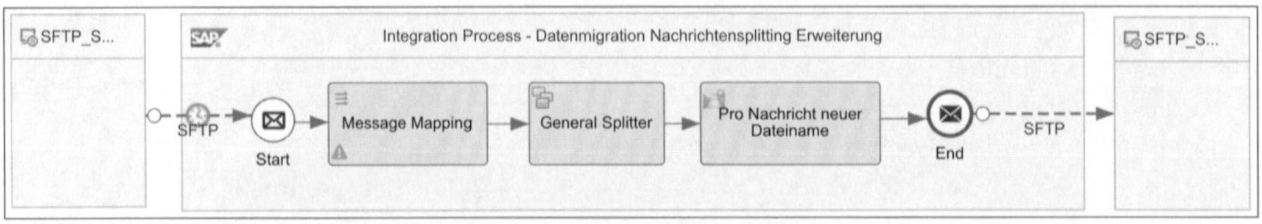

Abbildung 10.11 iFlow mit Nachrichtensplitting

General Splitter konfigurieren

Um das Nachrichtensplitting zu implementieren, navigieren Sie zu Ihrem iFlow mit dem Grundgerüst. Klicken Sie auf den Pfeil zwischen dem Message-Mapping-Baustein und dem End-Message-Baustein, und klicken Sie auf den Plus-Button. In dem sich öffnenden Fenster geben Sie in der Suchleiste »General Splitter« ein und klicken anschließend auf den Namen in der Auswahl. Außerdem wird ein Content Modifier benötigt.

Um diesen Content Modifier hinzuzufügen, gehen Sie gleichermaßen vor. Klicken Sie auf den Pfeil zwischen dem soeben angelegten General-Splitter-Baustein und dem End-Message-Baustein. Klicken Sie auf den Plus-Button, suchen Sie in dem sich öffnenden Fenster nach Content Modifier, und bestätigen Sie mit einem Klick auf den Namen aus der Liste. Schließlich konfigurieren Sie den General Splitter mit einem Doppelklick auf den Baustein. Der Baustein beinhaltet die beiden Registerkarten **General** und **Processing**. Die Registerkarte **General** dient zu Ihrer Information. Klicken Sie auf die Registerkarte **Processing**. Da Sie mit XML-Dateien arbeiten, wählen Sie im Dropdown-Menü den Eintrag **Expression Type XPath** aus. Daraufhin geben Sie Ihre XPath Expression ein, auf deren Basis Sie das Splitting durchführen möchten. Den Pfad können Sie als relativen oder auch als absoluten Pfad angeben. Der relative Pfad fängt mit zwei Slashes (//) an, gefolgt vom Elementnamen, der sich irgendwo in der XML-Datei befindet darf. Der absolute Pfad beginnt mit einem einfachen Slash, (/) gefolgt von dem Startknoten (*Rootnode*) der XML-Datei. Dieser Startknoten kann weiter verfeinert werden, indem Sie nach dem folgenden Format vorgehen: `/Startknoten/Elternknoten /Kinds-knoten/[…]`.

In dem Eingabefeld **Grouping** können Sie die Anzahl der Elemente einfügen, die zu einem XML-Dokument zusammengefasst werden können. Wenn Sie z. B. die Anforderung haben, dass in einem XML-Dokument maximal 10.000 Einträge vorhanden sind, geben Sie hier die Zahl 10.000 ein. Zur Erläuterung des Splittingvorgangs, können Sie sich erneut die Tabelle 10.2 anschauen. Die weiteren Parameter können Sie mit dem Standard beibehalten. Damit haben Sie die Konfiguration des Splitters fertiggestellt. Speichern Sie Ihre Änderungen mit einem Klick auf den Button **Save** in der rechten oberen Bildecke.

Content Modifier konfigurieren

Als Nächstes konfigurieren Sie den Content Modifier. Der Content Modifier wird benötigt, da der Dateiname im Splittingvorgang bei der Dateiablage auf dem SFTP-Server zu Problemen führt. Rufen Sie sich noch einmal die Einstellung Ihres Receiverkanals bezüglich des Dateinamens in Erinnerung. Diesen haben Sie höchstwahrscheinlich leer gelassen oder mit einem eigenen Namen belegt. Nun gibt es nach dem Splittingvorgang allerdings mehrere Dateien, die nach der aktuellen Konfiguration alle den gleichen Dateinamen haben und somit überschrieben werden. Um dem vorzubeugen, implementieren Sie nach dem Splitter-Baustein den Content Modifier. Nach dem Splittingvorgang besitzt jede Nachricht während der weiteren Verarbeitung ihre eigenen Eigenschaften (*Propertys*) und auch ihre eigenen Header-Daten (*Header*). Dies machen wir uns zunutze, indem wir den `CamelFileName`-Header, der automatisch bei einem leeren Dateinamen im Receiverkanal herangezogen wird und den ursprünglichen Dateinamen auf dem SFTP-Server beinhaltet, manipulieren. Dazu navigieren Sie nun zu dem Content Modifier und führen einen Klick auf diesen Baustein aus. Wechseln Sie zur Registerkarte **Message Header**. Rechts befindet sich ein Button **Add**, den Sie anklicken. In die neu erscheinende Zeile geben Sie nun die folgenden Daten ein:

- **Action**: Wählen Sie **Create**, da wir den bereits existierenden Header `CamelFileName` überschreiben wollen.
- **Source Type**: Wählen Sie **Expression**, da wir auf einen weiteren Header, der den Split-Index beinhaltet, zugreifen werden.
- **Source Value**: Geben hier Folgendes ein: »${header.CamelSplitIndex}_${header.CamelFileName}«. Damit gelingt es uns, den Header zu überschreiben. Nehmen wir an, die Datei hat bei der Anfrage den Namen **Test** und die Dateierweiterung **.xml**. Die Datei hat weiterhin so viele Einträge, dass der Splitter diese in zwei Dateien aufteilt. Dann besitzen diese nach der Ablage auf dem SFTP-Server die Namen **0_Test.xml** und **1_Test.xml**.

0 bzw. **1** steht hier für den Index des Splittingvorgangs und **Text.xml** war bereits unser Dateiname; diesen haben wir wieder verwendet. Damit erhalten wir unterschiedliche Dateinamen, und die Dateien werden bei der Ablage nicht überschrieben. Voraussetzung dafür ist, dass Sie im Receiverkanal die Konfiguration des Dateinamens leer gelassen haben.

- **Data Type**: Da es sich hierbei um eine Zeichenkette (*String*) handelt tippen Sie Folgendes ein: »java.lang.String«.

Damit haben Sie das Nachrichtensplitting erfolgreich implementiert. Mit dem Content Modifier haben Sie verhindert, dass sich gesplittete Nachrichten auf dem SFTP-Server überschreiben. Zum Sichern Ihrer Änderungen klicken Sie auf den Button **Save** in der rechten oberen Bildecke. Wenn Sie Ihren iFlow nutzen wollen, muss dieser über den Button **Deploy** deployt werden.

Bei der Verarbeitung einer neuen Datei startet der Split-Index wieder bei 0. Sollten Dateien den gleichen Namen aufweisen, werden diese Dateien potenziell bei der Ablage nach der Verarbeitung überschrieben.

[+]

Kombination aus Daten-Merge und Nachrichtensplitting

Wir weisen Sie darauf hin, dass Sie das Nachrichtensplitting und den Daten-Merge auch kombinieren können. Sie können dabei die Bausteine des Nachrichtensplittings mit in den Baustein des Daten-Merges integrieren. Legen Sie dafür die Bausteine des Nachrichtensplittings nach den Bausteinen des Daten-Merges in einem gemeinsamen iFlow an.

10.5 Handlungsoptionen für Key-User

Dieser Abschnitt richtet sich speziell an Key-User, die nicht aktiv die Entwicklung der iFlows durchführen. Wir gehen auf Aktivitäten ein, die Sie als Key-User selbst durchführen können, um die Entwicklung und in Ihrem Unternehmen tätige Beraterinnen und Berater zu unterstützen oder selbst Einfluss z. B. auf die Datenablage zu nehmen. Dafür wird auf die Rollenverteilung, die Verwendung des Monitorings und die Konfiguration von externen Parametern eingegangen.

10.5.1 Rollenverteilung

Rollensammlung zuweisen

Damit Mitarbeitende in der Beratung und Entwicklung Zugang und Berechtigungen für SAP Cloud Integration bekommen können, müssen ihnen im SAP BTP Cockpit die notwendigen Rollen zugewiesen werden. Diese Rollen finden sich zumeist in vordefinierten sogenannten *Role Collections* wieder.

Diese Role Collections können Sie einem Benutzer zuweisen. Navigieren Sie dazu im SAP BTP Cockpit auf das Burgersymbol, öffnen Sie das Dropdown-Menü **Security** und klicken Sie auf **Users**. In der Mitte des Bildes öffnet sich eine Tabelle, in der alle angelegten Benutzer des Subaccounts vorhanden sind. Sie können den Benutzer über die Suchleiste suchen. Alternativ durchsuchen Sie die Tabelle. Damit Sie einen Benutzer einer Rollensammlung hinzufügen können, führen Sie einen Klick auf den Benutzer in der Tabelle aus. Auf der rechten Seite des Bildes öffnen sich die Benutzerinformationen. Scrollen Sie bis zu **Role Collections** herunter, und klicken Sie auf das Punktesymbol. Anschließend klicken Sie auf **Assign Role Collection**. Wählen Sie in dem sich öffnenden Dialog die benötigte Rollensammlung aus. Für eine genaue Auflistung der Rollensammlung und den beinhalteten Rollen für SAP Cloud Connection nutzen Sie den folgenden Link: *https://help.sap.com/docs/CLOUD_INTEGRATION/368c481cd6954bdfa5d0435479fd4eaf/4b4ba1c553474259b5be661f4ef0702c.html?locale=en-US*

Nachdem Sie die Rollensammlung ausgewählt haben, klicken Sie auf den blauen Button **Assign Role Collection** in der rechten unteren Ecke des Dialoges. Damit haben Sie einem Benutzer die gewünschten Rollen zugewiesen.

Benutzer anlegen

Sollten Sie einen Benutzer zunächst anlegen müssen, helfen Ihnen die nachfolgenden Schritte: Um einen neuen Benutzer anzulegen, navigieren Sie im SAP BTP Cockpit auf das Burgersymbol, und öffnen Sie das Dropdown-Menü **Security**. Klicken Sie auf **Users**. In der rechten oberen Ecke Ihres Bildschirmes klicken Sie auf den blauen Button **Create**.

In dem sich öffnenden Dialog legen Sie den Benutzernamen fest. Der Benutzername ist die E-Mail-Adresse, die an dem S-User hinterlegt ist, sofern Sie den standardmäßigen *Identity Provider* der SAP verwenden. Im Feld **E-Mail** hinterlegen Sie diese E-Mail-Adresse ebenfalls. In dem Dropdown-Menü **Identity Provider** können Sie die Einstellung beibehalten.

Sollten Sie in Ihrem Unternehmen einen abweichenden Identity Provider verwenden, geben Sie die für diesen notwendigen Informationen des Benutzers ein. Mit einem Klick auf **Create** in der rechten unteren Ecke des Dialoges speichern Sie Ihre Eingaben.

Damit haben Sie erfolgreich einen neuen Benutzer auf den Subaccount zugelassen.

10.5.2 Verwendung des Monitorings

Als Key-User könnte eine Ihrer Aufgaben die Kontrolle des Nachrichtenverlaufes sein. Wir erläutern Ihnen, wie Sie einfache Tätigkeiten in dem *Moni-*

toring von SAP Cloud Integration ausführen können. Zunächst müssen Sie zur SAP Integration Suite navigieren. Diese erreichen Sie über das SAP BTP Cockpit. Dazu klicken Sie auf das Burgersymbol ☰ und anschließend auf **Instances and Subscriptions**. Hier finden Sie in der Mitte Ihres Bildes die SAP Integration Suite. Klicken Sie auf den Namen. Dadurch werden Sie auf die zentrale Seite der SAP Integration Suite weitergeleitet. Wählen Sie das Burgersymbol ☰, und klicken Sie dann auf das Balkensymbol. Dort klicken Sie in dem sich öffnenden Dropdown-Menü auf **Integrations**. In der Mitte Ihres Bildschirmes öffnet sich das Monitoring von SAP Cloud Integration.

Log-Level-Einstellung und Integration Content

Die Kacheln, die wir Ihnen erklären möchten, sind die jeweils ersten in der ersten und zweiten Zeile.

Klicken Sie auf die Kachel mit der Beschriftung **All** in der zweiten Zeile. In diesem Abschnitt befinden sich alle auf SAP Cloud Integration bereitgestellten iFlows. In der linken Hälfte befindet sich eine Auflistung der iFlows mit einem *Bereitstellungsstatus*. Der Bereitstellungstatus gibt Ihnen Informationen darüber, in welchem Zustand sich der iFlow befindet. Auf der rechten Seite sehen Sie die spezifischen Informationen des iFlows.

Klicken Sie auf die Registerkarte **Log Configuration**, und Sie werden zu dem *Log Level* des iFlows geleitet. Steht das Log Level auf **Info**, wird lediglich eine kleine Log-Datei über den Nachrichtenverlauf angefertigt.

Möchten Sie allerdings zu Testzwecken oder zur Fehlerbehebung jeden einzelnen Schritt in der Nachrichtenverarbeitung nachvollziehen können, stellen Sie das Log Level in dem Dropdown-Menü auf **Trace**. Für alle Nachrichten der nächsten zehn Minuten ist dieses Log Level ausschlaggebend. Sofern Nachrichten verarbeitet werden, können Sie in dem Nachrichtenmonitoring in den Trace schauen und jeden einzelnen Schritt der Nachrichtenverarbeitung nachvollziehen. Das Log Level stellt sich nach zehn Minuten automatisch auf die zuvor konfigurierte Einstellung zurück. Der Trace einer Nachricht ist nach seiner Aufzeichnung für eine Stunde aufrufbar.

Nachrichtenmonitoring

Das gesamte *Nachrichtenmonitoring* können Sie durch einen Klick auf die erste Kachel der ersten Zeile aufrufen. Der Bildschirm des Nachrichtenmonitorings teilt sich in drei Abschnitte auf.

- In dem oberen Abschnitt befinden sich die Werkzeuge, mit denen Sie nach einer bestimmten Nachricht oder einem Artefakt filtern können.
- Darunter im linken Abschnitt befinden sich alle Nachrichten, die durch SAP Cloud Integration verarbeitet wurden.
- Auf der rechten Seite befinden sich die spezifischen Informationen einer Nachricht. Sie finden hier ebenfalls bei einer fehlerhaften Nachricht die entsprechende Fehlermeldung.

Sollten Sie, wie im vorangegangenen Abschnitt erläutert, den Trace eines iFlows eingestellt haben, finden Sie den Button **Trace** an der spezifischen Nachricht. Scrollen Sie dafür an der Nachricht bis ans Ende und klicken Sie auf die blau hinterlegte Schrift **Trace**. Daraufhin öffnet sich ein neues Fenster in Ihrem Browser mit der Ansicht des Traces. Die Navigation in diesem Fenster und die einzelnen Bedeutungen können Sie in folgendem Link nachlesen:

https://help.sap.com/docs/CLOUD_INTEGRATION/368c481cd6954bdfa5d0435479fd4eaf/4ec27d358d844c96b3ae11febd440eac.html?locale=en-US

Damit beherrschen Sie nun die einführenden Aufgaben im Monitoring von SAP Cloud Integration. Sollten Sie einmal nicht weiterwissen, so wenden Sie sich am besten an Ihr Entwicklungs- oder Beratungsteam.

10.5.3 Konfiguration von Parametern

In diesem Abschnitt erfahren Sie, wie Sie durch eine Aufgabe während von Datenmigration eine Anpassung an den Parametern eines iFlows vornehmen.

Zunächst müssen Sie in Erfahrung bringen, in welchem Paket der iFlow sich befindet und um welchen iFlow es sich konkret handelt. Anschließend können Sie in der Oberfläche von SAP Integration Suite auf das Stiftsymbol und dann auf **Integrations** klicken. Suchen Sie das Paket heraus und klicken Sie auf dieses. Navigieren Sie anschließend in den Reiter **Artefacts**. Dort befinden sich die Artefakte eines Pakets, zu welchem auch ein iFlow gehört. Suchen Sie in der Liste den iFlow heraus, den Sie bearbeiten wollen.

Konfiguration externer Parameter

Klicken Sie in der Spalte **Actions** auf das sich darin befindende Symbol und klicken Sie auf den **Configure**-Button. Öffnet sich ein Dialogfenster, in dem steht, dass keine Attribute für eine Konfiguration zur Verfügung stehen, dann sind keine externen Parameter in dem iFlow angelegt worden. Wie Sie dann vorgehen können, erläutern wir Ihnen im Anschluss. Öffnet sich stattdessen ein Dialogfenster, in welchem Sie Parameter konfigurieren können, dann sind externe Parameter in dem iFlow vorhanden. Der Typ ist standardmäßig auf **All Parameters** festgelegt. Darunter befinden sich die Parameter, die in dem iFlow konfiguriert werden können. Suchen Sie hier die Parameter heraus, die Sie abändern möchten. Sollten Sie einen Parameter nicht finden, so ist dieser entweder kein externer Parameter oder er befindet sich unter einem anderen Typ. Um einen anderen Typ auszuwählen, suchen Sie in dem Dropdown-Menü **Type** den Baustein heraus, in dem sich der Parameter befindet, und bearbeiten Sie diesen entsprechend Ihrer Anforderungen. Wenn Sie die Bearbeitung abgeschlossen haben, klicken Sie auf den

Save-Button in der rechten unteren Ecke, um Ihre Änderungen zu speichern. Mit einem Klick auf den **Deploy**-Button stellen Sie die vorgenommenen Änderungen auch zur Laufzeit bereit.

Konfiguration von Parametern im iFlow

Sollten Sie, wie beschrieben, die Meldung vorfinden, dass keine konfigurierbaren Attribute vorhanden sind, haben Sie zwei Möglichkeiten. Wenn Sie es sich zutrauen, dann können Sie die Parameter in dem iFlow selbst anpassen oder Sie bitten einen Entwickler oder Berater, dies durchzuführen. Navigieren Sie in den iFlow, den Sie bearbeiten möchten. Dafür klicken Sie auf diesen in der Artefaktsübersicht des Paketes. Klicken Sie auf den **Edit**-Button in der rechten oberen Bildschirmecke, um den iFlow in den Bearbeitungsmodus zu versetzen. Suchen Sie den Baustein, in welchem Sie die Anpassung vornehmen müssen. Sollten Sie Änderungen an den Verbindungsdaten zu dem SFTP-Server vornehmen müssen, so können Sie sich an den Konfigurationen in Abschnitt 10.4.1, »Grundgerüst aufbauen«, orientieren. Speichern Sie anschließend Ihre Änderungen mit einem Klick auf den **Save-as-Version**-Button. Anschließend klicken Sie zur Bereitstellung der Änderungen auf den **Deploy**-Button. Der **Save-as-Version**-Button ermöglicht es, eine neue Version des iFlows festzulegen. Sollten Ihre Anpassungen wider Erwarten zu einem Fehler führen, so können Sie die Version entsprechend wieder zurückstellen. Dazu navigieren Sie in die Übersicht der Artefakte. Suchen Sie den iFlow aus der Liste heraus, und klicken Sie in der Spalte **Version** auf die blau hinterlegte Nummer. Dies öffnet die **Versionshistorie** des Artefakts. Wenn Sie eine vorherige Version wiederherstellen möchten, suchen Sie diese heraus und schweben Sie mit Ihrer Maus über die Zeile der Version, die Sie wiederherstellen möchten. Neben der Zeile erscheint ein Uhrsymbol, klicken Sie auf dieses. In dem erscheinenden Dialogfeld klicken Sie anschließend auf den **OK**-Button in der rechten unteren Ecke. Damit haben Sie erfolgreich eine vorherige Version des Artefakts wiederhergestellt. Möchten Sie die neuere Version wiederherstellen, gehen Sie nach dem gleichen Schema vor. Die zuvor aktive Version befindet sich in den meisten Fällen als zweiter Eintrag in der Versionshistorie.

10.6 Fazit

Es ist mit einfachen Handgriffen möglich, schnell iFlows für die Verarbeitung Ihrer XML-Dokumente für Ihre Datenmigration mittels SAP Cloud Integration zu implementieren, auch wenn dabei zunächst einige infrastrukturelle Voraussetzungen zu erfüllen sind, damit Sie z. B. mit einem On-

Premise-SFTP-Server über die Cloud kommunizieren können. Überdies waren einige Einstellungen in SAP Cloud Integration erforderlich, um das Vertrauen zwischen SAP Cloud Integration und dem SFTP-Server herzustellen.

Anschließend haben Sie das Grundgerüst der einfachen XML-Dokumentenverarbeitung kennengelernt. Schließlich haben Sie die Erweiterungen rund um das Nachrichtensplitting und das Daten-Merge kennengelernt, um häufig auftretende Anforderungen an die XML-Dokumente bewältigen zu können. Dabei zielt die Verarbeitung der Dokumente darauf ab, Ihre XML-Dokumente in das benötigte Format für Ihre Datenmigration zu bringen.

Wir hoffen, dass wir Ihnen einen Einblick und auch einige Handlungsoptionen an die Hand geben konnten, sodass Sie mit diesem Kapitel, sollten Sie sich für das Feld-Mapping mittels SAP Cloud Integration entscheiden, bestens für die Umsetzung gewappnet sind.

Kapitel 11
Techniken zur Vermeidung von Programmierung

In diesem Kapitel stellen wir Ihnen einfache, aber wirkungsvolle Techniken vor, die es ermöglichen, auf Programmierung im Rahmen der Datenmigration zu verzichten, und Ihnen auf diese Weise helfen, Zeit und Geld zu sparen.

Dass man im Rahmen der Datenmigration aufwendige Programmierung vermeiden möchte, versteht sich von selbst: Meist würden die erzeugten Programme genau einmal zum Einsatz kommen. In vielen Fällen lässt sich Programmierung umgehen, indem die Möglichkeiten der in diesem Buch vorgestellten Datenmigrationstechniken mit den Möglichkeiten von Office-Programmen kombiniert werden. Dieses Kapitel stellt Ihnen einige häufige Anwendungsfälle vor.

11.1 Kritische Stelle: Datenkonvertierung

Wird im Rahmen der Datenmigration programmiert, erfolgt dies in den meisten Fällen an den beiden folgenden Stellen:

- **Exportieren der Quelldaten aus dem Quellsystem**
  Stellt das Quellsystem keine Möglichkeit zur Anbindung oder Funktion zum Exportieren der Daten zur Verfügung, müssen Sie entsprechende Programme dafür entwickeln bzw. entwickeln lassen. Unter Kostengesichtspunkten ist dies normalerweise unkritisch, da in der Regel Experten für Ihr Quellsystem im Haus sind und daher keine kostenintensive externe Unterstützung erforderlich ist.
- **Konvertieren der Quelldaten in das SAP-Datenformat**
  Beim Konvertieren der Quelldaten in das SAP-Datenformat verhält es sich anders: Für diese Aufgabe benötigen Sie sowohl Kenntnisse der Struktur des SAP-Datenformats und unter Umständen auch Kenntnisse der Programmiersprache ABAP. Zum Zeitpunkt der Einführung von SAP sind jedoch nicht immer beide Kenntnisse in ausreichendem Maße vorhanden.

In diesem Kapitel konzentrieren wir uns auf den zweiten Problemkomplex, das Konvertieren der Quelldaten in das SAP-Datenformat.

11.2 Techniken im Rahmen der Datenkonvertierung

Mit den im Folgenden beschriebenen Techniken zur Vermeidung von Programmierung bei der Datenkonvertierung zeigen wir Ihnen, wie Sie Ihre Quelldaten weitgehend ohne Programmierung in das SAP-System übertragen können.

Wie kann dies erreicht werden? Viele der in diesem Buch vorgestellten Werkzeuge beinhalten vorgedachte Regeln wie Zuweisung, Umschlüsselung, Festwert usw. Diese decken in der Regel den größten Teil aller anfallenden Umsetzungen ab. Mit diesem Kapitel möchten wir Ihnen zeigen, wie Sie mithilfe programmierloser Techniken in Microsoft Excel Ihre Quelldaten so aufbereiten können, dass die gesamte Konvertierung ohne Programmierung durchgeführt werden kann.

Strukturen und Feldinhalte anpassen

Hierbei gibt es grundsätzlich zwei Problemfelder, d. h. Situationen, die mithilfe von eingebauten Konvertierungsfunktionen nicht (oder nicht elegant) bewältigt werden können. Es handelt sich um die folgenden Bereiche:

- Anpassung von Strukturen
- Anpassung von Feldinhalten

Auf diese Punkte gehen wir in den folgenden Abschnitten ausführlich ein.

11.2.1 Anpassung von Strukturen

Strukturen müssen angepasst werden, wenn sich die Verteilung der Daten auf Tabellen im Quellsystem von der Verteilung im SAP-System unterscheidet.

Unproblematische flache Strukturen im Quellsystem

Ist die Struktur des Quellsystems »flacher« als die des SAP-Systems, liegen also bestimmte Daten im Quellsystem in einer Tabelle, die im SAP-System auf mehrere Tabellen verteilt sind, gibt es kein Problem. Denn die meisten Werkzeuge erlauben es Ihnen, ein und dieselbe Struktur des Quellsystems (Quellstruktur) mehreren Strukturen des SAP-Systems (Zielstruktur) zuzuweisen. Dieser Fall war in dem Beispiel des Ladens von Kundenstammdaten in Kapitel 9, »Legacy System Migration Workbench«, gegeben. Die zugehörigen Strukturbeziehungen sind in Abbildung 11.1 noch einmal dargestellt.

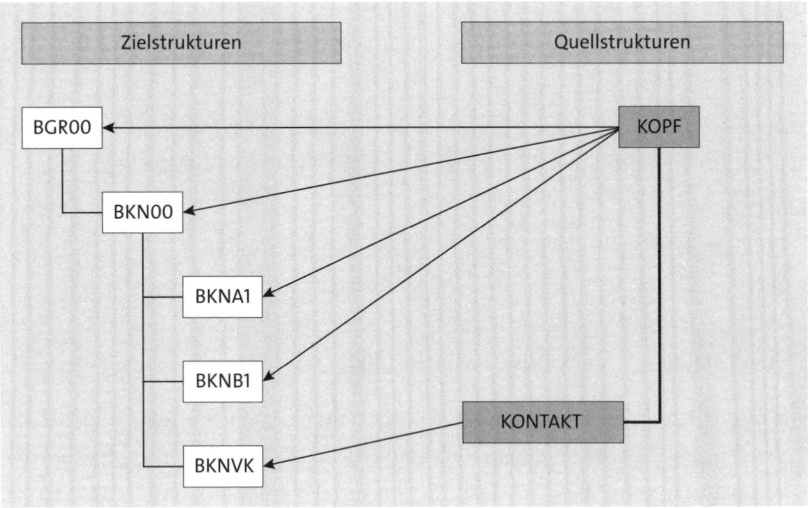

Abbildung 11.1 Quellstrukturen flacher als Zielstrukturen: Beispiel »Kunden«

Sind z. B. die Daten des Kundenkopfes im Quellsystem auf zwei Strukturen verteilt (siehe das Beispiel in Abbildung 11.2), ist es problematischer, diese einwandfrei zuzuweisen.

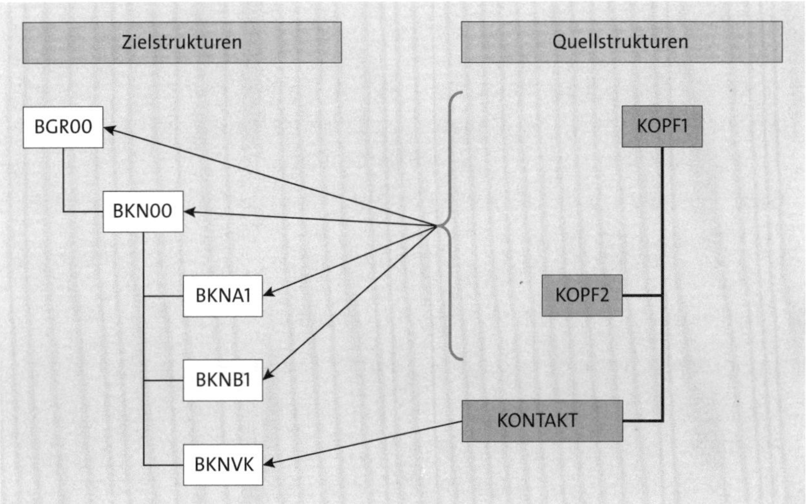

Abbildung 11.2 Quellstrukturen tiefer als Zielstrukturen: Beispiel »Kunden«

Wie lässt sich dieses Problem beheben? Eine einfache Lösung bietet Ihnen Microsoft Excel.

Join mit Microsoft Excel

Die Grundidee besteht darin, die beiden Strukturen KOPF1 und KOPF2 zu einer Struktur zusammenzufassen. In der Datenbanksprache spricht man dabei von einem *Join*.

Nehmen wir also an, dass die Felder der Struktur KOPF aus dem Beispiel zu den Kunden wie folgt auf die Strukturen KOPF1 und KOPF2 verteilt sind:

- **KOPF1**
  KUNDENNUMMER, NAME, STRASSE, ORT, POSTLEITZAHL, LAND
- **KOPF2**
  KUNDENNUMMER, SPRACHE, TELEFONNUMMER, FAXNUMMER, UIN (Umsatzsteuer-Identifikationsnummer)

Mit Microsoft Excel können Sie aus beiden Strukturen mühelos eine Struktur erzeugen, die alle Felder beider Strukturen enthält. Wir nutzen hier die etwas komplexere SVERWEIS-Funktion (engl. VLOOKUP) von Microsoft Excel als Join.

[»]

Funktion SVERWEIS/VLOOKUP

So verwenden Sie die Funktion SVERWEIS/VLOOKUP:

SVERWEIS(Suchkriterium;Matrix;Spaltenindex;[Bereich_Verweis])

Englisch:
VLOOKUP(Lookup_value;Table_array;Col_index_num;[Range_lookup])
Achten Sie darauf, dass die Vergleichstabelle (Matrix) nach dem Schlüssel sortiert ist und die Schlüsselspalte dieselbe Formatierung hat wie die Zellen des Suchkriteriums in der zu befüllenden Zelle.

(Eine detaillierte Beschreibung der SVERWEIS-Funktion finden Sie auch in der Hilfe von Microsoft Excel.)

Gehen Sie nun in Microsoft Excel folgendermaßen vor:

1. Importieren Sie die Tabellen KOPF1 und KOPF2 als eigene Arbeitsblätter.
2. Im Arbeitsblatt KOPF1 fügen Sie die Kopfzeilen des Arbeitsblattes KOPF2 exklusive der Kundenummer hinzu.
3. In Zelle G2 des letzten Feldes von KOPF1 fügen Sie folgende SVERWEIS-Regel hinzu:
   - =SVERWEIS(A2;Kopf2!A:E;**2**;FALSCH)
4. Die Regel verknüpft die Kundennummer aus KOPF1 und Zelle A2 mit dem Suchbereich (Kopf2!A:E) auf dem Arbeitsblatt KOPF2 über die Spalten A bis E und gibt den Wert aus der zweiten Spalte (2) des Suchbereiches, also hier Spalte B, zurück. Der letzte Wert FALSCH bewirkt, dass die gesuchte Kun-

dennummer auf KOPF2 in Wert und Formatierung mit KOPF1 übereinstimmen muss.

5. Sie kopieren die Regel in alle weiteren Zellen H2 bis J2 und zählen die Spaltennummer des Suchbereichs, dessen Wert zurückgegeben werden soll, hoch:
   - H2: `=SVERWEIS(A2;Kopf2!A:E;`**`3`**`;FALSCH)`
   - I2: `=SVERWEIS(A2;Kopf2!A:E;`**`4`**`;FALSCH)`
   - J2: `=SVERWEIS(A2;Kopf2!A:E;`**`5`**`;FALSCH)`
6. Wie Sie in Abbildung 11.3 sehen, sind alle Werte aus KOPF2 nun auch in KOPF1 sichtbar.

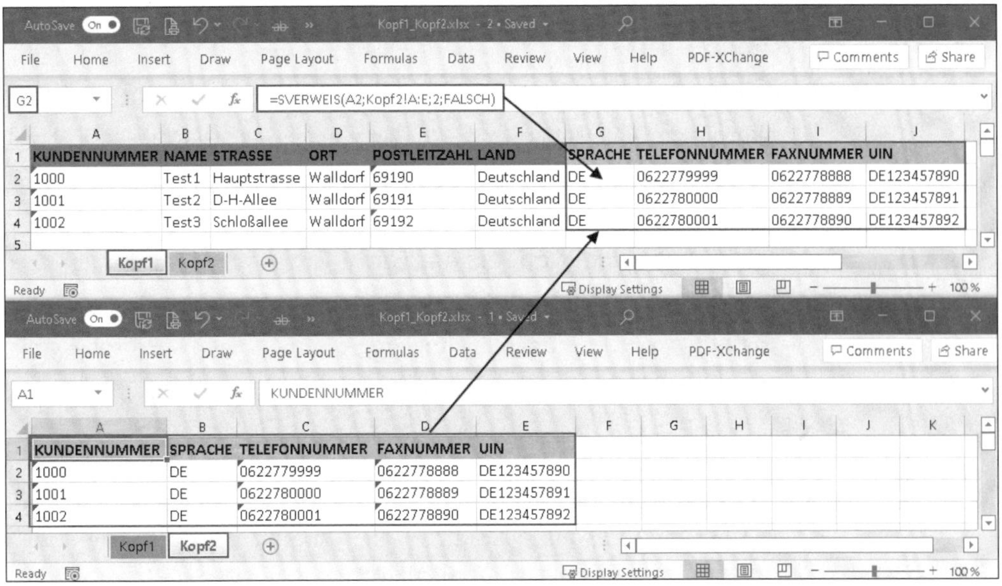

Abbildung 11.3 Microsoft Excel: Join von KOPF1 und KOPF2

7. Speichern Sie die Datei unter dem Namen KOPF1_KOPF2 ab.
8. Exportieren Sie das Ergebnis im passenden Format Ihres Datenmigrationswerkzeugs.
9. Verarbeiten Sie diese Datei mit Ihrem Datenmigrationswerkzeug.

Somit vereinfachen sich die Strukturbeziehungen gemäß Abbildung 11.4. Der komplexe Fall (siehe Abbildung 11.2) kann nun in eine Situation überführt werden, deren Strukturbeziehungen denen in Abbildung 11.1 entsprechen und folglich vom Datenmigrationswerkzeug bewältigt werden können.

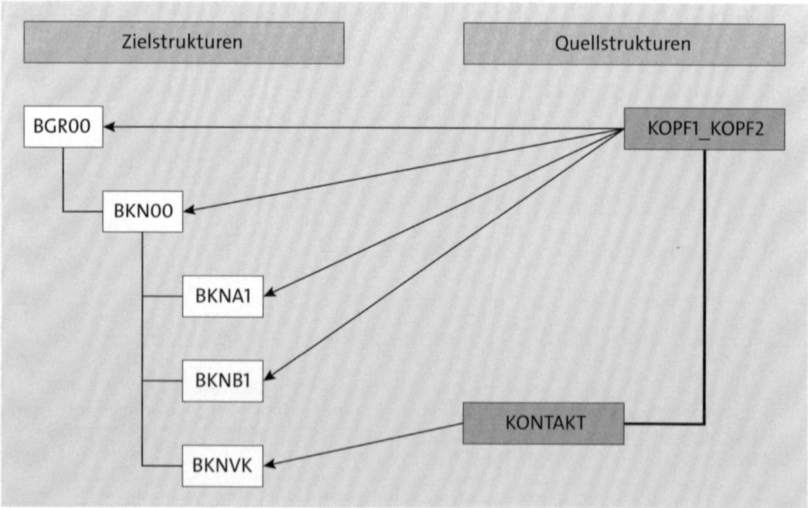

Abbildung 11.4 Vereinfachte Strukturbeziehungen nach Join über KOPF1 und KOPF2

11.2.2 Anpassung von Feldinhalten

In diesem Abschnitt gehen wir darauf ein, in welchen Fällen notwendige Anpassungen von Feldinhalten ohne Programmierung in Microsoft Excel vorgenommen werden können.

Datumsformate

Datumswerte kommen in so gut wie allen Datenobjekten vor. Je nachdem, welche Importtechnik gewählt wurde, erwartet das SAP-System die Datumswerte in einem bestimmten Format:

- **Batch-Input**
  Bei der Batch-Input-Technik wird ein Datumswert in der Regel in dem Format erwartet, das in den Einstellungen der SAP-Benutzerkennung definiert ist (z. B. `TT.MM.JJJJ`). Zur Erinnerung: Wenn Sie im SAP-Einstiegsbild den Menüpfad **System • Benutzervorgaben • Benutzerdaten** wählen und in der folgenden Bildschirmmaske die Registerkarte **Festwerte** anklicken, gelangen Sie in das in Abbildung 11.5 gezeigte Eingabebild. Dort können Sie u. a. angeben, wie Datumswerte dargestellt werden sollen.
- **BAPI und IDoc**
  Bei der BAPI- und IDoc-Importtechnik wird ein Datumswert normalerweise im internen Format `JJJJMMTT` verlangt.

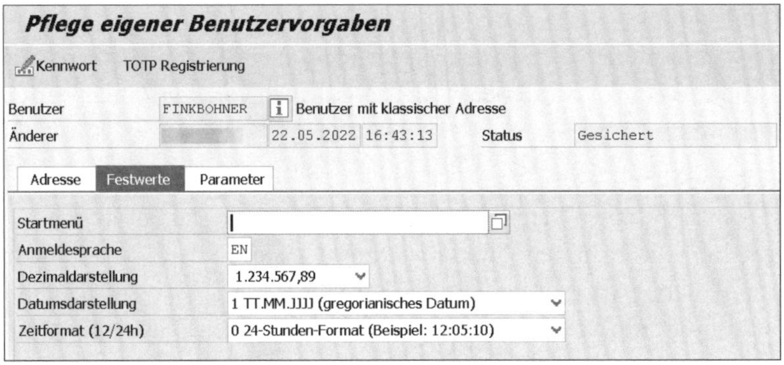

Abbildung 11.5 SAP-System: Benutzervorgaben pflegen

Wie verwandeln Sie nun einen Datumswert, beispielsweise von `TT.MM.JJJJ` in `JJJJMMTT`? Hierzu gehen Sie folgendermaßen vor:

1. Wählen Sie in Microsoft Excel in der betreffenden Tabellenspalte aus dem Kontextmenü (rechte Maustaste) **Zellen formatieren/Format Cells**. Dort klicken Sie auf die Registerkarte **Zahlen/Number**.
2. Klicken Sie auf die Kategorie **Benutzerdefiniert/Custom**, und geben Sie im Feld **Typ/Type** – wie in Abbildung 11.6 dargestellt – den Wert »JJJJMMTT« (engl. »YYYYMMDD«) ein.
3. Wenn Sie nun die Datei im Format **Text (Tabstopp-getrennt) (*.txt)** abspeichern, werden die Datumswerte im Format `JJJJMMTT` ausgegeben.

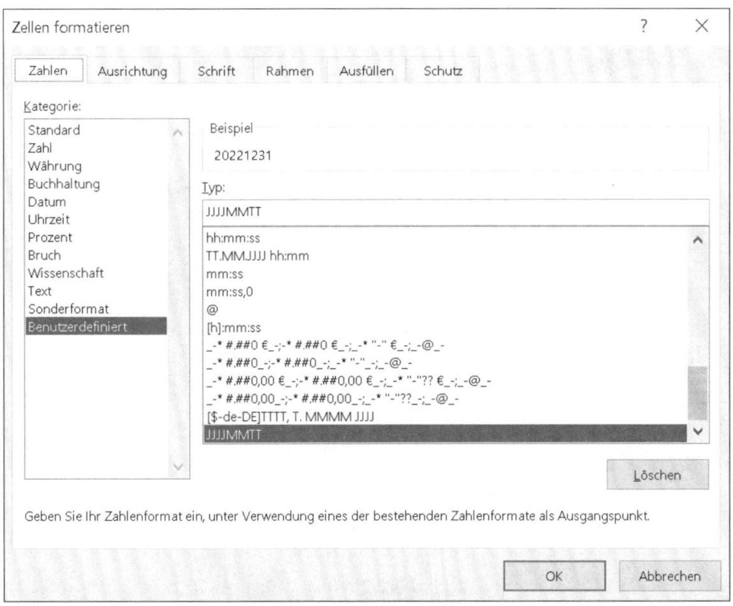

Abbildung 11.6 Datumsformat JJJJMMTT auswählen

Zahlenformate

Zahlenwerte kommen wie Datumswerte in fast allen Datenobjekten vor. Je nach Importtechnik erwartet das SAP-System auch von den Zahlenwerten ein bestimmtes Format:

- **Batch-Input**
  Bei der Batch-Input-Technik wird in der Regel – analog zu Datumswerten – ein Zahlenwert in dem Format erwartet, wie es in den Einstellungen der SAP-Benutzerkennung vorliegt, beispielsweise `123.456,78`, d. h. mit Tausendertrennzeichen und Komma als Dezimalzeichen (siehe Abbildung 11.5).
- **BAPI und IDoc**
  Bei der BAPI- und IDoc-Importtechnik wird ein Zahlenwert normalerweise im internen Format `123456.78` erwartet, d. hhh. ohne Tausendertrennzeichen und mit Punkt als Dezimalzeichen.

Wie verwandeln Sie nun einen Zahlenwert von beispielsweise 123.456,78 in 123456.78? Dies ist sehr einfach:

Zahlenformat umwandeln

1. Wählen Sie in Microsoft Excel in der betreffenden Tabellenspalte aus dem Kontextmenü (rechte Maustaste) **Zellen formatieren/Format Cells**. Es erscheint das in Abbildung 11.7 gezeigte Dialogfenster.

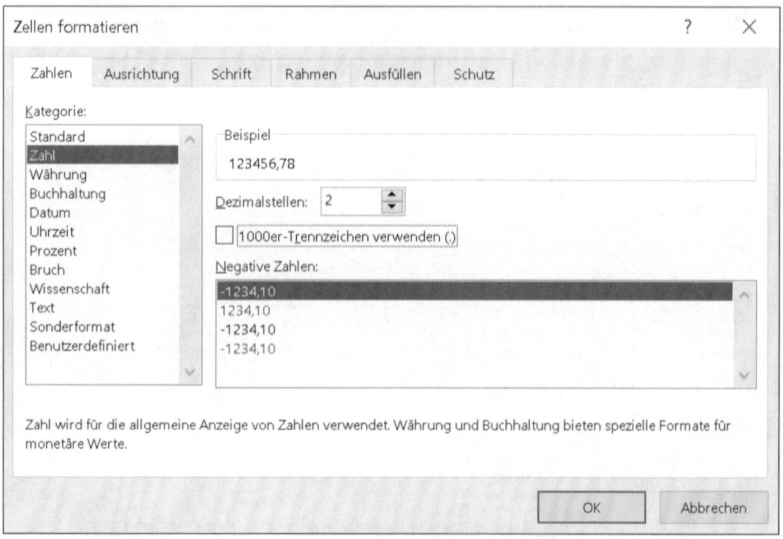

Abbildung 11.7 Zahlenformat ohne Tausendertrennzeichen auswählen

2. Wählen Sie die Registerkarte **Zahlen/Number**.
3. Klicken Sie auf die Kategorie **Zahl/Number**, und deaktivieren Sie das Ankreuzfeld **Mit 1000er-Trennzeichen (.)/Use 1000 Separator (,)**.

4. Wenn Sie nun die Datei im Format **Text (Tabstopp-getrennt) (*.txt)** abspeichern, werden die Zahlenwerte im Format `123456,78` ausgegeben.

Sie können das Dezimalzeichen von einem Komma in einen Punkt verwandeln, indem Sie – während Excel geöffnet ist – die Regional Options aus den Windows-Systemeinstellungen aufrufen und dort die entsprechenden Änderungen in **Zusätzliche Einstellungen/Additional settings** vornehmen (siehe Abbildung 11.8). Die Aktualisierung der Daten in Excel erfolgt unmittelbar.

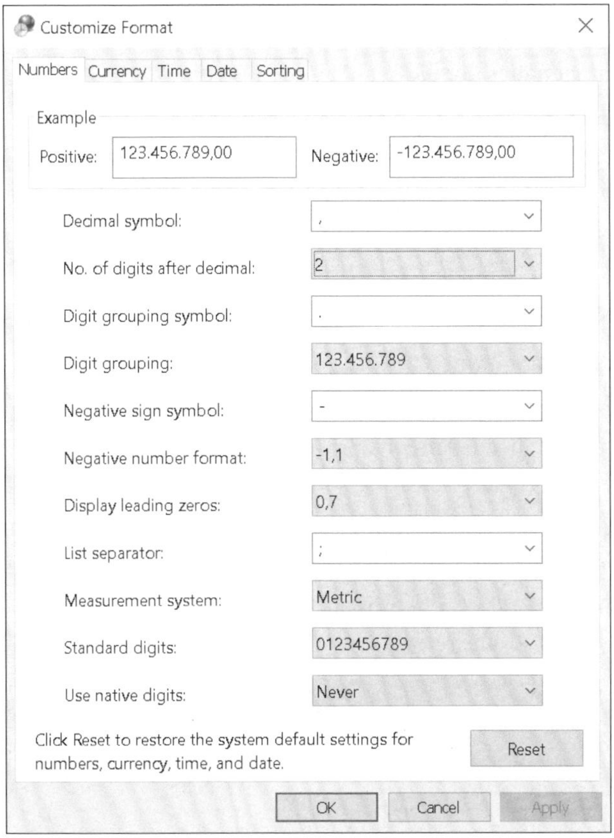

Abbildung 11.8 Regional Options: Dezimalzeichen auswählen

11.2.3 Zugriff auf Daten des SAP-Systems

Im Zuge der Datenkonvertierung kann es durchaus vorkommen, dass Sie auf die Daten des SAP-Systems zugreifen müssen.

Historisch gewachsene Kundennummern

Nehmen wir an, Sie möchten im Rahmen der SAP-Einführung Ihre historisch gewachsenen Kundennummern bereinigen, und Sie entscheiden sich aus diesem Grund dafür, bei der Datenmigration neue Kundennummern vom SAP-System vergeben zu lassen. Sie wählen demnach die sogenannte *interne Nummernvergabe*. Um den Bezug zwischen alter und neuer Kundennummer nicht zu verlieren, hinterlegen Sie die alte Kundennummer in einem speziell dafür vorgesehenen Tabellenfeld des SAP-Systems.

Möchten Sie jedoch auch debitorische offene Posten übernehmen, die in der Regel nur die alte Kundennummer kennen, müssen Sie in diesen offenen Posten die alte Kundennummer durch die neue ersetzen, da erstere für das SAP-System ausschließlich Informationscharakter hat – also kein Konto darstellt, das bebucht werden kann.

Bezug zwischen alter und neuer Kundennummer

Der Bezug zwischen alter und neuer Kundennummer ist jedoch nur dem SAP-System bekannt, genauer der SAP-Tabelle `KNB1`. Um bei der Datenkonvertierung der Belege diesen Bezug herzustellen, können Sie entweder programmieren oder folgendermaßen vorgehen:

- Sie laden den Ausschnitt der SAP-Tabelle, der den Bezug zwischen alter und neuer Kundennummer herstellt, auf Ihren Arbeitsplatzrechner.
- Nun ersetzen Sie in den Daten der Belege mittels Microsoft Excel die alte durch die neue Kundennummer.

Daten mittels Data Browser extrahieren

Im Einzelnen gehen Sie dabei wie folgt vor:

1. Migrieren Sie Ihre Kundenstammdaten in das SAP-System unter Verwendung der internen Nummernvergabe. Hinterlegen Sie dabei die alte Kundennummer im Feld `KNB1-ALTKN`.
2. Starten Sie im SAP-System Transaktion SE16 (Data Browser), geben Sie im Feld **Tabellenname** »KNB1« ein, und drücken Sie [↵].
3. Im folgenden Selektionsbild (siehe Abbildung 11.9) selektieren Sie über die Felder `KUNNR` und `BUKRS` alle relevanten Datensätze.

Abbildung 11.9 Transaktion SE16 (Data Browser)

4. Öffnen Sie den Menüpfad **Einstellungen • Listaufbereitung • Feldauswahl**, und markieren Sie im folgenden Dialogfenster die Felder `MANDT`, `KUNNR` und `ALTKN`. Bestätigen Sie Ihre Auswahl mit **Übernehmen**.
5. Wählen Sie nun **Einstellungen • Benutzerparameter** und in dem sich öffnenden Dialogfenster die ALV-Grid-Darstellung. Geben Sie im Feld **Maximale Trefferzahl** eine hinreichend große Zahl ein (siehe Abbildung 11.10), und schließen Sie das Fenster.

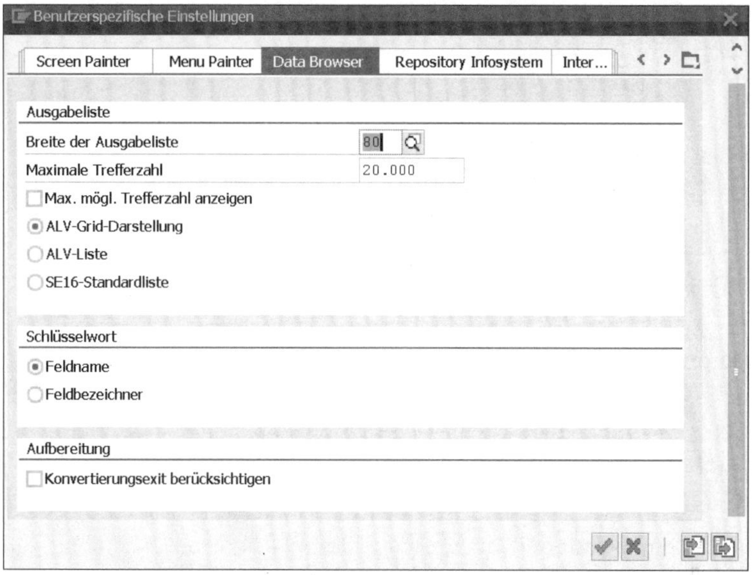

Abbildung 11.10 Transaktion SE16 (Data Browser): ALV-Grid-Darstellung)

6. Wenn Sie nun **Ausführen** [F8] wählen, erhalten Sie die gewünschten Daten in tabellarischer Darstellung.
7. Wählen Sie in der angezeigten ALV-Liste den Menüpfad **Tabelleneintrag • Liste • Exportieren • Tabellenkalkulation**. In dem sich öffnenden Dialogfenster (siehe Abbildung 11.11) wählen Sie im Feld **Format** den Wert **xlsx-TT Tabellenkalkulation (*.xlsx)** und als **Destination** den Wert **LOCAL_FILE Local**.

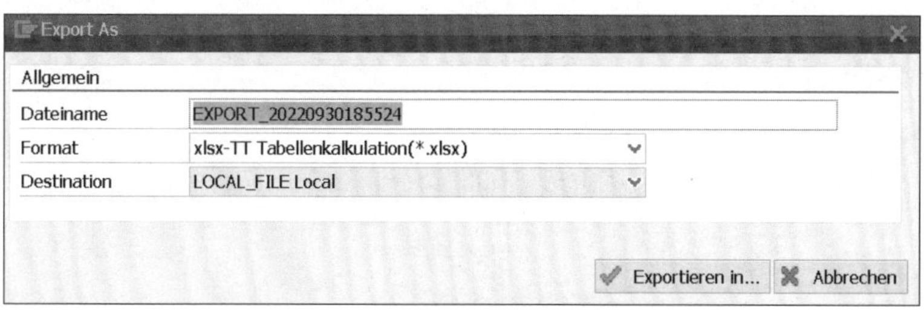

Abbildung 11.11 Transaktion SE16 (Data Browser): Datei sichern

8. Nach der Bestimmung eines Dateinamens mit der Erweiterung **.XLSX** klicken Sie auf **Exportieren in ...**.
9. Die Daten werden auf Ihren Arbeitsplatzrechner übertragen. Microsoft Excel öffnet sich automatisch. Eventuell müssen Sie einige Korrekturen vornehmen, die Zellen als Text umformatieren und die Datei in einem anderen Format neu sichern. Die Datei sieht dann in etwa wie in Abbildung 11.12 aus.

MANDT	KUNNR	ALTKN
910	0000013260	556677
910	0000013262	556678
910	0000013264	556679
910	0000013270	556680
910	0000013276	556681
910	0000013277	556682
910	0000014479	556683

Kundennnummer_Alt_Neu

Abbildung 11.12 Tabelle mit neuer und alter Kundennummer

Daten direkt kopieren

Alternativ zum Export in eine Excel-Datei können Sie alle gewünschten Spalten im ALV-Grid markieren und direkt mittels Copy & Paste in eine geöffnete Notepad-Datei kopieren. Gehen Sie wie folgt vor:

1. Blättern Sie mit der Taste [Bild↓] im ALV-Grid vom Anfang bis zum Ende der Liste. Das dient dazu, den Puffer des ALV zu füllen. Bei sehr großen Listen werden die Sätze erst bei der Anzeige in den ALV-Puffer geladen.
2. Markieren Sie die gewünschten Spalten in der Überschriftenzeile mit der linken Maustaste und gedrückter [Strg]-Taste (alternativ: [Strg] + [A]).
3. Führen Sie die Maus über eine Spaltenüberschrift, und öffnen Sie das Kontextmenü mit der rechten Maustaste.
4. Wählen Sie den Menüpunkt **Text kopieren** (alternativ: [Strg] + [C]).
5. Öffnen Sie ein Microsoft Notepad oder einen anderen Texteditor, und fügen Sie den kopierten Text ein (alternativ: [Strg] + [V]).
6. Im Texteditor befinden sich nun die Werte aus der Tabelle, mit Tabstopp getrennt.
7. Fügen Sie, falls notwendig, eine Kopfzeile mit den Feldnamen ein.

[+]

Extrahierte Tabelleninhalte mittels IDocs importieren

Da IDocs zum Datenaustausch zwischen SAP-Systemen verwendet werden, entsprechen die IDoc-Strukturen oft den jeweiligen Tabellen, in denen die Daten im System gespeichert sind. Wenn Sie die Tabellen also in Dateien extrahieren, können sie nachher oft eins zu eins den IDoc-Strukturen z. B. in der LSMW oder der schnellen Datenübernahme mit SAP Data Services zugeordnet werden.

11.3 Fazit

Sie sollten stets darauf achten, dass die Anwendung dieser Techniken ausführlich dokumentiert wird. Nur so kann sichergestellt werden, dass bei der Produktivübernahme kein Schritt vergessen wird.

Darüber hinaus ist zu bedenken, dass sich die beschriebenen Techniken nicht ohne Weiteres in automatisierte Abläufe einbinden lassen, wie z. B. eine periodische Datenmigration.

Gleichwohl konnten wir Ihnen mit diesem Kapitel hoffentlich verdeutlichen, dass es eine Reihe von Situationen gibt, in denen man im ersten Moment versucht ist, zur Programmierung zu greifen. Durch den geschickten Einsatz von Microsoft Excel können Sie jedoch eine kostenintensive Programmierung vermeiden.

Kapitel 12
Angrenzende Gebiete

In diesem Kapitel behandeln wir Themen, die nicht unmittelbar mit dem Kernthema des Buches in Verbindung stehen, die aber für ein breites und allgemeines Verständnis der Datenmigration von Bedeutung sind.

Der Schwerpunkt dieses Buches liegt erklärtermaßen auf den von SAP zur Verfügung gestellten Datenmigrationsverfahren, die meistens im Rahmen einer Neuimplementierung eingesetzt werden. Für eine umfassende Darstellung des Themas Migration erscheint es uns jedoch angebracht, auch weitere Techniken wie die Datenbankmigration und die Systemkonvertierung in einem kurzen Abriss zu erwähnen. Diese speziellen Techniken, die zur in Kapitel 1, »Grundlagen der Datenmigration«, erwähnten Brownfield-Migrationsstrategie gehören, sind von unzähligen Kunden in den letzten Jahrzehnten mit Erfolg angewendet worden und quasi der Gold-Standard, wenn Sie Ihre Systemarchitektur anpassen oder Ihre bestehenden Systeme schnell in die SAP-HANA- und SAP-S/4HANA-Welt überführen wollen. In Abschnitt 12.1 geben wir Ihnen eine kurze Einführung in das Thema Datenbankmigration, und in Abschnitt 12.2 bringen wir Ihnen die Systemkonvertierung näher. Zu beiden Themen erhalten Sie Web-Links zu weiterführenden Informationen.

12.1 Datenbankmigration

Bisher haben wir hier nur von Datenmigration gesprochen, also vom Umzug von Datensätzen eines Systems in ein anderes System. Es gibt aber auch den Anwendungsfall, dass ein SAP-System von einer Datenbank auf eine andere Datenbank migriert werden soll. Nachfolgend gehen wir kurz auf die Grundlagen einer solchen Datenbankmigration ein und erläutern diese anschließend anhand zweier beispielhafter Szenarien.

12.1.1 Grundlagen

Wenn ein SAP-System von einer Datenbank auf eine andere Datenbank migriert werden soll, spricht man von einer *Datenbankmigration* oder *DB-*

Migration. Mithilfe der SAP-Werkzeuge für die sogenannte OS/DB-Migration, die klassische SAP-Systeme mit und ohne den Wechsel des Betriebssystems (OS = Operating System) kopieren kann, ist eine spezielle Datenmigration in gewissen Anwendungsfällen möglich. Daher skizzieren wir Ihnen in diesem Abschnitt kurz die Vorgehensweise anhand eines ABAP-basierten SAP-Systems.

Backup verwenden

Datenbanken können kopiert und dupliziert werden, indem Sie ein zuvor angelegtes Backup zum Wiederaufsetzen eines neuen Systems verwenden. Dies beinhaltet neben sämtlichen klassischen SAP-Datenbanken auch SAP HANA als Datenbank. Manche Datenbanken unterstützen das Wiedereinspielen eines solchen Datenbank-Backups sogar auf einem neuen Betriebssystem. Wir beschränken uns hier jedoch nur auf die Migration der Datenbank selbst.

Werkzeuge

Die Anforderungen an eine Datenbankmigration sind ähnlich den Anforderungen an eine Datenmigration; es soll möglich sein, diese Migration schnell und einfach durchzuführen. Daher stellt SAP auch zusätzliche und weniger technische Werkzeuge bereit.

SAP HANA

Besonders die In-Memory-Technologie von SAP HANA bietet Ihnen die Möglichkeit, vom Potenzial großer Datenmengen zu profitieren und beispielsweise die Leistung von Reporting und Analysen in Ihrem SAP-BW-System zu verbessern.

12.1.2 Beispiel für eine Datenbankmigration

Migration auf SAP HANA

Im Folgenden beschreiben wir beispielhaft die Datenbankmigration eines bestehenden SAP-Business-Suite-Systems von einer beliebigen Datenbank auf SAP HANA. Für einen solchen Wechsel der Datenbank gibt es drei verschiedene Optionen und drei verschiedene Werkzeuge, die dort zum Zuge kommen (siehe Abbildung 12.1).

- **Option 1: Neue Installation**
  Diese Option ist die aufwendigste, da hier ein komplett neues System aufgebaut wird und dann die Daten mittels Datenmigration in das neue System geladen werden müssen.
- **Option 2: In-Place-Migration**
  Mit dieser Option wird das System komplett mittels Datenbankmigration auf die neue SAP-HANA-Datenbank migriert. Dadurch vermeiden Sie Änderungen an Ihrer Systemlandschaft, weil System-ID, IP-Adresse, Hostname usw. Ihres Systems gleich bleiben. Nach dem Upgrade wird lediglich die darunterliegende Datenbank ausgetauscht.

- **Option 3: Kopieren, Upgraden und Migrieren**
  Hier wird ein bestehendes System erst auf ein anderes System kopiert und danach Option 2 durchgeführt.

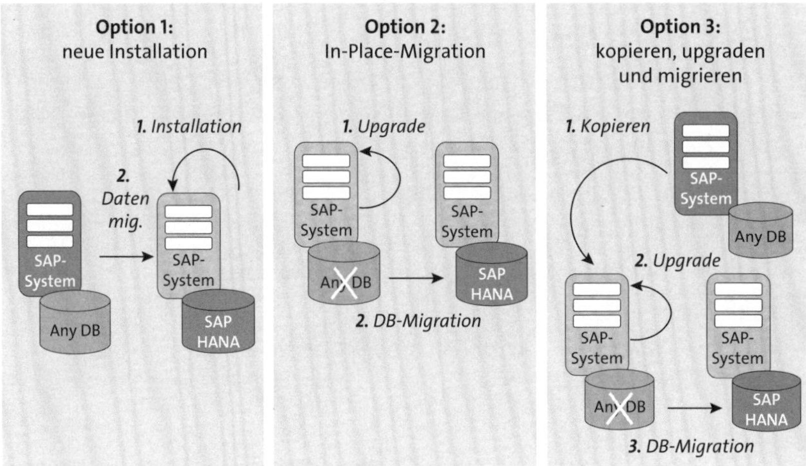

Abbildung 12.1 Optionen für eine Datenbankmigration

Sie haben hier zwei mögliche Szenarien:

Szenario 1 – Migration mit Software Update Manager (SUM) und Software Provisioning Manager (SWPM)

Das erste Szenario kann als die klassische Datenbankmigration beschrieben werden. Wie es in Abbildung 12.2 zu sehen ist, wird zuerst mit dem *Software Update Manager* (SUM) das SAP-System auf das aktuelle *Enhancement Package* (Update) gebracht.

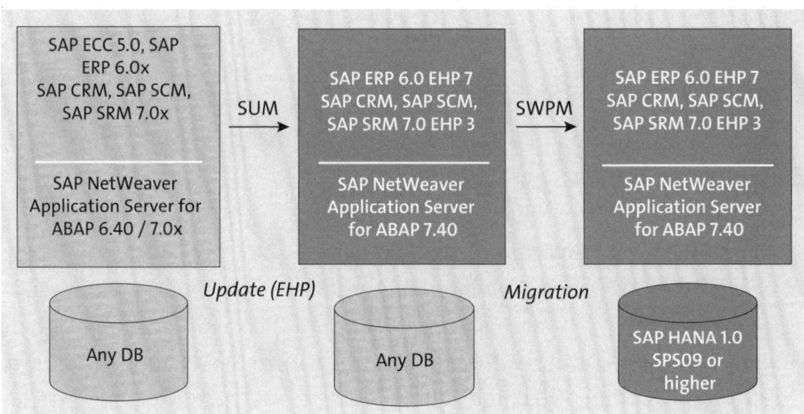

Abbildung 12.2 Szenario 1 – Update und Migration mit SUM und SWPM

Die darunterliegende Datenbank wird nicht verändert. Im zweiten Schritt wird Ihre Datenbank mithilfe des *Software Provisioning Managers* (SWPM) auf SAP HANA kopiert (Migration).

[»]

SUM – Software Update Manager

Der Software Update Manager ist ein Werkzeug für eine Vielzahl von Wartungsszenarien, etwa Update, Upgrade, Einspielen von Service Packs, Systemkonvertierung (System Conversion) usw.

Weitergehende Informationen zum SUM finden Sie unter *https://support.sap.com/sltoolset*

Navigieren Sie dort zum Bereich **System Maintenance** oder direkt zu folgendem Link:

https://support.sap.com/en/tools/software-logistics-tools/software-update-manager.html

[»]

SWPM – Software Provisioning Manager

Der Software Provisioning Manager (SWPM) ist der Nachfolger des SAP-Werkzeugs SAPinst. Sie können mit dem SWPM Produkte, die auf dem SAP NetWeaver Application Server ABAP (SAP NetWeaver AS ABP) oder SAP NetWeaver Application Server JAVA (SAP NetWeaver AS Java) oder die auf der SAP S/4HANA Foundation basieren, installieren, kopieren, transformieren, teilen, umbenennen und deinstallieren.

Welche SWPM-Version für Ihre Systeme geeignet ist und weitergehende Informationen zum SWPM finden Sie unter *https://support.sap.com/sltoolset* im Bereich **System Provisioning** und über diesen Link: *https://support.sap.com/en/tools/software-logistics-tools/software-provisioning-manager.html*

Szenario 2 – Migration mit Datenbankmigrationsoption (DMO) für Software Update Manager (SUM)

Schnelle Migration

In diesem Szenario wird das Werkzeug Software Update Manager mit der *Datenbankmigrationsoption* (DMO) genutzt. Dieses Vorgehen ermöglicht eine schnelle Migration mit reduziertem Aufwand und kürzeren Stillstandszeiten des SAP-Systems während der Datenbankmigration: Upgrade und Datenbankmigration werden mithilfe nur eines Werkzeugs ausgeführt. Dies ist in Abbildung 12.3 dargestellt.

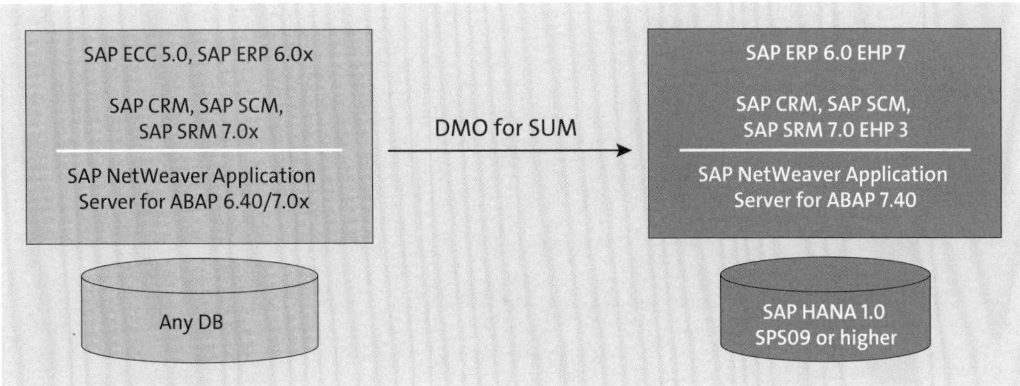

Abbildung 12.3 Szenario 2 – Migration mit DMO und SUM

Abfolge

Eine Skizzierung der einzelnen Phasen einer Migration mit DMO sehen Sie in Abbildung 12.4. 12

Im ersten Schritt wird die SAP-HANA-Datenbank vorbereitet. Als Zweites wird das SAP-System auf den aktuellen EHP-Stand gebracht. Im dritten Schritt beginnt die Stillstandszeit, und die Datenbankverbindung des Systems wird umgelenkt. Danach werden die Daten des Systems auf die neue SAP-HANA-Datenbank migriert und, falls notwendig, die Datentypen konvertiert. Anschließend wird das Upgrade beendet, und Sie können Ihr auf SAP HANA basierendes System wieder starten. Ihre alte Datenbank ist während des gesamten Prozesses und danach weiterhin verfügbar. Sie bleibt im Wesentlichen unverändert. Das Verfahren ermöglicht damit einen einfachen Fallback-Mechanismus.

[«]

DMO – Datenmigrationsoption für SUM

Die Datenmigrationsoption (DMO) ist eine Option des Software Update Managers (SUM), die das Upgrade des Systems mit der Datenbankmigration kombiniert. Im Gegensatz zur klassischen Datenbankmigration kann dies auch als Ein-Schritt-Migration bezeichnet werden. Weitere Informationen zur DMO finden Sie z. B. unter *https://support.sap.com/sltoolset*. Navigieren Sie dort zum Bereich **System Maintenance** oder direkt zu folgendem Link:

https://support.sap.com/en/tools/software-logistics-tools/software-update-manager.html. Scrollen Sie hier zum Punkt **Database Migration**.

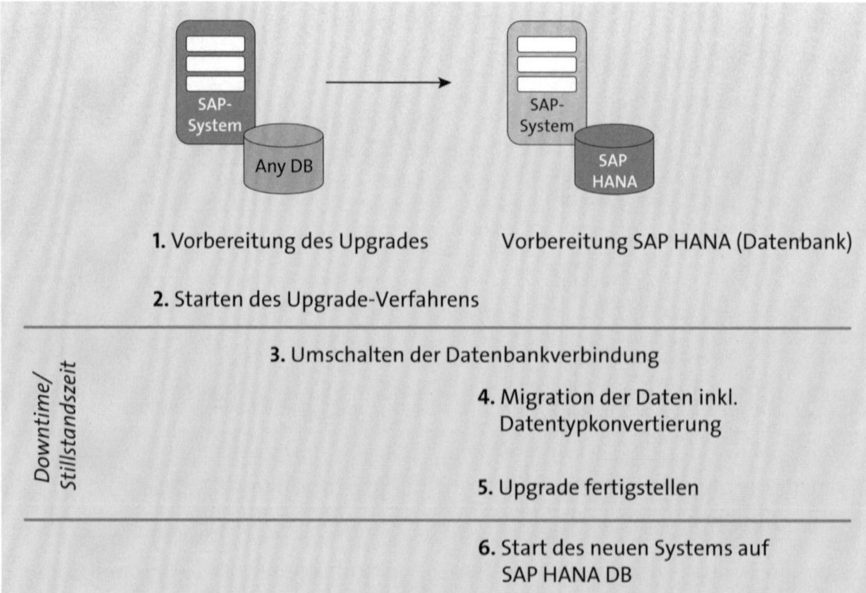

Abbildung 12.4 Phasen der Datenbankmigration mit DMO

12.2 Systemkonvertierung

Über eine Systemkonvertierung ändern Sie nicht nur Ihre Datenbank in eine SAP-HANA-Datenbank, sondern konvertieren Ihr komplettes SAP-ERP-6.0-System in ein SAP-S/4HANA-System. Dies ist heute ein gängiges Szenario, um Ihr altes SAP-ERP-System in ein neues SAP-S/4HANA-System zu überführen.

12.2.1 Technische Rahmenbedingungen

Die technischen Rahmenbedingungen für die Systemkonvertierung entnehmen Sie dem SAP-Hinweis für die SAP-S/4HANA-Version. Für SAP S/4HANA 2022 handelt es sich dabei um SAP-Hinweis 3145277 im Bereich **Conversion Information** (Konvertierungsinformation). Für andere Releaseversionen suchen Sie am besten nach »SAP S/4HANA 2022: Release Information Note« und ersetzen »2022« durch das gewünschte Release. Für eine Systemkonvertierung nach SAP S/4HANA 2022 ist das Mindest-Support-Package-Level des zugrundeliegenden SAP-NetWeaver-Release:

- SAP NetWeaver 7.0 Support Package 17
- SAP Enhancement Package 1 für SAP NetWeaver 7.0 Support Package 05
- SAP Enhancement Package 2 für SAP NetWeaver 7.0 Support Package 06

- SAP EHP3 für SAP NetWeaver 7.0 SP01
- SAP NetWeaver 7.4 Support Package 02

Befindet sich Ihr System auf einer niedrigeren Produktversion, müssen Sie vorher auf eine der oben genannten unterstützten Produktversionen upgraden.

Für die Konvertierung benötigen Sie mindestens Software Update Manager 2.0 Support Package 15. Achten Sie darauf, den SUM immer auf dem neuesten Patch-Level zu verwenden.

12.2.2 Phasen der Systemkonvertierung

Generell ist die Systemkonvertierung in Vorbereitungs- und Realisierungsphase unterteilt. Abbildung 12.5 zeigt Ihnen die grundsätzlichen Schritte einer Systemkonvertierung und die dabei verwendeten Werkzeuge.

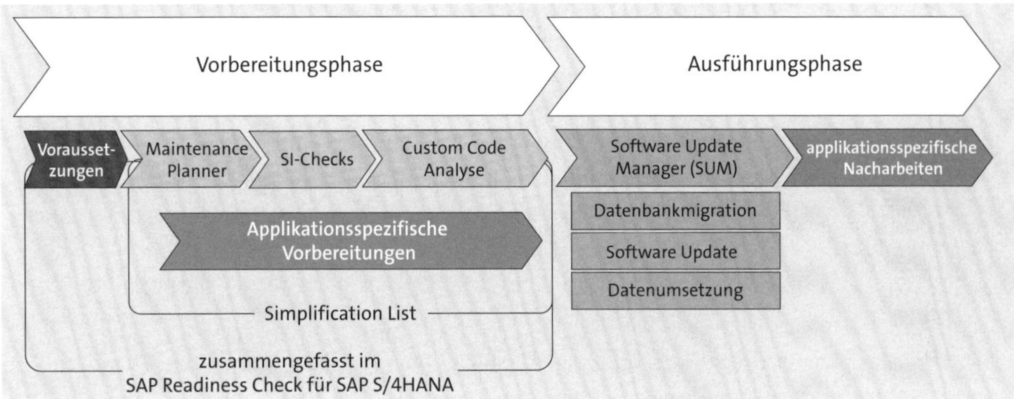

Abbildung 12.5 Schritte und Werkzeuge der SAP-S/4HANA-Systemkonvertierung

Vorbereitungsphase

In der *Vorbereitungsphase* überprüfen Sie, ob das zu konvertierende System die Systemvoraussetzungen erfüllt. Systeme, die die Voraussetzungen nicht erfüllen, müssen Sie, falls möglich, auf die jeweilige Version upgraden. Dies gilt auch für Nicht-Unicode-Systeme, die zuerst nach Unicode konvertiert werden müssen. Der *SAP Readiness Check* unterstützt Sie hierbei. Er stellt Ihnen die Ergebnisse der Werkzeuge Maintenance Planner, Simplification Item Check, Simplification List und die Custom-Code-Analyse übersichtlich dar. Zusätzlich sind einige applikationsspezifische und applikationsübergreifende Vorbereitungen notwendig. Viele Anpassungen müssen Sie im Quellsystem vornehmen, bevor Sie mit der Systemkonvertierung beginnen.

Realisierungsphase

In der *Realisierungsphase* wird Ihr Quellsystem mittels des Software Update Managers (SUM) technisch konvertiert. Dabei wird die Datenbank auf SAP HANA gebracht, die Software auf SAP S/4HANA umgestellt und die Anwendungsdaten in die für SAP S/4HANA relevanten Formate und Tabellen konvertiert bzw. überführt. Dies alles erfolgt in einem Ein-Schritt-Verfahren.

Nach der Verwendung des SUM müssen Sie Ihre Modifikationen und Erweiterungen (Custom Code) über Transaktion SPDD, Transaktion SPAU und Transaktion SPAU_ENH anpassen. Des Weiteren müssen alle Probleme, die aufgrund der SAP-S/4HANA-Vereinfachungen auftreten, behoben werden. Sie nutzen zum Auffinden der Probleme das ABAP Test Cockpit (ATC). Dazu führen Sie einen Prüflauf mit der Prüfvariante `S4HANA_READINESS` lokal in Ihrem konvertierten System durch. Danach müssen Sie noch weitere applikationsspezifische Nacharbeiten ausführen.

[+]

Data Transition Validation Tool (DTV)

Das Data Transition Validation Tool ist für SAP-S/4HANA-Releases ab 2021 verfügbar. Sie können mithilfe des Werkzeugs Ihre Daten nach der Konvertierung prüfen. Dazu rufen Sie die von SAP bereitgestellten Validierungsberichte auf. Sie sparen sehr viel Zeit, da Sie nicht mehr jeden einzelnen Beleg prüfen müssen. Für weitere Informationen zum DTV lesen Sie den zentralen DTV-Blog »Data transition validation the tool to validate business data after conversion« von Boris Rubarth, den Sie in der SAP Community über diesen Link finden:

https://blogs.sap.com/2021/10/13/data-transition-validation-the-tool-to-validate-business-data-after-conversion/

[»]

Weitere Informationen zur Systemkonvertierung

Informationen zur Systemkonvertierung nach SAP S/4HANA finden Sie im Konvertierungsleitfaden (in englischer Sprache) im SAP Help Portal in der Hilfe zur SAP-S/4HANA-On-Premise-Version: (siehe *https://help.sap.com/s4hana*). Der Leitfaden ist für SAP S/4HANA 2022 über diesen Link verfügbar: *https://help.sap.com/doc/2b87656c4eee4284a5eb8976c0fe88fc/2022/en-US/CONV_OP2022.pdf*

Generell sollten Sie auch die folgenden Hinweise beachten:

- 3226469 (Vorbereitung)
- 3206747 (SUM)

- 3226548 (Folgehinweis)
- 3230844 (Restriction Note)

Eine sehr gute und detaillierte Beschreibung von Boris Rubarth entnehmen Sie auch dem Buch »Migration nach SAP S/4HANA« von Densborn, Finkbohner, Höft, Mathäß, Rubarth, das im Rheinwerk Verlag erschienen ist.

12.3 Fazit

In diesem Kapitel haben wir Ihnen einen kleinen Abriss über die Datenbankmigration und Systemkonvertierung gegeben. Sie haben gelernt, was eine Datenbankmigration und eine Systemkonvertierung sind und welche verschiedenen Szenarien und Optionen es gibt.

Mit diesem Buch haben Sie einen tiefen Einblick und viele hilfreiche Informationen und Tipps erhalten, mit denen Sie Ihre Datenmigrationsprojekte in SAP S/4HANA, SAP SuccessFactors, SAP Ariba und SAP Business ByDesign zum Erfolg bringen sollten. Wir wünschen Ihnen bei Ihrem nächsten Migrationsprojekt eine einfach durchzuführende Planung, das Berücksichtigen aller möglichen Probleme und ein erfolgreiches Gelingen! Hoffentlich wird dieses Buch Ihnen dabei ein wertvoller Begleiter sein.

Anhang A
Glossar

ABAP Advanced Business Application Programming. Programmiersprache der vierten Generation, die SAP zur Entwicklung von Anwendungsprogrammen entwickelt hat.

ABAP Dictionary Das ABAP Dictionary beschreibt die logische Struktur der Objekte der Anwendungsentwicklung und deren Abbildung in den Strukturen der darunterliegenden relationalen Datenbank.

Alle Komponenten der Laufzeitumgebung, z. B. Anwendungsprogramme oder Datenbankschnittstellen, holen sich ihre Informationen über diese Objekte direkt aus dem ABAP Dictionary.

Das ABAP Dictionary ist vollständig in die ABAP Workbench integriert.

Altdaten Betriebswirtschaftliche Daten, die aus dem Altsystem in das SAP-System übertragen werden sollen.

Altsystem Betriebswirtschaftliches EDV-System, das im Zuge der Einführung eines SAP-Systems ganz oder teilweise abgelöst werden soll. Im Zuge dieser Ablösung sollen Daten aus diesem System in das SAP-System übertragen werden.

BAPI Business Application Programming Interface. Standardisierte Programmierschnittstelle, die den externen Zugriff auf die Geschäftsprozesse und Daten des SAP-Systems erlaubt. BAPIs werden im Business Object Repository (BOR) als Methoden von SAP-Business-Objects definiert und ermöglichen eine objektorientierte Sicht auf die Business-Komponenten des SAP-Systems. BAPIs werden als RFC-fähige Funktionsbausteine im Function Builder der ABAP Workbench implementiert und abgelegt.

Batch-Input Schnittstelle, die es Ihnen erlaubt, große Datenmengen in ein SAP-System zu übernehmen. Die Erstübernahme von Altdaten und das periodische Einspielen von Fremddaten kann über Batch-Input erfolgen.

Batch-Input-Mappe Zusammenfassung einer Folge von Transaktionen, die durch ein Programm mit Benutzerdaten versehen wurden. Diese Transaktionen werden als Stapel gespeichert. Die Batch-Input-Mappe kann zu einem späteren Zeitpunkt abgespielt werden. Erst beim Abspielen der Mappe finden Datenbankveränderungen statt. Durch dieses Verfahren können in kurzer Zeit große Datenmengen in das SAP-System eingespielt werden.

Beleg Nachweis eines Geschäftsvorfalls. Man unterscheidet zwischen Originalbelegen, wie z. B. Eingangsrechnungen, Bankauszügen oder Durchschriften von Ausgangsrechnungen, und EDV-Belegen. Letztere können beispielsweise Buchhaltungsbelege, Musterbelege oder Dauerbuchungsurbelege sein. Der Buchhaltungsbeleg spiegelt den Originalbeleg im System wider. Alle weiteren genannten EDV-Belege dienen als Erfassungshilfen der Originalbelege.

Bewegungsdaten Vorgangsbezogene Daten, die kurzlebig sind und bestimmten Stammdaten zugeordnet werden. Einzelne Buchungsbelege werden als Bewegungsdaten bezeichnet. Den Stammdaten eines Lieferanten können beispielsweise Bewegungsdaten zugeordnet werden, die die Umsatzentwicklung betreffen. Der Gesamtumsatz eines Lieferanten setzt sich aus den Daten der einzelnen Geschäftsvorgänge – den Bewegungsdaten – zusammen.

Bluefield Marketingbegriff, der eine selektive Datenübernahme aus einem Quellsystem in ein produktives Zielsystem beschreibt.

Brownfield Migrationsstrategie zum Migrieren in eine bestehende Systemlandschaft.

BTP → SAP Business Technology Platform.

Business Object → Datenobjekt.

CSV-Datei CSV steht im Englischen für *Comma-Separated Values* oder *Character-separated Values*. Eine CSV-Datei ist eine Textdatei, die zum Austausch von Daten genutzt wird. Die Daten sind einfach strukturiert und die Werte durch ein Zeichen wie Komma, Semikolon usw. voneinander getrennt.

Customizing Einstellungen, die der Systemverwalter bei der Systemeinführung vornehmen muss. Im Customizing können Sie die unternehmensneutral ausgelieferte Funktionalität den spezifischen betriebswirtschaftlichen Anforderungen Ihres Unternehmens anpassen. Das Customizing ist vor der Inbetriebnahme des Systems obligatorisch und wird im SAP-System über den Einführungsleitfaden (IMG) vorgenommen.

Data Services Die SAP Data Services vereinen die Produkte für Datenqualitätsmanagement und Datenintegration. Die SAP Data Services dienen als ETL-Werkzeug (Extraktion, Transformation, Laden), das sowohl strukturierte als auch unstrukturierte Daten aus SAP- und Nicht-SAP-Datenquellen verarbeitet und bereinigt.

Datenkonvertierung Unter der Datenkonvertierung versteht man die strukturelle oder wertmäßige Manipulation nach gewissen zu definierenden Regeln.

Daten-Merge Das Zusammenfügen zweier verschiedener Nachrichten zu einer einzelnen Nachricht.

Datenmigration Übernahme von betriebswirtschaftlichen Daten (Stamm- und Bewegungsdaten) aus einem beliebigen System in ein SAP-System.

Datenmigrationsobjekt Beschreibung eines Datenobjekts und weiterer Eigenschaften, die für die Datenmigration von Bedeutung sind: die Struktur des Datenobjekts im Altsystem und im SAP-System sowie die Abbildung, die die beiden Strukturen ineinander überführt.

Datenmigrationsoption für SUM (DMO) Die Datenmigrationsoption ist eine Option des Software Update Managers (SUM), die das Upgrade des Systems mit der Datenbankmigration kombiniert. Im Gegensatz zur klassischen Datenbankmigration kann dies auch als Ein-Schritt-Migration bezeichnet werden.

Datenobjekt → Geschäftsobjekt

Datenübernahme-Workbench Werkzeug zur Verwaltung und Organisation von Datenübernahmeprojekten. Kann in Kombination mit der LSMW eingesetzt werden.

Datenumsetzung → Datenkonvertierung.

Direct-Input Verfahren der Datenmigration, bei dem die zu übertragenden Daten direkt, d. h. unter Umgehung der Dialogtransaktion, geprüft und in die Datenbank des SAP-Systems geschrieben werden.

DMO → Datenmigrationsoption für SUM.

Domäne Objekt, das die technischen Eigenschaften – z. B. den Datentyp und die Länge – eines Feldes beschreibt. Die Definition einer Domäne kann auch einen Wertebereich bestimmen, der die gültigen Datenwerte für die Felder, die sich auf diese Domäne beziehen, enthält. Verschiedene technisch und fachlich gleichartige Felder können durch eine Domäne zusammengefasst werden. Felder, die auf dieselbe Domäne verweisen, werden bei einer Änderung der Domäne gleichzeitig mitgeändert. Damit ist die Konsistenz dieser Felder sichergestellt.

Dynpro Dynamisches Programm. Ein Dynpro besteht aus einer Bildschirmmaske und der darunterliegenden Ablauflogik. Die Hauptkomponenten eines Dynpros sind Attribute (z. B. Dynpro-Nummer, Folge-Dynpro), Layout (Anordnung der Texte, Felder und anderer Elemente), Feldattribute (Definition der Eigenschaften der einzelnen Felder) sowie die Ablauflogik (Aufrufe der relevanten ABAP-Module).

EIM Enterprise Information Management. Softwarelösung für Datenintegration und -qualität, Stammdatenmanagement, Ereignisverarbeitung, Content Management und Data Governance.

Elementarer Datentyp ABAP-Datentyp. ABAP verfügt über acht vordefinierte elementare Datentypen:
C (alphanumerische Zeichen), D (Datum),
F (Gleitpunktzahl), I (ganze Zahl),
N (numerischer Text), P (gepackte Zahl),
T (Zeit) und X (Hexadezimal).

Die Datentypen D, F, I und T sind in jeder Hinsicht vordefiniert, während die Datentypen C, N, P und X zusätzlich spezifiziert werden können.

ETL Prozess zur Datenextraktion, Transformation und zum Laden der Daten.

Excel → Microsoft Excel

Fieldmapping Zuordnung von Quell- zu Zielfeldern unter der Angabe der Konvertierungsvorschriften.

File-to-File Ansatz Verwenden der SAP Cloud Integration zur Aufbereitung der Daten, um diese mit den Standardmigrationsmethoden zu migrieren.

Frontend Der Arbeitsplatzrechner – in der Regel der PC.

FTP File Transfer Protocol. Netzwerkprotokoll zur Übertragung von Dateien über Netzwerke.

Funktionsbaustein Funktion zur allgemeinen Verwendung. Funktionsbausteine sind in ABAP geschriebene, externe Unterprogramme, die im Function Builder entwickelt werden. Sie werden dort in einer zentralen Funktionsbibliothek abgelegt und können hierdurch von allen ABAP-Programmen aufgerufen werden. Auf diese Weise können Redundanzen im Coding vermieden und das Programmieren effektiver gestaltet werden. Im Gegensatz zu den FORM-Routinen verfügen Funktionsbausteine über eine eindeutig definierte Schnittstelle.

Geschäftsobjekt Betriebswirtschaftliche Dateneinheit wie Kundenstamm, Materialstamm, Finanzbeleg.

Greenfield Migrationsstrategie zum Migrieren in eine neue Systemlandschaft.

Historische Daten Daten, die nicht mehr produktiv benötigt werden und deshalb archiviert, bzw. gelöscht werden können, unter der Beachtung gesetzlicher Aufbewahrungsfristen.

IDoc Intermediate Document. SAP-Format, in dem geschäftliche Nachrichten übertragen werden. Ein IDoc (oder eine IDoc-Nachricht) bezeichnet die konkrete Nachricht, während sich ein IDoc-Typ auf die Struktur bezieht.

Integration Flow Ein Integration Flow (iFlow) ist eine grafische Darstellung des Nachrichtenflusses und der Verarbeitung von Nachrichten zwischen zwei oder mehr Teilnehmern unter der Verwendung einer Integrationslaufzeitplattform, die eine erfolgreiche Kommunikation gewährleistet.

Interne Tabelle Datenstruktur, die nur während der Laufzeit eines Programms existiert. Die interne Tabelle ist einer von zwei strukturierten Datentypen in ABAP. Sie besteht aus einer beliebigen Anzahl identisch aufgebauter Tabellenzeilen mit oder ohne Kopfzeile. Die Kopfzeile entspricht einer Feldleiste und dient als Arbeitsbereich für die interne Tabelle. Der Datentyp der Zeilen kann elementar oder strukturiert sein.

Kann-Feld Eingabefeld, in das Daten eingegeben werden können. Im Gegensatz zu Kann-Feldern ist in Muss-Feldern eine Eingabe zwingend erforderlich.

Konstante Wert, der bei der Initialisierung der Felder eines Programms festgelegt wird und zur Laufzeit nicht mehr geändert werden kann. In ABAP werden Konstanten über die Anweisung CONSTANTS deklariert.

Konvertierungsregel Regel die zur → Umschlüsselung von Quelldaten in Zieldaten verwendet wird.

Legacy System → Altsystem.

Legacy System Migration Workbench Auf SAP-Technologie basierendes Werkzeug für die einmalige und periodische Übernahme von Daten aus Altsystemen in SAP-Systeme.

LSM Workbench → Legacy System Migration Workbench.

LSMW → Legacy System Migration Workbench.

LTMC → SAP S/4HANA Migration Cockpit.

LTMOM → SAP S/4HANA Migration Object Modeler.

Mandant Eine handelsrechtlich, organisatorisch und datentechnisch in sich abgeschlossene Einheit innerhalb eines SAP-Systems mit getrennten Stammsätzen und einem eigenständigen Satz von Tabellen.

Mapping Zuordnung von Feldern zwischen einem EDV-Altsystem und einem Folgesystem. Dieser Schritt ist notwendig, um die Feldinhalte des Altsystems im Rahmen der Datenmigration in das Folgesystem übernehmen zu können.

Microsoft Excel Microsoft Excel ist eine Tabellenkalkulationssoftware für Datenorganisation, Analyse und Visualisierung in der Microsoft Office Suite.

Migrate Your Data → SAP S/4HANA Migration Cockpit.

Migration Wird gleichbedeutend mit der Datenmigration verwendet.

Migration Cockpit → SAP S/4HANA Migration Cockpit.

Migration Object Modeler → SAP S/4HANA Migration Object Modeler.

Migrationscockpit → SAP S/4HANA Migration Cockpit.

Migrationsobjekt → Datenmigrationsobjekt.

Migrationsobjekte modellieren → SAP S/4HANA Migration Object Modeler.

Migrationsobjektmodellierer → SAP S/4HANA Migration Object Modeler.

Migration Workbench Von SAP entwickeltes Werkzeug, das auf die Datenübernahme zwischen SAP-Systemen spezialisiert ist. Teil von SAP Landscape Transformation (SLT).

Migrieren Sie Ihre Daten → SAP S/4HANA Migration Cockpit.

Model Your Migration Object → SAP S/4HANA Migration Object Modeler.

Mussfeld Eingabefeld, in das Daten eingegeben werden müssen. Ein Muss-Feld wird in der Regel durch ein Fragezeichen gekennzeichnet. Bildschirmmasken können nur dann erfolgreich verarbeitet werden, wenn alle Muss-Felder gefüllt sind. Im Gegensatz zu Muss-Feldern ist bei Kann-Feldern eine Eingabe nicht zwingend erforderlich.

Nachrichtensplitting Nachrichten mit einem Splitter in einzelne Gruppen zerteilen, sodass kleinere Nachrichten entstehen.

Neuimplementierung → Greenfield.

Objekt → Datenmigrationsobjekt.

ODBC Open Database Connectivity. Standardisierte Datenbankschnittstelle zur Anbindung von relationalen Datenbanken über die Datenbanksprache SQL.

On Demand Modell der Softwarebereitstellung, das Hardwareinvestitionen vermeidet und Betriebskosten reduziert. Die Anwendung wird beim Anbieter betrieben und dem Kunden als Service bereitgestellt.

Parameter Daten, die zur Ausführung einer Methode, wie beispielsweise eines Funktionsbausteins oder eines Unterprogramms, benötigt werden (Importparameter) oder von dieser nach erfolgtem Aufruf zurückgegeben werden (Exportparameter). Mit der Definition der Parameter wird die Schnittstelle des Methodenaufrufs determiniert.

Primärfenster Hauptfenster einer Anwendung. Primärfenster sind Fenster, in denen die Haupthandlung der Anwendung stattfindet. Innerhalb eines Modus ist immer genau ein Primärfenster gleichzeitig auf dem Bildschirm zu sehen. Primärfenster können Sekundärfenster senden oder durch andere Primärfenster abgelöst werden.

Rapid Data Migration Ein spezielles Rapid-Deployment-Solution-Paket (RDS-Paket) zum Migrieren von Altdaten in SAP-Zielsysteme. Die verschiedenen verfügbaren Pakete basieren auf SAP Data Services als Software und liefern den Content für Mapping und Datenvalidierung sowie zur Verbesserung der Datenqualität.

RFC Remote Function Call. SAP-eigenes Protokoll zum Aufruf von Funktionsbausteinen in entfernten Systemen.

RDS Rapid Deployment Solution. Paketierte SAP-Software mit vordefiniertem Content. Ein darauf abgestimmter Service wird ebenfalls von SAP angeboten.

Schleife Folge von Programmanweisungen, die wiederholt ausgeführt werden. Dies kann entweder über eine bestimmte Anzahl von Wiederholungen erfolgen oder so lange, bis eine bestimmte Bedingung wahr oder falsch wird.

SAP Ariba SAP Ariba ist eine cloudbasierte Einkaufs- und Lieferkettenplattform zur Optimierung von Beschaffungsprozessen, Lieferantenmanagement und Zahlungsabwicklung. Sie kann in andere SAP-Produkte integriert werden und ermöglicht eine zentralisierte Zusammenarbeit mit den Lieferanten.

SAP BTP → SAP Business Technology Platform.

SAP Best Practices SAP Best Practices sind vorkonfigurierte, branchenspezifische Lösungen, die bewährte Geschäftsprozesse und Implementierungsmethoden enthalten, um die Implementierung von SAP-Software für Unternehmen zu vereinfachen und zu beschleunigen.

SAP Business Technology Platform Die SAP BTP (Business Technology Platform) ist eine cloudbasierte Plattform von SAP, die Unternehmen bei der Entwicklung, Integration und Verwaltung von Anwendungen unterstützt. Sie bietet eine Vielzahl von Diensten wie Datenbanken, Integration, Analyse und mobile Entwicklung an. SAP BTP kann mit anderen SAP-Produkten integriert werden und bietet auch APIs, um andere Anwendungen in die Plattform zu integrieren.

SAP Cloud Integration SAP Cloud Integration ist eine cloudbasierte Integrationsplattform, die Unternehmen dabei unterstützt, Anwendungen in der Cloud und vor Ort nahtlos zu integrieren.

SAP ERP HCM SAP ERP HCM ist eine On-Premise-Software, die Unternehmen dabei unterstützt, ihre Personalprozesse zu optimieren und zu automatisieren, einschließlich Personalverwaltung, Lohn- und Gehaltsabrechnung, Zeitwirtschaft und Talentmanagement.

SAP S/4HANA Migration Cockpit Datenmigrationswerkzeug in SAP S/4HANA und SAP S/4HANA Cloud bis SAP S/4HANA 2020 als Web-Dynpro-Transaktion (Transaktionscode: LTMC). Seit SAP S/4HANA 2020 und in SAP S/4HANA Cloud als SAP-Fiori-App **Migrieren Sie Ihre Daten Migrationscockpit**.

SAP S/4HANA Migration Object Modeler Modellierungswerkzeug in SAP S/4HANA zum Modifizieren ausgelieferter Standardmigrationsobjekte, zum Erstellen eigener Migrationsobjekte und zum Erstellen eigener Selektionen für den Direct-Transfer-Ansatz für das → SAP S/4HANA Migration Cockpit. In SAP S/4HANA Cloud als SAP-Fiori-App **Migrationsobjekte modellieren Migrationsobjektmodellierer** mit sehr begrenztem Funktionsumfang verfügbar.

SAP SuccessFactors SAP SuccessFactors ist eine Suite von cloudbasierten Anwendungen für das Human Capital Management (HCM), die Unternehmen bei der Verwaltung von Personalprozessen, Talentmanagement und der Verbesserung der Mitarbeitererfahrung unterstützt.

SAP SuccessFactors Employee Central SAP SuccessFactors Employee Central ist ein Modul von → SAP SuccessFactors und konzentriert sich auf die Verwaltung der zentralen Mitarbeiterdaten und der Personalprozesse.

SAP-Applikationsserver Teil der SAP-Client-Server-Architektur. Bezeichnet die Rechner, auf denen die Anwendungslogik des SAP-Systems läuft.

SAP-Basis-Release Das Release der dem SAP-System zugrundeliegenden SAP-Basis.

SAP-fremdes System → Alt- oder Legacy System.

SAP-Standardschnittstelle Eine Schnittstelle zum SAP-System vom Typ Batch-Input, Direct-Input, BAPI oder IDoc.

Sequenzielle Datei Datei mit sequenzieller Organisation. Die Sätze innerhalb einer sequenziellen Datei werden nacheinander ohne Schlüsselbegriff gespeichert.

SFTP-Server Ein SFTP-Server ist ein Server, der den sicheren Dateitransfer von Dateien zwischen einem Client und einem Server über das Secure File Transfer Protocol (SFTP) ermöglicht. SFTP ist eine verschlüsselte Alternative zum FTP-Protokoll und gewährleistet die sichere Übertragung von Dateien über das Internet. Der SFTP-Server bietet eine zentrale Speicherplattform für den Austausch von Daten zwischen mehreren Benutzern oder Systemen.

Software Update Manager (SUM) Der Software Update Manager ist ein Werkzeug, mit dem SAP-Systeme upgegradet sowie Erweiterungspakete oder Support Packages einspielt werden.

Software Provisioning Manager (SWPM) Der Software Provisioning Manager ist der Nachfolger des SAP-Werkzeugs SAPInst. Sie können mit dem SWPM Produkte, die auf dem SAP NetWeaver Applikation Server (SAP NetWeaver AS) basieren, installieren, kopieren, transformieren, teilen, umbenennen und deinstallieren.

Stammdaten Daten, die über einen längeren Zeitraum unverändert bleiben. Stammdaten enthalten Informationen, die in gleicher Weise immer wieder benötigt werden. Als Beispiel können die Stammdaten einer Kostenstelle genannt werden, die die Bezeichnung, den Verantwortlichen, den zugehörigen Hierarchiebereich und weitere Informationen enthalten.

Statusleiste Element der grafischen Benutzeroberfläche. Die Statusleiste enthält ein Ausgabefeld, in das das SAP-System vom Primärfenster abgesetzte Meldungen ausgibt. Weitere Felder geben Informationen zum Status des Systems. Die Statusleiste befindet sich am unteren Rand des Primärfensters und erstreckt sich über dessen ganze Breite.

SUM → Software Update Manager (SUM).

SWPM → Software Provisioning Manager (SWPM).

Systemkonvertierung Konvertieren eines SAP-ERP-Systems in ein SAP-S/4HANA-System → Brownfield.

Tabellenartige Datei Eine Datei, in der alle Sätze dieselbe Struktur haben.

Testkonfiguration Klammer aus Testskript und Testdaten.

Testskript Prüfbare Einheit des SAP-Systems. Ein Testskript bildet häufig einen bestimmten Geschäftsprozess oder eine Prozesskette ab.

Textdatei Eine Datei mit Textinformationen, deren Sätze mit einem Satzendekennzeichen voneinander getrennt sind.

Transaktion Hierbei handelt es sich um eine Anwendung. Um in das Einstiegsbild einer Anwendung zu gelangen, kann man durch die Menühierarchie navigieren oder einen vierstelligen Transaktionscode in das Befehlsfeld eingeben. Die Verwendung des Transaktionscodes erspart das Navigieren durch die verschiedenen Menüs und führt den Benutzer direkt zum Einstiegsbild.

Transaktionscode Folge von alphanumerischen Zeichen, die eine Transaktion im SAP-System benennt. Um eine Transaktion aufzurufen, geben Sie den Transaktionscode in das Befehlsfeld ein und drücken die [↵]-Taste.

Transportauftrag Dokument zum Kopieren von Korrekturen zwischen verschiedenen Systemarten. Ein Transportauftrag erfasst freigegebene Korrekturen. Nach der Freigabe eines Transportauftrags wird der Transport durchgeführt. Sie können z. B. Korrekturen aus einem Entwicklungssystem in ein Konsolidierungssystem transportieren.

Umschlüsselung Wertmäßige Manipulation eines Feldinhalts anhand einer Tabelle, die angibt, welcher alte Wert durch welchen neuen Wert zu ersetzen ist.

Umschlüsselungsregel → Konvertierungsregel

Umsetzung → Datenkonvertierung.

Unterprogramm Modul eines Programms, das von mehreren Programmen aufgerufen werden kann. Unterprogramme werden eingesetzt, um häufig verwendete Programmteile nur einmal schreiben zu müssen. Daten können explizit von und an Unterprogramme übergeben werden.

Value Mapping → Werte-Mapping

Variable Platzhalter, der dazu dient, Daten unter einem bestimmten Namen in einem bestimmten Format zu speichern und anzusprechen. Variablen unterscheiden sich durch ihren Namen, ihren Typ, ihre Länge und ihren Aufbau.

Werte-Mapping Umschlüsselungstabelle zwischen Werten aus dem Altsystem und den SAP-Werten.

XML-Datei XML steht im Englischen für *Extensible Markup Language* (dt. Erweiterbare Auszeichnungssprache). XML ermöglicht die strukturierte Darstellung von Daten. Es ist eine verbreitete Methode zum Austausch von Daten zwischen verschiedenen Systemen und Anwendungen. Dabei handelt es sich um eine kleine Datenbank im Format einer Textdatei. XML-Dateien sind aufgrund ihres Aufbaus sehr viel größer als CSV-Dateien (→ CSV-Datei). Während Sie z. B. die Daten eines komplexen SAP-S/4HANA-Geschäftsobjekts, wie z. B. ein Produkt, in einer einzigen XML-Datei unterbringen, müssen Sie dieselben Daten in dutzende CSV-Dateien verteilen. Umgekehrt können diese dutzenden CSV-Dateien weniger Speicherplatz verbrauchen als die XML-Datei.

XSD *XML Schema Definition* (XSD) ist eine Sprache, die zur Definition von XML-Dokumentstrukturen und Datentypen verwendet wird. Sie ermöglicht die Datenvalidierung und die Unterstützung der Interoperabilität zwischen verschiedenen Systemen, die XML verwenden.

Das Autorenteam

Frank Finkbohner ist bei SAP Product Owner für die Entwicklung des vordefinierten SAP-S/4HANA-Cloud-Datenmigrations-Contents für das SAP S/4HANA Migration Cockpit. Er arbeitet seit 1999 für SAP, davon 13 Jahre in der SAP-Beratung, in der er Kunden u. a. bei der Entwicklung und Erweiterung von ABAP-Anwendungen unterstützte. Dabei konzentrierte er sich schon frühzeitig auf den Bereich der Datenmigration. Im Rahmen zahlreicher Kundenprojekte setzte er die gesamte Bandbreite an Werkzeugen und Techniken der SAP-Datenmigration ein (z. B. LSMW, Batch-Input, BAPI, IDoc, Rapid Data Migration). Als Projektmanager von Datenübernahmeprojekten hat er seine eigene Methode der Strukturierung von Migrationsprojekten in Arbeitspakete (SEAMAP) entwickelt und auch erfolgreich in seinen Kundenprojekten angewendet. Nach seinem Wechsel 2012 in die SAP-Entwicklung war er bis 2016 Projektleiter und Delivery Manager für die Rapid-Deployment-Lösung Rapid Data Load for SAP Hybris Marketing. Seit 2015 ist er als Product Owner für die Entwicklung des SAP-S/4HANA-Cloud-Datenmigrations-Contents zuständig. Auch ist er Autor mehrerer SAP-PRESS-Bücher zum Thema Datenmigration. Frank Finkbohner erwarb sein Diplom in Informatik an der Fachhochschule Fulda und ist darüber hinaus Diplom-Wirtschaftsingenieur infolge seines Studiums an der Hochschule Esslingen. Sie können Frank Finkbohner über Linkedin kontaktieren: *https://www.linkedin.com/in/frankfinkbohner*

Martina Höft arbeitet im Produktmanagement für SAP S/4HANA im Bereich Datenmigration und Datentransformation mit Fokus auf dem SAP S/4HANA Migration Cockpit. Sie arbeitet seit 2011 bei SAP und hatte verschiedene Positionen in Beratung und Produktmanagement inne. Zuvor war Martina Höft langjährig als Senior Consultant für unterschiedliche Beratungshäuser in zahlreichen nationalen und internationalen Projekten tätig. Hierbei lag ihr Fokus auf SAP Customer Relationship Management (SAP CRM) und SAP Sales and Distribution. Martina Höft ist gelernte Bürokauffrau und hat Wirtschaft studiert.

Dr. Michael Roth betreut bei SAP die Themen Datenmigration und Datenextraktion für die Mittelstands-Cloudlösung SAP Business ByDesign, zuletzt als Produktmanager und davor als Berater im Platinum Engineering Team. Er studierte Mathematik und Informatik an der Technischen Universität München und ist seit 1994 bei SAP aktiv.

Jonas Kinold arbeitet als Head of Competence Center SAP Integration Services und zertifizierter SAP-Integrationsberater für die RealCore Group. Während seiner Ausbildung fand er schnell den Weg zu seinem Schwerpunkt im Bereich SAP Integration, in der er heute noch tätig ist. Im Jahr 2022 absolvierte er nebenberuflich den Bachelor in Wirtschaftsinformatik. In seinem Bereich führt er Projekte rund um SAP Process Integration/SAP Process Orchestration und die SAP Integration Suite durch.

Wolfgang Kuchelmeister wurde 1968 im württembergischen Mengen geboren. Er studierte von 1990 bis 1996 Maschinenbau an der Georg-Simon-Ohm-Fachhochschule in Nürnberg. Im Jahr 2000 gründete er mit weiteren Gründungsmitgliedern die Pentos AG in München, eine der führenden SAP-HXM-Beratungsunternehmen. Seit 2011 war er im Bereich SAP SuccessFactors Employee Central tätig. Seit 2017 ist er für das Daten-Integrationsthema sowie für entsprechende Datenmigrationen im Bereich SAP SuccessFactors verantwortlich.

Lukas Widera arbeitet bei SAP Deutschland SE & Co.KG seit 2018 als technischer Solution Architekt im Global Presales Team für die SAP-Procurement-Lösungen. Davor war er seit 2010 bei SAP SE als Projektleiter für Rapid-Deployment-Lösungen im Bereich der Integration zuständig.

Index